出版前言

　　《中国历史学年鉴》最早编辑、出版于 1980 年，是改革开放的时代产物。那一年，有感于历史学研究的全面发展以及了解历史学研究信息的重要，由中国史学会组织，编辑出版了《中国历史学年鉴》（1979 年卷），反映中国历史学研究的基本概貌。出版之后，因其反映面之广、信息量之大而广受学界好评，此后，《中国历史学年鉴》每年编辑出版一辑，成为学术界了解中国历史学研究信息的必备参考读物。可以说，《中国历史学年鉴》是和改革开放的大时代及中国历史学研究在改革开放时代的大发展而共成长的，并因此而成为新时期中国历史学研究的忠实记录者，不仅为国内学界同仁所激赏，也为海外学界同仁所关注，成为了解中国历史学研究状况的最佳窗口之一。

　　随着时代的发展，内外环境的变化，《中国历史学年鉴》的编辑出版环境也在不断变化。进入新世纪之后，《中国历史学年鉴》的编辑出版遇到了一定的困难。在 2009 年出版了 2001 年卷之后，便没有新编年鉴的出版。其实，《中国历史学年鉴》在学界一向有很好的口碑，即便是在高科技迅猛发展、印刷出版业受到网络信息强烈冲击的情况下，纸质印刷版的《中国历史学年鉴》仍然有其价值所在，仍然不断有海内外学界同仁在关注，并为年鉴的编辑出版有所建议，出谋划策。

　　2009 年中国史学会第八届理事会成立，随即将恢复编辑出版《中国历史学年鉴》的工作列入议事日程。2011 年，编辑工作重新启动，成立了年鉴学术委员会和编辑委员会，决定首先将 2001 年以后的中国历史研究概貌综合编辑，出版一卷，然后即循过往惯例，逐年编辑出版年鉴。其后，历经两年的工作，终将《中国历史学年鉴》2002－2012年综合卷编成，交付出版。从2013年卷开始，《中国历史学年鉴》将进入正常的按年编辑出版的节奏。

这次编辑出版的《中国历史学年鉴》（2002－2012年卷），在框架结构、栏目设置、编辑体例等方面，大体遵循过往已出各卷的样式，体现其继承性，并根据现时代的要求，有所调整。因为写作及交稿时间方面的原因，年鉴中的信息介绍也未必都完整地涵盖2002－2012年的时段。竭诚希望史学界的同仁和社会各界的读者，能够为年鉴的编辑出版提供宝贵的意见和建议及相关史学研究信息，我们当择善而从，精益求精，为今后的年鉴编辑出版尽心尽力，努力推进中国历史学研究的信息传播，为广大的史学研究者服务，为中国历史学研究的不断发展进步服务。

在《中国历史学年鉴》的编辑出版过程中，我们得到了历史学界同仁的大力支持，也得到中国社会科学院、中国史学会、社会科学文献出版社领导的大力支持，谨在此表示衷心的感谢！

《中国历史学年鉴》编辑委员会

2013年12月

目 录

一 特稿

二 学科综述

三　动态

四　重大考古发现

五　其他

一 特稿

新世纪十年史学概述

张海鹏

中国史学研究包罗万象，门类众多。在一篇短文里，无法照顾诸多方面。本文从中国考古学研究、中国古代史研究、中国近现代史研究、世界史研究等方面做一简述，遗漏和不当之处，敬祈指正。

中国考古学研究

进入新世纪的十年，是中国考古学发展最快的十年。由于经济建设突飞猛进，包括三峡工程、南水北调、西气东输等国家大型基本建设项目和包括丝绸之路申遗、大运河申遗等国家文化遗产保护项目的考古工作，以及为解决学术问题实施的主动考古发掘项目，累积了从旧石器时代以来各个历史时期的大量珍贵的考古材料，不仅填补了区域年代空白，有利于建立考古学的年代框架和文化谱系，也为解决某些长期聚讼不休的历史问题提供了难得机遇。举其荦荦大者，旧石器时代的如北京周口店"北京人"遗址的再发掘，河南许昌"许昌人"的发现，山西吉县柿子滩旧石器时代晚期遗址群的持续调查和发掘；新石器时代的如浙江浦江上山遗址的发掘和"上山文化"的命名，湖南道县玉蟾岩遗址的发掘和中国最早期陶器的发现，河南新密李家沟遗址早于裴李岗文化的李家沟文化的发现，浙江余杭良渚城址的发现和持续发掘等；夏商周时代的如河南偃师二里头宫城遗址的发现和持续发掘，河南安阳洹北商城的发现和宫殿区的发掘，山西翼城大河口和绛县横水墓地的发掘等；秦汉以降诸历史时期的如河南内黄三杨庄汉代村落遗址的发掘，江苏盱眙大云山汉墓的发掘，河南安阳曹魏高陵的发现，广东"南海一号""南澳一号"沉船的水下考古发掘等，均具有重大的科学研究价值。

考古学和自然科学的合作空前密切，成果显著。考古学是一门边缘科学，介乎自然科学和社会科学之间。从考古遗迹、遗物的获得，到它们的研究和保护，都离不开自然科学手段的介入。如果说20世纪后半叶以碳十四为代表的自然科学手段的应用，为中国考古学建立科学的年代框架和文化谱系做出了划时代的贡献，那么过去十年在动物考古、植物考古、环境考古、冶金考古、文化遗产保护、年代学等众多方面的研究工作，则为更加广泛地获得古代人类的历史文化信息，更加深入地了解、复原古代人类的社会生活，提供了新的更加有效的途径。以植物考古为例，由于系统的浮选方法的广泛应用，目前对"五谷"等众多植物的起源和发展，特别是对源自中国的栽培作物黍和粟，以及自西亚移入的栽培作物大麦、小麦等的起源和发展过程，有了远较过去深入的了解，对中国古代的社会和经济生活因此也有了更加丰富的认识。

中国文明起源及中国早期国家形成等重大理论问题的研究取得新进展。世纪之交，继夏商周断代工程结束之后开展的"中华文明探源工程"，为加强考古学家和自然科学家及其他相关学者的联合攻关建立了富有成效的机制，为深入研究中国文明的起源、发展和动因，提供了难得机遇，中国文明起源和中国早期国家形成等重大理论问题取得新突破。中国文明的发展过程，如果按阶段划分，从公元前3500年左右开始，黄河中下游、长江中下游和西辽河流域等主要文化区的文明化进程均呈现明确的加速发展趋势。一些文化和社会发展较快的地区开始相继进入初期文明阶段。中国五千年文明信非虚言。自公元前3000年至公元前2000年前后，各主要文化区的文明化进程在剧烈的社会动荡中加速发展和演变。中原地区在各种文化因素激烈碰撞重组和文化中心不断移动的旋涡中持续发展。黄河下游的海岱地区则保持着稳健的社会复杂化进程，出现若干以大型城址为中心的等级结构更加复杂的区域聚落群，与中原地区东西并立，形成与古史记载中描述的夷夏对立相仿佛的格局。自公元前1700年前后，河南偃师二里头遗址率先崛起，规模庞大，并出现了中国最早的宫城、有中轴线布局的宫殿建筑和依附于宫殿区的手工业作坊等重要遗迹，成为凌驾于周围广大地区内多个区域性中心聚落之上的都邑性聚落，标志着中国早期文明化进程发展至一个崭新的阶段。

关注国家起源中有关理论问题的探索，开始从理论或者方法论的层面对文明和国家起源的整体研究进行思考，对于文明起源与国家产生的关系、中国古代国家产生的途径等重大问题进行理论分析。学者认为，要推进中国国家起源和早期国家研究中理论问题的探讨，需要找准处理中国个案所应关注的问题点和重点，结合中国考古新发现，从中国的材料出发，创建出符合中国历史实际的理论，才是最上乘的文明和国家起源研究。中国国家起源的研究，是中国考古学和中国古代史学者共同关注的热点。

考古研究领域逐步扩展，研究方法呈现多元化。在各主要地区文化史的重建初步完成之后，考古学研究呈现多样化、多元化的态势。在中国远古人类的起源与迁徙、农业起源、中国文明起源、中西文化交流、聚落考古、农业考古、手工业考古（比如盐业考古）、水下考古、遥感考古、墓葬考古、宗教考古等方面，均取得显著成就。以聚落考古为例，全覆盖式系统聚落调查方法在包括河南、山东、辽宁、四川、内蒙古、湖南、云南等多个地区的广泛应用，为研究各地区的社会复杂化进程和中国文明的起源提供了翔实的史料和科学的方法。

中国考古界对于理论探讨的兴趣也在提升，已经有学者提出用唯物史观指导中国文明起源问题的研究。一些国外优秀成果相继被译介到中国，对外学术交流也逐渐增多。中国考古学家的论文也频繁出现在西方著名刊物上，这对国际考古学界了解、认识中国考古学，也为中国考古学走向世界，开创了新局面。这是过去从未有过的。由中国社会科学院考

古研究所编辑的 *Chinese Archaeology*（年刊），用英文向国际学术界介绍中国考古学，对推动中外考古学界的交流互动，发挥着日益重要的作用。

过去研究较为薄弱的边疆地区考古突飞猛进，并在不少方面取得突破。以新疆和甘肃的青铜时代为例，比如新疆流水墓地、小河墓地、洋海墓地、穷科克墓地、巴里坤遗址与墓葬群的调查与发掘，显示新疆不同区域间的青铜文化，呈现纷繁复杂的面相。甘肃临潭磨沟齐家文化墓地的发掘，对齐家文化的年代与社会组织结构的认识提出了挑战；甘肃张家川马家塬战国时期戎人贵族墓地的发现，则为研究先秦时期东西方文化的交流提供了新材料。

研究成果大量出版，数量或许超过 20 世纪的全部出版物。除中国社会科学院考古研究所编著的集大成的多卷本《中国考古学》之《夏商卷》《两周卷》《新石器时代卷》和《秦汉卷》之外，数以百计的考古发掘报告和研究专论出版，中国考古学多元化、多样化、多学科合作的研究态势，也体现在这些林林总总的著作中。

中国古代史研究

新世纪十年中国古代史研究取得很大进展，在一定程度上得益于考古材料的发掘，以及甲骨尤其是大量简帛的发现。这些材料的发现对于中国古代史中分支学科简帛学的形成起到了关键作用。简帛的发现、整理与研究，是新世纪十年中国战国秦汉魏晋史研究最为关注的前沿性问题之一。这些简帛的内容涉及战国至魏晋时期官私文书、律令、户口簿、医书、日书、天象、地图以及古代典籍或者典籍佚文等，极大地推进了中国史学界对这一时期政治、经济、文化和社会管理方面历史的认识。经过研究者整理，出版数种简帛资料，为学者研究提供了第一手资料。从简帛的角度可以独立提出和系统研究许多重大课题。学者通过研究这些史料，在战国楚史研究，秦汉魏晋政治史研究，地方行政研究，爵制研究，律令制度研究，土地、赋役、户籍制度与相关经济史研究，思想文化与社会史研究方面都取得了突出成果。

2003 年出版的《殷墟花园庄东地甲骨》一书收集了丰富的殷墟花园庄东地甲骨，为研究甲骨文字考释、甲骨文例、商代家族制度、权力分配、宗教祭祀等提供宝贵资料，在殷商史研究领域引起重视，仅 2005 年就有约 30 篇论文发表。这批甲骨的发现和公布，对晚商王朝权力运作、祭祀制度、占卜制度、殷礼复原、有关地名与建筑考订、刻辞文字释读等，起到了推动作用。10 卷本《商代史》是运用甲骨文材料研究商史的最新成果。

由于秦简、汉简牍的大量发现，秦汉史的研究有了推进。一些以往不容易弄清楚的问题，如秦及西汉初期的土地制度形态、二十等爵制的实态及其在秦汉社会结构和政治结构中的地位和作用、秦汉官僚体制的特质及演变、汉初中央王朝与诸侯国的关系及其历史渊源、秦汉法律体系的形成与特质、秦汉时期的赋役体系等这些涉及秦汉社会结构和国家形态的重要问题，或者有了新的认识，或者在争辩中为获得新的认识创造了条件。

魏晋南北朝时期历史，由于考古资料的发现，拓跋鲜卑早期历史的研究引起了学者关注。李凭著《北魏平城时代》、田余庆著《拓跋史探》、张金龙著《北魏政治与制度论稿》、王凯著《北魏盛乐时代》等，都利用了文献与考古资料，集中探讨了拓跋鲜卑早期的历史。拓跋鲜卑在中华民族形成历史上曾经起过重要作用，它结束北方十六国纷争局面，统一北方广大地区，形成北方民族融合的高潮，奠定了隋唐统一国家的基础。

隋唐五代史研究中，近年来学者注意"唐宋社会变革"研究，尤其关注晚唐与五代史，相关的学术讨论会开了十多次。与此相关，有关晚唐五代时期专制制度的演变，有关"唐礼""唐令"等唐代礼、法制度以及演变的研究，都有不少著作问世。

日本学者早年提出的"唐宋社会变革"说近年引起讨论。有学者指出，中国学者早已知道这一论点，却并不主张宋代为"近世"说，认为盲目追随唐宋变革无助于推动唐宋史的研究。近年的讨论，提出了另一个值得注意的问题，即如何从打破朝代局限，也就是从长时段去研究社会演变问题，是有意义的。

由于契丹文字的解读获得新的进展，辽金夏史研究有了前进。近年不断有新的契丹文字石刻出土，一些青年学者不畏艰难走上契丹文字研究的道路，内蒙古大学还培养出了研究契丹语言文字的博士生。契丹文字的解读成果开始用于辽史研究，必将对包括以上课题在内的辽史研究起到巨大的促进作用。黑水城文献资料的整理、出版、翻译与研究，使中国西夏学研究进入繁荣发展的新阶段，取得不少成果。

明史方面，郑和下西洋和晚明社会变迁研究成为学术界关注的重点。晚明社会变迁研究表明，15－16世纪是人类社会发生深刻变革的时代，中国社会也同样发生了深刻变革，最重要的标志之一是白银货币化。晚明白银由非法到合法货币，银本位的确立标志白银货币化的完成、市场经济的萌发，构成对传统生产方式与生产关系的重大冲击。晚明社会变迁标志着社会的转型、近代的开启。

近年来，清代学术文献的整理出版卓有成绩，《乾嘉学术编年》与《乾嘉学派研究》，表明乾嘉学派研究取得了重要进展。美国研究清史的学者提出了"新清史"概念，在中国学术界近几年引起关注，有学者称赞，但中国学者对所谓"新清史"多持不大赞成的态度。

"新清史"主张重视作为中国统治民族满族的主体性研究，主张重视利用满文档案和其他民族的文字书写，主张重视满族在创建清朝中国中的贡献，注意研究清朝统治者的"满族性"，这是对清史研究有积极意义的学术见解。但是，对"新清史"的学术成就不能有过高的评价，毋宁说"新清史"的基本学术倾向是错误的。"新清史"的主体观点是所谓满洲帝国与中国不能画等号，中国只是满洲帝国的一部分，等等，是找不到史料支持的，是西方世界观在中国历史研究上的折射，不值得称赞。在中国历史上，只有"大清国"作为中国的一个朝代存在，何曾出现过"满洲帝国"呢？中国学者刘小萌、黄兴涛等先后做出了学术评论。黄兴涛有关清代满人的中国认同，已经做出了清晰的论证。

关于"封建"问题的争论

五千年中国历史究竟走过了一条什么样的发展道路，这既是中国古史研究中一个宏观的实际问题，又是一个重大的理论问题。最近若干年来，许多研究者从不同的角度，依据各自的历史观，试图去对这一问题做出回答。其间，对中国"封建"概念及相关理论的思考是近年来的一个热点。冯天瑜《"封建"考论》的出版将关于封建社会问题的讨论推向了一个新的高潮。该书认为，中国史学界流行大半个世纪的"封建社会"论，乃是一种"泛封建观"，与"封建"的"本义""西义"和马克思的"原论"均有悖离，主张以"宗法专制社会"来称谓以君主专制为特征的秦至清社会。围绕这部著作，已经连续举办了三次全国性的学术研讨会，2006年10月，在武汉大学召开"封建社会再认识"学术研讨会；2007年11月，中国社会科学院历史研究所、经济研究所、历史研究编辑部与在京院校合作，举办了"封建名实问题与马列主义封建观"为主题的论坛，2008年，会议文章结集出版，名为《封建名实问题讨论集》；2008年12月，在苏州召开"封建与封建社会问题"学术研讨会，会议论文集结为《中国"封建"社会再认识》。《"封建"考论》所引起的学术争论，展现出学术界对"封建"名实问题及社会形态学说的不同理解。一些学者由此主张淡化"封建"概念，以时段发展来代替。更有学者强调，中国是否存在封建社会，要看封建社会经济形态的基本特征在中国是否存在，封建社会作为人类历史的重要发展阶段不应否定。

关于"封建"问题的学术争论显示传统观点与新观点的冲突，有的学者认为《"封建"考论》一书为新时期历史和人文社会科学研究确立了新的范式。也有学者认为，这些"新见解"不是在前人研究的基础上继续向"社会生活的深处"开掘，而是由"社会生活的深处"退回到"政治形式的外表"。中国马克思主义史家以往关于封建的整个观念乃至理论系统（以封建地主制理论为核心），恰恰是逐渐突破政治形式的外表、深入社会生活深处的结果。封建问题的指向，是社会形态，是历史的普遍性与特殊性、统一性与多样性问题。由"封建"名实问题引发的争论将对如何理解马克思主义的社会形态学说，如何评价马克思主义的封建观，以及如何看待中国和西方封建社会的异同，提出新的思考。如何总结、继承前人成果，吸取其教训，充实、补充以往之不足，进一步完善中国历史学体系，成为摆在中国史学家面前的一大要务。

中国近代史研究

中国近代史研究一向与现实生活关系比较密切。一些重要热点问题的研究，往往由现实生活提出来，学者围绕这些问题展开深入的学术探讨。这十来年间，中国近代史研究领域多次出现热点。

辛亥革命史研究是这十年期间一大热点。2001 年是辛亥革命90 周年，2011 年是辛亥革命 100 周年，由中国史学会和湖北省社科联发起，在武汉连续召开了两次国际学术讨论会。90 周年的国际讨论会收到论文 102 篇，以辛亥革命与 20 世纪的中国为主题，围绕辛亥革命时期的政局、辛亥革命时期的政治集团、辛亥革命与中华民族的认同、辛亥革命时期的经济发展、辛亥革命时期的国家与社会等多个议题展开研讨，成果丰硕。100 周年的国际学术研讨会，以辛亥百年与百年中国为主题，围绕辛亥革命时期的政治、经济、社会、思想文化和对外关系，发表了 104 篇论文。

与辛亥革命研究有关，还有孙中山研究。2006 年 11 月中国孙中山研究会发起在中山市召开纪念孙中山诞辰 140 周年国际学术讨论会，与会学者围绕孙中山一生革命业绩做了深入研究。

与辛亥革命史研究同时进行的，是对清末新政的研究。辛亥革命史是着重从革命派这一面研究的，清末新政是着重从清政府这一面来研究的。有学者从地方督抚的角度如从张之洞研究清末新政；有学者从新政机构的角度研究清末新政，如学部研究、邮传部研究；有学者从鸦片税收的角度研究清末新政；有学者从留学生的角度研究清末新政；有学者从施政效果的角度研究清末新政，如研究科举停废对近代中国的影响；有学者从满汉关系的角度研究清末新政；有学者从边疆的角度研究清末新政。还有学者从中国政治转型的角度研究清末宪政改革，从资政院和咨议局角度研究清末新政中的预备立宪，从地方自治的角度研究清末宪政改革，亦有学者从驻外使节的角度研究清末新政。这些专题研究已经相当深入，对于我们了解清末新政的全貌作用甚大。通过这些研究，可以看出清朝廷坚持皇帝专制，是清末新政走向失败的基本原因，也是辛亥革命不能不发生的基本原因。

辛亥革命研究，不应该仅仅是辛亥革命本身的研究，而应该是辛亥革命时期中国的研究，是一项综合性很强的研究。这十年间，不仅研究辛亥革命时期的政治史、经济史等传统项目有进展，也在研究辛亥革命时期的社会史、思想文化史，以及社会心理的变化史方面有很大进展。

这十年间，有关辛亥革命史、孙中山研究和清末新政的论著甚多。辛亥革命 90 周年纪念，中山大学近代中国研究中心和孙中山研究所出版了一套"孙中山与近代中国学术系列"（8 种），华中师范大学中国近代史研究所出版一套研究辛亥革命的著作（5 种）。辛亥革命 100 周年，华中师范大学出版了辛亥革命百年纪念文库，其中《辛亥革命的百年记忆与诠释》4 卷，很值得重视。

太平天国历史研究，也可算是这个时期的一个热点。

总体来说，改革开放以后，太平天国史研究呈现低潮。20 世纪 80 年代末，出现了极力贬低太平天国的情况。冯友兰《中国哲学史新编》第六卷，认为太平天国代表的"神权政治"是历史的反动和倒退。近年来，否定太平天国地位和历史作用的声音又有升高。有学者著书写文章，指斥洪秀全是"暴君""邪教主"。对于这种彻底否定太平天国的见解，学术界许多人发表了不同意见，指出应当坚持马克思主义关于人民群众是历史创造者的唯物史观，从史实与史观结合的大历史范畴，实事求是地评价农民战争中的平均主义、宗教观，分析中国封建社会中推动历史前进的动力，认为否定太平天国、为曾国藩翻案，实质上就是为阻碍中国历史发展的清朝统治者翻案。夏春涛新著《天国的陨落——太平天国宗教再研究》，不仅在研究太平天国宗教方面有建树，而且在驳斥太平天国宗教"邪教"说方面有说服力。

与太平天国运动相关的捻军史的研究，郭豫明著《捻军史》是这个时期学术界的新收获。该书利用丰富的史料，全面系统地阐述了捻军起义的整个历史过程，总结了捻军起义的历史经验与教训，阐明了捻军起义的性质和历史意义。

新时期有关戊戌维新和戊戌政变的研究有了前进。学者大量利用了中外各种历史档案，在重建戊戌变法的历史史实方面有了重大贡献。学术研究指出了康有为《我史》（康有为自编年谱）和梁启超《戊戌政变记》史实记载的大量错误，两书中有关戊戌变法进程的宏观描述和一些关键细节，是两位作者的刻意安排，"实为康梁应急的政治宣传品，而非纪实的信史"，长期以来误导了读者和史家。茅海建的《戊戌变法史事考》《戊戌变法史事考二集》和《从甲午到戊戌：康有为〈我史〉鉴注》三书是这方面的代表作。

关于抗日战争史研究。抗日战争史研究在这十年里有了重大进展。张宪文主编的《南京大屠杀史料集》78卷出版，广泛搜集了国内外各大档案馆、图书馆所藏南京大屠杀史料，包括英、日、德、意、俄等文种文献，也包括了加害方日本的文献、受害方中方的文献，以及西方各国的文献，相当全面、客观地记录了日本帝国主义在南京犯下的战争罪行和反人类罪行，为抗日战争史中这个重大事件的研究奠定了坚实的史料基础。这项史料集的出版，不仅具有重要的学术意义，而且具有重要的现实政治意义。

这期间，社会科学文献出版社推出了中国社会科学院中日历史研究中心文库，列入文库的论著四十多种，涉及中日关系史以及日本侵华暴行、日本侵华政策与侵华机构、日本在华殖民统治和伪政权、日本社会的政治体制、日本右翼研究、日本历史教科书研究、中国政府抗日政策、中国抗日战争的国际地位等多方面。吉林社会科学院孙乃民主编的《中日关系史》三卷、"马克思主义理论研究与建设工程"主持的《中国抗日战争史》是代表作。

关于国民党、国共关系和蒋介石研究。由于国内外包括台湾档案史料逐渐公开，有力促进了民国史研究。其中有关国民党研究、国共关系史研究、蒋介石研究，成为这个时期的研究热点。国民党政权统治研究方面，有关国民党组织体系研究、国民党党务研究、国民党"党国体制"研究；国共关系方面，有关国民革命研究、共产国际与中国革命研究、国民革命时期群众运动研究、有关"容共""联共"研究、有关国民党"清党"研究以及抗战胜利前后国共关系的研究等；由于蒋介石日记的公开，有关蒋介石的研究等，都大大加深了人们的认识，促进了学术的发展。

中国近代史研究方面，有几部代表性的通史著作在这个时期出版，是值得关注的。它们是中国社会科学院近代史研究所编的10卷《中国近代通史》、9卷《近代中国文化转型研究》、12卷《中华民国史》、12卷《民国人物传》、39卷5册《中华民国大事记》以及北师大朱汉国等主编的10卷《中华民国史》。龚育之、金冲及等主持的《中国二十世纪通鉴》（全书20卷，5册，1100万字）是一本很有使用价值的通鉴体裁的通史书。

中国近代社会史研究。近代社会史从20世纪80年代起步，到新世纪已有稳定的发展。中国历史学领域恢复社会史研究是学术领域一大进步，深化社会史研究对于准确认识中国社会，认识中国社会发展史，更为准确地把握中国历史，特别是近代中国历史的政治走向，中国近代社会的发展趋势，都是必需的。近代人口史、婚姻家庭史、衣食住行史以及灾荒史、区域史、乡村史等都需要展开研究，这些方面在新世纪都有丰硕成果。有学者指出，社会史研究存在社会学化的问题，也存在所谓碎片化问题。还有学者认为，社会史的崛起，实现了中国近代史研究由"革命史"向"整体史"或"社会史"的转型。如果说"革命史"代表了80年代之前中国近代史研究的主流趋向，那么，社会史就标志着"新时期"中国近代史研究的主要方向和发展趋势。这样的评估未免与中国近代史研究的实际有距离。这表明，社会史研究领域中，理论与方法的问题并未完全解决，还有深入讨论的必要。社会史究竟是社会生活的历史，还是社会的历史？社会史如果理解为社会的历史，就会使社会史学科领域跨界，变成笼罩一切。实际上，一个时代的政治状况，既决定了那个时代的经济和文化，也决定了那个时代的社会生活。仅举一例：20世纪80年代开始实施的计划生育政策，影响并制约着30多年来的人口史研究，影响着这个时期的社会生活。其实，这个时期实施的计划生育政策，是一种政治的结果。是政治决定着人口，而不是人口决定政治。

中国社会科学院近代史研究所主办的英文刊物 *Journal of Modern Chinese History*，由英国 Taylor & Francis Group 在英国出版发行，为中外研究中国近代史的学者搭建了一个很好的交流平台。

清史与地方志和各种通史的编撰

2002年12月国家清史编纂委员会成立，标志着一项以史学编纂为目标的国家工程正式启动。清史纂修工程由主体工程、基础工程和辅助工程三部分组成。编写一部100卷左右、约3000万字的《清史》是主体工程；基础工程是指清代档案、文献和民族文字、外文文献档案的收集、整理和编译；辅助工程是指相关档案、文献的出版，图书资料的收集、保存，以及网络信息库的建设。作为主体工程的《清史》分通纪、典志、传记、史表、图录5类，共92卷，每卷约35万字，总计约3220万字。参与清史纂修工程的清史专家约1600人，涉及全国29个省市（包括港澳台）。这是新中国成立以来最为巨大的史学工程。经过10年工作，目前整个工程已经进入总纂、审稿和验收阶段。

编纂地方志是中国的史学传统。中国首轮地方志，规划省地县志6000种，90%以上已完成出版，另有4万部部门志、行业志、乡镇志、名山大川志等问世。新世纪开展第二轮修志工作以来，据统计，已有700多部志书出版。

随着20世纪90年代几部中国通史出版，各省、直辖市组织学者编撰的各省、直辖市通史陆续出版。新世纪出版的这些通史有《河北通史》《内蒙古通史》《吉林通史》《辽宁通史》《江苏通史》《浙江通史》《福建通史》《河南通史》《江西通史》《山东通史》《湖南通史》《广东通史》《广西通史》《重庆通史》《四川通史》《贵州通史》《云南通史》《甘肃通史》《宁夏通史》等。还有一些省辖市、地级市甚至县编写出版了本地的通史。盛世修史，以史资政、以史育人，成为风尚。

此外，还有各种专门领域的通史编纂出版。如宗教通史、法制通史、文化通史、西南通史、西北通史等大约20种。

中国现代史研究

按照学术界现在的认识，中国现代史研究，就是中华人民共和国史研究，也就是当代中国史研究。有组织地从事中国现代史即中华人民共和国史研究，始于20世纪90年代初成立当代中国研究所。在此前后，学术界在搜集、整理、编辑出版史料方面，做出了很大成绩，为中国现代史即中华人民共和国史的编写和专题研究的展开打下了很好的基础。新世纪里，中国现代史研究取得进展，一些重要问题形成研究热点。关于抗美援朝战争的研究、关于由新民主主义向社会主义过渡的研究、关于新中国成立初期思想文化领域的斗争、关于探索适合中国国情社会主义建设道路的研究、关于反右派斗争扩大化错误的研究、关于"大跃进"运动和人民公社化运动研究、关于"文化大革命"和"文化大革命"十年的研究、关于中共十一届三中全会的历史转折的研究、关于邓小平南方谈话和确立社会主义市场经济目标的研究、关于改革开放的历史经验的研究等，都取得了进展，发表了不少论著。

一大批涉及中华人民共和国的历史档案、领导人文集等出版。《三中全会以来》《十二大以来》《十三大以来》《十四大以来》《十五大以来》《十六大以来》等重要文献，比较系统地反映了改革开放以来特别是新时期以来党和国家的重大决策。《建国以来毛泽东文稿》《建国以来周恩来文稿》《建国以来刘少奇文稿》《邓小平军事文集》《陈云文集》《毛泽东传（1949－1976）》《邓小平年谱（1975－1997）》《陈云传》《杨尚昆日记》等出版，提供了中国现代史研究的主要史料。

著作方面，新世纪出版的有《中华人民共和国国史全鉴》15卷、《中华人民共和国简史》《中华人民共和国教育史》《中华人民共和国军事史要》《中国改革开放史》《抗美援朝战争史》《土地改革运动史》《三线建设：备战时期的西部开发》《中华人民共和国专题史稿》《中华人民共和国大事记》以及当代中国研究所编《中华人民共和国史编年》（1949、1950、1951年卷）等。《中华人民共和国史稿》5卷本，已经完稿，即将付梓。

中国现代史即中华人民共和国史，作为中国历史学的分支学科，在学科理论和方法的研究上、在学科建设上，还有许多工作要做。

世界史研究

从1980年召开的第15届国际历史科学大会起，到2010年在阿姆斯特丹召开的第 21 届国际历史科学大会，中国史学会组织的代表团都积极参加了历次讨论会。新时期，中国史学会与国际历史学会积极合作，2007 年 9 月在北京举办了国际历史学会各国代表大会和执行局会议，中国史学会组织学者在代表大会上向各国历史学家介绍了中国历史学研究概况。2010 年 8 月，在阿姆斯特丹国际历史学会代表大会上，中国史学会争得了 2015 年在中国山东举办第 22 届国际历史科学大会的权利。中国历史学界与国际历史学界的联系，日益紧密。

中国的世界史学者对世界历史的理论体系一直在进行探讨。探讨的中心在于如何突破"欧洲中心论"。对世界史的体系，有主张整体史观，有主张全球史观，有主张现代化史观，等等。是否以现代化作为世界近现代史学科新体系的主题，学者间一直存在争论。最新的争论出现在最近出版的《历史研究》杂志上。2008 年第 2 期杂志上有学者坚定主张以现代化为主题构建世界近现代史新的学科体系，也有学者反对这一主张，认为"不应该抛弃社会形态从低级向高级发展的主线另起炉灶"。还有学者坚持整个社会形态的交替构成了人类历史进程的基本内容和主要的线索，认为"没有一种其他的历史理论和学说比马克思主义的历史理论更加关注人类整体的历史，马克思主义的历史理论对人类社会及其发展变化的阐述所具有的系统性和完备性是任何已知的其他理论无法相比的。从这一意义上说，我们在构建世界历史体系的工作中也应该坚持以唯物史观为指导"。

全球化和全球史，也是中国世界史学者热烈讨论的话题。2007 年社会科学文献出版社出版于沛主编《全球化与全球史》，对全球史有广泛的讨论。有的学者认为，全球史观是一种借用历史哲学和历史学已有成果的新提法，不是解释历史的新方法，更不是一种博大周密的新体系。有的学者认为，全球史观不是不需要历史中心，而是要建构新的中心。也有的学者认为，全球化史观的影响力有限，尽管全球化史观已经问世近半个世纪，但西方人文社会科学的基础基本上还是建立在"欧洲中心论"的历史解读之上。还有的学者认为，全球化史观还存在诸多理论缺陷，最明显的是忽视社会内部的发展。有学者认为，就如同不存在"文化全球化"一样，也不存在"全球化"的全球史。每个国家和民族都有自己心灵中的全球史。

如何通过中国学者的眼光，撰写世界通史，一直是中国的世界史学者的希望。反映历史学最新发展成果的有分量的世界通史性著作已经有学者在探索。作为高校世界史教材，山东大学出版社出版了齐涛主编的《世界通史教程》。北京大学潘润涵等著的《世界近代史》，河南大学阎照祥的《英国史》，还只是断代的世界通史或者国别通史。

在新世纪，世界通史著作的撰写和出版有了进展。中国社会科学院世界历史研究所主编的大型多卷本《世界历史》已经完成，出版可期。其他已出版的著作有齐世荣主编《人类文明的演进》（上下卷）、李世安等编《世界文明史》、刘明翰等主编《人类精神文明发展史》（4 卷本）、马克尧主编《世界文明史》（3 卷本）等。

在新世纪，中国的世界史研究领域，各方面都取得了进展。在世界古代史方面，古代西方历史，特别是古代希腊罗马史，进展比较突出。据有关学者统计，仅 2001 – 2005 年，古希腊史的各种专著、编著、译著出版约 50 部，古罗马史的有关著作出版约 40 部。世界古代史的全部著作中，绝大部分是有关古希腊罗马史。古代东方史的研究，在新世纪也取得了很大的进展。古代埃及史、印度史、伊朗史、东亚史，都有著作出版。中国学者对楔形文字和亚述学研究，在国外发表了有价值的论文。有关犹太的《死海古卷》、赫梯、古代民族问题、古代以色列等方面也都有成果问世。古代中世纪史方面，拜占庭史的研究，陈志强著《拜占庭史》值得重视。世界近现代史一向是世界史研究的重点。有关英国、德国、法国、欧洲一体化、美国、加拿大等的著作发表较多。俄国和东欧史也在新世纪取得重要进展。有不少著作探讨苏联时期的历史和苏联兴亡的教训。沈志华主编了多达 34 卷的

《苏联历史档案选编》等档案资料，对推动苏联历史的研究，是有贡献的。此外，学术界对国际关系史（包括国际冷战史），对亚洲史、非洲史、中亚史、拉丁美洲史，都有著作发表。

附记 本文写作，承陈星灿、卜宪群、杨艳秋研究员帮助，他们为我写作中国考古和中国古代史部分提供了重要资料。写作过程中，还参考了卜宪群《中国古代史研究中的前沿问题》、陈启能《近年来中国的世界史研究的进展》、张星星《中华人民共和国史述论》、王先明《中国近代社会史研究的异军突起》、马大正《夏商周断代工程和清史纂修工程简述》，均见张海鹏主编《中国历史学 30 年》（中国社会科学出版社，2008），还参考了《当前中国古代史研究关注的若干重要问题》（《中国社会科学院院报》2006 年 2 月 28 日）以及其他学者的文章。作者谨此致谢！

中华文明探源工程及其主要收获

王巍赵辉

中华文明探源工程是继国家"九五"重点科技攻关项目——"夏商周断代工程"之后，又一项由国家支持的多学科结合研究中国历史与古代文化的重大科研项目。本项目是由科技部立项，国家文物局作为组织单位，中国社会科学院考古研究所和北京大学考古文博学院作为主要承担单位，联合了国内外相关单位和领域的学者进行的大规模的科研项目。这一项目自2001年至2008年，已经进行了为期八年的工作。在科技部和国家文物局的支持和领导下，项目取得了较为丰硕的成果。现将本项目的主要收获报告如下，希望得到学术界和社会的帮助和指教。

一 探源工程的基本情况

探源工程可以分为预研究、第一阶段和第二阶段三个部分。

（一）探源工程预研究（2001－2003）

由于这一项目涉及的时间和空间范围广，参与的单位和学科多，研究的内容复杂，项目的组织和实施难度较大，按照科技部的指示，首先于2001－2003年进行了为期两年的"中华文明探源工程预研究"。

设置了如下课题："古史传说和有关夏商时期的文献研究""上古时期的礼制研究""考古遗存的年代测定""考古学文化谱系研究""聚落形态所反映的社会结构""古环境研究""早期金属冶铸技术研究""文字与刻符研究""上古天象与历法研究"

"中外古代文明起源的比较研究"等 10 个课题，共有相关学科的数十位学者参加。预研究最大的收获就是摸索出了多学科结合研究文明起源的方法，各个课题获得了不同程度的成果，或取得了一些重要的线索。为正式开展中华文明探源工程奠定了坚实的基础。

（二）探源工程第一阶段（2004－2005）

2003 年底，探源工程预研究结束后，按照长春同志的指示，2004 年夏季，科技部决定正式启动"中华文明探源工程（第一阶段）"〔以下简称"探源工程（一）"〕。由于当时"十五"计划仅剩两年的时间，探源工程（一）的研究范围确定在公元前 2500－公元前 1500 年的中原地区。考虑将中原地区作为第一阶段的研究对象，原因是探源工程预研究就是选择了这一区域，有预研究的基础。更重要的是，该地区考古工作起步最早，七十多年来积累了大量的考古资料，考古学文化谱系的研究较为充分，考古学文化发展的脉络较为清晰，有关文明起源的研究基础也比较好；加之该地区是夏、商王朝的诞生地，流传下来较多的古史传说和历史文献，这些都有利于探源工程（一）的顺利实施。

探源工程（一）的正式名称是"公元前 2500 年－公元前 1500 年中原地区文明形态研究"。该项目的目标是，多学科结合，多角度、多层次、全方位地研究中原地区文明的形成与早期发展的过程，并初步探索其背景、原因、道路与特点。本项目由中国社会科学院考古研究所和北京大学作为主要承担单位，河南省文物考古研究所、山西省文物考古研究所、郑州市文物考古研究所、北京科技大学、郑州大学等单位参加了项目的工作。参加项目的学科包括考古学、历史文献学、天文学、古文字学、人类学、科学测年、古植物、古动物、古环境、冶金史、化学成分分析、古人类食谱分析、遥感和遗址的物理探测、科技史、计算机科学等多个学科。在实施过程中，各个学科相互配合，协同作战，联合攻关，探讨中原地区文明形成时期的环境背景、经济技术发展状况及其在文明形成过程中的作用、各个都邑性遗址的年代关系、中原地区文明形成期的聚落形态所反映社会结构、中原地区早期文明形态等问题。

由于只有两年的时间，探源工程第一阶段对预研究设置的课题进行了取舍，共设立了如下五个研究课题：

1. 公元前 2500－公元前 1500 年中原地区相关考古学文化分期谱系的精确测年；

2. 公元前 2500－公元前 1500 年中原地区的自然环境研究；

3. 公元前 2500－公元前 1500 年中原地区聚落形态所反映的社会结构研究；

4. 公元前 2500－公元前 1500 年中原地区经济、技术发展状况研究；

5. 综合与总结——公元前 2500－公元前 1500 年中原地区文明形态研究。

经过项目各承担单位、各相关学科学者的共同努力，中华文明探源工程第一阶段取得了积极的成果。

1. 文化谱系与年代测定课题：对中原地区公元前 2500－公元前 1500 年中原地区的考古学文化谱系进行了研究，对该区域内各小区域考古学文化的年代对应关系进行了研究；对山西襄汾陶寺、河南登封王城岗、河南新密新砦、河南偃师二里头等这一时期中原地区的中心性遗址出土的系列碳样标本进行了加速器和常规方法的碳十四精确测年，得出了多组测年数据，为研究这些遗址的相互关系以及当时中原地区文化与社会的发展状况提供了较为可靠的测年数据。

2. 自然环境变迁课题：对豫西晋南地区的自然环境做了较为全面的考察和分析。对从豫西的寺河南和晋南的太子滩两个地点的自然沉积剖面中采集的系列土壤样品进行了年代测定、孢粉分析和磁化率分析等方面的研究，结合对在陶寺、王城岗、新砦等遗址文化层获取的孢粉分析以及对木炭碎块进行的显微镜观察树种分析，初步认识了当时豫西晋南地区的气候特征和植被状况，初步复原了遗址所处地点的原生地貌和变化情况以及当时的自然环境和可能发生过的灾害事件，为研究气候演变与文化发展和文明演进之间的关系进行了探索。初步的研究结果表明，在公元前2500－公元前2100年期间，中原地区的气候较为温暖湿润，适合农业的发展。公元前2000年左右，在黄河中游地区曾有一个气候较为异常的时期，其主要表现为温度的变化尤其是降雨量的不均衡。这一研究结果不禁使我们联想起古史中关于尧舜禹时期气候异常、灾害频发的记载。我们认为，气候环境的变化对文明演进的影响主要是背景层面的，它可能不是中原地区夏王朝崛起的唯一或最为重要的原因。

3. 经济技术发展状况课题：应用自然科学相关学科与考古学相结合的方法，对山西陶寺、河南王城岗、新砦、二里头等四处重点遗址出土的动植物遗存、人工遗物及相关遗迹进行研究，阐明公元前2500－公元前1500年这个特定时间段里中原地区包括农耕生产，家畜饲养，陶器、玉器和青铜器制作等在内的经济技术发展状况及其与文明演进的关系。

研究成果表明，在公元前2500－公元前1500年期间，中原地区人类社会的基本经济生产部门——农业（包括农耕生产和家畜饲养）以及最能反映当时技术水平的加工制作业（包括青铜器制作、陶器制作、石器制作、玉器加工等）都呈现显著的变化和进步，其中尤以发生在由龙山时代向二里头文化演变过程中的变化最为明显。

在龙山时代向二里头文化演变过程中，农业生产在保持原有传统的基础上（即以粟类作物为代表的农耕生产和以家猪为代表的家畜饲养）开始普遍地种植水稻和饲养黄牛，与此同时，起源于西亚的小麦和绵羊也传入了中原地区，由此逐步建立起多品种农作物种植制度和多种类家畜饲养方式。这种跃进式的农业发展在当时主要生产工具——石器类型的变化上也有体现，例如与石斧、石铲等多功能生产工具相比，石刀、石镰等收割用工具所占的比重显著增加。同样是在这一时期，金属制造业在原有的砷铜冶炼技术的基础上发展出了锡（铅）青铜冶炼技术，后者很快成为我国青铜时代冶铸业的重要特色之一。原始瓷器也在这一时期开始出现。玉器加工开始采用琢制、锯切割、管钻穿孔和研磨抛光等一系列比较先进的技术手段。

该课题的研究成果再次证明，社会经济和技术的发展是促进古代文明形成的重要动因之一。该课题的显著进展充分显示出多学科结合在文明起源研究中的巨大潜力。

4. 聚落形态所反映的社会结构课题：通过对陶寺、王城岗、新砦、二里头等这一时期中原地区四座都邑性遗址的考古钻探和发掘，对这些中心性遗址的修建、使用和废弃年代、布局、功能区分及其所反映的社会组织结构和王权发展程度有了不同程度的新认识。

（1）在据古史传说是尧活动中心地区的山西南部，中国社会科学院考古研究所近年在襄汾陶寺遗址新发现了距今约4300－4000年的大型城址，其中早期的城址长约1000米、宽约580米，面积为58万平方米。到了中期（约距今4100年前后），建成了长1800米、宽1500米，面积达280万平方米的巨型城址。在早期小城南部，发现了一个高等级居住区，这里发现了规模达1万平方米的大型夯土建筑基址，出土了迄今年代最早的陶制建筑材料（"瓦"）和精美的刻花墙皮。在高等级居住区以南，发现了集中于一处的十余座直径达十米左右的大型窖穴，可能为城内统治者所控制的仓储区。在中期大城的南端，发现了以围墙围绕的区域，其内部发掘了随葬上百件精美玉器、漆器、陶器的随葬品的大型墓葬和出土数十件随葬品的中型墓葬。尤为引人注目的是，在大型墓的附近发现了一个平面呈大半圆形的特殊遗迹。从该半圆的圆心外侧的半圆形夯土墙的有意留出的几道缝隙中向东望去，恰好是春分、秋分、夏至、冬至时太阳从遗址以东的帽儿山升起的位置。发掘者和天文学家都认为，这个遗迹很有可能是与观测太阳的位置确定春分、秋分、夏至、冬至等重要节气的活动有关的观测天象和举行祭祀的场所，这不禁让人联想起《尚书·尧典》中关于尧"观象授时"的记载。

陶寺城址的规模比夏代后期的都城二里头遗址小约100万平方米，而与全国各地发现的早于夏代的城址相比，则要大一倍乃至数倍之多，颇有傲视群雄之感。陶寺城址不仅规模巨大，而且城内功能分区明显。高级贵族居住区与社会下层居住区相隔绝，并已出现专门为上层贵族所掌控的仓储区和墓葬及祭祀区。表明当时的社会已经出现了相当严重的阶层分化，城内的统治集团已经掌握了军事指挥权和祭祀权，成为凌驾于社会之上的主宰，已经具有"王"的雏形。课题组认为，至迟在陶寺文化中期，已经进入早期国家的阶段。

（2）在河南登封王城岗小城遗址，河南省文物考古研究所和北京大学考古文博学院在20世纪七八十年代曾经发现总面积在1万平方米左右的两座东西并列的小城。西部发现了面积约30万平方米的大型城址，该城外的城壕与小城外侧的城壕相连通，建造年代也与小城大体同为河南龙山文化晚期，约公元前2000年前后。王城岗遗址一带过去出土的战国时期砖瓦，上有"阳城"的铭文。可知这一带战国时期曾称阳城。这次新发现的城址的位置和年代与夏禹活动的时期和地域基本吻合，规模又达到30万平方米，在城内发现夯土基址的线索，从而为寻找禹都阳城的所在找到了极为重要的线索。

（3）中国社会科学院考古研究所和郑州市文物考古研究所在河南新密新砦遗址新发现了面积达70万平方米的大型城址。城外有大型护城壕。城内发现了面积在1000平方米以上的大型遗迹。根据现场的观察和对其功能的分析，课题承担者推测可能是当时的人们从事公共活动的场所。如此规模的城址和遗迹在迄今发现的同时期遗存中首屈一指。该城址的年代略晚于王城岗遗址，早于二里头遗址成为都城的年代。这个城址的发现，填补了二里头遗址之前夏代都邑性遗址的空白，为研究夏代的历史提供了宝贵的资料。

（4）河南省偃师二里头遗址是夏代后期的都邑。自 1959 年被发现以来，中国社会科学院考古研究所的几代学者在这里进行了大量的考古工作，相继发现了大型建筑基址和贵族墓葬及铸铜作坊。但是，对该都城的布局一直缺乏总体的了解和准确的把握。近几年，这方面终于有了突破：在都邑的中部发现了宫殿较为集中的区域，其周围以宽 10 - 20 米的道路围绕；在路面上发现了迄今最早的车辙（两轮之间的距离为 1 米，应非马车）。大约在都城被使用了数十年后，在围绕宫殿区的道路内侧修建了宽 2 米，边长 300 多米，面积达 10.8 万平方米的宫城；宫城内部又修建了一批宫殿建筑。宫城的城门处修建有门楼。宫殿建筑多呈"四合院"式结构，多数宫殿的正殿坐北朝南，其两侧的厢房东西对称，可以看出已经具有中轴线理念的雏形。有些建筑为前后相连递进的院落。这一发现将我国古代宫殿（包括故宫紫禁城）建筑的中轴线贯穿，左右建筑对称、院落前后递进的布局特点出现的年代上溯至距今 3700 多年前的夏代后期。另外，在一座大型建筑的院落内，发现了数座贵族墓葬。其中的一座墓葬中，发现了用 2000 多片细小规整的绿松石片镶嵌而成，长达 60 多厘米的龙形遗物。该龙形器形象逼真，造型生动，反映了高超的工艺技术。二里头遗址宫城及宫殿区的重要发现入选"2004 年度中国十大考古发现"。

2005 年，在宫城的南墙以南，又发现了一个由围墙围绕的区域，里面未发现大型建筑基址，却发现了铜器和绿松石等仅为高级权贵阶层所使用的奢侈品制作作坊。有迹象表明，这一区域极有可能是王室直接控制的手工业作坊区。探源工程实施期间，二里头遗址的一些重要发现，如宫城的出现、宫殿的规模和中轴线布局理念的形成、作为等级身份主要象征物——礼器（青铜容器、玉石仪仗用具、绿松石镶嵌物品等）的出现及对其制作业的垄断，等等，结合此前后的其他考古发现，表明在夏代后期，王权的强化已经达到了前所未有的程度。特别是中国古代最早的宫城的出现、中轴线理念的形成和宫殿封闭的布局，均开后世都城及宫室制度的先河，反映出当时的城市化以及王权和国家的发展已经进入了一个新的阶段。

与此同时，课题组成员还在这几处中心性城邑周围地区进行了"拉网式"的聚落分布状况调查。新发现的遗址达 174 处，数量竟达到此前已发现遗址数量（48 处）的 3.6 倍！聚落分布调查的结果使我们可以将这些中心性城邑与周围同时存在的中小型遗址联系起来考虑当时的社会结构。

此课题的成果充分显示出对中心性城邑遗址重要区域的有计划的考古发掘和有计划的区域调查是研究文明起源、形成和早期发展的有效途径。

5. 综合研究课题：完成了对目前国外学术界文明起源研究的理论和实践进行分析和评述的专著《国外文明起源研究的理论与个案》，对学术界全面了解国外文明起源研究的理论与实践，开阔思路，借鉴其理论方法，促进中华文明起源研究的深入具有重要的作用；完成了对国内文明起源研究的历程进行回顾和分析的专著——《中国文明起源研究》；对涉及中华文明起源与早期发展的一系列理论问题（如文明的定义、文明与国家的关系、文明形成的标志、文明的形态和发展阶段、文明起源研究所应采取的理念、技术路线和方法以及文明起源研究的途径和方法等）进行了探讨；为"十一五"期间全面开展中华文明探源工程制订了实施方案。

（三）探源工程第二阶段（2006－2008）

在第一阶段工作的基础上，科技部决定将"探源工程（第二阶段）"作为国家"十一五"科技支撑项目，进行为期三年（2006－2008 年）的研究，如果进展顺利，再继续予以支持。"探源工程（第二阶段）"在第一阶段的基础上，研究的时间和空间范围都有相当程度的扩展。研究的年代范围设定为公元前 3500－公元前 1500 年，研究的空间范围是黄河上中下游和长江中下游及西辽河流域。"探源工程（第二阶段）"的做法与第一阶段相同，即多学科结合，多角度、多层次、全方位地开展中华文明起源研究。第二阶段设置了四个课题，即"文化谱系的精确测年""自然环境的变化""经济技术的发展""社会与精神文化的发展"。探源工程第二阶段的经费数量比第一阶段增加了四倍多，接近2000万元人民币，参加的单位和学者的数量数倍于第一阶段。工程进展顺利，并取得了显著的成果。

文化谱系的精确测年课题：在黄河流域和长江流域的47个遗址采集1168个碳十四测年样品，得到了775个高精确度碳十四年代数据，超额完成样品采集和测定工作。通过对这些样品测定结果的拟合、分析，初步建立起中原地区、黄河下游、长江中游、长江下游地区公元前3500－公元前1500年间考古学文化年代的新框架，为我们认识公元前3500年到公元前1500年的文化格局和社会变化提供了更为明晰的时空框架，有些地区的年代测定结果与以往的测年结果具有一定的差距，提示考古学家对以往的年代框架需要进行重新审视。在课题进行过程中，建立了"碳十四骨制样品的预处理方法"和"考古遗址系列碳十四样品采集方法"两项行业标准草案。

环境变迁课题：对98个遗址开挖剖面、自然剖面或钻孔剖面采集的6300多个沉积样品进行了孢粉、植硅体、木炭、粒度、磁化率、地球化学、同位素等多种环境指标的实验室分析，并结合前人研究成果进行整理和分析，初步阐明了公元前3500年至公元前1500年黄河流域、长江流域和辽河流域的环境变迁状况，并进而对环境演变同中华文明多元一体特点的形成存在的内在联系进行了探讨。

技术与经济课题：对500余份土样进行了系统浮选，获取了50余万粒炭化的各种植物种子；对13处遗址采集的1.5万余块动物遗骸进行定性定量分析和研究；对9个遗址出土的97个绵羊、黄牛、猪的样品进行了古DNA分析，获得其中57个个体的古DNA序列；对4个遗址出土的200个人骨和猪骨标本进行了碳、氮同位素分析和研究；对19处遗址出土的250余块铸铜遗物进行了研究；对 11 处遗址出土的 600 件陶器样品进行了研究；对 11 个遗址的 7600 余件生产工具进行了研究；对 4 个遗址的 800 余件玉器进行了观察和研究；对 3 个冶炼遗址的 81 块炉渣和矿石样品进行了研究；对 3 个制盐遗址及 83 份有关标本进行了研究。

通过这些工作，对公元前 3500 年至公元前 1500 年黄河流域、长江流域和辽河流域的经济、技术发展状况有了较为全面的了解，对经济技术在中国文明产生与早期发展过程中的作用有了较为深入的认识。

社会与精神文化课题：对良渚、陶寺、瓦店、禹会、龙嘴、周家庄和六甲庄 7 处重点遗址进行了发掘。对已经发掘的西山遗址、清凉寺墓地、桐林遗址和二里头遗址 4 处进行了全面研究；选择了 15 个重点地区进行了初步的区域聚落形态调查和研究；建立了山西省临汾盆地、垣曲盆地、河南省洛阳盆地、陕西省七星河与美阳河流域 4 个区域的聚落考古信息系统；对河南灵宝西坡墓地、山西芮城清凉寺墓地和山西襄汾陶寺遗址出土的人骨进行了全面的研究；完成黄河中下游史前刻画和书写符号资料的收集和整理。

本课题最主要的成果是良渚古城的发现。浙江省文物考古研究所在良渚遗址，发现了规模为 290 万平方米的巨型城址。宽达 40－60 米的城墙，修建城墙基础所用的石块和墙体所用的黏土都是从别处搬运过来的，其工程量之浩大，超出与其面积相当的陶寺城址数十倍，可见当时居于城内的统治者已经能够动员大量的人力进行这样规模浩大的工程。联系到反山、瑶山等出土近百件玉石器的高级随葬品的良渚文化显贵墓葬的发现，有理由认为，当时的社会应当已经进入了初期文明阶段。

该课题的研究初步勾画出公元前 3500 年至公元前 1500 年黄河上中下游、长江中下游和辽河流域文明化进程中社会结构与精神文化发展的轮廓，为我们全面揭示各地区的文明化进程（即在向文明社会迈进的社会复杂化过程）积累了资料。

二 探源工程实施以来的总体认识

（一）中华文明的形成经历了多元并进到中原领先的过程

公元前3500年左右开始，中国各主要文化区的文明化进程均呈现加速发展的趋势。公元前3000年至公元前2000年期间，是各主要文化区的文明化进程的关键时期，其文化和社会在自身内部各种因素的交织作用和与周围地区文化的交流和碰撞中发展和演变。一些文化和社会发展较快的地区（如长江下游的良渚文化分布区、晋南地区的陶寺文化分布区等）相继进入初期文明（邦国文明）的阶段。中华五千年文明并非虚言。

公元前1700年前后，以相当于夏代后期的河南偃师二里头遗址出现的宫城、带有中轴线理念、左右对称、前后几进院落宫殿建筑和官营手工业以及青铜礼器群、玉石仪仗使用器具的出现为标志，中国早期文明化进程发展至一个崭新的（王国文明）阶段。

（二）"多元一体"是中华文明的基本特征

公元前3500－公元前2300年之间，各主要文化区的文明化进程的物化形式表现出不同的特征。各自沿着自己的轨道向前发展，形成百花齐放、争奇斗艳的局面。与此同时，各地区之间的交流日益密切。

公元前2300年以后，亦即古史传说的尧舜时期，呈现各周围地区先进文化因素向中原地区汇聚的趋势，促使中原地区的文化呈现多样化并加速发展。

夏王朝建立之后，尤其是公元前1700年前后，中原地区的核心地位逐渐显现，并向周围地区施以强大的辐射，对促进周围地区文明的发展以及中华文明统一性的形成发挥了重要作用。以中原地区为中心的多元一体化格局开始形成。

（三）环境的变化曾对中华文明的形成产生过重要影响

中国地理环境的内聚性、相对独立性与内部各地理单元环境的差异性是中华文明多元一体格局形成的重要基础。

气候的变化对各地区文明化进程产生过深刻的影响。主要表现在公元前 4000 年为高峰的气候变暖，为农业的发展提供了极好的气候条件。到公元前 2000 年前后，因气候变化尤其是大范围的洪涝导致长江中下游的农业生产遭到严重打击，区域性文明相继衰落。中原地区则因多品种的农作物种植制度的形成和多样化的地貌特点有利于抵御气候恶化和自然灾害的影响，文化和社会持续发展，强势崛起，建立了中国历史上第一个王朝——夏。

环境同人类活动的互动作用可能影响了某些地区的文明化进程。

（四）经济和技术的发展是中华文明形成的重要基础

公元前 3500 年左右，农业的普及与发展为各地文明化进程不同程度的加速发展提供了坚实的经济基础。

中原地区特有的农业经济模式为该地区文化和社会的持续发展提供了有力的物质保障。

在中华文明的形成进程中，经济和技术的发展与社会复杂化程度的提高紧密关联，相互影响。

冶铜术的出现具有划时代的意义，奠定了夏商周青铜时代的技术基础。

对专业化手工业生产的控制是文明化进程中社会上层维护经济和社会地位的重要手段。

（五）中华文明形成是一个独立起源和与周边地区交流互动相结合的过程

中华文明是在相对独立的地理环境内独立起源的原生文明，但在形成过程中吸收了周边地区的先进文化因素。在其形成和发展过程中对周边地区产生过重要影响。

目前，"探源工程"正在进行第三阶段，仍是多学科结合，以公元前3500年至前1500年期间中华文明的形成过程与特质作为工程的目标。

探源工程的成果表明，以国家工程的形式，集中相关学科的精兵强将，以中心性聚落遗址的布局及其所反映的社会结构为重点，以中心性聚落遗址周围地区聚落分布的区域调查为基本手段，结合对都邑性遗址重点区域进行适当规模的考古发掘和利用各种自然科学技术手段开展气候环境和经济技术发展等课题的多学科综合研究，多角度、多层次、全方位地探讨中华文明起源、形成与早期发展，是一条切实可行的道路。目前，"探源工程"第三阶段的实施方案正在审议之中。有理由相信，在国家的有力支持和足够的经费保证的条件下，在参加项目的各学科学者的共同努力下，探源工程第三阶段必将取得更加丰硕的成果。中华文明起源和形成的过程及其辉煌成就和丰富内涵一定会越来越清晰地展现在世人的面前！

后记 本文是探源工程所有参加者共同努力取得成果的概括，总体认识更是集体讨论得出的，是项目组全体成员集体智慧的结晶。

新出资料与中国古代史研究*

卜宪群

20 世纪，特别是近三十多年以来，新出资料始终是中国古代史研究的不竭源泉，不仅弥补了以往研究材料的不足，推动着中国古代史各学科研究的深化，也促进着新学科的形成和人才队伍的培养。从新世纪已经过去的十多年来史学实践看，新出资料及其所构成的问题意识是史学工作者们关注的重点，形成了新世纪中国古代史研究中的一个明显特色。新世纪虽然时间尚短，但新出资料仍然琳琅满目，吸引着众多的研究者。本文所谓新出资料与中国古代史研究，是指在这十多年内新发现和整理出版的中国古代史资料，以及以中国大陆为主体的学者运用这些资料所取得的重要成果。海外学者因资料不足没有涉及，港台地区学者收录的也不完整。但即便如此，仍然还有许多遗漏。以下试就目所能及的范围加以梳理，向学界同行做一简要汇报。

一 甲骨文、金文先秦史研究

甲骨文和金文是研究商周史的一手资料，是先秦史学科重要的生长点。这十余年来，相关资料仍在不断发现、整理和公布。

（一）甲骨文。就甲骨文来说，新公布的资料主要有以下特点：一是经过科学发掘和整理的甲骨文材料。由中国社会科学院考古研究所发掘整理出版的《殷墟花园庄东地甲骨》（云南人民

---

* 刘源、赵鹏、庄小霞、杜晓宇、梁建国、阿风为本文提供了相关阶段的资料或撰写，特此说明并致谢！

出版社，2003），以照片、拓本、摹本的形式收录刻辞甲骨 561
版。花东甲骨卜辞属于非王卜辞，字体独立成为一类，被学界称
为"花东子卜辞"或"花东字类"。本书的出版是 21 世纪以来甲
骨文研究中的一件大事，不仅解决了以往《甲骨文合集》中若干
卜辞的组类归属问题①，而且在围绕该批甲骨中的人物身份、家
族形态、礼制等方面的探讨成果丰富②，掀起了研究热潮。20 世
纪末至 21 世纪初，殷墟小屯村中、村南，又发现新出甲骨 500 多
片，刘一曼、岳占伟《殷墟近出刻辞甲骨选释》一文，选择介绍了
该批甲骨中的 20 片，其中有"王作三师右中左""文（大）邑受
禾"等重要刻辞（《考古学集刊》第 18 集，科学出版社，2010）。
二是民间收藏甲骨的公布。主要有段振美、焦智勤、党相魁、党宁
《殷墟甲骨辑佚》（文物出版社，2008），宋镇豪主编《张世放所藏
甲骨集》（线装书局，2009）等。三是大宗甲骨收藏机构甲骨材料
的整理出版。主要有阎振兴《河南省运台古物甲骨文专集》（金樽
企业有限公司，2001）、中国国家博物馆编《中国国家博物馆馆藏
文物研究丛书·甲骨卷》（上海古籍出版社，2007）、李钟淑和葛英
会《北京大学珍藏甲骨文字》（上海古籍出版社，2008）、濮茅左
《上海博物馆藏甲骨文字》（上海辞书出版社，2009）、台湾中研院
史语所《史语所购藏甲骨集》（台湾中研院史语所，2009）以及宋
镇豪、赵鹏、马季凡编《中国社会科学院历史所藏甲骨》（上海古
籍出版社，2011）等甲骨著录书的出版，都在不同程度上对甲骨
新材料的公布做出了贡献。四是殷墟以外甲骨材料的零星公布，
主要有大辛庄甲骨③，以及周公庙甲骨④等。

十多年来，甲骨的缀合成果卓著，主要有蔡哲茂《甲骨缀合

---

① 蒋玉斌：《殷墟子卜辞的整理与研究》，吉林大学博士学位论文，2006。
② 代表性的成果有：姚萱：《殷墟花园庄东地甲骨卜辞的初步研究》，线装
书局，2006；古育安：《殷墟花东 H3 甲骨卜辞所见人物研究》，台湾辅
仁大学硕士论文，2009。
③ 《考古》2003 年第 6 期。
④ 《古代文明》第 5 卷，文物出版社，2006。

续集》（文津出版社，2004）、《甲骨缀合汇编》（花木兰文化出版社，2011）、林宏明《醉古集——甲骨的缀合与研究》（万卷楼，2011）、蒋玉斌《殷墟子卜辞的整理与研究》、门艺《殷墟黄组卜辞的整理与研究》（郑州大学博士学位论文，2008）、黄天树主编《甲骨拼合集》（学苑出版社，2010）、《甲骨拼合续集》（学苑出版社，2011）等，不但缀合数量多，而且缀合质量很高。甲骨缀合成果为甲骨文研究提供了新的史料线索。

宋镇豪、段志洪主编的《甲骨文献集成》（四川大学出版社，2001），分类整理了自1899年甲骨文发现到1999年一百年间重要的甲骨学研究论著，其工程量浩繁，为甲骨学的研究工作提供了巨大的方便。

甲骨材料的发现与整理公布，甲骨学研究文献的分类整理出版，不仅促进了甲骨学自身的断代、分期、文字考释等基础工作，更推动了先秦史的研究，宋镇豪主编的11卷本《商代史》（中国社会科学出版社，2010－2011）的出版是为代表。

此外，甲骨文工具书的编纂亦有较大进展。文字编方面，刘钊主编《新甲骨文编》的出版（福建人民出版社，2009）收入了小屯南地甲骨、花园庄东地甲骨等新材料，弥补了孙海波《甲骨文编》、金祥恒《续甲骨文编》出版后，甲骨文字编工作长期停顿的缺憾。甲骨文释文方面，陈年福编著的10卷本《殷墟甲骨摹释全编》摹写释读19种甲骨文资料，堪称完备（线装书局，2010）。甲骨文检索方面，各个科研机构开发建设的电脑数据库也为学者提供了较大方便。

（二）金文。金文是中国古代铸刻在青铜器上铭文的总称，时间大致从商周到战国，但主要是西周。金文的内容十分广泛，包括祭祀、赐命、征战、围猎、盟约等许多方面，是真实记录当时社会的第一手资料。以金文为参照并结合文献，是研究商周历史的基本方法之一。新世纪以来发现、整理并公布的重要金文材料有：保利艺术博物馆编《保利藏金续》（岭南美术出版社，2001），中国社会科学院考古研究所、安阳市文物考古研究所编著《殷墟新出土青铜器》（云南人民出版社，2008），上海博物馆编《晋国奇珍：山西晋侯墓群出土文物精品》（上海美术出版社，2002），范季融《首阳吉金》（上海古籍出版社，2008），《吉金铸华章：宝鸡眉县杨家村单氏青铜器窖藏》（文物出版社，2008），钟柏生、陈昭荣、黄铭崇、袁国华编《新收殷周青铜器铭文暨器影汇编》（台北艺文印书馆，2006），刘雨、卢岩、严志斌等编《近出金文集录》和《近出金文集录二编》（中华书局，2002、2010），以及士山盘①、豳公盨②、季姬方尊③、坂方鼎、荣仲方鼎④、作册般鼋⑤、柞伯鼎⑥、瑚生尊⑦、狱器和卫器⑧、应公鼎⑨、公簋⑩、何簋⑪、引簋、叔器⑫等重要商周青铜器的公布，促进了相关金文的释读，以及相关历史问题的讨论，特别对于西周早期历史、西周礼制、西周土地制度的研究有较大推动作用。

近年来，陕西、山东、湖北、山西等地相继发现芮国、齐国、曾国等西周诸侯及贵族墓地，出土了学术价值很高的铜器铭文，备受学界瞩目。如陕西韩城梁带村发现芮国墓地、山西绛县横水发现倗伯墓地⑬、山西翼城大河口村发现霸伯墓地⑭、

---

① 《中国历史文物》2002 年第 1 期。
② 《豳公盨》，线装书局，2002。
③ 《文物》2003 年第 9 期。
④ 《文物》2005 年第 9 期。
⑤ 《中国历史文物》2005 年第 1、6 期。
⑥ 《文物》2006 年第 5 期。
⑦ 《文物》2007 年第 8 期；《考古与文物》2008 年第 4、5 期。
⑧ 《考古与文物》2006 年第 6 期；《南开学报》2008 年第 6 期。
⑨ 《华夏考古》2007 年第 1 期。
⑩ 《考古》2007 年第 3 期。
⑪ 《文物》2009 年第 2 期。
⑫ 朱凤瀚主编《新出金文与西周历史》，上海古籍出版社，2011。
⑬ 宋建忠、谢尧亭、田建文、吉琨璋：《山西绛县横水西周墓地》，《考古》2006 年第 7 期。
⑭ 谢尧亭、王金平、杨及耘、李永敏、李建生：《山西翼城县大河口西周墓地》，《考古》2011 年第 7 期。

山东高青陈庄齐国早期遗址①、湖北叶家山曾国早期墓地②，等等。上述考古工作已发表简报，有的还编撰了发掘报告，发表详尽的资料。如《梁带村芮国墓地：2007 年度发掘报告》（文物出版社，2010）发表了 10 座中小型墓葬的铜器铭文，其中包括毕伯鼎、虢季鼎等重要金文材料。

金文工具书的编纂出版是新世纪金文研究的一项重要成就。中国社会科学院考古研究所编《殷周金文集成释文》（香港中文大学，2001），张亚初《殷周金文集成引得》（中华书局，2001），华东师范大学中国文字研究与应用中心编《金文引得》（广西教育出版社，2001），张懋镕、张仲立编《青铜器论文索引》（香港明石文化国际出版有限公司，2005），张桂光主编《商周金文摹释总集》（中华书局，2010）等为金文研究提供了诸多便利。

新世纪的金文材料对于研究商代后期族氏、人名，殷末周祭、历法，西周周王世系，西周官制、礼制、历法、王年、土地制度及西周重大事件，西周春秋诸侯国历史，战国史等具有重大意义。

二 简帛与战国秦汉魏晋史研究

简帛是 20 世纪最重要的考古发现之一。新世纪以来简帛的发现与整理成绩斐然，依然是战国秦汉魏晋史研究最为关注的材料和前沿性课题，极大地推进了该时段的史学研究。

（一）简帛的新发现与整理公布。新世纪简帛新发现与整理公布的重要资料特点有三。

一是经科学发掘或抢救整理的简帛资料。如《随州孔家坡汉墓简牍》（文物出版社，2006）、《额济纳汉简》（广西师范大学出版

---

① 高明奎、魏成敏、蔡友振、王振：《山东高青县陈庄西周遗存发掘简报》，《考古》2011 年第 2 期。

② 黄凤春、陈树祥、凡国栋：《湖北随州叶家山新出西周曾国铜器及相关问题》，《文物》2011 年第 11 期。

社，2005）和《额济纳汉简释文校本》（文物出版社，2007）。2002年，湖南龙山县里耶战国故城1号井出土简牍3.6万余枚，其中大部分为秦代简牍，主要为秦代洞庭郡迁陵县地方行政文书。《文物》和《中国历史文物》2003年第1期及《里耶发掘报告》（岳麓书社，2007），分别公布了这批文书的部分内容。2002年，在甘肃玉门市花海乡十六国前后凉时期墓葬中发现了晋律注残本。① 2003年，长沙走马楼发掘清理万余枚西汉武帝时的竹简，内容主要为官文书。② 2002年1月至2004年1月，湖北荆州沙市印台汉墓出土大批西汉简牍，已公布其中部分日书内容。③ 2003年11月至2004年2月，湖南郴州苏仙桥古井群出土吴简140枚（含残片）和晋简1000多枚。④ 2004年，长沙市东牌楼建筑工地第七号古井发掘出土的东汉简牍共206枚。⑤ 2004年，安徽天长安乐镇纪庄汉墓出土34枚木牍，内容包括公文书、书信、药方、礼单等，其中书信类木牍占了绝大多数。⑥ 2004年底，湖北省荆州纪南松柏村发掘的汉墓M1，出土63枚木牍。⑦ 2004年至2005年，广州南越王宫署遗址J264号井中，发掘西汉南越国木简100余枚，主要内容为

① 张俊民：《玉门花海出土的〈晋律注〉》，《简帛研究二〇〇二—二〇〇三》，广西师范大学出版社，2005。

② 《出土文献研究》第七辑，上海古籍出版社，2005。

③ 郑忠华：《印台墓地出土大批西汉简牍》，荆州博物馆：《荆州重要考古发现》，文物出版社，2009；刘乐贤：《印台汉简〈日书〉初探》，《文物》2009年第10期。

④ 湖南省文物考古研究所、郴州市文物处：《湖南郴州苏仙桥J4三国吴简》，《出土文献研究》第七辑，上海古籍出版社，2005。湖南省文物考古研究所、郴州市文物处：《湖南郴州苏仙桥遗址发掘简报》，湖南省文物考古研究所：《湖南考古辑刊》（第8集），岳麓书社，2009。

⑤ 《长沙东牌楼东汉简牍》，文物出版社，2006。

⑥ 天长市文物管理所、天长市博物馆：《安徽天长西汉墓发掘简报》，《文物》2006年第11期；杨以平、乔国荣：《天长西汉木牍述略》，《简帛研究二〇〇六》，广西师范大学出版社，2008。

⑦ 荆州博物馆：《湖北荆州纪南松柏汉墓发掘简报》，《文物》2008年第4期；朱江松：《罕见的松柏汉墓汉代木牍》，荆州博物馆：《荆州重要考古发现》，文物出版社，2009。

籍簿和法律文书。① 2006 年，湖北云梦睡虎地 77 号汉墓发掘出西汉文景时期简牍 2137 枚，主要内容为质日、日书、典籍、法律类文献。② 2007 年，湖北荆州沙市谢家桥一号汉墓出土 211 枚简牍，主要内容为遣策。③ 2008 年，甘肃省永昌县水泉子村 M5 出土一批简牍，内容主要包括《苍颉篇》和日书。④

二是散落海外或经收购整理而公布的简帛资料。如《香港中文大学文物馆藏简牍》（香港中文大学文物馆出版，2001）和《英国国家图书馆藏斯坦因所获未刊汉文简牍》（上海辞书出版社，2008）。此外近年来国内一些高校研究机构相继收藏、整理了一些流散的战国秦汉简牍。20 世纪末由上海博物馆从香港市场购回的战国楚简，主要内容为古文献，自 2001 年以来，上海古籍出版社已出版 7 册。2007 年，湖南大学岳麓书院从香港收购 2000 多枚秦简，经整理现已出版《岳麓书院藏秦简》（壹）（贰）（上海辞书出版社，2011），共收录了 300 多枚秦简，主要内容为《质日》《为吏治官及黔首》《占梦书》三种。2009 年，北京大学从海外抢救回 3000 多枚秦简和西汉竹书，《文物》2011 年第 6 期发表的北京大学藏西汉竹书简报《北京大学藏西汉竹书概说》和系列论文首次比较全面介绍了整体情况和主要内容。2008 年，清华大学从海外抢救回的一批战国竹简，共计 2300 多枚，内容主要为古代典籍。2010 年和 2011 年，中西书局出版了《清华大学藏战国竹简》（壹）（贰）。

三是旧出简帛的整理与再整理。20 世纪出土的简帛材料，由于各种原因并未及时公布整理，在这十年中得以整理公布出版。

---

① 《广州市南越国宫署遗址西汉木简发掘简报》，《考古》2006 年第 3 期。
② 《湖北云梦睡虎地 M77 发掘简报》，《江汉考古》2008 年第 4 期。
③ 荆州博物馆：《湖北谢家桥一号汉墓发掘简报》，《文物》2009 年第 4 期。
④ 张存良、吴荭：《水泉子汉简初识》，《文物》2009 年第 10 期；张存良：《水泉子汉简七言本〈苍颉篇〉蠡测》，《出土文献研究》第九辑，中华书局，2009。

在 20 世纪以来已公布出版的简帛材料基础上，学者又进行新的开发整理。这类重要资料如银雀山汉墓竹简、天水放马滩秦简和张家山汉墓竹简等。1972 年，山东临沂银雀山汉墓出土了大批竹简，第一辑于 1985 年出版，第二辑《银雀山汉墓竹简（贰）》于 2010 年由文物出版社出版。1973 年，河北省定县（现定州市）八角廊 40 号汉墓发掘出土了一批竹简，此后曾陆续整理发表了部分资料，2001 年，在前人工作的基础上又整理出了属于《六韬》的篇文①。1983 年至 1985 年间，湖北江陵张家山汉墓群出土简牍近 3000 枚，包括《二年律令》《奏谳书》《算数书》，整理公布的版本有《张家山汉墓竹简》〔二四七号墓〕和《张家山汉墓竹简》〔二四七号墓〕（释文修订本）（文物出版社，2001、2006），以及利用红外照相技术整理的释文本《二年律令与奏谳书》（上海古籍出版社，2007）。1986 年，甘肃天水放马滩秦墓出土竹简 464 枚，全部简文正式公布于《天水放马滩秦简》（中华书局，2009）。1990 年 10 月至 1992 年 12 月间，甘肃省文物考古研究所清理发掘敦煌悬泉置遗址，出土汉简 1.5 万余枚，部分内容公布于《敦煌悬泉汉简释粹》（上海古籍出版社，2001）和《敦煌悬泉月令诏条》（中华书局，2001）。1992 年，朝鲜平壤市乐浪区域贞柏洞 364 号墓出土了 120 枚左右的《论语》竹简，同时出土的还有西汉元帝初元四年（公元前 45 年）写成的户口簿木牍，近年来也得以刊布②。1993 年，湖北荆州市沙市区关沮乡清河村周家台 30 号秦墓和岳桥村萧家草场 26 号汉墓出竹简 416 枚和木牍 1 方，已出版公布。③ 1996 年，湖南长沙走马楼出土吴

---

① 《定州西汉中山怀王墓竹简〈六韬〉释文及校注》，《文物》2001 年第 5 期。

② 〔韩〕李成市、尹龙九、金庆浩撰，〔日〕桥本繁翻译《平壤贞柏洞三六三号坟出土竹简"论语"について》，《中国出土资料研究》第 14 号 2010 年 3 月；杨振红、尹在硕：《韩半岛出土简牍与韩国庆州、扶余木简释文补正》，《简帛研究二〇〇七》，广西师范大学出版社，2010。

③ 《关沮秦汉墓简牍》，中华书局，2001。

简 13 万余枚，这十年间陆续整理出版了走马楼吴简壹、贰、叁三辑。① 2009 年，武汉大学简帛研究中心编纂的《楚地出土战国简册（十四种）》（经济科学出版社，2009），利用红外技术对多数旧简或照片进行了扫描拍照，在研究的基础上广泛吸收前人成果，为学界提供了楚简研究一个新的释文整理版本。张显成、周群丽的《尹湾汉墓简牍校理》（天津古籍出版社，2011）一书，在以往尹湾汉简整理的基础上，对释文进行了新的校理并增添了《字表》。随着简帛研究的深入，对旧出简帛的再整理颇为各方关注，一个明显特点是基础性工作加强，呈现综合性整理、研究性整理的趋势，如楚简、秦简、居延简的综合整理与研究都正在开展。简帛索引和字词整理工作也更加受到重视。② 学界前辈的简帛整理手稿也得以问世，如贺昌群《汉简释文初稿》（北京图书馆出版社，2005）的出版，对居延汉简整理学术史的研究十分珍贵。

以上所述中，上博简、悬泉简、里耶秦简、走马楼简、清华简、北大简、岳麓简等全部简文以及许多散出简牍尚未完全整理公布，可以预计新世纪相当长的时间内，简帛材料的公布仍然方兴未艾。除简帛外，碑刻资料也属新材料范畴。罗新、叶炜编著的《新出魏晋南北朝墓志疏证》（中华书局，2005）等，为秦汉魏晋南北朝史研究增添了新的材料。

（二）简帛与战国秦汉魏晋史研究。简帛依然是新世纪战国秦汉魏晋史研究新的学科生长点，从多方面、多角度推进了中国古代史的研究。呈现以下特点。

1. 文书学、文献学与学术史研究。新世纪以来简帛文书学和文献学研究取得一些综合性成果，如李天虹《居延汉简簿籍分类研究》（科学出版社，2003）、李均明《秦汉简牍文书分类辑解》

---

① 《长沙走马楼三国吴简·竹简》（壹、贰、叁），文物出版社，2003、2007、2008。

② 如沈刚《居延汉简语词汇释》，科学出版社，2008；张显成主编《秦简逐字索引》，四川大学出版社，2010。

（文物出版社，2009）、张显成《简帛文献学通论》（中华书局，2004）和《简帛文献论集》（巴蜀书社，2008）、沈颂金《二十世纪简帛学研究》（学苑出版社，2003）、骈宇骞和段书安《二十世纪出土简帛综述》（文物出版社，2006）、李均明等《当代中国简帛学研究》（中国社会科学出版社，2011）。这些论著在以往国内外研究的基础上，推进了简帛文书的分类问题和简帛材料的文本及文献特点、价值等问题的研究，对简帛学发展史进行了多角度梳理，这对简帛学科建设将会产生积极影响。

2. 相关历史问题的研究。简帛材料为战国秦汉魏晋历史补充了丰富的材料，开辟了新的研究领域，深化了相关历史问题的研究。新世纪这方面的成果众多，这里我们只能选择若干特色领域予以简要介绍。

（1）战国楚史研究。陈伟主编《楚地出土战国简册研究》（武汉大学出版社，2010）10卷本，从地理、习俗、宗教、文字、语言、思想和文献多角度，探讨了楚地出土的战国简册文本复原及内涵，推进了楚史与楚文化及战国历史的研究。

（2）秦汉魏晋史研究。简帛文献中大量官私文书的发现，为新世纪秦汉魏晋史研究增添了活力，大大促进了该段历史的研究。首先，秦汉郡县乡里地方行政、文书制度与吏员设置及管理制度等政治制度有了更深入的认识与分析。[①] 特别是里耶秦简、三国吴简的发现，关于秦代乡里和三国乡里的吏员设置系统与行

---

① 如张金光：《秦制研究》，上海古籍出版社，2004；卜宪群：《秦汉官僚制度》，社会科学文献出版社，2002；邹水杰：《两汉县行政研究》，湖南人民出版社，2008；蔡万进：《尹湾汉墓简牍论考》，台湾古籍出版有限公司，2002；廖伯源：《简牍与制度——尹湾汉墓简牍官文书考证》（增订版），广西师范大学出版社，2005；臧知非：《简牍所见汉代乡部的建制与职能》，《史学月刊》2006年第5期；卜宪群：《从简牍看秦代乡里的吏员设置与行政功能》，《里耶古城·秦简与秦文化研究》，科学出版社，2009；卜宪群：《从简帛看秦汉乡里的文书问题》，《文史哲》2007年第6期；韩树峰、侯旭东关于三国孙吴州郡县乡吏的研究，《吴简研究》第一、二辑，崇文书局，2006；等等。

政运作方式、文书制度，较以往清楚了许多。悬泉简的发现对于汉魏邮驿制度及西北地方史的研究具有重要价值。其次，关于秦汉政治制度中富有特色的赐爵制因简帛的发现而研究进一步深入，爵名与爵等、官、爵关系，爵与其他各项制度关系等问题的认识更具体翔实。[①] 第三，新出材料中大量属于法律文书，关于法律文本、法律制度、律令体系、法律思想文化、法律与社会关系研究在新世纪继续成为学界关注热点，有众多论著涉及，如曹旅宁《秦律新探》（中国社会科学出版社，2002）、《张家山汉律研究》（中华书局，2005）、蔡万进《张家山汉简〈奏谳书〉研究》（广西师范大学出版社，2006）、李力《"隶臣妾"身份再研究》（中国法制出版社，2007）、朱红林《张家山汉简〈二年律令〉研究》（黑龙江人民出版社，2008）、孙家洲主编《秦汉法律文化研究》（中国人民大学出版社，2007）、曾加《张家山汉简法律思想研究》（商务印书馆，2008）、崔永东《简帛文献与古代法文化》（湖北教育出版社，2003）、杨建《西汉初期津关制度研究》（上海古籍出版社，2010）、杨振红《出土简牍与秦汉社会》（广西师范大学出版社，2009）、李均明《简牍法制论稿》（广西师范大学出版社，2011）、王彦辉《张家山汉简〈二年律令〉与汉代社会研究》（中华书局，2010），等等，相关论文不再一一涉及。第四，延续 20 世纪以来的热点，因睡虎地秦简、张家山汉简、三国吴简等揭示出来的土地制度、赋役制度、户籍制度等社会经济问题仍是新世纪学者们关注的重点。战国秦汉三国土地制度形态、名称及其所有权的性质、实施时间以及相关赋役制度等问题研究进一步深化，学者虽有较大的认识差异，但也在不少方

---

① 如李均明：《张家山汉简所反映的二十等爵制》，《中国史研究》2002 年第 2 期；朱绍侯关于西汉军功爵制的系列研究，见《河南大学学报》2002 年第 5 期，2003 年第 1、2 期；《史学月刊》2002 年第 12 期、2003 年第 12 期，2009 年第 11 期等；刘敏：《张家山汉简"小爵"臆释》，《中国史研究》2004 年第 3 期；于振波：《张家山汉简中的"卿"》，《文物》2004 年第 8 期；等等。

面取得了共识。特别是吴简"吏民田家莂"中提出的众多田制、租税概念，使孙吴的土地制度和赋役研究有了突破性进展。由此也开展了关于吴史多层面的研究。如于振波《走马楼吴简初探》（文津出版社，2004）和《走马楼吴简续探》（文津出版社，2007），高敏的《长沙走马楼简牍研究》（广西师范大学出版社，2008）收录了其研究走马楼吴简的多篇文章，《吴简研究》第一辑（崇文书局，2004）和第二辑（崇文书局，2006）集中收录了吴简研究的相关论文。户籍、户口简的发现使新世纪户籍、户口研究为学者们关注。里耶、天长、长沙东牌楼、乐浪、松柏等简中的户籍户口资料，学者们给予了较多的关注。相关时期的傅籍、课役、家庭结构与类型、户籍与人口管理、不同社会阶层的户籍状况等问题的研究有了更深入的发展。[①] 第五，思想文化与社会史研究。简帛文献中有许多典籍和基层社会的资料，相关研究也在继续推进。如清华简与古文《尚书》的研究，[②] 郭店简、上博简、马王堆帛书等与中国古代思想文化研究。[③] 数术文献和基层行政文书及私文书促进了相关时期社会信仰、社会阶层、性别史、医疗史、社会生活史的研究。简帛提供了当时官僚出行的种种物质待遇情况，各种名刺和书信的发现揭示了官僚的社交形

---

① 参见李均明等《当代中国简帛学研究》第三章。

② 参见刘国忠《走近清华简》，高等教育出版社，2011。

③ 如郭沂：《郭店竹简与先秦学术思想》，上海教育出版社，2001；彭浩：《郭店楚简〈老子〉校读》，湖北人民出版社，2001；魏启鹏：《马王堆汉墓帛书〈黄帝〉笺证》，中华书局，2004；〔日〕池田知久：《马王堆汉墓帛书五行研究》，中国社会科学出版社，2005；裘锡圭：《中国出土古文献十讲》，复旦大学出版社，2004；朱渊清、廖名春：《上博馆藏战国楚竹书研究（续编）》，上海书店出版社，2004；彭裕商、吴毅强：《郭店楚简老子集释》，巴蜀书社，2011；李零：《简帛古书与学术源流》，三联书店，2008；梁涛：《郭店竹简与思孟学派》，中国人民大学出版社，2008；陈来：《竹帛〈五行〉与简帛研究》，三联书店，2009；丁四新：《郭店楚竹书〈老子〉校注》，武汉大学出版社，2010；曹锋：《楚地出土文献与先秦思想研究》，台湾书房出版有限公司，2010；王中江：《简帛文明与古代思想世界》，北京大学出版社，2011。

式和人际交往形式。简帛记载了大量基层人物的各种类型的活动，是我们研究基层社会阶层的鲜活资料。如新近发现的天长汉简就有丰富的内容。特别是乡里社会阶层情况，简帛提供了丰富的资料，使我们对乡里社会结构有了充分的了解，如三国吴简与"吏民"的研究，里耶简与迁陵县基层社会研究。关于国家社会建设的资料简帛多有记载。出土简帛中有不少材料记录了国家对残疾人、老人和孤寡妇女及穷困、贫弱者的法律优待及保护措施，还有保护动植物和环境的相关资料，对社会史、环境史的研究极有价值。简帛的内容涉及各种保健方法和药方，各种食谱、食物、调味品名称和食品卫生法规，各种饮食风俗和禁忌，民间贸易买卖与集市，民间娱乐形式等，这些都为新时期学者所关注。值得一提的是《日书》。《日书》是古代日者选择时日、占断吉凶的实用手册。近年来发现的战国秦汉简帛中，大都含有《日书》及相关的文献材料，《日书》所反映的是社会基层日常生活的实态，是我们研究战国秦汉日常生活史的基本素材。①帛书与中国古代历史文化研究在新世纪也取得不少成就，关于帛书《周易》《老子》《黄帝书》《五行篇》《医书》《天文书》、数术等都有相关专著和论文。

三　文书碑刻与唐宋史研究

新世纪以来，以文书和碑刻为代表的新材料是唐宋间历史研究的重要动力，新材料的整理和再整理以及运用这些材料开展相关问题研究，构成了唐宋史研究的前沿之一。

（一）新获敦煌吐鲁番出土文献及黑水城文书研究

新出敦煌吐鲁番文书的整理和研究是近年专题研究中的亮

---

① 参见晏昌贵《〈日书〉与中国古代社会生活》，《光明日报》2006 年 7 月 10 日；刘乐贤：《简帛数术文献探论》，湖北教育出版社，2003；王子今：《睡虎地秦简〈日书〉甲种疏证》，湖北教育出版社，2003。

点，重要研究成果已陆续发表。郝春文主编的《英藏敦煌社会历史文献释录》目前已出版第1－5卷。① 荣新江、李肖、孟宪实主编《新获吐鲁番出土文献》（中华书局，2008），收录了从20世纪80年代到2005年期间新出的十批吐鲁番文书，并对文书进行了细致的审读校正。

相关研究专文有荣新江《吐鲁番新出〈前秦建元二十年籍〉研究》《阚氏高昌王国与柔然、西域的关系》（《中华文史论丛》2007年第4辑；《历史研究》2007年第2期），孟宪实《唐代府兵"番上"新解》《吐鲁番新发现的〈唐龙朔二年西州高昌县思恩寺僧籍〉》（《历史研究》2007年第2期；《文物》2007年第2期），雷闻《关文与唐代地方政府内部的行政运作——以新获吐鲁番文书为中心》《吐鲁番新出土唐开元〈礼部式〉残卷考释》（《中华文史论丛》2007年第4辑；《文物》2007年第2期）等。专著有王启涛《吐鲁番学》和《吐鲁番出土文书研究》（巴蜀书社，2006），孟宪实《敦煌民间结社研究》（北京大学出版社，2009）。

在唐代制度史研究中，敦煌、吐鲁番出土文献中保存的各种公文书成为关注焦点，学者以此来探讨政务裁决的具体程式及政务运行机制。代表性的成果如雷闻《唐代帖文的形态与运作》（《中国史研究》2010年第3期）、吴丽娱《从敦煌吐鲁番文书看唐代地方机构行用的状》（《中华文史论丛》2010年第2辑）等。

《俄藏黑水城文献》汉文部分共六册，由上海古籍出版社于20世纪末出版完毕，引起相关学者的注意，孙继民相继完成了《关于黑水城所出一件宋代军事文书的考释》《黑水城宋代文书所见荫补拟官程序》《俄藏黑水城文献宋代小胡族文书试释》（《漆侠先生纪念文集》，河北大学出版社，2002；《历史研究》2004年第2期；《中华文史论丛》2007年第2期）等论文，并出版《俄藏黑水城所

---

① 第1卷由科学出版社2001年出版；第2卷以下由社会科学文献出版社2003－2006年出版。

出〈宋西北边境军政文书〉整理与研究》（中华书局，2009）专著。此外，陈瑞青发表有《从黑水城宋代文献看两宋之际宋夏关系》（《江汉论坛》2010 年第 10 期）、《黑水城文献所见宋代蕃兵制度的新变化》（《民族研究》2010 年第 3 期）等论文。

（二）《天圣令》与唐宋史研究问题空间的拓展

戴建国于 1999 年披露了在天一阁发现明钞本北宋《天圣令》的情况，随后陆续发表校录的令文。《天圣令》的发现，引起了海内外唐宋史学界的广泛关注。有关《天圣令》的研究迅速成为学术界的热点问题，代表性论文有：戴建国《唐〈开元二十五年令·田令〉研究》（《历史研究》2000 年第 2 期），《天一阁藏〈天圣令·赋役令〉初探（上）》《天一阁藏〈天圣令·赋役令〉初探（下）》（《文史》2000 年第 4 辑、2001 年第 1 辑）；杨际平《〈唐令·田令〉的完整复原与今后均田制的研究》（《中国史研究》2002 年第 2 期），等等。

2006 年，由天一阁博物馆与中国社会科学院历史研究所共同点校整理的《天一阁藏明钞本天圣令校证》由中华书局推出，不仅包括明钞本《天圣令》的影印本、校录本和清本，还附带有《唐令复原研究》。同年的《唐研究》第 12 卷集中刊出了该课题组成员对天一阁唐令的一组研究论文（北京大学出版社，2006）。2008 年 6 月召开了"《天圣令》研究——唐宋礼法与社会"学术研讨会，大部分会议论文随后发表在当年的《唐研究》第 14 卷"《天圣令》及所反映的唐宋制度与社会研究专号"（北京大学出版社，2008）。

近两年《天圣令》的研究依然强劲，成果如黄正建《〈天圣令〉所附唐令中有关社会生活的新资料》（上、下）及其主编的《〈天圣令〉与唐宋制度研究》①，吴丽娱《从天圣〈丧葬令〉的

---

① 《唐史论丛》2009 年第 11 辑、2010 年第 12 辑，中国社会科学出版社，2011。

职官标准看唐宋社会之变迁》① 等。

《天圣令》研究刚起步的时候，受到日本学界关于唐令复原和日唐律令比较研究的影响，相关研究主要还集中在文献学和法制史的领域。随着对《天圣令》的特性及其史料价值认识的不断深入，围绕《天圣令》而展开的研究，也进一步向唐宋制度的实际运行及制度与社会的变迁拓展。

（三）新出土墓志及其研究

新世纪以来，学术界对于唐宋墓志的整理更加重视，相继出版了《洛阳新出土墓志释录》（北京图书馆出版社，2004），赵君平《邙洛碑志三百种》（中华书局，2004），赵君平、赵文成《河洛墓刻拾零》（北京图书馆出版社，2007），王其祎、周晓薇《隋代墓志铭汇考》（线装书局，2007），王玉芳、孟繁峰、刘超英主编《沧州出土墓志》（科学出版社，2007），赵力光主编《西安碑林博物馆新藏墓志汇编》（线装书局，2007），《新中国出土墓志(河南叁·千唐志斋)》（文物出版社，2008），等等。杨作龙、毛阳光主编《洛阳考古集成·补编》（北京图书馆出版社，2007），吴钢主编《全唐文补遗》（三秦出版社，1994－2007）共10辑，也收录有墓志。

同时，利用出土石刻墓志的研究成果也不断涌现。相关著作有孙继民主编《河北新发现石刻题记与隋唐史研究》（河北人民出版社，2007），曾良《隋唐出土墓志文字研究及整理》（齐鲁书社，2007），姚美玲《唐代墓志词汇研究》（华东师范大学出版社，2008）。相关论文有孙继民《唐何进滔德政碑侧部分题名释录》、王凤翔《唐秦王李茂贞之妻刘氏墓志铭考释》、赵振华《唐徐峤墓志与徐峤妻王琳墓志初探》、冻国栋《跋"千唐志斋"新藏〈崔府君（□伯）墓志〉》、李鸿宾《唐故游击将军穆泰墓志考释——兼论唐朝胡人汉化的问题》（《唐史论丛》2007年第9辑、《魏晋南北朝隋唐史资料》2008年第24辑、《民族研究》

---

① 《第一届中日学者中国古代史论坛文集》，中国社会科学出版社，2010。

2009 年第 1 期），等等。

利用墓志研究官制问题的相关成果有：李方《唐西州前庭府官吏编年考证》（《新疆师范大学学报》2005 年第 3 期）、刘琴丽《墓志所见唐折冲府卫官》（《考古与文物》2005 年第 6 期）、金滢坤《论中晚唐河朔藩镇割据与联姻的关系——以义武军节度使陈君赏墓志铭为中心》等（《学术月刊》2006 年第 12 期）。

墓志等新材料的出土，也扩展了唐代女性、婚姻与家庭研究的视野。代表性的成果有张国刚《唐代家庭形态的复合型特征》（《历史研究》2005 年第 4 期）、陈弱水《唐代的一夫多妻合葬与夫妻关系——从景云二年〈杨府君夫人韦氏墓志铭〉谈起》（《中华文史论丛》2006 年第 1 期）等。

2004 年，西北大学征集到日本遣唐使井真成墓志，这是迄今中国发现的唯一一件有关遣唐使的实物资料，成为近年国内外学术界的一个焦点，相关研究成果主要有贾麦明、王建新、王维坤、葛继勇、王勇、马一虹、陈灿平等相继在《西北大学学报》《考古与文物》等刊物发表的一系列研究论文。

另外，西安大唐西市博物馆 500 余方墓志的整理从 2010 年正式启动，至 2011 年完成，为学术界提供了更为丰富的研究资料。

宋史方面主要有 2008 年在洛阳新发现的北宋富弼的墓志，2006 年至 2011 年在陕西蓝田北宋吕氏家族墓园出土的 24 方墓志。此外，相关文章主要有李国玲《北宋宋构宋京父子墓志偶识》、李朝英《滕州出土的北宋陶洙墓志铭简释》、赵振华《北宋杨畏妻王氏墓志与王彦英相国新罗》、张显运《新郑发现北宋晚期朝议大夫石谓墓志铭的说明及标注》、李森《新见北宋李顺墓志考释》、王连龙《新见北宋〈杨怀忠墓志〉考》（《西南民族大学学报》2003 年第 6 期、《枣庄师范专科学校学报》2004 年第 4 期、《东北史地》2006 年第 5 期、《铜仁学院学报》2008 年第 2 期、《考古与文物》2010 年第 3 期、《史学集刊》2010 年第 6 期）等。总体来说，由于各种原因，宋史研究者对于出土墓志的研究热情还不是很高，相关的研究成果还比较少。

（四）其他出土文物的研究

除了墓志碑铭之外，还有一些成果是利用其他出土文物进行的研究。关于唐史方面的论文主要有：张乃翥《从洛阳出土文物看武周政治的国际文化情采》、林晓洁《德藏吐鲁番出土宋版〈新唐书〉残片小考》、韩香《联珠纹饰与中西文化交流——以西安出土文物为例》、吴艳春《从和田市扎克彩棺看唐—五代长安文化对西域的影响》、郑杰文《新发现的〈三皇遗训〉与唐代耆者会社》（《唐研究》2002 年第 8 卷、《文献》2009 年第 4 期、《唐研究》2009 年第 15 期、《新疆师范大学学报》2009 年第 3 期、《文献》2009 年第 3 期）等；专著有韩香《隋唐长安与中亚文明》、葛承雍《景教遗珍：洛阳新出唐代景教经幢研究》（中国社会科学出版社，2006；文物出版社，2009）等。由于宋代存世文献的研究空间还比较大，出土文物尚未引起研究者的足够重视，因而相关的研究成果比较少，主要有韦兵《日本新发现北宋开宝五年刻〈炽盛光佛顶大威德销灾吉祥陀罗尼经〉星图考——兼论黄道十二宫在宋、辽、西夏地区的传播》，唐云梅、苏珂《南宋〈褒先寺安公劄付碑〉浅析》（《自然科学史研究》2005 年第 3 期、《四川文物》2010 年第 2 期）等。

四 公私文书与明清史研究

明清史资料丰富，可以选择的研究课题也远较其他时期广阔，但以各种公私文书构成的新材料的发现、整理和研究，依然是新世纪明清史研究最活跃的前沿和学科生长点。明清时代新发现的史料主要包括各种公私文书，按照其保存形态与史料来源，可以分为民间文书与官府档案两大部分。

（一）民间文书

1. 安徽徽州文书

近十年来，徽州文书的整理与研究不断深入。2001 年，中国第一历史档案馆影印出版该馆收藏的徽州文书。① 此后，《徽州文书》（安徽大学徽学研究中心藏）（广西师范大学出版社，2005、2007、2009）、《安徽师范大学馆藏徽州文书》（安徽人民出版社，2009）、《中国徽州文书》（黄山书院藏）（清华大学出版社，2010）等大型资料集纷纷出版，形成徽州文书影印新高潮。除第一历史档案馆、安徽师范大学收藏的文书多为旧藏外，其他机构出版的徽州文书多为 20 世纪 80 年代以后新发现的徽州文书。这些文书在收集、整理过程中，充分考虑到归户性，以户为单位，进行编辑出版，这成为新发现徽州文书的主要特色。不过，相对于旧藏，新发现的徽州文书主要集中于清代、民国年间，宋元明时代的文书并不多见。

近十年来，也是徽州文书研究成果最为丰富的时期。一系列专著的出版，是徽州文书与徽学研究大发展的重要标志。其中，代表性的成果有卞利《国家与社会的冲突与整合——论明清民事法律规范的调整与农村基层社会的稳定》（中国政法大学出版社，2008）、刘道胜《明清徽州宗族文书研究》（安徽人民出版社，2008）、阿风《明清时代妇女的地位与权利——以明清契约文书、诉讼档案为中心》（社会科学文献出版社，2009）、王振忠《明清以来徽州村落社会史研究》（上海人民出版社，2011），等等。此外，栾成显《明代黄册研究》（增订本）于 2007 年由中国社会科学出版社出版，增添了作者多篇重要论文，更加丰富了黄册研究。

2. 贵州清水江（锦屏）文书

清水江文书的发现是近年来明清契约文书研究的一件大事。据最新估计，清水江文书的数量超过 30 万件，成为徽州文书以外中国第二大民间契约文书宝库。自从唐立、杨有赓、武内房司编辑的三卷本《贵州苗族林业契约文书汇编》出版后（东京外国语大学亚非语言文化研究所，2001、2002、2003），清水江文书

---

① 《中国明朝档案总汇》，广西师范大学出版社，2001。

逐渐为世人所知，受到学术界的关注。近年来，包括中山大学、西南政法大学、贵州大学、凯里学院等贵州省内外机构开始进行大规模清水江文书的整理与研究工作。重要的成果包括张应强、王宗勋主编的《清水江文书》（1、2、3辑）（广西师范大学出版社，2007、2009、2011）以及陈金全、杜万华主编《贵州文斗寨苗族契约法律文书汇编——姜元泽家藏契约文书》（人民出版社，2008）等。最近，由贵州大学中国文化书院张新民教授主持的《清水江文书集成考释——天柱卷》也被纳入国家清史工程，第一辑10册即将出版，这成为清水江文书整理与研究最新成果。

有关清水江文书的主要研究成果有：徐晓光《清水江流域林业经济法制的历史回溯》（贵州人民出版社，2006）、张应强《木材之流动：清代清水江下游地区的市场、权力与社会》（三联书店，2006）等。这两本专著结合诉讼文书，分析了明清时期清水江地区林业经营的特点。

3. 浙江石仓契约

2007年5月，浙江松阳发现了一批契约文书，包括卖契、找契、退契、当契、租契等不同种类。2011年，《石仓契约》第1辑（全8册）由浙江大学出版社出版，刊布了2300余份契约文书。目前，上海交通大学历史系成立地方文献研究中心，并在松阳县建立工作室，收集与整理石仓契约。

4. 北京商业契约

2011年，刘小萌主编《北京商业契书集》，由北京图书馆出版社出版。该书分上下两册，收录了中国社会科学院近代史研究所藏清代、民国时期契约文书400件。每册后附录《北京商业契书集简表》，书后附《名词索引》。每件契约文书图像在前，以存其真；录文于后，便于阅读。《北京商业契约集》是近年来明清及民国契约文书整理的一个典范，无论对于北京史研究，还是对于明清契约文书研究，都具有重要的意义。

5. 内蒙古土默特文书

近年来，内蒙古土默特地区发现了不少清代民国年间的蒙古族家族保存的汉、蒙文土地买卖、租佃文书。透过这些文书，不仅可以了解当时内蒙古地区土地经营方式与地权关系，而且也成为了解蒙汉关系的第一手资料。先后有《清代至民国时期归化城土默特土地契约》（内蒙古大学图书馆藏、晓克藏，全 2 册）、《内蒙古土默特金氏蒙古家族契约文书》（铁木尔主编）两种资料集出版（内蒙古大学出版社，2011；中央民族大学出版社，2011），土默特文书的出版，为内蒙古历史研究增添了新的史料。

6. 其他

刘海岩主编《清代以来天津土地契证档案选编》（天津古籍出版社，2006），编录了天津市档案馆收藏的乾隆六年（1741）至民国 36 年（1947）的 637 件土地文书。宋美云《天津商民房地契约及调判案例选编（1689 - 1949）》（天津古籍出版社，2006），刊布了 330 件与商会有关的诉讼文书。

浙江省绍兴档案馆编辑《绍兴县馆藏契约档案选集》（中华书局，2007），影印了清康熙六年（1667）至 1949 年为止馆藏 233 件契约文书。王万盈辑校《清代宁波契约文书》（天津古籍出版社，2008）收录了从清道光六年（1826）到光绪七年（1881）浙江奉化县毛氏 433 件土地买卖文书。

广东、福建地区虽然没有大规模的新文书发现，但由于学者的推动，研究日益深入。厦门大学陈支平教授近年来先后出版了《民间文书与明清赋役史研究》《民间文书与明清东南族商研究》等多部专著（黄山书社，2004；中华书局，2009），以文书为核心，全面而细致地考察了明清时代福建地方社会经济情况，提出很多新的看法。

台湾地区古文书的收集与整理较早，一直受到学界的重视。2005 年 4 月台湾地区成立"古文书学学会"，该学会以推动台湾地区古文书搜藏、整理、研究为宗旨，通过举办各种研习、演讲及展示等活动来推动台湾地区古文书研究。目前，台湾地区的古文书研究者一方面全面地收集、整理、研究公私收藏的各种古文书原件，彩色影印出版，开展相关文书学研究；另一方面，很多学者则从近代调查资料中清理出大量珍贵的文书抄本，极大地丰富了台湾地区古文书的数量与内容。

（二）官府档案

1. 巴县档案

巴县档案上起乾隆十七年（1752），下止宣统三年（1911），共约11.3万余卷，现收藏在四川省档案馆。20世纪80年代以来，巴县档案受到国际学术界的极大关注，相关研究成果层出不穷。从2006年起，四川省开始清代四川司法档案整理与研究工程。2011年，由四川省档案局编辑的《清代四川巴县衙门咸丰朝档案选编》（全16册）由上海古籍出版社出版，此选编是从馆藏咸丰朝的3万件档案中精选出5273件，分为内政、司法两大类出版。这批全新公布的巴县档案将会极大地推动清代地方司法研究。

2. 南部县档案

南部县档案包括从清顺治十三年（1656）至宣统三年（1911）南部县256年间县衙收藏各类档案文书，分为吏房、兵房、刑房、户房、工房、礼房、盐房七房，共计18070卷，8万余件。南部县档案是目前国内所存清代地方州县档案中，保存最为完整、时间跨度最长、内容最为丰富的诉讼资料。其中司法档案1.1万余卷，是研究清代地方法制的珍贵资料。南部县档案目前受到国际学术界的瞩目，其研究前景非常广阔。

法制史学者对于南部县档案表现出极大的关心，吴佩林《法律社会学视野下的清代官代书研究——以〈南部档案〉为中心》（《法学研究》2008年第2期），探讨了清代的官代书问题。里赞《晚清州县诉讼中的审断问题：侧重四川南部县的实践》（法律出版社，2010），是有关南部县档案研究的第一本专著，作者力图回到晚清州县审断的历史情境中去思考州县案件的审判问题。

3. 冕宁县档案

四川冕宁县档案包括从清康熙四十六年（1707）到1950年

为止冕宁县的诉讼卷宗、官府来往公文及各类告示、通知等，共406卷，30530件。冕宁县为彝汉混居地区，这批档案成为了解清代少数民族地区司法制度变化的重要参考资料，受到法制史界研究者的极大关注。近年来，以冕宁县档案为中心，先后有李艳君《从冕宁县档案看清代民事诉讼制度》（云南大学出版社，2009）、张晓蓓《冕宁清代司法档案研究》（中国政法大学出版社，2010）两本专著问世，不仅丰富了清代地方档案研究，而且也极大地推动了少数民族地区司法制度研究。

4. 黄岩诉讼档案

浙江黄岩诉讼档案发现于2000年，包括状式、副状、证据和审理的记录等司法文书110余件，上起清同治十三年（1874），下止光绪十五年（1889）。2004年，由田涛、王宏治等主编的《黄岩诉讼档案及调查报告》由法律出版社出版，正式向学术界公布这批资料。2005年，邓建鹏利用这批档案考察了清代诉状的风格。①

5. 浙江龙泉县档案

龙泉县位于浙江省西南部，与石仓契约的发现地松阳县相邻。2007年，浙江大学学者在龙泉县档案馆发现了保存完整的晚清至民国年间龙泉地方法院的诉讼档案。龙泉档案上起清咸丰八年（1858），下止1949年，共17333件卷宗，88万余页。包括了晚清至民国各时期的诉状、判词、口供、保状、领状、各级司法机构的来往文书以及作为证据的契约、分家书、婚书、系谱简图及调查记录、田产山林的查勘图等，内容十分丰富。成为了解晚清至民国司法制度变迁的重要史料。

近十余年来是明清及民国文书整理与研究的一个黄金时期，这也决定了今后若干年明清及民国史研究的方向。在林林总总的文书档案中，徽州文书仍然具有极高的史料价值。徽州文书

---

① 《讼师秘本与清代诉状的风格——以黄岩诉讼档案为考察中心》，《浙江社会科学》2005年第7期。

跨越从南宋到民国各代的资料，特别是明代的古文书主体仍然是徽州文书。徽州文书成为长时段了解中国古代至近代地方社会变迁的一个基石。如果以徽州文书为中心，结合各类明清地方文书档案，按照科学方法进行整理与研究，必将极大地推动明清古文书研究走向深入，为明清史研究的创新提供了厚重的史料基础。

总之，新世纪以来，从甲骨文金文到明清公私文书，各类新材料的发现，是推进中国古代史研究走向深入的一条重要路径。可以预计，在相当长的时期内，它们仍然是学者关注的热点。

近代史资料与中国近代史研究

曾业英

一 历史经验

中国近代史研究曾一度不为历史学界所重视，甚至不认可，以为较古代史研究算不上什么学问，因而尽管在 20 世纪二三十年代便已正式起步，但研究的总体规模和成效均十分有限，仍是中国历史研究中最为薄弱的领域；仅仅到了中华人民共和国成立以后才得到长足的发展，无论研究规模和成果都有了往昔无法比拟的进展，开始成为中国历史学界公认的重要分支学科。

何以中国近代史研究能在新中国取得如此重要的进展？原因当然是多方面的。但是，近代史资料的编纂和出版受到马克思主义历史学家的高度重视，不能不说是重要原因之一。众所周知，历史资料是历史研究的基础和先决条件，资料占有的多寡和质量的高低，直接决定着历史研究的水平和价值。不具备这个基础和条件，历史研究就无从谈起。为推动中国近代史研究的开展，著名马克思主义历史学家范文澜早在新中国成立前夕的 1949 年 7 月就开始谋划近代史资料的编纂和出版工作了。据著名历史学家蔡美彪回忆：当时范文澜负责中国新史学研究会筹备会工作，他随即提出要"着手编辑《中国近代史资料丛刊》，组织历史学家对近代重大历史事件分别编辑专题史料，陆续出版。为纪念义和团反帝运动五十周年，首先由翦伯赞主持编辑了《义和团》的专题资料，1951 年 3 月出版。1951 年 7 月，中国史学会宣告成立，郭沫若为主席，范文澜为常务副主席，主持会务"，他"继续组织编辑近代资料丛刊。至 1959 年，先后出版《太平天国》《回民起义》《戊戌变法》《鸦片战争》《中法战争》《中日战争》《辛亥革命》《捻军》《洋务运动》等专题史料10种。其中多者八册，二百几十万字，少者四册，也有一百几十万字，可以说是建国以来由学者选编的规模最大的一部史料书"。1954年由范文澜任所长的中国科学院（今中国社会科学院）近代史研究所又创办《近代史资料》杂志，长期坚持刊发中国近代史研究方面的资料。近代史资料甚为分散，搜集不易，《中国近代史资料丛刊》和《近代史资料》杂志的出版，为近代史研究者，特别是藏书较少地区的研究者提供了极大便利，有效地推动了近代史研究的开展。①

1976年结束十年"文化大革命"的文化荒漠期后，很快迎来了改革开放的大好形势。近代史资料的编辑、出版工作得到迅速的恢复和发展，出现了前所未有的繁荣景象。为数众多的近代史资料纷纷问世，如《鸦片战争档案史料》《清政府镇压太平天国档案史料》《戊戌变法档案史料》《清末筹备立宪档案史料》《中华民国史档案资料汇编》《中华民国史资料丛稿》《中国海关秘档》《日本帝国主义侵华档案资料选编》《北洋军阀》《抗日战争》，影印出版《申报》、天津《大公报》《盛京时报》《顺天时报》、上海等地的《民国日报》，等等，不论数量还是质量均远远超过"文革"之前。特别值得一提的是受改革开放之惠，其中不少资料是此前难得一见的中共档案资料和港澳台地区及美、英、俄等国外收藏的资料。这些资料的发现和披露，厘清了不少鲜为人知的历史事实，对提升中国近代史研究的学术水准起了重要促进作用。

以遵义会议为例，历来认为：会议"改组了中央领导机构，选举了毛泽东、周恩来、王稼祥组成的三人军事领导小组，选举张闻天为总书记。这次会议开始了以毛泽东为首的党中央的新的领导，在危急关头，挽救了党，挽救了红军，挽救了革命"。②

---

① 蔡美彪：《范文澜治学录》，《学林旧事》，中华书局，2012，第36页。
② 《辞海·历史分册（中国现代史）》，上海辞书出版社，1980，第86页。

1981 年底，中共中央党史资料征集委员会会同中央有关部门，开始对遵义会议进行专题调查，先后发现三份珍贵资料，其中一份题为《（乙）遵义政治局扩大会议》，经陈云证实是他向中央纵队传达会议情况而写的提纲。这份资料显示，遵义会议的有关情况与此前的史籍记述大不相同。会议"召开的时间是 1935 年 1 月 15－17 日；共 20 人参加了会议，董振堂不在其列；会议通过了四项决议：（一）选举毛泽东为常委。（二）指定洛甫（按：即张闻天）起草决议，委托常委审查后，发到支部中去讨论。（三）常委中再进行适当的分工。（四）取消三人团，仍由最高军事首长朱（按：即朱德）、周（按：即周恩来）为军事指挥者，而周恩来是党内委托的对于指挥军事上下最后决心的负责者"。洛甫代替博古出任总书记职务和成立由毛泽东、周恩来、王稼祥组成新的三人军事指挥小组并不是当日遵义会议的决议，是此后 3 月份的事。①

又如太平天国的研究，著名近代史学家王庆成"1984 年春在伦敦英国图书馆发现了两种太平天国印书：《天父圣旨》与《天兄圣旨》。它们记录了天父、天兄历次下凡的言论及活动，其中涉及不少过去不知道的史事，如有杨秀清、萧朝贵地位的确立，金田起义前太平天国对儒家典籍态度的变化，天京事变前领导集团内部矛盾的激化等"。又有学者发现了"苏州郡长洲县侍教乡门牌，两张减粮、减银版串钞照和一张无锡横塘镇卞票"及"一件太平天国的'去疬奏章'"等太平天国文物。②《天父圣旨》与《天兄圣旨》两种太平天国印书，以及几件文物等新资料的发现，大大丰富了太平天国史的内容。

2000 年前新中国的近代史研究所走过的道路，为后来的研究

---

① 陈芜：《遵义会议史料的新发现和研究》，中国史学会《中国历史学年鉴》编辑部编《中国历史学年鉴（1985）》，人民出版社，1985，第 120 页。

② 新田：《太平天国新史料的发现和研究》，中国史学会《中国历史学年鉴》编辑部编《中国历史学年鉴（1985）》，第 98 页。

者提供了一条宝贵经验。这就是：要想有效地推进近代史研究，除了坚持历史唯物主义和辩证唯物主义以外，最重要的是要继承和发扬以往的优良传统，充分占有各类史料，并通过由表及里、去粗取精、去伪存真的筛选，从中整理出准确可靠的史料，作为撰写历史的基础。俗话说，巧妇难为无米之炊。对于历史研究者来说，史料就是巧妇的炊米，没有史料，撰写历史，何以谈起？依据史料撰写的历史，虽不一定完全符合历史原貌，因史料所载，未必准确，而准确的史料，又未必现世。但离开史料，则根本无法撰写历史，这是肯定无疑的。

二　近代史资料出版概况

2010 年代，为推进中国近代史研究，历史研究者遵循中国史学重视资料建设的优良传统，吸取新中国成立以来中国近代史分支学科的成功经验，继续大力坚持资料的发掘、整理工作，编纂、出版了大量近代史资料。现依个人所见，将其间问世的近代史资料，依其不同内容，归纳为以下几大类，简介如下。

一是涵盖政治、经济、军事、思想文化各方面内容的综合性资料。主要有中国第一历史档案馆编的《道光朝上谕档》《咸丰朝上谕档》《同治朝上谕档》《光绪朝上谕档》《宣统朝上谕档》《光绪帝起居注》《宣统帝起居注》《清代军机处电报档汇编》（影印本），全国图书馆缩微复制中心编印的《清季（未刊）收发文本电文辑录》（影印本）、《清同治朝政务档案》《清内务府档案文献续编》《大总统府秘书厅公函》《抗日战争时期中国国情史料汇编》《新民通信社稿》《民国时期中国六省农村调查资料》《台湾史料汇编》《日本统治时期台湾省五十一年来统计提要》《民国时期台湾省行政长官公署施政报告》，中国边疆史地研究中心、辽宁省档案馆、吉林省档案馆、黑龙江省档案馆编的《东北边疆档案选辑》（清代、民国），中国第一历史档案馆、中国边疆史地研究中心、吉林省延吉档案馆编的《珲春副都统衙门档》，中国第二历史档案馆编的《汪伪中央政治委员会暨最高国防会议会议录》《中国国民党中央执行委员会常务委员会会议录》，王晓莉、贾仲益主编的总计 46 种涉及贵州、四川、广东、广西、西藏、甘肃、新疆、内蒙古等众多地区的《中国边疆地区社会调查报告集成》，广西师范大学出版社组织整理和编辑的《美国政府解密档案（中国关系）·美国驻广州领事馆领事报告（1790－1906）》和《美国政府解密档案（中国关系）·中美往来照会集（1846－1931）》，国家图书馆古籍馆编的《国家图书馆藏近代统计资料丛刊》（影印本）107 种、《国家图书馆藏清代民国调查报告丛刊》（影印本）80 种，沈志华编的总计 34 卷 36 册 2000 多万字的《苏联历史档案选编》，武汉地方志编纂委员会办公室编的《武汉国民政府史料》，吉林省图书馆特藏部编的《伪满洲国史料》，武汉市档案馆、江汉大学城市研究所编的《武汉沦陷时期档案史料丛编》，等等。

二是专为研究经济、中外关系、历史事件、边疆问题、日本侵华、抗日战争、法制等专题而编辑的专题资料。

在经济方面，主要有中国社会科学院经济研究所编的《清代道光至宣统的粮价表》，中国第二历史档案馆编的《全国经济委员会会议录》《行政院经济会议、国家总动员会议会议录》《四联总处会议录》，全国图书馆文献缩微复制中心编印的《中国早期博览会资料汇编》《清末民初铁路档案汇编》《清光绪筹办各省荒政档案》《清末民初涉外矿务档案汇编》《清末通商贸易档案汇编》《清末民初通商口岸档案汇编》《清末民初外国在华商号洋行档案汇编》《清光绪二十二省财政说明书》《中国近代粮政史料》《民国时期物价生活费工资史料汇编》《民国劳工劳务史料选编》《民国时期市政建设史料选编》《民国初年全国工商会议报告》《国民政府实业部工业施政概况》《抗战时期敌伪经济情报》《民国时期两广工商经济特辑》《民国时期各省市经济建设一览》《民国时期陕西实业考察》《日伪时期东三省经济实况揽要》《民国时期台湾经济史文献选编》《民国与伪满时期东北经济史料丛书》

《晚清民国对外商事贸易统计资料》《战后天津商情变动统计资料》《民国时期上海证券与资本市场概览》《民国时期中国内外债史料详编》，海关总署《旧中国海关总税务司署通令选编》编译委员会编的《旧中国海关总税务司署通令选编（1861－1949年）》，〔美〕凯瑟琳·F.布鲁纳等编、傅曾仁等译的《步入中国清廷仕途——赫德日记》，章开沅主编的《苏州商团档案汇编》，马敏等主编的《苏州商会档案丛编》，宓汝成编的《中华民国铁路史资料（1912－1949）》，黄鉴晖编的《山西票号史料（增订本）》，杨世源主编的《西北农民银行史料》，上海市工商业联合会编的《上海总商会议事录》，北京图书馆出版社编印的《清末民国财政史料辑刊》，等等。

在中外关系方面，主要有中国第一历史档案馆编的《清代中国与东南亚各国关系档案史料汇编（菲律宾卷）》，《清代外务部中外关系档案史料丛编》之《中英关系卷》《中西关系卷》《中葡关系卷》，权赫秀编的《近代中韩关系史料选编》，邢永福等编的《清代中琉关系档案五编》《清代中琉关系档案六编》《清代中哈关系档案汇编》，全国图书馆文献缩微复制中心编印的《国家图书馆藏清代孤本外交档案续编》《国家图书馆藏民国孤本外交档案续编》《稀见清咸丰军事外交谕令密件》《外交部收发电稿》《外交文牍》《清外务部收发文依类存稿》《晚清外交会晤并外务密启档案汇编》《清末民初出使外洋外务密档》《民国外交部国际联盟交通议事密档》《清末中俄东三省铁路电线交涉档案》《晚清船务船运交涉档案》《清末外务部日俄战争议和档案》《近代邮电交涉档案汇编》《清末民初外国在华银行交涉档案》《民国广州武汉时期革命外交文献》《近代中国参加之国际公约汇编》《民国外交档案文献博览》《抗战前期国际联合会文献》，陶文钊等主编的《美国对华政策文件集》，等等。

在历史事件方面，主要有中国第一历史档案馆、福建师范大学历史系编的《中国近代史资料丛刊续编》之一《清末教案·英国议会文件选译》（第6册），倪瑞英译的《八国联军占领实录：

天津临时政府会议纪要》，罗尔纲、王庆成主编的《中国近代史资料丛刊续编·太平天国》，章开沅等编的《辛亥革命史资料新编》（共 8 册），文闻编的《"围剿"中央苏区作战秘档》，全国图书馆缩微复制中心编印的《鸦片战事奏档》《稀见中英鸦片战争密奏》《中日甲午战争奏稿》《日清战史讲授录》《光绪中法战争奏稿函电》《清嘉咸同三朝平定农民起义奏稿手札》《督蜀电存》《民国外交部第一次世界大战档案汇编》，中国第二历史档案馆编的《台湾光复档案文献史料》，上海社会科学院历史研究所编的《五卅运动史料》（第 3 卷），周天度、孙彩霞编的《救国会史料集》，北京图书馆出版社影印室编辑的《清末民初宪政史料辑印》，等等。

在边疆问题方面，主要有卢秀璋主编的《清末民初藏事资料选编（1877－1919）》，刘丽楣等编的《民国时期西藏及藏区经济开发建设档案选编》，赵心愚等编的《清季民国康区藏族文献辑要》《康区藏族社会珍稀资料辑要》（上、下册），张羽新等编的《清朝治理新疆方略汇编》，全国图书馆缩微复制中心编印的《西藏奏议川藏奏底合编》《曹（鸿勋）中丞抚黔奏电稿》《清代新疆地区涉外档案汇编》《清末边境界务档案》《清光绪经营新疆会议折奏》《清季西北函电折奏八种》《晚清桂黔要事函电密奏》《晚清民初西藏事务密档》《清季筹藏奏牍》《民国东北县治纪要》《民国西南边陲史料丛书》之广西、四川、康藏、云贵、综合卷，中国边疆史地研究中心、辽宁省档案馆、吉林省档案馆、黑龙江省档案馆编的《东北边疆档案选辑》（清代、民国），等等。

在日本侵华方面，主要有全国图书馆缩微复制中心出版的《清光绪日军纷扰东三省各处档案》《东北日占区万宝山事件与韩人排华惨案》，黑龙江、吉林省档案馆编的《东北日本移民档案》，辽宁省档案馆编的《满铁调查报告》（4 辑 98 册），天津图书馆编的《天津日本租界居留民团资料》，吉林省档案馆、广西师范大学出版社合编的《日本关东宪兵队报告集》，张宪文主编的《南京大屠杀史料集》，吴绪成等编的《侵华日军在湖北暴行史料》，居之芬等编的《日本掠夺华北强制劳工档案史料集》，上海市档案馆编的《日本在华中经济掠夺史料（1937－1945）》，中央档案馆整理的《日本侵华战犯笔供》（影印本），等等。

抗日战争方面，有全国图书馆缩微复制中心编印的《十九路军抗日血战图文史料》《近代中国外谍与内奸史料汇编》《国民政府战后处理日伪敌产文献汇编》《中国战区日本投降文献汇编》，四川省档案馆编的《川魂：四川抗战档案史料选编》，等等。

在法制方面，主要有中国第二历史档案馆编的《国民政府立法院会议录》，全国图书馆缩微复制中心编印的《民国时期劳动问题与劳动法令汇编》《国民政府行政法令大全》《民国律师文献史料汇编》《国民政府司法例规全编》《清末民初华洋诉讼例案汇编》《国民政府岁计法令汇编》《民国时期地方自治实施方案法规汇编》，徐秀丽编的《中国近代乡村自治法规选编》，等等。

其他方面，主要有全国图书馆缩微复制中心编印的《中国近代教育史料汇编》民国卷、《中国西部开发文献》《中国近代哲学思想史料选编》《近代中国人口史料汇览》《民国时期监狱文献史料》《民国园艺资料汇编》《民国茶文献史料汇编》，赵嘉珠主编的《中国会道门史料集成》，辽宁省档案馆编的《中国近代社会生活档案》，陈元晖主编的《中国近代教育史资料汇编》，等等。

三是人物专集。主要有辽宁省档案馆编的《辽宁省档案馆珍藏张学良档案》，程焕文等辑注的《邹鲁未刊稿》，上海图书馆编的《上海图书馆庋藏居正先生文献集录》，谢持著《谢持日记未刊稿》，谢幼臣整理的《居正日记书信未刊稿》，陈红民辑注的《胡汉民未刊往来函电稿》，美国 Ferdinand Dagenais 主编的《傅兰雅档案》，周文玖选编的《朱希祖文存》，岳麓书社出版的《魏源全集》《曾国荃全集》，顾廷龙、戴逸主编的《李鸿章全集》，赵德馨主编、吴剑杰与周秀鸾等点校的《张之洞全集》，商务印书馆出版的《张元济全集》，上海科技教育出版社出版的《竺可桢全集》，许纪霖等编的《杜亚泉文存》，汪叔子、张求会编的《陈宝箴集》，朱正编的《丁文江集》，湖南教育出版社出版的《杨昌济集》《范源濂集》，湖南人民出版社出版的刘晴波修订版《杨度集》、曾业英修订版《蔡锷集》、刘泱泱修订版《黄兴集》、刘晴波等编补的《陈天华集》，等等。

　　四是旧报刊。主要有全国图书馆缩微复制中心影印出版的《京话日报》《北洋周刊》《清末官报汇编》《八路军军政杂志》《国民革命军总司令部公报》《国民政府军事委员会公报》、计收晚清珍稀期刊 65 种的《晚清珍稀期刊汇编》和《晚清珍稀期刊续编》，以及计收 1897－1947 年间出版的农学期刊 15 种的《中国早期农学期刊汇编》，计收 1937 年七七事变后国共两党出版的宣传抗日的期刊 44 种的《抗日战争期刊汇编》，计收 1899－1948 年间记录中外时论、政治要闻、经济动态、国际瞭望、教育、军事等内容的期刊 11 种的《民国时事文献汇编》，计收研究民国边疆、民族问题的期刊 12 种的《民国边事文献汇编》，计收中共早期宣传马列主义、建立革命统一战线等内容的期刊 6 种的《中国共产党早期刊物汇编》，计收集邮期刊 10 余种的《民国时期集邮期刊汇粹》，计收漫画期刊 15 种的《民国漫画期刊集粹》，计分综合、北京、上海、天津、港粤卷收录画报 96 种的《民国画报汇编》，计收 1921－1948 年电影早期刊物 22 种的《中国早期电影画报》，计收北京、上海、天津、四川、广西、南京等地戏剧类刊物 22 种的《中国早期戏剧画刊》，计收 1908－1947 年国学类刊物 18 种的《中国早期国学期刊汇编》，计收 1901－1909 年白话报 27 种的《中国早期白话报汇编》，计收《故宫周刊》《新潮》《经济统计月志》《实业金融》《大众》《南风》《教育益闻录》《京兆通俗周刊》《再生》《青年界》《每周情报》《进展月刊》《制言》《吾友》《励志》《时与潮》《我存杂志》《中原》《时代精神》《希望月刊》等民国期刊近 30 种的《民国珍稀期刊》，计分北京、天津、上海、广州、重庆、浙江、江苏、广东、广西、云南、贵州、东北、西北、福建、江西、湖南、湖北、山东、甘肃、河南、安徽、山西、四川、河北等 24 卷 1800 余种各类刊物的《民国珍稀短刊断刊》。线装书局影印出版的计收近 20 多种具有代表性的女性期刊的《中国近现代女性期刊汇编》（148 册）。湖南电子音像出版社影印出版的《长沙日报》《湖南通俗日报》《湖南大公报》《国民日报》《国民政报》《观察日报》《大刚报》《湘乡民报》。湖南师范大学出版社影印出版的《船山学报》《湘江评论》《新湖南》《新时代》《游学译编》、湖南《体育周报》、湖南《实业杂志》，等等。

综观上述整理出版的近代史资料，不难发现以下几个明显特点：（1）就资料类型而言，主要是两大类，一是各种档案资料，二是当年出版的旧报刊。（2）就资料形成和收藏者而言，既有政府形成、收藏的资料，也有私人形成、收藏的资料；既有正统政权形成、收藏的资料，也有非正统或伪政权形成、收藏的资料；既有本国政府形成、收藏的资料，也有外国政府形成、收藏的资料。（3）就收藏与公布资料者的级别而言，绝大多数来自国家、省部级档案馆和国家图书馆，以及少数几个大城市的图书馆。（4）就出版方式而言，大多采用较为便捷的影印方式，而较少采用由编者整理加工的付梓方式。（5）就资料出版宗旨而言，已逐渐转入学术研究的正常轨道，不再一味固守所谓"政治挂帅"的原则，不论"正面""反面""革命""反革命"的资料，只要有研究需要和价值，均可提供使用或出版。

诸如此类近代史资料的大量公布，固然为中国近代史研究提供了很大方便。但是，若要更好满足研究者的需要，似乎也还有几个问题值得一提。

首先是要进一步扩大资料搜集、发掘范围。近今整理出版的近代史资料，基本源自中国第一、第二两家国家历史档案馆、国家图书馆及几个省级档案馆与个别大城市的图书馆，而未及地县级档案馆和中小图书馆。其实，已有不少研究者在搜集资料的过程中，深切体会到有些资料踏破铁鞋无觅处，未能在大档案馆、图书馆发现，却在某个不起眼的小档案馆、图书馆里找到了。因此，除了继续发掘这些单位的宝藏外，似也应眼睛向下，重视采集地县级档案馆和中小图书馆的资料；甚至可考虑趁国家经济形势大好之机，找个权威机构牵头，联合其他相关机构，逐步对全国各地大小档案馆、图书馆、博物馆收藏的近代史资料，进行一次全面的拉网式调查，然后组织全国各地的专家学者分工合作，对所获资料有计划、有步骤地加以整理、出版。

其次是要汲取范文澜当年选择若干重大历史事件，以专题形式编辑《中国近代史资料丛刊》的经验，大力整理出版政治、经济、文化、人物等各方面的专题资料。近今所刊近代史资料，虽如上述，也有不少所谓"专题资料"，但除人物专集外，相对而言，大多只是粗线条的"大"专题，并未细化成严格意义上的专题资料。中国近代史专题无数。仅以1911年后38年的民国史为例，据中国社会科学院近代史研究所民国史研究室早期评估，有影响的大小专题就近600个，[①] 如加上此前的60年，为数就更多了。因此，除了继续整理出版难以分割的综合性资料外，似应更加重视整理出版细化的专题资料，以为研究者提供更加便捷的服务。

第三是要在资料出版方面兼顾影印原件与重新整理并重的方式。如上所说，近期出版的近代史资料，似以影印原件者居多。这是一种"短平快"方式，在一定程度上反映了出版行业正快速走向市场化。当然，影印方式并非不可取，我也没有反对影印出版的意思。因为影印出版，不仅可以保证资料的准确性，而且还有文物观赏价值，有选择地出版若干也未尝不可。何况有些资料还唯有影印一法可行，如复制旧报刊，总不能再按现代释文重新排印一次吧。但是，就方便研究者使用而言，则除了旧报刊这类整体复制的资料不能不采用影印方式外，其他包括原始档案在内的大部分资料似乎还是以现代释文重新整理后再加出版为好。

------

① 《中华民国史专题资料选题》（未刊稿），1979。

第四是整理出版的资料要务求准确。此前问世的经过编者整理的近代史资料，总体说来，质量是好的，为研究者提供了很大便利。但也毋庸讳言，其中确有少数质量较差甚至低劣的。主要表现为对资料原文的误判、误断、擅改、妄加，由此造成文义大变，或不知所云，或全然相反，给研究者带来了不应有的正确解读资料的重重障碍。早在2000年，就有学者撰文公开指出过这一点。① 遗憾的是多年过去了，这一现象似乎仍不同程度地存在于今日的资料整理出版之中。形成这一现象的原因是多方面的，一一穷究，似大可不必了，时代使然也。只是须知，既然彼此都有一个繁荣中国近代史研究的共同心愿，那么，为研究者提供准确的资料，就不是任何个人的私事，而是一种谁都无法推卸的公众责任了，我们没有理由不为此而努力。

三　近代史研究的新趋势

随着近代史资料的大量整理和出版，中国近代史研究自2000年以后开始进入一个新的发展时期。不但"文革"结束后渐成内地"显学"的民国史研究取得令人瞩目的成就，即如太平天国、戊戌变法、中外关系等以往学者研究有素的老课题也同样取得了不俗的进步。其主要表现为：（1）推出了一批引人注目的学术著作。如通史方面有实现了中国社会科学院近代史研究所几代人夙愿的该所研究员张海鹏主编的《中国近代通史》。专题研究方面有华东师范大学历史系茅海建教授的《戊戌变法史事考》《从甲午到戊戌：康有为〈我史〉鉴注》，原中国社会科学院近代史研究所研究员（今北京大学历史系教授）王奇生的《党员、党权与党争：1924－1949年中国国民党的组织形态》，华东师范大学历史系教授杨奎松的《国民党的"联共"与"反共"》等。（2）随

---

① 吴剑杰：《近代史籍史料的整理应当务求准确——以三种资料书为例》，《近代史研究》2000年第4期。

着蒋介石、胡汉民、张学良以及共产国际等各方面资料的开放和出版，在史实重建方面取得了不少突破，如 20 世纪 20 年代的东北易帜、中东路事件，30 年代国民党内部的派系政治，40 年代毛泽东与共产国际的关系，抗战结束后的东北政局等不少历史真相，均逐渐揭开了被人为包裹的面纱。（3）进一步拓宽了研究领域，思想史、文化史、区域社会史为愈来愈多的研究者所重视，形成了真正"百花齐放，百家争鸣"的学术研究局面。鉴于相关研究者对此均有深切了解，没有必要在这里赘述，因此，仅依个人观察，就这一时期近代史研究领域的若干新趋势，略做介绍。

第一个新趋势是，由不乏情绪化的类似"非此即彼"式的研究转变为冷静的理性研究。由于改革开放前，史学界普遍受到教条主义、阶级斗争绝对化的困扰，改革开放后近代史分支学科与中国历史研究的其他领域一样，也经历了一个异常普遍与深刻的反思阶段，对以往研究中的简单化、片面性进行了全面清理。如有的对过度夸大太平天国《天朝田亩制度》的革命性提出了异议；有的对百年来帝国主义列强强加于中国人民头上的不平等条约进行了实事求是的考察和分析，提出了更具说服力的客观、科学的标准，排除了某些不实甚至错误的认定；有的对历史人物评价中"以人划线"的偏颇提出了批评，对以往所谓"公认"的历史事实进行了重新研究，客观而公正地恢复了不少历史人物的本来面目；等等。应该说，这都是非常必要的，效果也是好的，对保证中国近代史研究沿着正常的科学道路前进起了重要的推动作用。

但是，事物往往有复杂的一面。随着反思过程的推进，人们发现有些"反思"似乎并不如反思者自诩的那样客观，除了事实不清，尚须深入研究、探讨外，似乎还存在一种历史研究者不应有的对追寻历史真相极其有害的情绪化倾向，自觉不自觉地陷近代史研究于新的简单化、片面性的困境之中。如有的只知一味指责义和团的愚昧、落后，而对它的反帝爱国精神却不赞一词；有的只字不提引发历次革命运动的深刻社会危机，却不遗余力地强

调其对社会造成的"损失"和"破坏";① 有的不但把帝国主义
列强的军事侵略与政治、经济、文化完全分开，认为列强军事侵
略固然给中国造成负面影响，但在军事以外的经济、政治、文
化、教育等方面，在促进中国近代化发展方面却"做了不少努
力"，给中国"引进了新的社会因素"，"在中国实行了改革"，
甚至进一步认为，不但在"经济、政治、文化、教育等方面，就
是军事战争也对中国产生了正面影响"。他们以鸦片战争为例，
说"它既是西方殖民主义者对东方一个主权国家的侵略战争，又
是上升阶段的资本主义对桑榆暮年的封建王朝的战争，有进步意
义的一面。从这一点着眼，有人甚至得出结论，认为鸦片战争如
果来得早一点，中国的面貌就不至像后来那样落后，也不至于遭
受那样的屈辱"，② 等等。

此类情绪化的反思，不但与事实相悖，还有一定的蛊惑性，
虽尚未形成为多数人的主流意见，但若任其泛滥，则难免不对史
学研究和社会大众产生不良影响，因此，不但屡有学者呼吁研究
者不宜重复以往那种"非此即彼"的错误倾向，而应秉持理性原
则，实事求是地研究中国近代史，既否定旧的教条主义、简单化
和片面性，也拒绝新的教条主义、简单化和片面性。要积极团聚
众多冷静思考和研究中国近代史的学者为一个理性学派，为近代
史研究的健全、长远发展做出贡献。更有广大学者身体力行，努
力将这一原则贯彻于自己的研究实践之中，并取得了相当可观的
成绩。

第二个新趋势是，由简单照搬西方史学理论和方法转变为将
其与中国历史实际相结合的研究。改革开放后，基于历史研究者
皆可理解的原因，诸如所谓"现代化范式""施坚雅模式"、比较

---

① 参见吴剑杰《关于近代史研究"新范式"的若干思考》，《近代史研究》
2001 年第 2 期；李文海《认识近代国情的几个重大历史是非》，《近代史
研究》1996 年第 6 期。
② 转引自汪敬虞《关于中国近代史研究中的殖民主义观点问题》，《近代史
研究》1996 年第 6 期。

史学、计量史学、田野调查等西方史学理论和方法纷纷被引入中国近代史研究领域。为发展本民族文化，借鉴外国先进文化，本无可厚非。但是，不可否认的是，每个国家都有自己的国情，西方史学理论和方法毕竟是在西方的土壤中培育出来的，因为文化背景相同、思维方式一致，用以解释相应的西方国家的历史，当然行之有效。倘若原封不动搬入中国，强解中国近代史，由于文化背景、思维方式的不同，加上对中国的了解又未必深入，所知有限，就难保不发生削足适履的荒唐事了。何况有些所谓理论和方法还并不是今天的新发明，所谓比较史学、计量史学就是中国史学界早已普遍采用的方法，所谓"田野调查"也不过是往日采用的"社会调查"概念的另一种说法，并不具有什么补偏救弊的新功能。正因如此，有关如何借鉴西方史学理论和方法的讨论，多年来，在中国近代史学界，乃至整个中国史学界，就始终没有停止过。

以"现代化范式"为例，不少学者指出，其实，它也不是什么新理论，早在20世纪三四十年代，蒋廷黻就曾步西方后尘，提出过类似的概念，与范文澜提出的中国近代史是帝国主义入侵、变中国为半封建半殖民地和中国人民反帝反封建的历史，即今天所说的"革命史范式"，形成最早的一次对立。尽管今天的多数倡导者，与蒋廷黻当日以此对抗"共产革命"的目的根本不同，主要是希望借此为以经济建设为中心的时代任务提供借鉴。但是，历史研究的基本要求是从实际出发，任何背离历史事实的研究都难以发挥真正的借鉴作用。大凡熟悉近代中国发展历程的学者都清楚，以推翻帝国主义、封建主义、官僚资本主义三座大山为目标的人民革命，不仅是中国近代史上不以人的意志为转移的客观事实，而且是最为波澜壮阔的篇章，是中国近代史所发出的最强音。可是，有的研究者不愿正视这一客观事实，反而一叶障目，自觉或不自觉地主张以"现代化范式"取代"革命史范式"，或曰将"革命史范式"转换成"现代化范式"。说法不同，偏颇则一。不少学者依据自己的研究经验，指出以"现代化"作为研究中国近代历史进程的视角，固然有一定的意义，"它使读者通过另一个视角看到了近代中国的历史。但是这样的观察与研究，也终究不能把一部完整的中国近代史呈现在读者面前"。而用"现代化范式"取代"革命史范式"，将客观存在的波澜壮阔的革命篇章排除于中国近代史之外，更不能说是"正确的替代"。即如"现代化范式"包含"革命史范式"说，也难掩其捉襟见肘的窘境。因为近代中国的两大基本任务——争取国家独立和富强并"不是平行进行的"，"在近代中国，主题还是谋求中国的独立和平等。正是这一主题，制约着近代中国历史的发展，制约着中国现代化的发展方向"。为此，他们认为较为可取的办法应是尊重历史实际，以"革命史范式"为主，吸取"现代化范式"之长，取长补短。唯有如此，才能全面反映中国近代历史的真实面貌。①

再看"施坚雅模式"。自1998年中国社会科学出版社翻译出版美国人类学家兼亚洲研究专家施坚雅于1964－1965年发表的有关中国近代社会经济史研究的论文，对中国市场体系提出一个新的分析模式，即结构—功能分析模式以后，就引起了中国历史研究者的广泛关注。"施坚雅模式"对中国近代史学者来说，的确是个相当新鲜的理论。它肯定市场体系对农民具有重要的意义，并且开创了研究农村市场的新局面，自有其贡献和合理性。但它是否完全符合中国乡村市场的历史实际？有无局限？局限在哪里？何种程度上能移用于中国乡村市场的研究？王庆成先生怀着追求真理、尊重科学的态度，利用华北数十州县的方志，特别是利用形成于光绪早期的《青县村图》《深州村图》中的丰富资料，对晚清时期华北的集市和集市圈的各类不同情况进行了详尽的研究，发现华北各州县集市数量参差不一，甚至差距很大，集市数与州县人口数、村庄数及土地面积的关系，亦无有规则的比率。集市圈即集市与赶集村庄的空间构成，所包含的村庄多至近百

① 参见张海鹏主编《中国近代通史》第1卷，江苏人民出版社，2006，第56－60页。

村，少则两三村，甚至一村，不仅无法与施坚雅的所谓"市场区域的正六边形模式"相吻合，甚至对他提出的"中国农村社会结构，不是村庄，而是基层市场社区，即基层市场体系的空间区域，是农民的实际社会区域"的重要理论也要打个重重的问号。诚如王先生所言，"半个多世纪前中国社会学家费孝通提出：'中国乡土社区的单位是村落，从三家村起可以到几千户的大村。'目前，我宁愿相信这看法可能比较正确——既然集市是农民的基本社区之说还缺少确切的根据"。① 当然，也有一些学者认为，"从方法论的角度看，施坚雅模式仍是我们从事中国近代史研究可以借鉴的有效资源"。这是学术研究的正常现象，不足为奇。不过，这些学者也承认"西方学者可能不懂中国，更难以将中国国情穷形尽相"，"用事实去衡量一种理论框架"，"本无可厚非；对一种理论做度长量短的批评也是旁观者应有的反思，或可推动认识的发展"。② 如此看来，即如这部分学者也并不反对"用具体的经验和研究"，对西方史学理论和方法加以必要的检验。这就够了，彼此有一颗尊重真理、服从真理的心，就没有不能解决的难题。

由上可见，已有愈来愈多的学者不满足于简单照搬西方的史学理论和方法，开始转向将其与中国历史实际相结合的研究，并通过自己的研究实践证明：只有经过这样的研究，才能对西方的史学理论和方法有所证实，有所修正，有所发明，有所创造；对我们中国的近代史研究者来说，才能判定何种理论和方法是可取的，或者部分可取的，何种理论和方法是不可取的，或者部分不可取的。这是对待西方史学理论和方法唯一可取的态度。虽然相对而言，迄今参与这种研究的学者尚不够广泛，成果也还有限，但可以预见，只要努力去做，前途必定是光明的。因为早在中国民主革命时期，无产阶级革命领袖毛泽东就以其伟大的实践和成

---

① 参见王庆成《晚清华北的集市和集市圈》，《近代史研究》2004年第4期。

② 参见任放《施坚雅模式与中国近代史研究》，《近代史研究》2004年第4期。

功，为我们证明了这一点。

第三个新趋势是，由大多以主要精力关注历史细节的研究转变为同时兼顾历史大视野的研究。改革开放一个时期以来，为纠正以往中国近代史研究中的片面性和尽可能地"还原"历史，众多学者一面对以往的研究成果进行认真梳理，一面对许多无人涉足的新课题展开深入研究。对于这一时期的研究，如以人们常说的宏观、微观研究标准加以区分，则似乎无论哪方面的研究，都基本属于微观研究，或者说细节性的研究。因为其研究结论大多是对具体史实的"有"与"无""是"与"非"的回答，或者具体历史过程的描述，而少有对整体历史走向的思考。当然，宏观研究也不是没有，相对较少而已。这些细节研究所取得的成就有目共睹，诚如茅海建教授所说："我们今天对许多历史事件有了新鲜的认识，有了恰当的把握，得出较为中肯的结论，似非为在观念或方法论上有大的突破，很可能只是明晰了其中一些关键性的历史细节。"① 历史细节研究既有如此之大的作用，当然没有不继续坚持做下去的理由。

然而，历史研究的最终目的，毕竟不全在评价古人的功过是非，最主要的还是为了探讨今日中国的路怎么走？为了今日中华民族乃至全人类的命运，为了未来社会的进步，这就不能离开宏观的研究，或者说"历史大视野"的研究；就不能只用观察历史细节的显微镜，而不戴预测历史未来的望远镜。必须两镜齐备，在研究历史细节的同时，也对历史做长时段、全方位的思考，从中找出历史发展的脉络和规律。何况即使评价古人，也不是仅靠研究他本人一时、一事、一地、一方面的"细节"表现，而不对其前后左右的人和事，如对他的家庭、对手、朋友、上下级、周围漠不关心者，他所面对的社会舆论，他听到什么，看见什么，等等，做全面的综合研究所能实现的。因此，在充分肯定研究"历史细节"的必要性的同时，也有不少学者提出要对中国近

---

① 茅海建：《戊戌变法史事考二集》，三联书店，2011，"自序"，第2页。

代史做"大视野"的研究，认为首先要在纵向，即时间上"打通"，取消以1919年为界，划分为近代、现代前后两个阶段，对1840—1949年的历史做整体研究。著名马克思主义史学家胡绳1997年7月在祝贺《近代史研究》出满100期的贺词中说："我谨重提一个建议：把1919年以前的八十年和这以后的三十年视为一个整体，总称之为'中国近代史'，是比较合适的。这样，中国近代史就成为一部完整的半殖民地半封建中国的历史，有头有尾。"① 其次还要在横向，即空间上"打通"，将政治、经济、思想、文化、社会生活等各个方面，甚至与周边国家的历史联系起来做"大视野"的研究。北京大学历史系教授罗志田在反思改革开放近30年的中国近代史研究时就说过："研究近代中国，不仅要深入了解所谓'前近代'的中国，至少还须参考三方面的外部历史，即19世纪以来的西方、日本和各殖民地（以及后人对其的研究）。" "只有对19世纪以来的西方和日本——特别是其发展变化的一面——具有较深入实在的了解，才能真正认识近代中国很多前所未有的变化。但过去的研究很少真正做到这一点，尤其在日本和中国的关联方面做得最不够（常见的不过是对比双方改革之成败）。"② 更为可喜的是还有不少学者怀着一颗追求真理的赤诚之心，不畏艰难地迈开了这方面的探索步伐。尽管他们的研究尚有待付出更多的努力，但作为一种值得肯定的新趋势似是不容置疑的。

附记 中国社会科学院近代史研究所杜丽红博士、湖南人民出版社彭富强先生为本文的写作提供了部分资料，谨此致谢。

---

① 《近代史研究》1997年第4期。
② 罗志田：《近三十年中国近代史研究的变与不变——几点不系统的反思》，《社会科学研究》2008年第6期，转引自步平《改革开放与中国近代史研究》，《近代史研究》2009年第5期。

当代中国史研究的若干理论问题 *

朱佳木

当代中国史研究（简称当代史研究）也称中国现代史研究（简称现代史研究）或中华人民共和国史研究（简称国史研究），是一门伴随新中国的成立和成长而兴起的新兴学科。它的成果最早可以追溯到 1951 年由胡乔木撰写的《中国共产党的三十年》，其中有 8 个页码论述了新中国的成立。以后又有 1954 年中宣部等有关部门编写、人民教育出版社出版的《中国人民解放战争和新中国五年简史》，以及 1958 年河北师范学院部分师生编写、人民出版社出版的《中华人民共和国史稿》。但严格意义上的国史研究，是在 1978 年中共十一届三中全会之后，并且首先是从中国共产党总结建国以来的历史开始的。

1979 年，中共中央利用庆祝新中国成立 30 周年的机会，在庆祝大会讲话稿中对建国以来的历史及其经验教训，进行了简要回顾和初步总结。接着，中共中央又组织专门班子，用一年零八个月的时间，起草了《关于建国以来党的若干历史问题的决议》（简称《历史决议》），并于 1981 年中共十一届六中全会上通过。在《历史决议》起草过程中，邓小平、陈云等老一代革命家提出了许多指导性意见，党内 4000 多名高中级干部和一部分党外人士进行了认真讨论。《历史决议》讲的虽然是党的历史问题，但由于这些问题同时也是国家的重大历史问题，因此，起草《历史决议》的过程可以说是一次高层次集体研究国史的过程，起到了促

　＊　本文最早以《论中华人民共和国史研究》为题，发表于《中国社会科学》2009 年第 1 期，收入本年鉴之前，作者做了较多修改补充。

进国史研究的积极作用，也为此后的国史研究指明了正确方向。

随后，在分管意识形态工作的中共中央书记处书记胡乔木的倡议下，中国社会科学院提出了关于对建国以后各条战线的历史经验做出有科学价值的总结、编撰系列专著的方案，经中央书记处批准，由中宣部部署，组织了专门的编委会，编辑出版大型丛书《当代中国》。这套丛书按照部门、行业、省市、专题分卷，先后动员约 10 万多名干部和学者参与编撰，耗时约 7 年，陆续出版了 150 卷，共计 1 亿字，3 万幅图片。它所利用的档案资料之丰富确凿，涉及的内容之全面系统，都是空前的。与此同时，有关方面还陆续出版了大量可供国史研究利用的文献资料书。例如，毛泽东、周恩来、刘少奇、邓小平、陈云等共和国主要领导人的文选、文集、文稿、年谱、传记，中央文献研究室编辑的1949 年至 1965 年的《建国以来重要文献选编》和从 1978 年中共十一届三中全会开始的历次党代会以来的重要文献选编，中国社会科学院经济研究所与中央档案馆合编的《中华人民共和国经济档案资料选编》1949－1965 年各卷，以及李先念、薄一波、杨尚昆、李维汉等共和国重要领导人的文选、日记、回忆录等。所有这些，都为开展国史研究提供了必要条件。

1990 年，中共中央党史领导小组借鉴中国历史上由国家设立国史馆的传统做法，提议并经中央同意，成立了专事研究和编纂中华人民共和国史（简称国史）的当代中国研究所。当代所建立后，开展了国史编纂工作，创办了以出版国史著作为主业的当代中国出版社和反映国史研究成果的学术刊物《当代中国史研究》，成立了联系全国国史学者的社会组织——中华人民共和国国史学会。自 2001 年 12 月中央书记处讨论并原则批准当代所的科研规划后，该所又集中力量编写编年史性质的史料书《中华人民共和国史编年》（简称国史编年，现已出版 1949－1959 年 11 卷），建立面向全国的国史学术年会制度（至今已举办 11 届），同中国社会科学院研究生院合作创办了国史系。在此前后，许多中央部门和省一级政府也纷纷设立本部门和本地区的当代史研究机构，许多地方社会科学研究机构还设立当代史研究部门，一些高等院校开设当代史课程，并建立以当代史为专业方向的硕士、博士授予点。如果算上从省到县各级中共党史研究部门对新中国时期党史的研究，以及各级地方志工作部门对新中国时期志书的编修，则全国研究当代史的机构就更多了。这些机构产生了不胜枚举的当代史研究成果，也培养了众多从事当代史研究的学者，使当代史研究作为一门史学的分支学科，逐步登上了学术舞台。

尽管如此，当代史研究与史学的其他分支学科相比，目前从总体上说还处于初创阶段，其学科体系尚不完整、不系统，还有许多理论问题有待探讨。下面，我就其中几个基本问题，谈一点粗浅的认识。

一　关于当代史及其研究的概念问题

1. 当代史与现代史、国史的关系

简单地说，当代中国史（简称当代史）是指1949年中华人民共和国成立后，在共和国范围内社会与自然界的历史。它是中国历史的自然延伸，是中国历史的现代部分或当代部分，是正在进行并且不断发展着的中国断代史。

当代史、现代史与古代史、近代史一样，都是对历史不同阶段划分的表述。各国对历史阶段的划分，对近代史、现代史、当代史的界定，并没有统一标准。有的把三者加以区别，有的只设近代史、当代史，没有现代史；有的只设近代史、现代史，没有当代史。对近代史、现代史、当代史的内涵，不同国家、不同时期、不同学者的界定也不一样。就是说，这些概念都不是绝对的，会因国别、时间、学者的不同而改变。

唯物史观的一个基本观点是，人类社会形态由低级向高级发展，是生产力与生产关系、经济基础与上层建筑这两个社会基本矛盾运动的结果。因此，马克思主义史学理论认为，划分历史阶段主要应当依据社会形态的变化。中国史学界正是运用这一观

点，把1840年中国由封建社会进入半殖民地半封建社会作为古代史和近代史的分水岭。如果仍然运用这一观点，本来应当把1949年中国由半殖民地半封建社会走向和进入社会主义社会，作为区分中国近代史和现代史的分水岭。然而，在新中国成立后，中国史学界、教育界把1919年五四运动爆发作为中国现代史（简称现代史）的开端。众所周知，五四运动改变的只是中国旧民主主义革命的性质，并没有改变中国社会的性质。因此，这样界定近代史和现代史，区分的只能是革命史的不同阶段，而非国家史的不同时期。对此，那时即有学者提出不同意见。只不过由于新中国成立不久，国史研究还没有被提上日程，这种界定的矛盾不突出，没有引起各方面重视罢了。自20世纪80年代国史研究开展以来，人们为避开现代史原有定义的既成事实，把新中国成立后的历史称为当代史，使这一矛盾又被暂时掩盖起来。但随着新中国历史的延续和国史研究与教学的深入，现代史原有定义的学术乃至政治上的弊端逐渐显现，矛盾日益突出，已到了非改变不可的地步。

现在，在国家学科、专业目录隶属历史学的二级学科里，设有世界史、中国古代史和中国近现代史等专业，却没有中国当代史或中华人民共和国史专业，在课题申报、专业设置等方面，给当代史研究与教学造成一定困难。为解决这一问题，有关部门把国史、当代史放到了近现代史专业中。应当说，这两种做法都不合适，尤其以后一种更不妥当。因为，中国现代史原有定义是把1919年作为起点的，如果在不改变这个起点的前提下，就把当代史或国史并入现代史，势必抹杀1949年中华人民共和国成立对于中国社会形态变革的划时代意义。其实，正确的做法应当是首先统一中国历史阶段划分的标准，然后将中国近代史的上下限由原来的1840年至1919年改为1840年至1949年，将中国现代史的起点由原来的1919年推迟至1949年。在这个前提下，再把中国现代史与当代史、国史合并。合并后，可以称中国现代史，也可以称当代史或国史。不管称什么，都应当把现代史、当代史、国史专业从中国近现代史专业中独立出来，改为近代史专业和现代史（当代史、国史）专业，取消近现代史专业。目前，史学界已有越来越多的人主张以1949年作为划分近代史和现代史的分水岭。被高等院校政治理论课作为教材的《中国近现代史纲要》，使用的就是这种划分方法。不过，要把现代史（当代史、国史）从中国近现代史中独立出来，分设近代史专业和现代史专业，还需得到教育主管部门的认可。

历史分期是动态性的，不会一劳永逸，随着时间延续，原有的中国现代史或当代史的上下限势必会发生相应改变。例如，再过100年，可能需要从中国现代史中分出一个独立的当代史来。不过，这样的问题可以留待那时的人们去考虑解决。

2. 当代史研究与现代史研究、国史研究的关系

当代史、现代史与国史这三个概念完全是一个意思，但当代史研究与现代史研究、国史研究在概念上稍有不同。当代史研究和现代史研究，顾名思义，是以新中国的历史为研究对象的学问，概念上完全一样。但国史研究有广义、狭义之分，其广义的研究与它们完全一样，而狭义的研究则和它们有所不同。

从广义上讲，国史研究是指1949年中华人民共和国成立后，对中国领土范围内（包括领空、领海、岛屿）人类社会与自然界的研究和记述。它不仅包括政治、经济、文化、外交、军事等内容，也包括天象、气候、生态环境、自然资源和自然灾害等内容；不仅包括对国家整体历史的研究，也包括对地方、部门、行业等局部历史的研究；不仅包括对中央人民政府管辖区域内历史的研究，也包括对暂时不受中央人民政府管辖的一些地方的历史研究，例如，1949年大陆解放后的台湾史，1949年至1997年和1999年主权回归前的港、澳史，以及1949年至1951年和平解放前的西藏史等。这个意义上的国史研究，显然与当代史、现代史研究的研究范围没有什么不同。

从狭义上讲，国史研究是指对中华人民共和国历史的整体性研究，侧重的是国家政权层面的活动。它只研究涉及国家全局的

政治、经济、文化、外交、军事等社会领域和自然界的重大事件，而不研究地方史、部门史、行业史等微观和局部的内容；只记载主权、管辖权所及范围之内的事件，而不包括主权尚未回归和管辖权尚未取得的地区的历史过程。例如，它不包括内地各省的历史，只包括与全局相关的地方性事件；不包括1949年后的台湾史和主权回归前的港、澳史，只包括大陆与台、港、澳相互关系的历史。它相当于人们通常所说的通史研究，现在已经出版的国史书，如《中华人民共和国简史》《中华人民共和国史编年》等，大都属于这个层面的国史研究。这个意义上的国史研究，显然不如当代史、现代史研究的概念宽泛。

3. 当代史研究与中共党史研究的关系

有人认为，既然中国共产党历史研究（简称党史研究）也研究新中国成立后的历史，再搞当代史研究就是重复研究，没有必要。这是一种误解，是对党史与当代史、现代史、国史概念不清的表现。我们要正确认识和开展当代史研究，必须弄清楚它与党史研究的区别。

中国共产党是中华人民共和国的核心领导力量，党的理论、路线、方针、政策、重大决定必然对共和国的建设和发展产生决定性的作用。从这个意义上说，党史是当代史的核心，新中国成立后的党史走向决定着当代史的走向。因此，当代史研究与党在这一时期历史的研究，在内容上难免会有许多交叉、重合。比如，党的历次代表大会，毛泽东、周恩来、刘少奇、朱德、邓小平、陈云等党的领袖人物，在当代史研究中不可能不涉及。另外，当代史研究与党史研究在理论上也有一些相同、相近、相通之处，很难截然区分。比如，一个学者对当代史分期、主线、主流等问题的看法，往往与他对党史同样问题的看法差不了太多。

但应当看到，党史研究与当代史研究毕竟分属不同学科。党史研究的对象是中国共产党的历史，基本属于政治学中的政党学范畴；即使从史学角度看，它也属于专史。而当代史研究的对象是新中国的国家史，完全属于史学范畴，是中国近代史研究的接续。因此，党史研究与当代史研究在角度、范围、重点、方法上都有很大不同。

关于研究角度。党史研究是从政党角度出发来研究新中国历史的。它要研究的是中国共产党作为一个执政党，如何制定路线、方针、政策，并把它们变成国家意志，如何处理与各参政党之间的关系，如何开展群众工作，如何与国外政党打交道，如何进行党的自身建设，等等。而当代史研究则是从国家角度出发来研究新中国历史的。它要研究的是国家政权机关如何贯彻中国共产党的路线、方针、政策，如何组织国家各项事业的建设，如何开展外交活动，如何进行政权建设，以及人民群众和各参政党是如何在中共领导下从事各项建设事业和参政议政的。比如，在研究改革开放的历史时，党史研究主要应从这一决策制定的背景、过程入手，而当代史研究则主要应从改革开放本身的历程及其给国家、社会带来了哪些影响，人民群众的工作、生活、思想在改革开放中出现了哪些变化入手。

关于研究范围。党史研究主要研究的是中国共产党在新中国成立后的历史发展及其规律。它研究的范围超不出中共作为执政党影响所及的事务；超不出虽然与它的影响有不同程度的关联但不属于执政党范畴的事务。例如，自然领域里的天象（日食、彗星等）、气候、生态、灾害的变化，这些就与党史没有或基本没有关系。社会领域里的人口、婚姻、家庭、民俗、服饰、饮食、语言、娱乐方式、人际交往等变化，经济史、法制史、民族史、疆域史、政区史、宗教史，以及各参政党的党史等，虽与中共党史或多或少有一定关联，中共党史研究也会有所涉及，但作为学科则不属于它要研究的范围。例如，在党史研究中不可能设民族史、疆域史、政区史、婚姻史、民俗史、服饰史研究等专业，因为不存在这样的历史。中国共产党虽然有自己的经济思想史、法制思想史、人口政策史、环境政策史、宗教政策史等，在党史研究中也完全可以设置这些研究方向，但党没有自己的法制史、人口史、环境史、宗教史，新中国成立后也不再有自己的经济史。

因此，不可能设什么中共法制史、中共人口史、中共环境史、中共宗教史的研究方向，也不会有当代中国的中共经济史专业。在党史研究中会涉及中共与八个参政党的相互关系，但不可能也不必过分叙述这些党派自身的历史，否则势必混淆中共党史研究与其他党派党史研究的关系。而上述内容却可以并且必须纳入当代史研究的范围，否则就不成其为当代史了。可见，当代史研究在范围上要比党史研究宽泛得多。

关于研究重点。党史研究的重点应当是党的路线、方针、政策制定的过程，党的重大决策出台的过程，党的制度建设、思想理论建设、组织作风建设的状况，党的会议和文献，党的重要人物和模范，以及党执政的经验教训等。当代史研究虽然也会研究这些内容，但更多的是要研究全国人民代表大会及其常委会、国务院的决策过程，法律的制定和变化过程，以及各级国家权力机关、行政机关、审判机关、检察机关的重大活动和举措，国家各项建设事业的进展和有突出贡献的人物，国家机关的自身建设及其经验教训等。例如，在经济问题上，党史研究的重点应当是基本经济制度建立、宏观经济政策制定的过程和作用；当代史研究的重点应当是相对具体一些的经济制度和政策，如财税制度、金融制度、产业政策、外贸政策的建立和制定的过程，以及产业结构、城乡居民收入、土地状况、进出口贸易、货币发行和税种、税率等变化的情况。又如，在自然灾害问题上，党史研究应重点研究党是如何领导政府和人民群众抗击自然灾害的；而当代史研究的重点应是政府与人民群众如何在党的领导下抗灾、救灾、赈灾和进行灾后重建，以及自然灾害形成的历史原因和造成的损失情况。

关于研究方法。党史研究和当代史研究都要运用唯物史观指导下的研究方法进行研究。例如，都要从历史事实出发，充分收集、慎重选择、严谨考证史料，对问题进行整体和系统分析，把问题放到一定历史范围之内，用社会存在说明社会意识，进行阶级分析，通过比较认识事物等。另外，都要借鉴中国传统史学和国外史学特别是新史学的有益方法，都要汲取社会科学中其他学科，如经济学、社会学、统计学的科学方法。但是，党史研究基本属于政治学学科，需要更多地运用政治学研究的方法；而国史研究完全属于史学学科，主要要运用史学研究的方法。在史书编纂方面，党史主要是用章节体，而当代史除了章节体外，还要创造性地继承中国史学的传统体裁，如纪传体、编年体、记事本末体、典制体、方志体、史地体等，以便与历代史书相衔接。

总之，当代中国史与中共党史各有各的学科属性、研究任务和社会功能，谁也代替不了谁。现在一些当代史书籍与党史书籍之间存在内容雷同或近似的现象，并不表明当代史研究与党史研究是一个学科，而是由于当代史方面的书过多地写了本该由党史书撰写的内容，党史方面的书则过多地写了本该由当代史书撰写的内容。这正是今后需要通过加强这两门学科的自身建设来加以解决的问题，而不应成为怀疑当代史研究必要性的理由。

二　关于当代史的分期问题

对历史进行分期，是史学工作者为便于自己和引导人们认识历史发展阶段性特征的一种研究方法，是史学研究的重要理论问题之一。前面讲到，对不同社会形态下的历史进行分期，由于史学工作者历史观的不同而难以有统一的标准。对处在同一社会形态下的历史进行分期，由于史学工作者的历史观或分析问题角度的不同，往往也会有不同意见。在当代中国史的分期问题上就有多种意见，其中主要有以下几种。

（1）根据《历史决议》，划分为4个时期，即基本完成社会主义改造的7年，开始全面建设社会主义的10年，"文化大革命"的10年，伟大历史转折以后的时期。

（2）在第一种分期方法的基础上，将其中第一个时期，即基本完成社会主义改造的7年，再以新民主主义向社会主义过渡为界，分为国民经济恢复时期和社会主义改造时期。

（3）在第一种分期方法的基础上，将其中第四个时期，即伟大历史转折以后的时期，再以中共十一届三中全会的召开为界，分为在徘徊中前进的两年和社会主义建设历史新时期。

（4）在第三种分期方法的基础上，将社会主义建设历史新时期进一步分为3个阶段，即以邓小平发表南方谈话和中共十四大召开为界，划分为改革开放初期和由计划经济体制向社会主义市场经济体制转变时期；再以中共十六大召开为界，把2002年以后作为社会主义市场经济体制初步建立、经济与社会进入侧重科学发展的改革开放新阶段。

如果把上述各种分期方法加在一起，目前对当代史的划分最多可以达到8个时期。简单说：第一个时期，3年恢复；第二个时期，4年改造；第三个时期，10年探索；第四个时期，10年"文革"；第五个时期，两年徘徊；第六个时期，改革开放之初；第七个时期，建立市场经济；第八个时期，侧重科学发展。

上述分期只是已知比较有代表性的几种，如果细分，还可以分出一些。比如，对"文化大革命"10年，在《历史决议》中就分成了3段，即第一段，"五一六"通知到中共九大；第二段，中共九大到十大；第三段，中共十大到"四人帮"被粉碎。

以上对当代史的分期方法，都有一定道理。不过，为了更多地体现通史的特点，更大程度地区别于中共党史，我更倾向于从经济与社会发展道路或目标模式的角度来观察和划分历史时期。从这个角度看，我认为可以把新中国成立至今的历史大致划分为五个时期。

（1）1949－1956年。这是结合中国实际学习苏联社会主义道路的时期，或者说是以苏联为目标模式的时期。

（2）1956－1978年。这是探索中国自己的社会主义道路的时期，或者说是要突破苏联模式，试图用计划经济体制加政治挂帅、群众运动搞建设的时期。

这里之所以把1966－1976年的"十年文革"和1956－1966年的"10年探索"放在同一个时期，是因为"十年文革"虽然造成了灾难性后果，但就其本质来说，仍然是对中国自己的社会主义道路的一种探索。《历史决议》在分析"文革"发生的历史原因时讲："社会主义运动的历史不长，社会主义国家的历史更短，社会主义社会的发展规律有些已经比较清楚，更多的还有待于继续探索。我们党过去长期处于战争和激烈阶级斗争的环境中，对于迅速到来的新生的社会主义社会和全国规模的社会主义建设事业，缺乏充分的思想准备和科学研究。""从领导思想上来看，由于我们党的历史特点，在社会主义改造基本完成以后，在观察和处理社会主义社会发展进程中出现的政治、经济、文化等方面的新矛盾新问题时，容易把已经不属于阶级斗争的问题仍然看作阶级斗争，并且面对新条件下的阶级斗争，又习惯于沿用过去熟习而这时已不能照搬的进行大规模急风暴雨式群众性斗争的旧方法和旧经验，从而导致阶级斗争的严重扩大化。""毛泽东同志是经常注意要克服我们党内和国家生活中存在着的缺点的，但他晚年对许多问题不仅没有能够加以正确分析，而且在'文化大革命'中混淆了是非和敌我。他在犯严重错误的时候，多次要求全党认真学习马克思、恩格斯、列宁的著作，还始终认为自己的理论和实践是马克思主义的，是为巩固无产阶级专政所必需的，这是他的悲剧所在。"① 这几段话说明，"文化大革命"虽然是对社会主义的一种不成功的、失败的探索，但毕竟是对社会主义的探索；"文化大革命"的 10 年虽然是动乱的 10 年，但仍然处于社会主义时期，并没有脱离社会主义社会。

至于把 1977－1978 年的两年也归于探索中国自己的社会主义道路的时期，是因为这两年虽然停止了"文化大革命"，并且把工作重点由阶级斗争向经济建设上转移，但它所追求的目标仍然是回到"十年探索"的状态。

因此，把"十年文革"和"两年徘徊"都纳入从 1956 年开

---

① 《三中全会以来重要文献选编》（下），人民出版社，1982，第817、815页。

始的对中国自己的社会主义道路的探索时期，符合历史的实际，
也有利于我们科学地认识那段历史。

（3）1978－1992 年。这是开创中国特色社会主义道路的时
期，或者说是试图在计划经济体制内用经济计划加市场调节搞建
设的时期。

（4）1992－2003 年。这是开创中国特色社会主义道路新局面
的时期，或者说是初步建立社会主义市场经济体制的时期。

（5）2003 年至今。这是中国特色社会主义建设进入新的发
展阶段的时期，或者说是在社会主义市场经济初步建立的前提下，
开始注重经济科学发展、社会和谐发展，注重经济与政治、文
化、社会、生态协调发展的时期。

在当代史分期问题上，只要是从历史本身的客观事实和内在
逻辑出发，从反映历史阶段性特征的角度观察，各种有关分期的
意见都可以也应当在学术范围内进行平等讨论，而不应当只把某
一种意见作为绝对正确，把其他意见斥为绝对的错误。"自然界
和社会中的一切界限都是有条件的和可变动的。"① 历史的分期界
限同样如此。前面说过，随着历史的发展，比如说到新中国诞生
100 年、200 年，人们再来给新中国历史分期，肯定会和现在有
所不同。另外，上述各种分期都是就国家的宏观历史而言的，至
于某些部门史、行业史、地方史，完全可以根据自己的实际分
期，不一定非与国家史的分期保持一致。

在历史分期上的不同意见当然不全是学术问题，其中也有属
于政治性问题的。例如，有人提出，中国自 1911 年以来只有两个
时期，一是 1978 年前的共和时期，一是 1978 年后的改革开放时
期。这种分期从表面看似乎在抬高改革开放的历史地位，但它完
全无视 1949 年中华人民共和国成立给中国社会带来的根本性变
革，因此，它所说的"改革开放"只能是指继承资产阶级共和国
道路的所谓"改革开放"，而不是我们实际实行的建立在社会主

---

① 《列宁选集》第 2 卷，人民出版社，1995，第 693 页。

义制度基础之上的改革开放。还有人提出，中国历史至今只有 3 个时期，即前帝制时期、帝制时期、后帝制时期。这种说法显然是在影射新中国的历史是所谓"后帝制时期"，意思是新中国仍然是没有皇帝的专制国家。还有人提出，1949 年以来的历史以 1978 年为界，分为两个时期，前一个时期为现代史，后一个时期为当代史。这种说法把新中国改革开放前后的历史与 1840 年至 1949 年的近代史并列，表面上看，好像也在抬高改革开放的历史地位，但深入分析一下就会发现，这种划分也有问题。因为，1949 年前后的社会性质是不同的，而 1978 年前后的社会性质没有变化。如果把改革开放前后的历史与新中国前后的历史并列，等于说改革开放前后的社会性质也是不同的。可见，这几种在新中国历史分期上的说法，不过是借历史分期而设置的"理论陷阱"罢了。它们所要表达的不过是要走资本主义道路的政治诉求，因此并非学术意义上的不同意见。

三　关于当代史的主线问题

所谓历史的主线，是指贯穿历史始终的主要脉络、支配历史走向的基本因素，是呈现某种历史规律的东西。认清历史的主线，有助于揭示历史事件的动因，探索历史发展的规律，总结历史的得失，预测历史的未来，因此是史学工作者，尤其是马克思主义史学工作者在历史研究中从事的一项重要工作。不过，要弄清什么是历史的主线，尤其什么是当代中国史的主线，应当首先弄清楚这里说的主线是在什么意义什么层面上讲的。

讲到历史主线，现在多数人认为只能有一条。从这个观点出发，有人提出当代史的主线是生产力与生产关系、经济基础与上层建筑的矛盾运动。我认为这是人类社会发展的基本动力和最终根源，不仅是当代中国史的主线，也是人类全部历史发展的主线。还有一种提法，说当代史主线是中国人民在中国共产党领导下进行革命、建设和改革。这种提法虽然抓住了当代史的本质特征，但未能揭示出左右其发展的内在动因，与其说是当代史的主线，不如说是给当代史下的一个定义。再一种提法，说当代史主线是解放和发展生产力。这种提法虽然说出了贯穿当代史的内在动因，但它适用于许多国家的许多时段的历史，是带有一定普遍性的历史现象，并没有揭示出中国当代史的特殊动因。因此，把它说成主线，对认识和解释当代史中的一系列重大事件没有多少实际意义。

在认为历史主线只能有一条的观点中，还有一种提法，即当代史主线是探索中国社会主义建设的道路。应当说，这种提法反映了贯穿当代中国史的特殊动因，是其他国家或中国其他时期的历史都无法套用的。但如果仅仅把它看成唯一的主线，也会发生一些不好解释的问题，有一些贯穿当代史的重大事件，难以用这一提法涵盖。

比如，新中国成立前夕，毛泽东、刘少奇都说过建国后要搞一段新民主主义，允许资本主义经济发展 10 年、15 年、20 年，然后再向社会主义过渡。但新中国成立后只过了 3 年，毛泽东就在 1952 年提出，从现在起就要向社会主义过渡。为什么会发生这个变化呢？如果说当代史的主线只有探索中国社会主义道路这一条，就会使人得出这样的结论，即提前向社会主义过渡是为了尽快走上社会主义道路，也就是说，是为搞社会主义而搞社会主义。显然，事实并非如此。实际情况是，进入 1952 年后，随着恢复国民经济任务的顺利完成，国营经济在工业生产中比重的增加，土地改革后农业互助合作化运动的开展，朝鲜战局的趋于平稳，大规模工业化建设的任务被提上了日程。在编制"一五"计划草案时，财经部门的同志把苏联等社会主义国家和美欧等资本主义国家发展工业化的道路进行了比较，反复权衡国内政治、经济和国际环境等诸多方面的利弊得失，一致认为中国要尽快提高国防能力和农业与轻工业生产的能力，必须而且只能像苏联那样，走快速工业化的道路，也就是优先发展重工业的道路。要优先发展重工业必须解决资金、设备、人才和物资极度匮乏的实际问题。在当时条件下，要解决这些问题，只能选择高度集中的计划经济体制，并相应实行生产资料的国有化和公有化。但这些已经不再是新民主主义的政策，而是社会主义的政策了。

根据现有材料，毛泽东第一次正式提出提前向社会主义过渡的设想，是在1952年9月24日的中共中央书记处会议上。此次会议的主要议题是讨论"一五"计划的方针任务，周恩来、陈云也是在此次会议上汇报了就争取苏联全面援助"一五"计划建设问题与斯大林会谈的情况。这三件事碰在一起，绝不是巧合，它反映了选择优先发展重工业的战略、苏联答应对我优先发展重工业给予全面援助，以及决定提前向社会主义过渡三者之间的内在联系。毛泽东当时说现在就开始过渡，并用15年左右时间完成过渡，这与原先提出的先搞15年新民主主义，然后用一个早晨进入社会主义的设想，在最终完成过渡的时间上并没有太大差别，区别只在于开始过渡的时间。因此，是优先发展重工业的战略决定了提前向社会主义的过渡，而不是为了要提前向社会主义过渡才决定优先发展重工业。至于后来急于求成，提前完成过渡，导致工作过粗、形式过于简单、遗留问题过多等，是另外的问题，另当别论。

中共中央早在制定社会主义过渡时期总路线时就明确提出，工业化是主体，对资本主义工商业和农业的社会主义改造是"鸟之两翼"。就是说，向社会主义过渡是围绕工业化，为了工业化的。以后，周总理根据毛泽东的意见，在1964年全国人大三届一次会议上提出20世纪末实现工业、农业、科学技术和国防四个现代化的目标。进入历史新时期后，中共中央重申了四个现代化的目标；以后又提出要走新型工业化道路，要在21世纪头20年内基本实现工业化。这些都说明，争取早日实现工业化、现代化，同样是贯穿迄今为止全部当代中国史的一条主线。当代史中许多重大事件都是受这条主线支配的，都可以从这条主线中找到答案。

再如，新中国成立后在周边一共打了5仗：第一仗是抗美援朝战争；第二仗是中印边境自卫反击战；第三仗是抗美援越战争，这场战争中国虽然主要做的是后勤支援，但防空部队到了越南前线；第四仗是珍宝岛战斗，其规模虽然不大，但导致中苏边境局势长时间紧张；第五仗是中越边境自卫反击战。如果说这些都是受探索中国社会主义道路这条主线的支配，显然是说不通的。可见，当代史中还有一条贯穿始终的主线，那就是维护国家的主权、安全和领土完整。平息西藏少数分裂分子叛乱，反对"两霸"，收回港澳主权，遏制"台独"，打击"藏独"和"疆独"，在钓鱼岛和南海问题的立场等，都是由这条主线决定、受这条主线制约的。

历史唯物主义告诉我们，人民群众是历史的创造者。因此，能够贯穿历史始终、支配历史走向的最基本的因素，只能是历史的主体，即人民群众的历史能动性。恩格斯说："在社会历史领域内进行活动的，全是具有意识的、经过思虑或凭激情行动的、追求某种目的的人；任何事情的发生都不是没有自觉的意图，没有预期的目的的。""探讨那些作为自觉的动机明显地或不明显地、直接地或以思想的形式、甚至以幻想的形式反映在行动着的群众及其领袖即所谓伟大人物的头脑中的动因，——这是可以引导我们去探索那些在整个历史中以及个别时期和个别国家的历史中起支配作用的规律的唯一途径。""历史是这样创造的：最终的结果总是从许多单个的意志的相互冲突中产生出来的，而其中每一个意志，又是由于许多特殊的生活条件，才成为它所成为的那样。这样就有无数互相交错的力量，有无数个力的平行四边形，而由此就产生出一个总的结果，即历史事变。"① 这说明，历史发展的内在动因，既不可能是所有人的预期目的、动机、意图、意志，也不可能只有一个。我们探寻历史的主线，应当寻找人民群众作为历史主体的总的目的、动机、意图、意志。其中凡是贯穿并左右历史发展的，就是历史的主线。而这种主线不会只有一

① 《马克思恩格斯选集》第4卷，人民出版社，1972，第243、245、478页。

条，很可能有多条。

从这个意义上理解历史主线，我认为对当代中国史的主线，起码应当概括为三条，即探索中国社会主义道路，争取早日实现中国工业化和现代化，维护中国的国家主权和领土完整。在这三条主线中，第一条虽然最重要，但它代替不了另外两条。这三条主线既相互区别又相互联系，共同影响和左右着当代史的发展。它们就像交响乐中的三个主题那样，交汇演奏了和正在继续演奏着共和国历史的交响曲。当代史迄今为止发生的所有重大事件，几乎都可以从这三条主线中找到答案。抓住了这三条主线，也就抓住了当代史发展的基本线索、基本脉络，而且可以大致预测出新中国未来发展的基本趋势和走向。

2010年8月31日，习近平同志在全国党史工作会议的讲话中，强调要把握党的历史发展的主题和主线、主流和本质，并指出党史的主题和主线就是团结带领人民为实现争取民族独立、人民解放和国家繁荣富强这两大历史任务而不懈奋斗。他在这里虽然只讲了一条主线，但其中既包括了探索社会主义道路（人民解放），也包括了争取早日实现工业化、现代化（国家繁荣富强）和维护国家主权、领土完整（民族独立）这三方面的内容。可见，把当代史主线分为三条表述，与党中央对党史主线的概括，在本质上是一致的，并不矛盾。

四　关于当代史的主流问题

所谓历史的主流，指的是在特定历史时期中，究竟光明、进步、积极的方面为主，还是黑暗、倒退、消极的方面为主。具体到当代中国史，所谓历史的主流问题，指的是在这60多年里，究竟成就、成绩是主要的，还是失误、错误是主要的；对它的评价究竟应以正面为主，还是应以负面为主。

从目前学术界看，对新中国改革开放后的历史，分歧不大，多数认为成就是主要的，评价也以正面为主；但对改革开放前的历史，分歧就大了，不少人或明或暗地认为，失误和错误是主要的，评价应以负面为主，个别人甚至把那段历史说成是专制的、黑暗的，比旧中国更坏更糟。因此，要回答什么是当代史主流的问题，关键在于如何看待改革开放前那段历史的主流。

从新中国成立到1976年"文化大革命"结束的27年（如果算上1976年至中共十一届三中全会召开之前的两年是29年），以毛泽东为核心的党的第一代中央领导集体在探索社会主义建设规律的过程中，确实有过不少失误和错误，有的错误甚至是全局性、长时期的，给党、国家和人民的事业造成了严重挫折和损失。对此，我们不应忽视，更不应掩盖，否则不可能从中吸取教训；但同时也必须客观、全面地而不是孤立、片面地看待它们，否则同样不可能正确总结经验，还会一叶障目，把改革开放前的历史看得一无是处、一团漆黑，导致对那段历史的全盘否定，无法解释为什么新中国的60年是光辉的60年。而要客观、全面地看待改革开放前的历史，就必须正确认识那段历史中的失误、错误和那段历史对于改革开放的意义。

（一）正确认识改革开放前历史中的失误和错误

1. 要把失误和错误与那段历史取得的成就放在一起比较，分清主流与支流。

对于改革开放之前的历史性成就以及改革开放前后两个历史时期的关系，党中央在改革开放后的不同时期，有过一系列论述，观点是明确的，也是始终一贯的。

例如，1979年邓小平同志在理论务虚会上的讲话中指出："社会主义革命已经使我国大大缩短了同发达资本主义国家在经济发展方面的差距。我们尽管犯过一些错误，但我们还是在三十年间取得了旧中国几百年、几千年所没有取得过的进步。"[1]

1981年的《历史决议》指出：中华人民共和国成立以后的历

———————

[1] 《邓小平文选》第2卷，人民出版社，1994，第167页。

史，"总的说来，是我们党在马克思列宁主义、毛泽东思想指导下，领导全国各族人民进行社会主义革命和社会主义建设并取得巨大成就的历史。社会主义制度的建立，是我国历史上最深刻最伟大的社会变革，是我国今后一切进步和发展的基础"。"三十二年来我们取得的成就还是主要的，忽视或否认我们的成就，忽视或否认取得这些成就的成功经验，同样是严重的错误。"[1]

1989年江泽民同志在庆祝建国40周年大会上的讲话中指出："中华人民共和国成立以来的四十年，是中国历史发生翻天覆地变化的四十年，是经历艰难曲折、战胜种种困难、不断发展进步的四十年，是中华民族扬眉吐气、独立自主、在国际事务中日益发挥重要作用的四十年。"[2]

2006年胡锦涛同志在庆祝中共建党85周年暨党员先进性教育总结大会上的讲话中指出："在社会主义革命和建设时期，我们确立了社会主义基本制度，在一穷二白的基础上建立了独立的比较完整的工业体系和国民经济体系，使古老的中国以崭新的姿态屹立在世界的东方。"[3]

上述评价如实反映和高度概括了改革开放前的主要成就，应当是我们总体评价那段历史的主要依据。只要把那些年的失误、错误，包括"大跃进"和"文化大革命"的严重错误同这些历史性成就放在一起比较，孰重孰轻、什么是主流什么是支流就会一目了然。

2. 要对失误和错误进行具体分析，不能因为有些事情中有失误、错误，就对那些事情全盘否定。

首先，要分析失误和错误是普遍的、全局的现象，还是个别的、局部的现象。例如，改革开放前曾发动过一系列政治运动。其中，像"大跃进"的高指标、瞎指挥、浮夸风、"共产风"，

---

① 《三中全会以来重要文献选编》（下），第794、798页。
② 《十三大以来重要文献选编》（中），人民出版社，1991，第611页。
③ 《人民日报》2006年7月1日，第1版。

"文化大革命"的"打倒一切、全面内战"等错误，都是普遍的、全局性的。但像新解放区土改运动和"三反""五反"运动中的错误，则是个别的或局部性的，而且一经发现，很快得到了纠正。如果不加分析，看到哪个运动中有缺点有错误就予以全盘否定，势必会得出改革开放前29年的历史是一连串错误集合的结论。

其次，要分析存在失误和错误的工作中是否也有正确的合理的成分，并且要看这些成分对以后工作是否也起到了一定的积极作用。例如，新中国成立初期，思想文化领域进行的几场比较大的批判运动，存在把思想性、学术性问题简单化、政治化的倾向，有的甚至混淆了敌我、敌友的界限，显然是十分错误的。但也应当看到，正是那些大张旗鼓的批判，加上与此同时进行的知识分子思想改造运动，使文艺界、学术界、教育界原先存在的封建主义的和资产阶级唯心主义、民主个人主义、自由主义的思想受到了强烈冲击和迅速清理，使辩证唯物主义和历史唯物主义、为人民服务和人人平等等无产阶级思想很快为大多数旧社会过来的知识分子所接受。如果不加分析，把那几场批判运动中犯的错误连同其中合理的正确的成分一概否定，就难以解释过去在农村根据地、解放区占主导地位的马克思主义，为什么能在短短几年内成为全国特别是城市中的主流意识形态。

再次，要把犯错误和犯错误的时期加以区别，不能因为某个时期犯了错误，就把那个时期的工作统统否定。例如，"文化大革命"是新中国成立后犯的最为严重的错误。但"文化大革命"持续了10年时间，在那10年里，中国共产党除了开展"文化大革命"运动，还做了许多其他工作。《历史决议》说：在"文化大革命"期间，"我国社会主义制度的根基仍然保存着，社会主义经济建设还在进行，我们的国家仍然保持统一并且在国际上发挥重要影响"。"国民经济虽然遭到巨大损失，仍然取得了进展。""在国家动乱的情况下，人民解放军仍然英勇地保卫着祖国的安全。对外工作也打开了新的局面。当然，这一切决不是'文化大革命'的成果，如果没有'文化大革命'，我们的事业会取得大得多的成就。"① 这些实事求是的分析说明，不能把"文化大革命"与"文化大革命"时期简单画等号，不能因为要彻底否定"文化大革命"，就否定"文化大革命"时期党和政府所做的必要工作和建设事业所取得的重大成就，更不能因此而否定那一时期我们党和国家、社会的原有性质。

3. 要把失误和错误放在当时特定的历史条件下分析，把在当时可以避免的和由于客观条件限制难以避免的错误区分开来。

所谓客观条件限制有两种，一种是实践不够，缺少经验；另一种是物质不够，缺少条件。例如，改革开放前在很长时间内积累率过高，对消费品生产的资金、原材料安排不足，给人民生活造成许多困难；尤其是对农业、农民索取过多，给予过少，造成农村大部分地区面貌长期变化不大。这有我们对积累与消费比重安排不当，对农业与农民照顾不够的一面，也有受到当时物质条件限制的一面。新中国成立后，面对一穷二白的落后局面，要尽快增强国力、巩固国防、防范帝国主义侵略，只有走优先发展重工业的道路。而发展重工业需要大规模基本建设、大量投资、大批建设物资和尽可能多的商品粮。这就要求实行集中统一的计划经济，以便把全国有限的财力、物力，最大限度地用于钢铁、机械、煤炭、电力、铁路等基础建设，从而不得不对粮食、棉花、油料作物和木材等主要农副产品实行统购统销，不得不暂时抑制人民的消费，相对牺牲农民的一些利益。从这个意义上说，这些困难是为大规模工业化建设而付出的必要代价。只不过后来的"大跃进"、反右倾，特别是"文化大革命"运动，加重了困难的程度，延长了困难的时间罢了。

4. 要分析造成失误和错误的主观原因，同时也要把好心办坏事与个人专断、个人专断与专制制度加以区别。

改革开放前所犯的错误中，有经验不足等难以避免的问题，

① 《三中全会以来重要文献选编》（下），第815－817页。

也有思想方法、工作方法、工作作风不够端正等可以避免的问题；在可以避免的问题中，有个人专断造成的，也有急于求成造成的。对急于求成的毛病，邓小平曾做过一个分析，他说："我们都是搞革命的，搞革命的人最容易犯急性病。我们的用心是好的，想早一点进入共产主义。这往往使我们不能冷静地分析主客观方面的情况，从而违反客观世界发展的规律。中国过去就是犯了性急的错误。"① 这个分析十分中肯，也完全符合实际。

个人专断与急于求成的问题有所不同。正如《历史决议》所指出，这种问题的根源在于骄傲，在于脱离实际和脱离群众；表现是把个人凌驾于组织之上；后果是使党和国家政治生活中的集体领导原则、民主集中制原则受到削弱以至破坏；社会原因是党内民主和国家政治生活中的民主缺少制度化、法律化，权力过分集中于个人；历史原因是长期封建社会造成的封建专制主义思想的影响。但是，必须看到，受封建专制主义思想的影响与封建专制制度毕竟是本质完全不同的两码事。前者是思想作风问题，而后者是社会性质问题。社会主义制度从本质上讲，是与个人专断之类封建专制主义思想的表现格格不入的。正因为如此，我们党才能在社会主义制度下提出并着手纠正这种现象；才能在指出这一问题时，不是把它仅仅归咎于某个人或某些人，而是注重于总结经验，并在党和国家的领导制度、干部制度等政治体制上进行改革，以免后人重犯类似错误。

胡锦涛同志在中共十七大报告中讲到严格执行民主集中制时，强调"健全集体领导与个人分工负责相结合的制度，反对和防止个人或少数人专断"。这说明，封建专制主义思想影响是有其深厚历史根源的，不会只在某个人或若干人身上起作用，也不会仅在短时间内就被清除干净。因此，不能因为存在个人或少数人专断的现象，就妄言我们的制度是什么封建专制主义的。

---

① 《邓小平文选》第3卷，人民出版社，1993，第139–140页。

（二）正确看待改革开放前的历史对于改革开放的意义

如果以 1978 年中共十一届三中全会为界，改革开放前后两个历史时期刚好大体上各占 30 年。我们一方面要看到后 30 年对前 30 年的发展和扬弃，另一方面也要看到前 30 年对后 30 年的基础作用。因为改革开放不是在 1949 年旧中国那个满目疮痍的烂摊子上起步的，而是在新中国进行了 30 年建设、取得辉煌成就的基础之上开始的。正如胡锦涛总书记在十七大报告阐述改革开放历史进程时所指出的："改革开放伟大事业，是在以毛泽东为核心的党的第一代中央领导集体创立毛泽东思想，带领全党全国各族人民建立新中国、取得社会主义革命和建设伟大成就以及艰辛探索社会主义建设规律取得宝贵经验的基础上进行的"；"改革开放和社会主义现代化建设，是新中国成立以后我国社会主义建设伟大事业的继承和发展"。这些论述为我们正确认识改革开放前后两个 30 年的联系，提供了重要指导思想。

那么，改革开放前的历史对于改革开放究竟有什么意义呢？我认为，起码可以从以下 5 个方面来看。

1. 为改革开放提供了政治前提。

新中国成立后，建立了人民民主专政的政权，实现了除台、港、澳地区之外的国家统一，取得了民族独立、主权和领土完整，铲除了帝国主义、封建势力的社会基础；赢得了抗美援朝等自卫战争的胜利，提高了中国的国际威望，消除了外国侵略的威胁；实行了各民族一律平等的政策，实现了中华民族的空前大团结；进行了对农业、手工业和资本主义工商业的社会主义改造，奠定了社会主义经济基础，使中国走上了社会主义道路；在经济极端困难的情况下，研制成功了原子弹和氢弹，发射并回收了人造卫星，打破了超级大国的核垄断和核讹诈，使中国不失时机地进入了国际"核俱乐部"；在国际局势极端复杂的情况下，打破了中美关系的僵局，恢复了中国在联合国的合法席位，使中国取得了举足轻重的国际地位，也为后来与西方国家建立经济关系铺平了道路。所有这些，都使改革开放得以在政权稳固、社会安定、国际环境相对有利的条件下展开。

2. 为改革开放奠定了制度基础。

新中国成立后，建立了以人民代表大会制度、中国共产党领导的多党合作和政治协商制度、民族区域自治制度为核心的社会主义基本政治制度，以及以生产资料全民所有制和集体所有制为基础的基本经济制度。改革开放后在一些具体的政治制度上尽管有过不少改革，但上述基本的政治制度至今仍在坚持并不断完善。基本的经济制度根据生产力发展水平虽然有较大调整，但仍然是以生产资料公有制为主体，国有经济仍然控制着国民经济的主要领域和关键部门。正是这些制度，为我们进行改革开放和社会主义民主政治和市场经济建设提供了稳定的政治环境、有力的制度保障和广阔的活动平台。

3. 为改革开放奠定了物质技术基础。

新中国成立后，通过没收官僚买办资产阶级的资产、改造资本主义工商业的企业和连续5个五年计划的建设，积累起全民所有和集体所有的巨大财富，改变了旧中国工业集中于沿海地区的不合理布局，建立了独立的比较完整的工业体系和国民经济体系；进行了大规模农田和水利基本建设，发展了县办和社办工业，以及农业机械、化肥等支农工业，极大改善了农业生产条件。这些都为改革开放之后经济的飞速发展，提供了雄厚的物质基础。另外，新中国成立之初，人口的80%是文盲，全国科技人员不到5万人，高级科研人员不足1000人。经过29年的努力，高校毕业生累计295万人，科技人员超过500万人。这些都为改革开放之后经济、科技的大发展，准备了必要的人才。正因为如此，《历史决议》在评价改革开放前29年特别是"文化大革命"前17年的贡献时指出："我们现在赖以进行现代化建设的物质技术基础，很大一部分是这个期间建设起来的；全国经济文化建设等方面的骨干力量和他们的工作经验，大部分也是在这个期间培养和积累起来的。"①

4. 为改革开放提供了一定的思想保证。

中共十七大报告强调，中国特色社会主义理论体系是几代中国共产党人带领人民不懈探索实践的智慧和心血的凝结，是同马克思列宁主义、毛泽东思想既一脉相承又与时俱进的科学理论。这就告诉我们，毛泽东思想依然是我们党的指导思想的重要组成部分。事实反复说明，毛泽东思想中关于实事求是、群众路线、独立自主自力更生的思想，关于全心全意为人民服务的思想，关于要把中国建设成现代化社会主义强国、对人类做出较大贡献的思想，关于不要机械搬用外国经验的思想，关于社会主义时期仍然存在矛盾和要严格区分正确处理两类不同性质矛盾的思想，关于要调动一切积极因素、化消极因素为积极因素的思想，关于思想政治工作是经济工作和其他一切工作生命线的思想，关于百花齐放、百家争鸣、古为今用、洋为中用的思想，等等，不仅没有过时，而且在改革开放的各项工作中发挥了和继续发挥着重要的指导作用。

改革开放前党内开展过的一系列政治运动，无论是正确的还是错误的、成功的还是不成功的，基本上贯穿一个主题，就是防止党脱离人民群众、腐化变质，防止国家改变颜色、政权得而复失。改革开放以来，我们党的干部尽管换了一茬又一茬，尽管也出了不少腐败分子，但时至今日，大多数人的思想中都还有这根弦，不能不说与这些运动的影响有很大关系。以邓小平、江泽民为核心的第二代、第三代中央领导集体反复提醒我们，党风问题是关系党生死存亡的问题，要严重注意惩治和预防腐败问题，警惕帝国主义搞和平演变，防止党和国家"改变面貌"。胡锦涛同志在中共十七大报告中强调："坚决惩治和有效预防腐败，关系人心向背和党的生死存亡。"改革开放以来，我们党虽然不再重复过去那种运动式的整风了，但仍然进行了1980年整党、1990

① 《三中全会以来重要文献选编》（下），第804页。

年党员重新登记、1999 年"三讲"教育、2004 年"党员先进性教育"、2008 年"科学发展观"教育 5 次教育活动。这些活动的具体内容虽然各不相同，但主题都是强化党员特别是党员领导干部的党性观念、群众观点、忧患意识，整顿党的思想作风。这些反复的提醒、告诫和不断的教育活动，在其他国家曾经执政过和正在执政的共产党中很少见，不能不说是中国共产党在长期执政、改革开放、市场经济环境下，经受住各种考验的一个重要原因。

5. 为改革开放提供了正反两方面经验。

我们党在改革开放前积累的经验中，有正面的也有反面的。邓小平评论"文化大革命"时曾说过："没有'文化大革命'的教训，就不可能制定十一届三中全会以来的思想、政治、组织路线和一系列政策。三中全会确定将工作重点由以阶级斗争为纲转到以发展生产力、建设四个现代化为中心，受到了全党和全国人民的拥护。为什么呢？就是因为有'文化大革命'作比较，'文化大革命'变成了我们的财富。"① 可见，我们之所以能实行改革开放的政策，之所以能在改革开放中走出一条中国特色社会主义道路，与改革开放前正反两方面的经验都是分不开的。

与改革开放后的 30 年相比，前 30 年的建设成就和人民生活变化远没有那么显著，但这并不表明前 30 年没有成绩，或成绩不重要。如同盖楼一样，打地基时的成绩，不容易看出来，但楼房盖得快盖得高，反过来说明地基打得牢。从这个意义上也可以说，改革开放前的历史在客观上为实行改革开放的政策做了充分的准备，成就是主要的，主流是好的，总体评价应当是正面的。

五 关于当代史研究的学科属性和社会功能问题

当代中国史研究作为史学的一门分支学科，首先是一项学术

---

① 《邓小平文选》第 3 卷，第 272 页。

性工作。从事当代史研究，也要像其他史学研究一样，应当尽可能详尽地收集和仔细地考证历史材料，运用科学的史学理论和方法对材料进行归纳分析，弄清历史事实，阐明历史原委，总结历史经验，探寻历史规律，预测历史前途。在这些方面，当代史研究与史学其他学科没有什么区别。不过，由于当代史研究对象的特殊性质，使它与史学其他分支学科相比，也具有以下一些突出特点。

1. 较大的学科交叉性

历史学本来就是一门综合性比较强的学科。无论古代史研究还是近代史研究，除了要运用史学的方法外，也需要运用经济学、地理学、人类学、社会学等方法；近几十年来还出现了经济历史学、地理历史学、人类历史学、社会历史学、心理历史学等历史学与其他学科相互交叉的学科。不过，这种学科综合性、交叉性的特点在当代史研究中表现得最为明显。这是因为，现代经济与社会的丰富多彩、当代科学技术的迅猛发展和经济全球化的不断深入，使当代史本身呈现了比以往历史更大的复杂性、多样性、融合性。同时，中国当代史在一定意义上是马克思主义普遍真理与中国社会主义建设实际相结合的历史，因此对当代史重大问题的研究与马克思主义研究之间的联系十分密切。这恐怕也是其他史学分支学科所不具有的特殊之处。

2. 鲜明的意识形态性

在阶级社会中，历史学各分支学科乃至社会科学的所有学科，无一例外地具有意识形态性。但由于中国当代史研究的对象是实行共产党领导的以工农联盟为基础的人民民主专政的社会主义国家的历史，因此，其意识形态性自然显得更为强烈。现在一些论著中充斥与《历史决议》截然对立的言论，从反面证明了这一点。学术研究不是自娱自乐，更不应当用来为少数人服务。而作为当代史的研究者，在今天的中国要为大多数人服务，就要站在中国特色社会主义的立场上。所谓学术研究要"价值判断中立"，要"终止使用自己或他人的价值观念"，要"排除来自政治的、意识形态的和思想权威的各种干扰"的主张，不过是一相情愿、自欺欺人的幻想。提出这种主张的人，自己就做不到"价值判断中立"。因为，这种主张本身就是受某些"政治的、意识形态的和思想权威干扰"的结果。

说当代史研究具有较强的意识形态性，并不是否定它的学术性、科学性。在社会科学领域，一门学科是否是科学研究，并不取决于这门学科是否具有意识形态性，或意识形态性的强弱，而在于它追求的是否是客观真理，是否反映的是客观规律，是否具有完整系统的知识体系，是否遵守公认的科学的学术规范。只要抱着实事求是的科学态度，刻苦钻研，严谨治学，遵守学术规范，那么，当代中国史研究的意识形态性与其学术性、科学性之间并不会相互对立；当代史研究者坚持和运用马克思主义的立场、观点、方法分析问题，不仅不会妨碍做学问，相反可以促进其做出好学问、大学问。

3. 强烈的政治性

对于史学的社会功能，人们有过各种各样的表述。有的说是资政育人，有的说是认识世界、传承文明、资政育人，有的说是积累经验、教育后人、观察未来。这些表述都不错，但我认为，史学研究还有一个功能，是上述表述中没有说到的，就是"护国"的功能。

清代思想家龚自珍讲过一句名言，叫作"灭人之国，必先去其史"。① 就是说，要灭掉一个国家，先要否定这个国家的历史，这个国家的历史被否定了，这个国家也就不攻自灭了。他的这个观点早已为大量的历史事实所验证。当年日本帝国主义为永久霸占中国的台湾和东北三省，竭力推行奴化教育，在教科书中把台湾和东北历史从中国历史中剥离出去。陈水扁当政时，为搞"台独"，大肆推行"去中国化"运动，也把台湾史从中国史中分割出去，并把没有台湾的中国史放入世界史课本。他们这样做，都

---

① 《古史钩沉论二》，《龚自珍全集》，上海人民出版社，1975，第 22 页。

是妄图通过否定、割裂中国历史，达到灭亡、分裂中国的目的。毛泽东也说过："历史上不管中国外国，凡是不应该否定一切的而否定一切，凡是这么做了的，结果统统毁灭了他们自己。"① 就是说，否定别人的历史可以达到否定别人的效果，否定自己的历史同样会酿出否定自己的苦酒。大量历史事实同样验证了这个观点。戈尔巴乔夫在苏联掀起一场从否定斯大林到否定列宁、十月革命和苏联历史，再到否定马克思、恩格斯和国际共产主义运动历史的逐步升级的宣传运动，使人民群众产生严重的思想混乱和信任危机、信仰危机，最终导致苏共下台、苏联解体的悲剧，就是一个最新的例证。

既然"去人之史"可以"灭人之国"，反过来说，"卫己之史"不是也可以"护己之国"吗？正是从这个意义上，我认为当代史研究也有"护国"的功能。对国家史的解释权，历来是各个阶级、各种政治力量争夺、较量的重要领域。统治阶级为了维护统治，总是高度重视对国家史的解释，并把它视作国家主流意识形态和核心价值体系的组成部分；而要推翻一个政权的阶级和政治力量，也十分看重对历史的解释，总要用它说明原有统治的不合理性。这是一个具有普遍规律的社会现象，区别只在于进步的阶级和政治力量顺应历史前进方向，对历史的解释符合或比较符合历史的本来面貌；而反动的阶级和政治力量背逆历史前进方向，对历史的解释难以符合历史的本来面貌。

当前，国内外敌对势力为了反对中国共产党的领导和中国的社会主义制度，总是喜欢拿历史尤其是当代史做文章，采取夸大事实、以偏概全、偷换背景、捕风捉影、胡编滥造、耸人听闻等手法，竭力歪曲、丑化、伪造、诬蔑、攻击新中国的历史。这就决定了中国当代史研究比起史学其他学科，与国家兴亡、政权安危的关系更加密切、更加直接，"护国"功能更加突出，因此具

---

① 《毛泽东在省、市、自治区党委书记会议上的讲话（1959 年 2 月 2 日）》，《党的文献》2007 年第 5 期，第 16 页。

有更强烈的政治性。对此，我们要有清醒的认识，自觉地坚持当代史研究的正确的政治方向，积极地发挥当代史研究的"护国"功能。一方面，理直气壮地抵制和批驳各种歪曲、攻击新中国历史的言论，以维护共和国的利益和荣誉；另一方面，在人民群众尤其是青年学生中大力开展唯物史观指导下的国史教育，普及国史知识，把正确认识和解释当代史纳入建设社会主义核心价值体系的工作中去，融入国民教育和精神文明建设的全过程，用以树立以爱国主义为核心的民族精神，坚定全国各族人民建设中国特色社会主义的决心和信心。这与史学研究具有经世致用的功能是完全一致的，与近代以来中国史学家尤其马克思主义史学家的爱国主义优良传统也是相互吻合的。

4. 突出的现实性

当代中国史与古代史、近代史相比，还有一个很大的不同，就是古代史、近代史都是有头有尾、已经结束的历史，而当代史则是仍在不断发生和发展的历史。因此，对当代史的研究往往与现实生活中的人有着直接的利害关系。但是，它的这一特点并不能成为当代人不能写当代史和当代史不能由国家机构主持编写的理由。

先说当代人能不能写当代史。

中国古代确实有过当代人不写当代史的说法，而且在"二十四史"中，自《后汉书》以下，都是后代人写的前朝史。但是，中国除了"二十四史"之外，每个朝代几乎都有本朝人写的当代史，只不过有的是半成品，有的是对史料的编纂，有的没有流传下来罢了。它们对"二十四史"的撰写都曾起过重要的作用，与"二十四史"之间是历史记载与历史撰述的关系。另外，即使在"二十四史"中，也有当代人写当代史的事例。例如，司马迁的《史记》，一半篇幅写的是当代史；陈寿的《三国志》，基本上也是当代史。所以，说中国古代不修当代史，有悖于历史实际。

还应当看到，在中国封建社会，所谓当代、前代是以帝王姓氏为标志的朝代来划分的。在帝王专制统治下，史学家写当朝史往往颇多忌讳，难以秉笔直书，只能等到改朝换代后写前朝史。古代社会由于交通、通信、印刷等手段不如现代方便，各种资料的积累和信息的反馈需要较长时间，当代人写当代史在客观上也存在不少条件上的限制。然而，今天随着人民民主制度的建立和科学技术的进步，尤其是改革开放以来，民主政治的发展和网络通信的普及，过去那些当代人写当代史的不利因素已有了根本性的改变。今天的当代人不仅有条件写当代史，而且有着了解当代史、参与当代史撰写的强烈兴趣和愿望。近些年来，由各类机构和学者个人编撰的当代史著述如雨后春笋，报刊、网络上对当代史问题的讨论也与日俱增。国外早已有学者在从事中国当代历史的研究与编撰，近些年更是越来越兴旺，逐渐成为显学。要求当代人不写当代史，实际上已经做不到了。

　　再说当代史能不能由国家机构主持编写。

　　西方学者普遍认为，历史尤其是国家史不能由国家机构主持编写。在他们看来，史学应当作为国家的对立面存在，由国家机构主持编写历史很难做到客观公正。在这一理念支配下，欧美等国的国家史一般由私人或非官方机构编写，很少由国家设立国家史的编研机构。但国家史究竟应当由私人写还是由国家机构主持写，不仅和国家政权的性质有关，也和每个国家的文化传统有关。在中国，自商周时期开始，国家就设有掌管史料、记载史事、撰写史书的史官，称作大史、小史、内史、外史、左史、右史等，秦汉时期称太史令，三国魏晋以下设著作郎。从南北朝的北齐创始，唐初正式在朝廷设置了专为编写国史的史馆，由宰相负责监修。以后，宋、辽、金、元均设国史院，清设立国史馆。辛亥革命后不久，北京政府即成立了中华民国国史馆。一些受中国传统文化影响较大的亚洲国家，也有设立国史编纂机构的，如韩国政府就设有国史编纂委员会。不仅如此，中国自唐宋以来，历代还把修地方志或国家一统志作为官职、官责。正因为如此，现存全部古籍中，史书志书占有相当大的比重。它们是中华民族的宝贵精神财富，一直为外国人羡慕不已。中华文明在最先发达起来的少数几个古代文明中，之所以能延续至今而不中断，很大程度上得益于这种由国家或官府主持修史修志的传统。

当代史书能否做到客观公正，关键不在于由当代人写还是由后代人写，由国家机构写还是由学者个人写。中国历史上的史官中，就有为如实记载当朝史而不怕杀头的，如春秋时的齐国太史和晋国史官董狐。而且，这里还有一个什么叫作"客观公正"的问题。对客观公正理解不同，客观公正的评判标准自然不同。目前，由国家赋予编纂研究当代史职能的机构虽然只有当代中国研究所一家，但在中央和国家机关以及高等院校中还有很多从事当代史研究的机构。当代史领域内的综合史、专门史、地区史著作，很多也出自学者个人之手。当然，这些机构与当代中国研究所的性质、任务不完全相同，这些学者与西方的自由撰稿人也不完全一样。但无论怎样，编纂或研究当代史必须尊重客观事实，力求符合历史的真实。在这方面只有一个标准，没有第二个标准。

任何学科要想最终作为一门科学而立足，都需要有自己合乎客观规律的，独立、完整、系统的学科理论。做到这一点不可能一蹴而就，而要经过长期的奋斗。但只要有学界同人的共同努力和锲而不舍的精神，当代中国史研究的学科理论一定会逐步完善和成熟起来，当代中国史的学科体系也一定会最终建立起来。

新世纪的世界史研究

于　沛

中国史学的优秀传统之一，是强调经世致用，关注现实。新世纪中国世界历史研究继续保持了这个特点。10多年来，广大世界史工作者以强烈的责任感和使命感，为繁荣发展中国世界历史研究辛勤耕耘，成果丰硕，在国内外学界产生了愈来愈加广泛的影响。

一

中国社会科学院世界历史研究所是中国世界史研究的中心，由其联系着全国性的世界历史研究方面的学会，如中国世界古代史研究会、中国世界近代史研究会、中国世界现代史研究会、中国非洲史研究会、中国拉丁美洲史研究会、中国英国史研究会、中国法国史研究会、中国德国史研究会、中国美国史研究会、中国朝鲜史研究会、中国日本史研究会、中国苏联东欧史研究会、中国中日关系史学会、国际共运史研究会、中国第二次世界大战史研究会等，此外，还有地方社会科学院所及高等院校世界史教学、科研人员等，组成了中国世界史研究的基本队伍。新世纪以来，中国世界史研究队伍有了长足发展。

随着新世纪中国世界史研究的深入发展，在北京大学、东北师范大学、南开大学、吉林大学、辽宁大学、南京大学、复旦大学、天津师范大学、华东师范大学、山东师范大学、武汉大学、浙江大学、浙江师范大学、厦门大学、暨南大学、云南大学等高校建有国别史、地区史或专门史的研究机构，如北京大学世界史研究院、首都师范大学全球史研究中心、东北师范大学世界古典文明史研究所、武汉大学世界历史研究所、西北大学中东研究所、吉林大学国际关系研究所、南开大学历史学院世界史学系、河南大学犹太史研究所、天津师大历史文化学院欧洲经济—社会史研究中心、辽宁大学世界历史研究中心、浙江大学世界历史研究所、厦门大学美国史研究所和南洋研究院、内蒙古民族大学世界史研究所，以及上海犹太研究中心等。这些研究机构所除担负系统的教学任务外，还承担着省部级或国家级的重点科研任务，历年硕果累累，不少课题开辟了新的研究领域，或填补了研究空白，具有重要的开拓意义

在新世纪，中国世界史研究已经彻底结束了自我封闭状况，走向世界，学者同国外同行建立起密切的联系，通过互访及出席各类学术会议，共同研讨人类历史进程中的重大理论问题或史学自身发展中的重要问题。中国世界史研究在国际史坛日益产生广泛的影响，发挥着愈来愈加重要的作用。这不仅使中国史学界加深对世界各国史学发展的了解，而且也有助于国际史学界对迅速发展的中国世界历史研究的认识。

在改革开放的新时期，中国世界史学者和国外同行实现了具有完整意义的学术交流。即在各种类型的国际学术会议上，中外学者可以完全平等地探讨问题，各自发表不同的，甚至是截然对立的意见。2001 年 5 月 17 - 19 日，中国社会科学院世界历史研究所和南京大学共同主办"20 世纪的历史学"国际学术研讨会，来自美国、德国、俄罗斯、加拿大、墨西哥和中国的 70 余名专家学者出席了本次会议。与会代表不仅科学地总结了 20 世纪的历史学和历史学家，而且对 21 世纪史学发展的主要趋势也进行了较深入的探讨。2003 年 9 月 17 - 18 日，吉林大学当代国际关系研究中心与历史系在长春联合举办了"历史学与国际关系学：方法论探索与学科构建"高级国际学术研讨会，来自英国、美国和中国的 60 余位学者出席了会议。会议就"历史学与国际关系学跨学科研究"等问题，展开了热烈的讨论。2003 年 12 月 11 日北

京大学历史系举办"世界历史上的断裂与延续：从古希腊到现代世界"国际学术研讨会，来自中国、希腊和欧美多国历史学家出席了会议。一些学者就世界史研究中的"希腊不死"等命题，进行了深入的讨论。2004 年 4 月 7－9 日，"东亚国家和地区现代化进程"国际学术研讨会在北京举行。这次学术研讨会是由国际历史科学委员会、中国史学会和中国社会科学院世界历史研究所共同举办，来自中国、德国、美国、韩国、日本等国家和地区的 40 余名学者出席了会议。会议就"东亚模式"的特点和内涵，以及"东亚模式"和"欧美模式"的异同等问题，进行了热烈的讨论。2005 年底，首都师范大学全球史研究中心与美国世界历史协会联合举办了"世界通史教育"国际学术研讨会，国内和来自美国、俄罗斯、加拿大、澳大利亚、意大利、德国、哥伦比亚、新西兰等国的世界史学者出席会议。与会代表指出，在今天的世界通史教育中，不可避免地会受到经济全球化和全球史的影响。如何认识全球史，是一个不可忽视的重要理论问题和实践问题。2007 年 11 月 7－8 日，"今日历史学：个人的思考"国际学术讨论会在北京召开，美国格奥尔格·伊格尔斯教授、海登·怀特教授，德国约恩·吕森教授，荷兰弗兰克·安克施密特教授，日本佐藤正幸教授等应邀与会并做主题发言。

1980 年中国史学会组团，作为非会员国参加在罗马尼亚布加勒斯特举行的第 15 届国际历史科学大会，这是"文革"结束后，中国史学界第一次组团出席国际史坛盛会。1985 年后，中国代表团作为会员国参加了历届国际历史科学大会，在新世纪参加了 2000 年在挪威奥斯陆举行的第 19 届国际历史科学大会，2005 年在澳大利亚悉尼举行的第 20 届国际历史科学大会，2010 年在荷兰阿姆斯特丹举行的第 21 届国际历史科学大会等。

新世纪中国世界历史研究的迅速发展，除表现为一系列标志性的学术成果问世，各类优秀人才破颖而出外，还表现在其他方方面面，其中之一，就是在中国举行了代表世界水平的世界历史精品文物展览，使广大中国人民不出国门，在欣赏人类文明瑰宝的同时，有力地推动了世界历史知识的普及。这些展览主要有：世界文明珍宝：大英博物馆之 250 年藏品展；卢浮宫珍藏品展：古希腊艺术；欧洲文艺复兴珍品展；古罗马艺术展；太阳城：辉煌的苏联社会主义现实主义绘画展；公平的竞争——古希腊竞技精神展；等等。展出的石器、青铜器、铁器、金银器、陶器、瓷器、木器、雕塑、绘画等，每件展品都蕴涵着丰富的人类历史文化信息。在展览举行的同时，文物出版社还出版了同名的图文并茂的书刊，无论对广大史学爱好者，还是对专业研究人员，都有重要的参考价值。

二

新世纪中国世界历史研究的重要成果，首先表现在多种通史性的著作问世。这些著作在一定程度上从总体上反映出中国世界史研究所达到的水平。

2001 年，王斯德主编《世界通史》，由华东师范大学出版社出版，2009 年该书修订版出版。该书共 3 卷，分别是《前工业文明与地域性历史——1500 年以前的世界》；《工业文明的兴盛——16–19 世纪的世界史》；《现代文明的发展与选择：20 世纪的世界史》。编写者认为，《世界通史》，顾名思义是对世界历史的通观，它所考察的对象应当是人类社会作为一种整体性历史运动的发展进程。它之所以区别于国别史和地区史，首先就在于它以"世界"——人类社会的整体作为自己的考察对象和研究视域；而它之所以区别于更广义的人类史或人类文明史，也在于它所确立的中心概念——"世界"具有结构意义上的特殊内涵，而不是一般意义的对人类社会的泛指。然而，人类社会的发展并非一开始就具有世界性，"世界史不是过去一直存在的，作为世界史的历史是结果"。① 严格意义上的"世界历史"只是在最近的 500 年

---

① 《马克思恩格斯选集》第 2 卷，人民出版社，1995，第 112 页。

间才逐步形成，尽管在发展的速度和程度上这 500 年的变化是以往任何时段所不能比拟的，但毕竟只是人类历史长河中短短的一程。

2006 年，高等教育出版社相继出版了齐世荣总主编的 4 卷本《世界史》，即古代卷、近代卷、现代卷和当代卷。这部世界史作为普通高校"十五"国家级规划教材，首先彻底摒弃了所谓"当代人不写当代史"的陈规旧说。《世界史·当代卷》始于反法西斯战争的胜利与当代世界历史的转折，下限为世纪更替，千年交接的世界，"更替"和"交接"的主要内容包括经济全球化和区域经济集团化；国际格局多极化；联合国面临新的机遇和挑战；和平与发展的时代主题等。这部著作的前言写道："马克思主义根据人类社会内部生产力与生产关系基本矛盾的不同性质，把人类历史发展的诸阶段区分为原始公社制、奴隶制、封建制、资本主义制和共产主义制几种生产方式和与之相应的几种社会形态。它们构成一个由低级到高级发展的纵向序列，但不是所有民族、国家的历史都一无例外地按照这个序列向前发展。有的没有经历过某一阶段，有的长期停顿在某一阶段。总的说来，人类历史由低级社会形态向高级社会形态的更迭发展，尽管先后不一，形式各异，但这个纵向发展的总过程仍然具有普遍的、规律性的意义。"① 这段话虽然不长，但以马克思主义为理论指导，从人类历史矛盾运动的客观事实出发，深入浅出地揭示了社会发展的客观规律，因此有很强的说服力。

针对国际学术界的"西方中心论"和"文明冲突论"，中国学者提出自己的文明理论，将世界文明划分为 12 种文明体系。世纪之交，中国社会科学院的学者完成了汝信主编的 12 卷本《世界文明大系》，先后由中国社会科学出版社在 1999－2002 年出版。这是中国第一部全面系统、客观论述世界各主要文明的跨学科的研究成果，标志着中国学者对世界文明历史的研究进一步

① 齐世荣主编《世界史·当代卷》，高等教育出版社，2006，第Ⅰ页。

向纵深发展。例如，刘文鹏教授主编的《古代西亚北非文明》，是新中国第一部有关古代西亚北非文明发展史的著作，为中国的古代世界文明的研究增添了新的内容。《大系》包括刘文鹏主编《古代西亚北非文明》《印度文明》、秦惠彬主编《伊斯兰文明》、马振铎等著《儒家文明》、潘光等著《犹太文明》、姚介厚等著《西欧文明》、于沛等著《斯拉夫文明》、艾周昌主编《非洲黑人文明》、叶渭渠主编《日本文明》、钱满素著《美国文明》、郝名玮等著《拉丁美洲文明》、姜芃主编《加拿大文明》。《大系》以马克思主义为指导，对世界各大文明的起源、发展、演变、现状，做了详尽客观的评析，有着重要的理论和现实意义。

2004 年初，马克垚主编的 3 卷本《世界文明史》，由北京大学出版社出版。这部著作是国家教育部委托的"高等教育面向 21 世纪教学内容和课程体系改革计划"的项目之一，也是北京大学文科重点研究项目。"本书是为大学历史系同学编写世界史新教材的一次尝试……作为文明史，本书只论述世界上主要文明的发展历程，而不能对各国家民族的历史过程予以叙述，这可能也是和原来流行的历史教科书不很相同的。"① 马克垚首先在导言中，就"文明与文明史""文明的发展和演变""文明的交流"等问题着重从理论上进行了阐释。

20 世纪之初，作为中国社会科学院的重大课题之一，中国社会科学院副院长武寅研究员主持研究撰写多卷本《世界历史》，已在 2011 年结项，由江西人民出版社陆续出版。《世界历史》由理论与方法、经济发展、制度模式、民族与宗教、战争、国际关系、思想文化、中国与世界计 8 卷 38 册组成，这是中国第一部专题研究与编年相结合的大型通史类著作。它以唯物史观为理论基础，通过对复杂的世界历史进程的研究，特别是通过对影响人类历史进程的若干重大问题的深入研究，再现人类生动的丰富多彩的历史图景，揭示人类历史不断前进的不可逆转的进步趋势，并

---

① 马克垚主编《世界文明史》（上），北京大学出版社，2004，第 2 页。

在此基础上，概括人类历史发展的一般规律和特殊规律。《世界历史》采取专题与编年相结合的撰写体例，强调以时间为纵线，点面结合；既有一定的时空涵盖面，又有重点专题上的学术深度，彻底摒弃大而全、教科书式的写法。《世界历史》不回避当代社会发展中提出的重大理论问题和现实问题，因此历史视野更加开阔，开拓了许多新的研究领域，体现出鲜明的时代精神。

在世界古代中世纪史研究中，除断代史著作外，[①] 还有多种精品问世。刘文鹏的《古代埃及史》，商务印书馆 2000 年出版，这是中国第一部完整的古埃及史著作，在内容和体系上都有新的突破。《古代埃及史》内容包括自古代埃及旧石器时代的文化起，至公元 7 世纪阿拉伯化之前的社会政治、经济、文化生活诸方面，十分丰富。它以文明的研究为主线，在揭示埃及文明起源的同时，论述了古埃及人的来源和地理环境的关系，以及古埃及人由城市国家发展到统一王国，和由盛到衰的过程。作为《古代埃及史》的姊妹篇，刘文鹏先生的遗作《埃及考古学》也于 2008 年 3 月由三联书店出版。该书是作者在身患癌症期间，同病魔做顽强斗争，直到生命的最后一刻写就的。刘文鹏坚持主张把古埃及历史的下限划到公元 642 年阿拉伯人征服埃及为止，意即包括希腊化和罗马—拜占庭统治下的埃及历史。这种分期法是刘先生多年来系统研究古代埃及历史，以马克思主义的社会形成学说为指导，修改、补充和完善而提出来的。

施治生、刘欣如主编《古代王权与专制主义》；施治生、郭方主编《古代民主与共和制度》；施治生、徐建新主编《古代国家的

---

① 这些著作主要有：田德全主编《世界古代史》（修订版），华东师范大学出版社，2000；令狐若明著《世界上古史》，吉林大学出版社，2007；晏绍祥著《世界上古史》，中国人民大学出版社，2009；黄洋、赵立行、金寿福著《世界古代中世纪史》，复旦大学出版社，2005；阎宗临著《世界古代中世纪史》，广西师范大学出版社，2007；孔祥民主编《世界中古史》，北京师范大学出版社，2006；孟广林著《世界中世纪史》，中国人民大学出版社，2010。

等级制度》，是各自独立，又互有联系的三部专著，2003 年由中国社会科学出版社出齐。前两部著作的主要内容，包括早期王权的产生和发展演变、专制主义及其性质特征、古代有关王权的思想理论；对"民主"内涵的历史考察、对"共和"概念的新的界定，以及这些概念"在不同的经济、社会、文化背景下有着不同的体现形式，代表着不同阶层和社会力量的利益，并有着不同的政治功能"。① 后一部著作，则以世界古代和中古时期的等级制度为研究内容。

在古罗马史研究方面，罗马平民的起源问题是中外罗马史研究的热点问题之一，这涉及古代罗马国家的起源、等级阶级结构的形成等重大理论问题。2002 年，胡玉娟著《罗马早期平民问题研究》，由北京师范大学出版社出版。宫秀华著《罗马：从共和走向帝制》，由高等教育出版社 2006 出版，该书是较系统地论述罗马从共和走向帝制时期经济、政治、军事、文化、社会风尚和婚姻家庭等诸多问题的专门著作。张晓校著《罗马军队与帝位嬗递》（中国社会科学出版社，2006），是一部研究罗马帝国的专著，系统地研究了从奥古斯都到君士坦丁，罗马帝国前、中期帝位传承与军队之间的关系。

骑士制度是西欧中世纪社会的重要组成部分，对西欧的历史产生了重大影响。中国西欧中世纪史研究，以往更多着眼于经济状况、阶级关系、政治结构等问题，而对骑士集团的研究重视不够。朱伟奇②著《中世纪骑士精神》（陕西人民出版社，2003）、倪世光著《中世纪骑士制度探究》（商务印书馆，2007）的问世，则使这种状况有所改变。

在中国，文艺复兴研究是一个比较旧的题目，但对它的研究

---

① 施治生、郭方主编《古代民主与共和制度》，中国社会科学出版社，1998，第 39 页。

② 朱伟奇，生于 1965 年 12 月，江西吉安人，郑州大学历史学院教授、博士生导师；长期从事世界古代史、世界中世纪史、欧洲文化史教学与研究，是同学们最尊敬的老师之一。2009 年 3 月 4 日，因病医治无效逝世，享年 43 岁。

长久不衰，原因是对它的研究不断深化，不断有新的研究成果问世。朱龙华著《意大利文艺复兴的起源与模式》，人民出版社2004年出版，作者强调，正是由于有"文艺复兴发展模式"，所以西方才走到了东方的前面。刘明翰主编多卷本《欧洲文艺复光史》，人民出版社2006－2010年出版。它深入探究了文艺复兴的成果和历史经验，是中国首次系统阐析欧洲文艺复兴思想精华的一次尝试。全书分成各有主题而又互有联系的12卷，即总论卷、经济卷、政治卷、哲学卷、科学技术卷、文学卷、艺术卷、教育卷、法学卷、宗教卷、史学卷、城市与社会生活卷。

新时期中国中世纪历史研究，有不少具有开拓意义的作品问世，例如彭小瑜著《教会法研究》（商务印书馆，2003），是国内第一部对罗马天主教会法律制度进行系统研究的专著。车效梅著《中东中世纪城市的产生、发展与嬗变》（中国社会科学出版社，2004），是国内第一部系统探讨中东中世纪城市史的著作。许序雅著《中亚萨曼王朝史研究》，由贵州教育出版社2000年出版，该著作有助于探讨绿洲型封建社会运动规律和绿洲型封建制度模式，推动中亚突厥化运动和奴隶王朝的研究。

中国古代中世纪史研究的重要特点之一，是重视重大理论问题研究，重视对重大历史过程、历史现象的理论分析。马克垚著《西欧封建经济形态研究》（人民出版社，2001），是较有代表性的一部专著。作者还将中西封建社会进行了比较，提出在前资本主义社会生产力大致相同的基础上，东西方封建社会的结构基本相同；西欧中世纪城市的独特性，以及西欧农奴与中国封建小农之间的差异性，不宜过分强调。

世界近代史研究，在中国相对有较好的研究基础。2004年，北京师范大学出版社出版了刘宗绪主编的《世界近代史》。该书广泛汲取了改革开放以来世界近代史研究中的一些新成果，编写者在反映人类社会演进中的大事的同时，力争更为全面地阐述历史进程中社会生活的各个方面。编写者认为，近代时期应以16世纪为起点，以19世纪与20世纪之交作为近代史与现代史分界。

其基本着眼点是欧洲资本主义萌芽、资本原始积累的兴起和资本主义的发展。世界史非将中国历史排除在外的域外史，中国历史与其他国家历史一样，是人类历史发展为世界历史全过程的组成部分。

在世界现当代史研究中，中国世界史学者所讨论的主要问题有划分时代的标志；如何认识十月会主义革命的胜利、世界上第一个社会主义国家的建立和苏联解体、东欧剧变；社会主义发展进程中的挫折，为社会革命和建设留下了那些深刻的经验教训；如何认识战后资本主义的变化；如何认识资本主义高福利政策、社会保障制度、失业保险制度，以及充分利用科技革命的成果，不断扩大资本主义生产关系对生产力的容量；在资本主义国家，是否"意识形态终结"，是否进入"人民资本主义阶段"；如何理解经济全球化是资本主义发展的一个阶段；如何理解资本主义的新变化；经济全球化的前景是否是永恒的资本主义世界统治；如何理解资本主义不自觉地充当着历史进步的工具，高度发展的社会生产力为迎接一个新的社会的到来进行着必要的物质准备；等等。这方面的主要著作是余伟民主编《世界当代史》（高等教育出版社，2001）、金重远等著《世界现当代史》（复旦大学出版社，2005）、王斯德主编《世界当代史（1945 - 2000）》（第三版）（高等教育出版社，2008）、张建华主编《世界现代史（1900 - 2000）》（北京师范大学出版社，2008）、齐世荣等主编《20 世纪的历史巨变》（学习出版社，2005）等。

三

在地区史研究中，以往亚洲史、非洲史和拉丁美洲史一直是中国世界史研究中的薄弱环节，这种状况在新世纪得到明显改观，从数量到质量令人耳目一新，从另一个侧面表现出中国世界史学者的研究水平在迅速提高。

马大正、冯锡时主编《中亚五国史纲》，由新疆人民出版社2005年出版。该书对哈萨克斯坦、吉尔吉斯斯坦、乌兹别克斯坦、塔吉克斯坦和土库曼斯坦中亚五国进行深入、系统的阐述。2007－2009年，新疆人民出版社还先后出版了王治来著《中亚通史》古代卷上、下两册和近代卷，以及丁笃本著《中亚通史》现代卷。此外，为便于社会各界读者学习，王治来还主编《中亚史》，2010年由人民出版社出版，与多卷本《中亚通史》相比，篇幅少了很多，内容也更为集中。

中东问题是当代国际政治的热点问题之一，为了深入探究中东问题的真谛，必须追根溯源，开展历史研究。2000年，人民出版社出版了杨灏城、朱克柔主编的《当代中东热点问题的历史探索——宗教与世俗》。2005年，中国社会科学出版社出版了王彤主编的《当代中东政治制度》，作者较详尽地分析了战后中东国家政治制度的多样性，主要内容包括沙特阿拉伯的政教合一君主制、约旦王国的二元君主立宪制、伊朗巴列维王朝的君主制、伊朗伊斯兰共和国的伊斯兰共和制、战后的叙利亚政治体制、纳赛尔军人政权与埃及一党制、萨达特与穆巴拉克时代埃及政党制的演变、土耳其从一党制向多党制的演变，以及以色列多党制民主制度的建立等。王林聪著《中东国家民主化问题研究》，中国社会科学出版社2007年出版。该书通过中东历史发展进程中的重要历史事实和历史过程，探寻中东国家民主化迟缓的原因，探究中东国家民主化道路的独特性，展望中东国家民主实践的前景。彭树智主编的《中东国家通史》，计13卷，包括沙特阿拉伯卷、以色列卷、伊拉克卷、土耳其卷、巴勒斯坦卷、伊朗卷、埃及卷、阿富汗卷、叙利亚和黎巴嫩卷、也门卷、海湾五国卷、约旦卷、塞浦路斯卷。这是中国第一部多卷本中东国家通史著作，商务印书馆自2000年陆续出版，这既是一部学术精品，对世界历史学科建设有积极意义，同时也是对"西方中心论"的有力批判。

林被甸、董经胜著《拉丁美洲史》，人民出版社2010年出版，是近年拉美地区史研究的重要成果之一。该书的主要内容是：古代美洲，"发现"与征服，殖民地的经济结构，殖民地的政治、社会和文化，拉丁美洲独立运动，新兴国家的巩固，出口经济的繁荣与现代化的起步，墨西哥革命与 20 世纪拉丁美洲的重大变革，民众主义体制下的发展，威权体制下的发展，80 年代以来的改革与发展，19－20 世纪的中美洲和加勒比地区，古代美洲与古代中国。

农业问题是广大第三世界国家在实现现代化过程中面临的重大问题之一。冯秀文等著《拉丁美洲农业的发展》，社会科学文献出版社 2002 年出版，是一部从历史和社会发展的角度考察拉丁美洲农业发展进程的专著。2002 年 11 月 21 日墨西哥驻华大使馆为该书举办首发式，墨西哥驻华大使以及阿根廷大使、秘鲁大使、哥伦比亚大使等十余位拉美国家的驻华使节以及数十位中国的有关专家和学者参加了首发式。正如作者在前言中所说，该书"不同于一般的农业书籍。它不是对具体的农业技术和管理方法的微观研究，而是从历史和社会发展的角度对农业发展道路和发展规律的宏观研究；不是仅就某一个国家或某一个地区就事论事的研究，而是把拉丁美洲作为一个整体的综合研究；不是应时的、针对某一个阶段或某一项政策的研究，而是历史性的、全面的、系统的研究。特别是，这是我国学者在马克思主义学术观点指导下通过自己调查研究撰写的学术专著，在这方面，与国外卷帙浩繁的研究成果相比，无论是观察问题的角度、分析问题的方法还是最终得出的结论都是具有我们自己鲜明特色的"。①

孔寒冰著《东欧史》，上海人民出版社 2010 出版。这是新世纪中国第一部系统阐释东欧历史的著作。作者认为，东欧社会发展的特点，是不同文明的融合与冲突。不同文明的融合与冲突构成东欧社会发展中的一条主线，其他方面的发展要素几乎都是附着在这条主线上的，而这种融合与冲突的外部环境则是大国及大

① 冯秀文等：《拉丁美洲农业的发展》，第 2－3 页。

国制定的国际体系。在国际政治舞台上，东欧既是被重视的地方，也是被轻视的地方。在世界历史发展的长河中，东欧为什么自己当家做主的时候少，而受制于人或任人宰割的时候多？东欧有没有不间断的社会发展？影响东欧社会发展的主要因素又是什么？作者试图从大国和大国关系的框架内，以及对东欧整体的社会发展过程的分析，来回答上述问题。地区史研究的其他重要成果，主要还有有梁英明著《东南亚史》，人民出版社 2010 年出版；杨军、张乃和著《东亚史》，长春出版社 2006 年出版；贺文萍著《非洲国家民主化进程研究》，时事出版社 2005 年出版；张家唐著《拉丁美洲简史》，人民出版社 2009 年出版；等等。

新世纪的国别史研究进展非常明显，主要表现在研究视野宽广，广泛汲取国外史家研究的最新成果，重视使用新披露的原始文献，不仅在内容上，而且在方法上都有所创新，如跨学科方法的运用等。1872 年，日本建成第一条铁路，到 1906 年则建成以南北干线为核心的铁路运输体系，总里程突破 5000 英里，在日本近现代历史发展中有举足轻重的作用。祝曙光著《铁路与日本近代化——日本铁路史研究》（长征出版社，2004），详尽阐述了这一历史过程。

美国史研究，始终是国别史研究的重点。中国美国史学界老中青三代学者经过 23 年的努力，在 2002 年 10 月由人民出版社出版了 6 卷本《美国通史》。全书由刘绪贻、杨生茂任总主编，李剑鸣、张友伦、丁则民、余志森、刘绪贻、韩铁、李存训等教授和人民出版社编审邓蜀生等分别参加了撰写及编辑工作。周钢著《牧畜王国的兴衰——美国西部开放牧区发展研究》（人民出版社，2006）是中国第一部关于美国"牧畜王国史"或美国西部开放牧区发展史的专著。

西欧国家的国别史研究中，以法国史研究的成果最为显著，主要有许平著《法国农村社会转型研究（19 世纪－20 世纪初）》（北京大学出版社，2001）、金重远著《20 世纪的法兰西》（复旦大学出版社，2004）、吴国庆著《战后法国政治史》（社会科学文献出版社，2004）、王养冲和王令愉著《法国大革命史》（东方出版中心，2007）等。东欧国家的历史研究，在中国较为薄弱，但近年也有一些成果问世，如马细谱著《南斯拉夫兴亡》，社会科学文献出版社 2010 年出版；刘祖熙著《波兰通史》，商务印书馆 2006 年出版。

1991 年 12 月苏联解体是 20 世纪发生的重大历史事件，世界社会主义运动遭受重大挫折，对世界历史进程产生了重大影响。苏联解体，是内外因相互作用的结果，有着深刻的经济、政治和文化根源，中国学者对其进行了深入探讨。新世纪问世的著作，主要有陈之骅、吴恩远、马龙闪等主编的《苏联兴亡史》，中国社会科学出版社 2004 年出版；周尚文、叶书宗、王斯德著《苏联兴亡史》，上海人民出版社 2002 年出版；姜长斌、徐葵、李静杰主编《苏联兴亡史论》（修订版），人民出版社 2004 年出版；谭索著《戈尔巴乔夫的改革与苏联的毁灭》，社会科学文献出版社 2006 年出版；李慎明主编《历史的风：中国学者论苏联解体和对苏联历史的评价》，人民出版社 2007 年出版；蓝英年、朱正著《从苏联到俄罗斯》，东方出版社 2007 年出版；肖德甫著《世纪悲歌——苏联共产党执政失败的前前后后》，中共党史出版社 2008 年出版；周新城、张旭著《苏联演变的原因与教训》，社会科学文献出版社 2008 年出版；沈志华主编《一个大国的崛起与崩溃：苏联历史专题研究（1917－1991）》（3 册），社会科学文献出版社 2009 年出版；等等。

人民出版社出版的国别史系列丛书，在国内有较大影响。这种影响已经超出了史学界，在一定程度上满足了当代中国社会发展对世界历史知识的需求，产生了较好的社会效益。这些著作是阎照祥著《英国史》（2003 年）、陈文海著《法国史》（2004 年）、林承节著《印度史》（2004 年）、张建华著《俄国史》（2004 年）、王仲涛和汤重南著《日本史》（2008 年）。

英国、法国、德国、日本、印度等国，是怎样成为世界大国的？上海社会科学院出版社出版大国通史丛书，力图从理论与实践的结合上来回答这些问题。丛书的主要著述有钱乘旦和许洁明著《英国通史》（2007年）、吕一民著《法国通史》（2007年）、冯玮著《日本通史》（2008年）、丁建弘著《德国通史》（2008年）、刘文龙著《墨西哥通史》（2009年）、林太著《印度通史》（2009年）。除上述国别史、大国通史两部丛书外，北京大学出版社编辑出版大国通史系列丛书，在新世纪已经开始出版，如张芝联主编《法国通史》于2009年出版，这是一部由众多法国史专家合力撰写，全面、翔实的法国通史。

四

在中国世界历史研究中，专门史始终是研究重点之一，只是在不同的历史条件下，研究的侧重点也有所不同。新世纪以来，中国改革开放，建设有中国特色社会主义事业蓬勃发展，取得的成就令世界震惊。世界各国都在热议中国经验、中国道路，中国更加满怀信心地走向世界。这些不可避免地折射在世界史研究中，使这一研究体现出鲜明的时代精神。

国际关系史是中国世界历史学科的分支之一，通史性的研究是重要内容之一。刘德斌主编《国际关系史》，2003年高等教育出版社出版，2006年修订再版。该书以国际关系与世界格局的演变为主线，把国际关系的阶段性变化有机地串联起来，使读者对16世纪以来的国际关系史，包括20世纪90年代以来国际关系的转型，有概括的了解。全书分四编：现代国际关系的缘起；"均势"格局的兴衰；美苏主导下的两极世界；转型中的国际关系。此外，还有肖月、朱立群主编《简明国际关系史（1945－2002）》，世界知识出版社2003年出版；方连庆、王炳元、刘金质著《战后国际关系史（1945－1995）》（上、下册），北京大学出版社2005年出版；时殷弘著《现当代国际关系史（从16世纪到20世纪末）》，中国人民大学出版社2006年出版；王玮、戴超武的《美国外交思想史（1775－2005年）》（人民出版社，2007）

则从思想的角度分析和探讨了美国外交的起源、形成、发展演变和未来走向的历史过程，并对美国自建国至 2002 年的外交做出了恰如其分的历史定位。

第二次世界大战结束已经 60 多年，但第二次世界大战史的相关研究至今仍是国际史学界的热点。据不完全统计，这方面的著作有 3 万余种。1982 年，人民出版社出版了朱贵生、王振德、张椿年等著《第二次世界大战史》，这是中国学者撰写的第一部有关第二次世界大战历史的学术专著。2005 年 8 月，《第二次世界大战史》第三版问世，新增了 100 多幅插图，在内容、版式进行修订的同时，中国社会科学院原院长、全国人大常委会副委员长李铁映为第三版新写了题为"纪念世界反法西斯战争胜利 60 周年"的序言。胡德坤、罗志刚主编《第二次世界大战史纲》，也由武汉大学出版社 2005 年出版。在世界反法西斯战争胜利 60 周年前夕，陈祥超著《墨索里尼与意大利法西斯》，2004 年由中国华侨出版社出版。法西斯主义渊源于意大利，研究意大利法西斯主义的历史与现状，有助于揭示法西斯专政和二战期间许多历史现象的本质及规律。近期重要成果是胡德坤主编的 9 卷本《反法西斯战争时期的中国与世界研究》，武汉大学出版社 2010 年出版，参与编纂人员先后达 30 余人，历时 4 年完成。这是国内外第一部全面系统论证中国抗日战争在世界反法西斯战争中地位与作用的著作。第 1 卷《中国抗日战争与日本世界战略的演变》，作者胡德坤；第 2 卷《中国抗战与美英东亚战略的演变（1931 - 1945）》，作者韩永利；第 3 卷《中国与世界反法西斯联盟》；第 4 卷《太平洋战争爆发前国民政府外交战略与对外政策》，作者彭敦文；第 5 卷《太平洋战争爆发后国民政府外交战略与对外政策》，作者王建朗；第 6 卷《战时美国对华政策》，作者陶文钊；第 7 卷《战时英国对华政策》，作者李世安；第 8 卷《战时苏联对华政策》，作者汪金国；第 9 卷《战时德国对华政策》，马振犊主编。

冷战史研究。冷战发端于第二次世界大战之后，直至 20 世纪 90 年代初苏联解体后结束。在将近半个世纪的时间里，它不仅深刻影响着国际关系的演进，而且对包括中国在内的许多国家的发展道路也产生深刻的影响。近十余年来，冷战史研究是一个多视角的综合性研究领域，成为中外历史学界的热门课题。华东师范大学冷战国际史研究中心成立于 2001 年，是中国目前唯一专门进行冷战史研究的学术机构。该中心以华东师大历史系为依托，致力于建立冷战史研究中心以及冷战史档案资料的收藏与检索中心，从中国的视角对冷战史进行高水准的学术研究，以促进中国冷战史学科的发展，加强中外学者在冷战史研究领域中的交流与合作。《冷战国际史研究》书刊由华东师范大学冷战国际史研究中心主办。该刊的宗旨即在于，为中国的冷战国际史研究提供平台，推介国外新解密的档案文献资料、研究著述；开掘并公布中国的档案材料；发表国内外学者高水平的研究论文；扶植国内青年学者；作为学科研究的窗口，集中反映中国国际冷战史研究的状况；等等。学刊内容主要分为专题研究、书评和国内外档案三部分，这些对于推动中国的冷战史研究，无疑是有益的。冷战史研究的重要成果有：王帆撰《关于冷战起源的几种解释》，载《外交学院学报》2000 年第 2 期；陈兼、余伟民撰《"冷战史新研究"：源起、学术特征及其批判》，载《历史研究》2003 年第 3 期；徐蓝撰《从两极格局到多极化趋势的发展》，载《浙江学刊》2005 年第 2 期；时殷弘撰《美苏冷战史：机理、特征和意义》，载《南开学报》2005 年第 3 期；刘金质著《冷战史》（上、中、下），世界知识出版社 2003 年出版；许海云著《北约简史》，中国人民大学出版社 2005 年出版；许海云还著有《锻造冷战联盟——美国大西洋联盟政策研究》，中国人民大学出版社 2007 年出版。

世界现代化进程研究。第二次世界大战后世界政治经济形势的发展，特别是在经济全球化的背景下，有力地推动了现代化研究。各国不同专业的学者多从本专业的特点出发去研究现代化问题，而史学家追本溯源，则表现出明显的学科优势。1999－2000

年，辽海出版社出版"西方国家的民族文化与现代化丛书"，共9册（卷），分别是《英国文化与现代化》（王章辉著）、《德国文化与现代化》（陆世澄著）、《美国文化与现代化》（顾宁著）、《加拿大文化与现代化》（高鉴国著）、《法国文化与现代化》（张丽、冯棠著）、《拉美文化与现代化》（钱明德、金计初著）、《意大利文化与现代化》（黄昌瑞著）、《瑞士文化与现代化》（端木美著）、《日本文化与现代化》（汤重南等著）。

多卷本《世界现代化历程》（江苏人民出版社，2010），是钱乘旦主持的教育部哲学社会科学研究重大课题攻关项目的最终成果。该成果既是改革开放以来，中国世界史学者对世界现代化研究的系统总结，也是在此基础上对中外学术界有关世界现代化研究中的前沿问题和重大理论问题的深入阐释，是中国世界现代化研究的标志性成果之一。全书10卷，目前已经出版6卷。钱乘旦是该丛书的总主编，也是总论卷的主编。东亚卷的主编是董正华（北京大学）；北美卷的策划是李剑鸣（北京大学）；拉美卷的主编是韩琦（南开大学）；中东卷的主编是王铁铮（西北大学）；西欧卷的主编是陈晓律（南京大学）。非洲、南亚、苏东、澳洲等卷有待日后出版。

关于世界现代化问题研究，还有艾周昌主编《亚非发展中国家和地区现代化研究》，上海辞书出版社2009年出版；毕健康著《埃及现代化与政治稳定》，社会科学文献出版社2005年出版；周世秀主编《巴西历史与现代化研究》，河北人民出版社2001年出版；刘祖熙著《改革和革命——俄国现代化研究（1861 - 1917）》，北京大学出版社2001年出版；马生祥著《法国现代化》（上、下），河北人民出版社2004年出版。

世界现代化进程研究，并不局限在实证研究，也包括理论研究，自然，这里所说的"理论研究"，是"论从史出"的理论研究，是不脱离历史学科特点的理论研究。如董正华著《世界现代化进程十五讲》，北京大学出版社2009年出版。该书是"名家通识讲座书系"之一，作者分析了先后卷入世界现代化浪潮的不同国家和地区的经济、政治、文化、社会发展道路或发展模式，总结它们的成功经验与失败的教训。

改革开放以来，外国史学中的比较方法，或比较史学的理论、原则和方法，较多介绍到中国来，引起中国史学工作者的广泛关注。一些人潜心研究比较方法自身的理论方法论问题，有不少有影响的成果问世，成为中国史学理论研究中的一个重要领域；还有一些人则从理论与实践的结合上，开展中外历史比较研究。运用比较方法进行实证研究，不仅对研究客体的认识可以从新的视角进一步深化，而且对推动比较方法自身的理论研究，也有积极的推动作用。通过中外历史比较研究，一些优秀学者为世界历史学科的建设做出了积极的贡献。

如何平在《全球视野下的中国与欧洲的比较研究》（《史学理论研究》2006年第4期）论文中，从全球史的视角对中国和欧洲两千年来的历史发展脉络进行了对比探讨。作者注意到在前工业化时期欧洲历史表现出某种周期性循环的特征。明以来中国社会文化心态的"内卷化"，清中叶后的人口剧增，形成中国人文和经济地理环境的总体恶化态势，再加上中国未能及时大规模参与当时正形成的全球性生产与贸易体系的经济活动，终酿成19世纪末叶的贫弱落后状况。全球史为中国封建社会长期停滞问题提供了一条新的解释路径。

又如，李伯重撰写的《英国模式、江南道路与资本主义萌芽》，发表在《历史研究》2001年第1期。以往的世界近现代史研究一向认为西欧的发展道路具有放之四海而皆准的普遍意义。所谓西欧道路其实主要是英国模式，其核心即工业革命体现的经济变革。但近年欧洲经济史研究的最新成果证明，英国模式有其特殊性，即使在欧洲也不具有普遍意义。中国的资本主义萌芽理论是建立在英国模式基础上的。通过对英国模式和中国明清江南模式的比较，可以发现，如果没有西方的入侵，江南几乎不可能出现英国式的近代工业革命。资本主义萌芽理论研究陷入困境，实际上是套用英国模式的结果。

近十年来的唯物史观研究

王也扬　赵庆云

在本文视野所及的近十年（2002－2010）里，大约前半段时间，国内研究唯物史观的学者都在议论《历史研究》发表的两篇文章。一篇是蒋大椿的《当代中国史学思潮与马克思主义历史观的发展》（2001年第4期）；另一篇是吴英、庞卓恒的《弘扬唯物史观的科学理性》（2002年第1期）。吴、庞的文章是对蒋文的驳议。

蒋大椿是著名马克思主义史学理论家黎澍的学生，多年来以研究唯物史观活跃于史坛，他发表上述文章并非偶然，而是"客观世界与文本世界"发生了绕不开去的"冲突"，逼迫他思考使然。一切都源于唯物史观不是普通的学问，它是执政党当年领导革命、如今执掌政权的哲学根据。在新中国跌宕起伏的历史进程，特别是改革开放的巨大转折中，如何解释客观历史与历史哲学的关系，是学者面临的严峻挑战。蒋文试图应对挑战，尽管作者的学术准备在当时还不很充分。蒋显然是看到了唯物史观的逻辑思辨与其后的历史发展现实之间，存在某种不合辙的问题，他说生产力决定生产关系这一规律，在人类历史进程中却找不到历史事实，而一些地区出现的新生产关系，则非为生产力决定的结果，它是由生产力要素以外的社会支配力量创造出来的。蒋在这里，点到了国际共产主义运动中一个理论与事实相悖的现象，即按照唯物史观原理，"无论哪一个社会形态，在它们所能容纳的全部生产力发挥出来以前，是决不会灭亡的；而新的更高的生产关系，在它的物质存在条件在旧社会的胎胞里成熟以前，是决不会出现的"。"一个社会即使探索到了本身运动的自然规律，——

本书（指《资本论》——引者）的最终目的就是揭示现代社会的经济运动规律，——它还是既不能跳过也不能用法令取消自然的发展阶段。"① 可是实际发生的社会主义革命并没有像马恩曾经预料的那样，在欧洲发达的工业化国家中同时成功，却在生产力相对落后的俄国取得了胜利，继而又在生产力更加落后的中国告捷。在俄中两国创造社会主义新生产关系的，并不是当地的生产力，而是"生产力要素以外的社会支配力量"，即共产党革命后所建立的政权。

蒋大椿进而还认为，唯物史观把社会存在归结为社会物质生活条件（主要包括生产方式以及社会经济制度），把社会意识归结为由各种作品及其表现出来的政治的、法律的、哲学的、宗教的理论、观点，以及与之相应的政治社会机构，还有科学、文学、艺术作品等。因此，它所说的社会存在决定社会意识，社会意识反作用于社会存在，实际上离开了人及其实践活动，抽象思辨地议论二者的关系，这是不存在的。蒋提出社会存在应包括"物质经济环境因素存在""政治环境因素存在""精神文化环境因素存在"三个层面，社会意识就是人们在认识与改造世界的各种实践活动中反映和生长着的意识和思维活动。在对社会存在与社会意识做了这样的界定后，他这样来说明二者之间的关系：社会存在可以决定社会意识，社会意识也可以决定社会存在，当条件具备时，经过新的意识支配下的社会实践可以创造出新的社会存在。这显然也是从客观历史的某种现实中获得的启迪。

吴英、庞卓恒对蒋文的驳论，主要强调其所谓唯物史观的"理论缺陷"，并不属于马克思创立的唯物史观，而是来自充满教条主义的苏联教科书，不能因此否定马克思主义唯物史观基本原理的正确性。经过对马恩著作的深入解读，该文两位作者重新理解了唯物史观基本原理的含义，表示不能同意蒋大椿对唯物史观的批评，主张在新的历史条件下，继续弘扬唯物史观的科学理

---

① 《马克思恩格斯选集》第 2 卷，人民出版社，1995，第 33、101 页。

性。对此，王锐生等也发表了赞同的意见。他们一致认为，苏联和过去"左"的路线造成的唯物史观的理论缺陷，经过20年的改革开放，已经在研究中得到反正，而蒋文对唯物史观的批评，是把过去错误的东西当作唯物史观来看待了。其实以往唯物史观流行观点所缺乏的实践、人的价值等内容，在马克思的著作中都可以找到；而蒋文表示要建立的"唯物辩证的以实践为基础的系统史观"，其唯物辩证、实践为基础、系统论思想三个特征，在马克思主义唯物史观里面都具备。所以，蒋文用"发展马克思主义历史观"来否定、超越唯物史观，是自相矛盾的。[①]

王也扬对蒋文的评论，则把思考和探讨又加以延伸。他说蒋先生认为曾在中国占据主导地位的阶级斗争史观"从实质说来并不属于唯物史观，因为唯物史观的实质主要是从生产力的发展和物质生产方式的角度来观察和研究历史"。这也是改革开放之初，人们放弃"以阶级斗争为纲"治国方针的时候，对这个问题所做的解释。然而我们又实在忘不掉这样的话："阶级斗争，一些阶级胜利了，一些阶级消灭了，这就是历史，这就是几千年的文明史。拿这个观点解释历史的就叫做历史的唯物主义，站在这个观点的反面的是历史的唯心主义。"[②] 可以说，长期以来，在国人的心目中，唯物史观与阶级斗争史观是画等号的；或者说，这是唯物史观在中国曾经最为流行的理论。过了这么些年，谈起这个问题，还是有人会问：唯物史观与阶级斗争史观到底是什么关系？可见当年那样的解释未能彻底解惑。

王文回顾了马克思主义形成的历史过程。马克思在《〈政治经济学批判〉序言》中曾谈到导致唯物史观创立的"促使我去研究经济问题的最初动因"，那是其在主编《莱茵报》期间所遇到的一系列现实政治斗争问题，诸如莱茵省林木盗窃立法牺牲普通农民的利益，马克思撰文予以痛斥，指出立法权实际上是保护有

---

① 王锐生：《唯物史观：发展还是超越》，《哲学研究》2002年第1期。
② 《毛泽东选集》第4卷，人民出版社，1991，第1487页。

产者利益的工具；《莱茵报》发表摩塞尔地方农民悲惨处境的通讯，遭到省督的指责，马克思进行反驳，抨击普鲁士的社会政治制度；《莱茵报》刊登有关社会主义和共产主义的文章，受到另家报纸攻击，马克思起而反击；等等。可以说，唯物史观的创立，与其时社会政治斗争或曰阶级斗争的需要密切相关。正是由于这样，后来马克思才在致魏德迈的信中说："无论是发现现代社会中有阶级存在或发现各阶级间的斗争，都不是我的功劳……我所加上的新内容就是证明了下列几点：（1）阶级的存在仅仅同生产发展的一定历史阶段相联系；（2）阶级斗争必然导致无产阶级专政；（3）这个专政不过是达到消灭一切阶级和进入无阶级社会的过渡……"① 也正是由于这样，后来恩格斯才说，是马克思的两大发现：唯物史观和剩余价值规律，使社会主义从空想变成科学，无产阶级终于能够通过阶级斗争和无产阶级专政，走向社会主义和共产主义。在欧洲1848年革命前夜，马恩为无产阶级政党——共产党起草的《共产党宣言》称：到目前为止的一切社会的历史都是阶级斗争的历史。但是，我们的时代，资产阶级时代，却有一个特点：它使阶级对立简单化了。整个社会日益分裂为两大敌对的阵营，分裂为两大直接对立的阶级：无产阶级和资产阶级。在现存社会内部或多或少隐蔽着国内战争，这个战争将转变为公开的革命，无产阶级用暴力推翻资产阶级而建立自己的统治。《共产党宣言》通篇用唯物史观写成，然其中心议题却是阶级斗争与无产阶级革命，毕竟政治纲领不同于纯粹的历史哲学著作。恩格斯在说明《共产党宣言》所表达的历史唯物主义时说："每一历史时代的经济生产以及必然由此产生的社会结构，是该时代政治的和精神的历史的基础；因此（从原始土地公有制解体以来）全部历史都是阶级斗争的历史，即社会发展各个阶段上被剥削阶级和剥削阶级之间、被统治阶级和统治阶级之间斗争的历史；而这个斗争现在已经达到这样一个阶段，即被剥

---

① 《马克思恩格斯选集》第4卷，第547页。

削被压迫的阶级（无产阶级），如果不同时使整个社会永远摆脱剥削、压迫和阶级斗争，就不再能使自己从剥削它压迫它的那个阶级（资产阶级）下解放出来……"① 读者细读这段非常著名的话，就可以清楚地了解唯物史观与马克思主义阶级斗争学说之间的关系，以及后者在前者中所占有的位置了。

王文指出，任何一种政治学说或政治思想都有其哲学理论基础，但马克思主义阶级斗争学说不是一般的政治学说，它要求无产阶级进行革命，用暴力推翻现存的国家制度，建立无产阶级专政。这是人头落地、你死我活之事。显然，马克思主义阶级斗争学说与其历史哲学基础——唯物史观之间的关系，不可能是书斋论道的纯学术关系。理论为革命斗争实践服务，恰是马克思主义哲学的党性所在。而革命斗争实践离开了其原来的哲学演绎，也并不奇怪。理论需要与时俱进的道理就在这里。"以阶级斗争为纲"的路线在中国实行到了20世纪70年代末，结果被实践证明不成功。主要是革命，不断革命，造成了阶级斗争的扩大化，却没有能够使生产力获得持久的和理想的大发展，因而也就无法解决长期困扰我们民族和社会的大问题——贫困。邓小平说："贫穷不是社会主义，社会主义要消灭贫穷。"② 解释中国改革开放的社会主义初级阶段理论，被说成是对唯物史观基本原理的一种回归。其后中国取得了巨大的成功，世界也在发展变化。诚如吴、庞二位先生所言，到了20世纪90年代初，苏联解体，东欧剧变，资本主义在那里又取代了社会主义。而发达国家的资本主义虽然早就被认为是腐朽的、垂死的，却在20世纪后半叶开始显露出新的活力，而且至今仍在经济和科技发展的大潮流中居于前沿地位。大半个世纪的世界历史进程证明，既不是社会主义取代资本主义，也不是资本主义消灭社会主义，而是两大主义都在曲折中生存、竞争和发展，并且还会长期共存，在取

---

① 《马克思恩格斯选集》第1卷，第252页。
② 《邓小平文选》第3卷，人民出版社，1993，第116页。

长补短、求同存异中共同发展。这促使我们去重新认识人类历史发展的规律问题。

蒋大椿在他的文章中说："越来越多的历史学家从实际历史进程中已经看出，社会历史领域有规律，却不会同于自然规律，即这里不存在完全不以人的意志为转移的客观的必然的历史规律。因为人类历史中的一切都是人的实践活动创造出来的，这里有规律也只能是人的实践活动的规律，而实践通常总是在人的意志支配下进行的。在这样的规律面前，人的实践活动也不会只有一种必然的选择，而是在一定范围内有着不止一种的选择。"吴、庞二先生则坚持认为生产力决定生产关系的规律仍然有效。他们的论据，一是运用逻辑，说蒋文所谓在现实中创造了新生产关系的"社会支配力量"即统治力量本身就是一种社会生产关系的体现，它本身不能创造本身；二是证明生产力发展使农产品投入商品市场愈多，则具有人身依附关系的自然经济地位愈动摇乃至完全被市场经济所取代，人身依附关系便没有了任何合法存在的余地。王也扬的意见是，社会历史的规律毕竟与自然科学的规律不同，一是前者不像后者那样过程短，可重复，易检验；社会历史过程的完结需要时间，其规律性被证明和检验也需要时间。二是历史发展的必然性更多地表现在它的总趋势上，如科学文化愈来愈发达，人愈来愈获得解放，社会愈来愈进步，等等。而历史发展的具体道路实在是多种多样，偶然性的天地十分广阔。以有思想、活生生的人为对象的历史规律切忌绝对化，其所谓"不以人的意志为转移"，一是表现在恩格斯说的历史事变的"最终的结果总是从许多单个的意志的相互冲突中产生出来"。各个人的意志形成"合力"，造就历史，结果却都达不到自己的愿望。譬如人们为了追求财富和幸福而从事物质生产活动，却造成了自身生存环境的破坏，从而可能导致整个文明的毁灭，这确非人的"意志"所愿。二是表现在历史发展的总趋势上，社会的进步必然使越来越多的人获得解放，其越来越有能力主宰自己和社会的命运（在这个意义上，历史发展的总趋势受到最大多数人的意志支配），而一些个人或团体的意志如果不能顺应历史发展的总趋势，则最终会被历史所抛弃（"不以人的意志为转移"指的是这样一些逆潮流而动的"意志"）。

王文还对历史创造者问题发表了看法。中国实行改革开放后，改善了知识分子的社会地位，黎澍先生曾经从理论上进行反思，说过去强调人民群众创造历史，长期被宣传为只有体力劳动者创造历史，这是对唯物史观的片面理解。马恩的提法是"人们"创造历史，"人们"应该包括所有的人。王文则认为，马恩在谈"人们"创造历史时，"人们"是抽象的人，但具体到历史创造者问题的时候，抽象的概念便转换到了更具政治性的概念，这在恩格斯《必要的和多余的社会阶级》一文中表达得很清楚。① 在马恩那里，每个人作为历史一分子参与历史创造，与一个阶级在历史的发展中是否"有用"，是否"多余"并非为同一理论命题。事实是，历史创造者问题，始终与阶级斗争的政治问题密切关联。在中国，从马克思主义先驱们发动群众闹革命的时候起，便是唯物史观宣传的一个着重点。随着阶级斗争的开展和革命的胜利，诸如"奴隶们而不是英雄创造历史"，"卑贱者最聪明，高贵者最愚蠢"这样的观点，在革命队伍乃至整个社会形成为一种主流思想。这说明唯物史观在为阶级斗争的政治服务过程中，其理论观点自然会出现某种取舍和倾斜。我们今天作为思想史来研究，既要弄清经典作家的原著原意，又要客观地历史地看待某一理论观点的产生、发展和演化。

王文最后说，马克思、恩格斯所揭示的从经济入手研究人类社会及其历史的观点和方法，早已为各国学术界所接受，其对社会科学研究的贡献也是公认的，对此相信没有什么人能够一概加以否定。人们的疑问主要来自唯物史观流行理论中那些僵化的教条，而这些僵化教条的产生，又与作为学术的唯物史观同政治的不解之缘有关系，这可以说是马克思主义的一种历史宿命。吴、

---

① 参见《马克思恩格斯全集》第 25 卷，人民出版社，2001，第 534~537 页。

庞二先生说得很对，苏联的那套教条式的"历史发展规律论"，诸如"五种生产方式依次更迭论"、生产力"三要素"或"两要素"论等，是 20 世纪 30 年代为了以其高度集权的政治体制突破资本主义世界的包围，并在高度集中的计划经济体制下适应优先发展重工业的需要而提出来的。它是政治化学术的典型。其实早在马恩在世的时候，他们就曾经批评过一些"马克思主义者"把唯物史观教条化的倾向。恩格斯说："根据唯物史观，历史过程中的决定性因素归根到底是现实生活的生产和再生产。无论马克思或我都没有肯定过比这更多的东西。如果有人在这里加以歪曲，说经济因素是唯一决定性的因素，那么他就是把这个命题变成毫无内容的、抽象的、荒诞无稽的空话。经济状况是基础，但是对历史斗争的进程发生影响并且在许多情况下主要是决定着这一斗争的形式的，还有上层建筑的各种因素：阶级斗争的各种政治形式及其成果——由胜利了的阶级在获胜以后确立的宪法等等，各种法的形式以及所有这些实际斗争在参加者头脑中的反映，政治的、法律的和哲学的理论，宗教的观点以及它们向教义体系的进一步发展。这里表现出这一切因素间的相互作用，而在这种相互作用中归根到底是经济运动作为必然的东西通过无穷无尽的偶然事件（即这样一些事物和事变，它们的内部联系是如此疏远或者是如此难于确定，以致我们可以认为这种联系并不存在，忘掉这种联系）向前发展。否则把理论应用于任何历史时期，就会比解一个最简单的方程式更容易了。"① 需要指出的是，马恩创立唯物史观的 19 世纪，当时人类的最高认识水平还没有超出古典科学的局限，距我们今天相差不止一个时代。时代的变迁，科学的进步，认识的飞跃，不仅改变着人们的理论观点，而且改变着人们的世界观和思想方法。因此，思想学术界的任务，求得和捍卫一百多年前经典作家的"真经"已经不够，与时俱进地发展包括唯物史观在内的马克思主义哲学社会科学应该是我们

---

① 《马克思恩格斯选集》第 4 卷，第 695～696 页。

这些"马克思主义者"的责任。①

然而，后来的一些年，唯物史观研究并没有明显的进展。蒋大椿的文章又被人从政治的角度加以批评，学术理论界也由此不闻其声。《哲学研究》杂志主编李景源撰文重申唯物史观与中共革命的关系，指出中国近代以来的志士仁人都对唯物史观情有独钟，究其原因，是因为他们从唯物史观中看到了如何才能有效地进行社会改造的方向和途径。因此，唯物史观在中国的传播不是一个外在的过程，不是一个形式主义的吸收东西的过程，而是一个通过民族形式和传统内在生成的过程，是几代人艰辛探索的结晶，其间贯穿了一条主线，就是从观念史观和圣贤史观到民众史观和群众史观，使历史主体一步步得到澄明。解决了人民群众是决定历史命运的主体问题，从历史主体的层面勾画出中国思想界从唯心史观向唯物史观的转变。

李文论述了中共几代领导人对唯物史观的理论贡献，说毛泽东历史观的转变，是在寻求历史主体的问题上，从崇拜英雄豪杰到坚信人民大众的结果，他在《民众的大联合》一文中写道：天下者，我们的天下。国家者，我们的国家。号召民众起来掌握自己的命运。《毛泽东选集》的第一篇文章是《中国社会各阶级的分析》，最后一篇文章是《论唯心史观的破产》，从中可以得出结论：唯物史观贯穿毛泽东思想的整个体系。毛泽东对唯物史观的最大贡献在群众史观方面，其中包含两个环节，一是相信人民大众；二是具体地、立体地理解人民大众，即用阶级观点分析和看待。毛泽东以新的历史观为原点，设计了一条符合中国实际的政治路线和方针政策，使群众史观具体化为一整套民主革命的战略和策略。他把群众史观与政治斗争结为一体，以唯物史观为体，以路线、方针、政策为用，走出了一条有中国特色的民主革命道路。

---

① 王也扬：《关于唯物史观流行理论的几个问题——兼评〈历史研究〉近期发表的两篇文章》，《社会科学战线》2002 年第 6 期。

李文说生产力史观是邓小平对唯物史观的重大贡献。生产力观点和群众观点，是唯物史观的两个基本观点，它们是内在统一的，两者的一致性集中地体现在马克思的名言上：最强大的一种生产力是革命阶级本身。所以毛泽东和邓小平是和而不同。邓小平以生产力史观为核心，从中国社会主义初级阶段的实际出发，对什么是社会主义，怎样建设社会主义给予了科学的回答，形成了邓小平理论。

李文说江泽民的"三个代表"重要思想重申了生产力首要地位和人民利益标准，这是对唯物史观的丰富和发展。胡锦涛提出以人为本的科学发展观，这是党的执政理念和政府管理理念的一次升华。从毛泽东的群众史观和群众路线，到邓小平的生产力首要地位和人民利益标准，再到"三个代表"重要思想和以人为本的科学发展观，唯物史观的根本原理贯彻始终，并在中国化的伟大历程中获得了与时代同步的重大发展，向世界展示了马克思主义的辉煌前景。①

如何看待唯物史观对中国近代史研究的指导，这有着高度的政治敏感性。朱佳木指出，对攻击唯物史观的思潮言论应进行科学分析和有说服力的批判，不能视而不见；在捍卫唯物史观的科学体系和基本原理的同时，应注意发现和弥补唯物史观理论上的不足，并结合新的实践，对这一理论进行丰富和发展。② 张海鹏强调，"有远见的历史学者在注意吸收各种有价值的西方史学理论的时候，不能放弃马克思主义的方法论和世界观"。③ 李文海指出，当前的历史研究对唯物史观有两种不能令人满意的现象，一是用不屑一顾的态度予以排斥和否定；二是将唯物史观作为史学

① 李景源：《唯物史观与当代中国的马克思主义》，《南方日报》2006年7月4日。
② 朱佳木：《关于加强马克思主义史学理论建设的几个问题》，《史学理论研究》2009年第4期。
③ 张海鹏：《六十年来中国近代史学科的确立与发展》，《历史研究》2009年第5期。

论著中空洞的标签，而不是分析历史进程的有力的工具。对一种理论的认同和信仰，从来不是靠政治压力，而是靠理论本身的真理性的吸引。提倡研究者学习、接受和运用唯物史观，关键在于让人们真正了解唯物史观的深邃内容。[①] 步平认为，经过 20 世纪 80 年代对西方学术成果的大量介绍、引进和学习之后，特别是在接受了盲目引进西方理论的教训后，关于学术研究的自主性与本土化的话题日益受到国内学者的重视。当社会越来越面对那些复杂而深层的难题的时候，当人们越来越迫切地需要破解难题的具有较高解释力的理论的时候，唯物史观越来越展现出强大的功能。因而，中国近代史学术界应该在保持自身"知识系统"正当性的前提下与西方学术界展开平等对话，发挥中国马克思主义史学在历史领域的主导地位与主流影响。[②]

长期以来，历史研究强调以唯物史观为指导，但缺乏中层理论和实证工作的支持，唯物史观的一些理论原则未能得到贯彻。郭德宏指出，历史著述中，作为历史主体的民众的活动与贡献很少被提及，民众的生活状态和疾苦、业绩和贡献、利益、愿望、要求和呼声，以及他们对历史的看法，更很少得到反映，因此也造成了史学内容的片面和单薄。因而有必要转换研究的立场和视角，提出民众史观。具体说来，民众是历史的主体，史学要有视角下移的胆识，充分反映各种人群多姿多彩的境遇和心路历程，史学研究需要有多方位多角度的纵横编织，才能立体地谱写出一部中华民族的全息史。民意是解释历史的基础，在分析历史事件发生的原因时，不能仅仅看统治者、领导者及文件如何说，还要注意考察这些历史事件背后的民意，并分析产生这种民意的原因。评价历史则不仅要看民意，还要看这种民意是否符合民众的

---

① 参见谢维《中国近代史研究三十年——过去的经验与未来的可能走向》，《近代史研究》2010 年第 2 期。

② 步平：《改革开放以来的中国近代史研究》，徐秀丽主编《过去的经验与未来的可能走向——中国近代史研究三十年（1979–2009）》，社会科学文献出版社，2010。

长远利益。因此，历史研究者应该转换研究视角，从长期以来流行的"从上到下"的研究变成"从下到上"的研究。不仅注重民众史的研究，更重要的是要站在民众的立场，从民众的角度来看历史，让民众真正成为历史的主角。具体研究方法也要加以改变：（1）应该注意有关民众的资料的多样性，既注重文献资料，还要注重实物资料。（2）注意从现有的文献资料中认真挖掘那些有关民众的资料。（3）真正深入民众中加强调查走访。（4）对搜集来的材料进行认真分析。（5）写作形式也应多样化，面向一般民众。①

那么在现今条件下如何才能坚持与发展唯物史观呢？泛泛的议论中，也有一些思考和倾向。吴英等人再次强调，唯物史观当前面临严峻挑战，主要原因在于我们对唯物史观的诸多误读。例如将五种生产方式的演进序列视为具有普遍适用性的社会历史演进规律，违背了马克思的原意；关于历史发展的单线论还是多线论问题，不能走极端，历史发展是多统一性的结合体；经济决定论也不准确，应是生产能力决定论；物质决定意识是机械唯物论观点，唯物史观是生活决定意识或实践决定意识；过去认为国家是阶级压迫的工具，但国家还必须履行公共职能；关于阶级结构问题，过去强调两大阶级对立，但历史上新社会取代旧社会，并不是被压迫阶级担当新社会的统治者，一半都是中间阶级。②

李振宏认为，马克思主义史学在中国能够继续保持顽强的生命力，因为它是一个很有特色的历史学派。马克思主义学派一方面需要在和其他学派的争鸣中得到发展，另一方面也需要在内部不同学派的争鸣中焕发活力。王贵仁指出，唯物史观在中国的发展过程，是不断遭遇各种理论诘责和实践挑战的过程，唯物史观正是在不断回应理论与现实提出的各种挑战中，被一代又一代学

---

① 郭德宏：《论民众史观》，《史学月刊》2009 年第 11 期。
② 吴英：《对马克思国家理论的再解读》，《史学理论研究》2009 年第 3 期；刘克辉：《史学理论创新与历史学科的发展——史学理论前沿问题春季论坛综述》，《史学月刊》2009 年第 9 期。

者认识和阐释。而唯物史观的再认识或再阐释，不是对以前认识和阐释的否定，更不是对唯物史观理论的否定，而是对唯物史观的继承与发展。① 薄洁萍提出，马克思的唯物史观是一个开放的系统，它呼唤着人的创造精神，而基于此所理解的历史发展则始终存在无限开放的可能性空间，存在着内在的选择和创造的机制，从而充满了丰富性与复杂性。从这个角度来说，唯物史观本身就有着对历史微观的内在层面的理解，也要求人们肯定历史发展道路的多样性，反对脱离人的实践活动本身和具体日常生活而依照某种外在尺度编写历史。我们以前忽视了这一点，从而导致对唯物史观的误解及其与历史研究的隔膜。因而我们必须不断丰富对唯物史观的理解，以努力做到接近历史原本，展现历史的丰富性。② 李红岩认为，马克思主义史学总是随着时代变化而与时俱进，不断获得新的理论原则、新的认识手段和方法。当前处于伟大的历史时期，也预示着与时代相适应的新的史学样态即将产生。他着重指出，新的马克思主义史学样态，必须克服三大问题：玄学化的研究方法；形式主义的研究方法；碎片化的研究方法。③

① 参见刘克辉《第二届史学理论前沿问题春季论坛综述》，《史学理论研究》2010 年第 4 期。
② 薄洁萍：《唯物史观与历史研究》，《光明日报》2010 年 1 月 5 日，第 12 版。
③ 李红岩：《中国马克思主义史学的三个三十年》，徐秀丽主编《过去的经验与未来的可能走向——中国近代史研究三十年（1979–2009）》。

二　学科综述

史学理论研究

于　沛

史学理论，是当代中国史学的重要组成部分。2002－2010 年间，中国史学理论研究有了长足发展，在人才培养、国内外学术交流、学科建设等方面都有明显进步，一些有较高水平的新成果也相继问世，为繁荣中国史学做出了积极的贡献。

一

2002－2010 年间，外国史学理论研究的人才培养，继续受到重视。继续招收并毕业了一批攻读史学理论的硕士、博士研究生，为中外史学理论研究队伍不断补充了新鲜力量。在各高校"史学概论"课的教学中，不断调整和完善学生的知识结构，重视以马克思主义为理论指导，追踪中外史学发展中的前沿问题、热点问题，受到学生的普遍欢迎。姜芃主编《西方史学的理论和流派》（中国社会科学出版社，2007），是中国社会科学院研究生院的重点教材之一。编写者认为，历史总是随着人类认识能力的提高和观察问题角度的变化不断重写。该书以唯物史观为理论指导，分析了 20 世纪西方史学的深刻变化。

2002－2010 年，国内举行了一些重要的史学理论国际学术会议。这些会议不仅表明当代中国史学和国际史坛已经建立起广泛的学术联系，而且也从一个侧面反映出当代中国史学理论研究所达到的学术水平。

2002 年 8 月，南开大学中国社会史研究中心、日本河合文化教育研究所等，在天津共同举办了中国家庭史国际学术讨论会。

来自美、日、英、德、澳、印等国和中国大陆及台湾地区40余所著名大学和科研机构的学者70余人出会议席。2002年8月，上海师范大学、香港中国近代史学会主办"国家、地方、民众的互动与社会变迁"国际学术研讨会，在上海召开，中国以及日本、韩国、美国、新加坡学者120余人与会。与会学者从不同的角度、层面、时段来研究国家、地方与民众的互动及社会变迁。2003年9月，吉林大学当代国际关系研究中心等在长春联合举办了"历史学与国际关系学：方法论探索与学科构建"高级国际学术研讨会，来自英国、美国和中国的60余位学者出席了会议。英国科学院院士、伦敦经济学院教授巴里·布赞在会上做了题为《历史学在国际关系学研究中的作用》的主题演讲。2004年4月，"东亚国家和地区现代化进程"国际学术研讨会在北京举行。这次研讨会由国际历史科学委员会、中国史学会和中国社会科学院世界历史研究所共同举办。来自中国、德国、美国、韩国、日本等国家和地区的40余名学者出席了会议。2007年11月，"全球视野下的史学：区域性与国际性"国际学术研讨会在华东师范大学召开，来自美国、日本、德国、荷兰、希腊、西班牙、意大利、加拿大、波兰和中国的近60余位学者与会。大会分别就全球化的史学、历史解释的范畴、中西史学比较研究、中国传统史学再评估以及海外中国学等问题做了深入探讨。2007年11月"今日历史学：个人的思考"国际学术讨论会在北京召开，来自中国和美国、德国、荷兰、日本等国的40余位学者与会，中外学者交流了对史学前沿问题的认识，扩展了视野和思路。

中国社会科学院世界历史研究所史学理论重点学科，与云南大学、杭州大学、厦门大学、温州大学、江西师范大学合作，举办了5次全国史学理论研讨会。第12届主题是"新世纪唯物史观面临的机遇与挑战"，于2005年8月在昆明举行。第13届主题是中外马克思主义史学思想研究、全球化和全球史，于2006年11月在杭州举行。第14届主题是中外马克思主义史学思想研究、中外史学研究中的前沿问题和重大理论问题，于2007年10月在

厦门举行。第 15 届的主题是 60 年来中国马克思主义史学的理论
成就，国外史学理论研究的前沿问题、热点问题和重大理论问
题，于 2009 年 10 月在温州举行。第 16 届的主题是"全球化进程
中的历史学：历史、思想与社会"，于 2010 年 10 月在南昌举行。

中国史学家积极参加国际史坛有关史学理论的讨论。2005 年
7 月第 20 届国际历史科学大会在澳大利亚的悉尼新南威尔士大学
召开。这次大会以全球化的眼光对当前世界历史学界共同关心的
一些重大理论问题和课题进行了研究。大会的三大主题是："历
史上的人和自然""神话与历史的关系"和"战争、和平、社会
与历史上的国际秩序"。2010 年 8 月，中国史学家代表团出席了
在荷兰阿姆斯特丹举行的第 21 届国际历史科学大会，与世界各
国学者一起，就帝国的衰落、作为文化的城市、宗教与权力等问
题，进行了研讨。

二

2002 - 2010 年间，对国外马克思主义历史学派及马克思主义
史学理论研究有所加强，一批有一定影响的成果问世。张世均在
《日本现代史学中的马克思主义史学》（《史学史研究》2002 年第
3 期）中指出，随着日本资本主义的发展，无产阶级队伍的壮大
和马克思主义思想的广泛传播，从 20 世纪 20 年代后半期到 30 年
代后半期，马克思主义史学在日本经历了产生、发展和完善以及
被日本法西斯政府彻底封杀的三个阶段。梁民愫在《社会变革与
学术流派：当代英国马克思主义史学渊源综论》（《史学月刊》
2003 年第 12 期）中，分析了英国马克思主义史学产生和发展的
社会历史背景。作者认为，英国马克思主义史学派，逐渐改变英
国传统史学界对思辨、概括和理论结构的怀疑态度，在历史反思
和史学研究中充分重视马克思主义理论和方法，把理论与具体事
实及其在过去或现在的发展和未来前景结合起来。

马克思世界历史理论，是马克思主义唯物史观的重要内容之

一，但以往的研究没有对其给予应有的重视，这种情况近年有所改观。仲崇东在《马克思的世界历史理论与当代世界重大问题》（《学海》2003 年第 1 期）中指出，马克思的世界历史理论是一个内容十分丰富的科学理论体系。马克思所说的世界历史，特指 16 世纪资产阶级登上历史舞台以来世界作为一个整体所形成的历史。张爱武在《马克思恩格斯关于历史向世界历史转变机制的理论及方法论启示》（《毛泽东邓小平理论研究》2003 年第 2 期）中指出，马克思恩格斯的世界历史范畴是指人类社会在横向上产生世界性的普遍交往和联系以后在纵向上的发展进程和最终指向。它涵盖资本主义和社会主义（共产主义）的世界历史时代，最终指向是社会主义（共产主义）社会。吴英在《马克思的世界历史理论与全球化历史进程的实践》（《史学理论研究》2005 年第 4 期）中指出，经济全球化作为历史发展进程中的一种必然趋势，在马克思对资本主义所做的深刻剖析中就曾有过精辟的论述。作者以马克思的世界历史理论为依据，就全球化的历史演进做出理论与实践的解析。

张广智在《马克思主义史学的诞生（19 世纪 40 年代前后）》（《历史教学问题》2006 年第 1 期）中阐述马克思主义史学产生的时代条件与思想渊源，阐述马克思主义史学的历史理论，亦即它的主要部分马克思主义唯物史观的基本原理。于沛撰有《关于马克思〈历史学笔记〉的理论思考》（《中国社会科学院院报》2006 年 5 月 30 日），作者指出，《历史学笔记》是马克思世界历史研究的一部分，具体反映了马克思的历史观点、历史理论及方法。在《历史学笔记》中，马克思在理论与历史研究实践相结合的基础上，对唯物史观的基本原理进行了阐释和验证。张文涛在《E. P. 汤普森视野下的马克思主义》（《史学理论研究》2006 年第 2 期）中指出，汤普森认为历史唯物主义区别于其他解释体系，就在于阐述这些类型的固有一致性，就在于在一个概念总体中加以表达。2009 年，社会科学文献出版社出版了梁民愫的专著《马克思主义理论与实践——霍布斯鲍姆的史学研究》，迄今为止，这是中国唯一系统研究霍布斯鲍姆史学思想的著作。作者较系统阐明了英国马克思主义史学产生的内外部原因。

三

中外史学史研究，是史学理论研究的重要内容。张广智、张广勇著《史学：文化中的文化》，上海社会科学院出版社 2003 出版。作者从广义文化的背景考察了西方史学发展的历史，探究了文化与史学的辩证关系。章士嵘著《西方历史理论的进化》，山西教育出版社 2004 年出版。作者长期从事外国哲学研究，决定了该书与一般西方史学史研究的区别，即更重视史学发展的内在联系，以及对这一联系的理论描述。张广智主著、陈新著《西方史学史》，复旦大学出版社 2005 年出版。该书系统阐释了自古希腊至当代的西方史学。何平著《西方历史编纂学史》，商务印书馆 2010 年出版。作者认为，史学史作为一个研究领域是在三个学派的影响下诞生的，即意大利克罗齐学派、马克思主义和新史学学派。陈启能主编《二战后欧美史学的新发展》，山东大学出版社 2005 年出版。这是一部以世界历史研究所研究人员为主要作者的集体著作。作者对欧美国家近 50 多年来历史学的发展进行综合的深入研究，其中涉及许多国际史坛的热点问题、前沿问题或重大理论问题。

在外国史学史研究中，一些重大理论问题或重要代表人物的研究，都第一次有专著问世。如梁洁著《撒路斯特史学思想研究》，中国社会科学出版社 2009 年出版；易兰著《兰克史学研究》，复旦大学出版社 2006 年出版；李勇著《鲁滨逊新史学派研究》，安徽人民出版社 2004 年出版；王利红著《诗与真：近代欧洲浪漫主义史学思想研究》，上海三联书店 2009 年出版。

中国的外国史学史研究，明显以西方史学史研究为主。这种情况近年开始有所改变，如刘爽著《苏联解体的史学阐释——兼论俄罗斯史学的功能与特征》，中国社会科学出版社 2009 年出版。该书以马克思主义唯物史观为指导，从历史学这一意识形态的重要领域入手，对苏联解体的原因进行了深入探讨。

2002年，由吴怀祺主编的历经数年之久的10卷本《中国史学思想通史》完成，由黄山书社出版，该书10卷分别是总论·先秦卷、秦汉卷、魏晋南北朝卷、隋唐卷、宋辽金卷、元代卷、明代卷、清代卷、近代前卷和近代后卷。这是新时期史学思想史研究的一项重要成果，有助于人们进一步探寻史学思想史学科建设、揭示中国史学思想史的民族特点。2010年，汪高鑫著《中国史学思想史散论》，北京师范大学出版社出版。该书对中国史学思想中关于历史动力的见解、天意史观、神权史观、重人事的史学思想，以及民本观、英雄史观、经济史观、地理环境论等，进行了探讨。

四

2002－2010年，史学理论的前沿问题和热点问题，继续引起学界的广泛关注，程群在《宏大叙事的缺失与复归——当代美国史学的曲折反映》（《史学理论研究》2005年第1期）中指出，史学"碎化"是美国史学重建中面临的一大难题。陈茂华在《史学与政治——美国"共识"史学初探》（《史学理论研究》2005年第1期）中指出，史学与政治的关系历来备受关注，但人们往往从史学应不应该为政治服务的角度出发看待它们之间的关系，未免有些简单化。史学与政治的关系涉及了史学理论的诸多问题。那种认为西方史学是远离政治的"科学"的认识是错误的。

张旭鹏在《想像他者：西方文化视野中的非西方》（《史学理论研究》2005年第3期）中指出，西方是在与非西方社会的比较中得到更为明确的界定。在西方的文化视野中，对非西方固然有着某种程度的理性认知，但也不乏充满错觉的想象，从而创造出一个与真实存在不尽相同的非西方。景德祥在《联邦德国社会史学派与文化史学派的争议——20世纪末联邦德国史学流派争议》（《史学理论研究》2005 年第 3 期）中提出，20 世纪末，联邦德国历史科学发生了重大变化。社会史学派在与传统历史主义学派继续竞争的同时，又迎来了一系列新史学流派的挑战。朱晓罕在《让 - 弗朗索瓦·西里奈利的法国知识分子史研究》（《史学理论研究》2005 年第 4 期）中指出，20 世纪 80 年代以来，在法国社会对知识分子问题的讨论和政治文化史学兴起的背景下，法国史学界诞生了一门新的史学分支学科——知识分子史，其代表人物是法国当代著名史家让 - 弗朗索瓦·西里奈利。徐浩、侯建新著《当代西方史学流派》（第二版），中国人民大学出版社2009 年出版。该书涵盖了 20 世纪特别是第二次世界大战结束以来西方史学的两大写作范式，以年鉴学派为代表的社会科学范式和以后现代主义为代表的叙事范式。

刘爽在《当代俄罗斯社会史研究的特点及趋向》（《北方论丛》2004 年第 6 期）中指出，苏联解体后，俄罗斯史学经历了从危机迷惘到反思的转折，其中社会史研究的兴起引人注目。刘爽还撰写了《米罗诺夫与当代俄罗斯社会史研究》（《史学理论研究》2005 年第 1 期），指出，米罗诺夫的《俄国社会史》以唯物史观为指导，借鉴了年鉴学派等西方新史学的理论与方法，对18 - 20 世纪初帝国时期的俄国社会做了全面而深入的考察，在许多方面取得了重要突破。

李纪祥在《中国史学传统中的"实录"意涵及其现代意义》（《北京师范大学学报》2004 年第 5 期）中指出，"实录"是中国史学传统中的重要概念，最早见于两汉文献，指司马迁史学的特点之一。然而近代史学对此却多持贬义。作者强调，回归传统史学是当今需要的大方向，应当正视。

在中国古代史学思想发展史上，历代史家对于史学的"求真"与"致用"以及二者之间的关系，都有自己的理解和认识。《史学史研究》2008 年第 2 期，就"中国古代史学的'求真'与'致用'"发表了 6 篇笔谈文章：《古代史学的"求真"与"致用"传统》（许殿才）、《"实录"与"宣汉"：汉代史学思潮的两种取向》（汪高鑫）、《魏晋南北朝时期史学的经世特点》（李传印）、《史鉴在"求真"与"致用"之间——由唐初贞观君臣论政引发的思考》（牛润珍）、《宋元义理史学的"致用"与"求真"》（罗炳良）、《实学思潮与明清之际的史学》（周文玖）。6位学者虽发表了不同的见解，但一致认为，中国古代史学在发生与发展过程中，形成了一些值得称道的优良传统，"求真"与"致用"，力反空疏学风，居主导地位。

所谓史学批评，是指各个历史时期史学发展的利弊得失在社会上所引起的回应与反响。2009年，《郑州大学学报》第1期发表"中国古代史学批评探究"笔谈4篇：《中国古代史学批评与史学批评范畴》（罗炳良）、《中国传统史学批评的学术标准》（周一平）、《南宋浙东学派的史学批评》（蔡克骄）、《中国传统史学批评中的"默会知识"观》（章益国）。大致说来，古代史学批评的标准可以概括为学术标准、政治标准、道德标准3项主要内容，4位学者从不同的视角对此及其他相关问题进行了探讨。

关于梁启超史学思想的研究，历久而不衰。2004年，《文史哲》第1期发表了汪荣祖《论梁启超史学的前后期》。作者认为，梁启超是中国现代史学的拓荒者，主要贡献有二：其一，引进西方的史学概念与方法；其二，凭所知之西方史学知识批判与评论中国传统史学，促使中国史学的现代化。2007年第3期《史学月刊》发表李孝迁撰《梁启超早年新史学思想考源》。作者认为，梁启超早年新史学思想主要内容是取"家谱"说以批判"君史"，倡导"民史"，而"家谱"说和"君史""民史"概念的形成，又与西方史学存在学缘关系。同年《吉首大学学报》第4期发表彭武麟、李婷轩撰《简析梁启超的民族史研究》。作者认为，梁氏的民族史研究改变了古代民族史学的从属、分散地位，促进了近代民族史学科的独立与繁荣。梁启超对民族史研究的不足之处，主要是史观方面的大民族主义比较严重。2008年第4期《史学月刊》发表了江湄撰《"新史学"之"新"义》，探讨了梁启超"人群进化之因果"论中的儒、佛思想因素。作者认为，梁启超的《新史学》介绍了实证主义史学思想，是中国传统史学向现代史学转型的宣言书。

五

后现代主义已不仅仅是流行的西方哲学思潮，而且近年开始影响西方史学界。何平在《后现代主义历史观及其方法论》（《社会科学研究》2002 年第 2 期）中认为，后现代主义是影响当代西方人文社会科学乃至文化的重要理论思潮。探讨后现代主义作为历史观和方法论的内涵，可以看到后现代主义带来的一些新颖而深刻的观念，以及它的一些极端观点具有的破坏作用。王晴佳在《后现代主义与中国史学的前景》（《东岳论丛》2004 年第 1 期）中提出，后现代主义以及与之有关的一系列文化现象的出现，对历史研究的发展产生了根本的影响，无法忽视或者漠视。这主要表现在历史研究兴趣的转移，和对现代主义历史认识论的根本颠覆。西方后现代思潮对历史学的挑战，在国内史学界提出了一些不同的，甚至是截然相悖的观点。如董立河的《西方后现代历史哲学对历史编纂的影响及其局限》（《国外社会科学》2008 年第 1 期）指出：自 20 世纪七八十年代以来，面对后现代主义的挑战，有不少历史学家持抵触态度，因为它与他们自己对历史研究的理解和体验相去甚远。针对后现代主义哲学给历史编纂带来的一些积极和消极的影响，我们理应做出合理的分析和批判。《学术研究》2008 年第 3 期发表"后现代思潮与史学史研究的反思"笔谈篇，组织向燕南、赵世瑜、徐兆仁、张耕华、江湄、邓京力等学者撰文，就后现代思潮与史学研究展开专题讨论。何平在《超越现代——论历史知识的后现代转型》（《学术研究》2009 年第 8 期）中指出，当代西方史学界，虽然多数史家仍然依照传统的史学理论和方法做实证研究，但从 20 世纪 60 年代起，后现代主义思潮开始解构 17 世纪以来所形成的史学范式的基础，并影响当代历史研究。关于后现代史学研究的成果，近 10 多年来也有专著问世。如彭钢著《叙事的转向：当代西方史学理论的考察》，北京大学出版社 2009 年出版。作者认为，20 世纪 70 年代，西方史学理论领域发生了学术范式的转型，第二次世界大战之后兴盛一时的分析的历史哲学逐渐被叙事主义的历史哲学所取代，后者至今仍是当代西方史学理论中最主要的理论形态。

六

第二次世界大战后，世界政治格局和人类社会生活的深刻变革，不断提出新的问题需要人们从历史与现实的结合上做出回答，传统史学同其他哲学社会科学各学科的界限，变得愈来愈模糊了，出现了一系列历史学新的分支学科。

杨祥银著《与历史对话：口述史学的理论与实践》，中国社会科学出版社 2003 年出版。该书具有一定的开拓意义，它是中国第一部系统阐述口述史学理论和方法问题的专著。它有助于更多的人关注、认识和理解口述史学。张广智在《论口述史学的传统及其前景》（《江西师范大学学报》2003 年第 3 期）中指出，口述史学有悠久的发展历史。中世纪以降，口述史历经曲折，迎来现代的复兴。然而，口述史学的发展既面临着困难，又充满了希望。朱志敏在《口述史学能否引发史学革命》（《新视野》2006 年第 1 期）中提出，口述史学真的会引起新的史学革命吗？这类问题不仅值得口述史学者关注，也应引起研究史学理论及其他相关学者，乃至全社会的关注。必须解决口述音像保存、共用问题，并须提高口述工作者的素质，加强口述史学理论研究，取得全社会的理解和支持。邹情在《口述历史与历史的重建》（《学术月刊》2003 年第 6 期）中指出，口述历史“可以用来改变历史本身的重点，开辟新的探索领域”，也能“通过曾经创造过和经历过历史的人们自己的语言，重新赋予他们在历史中的中心地位”。

中国自 20 世纪八九十年代起，妇女史研究日益繁荣。裔昭印等著《西方妇女史》，商务印书馆 2009 年出版。这是国内第一部系统研究西方妇女史的学术著作。裔昭印还著有《古希腊的妇女——文化视域中的研究》，商务印书馆 2001 年出版。作者运用社会学、宗教学和心理学等相关学科的理论和方法来研究古希腊妇女史。杜芳琴在《历史研究的性别维度与视角——兼谈妇女史、社会性别史与经济—社会史的关系》（《山西师大学报》2003年第 4 期）中，通过对"经济—社会史、社会史、妇女—社会性别史"异同进行比较研究，认为妇女史、社会性别史与经济—社会史既相互联系，又相互区别。社会史、经济史不能代替妇女—社会性别史。近年妇女史研究的主要成果是：刘文明的《上帝与女性——传统基督教文化视野中的西方女性》（武汉大学出版社，2003）、陆伟芳的《英国妇女选举权运动》（中国社会科学出版，2004）、贺璋瑢的《神光下的西方女性》（中国青年出版社，2007）和王赳的《激进的女权主义——英国妇女社会政治同盟参政运动研究》（上海三联书店，2008）等。

21 世纪初，越发严重的生态环境恶化，推动了环境史学的发展。2004 年，人民出版社出版梅雪芹著《环境史学与环境问题》，作者对环境史学的兴起与发展、定义与对象、环境史学方法以及学科建设等问题，进行了较深入的探讨，并对 18 世纪工业革命以来，西方大国的环境问题进行了历史考察。高国荣在《什么是环境史?》（《郑州大学学报》2005 年第 1 期）中指出，环境史是在战后环保运动推动之下在美国率先出现、以生态学为理论基础、着力探讨历史上人类社会与自然环境之间的相互关系以及以自然为中介的社会关系的一门具有鲜明批判色彩的新学科。孟庆龙、王旭东在《自然启示录：1755 年里斯本地震海啸对葡萄牙社会的冲击和影响》（《史学理论研究》2005 年第 2 期）中，以1755 年里斯本地震海啸为例，具体分析了这场自然灾难对葡萄牙社会的冲击和影响。葡萄牙在震后重建中采取的一系列举措，削弱了宗教势力，加强了世俗权力和中央集权，促进了全国性抗灾机制的首建，对启蒙运动和地震学的发展等起了相当大的推动作用。

　　高国荣在《20世纪90年代以前美国环境史研究的特点》（《史学月刊》2006年第2期）中指出，在20世纪90年代以前，美国环境史研究具有以下三个特点：就研究范围而言，研究的主要问题都属于自然保护和资源保护的范畴；从价值取向上说，环境史研究具有显著的环境保护主义的道德和政治诉求；环境史研究具有比较明显的时空特点。滕海键的《略论美国现代史上的三次环保运动》（《赤峰学院学报》2006年第1期）指出，环保运动属于环境史研究的范畴。环境史是继政治军事史、经济社会史和文化史之后的历史学新的研究领域，它以人类社会和所面临的自然环境之间的关系为研究对象，探究人与环境之间是如何相互影响和相互作用的。梅雪芹在《从"人"的角度看环境史家与年鉴学派的异同》（《安徽师范大学学报》2006年第1期）中指出，环境史是多学科交叉的产物。作为一个新兴的研究领域，要想顺利地发展，如何在开展跨学科综合研究的同时做到本学科自觉，这是我们不得不正视的重要问题。邢来顺在《生态主义与德国"绿色政治"》（《浙江学刊》2006年第1期）中指出，20世纪六七十年代以来，随着社会生产和生活的迅猛扩张，"生态"一词有了新的特定含义，生态主义理念在联邦德国等西方发达国家悄然萌生。向后工业社会的转型、中产阶级的壮大、价值取向的变化以及生态环境的恶化是造成这种理念扩散的背景因素。包茂红的《海洋亚洲：环境史研究的新开拓》（《学术研究》2008年第6期）认为，海洋亚洲环境史无论是从海洋史还是从环境史的视角来看都是一个亟待开拓的新领域。作者提出了海洋亚洲环境史研究的基本框架。王敦书在《雷海宗的环境史观和环境史学》（《史学理论研究》2009年第2期）中，发掘并介绍了已故著名历史学家雷海宗先生的环境史观，他在这方面的代表作包括《无兵的文化》《古今华北的气候与农事》两篇论文和《世界上古史讲义》一书。

　　历史哲学和历史认识理论是历史研究的重要内容之一，属于史学理论研究中的基础理论研究。"文革"后，中国的西方历史哲学研究持续发展，至今方兴未艾。陈新在《论历史经验与历史思维》（《文史哲》2002年第1期）中，分析了历史认识中的"历史"等基本理论问题。作者通过对"进入历史思维的经验""历史思维与经验编织""概念化的多样性可能"等的分析认为，人们在日常意识中理解的"历史"，并非原始的历史实在，而是经过思维加工的产物。陈新在《我们为什么要叙述历史》（《史学理论研究》2002年第3期）中指出，历史发生在过去，却存在于现在，指引着未来。因此，不同的人叙述历史尽管可能有不同的目的和意图，但他们在总的方向上都内在地指向认识现在，筹划未来，这是历史叙述具有个人价值与社会价值的基点，也是不同时代的历史叙述中超时代的共性。庄国雄在《历史哲学的学科性质和定位》（《吉首大学学报》2003年第10期）中，认为人的存在在时间中的展开就是历史。作者特别强调，马克思的历史理论——历史唯物主义——也是一种历史本体论，是在对思辨历史哲学理论的批判中创立的崭新的历史哲学。

在中国研究基础长期薄弱的西方思想史研究，在新世纪也有所改观。张文杰、李宏图、周兵、于文杰等有《西方思想史研究笔谈》（《史学月刊》2006年第7期），讨论了西方思想史研究中的若干理论问题。张文杰谈的问题是《"历史会重演论"新说》；李宏图为《修辞视野下的思想史研究》；周兵为《"自下而上"：当代西方新文化史与思想史研究》；于文杰探讨的是《西方思想史研究在中国的本土化问题》。李宏图著有《改革开放以来的西方思想史研究》（《史学月刊》2009年第5期），认为改革开放以来，西方思想史研究取得了快速的进步。这些研究成果不仅推进了学术的进步，而且更新和重塑了我们这个民族的思想观念。

七

在诸多史学方法中，近年新兴起的"网络方法"引人注目。黄安年在《网络时代美国历史研究与普及面临的机遇和挑战》（《学术界》2006 年第 1 期）中指出：我们正处在世界经济现代化和全球化、政治民主化和多极化、思想文化多元化和网络化的时代，在这个时代，信息化、网络化的迅猛发展，对于人类社会产生着越来越大的影响。王旭东撰写《历史研究信息化应用模式刍议》（《史学理论研究》2006 年第 1 期），他认为，如何将历史学同信息化这两个分属不同知识体系的学科加以融合，以实现信息化应用向历史学研究领域的引入，属于史学方法论研究不应回避的前沿课题。焦润明、王健楠撰写《论网络史学的研究对象及方法》（《辽宁大学学报》2010 年第 1 期），他们认为，网络史学是历史学的一门分支学科，它是历史学在信息时代的一种新的存在形式。网络史学不能脱离传统史学的母体而存在，故传统纸质史学的研究对象仍是它的研究对象，同时它还有自己特有的研究对象。姚百慧以"在线档案文献资源"为例，探讨了《网络资源与国际关系史研究》（《史学理论研究》2010年第 1 期）。他说，网络资源是以数字代码形式将文字、图片、声音、动画等通过互联网发布出去的一切信息。作者以国际关系史在线一手档案文献资源为例，讨论网络资源对国际关系史研究的作用。2010 年，王旭东撰《时空、信息、熵、环境和全球化——人类社会历史发展研究的跨学科思考》（《山东社会科学》2010 年第 11 期），尝试通过对人类社会历史发展宏观层面上的广义全球化，以及所涉历史研究必须面对的社会时空压缩、信息作用、熵（entropy）增和人类与环境互动等理论问题进行跨学科的分析和阐释，揭示历史上影响人类社会生存与发展的规律性驱动机制。

历史地理学

成一农

一 学科建设

1. 研究队伍

2002 年至 2010 年间，中国历史地理学的研究人员迅速增加，除了中国历史地理学传统的三大重镇，复旦大学历史地理研究中心、陕西师范大学西北历史环境与经济社会发展研究中心、北京大学历史地理研究中心之外，武汉大学、西南大学、兰州大学、中国社会科学院历史研究所等原有历史地理学研究机构也日益发展。到 2010 年，基本上所有知名高校中都设立有历史地理专业，并且形成了一些新的研究团队，如厦门大学、暨南大学，而且普通高校中也普遍设立了历史地理学方面的教研岗位。研究人员队伍的扩展，显示了我国历史地理学蓬勃的发展动力。

2. 学术会议和研修班

2002 年至 2010 年，每年召开的与历史地理有关的学术会议日益增多，这些会议中除了每两年召开一次的历史地理学的年会之外，大部分是针对某一主题或者某一区域的专题会议，而且大多数与主办单位的在研项目有关。毫无疑问，这些会议推进了某一专题的研究，但与此相对的是，当前历史地理学界缺少围绕理论和方法展开的小型学术会议和研讨会。与大中型会议相比，经过充分准备的小型学术会议和研讨会更能对问题进行深入的讨论，更有利于学术的发展。

值得一提的是，复旦大学历史地理研究中心自 2009 年开始设立的、每年一期的"暑期历史地理前沿研修班"，至 2010 年为止已经举办了两届。其设立目的是通过专题讲座的形式，向历史地理学的青年学者、硕博士研究生介绍历史地理学最新的研究进展、研究手段和研究视角。从这两年的实践来看，这一研修班确实为青年学者的成长起到了推动作用，而且也成为青年学者相互之间交流学术观点的平台。

3. 刊物

除了传统期刊《中国历史地理论丛》和以书代刊的《历史地理》之外，这九年中还陆续创办了一些以书代刊的刊物，如西南大学历史地理研究所创办的《中国人文田野》（创办于 2007 年，至今已经出版 3 辑）、暨南大学历史地理研究中心的《中国历史地理研究》（创办于 2005 年，至今已经出版 4 辑）等。此外，一些研究机构还陆续出版了系列著作或者论文集，如北京大学历史地理研究中心的《九州》（已经出版 4 辑）、复旦大学历史地理研究中心的《历史地理研究》（已经出版 3 辑）、陕西师范大学西北历史环境与经济社会发展研究中心的"历史环境与经济社会发展研究丛书"（自 2006 年开始已经出版 11 种）。

4. 理论探索

理论探讨是学科发展的重要推动力，对旧理论的反思以及新理论的提出往往会集中产生出大量创新性的研究成果，推动学科整体的发展。2002 年至 2010 年，虽然发表了一些理论性研究论著，但并没有产生太大的突破。对于理论问题的探索主要集中在两个方面。

第一，历史地理学的学科理论。如侯甬坚《历史地理学的由来及其延展》（《中国社会科学报》2010 年 2 月 25 日，第 7 版）、邹逸麟《历史地理学并非仅仅是一门基础性学科》（《中国社会科学报》2010 年 1 月 26 日，第 14 版）、王社教《作为研究方法的历史地理学》（《陕西师范大学学报（哲学社会科学版）》2010 年第 6 期）、毛曦《全球史观与中国历史地理学研究范围的拓展》（《天津师范大学学报（社会科学版）》2009 年第 1 期）、吴宏岐《历史地理学方法论的探索与实践》（暨南大学出版社，2010）第四章"关于历史地理学的若干理论问题"等。总体上，这些论文多是对于以往学科理论的补充、修订和介绍，并没有太大的突破，当然其中也不乏一些有益的思考。

第二，单一领域的理论。如城市地理方面，朱士光《中国历史城市地理学理论建设刍议》（《西北大学学报（自然科学版）》2009 年第 2 期）、毛曦《城市史研究的范围与方法——试论历史地理学、古都学及城市史学之关系》（《史林》2009 年第 4 期）和吴宏岐、郝红暖《中国都城地理学若干问题刍议》（《陕西师范大学学报（哲学社会科学版）》2009 年第 3 期）等。这些理论文章虽然提出了一些值得思考的问题，但其中一些实际上并不是"理论"，甚至不是"方法"，只是一些条理化的叙述，缺乏思辨和深化。

但实际上，从这几年历史地理学的学科发展来看，现在迫切需要解决一些根本性的理论问题。

首先，什么是"历史地理学"？中国最早对历史地理学进行界定的应是侯仁之先生，他在《历史地理学刍议》（《历史地理学的理论与实践》，上海人民出版社，1979）一文中指出"研究在历史时期主要由于人的活动而产生或影响的一切地理变化，这就是今日所理解的历史地理学的主要课题"，"历史地理学研究的对象，如上所述，乃是人类历史时期地理的本身，也就是无异把当前地理学的研究，推回到已经过去了的历史时期……其主要目的则在于探讨同一地区或同一地理环境在不同历史时期的实际情况，以及其发展演变的规律，因为只有这样，才能更深刻地去理解当前这一研究对象的形成和特点"。这些论述中对历史地理学研究内容的界定非常简明，也易于理解，毫无疑问其强调历史地理学的研究对象是"地理"，而且这一观点也得到了绝大多数研究者的支持，但在实际研究中无论是历史地理学的论著索引，还是专业学术刊物《历史地理》和《中国历史地理论丛》，收录论文的范围都非常广泛，基本上凡是涉及历史时期地点、地名、地理，甚至相关制度、文献的研究都涵盖在内。

诚然，从宽泛意义上而言，这些论文确实涉及了"地理"，或者都是与地理相关的研究，但是如果按照这种宽泛的定义，绝大部分史学方面的论文都可以被认为是历史地理的论文，因为任何事件都发生于地理空间之上。不过这样一来"历史地理学"几乎等于历史学，只是两者之间的侧重点存在差异，那么这样一来"历史地理学"作为一门学科还有存在的必要吗？

之所以出现上述问题，原因在于我们其实并没有真正理解侯仁之对于"历史地理学"的定义。具体表现就是当前将凡是涉及地理的研究都认为是历史地理学的研究，而忽视了侯仁之概念中的"地理"是历史地理学的研究对象，而不是研究的其他方面。以往涉及地理的研究可大致分为三类："历史地理""地理的历史"以及"以地理论历史"。其中"历史地理"，毋庸多言，就是侯仁之先生的定义。"地理的历史"就是研究某一地理要素的发展过程，比如地名史，对某一行政区划演变的单纯考订以及"沿革地理"等，其对象并不等同于现代意义的"地理"。"以地理论历史"，指的是以地理现象为史料来论证历史问题，作者研究的对象是历史，地理只是论证的材料。除了这三类之外，还有那些纯粹的制度史的内容，最典型的就是中国古代行政区划制度，显然这应当属于制度史的范畴。

当然，要理清上述几类，或者要明确说明"历史地理学"的研究对象和研究范畴，最为重要的就是要理解什么是地理，什么是地理学。在这里现在出现了一个具有讽刺意味的现象，当前大多数研究者都认同"历史地理学"是地理学的分支，甚至有学者认为历史地理学是地理学的核心，但是就当前的情况而言，中国的历史地理学与地理学之间存在不可逾越的鸿沟。

近现代地理学的研究方法，如航空照片、彩红外、卫星图像等观测技术，统计学等分析手段，在中国历史地理研究中很少被真正地使用；最近几十年在国外地理学中流行的"系统""社会物理学和重力模型""扩散"等术语和研究理论，中国很多历史地理研究者很可能是闻所未闻。当然近年来在历史自然地理的研究中，现代地理学的研究手段开始被广泛应用，甚至在一些会议和论文集中已经可以明显地看出历史自然地理与现代地理学的结合；但历史人文地理的研究，依然止步不前，在研究内容、方法上似乎更接近于历史学，对地理学的研究方法很少予以关注，更不要说是使用。

举一个具体的例子，区域研究是历史地理学重要的研究内容之一，但什么是"区域"，如何进行地理学的"区域"研究？极少有历史地理的学者对这一问题进行讨论，但如《所有可能的世界——地理学思想史》（〔美〕杰弗里·马丁著，成一农等译，上海人民出版社，2008）所言，区域研究是地理学的四个传统之一。由于我们不知道什么是地理学中的"区域"，以及如何进行地理学的"区域"研究，因此中国历史地理学的区域研究很多本质上属于区域史的范畴，只不过涉及了一些自然地理和空间分布而已。更为可悲的是，"区域"在地理学中已经是一百年前的"热点"了。

如果就问题本身而言，研究视角、学科属性都是次要的，但是就学科的发展而言，如果没有明确的学科归属和研究对象的话，那么将威胁到学科的生存，对于历史地理学而言，这一问题已经显露出来了。

虽然现在从事历史地理研究的学者日益增多，每年发表的论著数量也不断增加，但是作为一门学科，历史地理学的影响力却在下降。归其原因，就在于我们没有自己的研究方法和研究对象，虽然身处地理学领域，但是我们不懂地理学的概念、方法和理论，因此在地理学中我们找不到对话的对象，当然也就谈不上什么影响力。当然这两年历史自然地理的研究逐渐开始运用自然地理学的研究方法和手段，因而在地理学中的影响力在提升。

对于历史学来说，历史地理学除了研究视角独特一些而外，史料和研究方法大都来源于历史学，因此也不太可能提出什么具有影响力的观点，只能随着历史学的发展而亦步亦趋。如历史城市地理，虽然近年来出版的论著很多，但就观点而言，从整体上都跟从于史学研究者提出的"中世纪城市革命"和"坊市制变革"等命题，并没有基于历史地理学的研究提出具有影响力的观点。还有传统的"沿革地理"，在地理学中不被认同，而对于历史学而言，通常只是被认为是最基本的史学"知识"，是一些研究的基础，因此虽然重要，但并没有被赋予重要的学术意义。而且在历史学中（现在教育部的学科分类，历史地理学是历史学的下属学科），历史地理学由于研究对象的纷杂，如文化、行政制度、城市、经济、军事、交通等，其研究领域与其他历史学的分支学科发生了重叠，同时历史学其他分支学科的学者的一些研究成果有时也被视为是历史地理学的研究，当然他们中的很多并不认为自己从事的是历史地理学的研究。在这种情况下，历史地理学有着消散于历史学其他分支学科中的危险。

其次，历史地理学的核心是什么？这一问题，地理学也曾经遇到，而且至今似乎也没有得到公认的答案。经过近年来的迅猛发展，这一问题已经在历史地理学中逐渐显露端倪。在很多会议上，历史自然地理的研究者与历史人文地理的研究者之间已经存在稍许隔膜，最为典型的是历史人文地理学研究者看到历史自然地理学者论文中的模式、公式以及对数字的处理方法时，往往感到一头雾水或者不可理解，而这一现象现在已经越来越突出。不仅如此，由于缺乏对学科定义和研究对象的讨论，因此随着学科的发展，研究内容不断扩展，以及与其他学科交叉的逐渐扩展，随之而行的是研究者之间研究领域的差异越来越大，很多论文集和学术会议论文集已经让其他学科的研究者难以明了历史地理学到底研究的是哪些内容，因为其中充斥着地理学、人类学、社会学、文献学以及史学的研究主题和方法。目前虽然由于一些新兴的分支学科的发展尚不深入，这一问题还不太凸显，但可以预期，在不远的未来，历史地理学将会面临与地理学同样的问题，即未来也许我们会如同地理学，只拥有"一个坚固的外围，但是却缺乏一个传统的核心"（《所有可能的世界——地理学思想史》，第 642 页）。

对于历史地理学存在的这一危机，葛全胜、满志敏等在《21世纪中国历史地理学发展的思考》（《地理研究》2004 年第 3 期）一文有着精辟的归纳："分支学科、交叉领域迅速扩充是我国现代历史地理学发展的一个突出特点。尤其是 20 世纪 80 年代以后，随着历史人文地理学的蓬勃发展，新的研究领域和分支学科如雨后春笋，不断涌现，这种发展虽然使历史地理学一时繁荣，但也带来不良后果，模糊了历史地理学以'地理环境演变规律'、'人地关系地域系统'为核心的研究主线，使学科出现内在危机。作为现代地理学的一个组成部分，历史地理学越来越偏离地理学发展的主流方向。虽然'空白'一个一个地填补了，但危机却一步一步地在加深。与此同时，一些原先属于历史地理学特有的研究领域，如历史时期地理环境演变、历史气候变迁、历史植被变迁等，在实验手段、技术手段日臻完善的今天，也成为相邻学科的研究对象，他们以'自然档案'取代'文献资料'，从'历史取向'或'地表过程'的新视角，量化描述演变历史，使历史地理研究再次陷入'可有可无'的境地。"

此外，2008 年阙维民翻译的贝克《地理学与历史学》（商务印书馆，2008）一书非常值得阅读，该书主要探讨了历史地理学与其他相关学科，尤其是历史学的关系，并提出了历史地理学的 7 条基本原则：（1）如同历史学一样，历史地理学探讨的是有关往日的问题；（2）如同历史学的资料与理论一样，历史地理学的资料与理论是未定的；（3）辩论是历史地理学实践的中心；（4）历史地理学本质上关注时间过程中的地理变化；（5）历史地理学在总体上是地理学的核心，不是地理学的边缘；（6）历史地理学主要关注地点综合体，而不是关注空间分析；（7）历史地理学特别突出特定地点的历史特性。需要强调，这些原则并不是定论，但由此产生的思考和讨论会推进我们对于历史地理学的认识。相关的三篇书评，即谢湜《历史地理学理论的新写法——阿兰·贝克新著〈跨越地理学与历史学的鸿沟〉述评》（《中国历史地理论丛》2006 年第 4 辑，以下简称《论丛》）、段伟《简评阿兰·贝克的

〈地理学与历史学——架起跨越鸿沟的桥〉》（《论丛》2007 年第 1 辑）、阙维民《历史地理学科有理论吗？A. 贝克〈地理学与历史学——跨越楚河汉界〉译感》（《论丛》2007 年第 4 辑）也值得关注。

二　研究方法的演进

与理论相似，研究方法并不是 2002 年至 2010 年中国历史地理学关注的焦点，但是在某些领域，随着研究成果的积累，在研究方法上出现了突破性的进展。

1. 行政区划

古代行政区划的研究是中国历史地理学的传统研究领域，近年来出版的由周振鹤主编的《中国行政区划通史》可谓是这方面研究的集大成者，目前已经出版了明代卷（复旦大学出版社，2007）、中华民国卷（2007）、宋西夏卷（2007）、隋代卷（2009）、元代卷（2009）、总论·先秦卷（2009）。此外，辛德勇对秦汉政区也提出了一些崭新的观点，如《秦始皇三十六郡新考》（上、下，《文史》2006 年第 1、2 辑）、《两汉州制新考》（《文史》2007 年第 1 期），作者这方面的研究最终结集出版为《秦汉政区与边界地理研究》（中华书局，2009）一书。

不过值得注意的是，近年来行政区划的研究中出现了研究方法上的突破，即将行政区划作为一种过程而不一种静态的结果来讨论，这方面最为典型的就是 2008 年以来对清代"省"的性质的讨论。"十八省"似乎已经成为我们对清代最高层级地方行政区划的认识，但是近年的几篇论文对于这一常识性的认识提出了疑义。如侯杨方《"安庆省"考——兼论清代的省制》（《历史地理》第 23 辑，2008 年），认为清代的"省"并非是正式的行政区划，清代的分省问题是后人以自己的观念建构而成的概念，而并非历史事实。段伟《泛称与特指：明清时期的江南与江南省》（《历史地理》第 23 辑），虽然主题并不是清代的省制，但其从职官的角度入手，分析了清代"省"的不同划分标准以及演进过程，认为以往"学者提出种种建省标准，都没有充分考虑清代省制变化的种种情形"。傅林祥《江南、湖广、陕西分省过程与清初省制的变化》（《论丛》2008 年第 2 辑）一文认为"省"是清代的俗称，同时以清代江南省为主线，分析了清代江南、湖广和陕西分省的过程，提出了清代"省制"在康熙之前存在一个变化的过程，由此也造成了"省制"概念以及对分省时间认识上的混乱。侯杨方《清代十八省的形成》（《论丛》2010 年第 3 辑）进一步探讨了清代"十八省"的形成过程，认为清初的分省实际是"地层累积"式建构的产物，"省"与"十八省"并非清代的正式政区，而只是一种宽泛的通称。

上述几篇论文跳出了以往清代"省制"研究的局限，以动态、变化的视角来研究清代的"省"，虽然还没有得出统一的结论，但已经拓宽了我们对这一"老问题"的认识，是对政区制度研究新方法的探索。实际上，中国历史上的行政区划都可以看作是一种动态的变化过程，与政区有关的一些概念也是逐渐构建形成。对于行政区划的研究，除了复原某一时段的静态瞬间之外，更应当分析行政区以及相关概念的形成、构建过程，除了清代的十八省之外，类似的还有唐的贞观十道、开元十五道等，这样可能才更接近于历史的真相。此外，鲁西奇《"山南道"之成立》（《论丛》2009 年第 2 辑），勾勒出"山南"这一概念逐步形成的过程，并进一步提出"贞观十道中各道的划分及其地域范围的确定，或皆非仅以'山川形便'四字所可解释，而有其深厚的历史政治地理背景"。

2. "人地关系"

几乎所有的历史地理学的研究都要涉及"人地关系"问题，但是以往对这一问题一直缺乏理论上的思考，张建民、鲁西奇《"了解之同情"与人地关系研究》（《史学理论研究》2002 年第 4 期）从宏观上对以往"人地关系"的研究方法进行了评述，认为应当以"'了解之同情'的态度考察历史时期人地关系的演变，我们会更清楚地认识人地关系的丰富内涵与多样性，而绝非上述'三阶段论'或'和谐、平衡—冲突、失衡—和谐、平衡'模式所可涵盖"。当然历史地理学的研究中更多涉及的是对地理环境、地理要素形成过程中具体的人与地之间的相互影响或者互动关系的讨论，以往对于这种"人地关系"的讨论，或是将人作为地理环境、宏观环境（如政治、军事）的被动接受者，而忽略了人的能动作用；或是将人作为纯粹理性人，而忽略了人的感性认识。2002年至2010年，历史地理某些领域的研究中逐渐显现了认识"人地关系"的新视角。

如行政区划的研究不再局限于传统研究所注重的对政治等宏观因素的分析，逐渐开始强调政区形成、演变过程中不同人群、不同利益集团的冲突和协调。这方面的典型论文有李嘎《雍正十一年王士俊巡东与山东政区改革》（《历史地理》第22辑，2007年）、谢湜《清代江南苏松常三府的分县和并县研究》（《历史地理》第22辑）、张伟然《归属、表达、调整：小尺度区域的政治命运——以"南湾事件"为例》（《人类社会经济行为对环境的影响和作用》，三秦出版社，2007）、徐建平《湖滩争夺与省界成型——以皖北青冢湖为例》（《论丛》2008年第3辑）、徐建平《政治地理视角下的省界变迁：以民国时期安徽省为例》（上海人民出版社，2009）。张力仁的《人类空间选择行为与环境关系个案研究——以清代陕南秦巴山地为例》（《论丛》2008年第2辑）引入了经济学中"有限理性人"的理论，认为"人类行为从长期和整体角度是符合效用最大化原则的。但在习惯、传统、嗜好、欲望等情感因素支配下，人类行为却体现为短期、局部、自利的倾向"。

又如城市选址的研究，过去主要分析自然地理环境以及人文地理环境（如交通、政治、经济等）对城市选址的影响，但正如科斯托夫所说"毕竟在许多河流的交汇处、路道的连接点以及具有防御优势的高地上并没有孕育出任何城市。如阿斯顿和邦德所说：'城市由人，并且为人而建。它们所处的地域位置是由人来决定的，而不是不可抗拒的位置操纵的结果。'除此之外我们也应该记住，'无论某个城市在某个地方得以建立起来的初始原因如何，一旦它建立了起来，便会形成属于自己的基础设施和交通网络'"（斯皮罗·科斯托夫著《城市的形成——历史进程中的城市模式和城市意义》，单皓译，中国建筑工业出版社，2005）。从这一研究视角来看，过去历史地理研究的某些方法过于教条化和程式化了，对这一问题的讨论可以参见成一农《清、民国时期靖边县城选址研究》（《论丛》2010 年第 2 期）。

这种新的"人地关系"的研究视角，将会对历史地理中某些传统的研究内容产生巨大的推动作用。

3. 计量统计

在史料基础上，运用地理学和统计学的方法进行分析是历史地理学传统的研究方法之一，但史料留存的不平衡是一种客观事实，同时留存下来的史料的可靠性也是需要我们正视的问题，如果仅仅使用现存史料来进行计量分析，而弃史料本身存在的问题于不顾的话，反而会使得计量方法受到质疑，也不利于历史地理学中计量方法的发展。对于这一以往被忽视或者重视不够的问题，近年来一些学者通过实证研究进行了讨论。如刘炳涛、满志敏《古代诗歌中的气候信息及其运用》（《论丛》2010 年第 4 辑）中对提取中国古代诗歌中蕴涵的气候资料的方法以及材料的局限性进行了探讨。杨煜达《清代档案中气象资料的系统偏差及检验方法研究——以云南为中心》（《历史地理》第 22 辑）、《清代昆明地区（1721 – 1900 年）冬季平均气温序列的重建与初步分析》（《论丛》2007 年第 1 辑），在面对多年连续的资料时，仍考虑到了文献资料中可能存在的偏差，并通过技术手段加以纠正。张鑫敏、侯杨方的《〈大清一统志〉中"原额人丁"的来源——以江南为例》（《清史研究》2010 年第 1 期），以江南为例，分析了三版《大清一统志》中"原额人丁"的来源以及构建过程，认为在纂修《一统志》时"原额人丁"的含义复杂，定义不一，没有统一标准。在复原这些史料的建构过程及其可能存在的各种问题之前，不能对这些史料中的人丁及其他数据直接、简单地引用、利用，否则只会造成新的、更大的混乱和错误。杨煜达等人撰写的《近三十年来中国历史气候研究方法的进展——以文献资料为中心》（《论丛》2009 年第 2 辑），首先对近三十年来历史气候研究中文献资料的收集整理和资料中存在问题的甄别方法，以及温度序列、干湿序列的重建和其他相关历史气候研究领域中研究方法的进展做了回顾总结；然后讨论了研究中史料和方法之间的关系，提出研究方法的进步主要体现在更有效地提取和利用历史文献中的有效信息，尽量减少重建过程和结果的不确定性，同时一定的方法总是适用于一定的资料，并认为新资料的继续开拓和研究方法的发展完善将进一步推动研究的进步。

4. 地理信息系统

随着复旦大学与美国哈佛大学联合编制的"中国历史地理信息系统"（CHGIS，数据现已更新到 4.0 版）影响力的逐渐扩大，越来越多的学者开始认识到地理信息系统（GIS）在历史地理研究中的价值，近年来历史地理学领域中关于 GIS 的论文也逐年增加，其中尤其值得注意的是满志敏《小区域研究的信息化：数据架构及模型》（《论丛》2008 年第 2 辑）一文，该文通过讨论小区域 GIS 数据框架建立的方法，提出了三点非常重要的认识。这篇论文的意义在于，虽然以往已经认识到了 GIS 的价值，但是关于这方面的论文大都是理论上的叙述，而缺乏将文本数据转化为 GIS 数据的方法介绍。而这一步骤，恰恰又是 GIS 应用于历史地理研究的关键。因为对于研究者而言，处理文献资料并不是什么问题，GIS 的分析手段通过教科书一般也都能掌握，而如何将文献资料转化为 GIS 数据，这是大部分研究者非常困惑的问题，涉及多空间尺度、长时段的数据时更是如此。因此，满志敏的论文对于那些试图使用 GIS 来进行历史地理研究的学者而言，无疑是非常好的简明教材。此外，具有重要价值和借鉴意义的论文有韩茂莉、张晔伟《20 世纪上半叶西辽河流域巴林左旗聚落空间演变特征分析》（《地理科学》2009 年第 1 期）等。

当然，当前地理信息系统在历史地理学中进一步发展的障碍在于需要明确回答这样一个问题，即地理信息系统能如何推动历史地理学的发展，对于这一问题的回答可能还需要大量实证研究的积累。

除了上述几个研究领域之外，历史地理的其他领域也存在一些对于研究方法的探索，如成一农《中国古代地方城市形态研究现状评述》（《中国史研究》2010 年第 1 期）一文对地方城市形态研究方法的讨论；历史自然地理研究中逐渐开始大量使用的自然地理学的研究方法；等等。但整体而言，这些新的研究方法依然处于逐渐发展阶段，其中很多目前并没有被广泛接受或者使用。

三 新兴的研究领域

自 2002 年至 2010 年，历史地理学中发展最快的学科当属中国传统舆图的研究。虽然中国传统舆图的研究始于民国时期，在 20 世纪末也出版了曹婉如主编的 3 卷本《中国古代地图集》等图录，但中国传统舆图研究的真正兴起则是在进入 21 世纪之后。具体表现在以下两个方面。

第一，出版了大量地图图录。其中具有影响力的是李孝聪的《美国国会图书馆藏中文古地图叙录》（文物出版社，2004），这是继其《欧洲收藏部分中文古地图叙录》之后出版的第二部介绍海外藏图机构所藏地图的著作，此外还有郑锡煌主编的《中国古代城市地图集》（西安地图出版社，2005）、汪前进和刘若芳主编的《清廷三大实测全图集》（外文出版社，2007）、天津图书馆编《水道寻往——天津图书馆藏清代舆图选》（中国人民大学出版社，2007）、北京大学图书馆编《皇舆遐览——北京大学图书馆藏清代彩绘地图》（中国人民大学出版社，2008）、华林甫编《英国国家档案馆庋藏近代中文舆图》（上海社会科学院出版社，2009）等。此外，王自强主编的《中国古地图辑录》，按省份和专题分辑出版，预计共收录地图 3 万余幅。

但这方面还有一重要工作亟待进行。一方面民国时期由宫廷散佚出的舆图所经历的流散过程，使得某些整套的舆图被分开存放在海内外不同的机构中，因此现在各个机构出版的目录和图录并不能展现这类舆图的全貌，甚至不经过研究，也难以识别、复原这些原本是一套的舆图；另一方面某些古代舆图或者有多种版本，或者后来有多种以该图为基础绘制的舆图传世，这些舆图散藏在国内外各个机构之中，这使得在比较基础上进行的这些舆图的版本、流传过程的研究变得极为困难，而且也使得学者需要花费大量精力从事搜集与整理工作。针对这种情况，李孝聪教授曾建议今后应该在各个藏图机构进一步开放的基础上，进行藏图联合目录和图录的编辑整理工作。此外，为了使得地图成为一种可以广泛使用的史料，今后应当在采取一定版权保护措施的情况下，通过数字化的形式复制和出版清晰度更高的地图图录。

第二，论著数量的急剧增加。2002 年之前，中国古代舆图的研究者数量较少，近年来各个专业的研究者，如海外交通史、古籍整理、社会史、艺术史等领域的研究者逐渐参与到舆图的研究之中，或讨论舆图所表达的文化、艺术内涵，或将舆图作为一种特殊的史料，这使得研究论著的数量急剧增加。对于某些传统的观点也提出了新的认识，如关于裴秀的"制图六体"，辛德勇《准望释义——兼谈裴秀制图诸体之间的关系以及所谓沈括制图六体问题》（唐晓峰主编《九州》第 4 辑，商务印书馆，2007）、韩昭庆《制图六体新释、传承及与西法的关系》（《清华大学学报（哲学社会科学版）》2009 年第 6 期）两文值得关注。更为重要的是对中国古代地图的研究视角也提出了新的认识。以往对于中国古代地图的研究主要受到"量化"和西方地图研究视角的影响，主要研究地图的比例尺、绘制的准确度等问题，但地图是用来使用的，"绘制准确"显然并不能涵盖地图的全部使用目的，因此余定国在《中国地图学史》（北京大学出版社，2006）中指出："综上所述，我认为传统中国地图学的定量解释不足以明了中国文化中地图的含义"；"'好'地图并不一定是要表示两点之

间的距离，它还可以表示权力、责任和感情"，这很可能是今后
中国传统舆图研究取得重要进展的突破点。

四　总结

从 2002 年至 2010 年，中国历史地理学取得了较大的发展，
某些研究领域在研究方法上也取得了突破，并且出现了新兴的研
究领域，但由于缺乏真正的理论探索和方法上的创新，同时随着
研究领域的扩展，历史地理学的研究内容愈来愈与其他学科重
叠，因此就学科整体而言，历史地理学有着逐渐消散的危险。

历史文献学

孟彦弘

　　20 世纪 50 年代以后，一些重要典籍如《资治通鉴》、二十四史等相继开始组织校勘和出版。80 年代以后，古籍善本进行普查，并陆续出版了《中国古籍善本书目》。这时，随着国务院古籍整理出版规划小组、全国高等院校古籍整理研究工作委员会的相继成立，以及不少高校组建了古籍研究所，古籍整理、出版取得了突破性进展，一些大型古籍整理项目立项并相继部分或全部完成，如《中华大藏经》《全宋诗》《全宋文》《全元文》《全明文》《全清词》等。在基本典籍的整理上，取得了长足的进步，如中华书局主持出版的"新编诸子集成"，中华书局和上海古籍分别陆续整理出版的古典文学、历代笔记等。

　　出土或新发现的资料也相继出版，最著名者，如《甲骨文合集》《金文集成》《吐鲁番出土文书》、敦煌文书（既有英、法、俄、中等大宗敦煌文书陆续重新影印出版，也有经整理校录者如《敦煌社会经济文献真迹释录》《敦煌文献分类校录丛刊》以及按收藏号进行校录的《英藏敦煌社会历史文献释录》等）、徽州文书。秦汉简帛如《郭店楚简》《睡虎地秦墓竹简》《关沮秦汉墓简牍》《居延新简》《敦煌汉简》《银雀山汉简》《尹湾汉墓简牍》等相继面世，而 20 世纪 30 年代即已发现且十分重要的《居延汉简》也重新做了校录。墓志拓本也开始大规模影印，如《北京图书馆藏中国历代石刻拓本汇编》《隋唐五代墓志汇编》《西安碑林全集》等，《新中国出土墓志》现正在分省出版中（现已出版陕西、河南、江苏、重庆等）。最大规模的墓志录文，当推《全唐文补遗》和《唐代墓志汇编》及《续编》。档案文书也有大规模的整理出版，如第一历史档案馆藏明朝清朝档案、第二历史档案馆的民国档案、孔府档案、巴县档案等。随着社会史研究的提倡，族谱资料受到前所未有的重视，上海古籍出版社继《上海图书馆藏家谱提要》后，又出版了《中国家谱总目》。区域史研究的展开，方志及地方史料受到重视和挖掘，继《天一阁藏明代方志选刊》及《续编》之后，《宋元方志丛刊》《日本藏中国罕见地方志丛刊》以及一些馆藏稀见方志也影印出版了。现正陆续分省出版的《中国地方志集成》，收罗范围远超以往。方志的整理，除各地整理当地的方志之外，重要的"总志"则以《中国古代地理总志丛刊》由中华书局陆续出版。在方志目录研究方面，继《中国地方志联合目录》，20 世纪八九十年代，各省对本省方志进行普查，目录和提要也续有出版，如《河南地方志提要》《福建省旧方志综录》等。明代方志的调查编目最为全面，如陈光贻《稀见地方志提要》（齐鲁书社，1987）、林平等《明代方志考》（四川大学出版社，2001）最可参考。

　　20 世纪与 21 世纪之交，陆续影印了不少大型古籍丛书，最重要者有《北京图书馆古籍珍本丛刊》《续修四库全书》《四库全书存目丛书》及《续编》《四库禁毁书丛刊》及《补编》《四库未收书辑刊》《故宫珍本丛刊》等，刊布了大批罕见而重要的典籍，推动了文史研究的深入。《文渊阁四库全书》和《文津阁四库全书》的影印出版，特别是《文渊阁四库全书》全文检索的电子版的面世，为学者研究提供前所未有的便利，同时也使学者真切地认识到《四库全书》各阁之间的差异（如《文渊阁四库全书补遗》，即是与《文津阁四库全书》所收宋元明人的集部相比勘的结果，差异颇大）。

　　在古籍整理及规划、出版方面，两个机构、一个学会的作用不应低估。两个机构，是国家古籍整理出版规划领导小组、全国高等院校古籍整理研究工作委员会。前者主要是对出版社的古籍出版进行资助，主持编印《古籍整理出版情况简报》，通报古籍整理出版的情况，至今已达 500 余期，还一度主持出版过《中国传统文化研究丛书》《传统文化和现代化》以及《中国古籍研究》；后者则对古籍整理的立项进行资助，曾主办《古籍整理与研究》，对高校古籍研究所的工作起到了指导和推动作用。一个学会，指中国历史文献研究会，是历史文献研究的"行业学会"，1980 年编辑出版会刊《中国历史文献研究集刊》，后改为《中国历史文献研究》，现名《历史文献研究》，出版近 30 辑。近曾出版《中国历史文献研究会成立 30 周年纪念集》（华东师范大学出版社，2009）。

20 世纪 80 年代不少高校都曾成立古籍研究所，专门进行古籍的整理、研究，后陆续撤并，或至中文系，或至历史系，或在图书馆。现在，北京大学、北京师范大学、华中师范大学、南京大学、复旦大学、浙江大学、中山大学、暨南大学、四川大学、东北师范大学、安徽大学等，均有相关研究机构，并有相关专业出版物持续出版，如《古籍整理与研究》（季刊，东北师范大学），《古典文献研究》《域外汉籍研究》（南京大学），《古籍研究》（安徽大学），《历史文献与传统文化》（后易名《古文献与传统文化》，暨南大学）。另外，国家图书馆主办有《文献》（季刊），上海图书馆历史文献研究所编辑出版有以刊布其馆藏历史文献为主的《历史文献》。《史学史研究》（北京师范大学）也有相关论文刊出。至于《文史》（中华书局）和《中华文史论丛》（上海古籍出版社）自其创刊之日起，历史文献研究方面的论著就始终是其主要刊布的内容之一。历史文献的整理和研究，与汉语史的研究关系密切，相关专业期刊如《中国语文》等亦时有相关论著刊布。

基本的或基础的历史资料的整理，对学术研究的推动作用是不可低估的，同时，对古籍整理的规范化，也厥功甚伟。最著名者，就是《资治通鉴》和"廿四史"的点校。它对中国古籍整理的示范作用是如何估计都不会过分的。中华书局正在对廿四史点校进行修订并陆续出版，希望能弥补此前工作的不足，其中最为重要的一项，就是纠正原来一部分正史放弃底本校而做"择善而从"的处理。另外，王绍曾主持整理了张元济在出版"百衲本二十四史"时所做的"校勘记"，即《百衲本二十四史校勘记》（商务印书馆，1997－2004），这不仅对我们使用百衲本二十四史极为有用（当时做过许多描润修改，无此，则不能明了其描润或改动之处），同时，对二十四史点校的修订也极具参考价值。遗憾的是，已遗失了七史（即《晋书》《北齐书》《周书》《北史》《旧五代史》《辽史》《元史》）的校勘记。中华书局所出《二十四史校订研究丛刊》，近已突破了《二十五史补编》的范围，极大地推动了正史的补正工作。

史部除正史外，政书类和地理类中的总志，无疑是非常重要的。继《通典》《通志二十略》出版点校本之后，中华书局近又推出版了《元典章》（2011）、《文献通考》（2011）的点校本。《中国古代地理总志丛刊》不断有新品种问世，近来所出《太平寰宇记》（2007）的点校整理本最为重要，而《读史方舆纪要》的点校整理（2010），也为翻检此书提供了便利。

清阮元主持校勘刊刻的《十三经注疏》，是学术研究经常使用的版本，但长期没有做过点校整理。此前虽有北京大学出版社印行的《十三经注疏》，但工作并不理想，如底本选择即遭非议。现上海古籍出版社正在重新做这一工作，现已出版《尚书正义》（2007）、《礼记正义》（2008）、《仪礼注疏》（2008）、《孝经注疏》（2009）、《周礼注疏》（2010）、《尔雅注疏》（2010）。中华书局也与山东大学合作，启动了相关工作。自20世纪80年代以来，中华书局陆续整理出版的《清人十三经注疏》，无疑为我们利用清人的经学成果提供了便利。现北京大学仿效《佛藏》《道藏》，正在进行《儒藏》的编集工作。

诸子的整理，以中华书局《新编诸子集成》为最有成绩，也最具影响。现又启动了"续编"的选目和出版工作。宋代以后，主要是以《理学丛书》的形式，选择整理出版了一批重要典籍，现仍在继续出版中。佛、道典籍的整理，主要是中华书局陆续出版的《中国佛教典籍丛刊》和《道教典籍丛刊》。

笔记资料的整理工作起步于20世纪60年代。80年代以后，主要是中华书局的《史料笔记丛刊》和上海古籍出版社的《笔记丛书》的出版。现在上海古籍出版社《笔记丛刊》的整理出版已基本停顿，只是改用简体横排方法重印了一部分，而中华书局《史料笔记》的工作仍在进行，有新著不断问世，其注重"史料"的选目，对历史研究也格外重要。学术笔记的选目、整理和出版，20世纪50年代商务印书馆即曾规划，并出版了数种，后因出版分工调整而中断；80年代，中华书局开始出版《学术笔记丛刊》，其中尤以清代学术笔记为多，但尚未见到整体的拟目和规划。20世纪八九十年代，一些重要的近代日记开始整理出版，如《郭嵩焘日记》、王闿运《湘绮楼日记》、孙宝瑄《忘山庐日记》《荣庆日记》《退想斋日记》以及收入《走向世界丛书》的一些日记；江苏古籍出版社还规划过《民国名人日记丛书》，仅出数种。现在则以中华书局持续出版的《中国近代人物日记丛书》最为重要。现代学人日记中，金毓黻《静晤室日记》（辽沈书社，1993）、《胡适日记全编》（安徽教育出版社，2001）、《顾颉刚日记》（中华书局，2011）、《夏鼐日记》（华东师范大学出版社，2011）以及近始出齐的《竺可桢全集·日记》（上海科技教育出版社，2005－2011）最为重要，是研究学术史的重要材料。

《古本戏曲丛刊》，郑振铎在20世纪50年代即已着手编辑，后由吴晓铃负责，由上海古籍出版社续出。中华书局出版了《古本小说丛刊》。这两种大型丛书均为影印。古小说的点校整理，则有中华书局的《古小说丛刊》。

文集的整理，主要是从古典文学的角度进行选目、整理和出版的。大致而言，以上海古籍出版社的《中国古典文学丛书》和中华书局的《中国古典文学基本丛书》最具规模，也最有影响。前者大体以整理前人特别是清人的释注本为主，后者则以今人整理本为主。现在，上海古籍又另立《中国近代文学丛书》，范围扩大到了近代的重要作家和作品。鉴于以往所出的诗文集多重视其文学性，中华书局近又组织整理出版《中国历史文集丛刊》，偏重于文集的历史资料价值。范围的由文扩大至史，无疑是一个很大的进步。清代学者文集的整理和出版，日渐受到受视。经20世纪90年代《挐经室文集》《抱经堂文集》《校理堂文集》《黄宗羲全集》《嘉定钱大昕全集》《戴震全书》《郑珍集》之后，上海古籍规划出版《清代学者文集丛刊》，已出《江藩集》（2006）、《经韵楼集》（2008）以及《陈澧集》（2007）等；浙江古籍出版《刘宗周全集》（2007）。各地整理乡邦文献，也多有当地学者文集，如《安徽古籍丛书》所收《俞正燮全集》（2005）、《程瑶田全集》（2008）、《凌廷堪全集》（2009）等。这为学术界利用清人研究成果提供了极大便利，但以学集为名出版的学者全集中，有不少是打破原来文集的编排系统而重新编排，似不可取。

在版本、目录及文献学的研究方面，近十年来也取得了不少成绩。继《中国版刻图录》（文物出版社，1963）、《清代版刻图录》（浙江古籍出版社，1997）之后，《明代版刻图典》（文物出版社，2008）、《上海图书馆藏宋本图录》（上海古籍出版社，2010）相继出版。随着先后三批分布"国家珍贵古籍名录"，图录亦有印行。继20世纪80年代中华出版《古逸丛书三编》之后，近又举国家之力，国图出版社负责影印发行了《中华再造善本》。这是迄今规模最大的一次古籍善本影印工作。

善本书目，20世纪70年代开始全国善本书的普查编目工作，成果即《中国古籍善本书目》（上海古籍出版社，1989－1998），惜未著录行款。天津图书馆以此次普查的工作本为底本，另编索引，出版《稿本中国古籍善本书目书名索引》（齐鲁书社，2003）；翁连溪亦据普查工作本，做《中国古籍善本总目》（线装书局，2005）。后二书均保持了工作本的行款著录。此外，各馆也陆续出版了馆藏善本书目，如北京图书馆（即今国家图书馆）、中国科学院图书馆、北京大学图书馆、浙江省图书馆等；有的则是以省为单位，出版该省各馆所藏善本书目，如《湖南省古籍善本书目》。但一些非常重要的馆藏，如上海图书馆、南京图书馆却未能出版其善本书目，不无遗憾。同时，各书目的著录项也有详略之分，如中国科学院图书馆、北京大学图书馆均未著录行款。详尽著录一个时代的刻书情况，当推《明代分省分县刻书考》（线装书局，2001）。这为我们了解明代的刻书及分布提供了翔实的资料。

著录版本的书目，邵懿辰《增订四库简明目录标注》后，傅增湘《藏园订补郘亭知见传本书目》（中华书局，1993）和杜泽逊《四库存目标注》（上海古籍出版社，2007）最为重要。书目题跋方面，继《明人书目题跋丛刊》（书目文献出版社，1994）、《清人书目题跋丛刊》（中华书局，1990－1995）之后，续有各类书目题跋的影印，但上海古籍出版社近来陆续推出的《中国历代书目题跋丛书》，已出版三辑，抽选多系重要而基本者，每种书后均附有书名作者索引，极便利用。古籍题跋检索之作，有罗伟国、胡平《古籍版本题记索引》（华东师范大学出版社，2011），虽系旧作重印，极便使用。如能按古籍分类来编排，另编书名索引，或许更能直观地反映出古籍题跋的“分布”情况。

断代编目方面，《清史稿艺文志拾遗》（中华书局，2000）极具参考价值，而在断代集部的编目方面，崔建英等《明别集版本志》（中华书局，2002）、袁行云《清人诗集叙录》（文化艺术出版社，1994）、柯愈春《清人诗文集总目提要》（北京古籍出版社，2002）及李灵年等的《清人别集总目》（安徽教育出版社，2000）最应留意。《清史稿艺文志拾遗》和《清人别集总目》，据目录来编定，未必目验其书，这在使用时是要注意的。

丛书目录因其收书甚广，向来受学术界重视。《中国丛书综录》之后，上海图书馆又编就了《中国近代现代丛书目录》（1979－1982），惜未正式出版。施廷镛《中国丛书目录及子目索引》（南京工具书店）、《中国丛书知见录》（国家图书馆，2005）以及阳海清等《中国丛书广录》（湖北人民出版社，1999），均为对《中国丛书综录》的续补（施氏所撰两书多所重复）。阳氏书收录甚广，但多据目抄录，与实际所出之书时有出入。

20 世纪 90 年代，开始编纂《中国古籍总目》，拟将现存古籍全部入目，2009 年完成，现已出版了其中的史部和丛书部（中华书局、上海古籍出版社，2009）。该目录仍包括此前已出版的《中国善本书书目》的内容（对善本部分，也仍旧未著录行款），似为重复。

四库提要的重要性是不言而喻的。随着文渊阁、文津阁的影印，以及文溯阁提要的单行，使学术界更容易了解各阁书前提要。而作为单行本，浙本和殿本《四库总目》也有印行。继《续修四库全书总目提要》影印通行（齐鲁书社，1998）后，整理工作近亦已全面展开，除经部外（中华书局，1993），近出版了丛书部（国家图书馆出版社，2010）。《书目答问》是研究中国文史的门径之书，以范希曾《书目答问补正》最便使用，自此书点校本（上海古籍出版社，1983）出版，近又出版了来新夏等的《书目答问汇补》（中华书局，2011），对前人批注广为收罗，且对版本流传又有增加，但对同一书的不同版本之间的递传关系少有说明。吕幼樵《书目答问校补》（贵州人民出版社，2004）所录，来氏《汇补》未予收录。

随着研究的深入，各专门或专题文献的解题、提要或史料学之作日渐增多，既有像《中国分省医籍考》《中国通俗小说总书提要》《历代日记丛谈》《古本戏曲剧提要》《道藏提要》等，也有《中国古代史史料学》《唐史史料学》《清史史料学》，以及断代文学史如魏晋南北朝、隋唐五代、元代的"文学史料"或"文学文献"的概述。这对我们深入了解相关历史文献十分有益。另外，地区性的文献提要也有撰集，如《两浙著述考》《云南史料目录概说》《山东文献书目》《中州文献总目》等。

在近几十年的古籍整理和研究工作，学者积累了丰富的经验，并做了一系列的总结，特别是二十四史点校整理工作，对古籍整理体例的制定和完善起了很大的推动作用，具体主持这一工作的赵守俨先生思考尤多。讨论古籍整理的专书，如黄永年《古籍整理概论》、程毅中《古籍整理浅谈》等也有出版。最近随着二十四史点校修订的展开，中华书局陆续在《书品》杂志公布了一批当年整理工作的档案，同时也出版了许逸民《古籍整理释例》（中华书局，2011）。

古文献或历史文献学的研究，特别是老一辈学者的成果，受到重视，并相继整理面世，为我们总结文献学的研究，提供了便利。如北京图书馆出版社和上海科学技术文献出版社所出《顾廷龙文集》（2002）、《冀淑英文集》（2004）、《潘天桢文集》（2002）、《赵万里文集》（2011），以及王绍曾《目录版本校勘学论集》（上海古籍出版社，2005）、《陈乃乾文集》（国家图书馆出版社，2009）等。通论性的著作，继20世纪八九十年代王欣夫《文献学讲义》《校雠广义》（分目录、版本、校勘、典藏四册）之后，黄永年著《古文献学四讲》（鹭江出版社，2003）。

近十年来的历史文献，呈现出以下几个特点。

第一，新发现的历史资料颇多，而整理、刊布较为迅速，这是从前所没有或少见的。

所谓新资料，对各个时代、各个专题的影响，是不同的。这既与各个时代的存留资料的情况有关，也与研究思路有关，同时有发现的偶然性。秦汉魏晋，主要是简牍资料的发现和整理。随着考古工作的进行，大批重要简牍的陆续面世，提供了前所未见的新资料。如里耶秦简、张家汉山汉简、悬泉置简、额济纳简、长沙走马楼吴简等，同时，文博单位和高等院校也通过收购，入藏了一批简牍资料，最著名者如上博简、清华简、北大简、岳麓书院简，等等。后者因缺乏科学的考古信息，辨伪尤为重要。魏晋隋唐时期，墓志材料是继敦煌吐鲁番文书之后，受到前所未有的重视的新资料，近来陆续出版了《新出魏晋南北朝墓志疏证》《隋代墓志铭汇考》《邙洛碑志三百种》《河洛墓志拾零》等；地域则主要集中在以西安和洛阳为中心的周边地区。以拓片影印为主要的出版物，有不少并非考古所得，故真伪需引起重视。研究区域史的学者，则对所研究区域的史料挖掘上付出了巨大的努力，也取得了可观的成绩，最令人瞩目的，就是关于华南及福建地区的碑刻等资料的收集与刊布。

在资料的刊布方面，图书馆、博物馆的介入也更加积极。例如，国家图书馆出版社利用其独特优势，对国家图书馆的丰富馆藏，大量予以选印。如天一阁，2006 年公布了宋天圣令附唐令，现正与学术界展开密切合作，对登科录等进行整理刊布。

研究项目资金的推动，也使大型历史资料的刊布成为可能。如以"清史资料丛刊"的名义，由大清史这一国家项目资助，以"国家清史编纂委员会·文献丛刊"为名，整理、影印出版了不少清代资料，最著名者，如上海古籍出版社印行的《清代诗文集汇编》，收清人诗文集 4000 余种。

第二，历史文献的出版，大大突破了 20 世纪 50 年代以来的所谓专业出版分工的局面，呈现出前所未有的多元和繁荣景象，特别是地方对乡邦文献的重视，促成了各地投入精力，较大规模地收集、整理和刊布当地文献，其中最具影响者，如《北京古籍丛书》（北京古籍出版社）、《安徽古籍丛书》（黄山书社）、《福建丛书》（广陵书社、江苏古籍出版社）及《八闽文献丛刊》（福建人民出版社）、《中州名家集》（中州古籍出版社）、《两浙作家文丛》（浙江古籍出版社）、《贵州古籍集粹》（贵州人民出版社）、《山左名贤遗书》（齐鲁书社）等。

第三，专题文献的整理、研究受到重视，专门史如法制史方面的《中国律学文献》《历代判例判牍》（中国社会科学出版社，2005）等，民族史方面如《突厥第二汗国汉文史料编年辑考》（中华书局，2009）。这类专题性的历史文献的收集、整理，与一般的古籍整理不同，如前者更能反映资料的整体性，后者则使资料研究的水平大为提高。这类工作，也许是将来历史文献整理和研究的方向。

第四，历史文献的电子化大面积铺开，专业化也大为提高。这为学者查找、利用资料提供了前所未有的便利，但在检索时常常遇到垃圾信息较多的问题需要克服。版权的保护也成为最需要解决的重要问题。如电子文献的版权保护不当，会大大影响历史文献的电子化的展开。

当然，历史文献的整理研究中，也存在一些问题。比如，过度整理的问题。历史文献的整理可分不同层次，如简单标点断句、各版本间的简单校注异同、扩大校勘范围而进行本校他校等、进行笺证疏解等，这是一个逐渐深化的整理过程，但并非所有书都有进入深度整理必要。比如类书，主要进行同书版本校即可，不必进行"溯源校"，即将类书所引用书，拿来校勘；道理很简单，如果原书俱在，我们直接征引原书即可，用原书校类书，既无版本校勘的价值，也不存在"辑佚"的意义。再如笺解，变成了相关文献的汇编，殊无必要。再如，重复问题，如名人的文集，反复整理、反复出版。这些文集，无疑是文学史上占有重要地位的，研究者反复阅读和研究，是很正常的，但研读心得完全可以单独出版，不必将诗文集再整部重新排校，如童第德《韩集校诠》，如徐仁甫《杜诗注解商榷》及《续编》等；史书如朱季海《南齐书校议》、唐长孺《唐书兵志笺正》等，都可为榜样。又如，在影印书时，使用抽印的办法，将不同书中的相关资料抽出合印，如《地方志人物传记资料丛刊》，将方志中的人物传记抽出合印，这是替研究者收集资料，完全没有必要，且不说方志中的人物资料并不尽在列传部分，金石类、艺文类均有收录。如为研究提供便利，编制方志人物传记资料索引如朱士嘉《宋元方志传记索引》即可。类似的工作如《宋代传记资料丛刊》《辽金元传记资料丛刊》《明代传记资料丛刊》，均是以燕京哈佛引得处所编《传记综合引得》所列书目为准，将其中传记部分抽出合印，割裂原书。与《综合引得》相较，这一工作是买椟还珠。这在今后的文献整理、影印工作中是应该力戒的。另外，断代诗文总集的编集，多仿《全唐文》《全唐诗》之例，诗、文分别编辑。这在唐以前，是适当的，宋以后，别集流传较多，这种割裂诗文，分别编辑一代诗、文总集的体例即不应盲目应用。理想的做法，应以别集为主，将该作家佚文附于别集末，尽可能保留作家别集的流传面貌；另以补编或外编的方式，将没有别集流传的作家作品另行编集。

史学史

瞿林东　张　越　罗炳良

2001－2010 年的 10 年之间，史学理论及史学史学科与中国史学的其他分支学科一样，坚持以唯物史观为指导，在广大研究人员的共同努力下，取得了显著的成绩。不但撰写的专著、论文、文集、教材等各类研究成果数量众多，而且研究程度进一步深入，研究的领域也呈现多途发展的态势。因篇幅所限，只能择要介绍著作情况，论文从略。

一　论著综述

（一）理论与方法论研究著作。在史学理论与史学方法论研究方面，既有古代史学理论成果的研究著述，更有许多当代历史理论、史学理论与方法论研究的著述。比较重要的有何兆武《历史理性批判文集》（清华大学出版社，2001）和《历史理性的重建》（北京大学出版社，2005），葛剑雄、周筱赟《历史学是什么》（北京大学出版社，2002），韩震《历史哲学》（云南人民出版社，2002），姜义华、瞿林东、赵吉惠《史学导论》（复旦大学出版社，2003），漆侠《历史研究法》（河北大学出版社，2003），张耕华《历史哲学引论》（复旦大学出版社，2004），刘家和《史学、经学与思想》与瞿林东《中国史学的理论遗产》（北京师范大学出版社，2005），周建漳《历史及其理解与解释》（社会科学文献出版社，2005），王尔敏《史学方法》（广西师范大学出版社，2005），庞卓恒、李学智、吴英《史学概论》（高等教育出版社，2006），吴怀祺《史学理论与史学史研究》（福建人民出版社，2006），杜维运《史学方法论》（北京大学出版社，2006），朱本源《历史学理论与方法》（人民出版社，2007），李剑鸣《历史学家的修养与技艺》（上海三联书店，2007），于沛《历史认识概论》（中国社会科学出版社，2008），李振宏、刘克辉《历史学的理论与方法》（河南大学出版社，2008），马克思主义理论研究和建设工程重点教材《史学概论》（高等教育出版社、人民出版社，2009），王学典主编《史学引论》（北京大学出版社，2008），李隆国《史学概论》（北京大学出版社，2009），凯博《历史比较研究导论》（北京大学出版社，2009），邓京力《历史评价的理论与实践》（人民出版社，2009），等等。

（二）贯通研究著作。中国史学历来有撰述通史的传统，因而史学史贯通性研究也受到学者的重视。中国史学史研究在这 10 年间获得重大进展，其中以贯通性研究成果最为突出，一批贯通性的中国史学史著作纷纷面世。比较重要的有汤勤福主编《中国史学史》（山西教育出版社，2001），吴怀祺主编 10 卷本《中国史学思想通史》（黄山书社，2002－2005），何海根、汪高鑫《中国古代史学思想史》（合肥工业大学出版社，2004），瞿林东《中国简明史学史》（上海人民出版社，2005），白寿彝主编 6 卷本《中国史学史》（上海人民出版社，2006），瞿林东《中国史学通论》（武汉出版社，2006），谢保成主编 3 卷本《中国史学史》（商务印书馆，2006），周文玖《史学史导论》（学苑出版社，2006），陈廷亮《中国古代史学史概要》（青海人民出版社，20006），吴怀祺《中国史学思想史》（商务印书馆，2007），内藤湖南著、马彪译《中国史学史》（上海古籍出版社，2008），傅玉璋《中国古代史学史》（安徽大学出版社，2008），仓修良《中国古代史学史》（人民出版社，2009），杜维运 3 卷本《中国史学史》（商务印书馆，2010），瞿林东《中国史学史》（北京师范大学出版社，2010），等等。

（三）中国古代史学研究著作。与上述贯通性研究的同时，中国古代史学研究也取得了很大成绩，撰写出一批断代史学史著作。主要有周少川《元代史学思想研究》（社会科学文献出版社，2001），胡宝国《汉唐间史学的发展》（商务印书馆，2003），丘敏《六朝史学》（南京出版社，2003），岳纯之《唐代官方史学研究》（天津古籍出版社，2003），钱茂伟《明代史学的历程》（社会科学文献出版社，2003），傅玉璋、傅正《明清史学史》（安徽大学出版社，2003），彭忠德《秦前史学史研究》（湖北人民出版社，2004），杨艳秋《明代史学探研》（人民出版社，2005），王俊才《17世纪学术思潮与史学》（陕西人民教育出版社，2006），李小树主编《秦汉魏晋南北朝史学史稿》（中国人民大学出版社，2007），谢保成《隋唐五代史学》（商务印书馆，2007），燕永成《南宋史学研究》（甘肃人民出版社，2007），王盛恩《宋代官方史学研究》（人民出版社，2008），罗炳良《南宋史学史》（人民出版社，2008），吴凤霞《辽金元史学研究》（社会科学文献出版社，2009），施建雄《十至十三世纪中国史学发展史》（人民出版社，2010），等等。

（四）中国近现代史学研究著作。中国近现代史学史研究在这10年间取得了前所未有的成绩，研究课题和研究内容日渐丰富。这方面的专著主要有邹兆辰、江湄、邓京力《新时期中国史学思潮》（当代中国出版社，2001），张剑平《新中国史学五十年》（学苑出版社，2003），田亮《抗战时期史学研究》（人民出版社，2005），张越《新旧中西之间——五四时期的中国史学》（北京图书馆出版社，2006）、路新生《经学的蜕变与史学的"转轨"》（上海古籍出版社，2006），洪认清《抗战时期的延安史学》（安徽大学出版社，2006），吴忠良《传统与现代之间——南高史地学派研究》（华龄出版社，2006），刘兰肖《晚清报刊与近代史学》（中国人民大学出版社，2007），李孝迁《西方史学在中国的传播（1882－1949）》（华东师范大学出版社，2007），李春雷《传承与更新：留美生与民国时期的史学》（中国社会科学出版社，2007），蒋海升《"西方话语"与"中国历史"之间的张力：以"五朵金花"为重心的探讨》（山东大学出版社，2009），陈宝云《学术与国家：〈史地学报〉及其学人群研究》（安徽教育出版社，2010），符静《上海沦陷时期的史学研究》（社会科学文献出版社，2010），陈峰《民国史学的转折——中国社会史论战研究（1927－1937）》（山东大学出版社，2010），等等。

（五）专题研究著作。10年期间，中国史学史研究涉及的领域非常广泛，探讨的问题很多。归纳起来，比较重要的专题有以下10个方面。一是关于学科深化研究的著作，有周文玖《中国史学史学科的产生和发展》（北京师范大学出版社，2002），范立舟《宋代理学与中国传统历史观念》（陕西人民出版社，2003），许凌云《儒家伦理与中国史学》（齐鲁书社，2004），谢贵安《中国史学史散论》（湖北人民出版社，2004），盛邦和主编《现代化进程中的中国人文学科·史学卷》（上海人民出版社，2005），朱发建《中国近代史学"科学化"进程研究（1902－1949）》（湖南师范大学出版社，2005），汪荣祖《史学九章》（三联书店，2006），曹刚华《宋代佛教史籍研究》（华东师范大学出版社，2006），李良玉《中国古代历史教育研究》（合肥工业大学出版社，2007），宋学勤《嬗变中的近现代史学：以学科互涉为视点的考察》（学苑出版社，2008），陈晓华《"四库总目学"史研究》（人民出版社，2008），钱茂伟《中国传统史学的范型嬗变》（黑龙江出版社，2009），石莹丽《梁启超与中国现代史学——以跨学科为中心的分析》（中国社会科学出版社，2010）。二是关于史学与政治关系研究的著作，有李传印《魏晋南北朝时期史学与政治的关系》（华中科技大学出版社，2004），乔治忠《中国官方史学与私家史学》（北京图书馆出版社，2008），王记录《清代史馆与清代政治》（人民出版社，2009）。三是关于史书体裁研究的著作，有白云《中国古代史书体裁研究》（中国文史出版社，2002），谢贵安《中国实录体史书研究》（武汉大学出版社，2007），赵梅春《二十世纪中国通史编纂研究》（中国社会科学出版社，2007）。四是关于史学批评研究的著作，有周祥森《史学的批评与批评的史学》（河南大学出版社，

2007），瞿林东、葛志毅主编《史学批评与史学文化研究》（黑龙江人民出版社，2008），白云《中国古代史学批评史论纲》（人民出版社，2010）。五是关于少数民族史学研究的著作，有孙林《藏族史学发展史纲要》（中国藏学出版社，2006），瞿林东主编《中国少数民族史学研究》（北京图书馆出版社，2007），王璞《藏族史学思想论纲》（中国社会科学出版社，2008）。六是关于乾嘉史学研究的著作，有罗炳良《清代乾嘉史学的理论与方法论》（兰州大学出版社，2004）与《清代乾嘉历史考证学研究》（北京图书馆出版社，2007）。七是关于浙东史学研究的著作，有罗炳良《传统史学理论的终结与嬗变——章学诚史学的理论价值》（泰山出版社，2005），鲍永军《史学大师——章学诚传》（浙江人民出版社，2007），蔡克骄、夏诗荷《浙东史学研究》（知识产权出版社，2009）。八是关于马克思主义史学研究的著作，有陈其泰主编《中国马克思主义史学的理论成就》（国家图书馆出版社，2008），张剑平《中国马克思主义史学研究》（人民出版社，2009）。九是以20世纪中国史学为研究对象的著作，有王学典《20世纪中国史学评论》（山东人民出版社，2002），黄敏兰《20世纪百年学案·历史学卷》（陕西人民教育出版社，2003），姜义华、武克全主编《二十世纪中国社会科学·历史学卷》（上海人民出版社，2005），王学典、陈峰《二十世纪中国历史学》（北京大学出版社，2009），瞿林东《20世纪中国史学散论》（安徽人民出版社，2009）。十是关于史家研究的著作，有瞿林东《白寿彝史学的理论风格》（河南大学出版社，2001），王记录《钱大昕的史学思想》（社会科学文献出版社，2004），白兴华《赵翼史学新探》（中华书局，2005），孙卫国《王世贞史学研究》（人民文学出版社，2006）。

（六）系列研究著作。10年间中国史学的发展，还表现在各地学者组织撰写出一批系列研究著作。一是以20世纪为时段的近代中国史学史研究的系列著作，有罗志田主编的《20世纪的中国：学术与社会·史学卷》（山东人民出版社，2001），李文海和龚书铎主编的"二十世纪中国学术论辩书系·历史卷"，包括牛润珍《关于历史学理论的学术论辩》、张越《五四时期中国史坛的学术论辩》、罗新慧《20世纪中国古史分期学术论辩》、王东平《中华民族起源和民族问题的论辩》（百花洲文艺出版社，2004）等11本著述，基本涵盖了20世纪中国史学界讨论过的重要理论问题。瞿林东主编"20世纪中国史学研究书系"，包括陈其泰主编《20世纪中国历史考证学研究》、侯云灏《20世纪中国史学思潮与变革》、吴怀祺《20世纪中国马克思主义史学与社会实践》、肖黎主编《20世纪中国史学重大问题论争》、张广智主编《20世纪中外史学交流》、瞿林东主编《20世纪中国史学发展分析》（北京师范大学出版社，2005－2009）等8部著述，从不同角度对20世纪中国史学发展做了专门的研究和阐述。二是福建和天津两地推出的"名师讲义"系列，其中涉及史学理论与史学史的著作有宁可《史学理论研讨讲义》（鹭江出版社，2005），杨翼骧《中国史学史讲义》（天津古籍出版社，2006），傅斯年《战国子家与〈史记〉讲义》（天津古籍出版社，2007），齐思和《齐思和史学概论讲义》（天津古籍出版社，2007），梳理总结出老一辈史学家治史心得和研究精华，对当代史学研究具有重要的借鉴价值。三是瞿林东主编"史学理论与史学史研究系列"，包括《历史研究的理性抉择——历史学的理论、历史与比较研究》《文明演进源流的思考——中国古代史学研究》《历史时代嬗变的记录——中国近现代史学研究》《史学理论的世界视野——外国史学研究》4册（北京师范大学出版社，2007），精选北京师范大学史学理论与史学史研究中心专兼职研究人员的研究论文，引起了学术界的广泛关注。四是瞿林东主编"20世纪二十四史研究丛书"，内容包括《20世纪二十四史研究综论》《〈史记〉研究》《〈汉书〉研究》《〈后汉书〉〈三国志〉研究》《〈晋书〉"八书"、"二史"研究》《新旧唐书与新旧五代史研究》《〈宋史〉研究》《辽史·金史·元史研究》《〈明史〉研究》等卷（中国大百科全书出版社，2009），从20世纪100年中数以千计的研究二十四史的论文里精选而成，对推动二十四史的深入研究、广泛传播都具有重要的学术价值和社会意义。五是河南大学推出的"新中国学案丛书"，包括李振宏与刘克辉《民族历史与现代观念——中国古代民族关系史研究》、王彦辉与薛洪波《古史体系的建构与重塑——古史分期与社会形态理论研究》、何晓明《世界眼光与本土特色——中国资本主义萌芽研究》、臧知非《生存与抗争的诠释——中国农民战争史研究》、周祥森《反映与建构——历史认识论问题研究》（河南大学出版社，2010）等 8 本著述，对于新中国成立以来在历史学研究领域的重要理论问题进行了专题性的梳理和研究。六是连续出版的专业期刊，除中国社会科学院世界史所编辑出版的《史学理论研究》和北京师范大学历史学院史学所编辑出版的《史学史研究》继续出刊外，北京师范大学史学理论与史学史研究中心编辑出版的《史学理论与史学史学刊》于2002 年创刊后，年出 1 卷，至今已出刊 11 卷，成为本研究领域的又一个有影响的刊物。

（七）文献研究与整理专书。任何学科所取得的成绩都离不开基础史料的研究工作，史学史学科也不例外。10 年来史学史文献研究和整理，都取得了丰硕成果。主要有《范文澜全集》（河北教育出版社，2002），《傅斯年全集》（湖南教育出版社，2003），《刘师培全集》（中共中央党校出版社，2005），仓修良《文史通义新编新注》（浙江古籍出版社，2005）与《中国史学名著评介》（山东教育出版社，2005），张越编《史学史读本》（北京大学出版社，2005），《李大钊全集》（人民出版社，2006），瞿林东编《20 世纪中国学术文存·中国史学史研究》（湖北教育出版社，2006），龚书铎、瞿林东主编《中华大典·历史典·史学理论与史学史分典》（上海古籍出版社，2007），黄纯艳《高丽史史籍概要》（甘肃人民出版社，2007），张明华《〈新五代史〉研究》（中国社会科学出版社，2007），舒仁辉《〈东都事略〉与〈宋史〉比较研究》（商务印书馆，2007），《翦伯赞全集》（河北教育出版社，2008），汤勤福主编《历史文献整理研究与史学方法论》（黄山书社，2008），《陈垣全集》（安徽大学出版社，2009），《吴晗全集》（中国人民大学出版社，2009），张越主编《中国史学史资料汇编》（北京师范大学出版社，2009），《王国维全集》（浙江教育出版社、广东教育出版社，2010），《顾颉刚全集》（中华书局，2010），杜希德著、黄宝华译《唐代官修史籍考》（上海古籍出版社，2010）。

二 专论举例

通过以上综述，我们可以从横向看出近 10 年来在史学理论与中国史学史领域所取得的丰硕成果。下面按照前面分类顺序举出一些有代表性的著作，举例分析，以便从纵向考察史学理论与史学史研究的深度与特色。

何兆武著《历史理性批判文集》和《历史理性的重建》等著作，以中国史学界建立自己独立的史学理论为目标，本着既不效颦外国的理论模式，也不盲目闭门造车、炮制自己的公式的原则，从当代中国的历史学也需要认真进行一番"历史理性的重建"的角度，围绕着历史理性批判和历史理性重建等问题进行了独具见解的阐述，反映了作者几十年来对历史理论和史学理论问题的深入思考，是近年来不可多得的一部历史学的理论著述。

刘家和著《史学、经学与思想》，是作者近 10 年来关于"史学""经学""思想"这三方面所撰写文章的结集。作者认为，古代中国有发达的史学与经学，二者之间相互关系密切，史学与经学之间相互沟通。而且，中国古代哲学主体为历史智慧之学，以经世致用为目标，所以与历史学之经世致用的目标恰好互为表里。该书的目的在于说明上述三者之间的关系，以探讨中国历史与史学之特点，以史学与经学相结合的方法研究中国古史，不仅有助于对中国古代历史与学术思想的理解，而且也有助于对中国史学在世界史学上的特殊个性与中西异同的理解，进而探讨中西古代理性结构的异同，从更深层面了解中西文化特点的异同。

瞿林东著《中国史学的理论遗产》，集中体现了作者20多年来在研究中国史学史的过程中，通过具体发掘中国古代史学所蕴含的理论成就，对于中国史学发展中的许多理论问题的深入思考和探索研究。这样集中对于中国史学尤其是中国古代史学发展中的理论问题进行系统研讨的著作，在中国还是第一部。该书对于中国史学著作中所涉及的历史理论和史学理论方面的各类问题，进行了深入的梳理并且提出了自己的认识。这些见解对于改变长期以来国内外史学界普遍认为中国史学特别是中国古代史学缺乏理论的看法，推进中国史学理论和史学史学科的发展，进而建立具有中国风格和中国气派的完善的中国史学的理论体系，都具有十分重要的价值。

朱本源著《历史学理论与方法》，系统地阐述了历史学理论、方法论和西方历史思维模式的演进历程。该书包括两编11章内容。第一编"绪论"，主要探讨历史、理论、方法论的基本概念和研究对象。第二编"西方史学史中主要的历史思维模式"，共有8章，主要探讨历史思维定义、近代西方历史思维的主要取向，以及西方古典古代、基督教—中世纪、文艺复兴时期、启蒙时代、浪漫主义、实证主义史学思潮的历史思维范型。作者深入探讨了"历史"的基本概念，回顾了近百年来西方史学不同学术流派在历史编纂学方法上所采取的不同模式，对历史学理论与方法论的一些基本问题做了系统阐述。全书涵盖上下古今，旁征博引，展现了作者渊博的学识和发人深思的史学见解。

李剑鸣的《历史学家的修养与技艺》一书，以历史学家所应该具备与重视的理论"修养"和研究"技艺"为出发点，结合古今中外学者的观点与见解，专题讨论了"历史学的特性""历史知识的性质""研究者的立场""研究者的学养"等历史学学科特性和对历史撰述主体的基本要求，同时对史学继承与创新、史料与史学、叙事与分析、选题与研究等问题进行了专题阐发，所论各专题之间看似各自独立，实则互相关联，是一本别具新意的著作。该书作者是一位研究美国史的学者，他在深入研究历史的同时，以同样深入的笔触写出关于史学的著作，可谓具有双重的启示意义。

李振宏、刘克辉著《历史学的理论与方法》，是一本立足于分析中国史学的理论著作。全书共分史学本体论、历史认识论、史学方法论三大部分。史学本体论，是对史学研究活动本体进行反思的理论产物，回答历史认识活动的目的、性质及意义，对什么是历史科学的问题做出全方位解读。历史认识论，集中回答历史知识如何形成以及怎样成为可能等问题，论证历史知识的可靠性及其局限，以便促进历史学家对认识成果保持清醒的批判性认识。史学方法论，是对史学研究的经验程序、思想方法、研究途径进行反思的理论产物，解决历史认识手段、方法与途径的合理性与科学性问题，目的在于为如何获得正确的历史认识提供方法论的指导。三者相互结合，构成一个完整的史学理论体系。

马克思主义理论研究与建设工程重点教材《史学概论》编写组撰写的《史学概论》，是史学概论教材类方面具有代表性的著述。编著者在认真分析研究了以往史学概论类著作的观念、框架、内容的基础上，以马克思主义唯物史观为指导，结合具体历史事实，阐述了有关历史学理论与方法的基本问题。该书在反映中外史学成果与问题的过程中，力求体现中国特色，明确了何为历史、历史学、历史观，阐明了为什么要坚持马克思主义唯物史观学习和研究历史、中国马克思主义史学是如何发展起来的、中国史学的优良传统、西方史学的发展状况以及历史编纂与叙事的形式、史学工作者的基本素养等重要问题，是一部史学概论类教材的集大成之作。

吴怀祺主编《中国史学思想通史》，凡10卷，论述了中国史学的深邃思想，展示了中国史学思想的发展历程。该书具有3个特点，第一，从民族文化特点研究总结中国的史学思想，是中国史学思想研究领域的拓荒之作。第二，注意研究中国古代的经学、子学以及后来的玄学、理学和史学思想的变化与发展关系。在研究中不断地扩大研究的视野，展示出中国各个民族对史学发展所做出的贡献。第三，在研究中以"通识"的理念追求学术原创，寓论断于叙事之中，历史的研究与逻辑的研究相结合，提出许多独到的见解。

白寿彝主编 6 卷本《中国史学史》，是迄今篇帙最长、分量最重的中国史学史著作。全书详细论述了中国史学史的研究对象、任务、范围和意义，对中国史学史研究及学科建设提出了全局性的观点，贯穿通识精神，在中国史学发展的分期上注重将历史时代和史学自身特点相结合，将中国史学发展分阶段详加阐述，全书分先秦时期：中国古代史学的产生、秦汉时期：中国古代史学的成长、魏晋南北朝隋唐时期：中国古代史学的发展、五代辽宋金元时期：中国古代史学的继续发展、明清时期（1840 年前）：中国古代史学的嬗变、近代时期（1840－1919 年）：中国近代史学，该书还侧重于对史学理论和史学思想的阐发，拓展了史学史的研究范围，反映了现阶段中国史学史研究的整体水平。该书第一卷是白寿彝先生于 1986 年撰成出版的，其"叙篇"凝聚了作者数十年间关于中国史学史的面貌的认识，其精辟论断，对 20 世纪八九十年代中国史学史研究产生了广泛的影响。其余 5 卷，可以说都是为执行白寿彝先生的"遗命"而作。从第一卷面世到全书出版，首尾恰恰 20 年之隔，著述之难，于此可见一斑。

仓修良著《中国古代史学史》，是一部高质量的史学史著作。该书是在他过去与魏得良合著的《中国古代史学史简编》的基础之上，进一步修改扩充而成。作者对中国古代史学的产生、发展过程、规律等进行了系统而详尽的论述，对于中国古代史书体裁的演变、史著的产生发展以及史学思想的演变、史学流派的形成、史学传统的传承等问题做了全面梳理。该书具有四个方面的特点和价值：一是为中国古代史学史的发展历程提出了严谨合理的分期；二是在翔实运用材料的基础上撰述内容更加丰满；三是对古代通俗史学与史学通俗化问题给予充分关注和论述；四是具有治学严谨和实事求是的著述态度。

杜维运著 3 卷本《中国史学史》，是作者以一人之力、历时

17 年完成的通述中国史学史的著作。第一卷先秦和两汉史学，第二卷魏晋至唐代史学，第三卷宋至晚清史学。值得重视的是，作者首次把中西史学比较研究的内容置于中国史学通史的逻辑结构中阐述，在第一卷末，有"中国古代史学的世界地位"专章，在第二卷末，有"中国中古史学的世界地位"专章，在第三卷末，有"十九世纪以后西方史学的进入黄金时期与中国史学的由极盛转入衰微"专章，是中国史学史研究在中西比较研究方面的重要突破。该书在叙述中国史学发展的过程中，既注重以横向眼光比较中西史学观念，又注重以纵向眼光比较中西史学这两大不同史学发展系统的各自特征，目的是通过撰述中国史学史以及进行中西史学比较研究，达到深入认识中国史学、发展中国史学的目的。

乔治忠著《中国官方史学与私家史学》，分设 6 个专题，包括史学理论研讨、官方史学独见、史籍文献析微、清前史学述评、中日关联综论、章氏学术探赜。作者认为，中国传统史学的主要特点，是形成了官方史学与私家史学两条相互联系的发展轨道。中国史学的萌芽，源自官方的记事制度。中国传统史学思想的主流，起自西周之初官方的殷鉴观念、春秋时期官方的君举必书等意识。中国传统史书的义例规范，萌芽于春秋时期官方记事所遵循的书法。作者指出，只有充分重视官方史学的研究，才能深入认识中国传统史学的发展机制、繁荣原因等深层理论性问题。

瞿林东主编《中国少数民族史学研究》，是目前国内唯一一部专门集中研究中国少数民族史学的论集。中国史学源远流长，历来有记录少数民族历史的传统。不仅历代皇朝编纂的各类史书中对周边民族的历史有所记载，而且中国境内不少民族也有自己的文字和历史记载。中国史学史应该包括少数民族史学史，少数民族史学研究应该在中国史学的研究范围之内。少数民族史学的研究，对于中国史学学科的建设，推动各民族历史文化的发展，加强民族凝聚力，以及在现实中对民族问题的妥善处理，都具有重大意义。该书讨论的内容除契丹族、女真族、党项族、吐谷浑族、回鹘族等历史上的民族史学以外，还包括今天藏族、蒙古族、回族、维吾尔族、彝族等少数民族史学，涉及少数民族史学的界定、理论与方法、研究范畴，以及历史上的民族观、民族史观、少数民族史学意识、少数民族历史史籍等方面内容，对于少数民族史学研究有重要参考价值。

陈其泰主编《中国马克思主义史学的理论成就》一书，专门就中国马克思主义史学发展在运用唯物史观研究中国历史所讨论的重大理论问题、建设有中国特色的马克思主义史学理论、唯物史观的发扬与中国史学的民族特色、新时期中国马克思主义史学理论探讨与发展前景等方面做了重点论述，对中国古史分期、中国历史不同阶段的社会性质问题、中国历史发展规律的探索等中国马克思主义重大历史理论问题做了专门的讨论和辨析。该书不仅全面展示了被称为中国马克思主义史学"五老"的郭沫若、范文澜、翦伯赞、吕振羽、侯外庐的主要学术成就，而且对新中国成立后在马克思主义史学上取得重要成就的谭其骧、唐长孺、徐中舒、史念海等人的学术贡献也进行了总结，是近年来研究中国马克思主义史学的一部颇有分量的著述。

龚书铎、瞿林东主编《中华大典·历史典·史学理论与史学史分典》，共计600余万字，包括3个总部，53个分部，按类从中国古代浩如烟海的各类文献中辑出相关材料，以类相从，展现出中国史学遗产中所蕴涵的历史学的理论与历史的基本文献，反映了中国古代历史学的面貌和特点，是目前史学理论与史学史学科的一部大型类书，成为该研究领域在文献资料建设上的重大成果，对于本学科的资料积累乃至学科自身体系的完善，都具有重要的价值。《分典》设历史理论、史学理论和史学史3个总部，反映了中国史学理论及史学史研究的最新成果和学科建设的最新进展。每个总部均独立成书，展示出相关研究领域的理论成果；3个总部又密切关联，各有侧重，相互发明，浑然天成，构成为《分典》的总体布局。《分典》最鲜明的成就在于在类书编纂中突出了鲜明的学术特色，总结了中国古代史学研究所取得的成就，提出了一些新的学术问题，全面展示了中国古代历史理论与史学理论的丰厚积累，拓宽了中国古代史学理论及史学史研究的领域。

三　展望前景

中国史学史研究，经过了 20 世纪三四十年代的草创时期，60 年代初的活跃时期后，80 年代进入发展期，前后经历了约 90 年的历程。其中，尤以 21 世纪初的前 10 年成绩最为突出，为学术界所瞩目。史学史本是反思的学科，而反思是为了进取。在回顾 2001～2010 年这 10 年间的成绩的同时，我们自然要展望它的未来前景。我们认为，加强理论研究、专题研究、比较研究和史学批评，应是这一前景中的重要内容。

谈到理论研究，我们首先要认识到中国史学上有重视思想和理论的传统，同时也要认识到在继承这个优良传统的基础上，结合当今中国史学发展的要求，推进理论方面的研究。清代史家章学诚曾概括了中国古代史家阐述理论的一个重要特点，即"未尝离事而言理"。认识了这一特点，我们对中国古代史家的思想、理论会产生一种新的理解。近代以来，梁启超倡导以进化论为核心的历史哲学指导历史研究，认为这是衡量"良史"的基本标准。此后，李大钊、郭沫若、范文澜、吕振羽、翦伯赞、侯外庐，直到刘大年、尹达、白寿彝等，都遵循马克思主义唯物史观为理论、方法论研究历史，并做出了多方面的学术贡献。可见中国史学自古以来，有重视思想、理论的优良传统，尽管在不同的历史时代这一传统的具体内容有所变化，但其总的趋势是贯穿古今的。为了推动中国史学史进一步走向世界，为了使外国学者更全面地认识中国史学的历史和现状，我们应当考虑把理论问题提到中国史学史研究的重要位置上来。

专题研究在 20 世纪 80 年代以来已有广泛开展，并取得可观的成绩，对推动中国史学史研究走向深入，发挥了积极的作用。这里说的专题研究，是要更加着眼于通识，即以通识的眼光对某一专题做通的考察和论述。如史学家对于历史本身发展过程认识的研究，史学家对于史学社会作用的发展过程认识的研究，对于中国少数民族史学发展的研究，对于历代"正史"中的书志的研究，对于唐宋以下历代笔记（包括考辨笔记）的研究等，都有广阔的空间。以上这些，都是中国史学史上的重要专题，而可以列为专题做系统的和贯通的研究，当然远不止于此。可供开拓的领域是极为广阔的。我们可以预期，这些专题研究的展开，必将把中国史学史研究推进到一个新的阶段。

　　这里说的比较研究，主要是指中外史学的比较研究。大致说来，在中国史学界，中外历史比较开展较早，中外史学比较从20世纪80年代初才逐步受到重视并有所开展，近30年来，取得了一些成绩。当今，在经济全球化的世界形势下，各国间的文化交流日益密切，中国史学的发展同样面临着这一新的历史环境。可以预见的是，中外史学比较研究，在不久的将来一定会成为史学史研究领域的重点之一。在史学的比较研究方面，杜维运、刘家和二教授所做的研究，提出了一些有益的启示：第一，比较研究的目的在于以平和的心态认识被比较的双方，借鉴各方的优长之处，推动史学的发展；第二，比较研究重在从大处着眼，不斤斤计较于某一具体问题的长短得失；第三，比较研究的一个核心所在，是揭示各方的特点，说明史学发展中的共性与个性，因此，不应以一方所具有的特点作为衡量、判断另一方的坐标或准绳；第四，史学的比较研究只有建立在历史比较研究的基础上，才有可能获得预期的积极成果。

　　关于史学批评，我们认为，史学发展的最终动力是历史的发展和社会的要求，但作为史学活动的主体，史学家的主观能动作用也是推动史学进步的重要因素。一般说来，史学批评往往可以反映这种历史动力和主观能动性对史学提出的新要求，促使它获得新的发展。在中国史学的发展过程中，史学批评总是同它结伴而行的，并成为它的整体中的一个充满活力的组成部分。首先，史学批评促进了史学理论的发展，甚至可以说没有史学批评的展开便没有史学理论的发展。其次，史学批评是史学联系社会的桥梁，它对于扩大史学的社会影响有不可低估的作用。再次，史学批评对史学的发展，还有拾遗补阙的作用和匡正谬误的作用。总之，史学批评一方面推动史学的发展，同时也为史学史研究积累新的研究成果和新的思想史料。

中国史学史研究也还有其他一些值得我们关注的问题，但以上这四个方面的研究，应当受到中国史学史研究者更多的重视。我们相信，在21世纪的第二个十年中，中国史学史研究将取得更新的进展。

中国古代史[*]

彭 卫

在有限的篇幅里评述 2002 年至 2010 年的中国古代史研究是一件困难的事情，不仅挂一漏万无法避免，且因个人的专业局限，陈述不当而获其他领域内行之讥恐亦在所难免。下面从研究趋势和存在问题两个方面，以断代史研究为线索，扼要回顾和评述九年间的中国古代史研究。

一 研究趋势

2002 年至 2009 年，中国古代史领域发表的论文数量总计在 2 万篇以上，出版的专著和论文集在 1800 部以上。尽管不同断代的研究有不同特点，但仍呈现出一些共同的内容，反映出中国古代史研究的内在一致性。

（一）新资料的刊布促使研究工作呈现出持续性进步的态势

2002 年至 2010 年中公布和整理的古史资料主要有殷周时期的殷墟花园庄东地甲骨文和大量殷周青铜器铭文，秦汉魏晋南北朝时期的湖南里耶秦简、湖北张家山汉简、湖南长沙走马楼吴简和墓志，唐宋时期的新获敦煌吐鲁番文书、《俄藏黑水城文献》、天一阁发现明钞本北宋《天圣令》、唐宋墓志，明清时期徽州文

---

* 本文在写作过程中，参考了中国社会科学院历史研究所编写的《改革开放三十年的中国古代史研究》（中国社会科学出版社，2010），以及《中国史研究动态》刊载的相关综述。

书、契约和官府档案。其中的张家山汉简《二年律令》和《天圣令》可能是近十余年来最重要的新资料，特别是前者，为苦于资料不足的秦汉史研究者洞开了一扇观察历史之窗。上述这些新出资料涉及律令和法律制度、政治与经济活动，以及日常生活领域，引起了研究者的广泛兴趣。在新的历史知识背景下，研究工作得到了深化。在先秦史领域中，研究者依据新出甲骨文和殷周青铜器铭文，讨论了殷周时代的方国、官制、历法、家族形态和礼制，提出了一些新的看法。在战国秦汉三国史领域中，研究者依据张家山汉简《二年律令》和走马楼吴简，对秦汉三国时期的土地制度、赋役制度、律令分类、官制和爵制、郡县乡里地方行政、户籍制度和家庭结构展开了热烈讨论，一些成说得到修正。在晋南北朝唐宋史领域中，新获敦煌吐鲁番文书、黑水城文献、《天圣令》和墓志，为研究这一时期政治制度和运作方式、律令、兵制和军事文书、日常生活提供了丰富的资源，这些方面研究工作因此得到了拓展。在明清史领域，对各类公私文书的整理和研究，为资料相对丰富的这个领域的研究工作锦上添花。总之，由于大量新的资料的不断刊布，不仅一些新的问题进入了研究领域，研究者对许多历史细节有了更为接近真实的判断，而且某些长期争议不决的课题如法律形态、赋役制度、土地占有方式等也获得了新的线索，并引起了更为深入的研究。

（二）传统课题和新课题并行，研究者的兴趣点更为广泛

在先秦史领域，研究者关注的问题主要集中在早期文明与国家起源、殷商社会结构和文化方面，讨论较多的课题有：（1）关于文明起源及其早期发展的理论研究、早期城址与文明起源及发展、中原地区文明起源与演进、中原以外的民族和地区的古代文明。（2）殷商的方国、地理和族属，都鄙邑落和商的统治方式。（3）周代的礼乐祭祀制度和历谱。（4）上博简和郭店简所反映的文化思想，其中对上博简《诗论》的作者、上博简《诗论》的形制与编联、上博简《诗论》与《诗》学着力较多。（5）区域历

史研究持续发展，以前已受重视的楚、齐、晋、赵和巴蜀的历史和文化仍被研究者所关注，以往研究相对薄弱的秦、燕文化得到了开掘。相形之下，春秋战国史研究较为沉寂，这方面研究有待加强。

1996年立项的夏商周断代工程在2000年取得了阶段性成果。这个初步的成果主要体现在为中国古史从新石器时代末期到西周末年提供了一个答题的年代参考。断代工程引起了古史年代学研究方法和理论的讨论。一些学者在肯定断代工程取得的成绩的同时，也指出了断代工程实施过程中所获得的经验教训，即学术研究是一个有着自身发展规律的事物，不能制定硬性的限期成果指标。

在秦汉史领域，政治史、经济史、法制史、社会史等领域研究的深度和广度均有扩展。在政治史方面，传统的官僚、选举、监察和分封制度得到进一步开掘，政体形态、行政运作管理体制、乡里行政组织与社会组织，也成为学者关注的对象。由于张家山汉简《二年律令》的公布，对战国末至西汉初年土地占有形态，以及汉代法律构造和律令关系提供了重要资料，这两个方面遂成为研究者关注的热点，并获得了富有新意的成果。对宏大问题的思考是这一时期秦汉史研究的一个特点，研究者试图通过对新出资料和传世文献的新解释，重建秦汉国家和官僚演变模式。赋役史研究也有新的进展。社会史研究一向是秦汉史学者所重视的内容，本时间段这个方面的研究工作集中在礼制、风俗和性别史上。人口和都城继续受到关注，生态环境的变化也进入了研究者的视野。

在魏晋南北朝领域，土地制度、门阀士族、职官制度、选官制度、地方行政制度、封爵和俸禄制以及地域集团，是近三十年来的研究重点，本时间段研究者仍然关注这些课题，深度有所拓展。对基层社会的探讨是魏晋南北朝史研究出现的新的趋向，礼制的研究也有新的收获。北方民族史是研究的一个重点，北方诸民族的名号、民族融合中的政治和文化轨迹，是研究者着力较多的方面；以往注意不多的长江中游诸蛮社会的变迁也受到关注。自然环境及其对社会的影响得到初步展开。随着走马楼吴简分批整理出版，简文所记录的赋税收支、吏制、户与里的规模引起了学者的浓厚兴趣，研究成果丰富。一些青年学人试图通过"历史书写"即文本的变化，对国史书写与魏晋南北朝时期王朝的更替和正统性的建立过程，提出解释。

2008年至2009年，河南省考古工作者在河南安阳西高穴村发掘了一座汉魏大墓。关于此墓是否为曹操高陵引起了学界热烈讨论，并延伸出学术圈外。该墓已被盗掘，学术意义不大，但由曹操墓引发的争论，显示了公众对考古和历史知识的热情。

在隋唐五代史领域，政治史的研究工作主要围绕中枢体制与政务运作、中央与地方关系、中央官制和行政文书、国家祭祀和地方祭祀的关系以及由此显示的国家政治形态等方面展开。经济史方面，对传统研究课题如赋役和土地制度的探讨较此前几年的相对冷落而有所回升，对唐代江南农业结构的研究则为这个领域提供了新的视角。城市史是一个"新兴"的课题，不同于传统的城市史研究，研究者主要关心的是城市的内部结构、市场位置的选择和变化、娱乐场所的设置及其作用。对《开元礼》的考察是这些年唐史研究的一个热点，研究者主要探讨《开元礼》的制作过程和内容，《开元礼》的行用，以及《开元礼》作为礼典和唐玄宗营造盛世的精神产品的意义。包括唐与朝鲜半岛诸国以及日本的关系在内的东亚历史的研究成为有待深入讨论的新领域。此外，妇女史和家庭史也受到研究者的关注。

在宋史研究领域，出现了一些相对集中的议题和视角。在制度史方面，研究者更多关注的是地方行政制度、基层社会管理，以及中央与地方之间、地方官员与以士人为主体的民众在地方事务推动中的互动关系，重视对制度运作和政令施行过程的考察。一些研究领域出现了融合的趋向，如有的研究将经济史与社会史相结合，考察经济发展与大众文化、民间信仰、地方意识的关系。疫病、灾害和社会控制也受到研究者的关注。

在辽金西夏史领域，西夏《天盛律令》是研究工作的一个重点，有多部专著问世，推动了西夏法律制度史研究的深入。在政治史方面，学者关注辽、金、西夏的州县制度、路制和部落制。民族关系和宗教向为该领域研究的中心，在本时间段，研究者依然关注这些课题，着力尤多的是金的道教和西夏的藏传佛教。

在元史研究领域，政治制度史一直是研究的重点，在本时间段中，元的政治体制、中书省性质、怯薛、法律体系、地方政治、地方精英与基层社会关系等课题得到学者的重视。在经济史方面，学者研究了蠲免和赈济制度、榷盐和酒业、江南经济的发展、手工业者的身份和贡献；新发现的元代契尾资料则对元代土地制度提供了新的认识。在社会史方面，除研究华夷正统观念与汉族知识分子在元帝国中的政治位置之外，出现了一些新的迹象，性别史研究和色目人家族和文化倾向进入了研究者的视野。《元典章》的校释和《通制条格》的研究，以及景教、藏传佛教、全真教和伊斯兰教也是元史研究的热点。在中外关系史方面，元丽关系引起了学者的注意。关于成吉思汗、托雷、拔都、铁木迭儿等历史人物的研究，也有新的进展。

在明史研究领域，政治和军事史研究集中于政治制度、重大历史事件和卫所制度方面。经济史研究侧重人口、土地、赋税。农业与手工业。社会史研究涉及基层社会的管理、社会群体和社会生活。注重晚明史研究是这个时间段明史研究的一个特点。学者在全球化视野下，对晚明社会转型和特质、中西直接接触和世界融为一体的全球化开端的中国与世界的关系，成为研究的热点。与此相关，并伴随着纪念郑和下西洋 600 年，明史学界对郑和下西洋这一重要历史事件进行了集中研究。此外，明代的历史地位也受到研究者的重新审视。

在清史研究领域，清八旗驻防、八旗世爵世职和八旗与清代政治等课题受到学者关注。清代国家与社会的互动关系、历史视野下的边疆与政策、区域经济及其对清代社会变化的影响、疾病医疗与社会的关系、婚姻和家庭、民间信仰以及清代学术思想得到了进一步开掘。美国学者提出了"新清史"观念，强调清帝国的"满洲元素"和独特性质，在国际范围的清史研究中产生了影响，中国清史学界做出了回应。值得提及的是，2002 年底，在国家扶持下，启动了大型清史编纂工程，对清史研究工作的全面发展提供了契机。

（三）研究理念和学科建设的思考

大体上说，改革开放三十年的第一个十年（20 世纪 90 年代以前），研究者在理论和方法方面付出了大量努力；第二个十年（20 世纪的最后十年），研究者更多关注的是对具体问题的考察，彼此之间的交流有限，更罕有对学科发展的整体性思考。进入 21 世纪后，一些学者开始理论和方法论层面上思考研究中存在的问题和局限，以及本学科发展的走向。

随着新资料的出现，对疑古思潮的评价旧话重提。一种意见指出"古史辨"派在研究的大方向上是正确的，对于疑古思想和学说应持继承与批判相结合的态度。就出土文献和传世文献的关系上，传世典籍和历代学者对传世典籍的研究仍是基础，目前中国古典学存在的问题主要不在于缺乏理论或方法，而在于缺乏科学的态度。

长期以来，中国大陆学者采用马克思五种社会形态学说解释中国历史的进程。若干年以前，有的研究者指出中国古代不存在奴隶社会。在这十年中，又有研究者对用封建社会命名从秦至清的中国历史阶段提出质疑。他们认为将以君主集权为特征的秦至清两千余年称"封建社会"，有悖"封建"本义，且与社会性状全然不同的西欧中世纪封建制、日本中世及近世幕藩制混为一谈。关于社会性质的讨论初始于 20 世纪 20 年代，几经起伏，要获得共识，还需要更为深入的思考。

关于唐宋变革的讨论也是这十年讨论较多的课题。研究者对唐宋变革论的缘起和含义进行了梳理，对唐宋时期出现了怎样的社会变动，以及这些变动是否具有"变革"意义，也进行了初步考察。

在各个断代，制度史尤其是政治制度史是研究的重中之重。如何推进制度史研究，引起了一些学者的思考。有的研究者提出要研究"活"的制度史，通过考察作为"过程"的制度史和作为"关系"的制度史，深化对制度史的研究。

摆脱王朝和地域体系，引起了研究者的共鸣。在秦汉史研究中，一些研究者的视野不仅扩展到春秋战国时期，有的更上延到西周时代，以期通过长时段研究深化对这一时期历史的认识。注重长时段的社会结构和国家形态变化，也成为这个时期秦汉史研究中最为突出的部分。隋唐史和宋朝史是前后相继的王朝史，以往的研究常常画地为牢。在这个时期的研究中，越来越多的唐宋史研究者感受到研究中朝代壁垒的负面影响，他们开始将唐宋视为一个具有内在联系的较长期的历史段落进行考察，努力使研究工作深入更长的历史时段中。在清史研究中，出现了晚清史的回归的迹象。按照正统的社会阶段划分，晚清原本属于近代史范畴。随着研究的深入，它与属于中国古代史范畴的清代前中期史的内在联系被人们所认识。晚清史回归到清史研究的整体中去，在清代史的框架中思考晚期七十年历史，成为许多研究者的共识。宋辽金元是中国境内不同民族建立的政权，以往的研究虽然注意到这些政权之间的关系，但整体的研究较为薄弱，影响了对这一时期中国历史的准确认识。在这个时期的研究中，打通宋辽金元史，从事贯通整合研究，已显露苗头。

总之，由于大量新的资料的不断刊布，不仅一些新的问题进入了研究领域，我们对许多历史细节有了更为接近真实的判断，而且某些留有疑问的课题如法律形态、赋役制度、土地占有方式等也获得了新的线索，并引起了更为深入的研究。同时，随着与国际学术交流的频繁开展，我们在保留自己研究特点的同时，所思考的问题也愈来愈具有普遍性和前沿性，比如对历史上生态和环境问题的思考，关于性别史的研究，关于疾病医疗历史的探讨等，这一切都显示出当下中国古代历史研究所具有的活力。

二　存在问题

2002年至2010年中国古代史研究的整体趋势是走向深入，这是令人欣喜的现象。同时，我们也不能回避存在的问题。在我看来，这些问题主要表现为理论素养和问题意识的欠缺，学术评论的缺位，以及在理解新出资料上出现的某些偏差。

（一）提升理论思考能力

相对来说，这些年中国古代史研究者主要致力于对古代历史的重建，而对一些值得深入思考的重要理论问题着意有限。从理论上看，我们在舍弃了以往某些不符合中国历史实际的概括后，依然没有拿出更有说服力的表述，对实证的热情超过了带有宏观色彩的理论分析，更缺乏对中国历史的原创性解释。

众所周知，中华文明是世界历史上唯一不曾断裂的具有连续性的文明，这个事实本身就具有重大的理论价值，对它的重建和解释无疑也是对人类知识体系的重要贡献。在中国漫长的历史进程中有三个关键性的时刻：早期文明的产生和发展、王制向帝制的转变以及近代化过程。在这三个关键时刻之中，包含着一系列需要探索和思考的重大问题，如中国早期文明是在怎样的背景下以怎样的方式出现的，其内在原因是什么；王制统治模式向帝制统治模式的转型是否是历史的必然，如果是，其动因何在；王制和帝制时代社会结构的变化是如何出现的；"近代化"的标准和中国社会近代化进程；等等。这三个关键时刻之上，显示出的是中国古代历史发展的独特道路。应当说，上述这些问题并非今天才被我们所感知，但以往的许多解释只是西方和日本学界解释的复制品。近几十年来，大量新资料不断发现，跨学科研究对历史资料范围的拓展，对于我们重建历史尤其是早期历史过程提供了重要支撑。这一切使我们提出原创性的历史解释具有了更大的可能，加强这一方面的工作，是中国古代史研究进一步发展的重要因素。

（二）关于问题意识

我们看到，在不同断代，都出现了研究工作立意有限的情形，一些评论者将之归咎为选题重复，其实问题的关键并不在于是否选择了同一个题目，而是能在题目中寻找出更多的历史意义。由于电脑检索系统的广泛应用，资料搜集变得更为快捷，这是历史研究者前所未遇的幸事。电子检索技术的应用，却在相当程度上造成一些研究者对资料的堆砌。对资料掌握的完备与智力投入的下降若隐若现于历史研究工作中。究其原因，同样也在于问题意识的淡漠。什么是问题意识？这个"问题"似乎不言自明。在我看来，尽管提出和解决问题与研究者的个人才具有关，但一个好的问题总是来自对学术史的认真梳理，并在此基础上获得对历史的新的发问。

（三）加强学术评论工作

学术评论是中国古代史研究的一块短板。学术进步的充足原因在于其内部的良好的评论机制。学术评论在中国难以得到有效的开展与学术之内和学术之外的因素有关。首先，学术评论不是对学术史进行浅表层面上的回顾和梳理，也不是简单地在学术活动中履行"警察"职责，它主要是分析一个学术问题出现和研究的态势，研究一种学术现象变化的趋向，讨论一些研究活动显现或潜伏的价值和困难，从而学术评论便表现出与一般研究工作不同的特点，即它需要对学术发展过程有更为系统全面的了解，对学术发展趋向具有更强的理解和把握能力，也就是说一个好的评论者需要多方面的而非单一的学养，这种特殊的难度，使得许多学人不愿意从事这种吃力不讨好的工作。而目前国内不少高校和某些科研单位不把学术评论作为科研成果，也强化了此种态势。其次，中国是一个人情社会，喜誉恶贬是人之常情，学者也不是天外来客。然而，如果把学术评论在中国的特殊困难的"合理性"理解为漠视学术评论是"合理"的，把缺乏学术评论视为研究的常态，将会大大压缩学术进步的空间。

（四）合理解读新出资料

在有的研究中，新出资料的价值似有被放大之嫌，在一些作者的潜意识中，但凡新出资料，其价值必定超过传世文献，对传世资料记录要持批判态度，但新出资料似乎享有了豁免权。事实上，所有历史资料，包括文字记载的和地下实物，都经历了"人"的因素，都不会天然成为绝对可信的材料，都需要以批判的精神去加以处理。只有这样，才能对消失的过往构建起相对可信和完整的图景。在对新出资料的阅读和它与传世文献的关系上，似应有如下态度：第一，对出土资料应持"精读"态度，拒绝粗放式经营和跑马占地心态，这是一种不值得提倡的学风，其结果只能压缩原本应有的学术深度。第二，传世文献是后人理解相应古代历史的骨骼和魂魄，它是我们对古代历史想象的基本脉络和空间。因此，新资料与传世文献的关系是互补的而非替代的。第三，证明出土资料与传世文献的"同"的价值是有限的，它不过再次证明了一个已经明了的事实，而具有挑战性的"异"则有可能令我们发现历史更多的内容，因此把重点放在"异"处更具有意义。

中国近代史

谢　维

近十年来，仅中国近代史研究论文至少也达 1.5 万篇以上，限于篇幅，这里只能主要从《历史研究》和《近代史研究》中选择部分论文做十分简略的概括和评论。加以个人学识所限，这一述评必会挂一漏万，尚祈读者鉴谅。

民族主义与民族国家

近年来，相当一部分学者认为，现代化是一个从西欧开始向全世界逐渐传播的不可阻挡的进步过程，与之相反，民族主义则往往被视作具有非理性特点的意识形态，它产生于传统时代，尽管有时表现得强劲有力但终将被现代性所克服。然而，虽说世界主义与民族主义确实存在沟通的基础，但历史演变的过程并不是前者逐步克服后者的过程，一旦中外矛盾尖锐和激化，民族主义便会重新抬头。而且，不仅普通民众如此，陈寅恪、胡适、蒋廷黻等西化色彩颇浓的知识精英亦如此。（高力克、桑兵等）

20 世纪三四十年代的中国学人千方百计克服现代化与民族主义之间的冲突，其设想大体可归为两条进路。一是以某种文化特质为核心的文化民族主义，胡适、陈序经、陈寅恪及国家主义派等持之。（欧阳哲生等）二是以悠久的"大一统"及世代延续意识为基础的历史民族主义，章太炎、梁济、蒙文通等持之。（刘巍等）

从现代民族国家建设的角度看，近代中国经历了从宗藩体制到多元一体中华民族的变化过程；这一过程又包括从藩属到边疆的演化。需要指出，不能将清王朝与"中国"对立起来，因为传统中国并不是西方意义中的"帝国"。因此，尽管在近代经营边疆的方式各异，成效不同，但均与西方的殖民扩张有天壤之别。（杨念群、李细珠等）在中华民族与国内各民族关系方面，辛亥革命前革命派与立宪派曾就建立汉民族国家还是多民族国家进行过激烈辩论，而辛亥革命后，孙中山、国民党一方面接受了多民族国家构想，另一方面又认为"五族共和"主张"根本错误"，要求通过民族融合，将各民族合成一大中华民族。（郑大华、李育民）而中共在民族问题上曾有一个从"民族自决"到"民族自治"的变化，似无民族融合的主张。

中共党史

中共对中国社会的根本改造并不是线性的，而是在利用中改造，在改造中利用。其基本方法或可概括为，尽可能利用但也适当限制当地原来就有的社会组织、社会关系和风俗习惯以站稳脚跟，同时动员和组织工农群众；在充分掌控群众后，对原来被利用对象，如宗族、帮会、资产阶级等加强限制和改造。在此过程中，中共改变了传统中国，传统中国也改变了中共。（张永等）

中共党史上"左"的错误大致可分成四类。第一类是政治追责；第二类是受到理想的驱动，如"教条主义"；第三类是在群众运动中发生的；第四类是误判形势，盲目乐观。（郭德宏等）

领导方法是党的建设中的重要环节。对农民党员的教育改造，政策执行中上下级互动及媒介的特殊作用，土改运动中理性与"非理性"、手段与目的，"诉苦"中党的"教化"与农民自我觉醒的辩证关系等，学界都有不少深入分析。（王奇生、李里峰等）

中共干部结构中的三种关系受到集中关注：一是本地干部与外来干部，二是军队干部与地方干部，三是工农干部与知识分子干部。（何友良等）研究者还注意到，在战争年代中共已存在等级制和腐败等现象，为解决这些问题，中共创造出发动群众"整干部"的"运动式民主"和区别于直接选举的"协商式民主"的独特民主形式。（杨奎松、黄道炫等）

国共关系受到四种因素影响。首先是意识形态冲突及包括"话语策略"在内的斗争方式。（邓野等）其次是权力斗争。（王奇生、杨奎松等）再次是国共两党的特殊性质——抗战时期中共具有双重身份，既是全国性的在野党又是区域性的执政党，国民党则是一党专政体制下"永久"执政党。（王建朗、汪朝光）最后是区别于思想观念的、在潜意识中将自己归属于某一党派的政治认同，这在第一次国共合作期间尤为明显。（杨天宏等）以往有一种观点认为，在延安整风后中共从幼年转入成熟，因此从胜利走向新的胜利。近来不少学者质疑这种生物学比喻，指出国共双方在斗争中互有得失，如皖南事变及其善后。他们还注意到，日、美、苏等国的对华政策随时会影响国共两党在斗争中的得失，如重庆谈判；而国民党与美国、中共与苏联的关系既相互交叉，又复杂多变。（沈志华等）

近代政治史

近代政治史有两个主题，一为学西方，二为革命。关于前者，茅海建对戊戌变法前后历史的系列研究较为突出，但其关于公车上书的新说受到房德邻的质疑。而1905年立停科举一事显示了政治高层反倒比中层更加激进；就此而言，是加速变革，而非抗拒变革，导致了辛亥革命。关于后者，1920年代中后期时代潮流发生折变，从清季朝野争学西方转为国民党、共产党、青年党竞言"革命"，且保守与激进的政治分野被道德化为"圣魔两立"。（王奇生）欧美现代化模式的神圣地位受到"革命"的冲击。

晚清以来推行的从政治到行政的一系列制度变革，开始均以学西方（包括欧美、日本及苏俄）为目标，但其中许多后来发生了"逾淮为枳"的本土化变异。例一，因未能处理好"行省"在政治体制中的位置及督抚的双重身份，不仅清末外官改制受挫，且加速了清王朝垮台，并成为民初割据纷争要因。（关晓红）例二，天津商会从"公推"到"票举"的艰难转变（朱英），预示了此后从西式普选到中式"政治协商"的变化。例三，政治继承方面，从世袭制到府院之争（行政与议会权力斗争），再到以"委员会制"之名，行个人独裁之实。（王奇生等）中国历来分权于官，集权于君，最高权力不能分；辛亥鼎革后，世袭制度表面上没有了，选举制度却未能真正建立起来，民国政治遂失去方向。例四，民初政党制度未能建立，反陷入军阀混战和党派斗争泥潭。（杨天宏）国民党亦步北洋后尘，"人才逆淘汰"，党内各派系争斗不止。（曾业英、金以林、罗敏等）总之，从西式政党政治蜕变为中式"派别政治"。相比之下，扎根于偏远乡村、较少西化的中共却清廉许多。例五，经黎元洪与段祺瑞的府院之争，内阁主导遂向武人干政演化。（汪朝光）但武人同样的分裂又使政客有机可乘。（谭群玉）例六，从清末的地方自治变成民国时期既破坏国家统一，又道德沦丧的土豪劣绅地方割据。（邱捷、王先明等）

传统中国虽是专制国家，与现代国家相比却只能算是"小政府"，州县官所办之事中，很大一部分是官府提倡督导，士绅实际经办，即"官督绅办"。近代化启动后，诸如兴学、办团、地方自治等新政，大体上仍采用官督绅办模式。（徐跃等）且在中国近代，"绅"与"商"两种身份有诸多重合，遂演化出官督商办，如绅办之赈务与商办之洋务便可彼此借助。（朱浒）至民国时，类似现象仍所在多有，如营业税之征收。（魏文享）但对旧事物在新时代的"再生"也不必悲观，它既可视为传统的延续，又可视为现代化的进展。

同样延续下来的还有士大夫以天下为己任的精英意识。（许纪霖）反缠足运动主要出自知识分子的要求。（杨兴梅）改良精英和地方政府充分合作，竭力改革戏曲作为控制大众娱乐的一部分。（王笛）教育界也是如此，清末"官学一体"依旧。（左玉河）1932年清华入学考试试题引发舆论不满，不断诉诸"国家"的权威，要求收回国立大学的考试自主权。（罗志田）在文艺领域，民国电影检查制度是通过由自愿而强制、由个例而普遍、由民间而官方、由地方而中央的发展进程，逐步建立起来的。（汪朝光）这与我们习惯假定的政治制度形成顺序恰恰相反，却正表现出知识精英的主动性。在西南联大，教师加入国民党的约占40％，而教授入党的比例更高。（王奇生）实际上，知识分子要求加入国民党，除了由于国民党掌握着学术资源外，还受到专家治国论的影响。（邓丽兰）在基层，晏阳初领导的平民教育和乡村建设运动与国民政府倡导的农村复兴运动也曾相互结合。（孙诗锦）

以自由主义知识分子为主干的第三势力不仅是国共斗争中的配角，他们有时也会像皖南事变后那样具备很大政治能量，并成为国共两党争相拉拢的对象。（邓野）1949年中国自由主义者在美国政府的策划和支持下，组建自由党及新内阁的努力（岳谦厚），表明第三势力的政治影响力主要来自话语权，而后者又可追溯到列强在华势力与西方话语霸权。然而，当国共彻底决裂时，两党的"拉力"和"推力"又可使之一分为二，分别倒向国共，失去独立性。

近代法律史

近年来法律史研究，有两个概念讲得比较多，一个是"司法独立"，另一个是"司法党化"。多数人认为，前者属司法非政治化，是清末民初从英美那里学来的；后者属司法政治化，是1920年代"以俄为师"的结果。但这只是就法律条文而言，如果观察司法实践，则无论前者还是后者，传统的作用更大。如1930年代中期在西方影响难以到达的四川南充偏远乡村，基层法院审理"涉红案"时便表现出了司法独立。（吴燕）同样，司法政治化的传统也被传了下来，甚至清末的司法改革本身就是政治斗争的产物。保路运动兴起后，盛宣怀不仅被罢官，其在各地的私产亦被陆续查封。（朱浒）盛氏这种遭遇显然因其犯了引发社会动荡的政治罪。南京临时政府时期，由于宋汉章案和姚荣泽案，司法总长伍廷芳与无视法律的革命党人陈其美爆发激烈冲突，并且由于孙中山袒护陈氏而辞职。（张礼恒）可见，政治罪并非现代才在中国出现，而司法党化也并非仅仅是以俄为师的结果。尽管如此，"反革命罪"正式进入法律毕竟是一标志。从此以后，"反革命"既是一个相当随意的政治污名，又是一个可以置人于死命的法律罪名。（王奇生）还应指出，其一，司法与政治，只是弹性大小之异，而非善恶之别；其二，南方的"反革命罪"与北方的"赤化"罪，皆为政治罪；其三，制订《反革命治罪条例》原本是一场针对蒋介石的政治表演和司法表演。人们对西方国家竞选时的政治秀十分熟悉，而在武汉国民政府这里既有政治秀，还发展出司法秀。

近代军事史

近年来的军事史研究有三个比较突出的特点。一是重视实践理性。如1930年红军赣湘进军中，红军领导者依据实际情况决定是否执行李立三中央的指令。（何友良）再如，抗战前夜中共中央面对突发事件随时做出不同的乃至相互矛盾的战略决策。（金冲及）二是对前人抱以同情之了解的态度。军事行动总会有多重动机和多种作用，不可以偏概全。福建事变爆发后，中共既想围魏救赵，又欲扩大自己，（黄道炫）不应因后一动机就指责其"教条主义"或"关门主义"。三是避免后见之明。有人认为还在长征途中中共中央已决定落脚陕北，此即以后来的情况倒推此前的历史。实际上，因陕北的条件不适宜红军发展，故就战略意图而论，东征之役仍可视为长征的继续。（邓野）

战争与和平的关系是近年来军事史研究的焦点之一。北洋时期，军阀在有实力时便主张武力统一，无实力时就呼吁和平统一。（杨天宏）从日本投降到全面内战爆发，国共停战的实现缺少真正的内在动因，故和不过是插曲，战才是主旋律。（汪朝光）1946 年的国共南京谈判是在四平之役"蒋军大胜"背景下举行的，因而一开始便注定了"不能议和"的结局。（邓野）总结以上三事，战与和的逻辑关系或可概括为："战争解决问题"是手中掌握军队的各派政治势力共同遵奉的信条；当冲突各方的实力不足以打败对方时，便可能走向和谈；当和谈未能影响实力对比时，便陷入不战不和的局面；当和谈改变了实力对比时，继续谈下去的必要性和条件便被和谈自身所消灭，于是战火重燃。

近代经济史

近年来随着中国经济的迅速发展，学界开始讨论中国模式问题。彭慕兰认为，中国传统经济模式在近代曾有显著变化，并趋向解体。但中国模式仍表明，通向现代世界的道路需要依据其自身的情况决定。李伯重从实证角度论证了，技术革命必定能够引起工业革命的观点是错误的，后者还需要"碰巧"同时具备材料、能源等其他必要条件。李金铮指出恩格尔定律及现代营养摄入标准需根据中国农民的情况做出适当修正。曹树基从多个侧面清晰梳理了复杂的地权问题，可使人进一步思考西方产权理论的适用性。王庆成认为集市数量的增加未必与市场经济发展有关，反而可能与农民贫困有关。

此外，学界继续围绕近代华北农村是衰败或"内卷"还是发展、农民生活水平明显改善还是不断恶化、地权趋向集中还是分散、人地比例是否已达临界点以及农家负债是否加重等问题展开争论。（夏明方、李金铮等）类似争论还有很多。个人觉得，要解决此类问题，一是需要根据中国近代经济史的实际情况设立适当参数；二是需要系统、完整、统计口径一致的序列数据；三是像李伯重建议的，需要用科学方法对零散数据加以整理、分析。

一些研究者不再将现代经济与传统经济视为二元对立、此消彼长的关系，而将新时代的旧事物（如家族企业）看作新旧兼备，将进入中国的洋事物（如股份公司）看作土洋并存。对此我称之为"再生"视角。近代直鲁手工纺织业的发展、天津口岸与区域社会的密切联系、江苏农家经济对近代工业冲击所做的不同反应等（张思、马俊亚等），似乎都说明"再生"视角是可行的。

计划经济思潮和政府干预经济等问题也受到关注。朱荫贵梳理了南京政府时期国家资本股份制企业形成的几种主要途径；金志焕通过中国纺织建设公司揭示了国民政府在民营与国营间的反复无常；肖自力指出了1930年代国民政府实行钨砂统制的政治意义；温锐、李金铮分别论述了国共两党在调控民间借贷问题上的两难处境。其他一些学者则更加侧重对商家主体性的探讨。如民国时期江苏茧行纷争与省议会被毁案透露出丝绸业者反对"过度"竞争，且主动要求政府干预。（朱英）又如基层党政机关以及厂商能够创造性地诠释和利用"新生活运动""国货运动"以谋取利益。（皇甫秋实、付海晏）

近代社会史

在社会结构方面，章清将"省界""业界""阶级"这三个原来分别使用的维度整合成社会重组连续上升的三级台阶。王庆成认为施坚雅的某些理论是有疑问的，中国乡土社区的单位是村落，而非集市圈。显然，中国社会确有独特性，官、绅、民、匪（包括帮会等）四大群体之间的交叉关系即为一例。

城市化方面，李长莉注意到在清末民初，工作时间与休息时间的区分已经开始制度化，并为人们生活及政治活动方式的改变及公共领域的发展提供了"时间"上的条件。江沛则勾勒出天津城市生活的另一个侧面——娼业。落后的人力车与先进的电车之矛盾冲突，及社会与政府对二者的双重同情（王印焕）提示我们，社会公平与经济效率之间永远有矛盾，史学研究既要见

"人"也要见"物"。粪夫变成"粪霸"（杜丽红），则展现了"弱势群体"与"强势群体"的辩证关系。现代政府是大政府，这个"大"不仅表现在干预人们的信仰，也包括有责任解决北平人力车夫生计、污物处理乃至低收入市民居住困难。（唐博）

自 20 世纪 30 年代以来，知识精英便以现代城市为参照，尖锐批评"农村破产"。近年来王跃生等在这方面的研究愈加深入。胡英泽对黄河滩地土地制度的研究使人深刻感受到农民顽强的适应能力和自组织能力。此外，过去的现代化研究多与城市化相关，而虞和平从现代化的角度讨论了乡村建设运动。

市镇介于城乡之间，吴滔叙述了"镇管村"机制的形成、江南基层区划变迁中各种因素的互动，及市镇边界确定中各种人为的非确定性因素。赵世瑜等探讨了江南双林镇士绅权势的分化与转移。

在社会结构中，"官"与"民"似乎是对立的两极。但通过韩志远对试图组织反清武装暴动的末后一着教的描述，可以了解：与高官显宦比，小官吏同平民百姓的社会距离似乎更近一些；不仅有官逼民反，也有官"未逼"而民已反，而且没有明确目标。邓野对北平和平解放前后傅作义心路历程的考察，更使人想到：中共如此迅速地取得胜利实出乎大多数人的意料；傅氏及许多人直到 1948 年底仍不相信中共能够在城市站稳脚跟。

关于士绅和地方精英研究。梁勇、周兴艳分析了士绅群体内部的结构和冲突。就其变化趋势而言，从整体来看，废科举后，原来意义上的"士绅"没有了，但所谓"读书人"或知识精英依旧属于有权势一族。换言之，"读书"或"兴办新学堂"仍是成为权势一族的有效途径，只不过读的书变了。（林济等）

地主城居与否会严重影响其与佃户关系（吴滔），这表明传统的主佃关系绝不是纯经济关系；中农和贫农常身兼雇主与雇工的双重角色；（王先明、牛文琴）真正的佃农不多，有租佃行为的农民却不少。（李金铮）这三项研究证明了在近代农村，地权与"身份"均无法明晰，阶级成分常常是被贴上政治标签的结果。另外，田主与佃农的利益确实存在冲突。国民党一大后，既鼓励兴办农民协会和农民自卫军，又极力扶持和扩大地主绅士把持的民团武装，使社会冲突不断。（梁尚贤）由此可见，所有政策，无论是共产党的阶级斗争还是国民党的阶级合作，作用都是多重的，并相互矛盾。

关于官商关系。辛亥革命后盛宣怀复产交易的努力（朱浒）反映了不少捐赈，尤其是精英的捐赈往往含有其他意图，特别是政治意图。同样，虞洽卿在北伐前后的行为也反映了其潜在的政治投机心理及对政商关系的刻意经营。（冯筱才）这表明国共所说的"大资产阶级"多为有政治地位者；其资产的多寡不具决定性，其对当下政权的态度才是关键。反过来说，政府也有求于商人。当然，政商交易并不总能顺利成交，1924 年广州商团事件宣告了陈廉伯"商人政府"之梦的破灭。（敖光旭）可以说，事件发生的重要原因在于陈廉伯等人低估了国民党改组之后行动力的增强，将此时的广州政府视同于过去的护法军政府。

民国思想界的分裂曾发生两次。第一次发生于五四运动后不久的新文化派内部，但彼此仍藕断丝连；20 年代中后期，思想界第二次分裂。（章清）此后，"国民革命"取代"文学革命"成为时代中心，"左翼"思想界也取代了"新文化"思想界成为"激进派"。对于知识分子的聚散离合，最近的研究表明，同乡、同门、同事、私交等社会维度与"同道"的思想维度均具有重要作用。（杨琥、王天根等）除社会维度外，随着学术共同体的形成，对学术话语权的争夺也会使处境相同者彼此凝聚，使处境相异者彼此分离，并形成学术"权势网络"。（王晴佳等）另外，对自我身份的认同有时会令人改变其主张。胡适挑起"问题与主义"之争，部分原因是被胡视为"他们"的安福系中人甚至也在讲"社会主义"。（罗志田）

学生群体近来也受到注意。从拒俄运动中的"中等社会"到北洋时期救国救民的先锋，"学生"并不等同于在安静校园中吸收知识者。（桑兵等）民初抵货运动中学生同样通常起着先锋队

作用，而商人往往是在其压力下被迫参与运动。（冯筱才）

近年来，区域社会史逐渐受到近代史学者越来越多的关注。篇幅所限，只能简单提及：刘志伟等对沙田与地方权势构建的研究；赵世瑜对大槐树传说与"寻根"关系的研究；郑振满对闽南华侨既国际化又地方化的研究；朱浒对丁戊奇荒与"流动的地方性"的研究；王东杰对移民双重认同的研究：程美宝对地方文化的跨地域性的研究；陈春声等对传说与过去—现在相互构建的研究；梁洪生对某个张氏宗族的"拟制"、宗族内部权势转移及长/短时段相互融合的研究等，皆为代表。

近代思想文化史

近年来不少学者感到归纳分类的思想史研究方法之不足，并注意到，第一，"主义"总是模糊的，"激进主义"之类概念表达的是对变革的态度，并无本质性规定；而"社会主义"等概念则可从平等、公有制、计划经济等不同角度被使用。（郑大华、张太原等）第二，不能将思潮与思想流派画等号（赵立彬），更不能将一个人的思想概括为一个概念、理论或主义。（许纪霖）而两个人的思想完全相同的情况更是从来没有。（唐宝林）第三，概念是不透明的，其含义会变。黄兴涛等通过考察"黄色"等词义之变异，既揭示不同言说者的语用目的，又揭示含义变化与实际历史进程之间的相互作用。第四，话语也是可变的，如关于"中国"的历史论述。（葛兆光）第五，可以从多个角度叙述历史，以揭示历史的更多面相。如通过重述新文化史，王奇生揭示了"英雄"（陈独秀等）与时势（五四学生运动）之间的互动；章清则揭示了边缘对中心的反应。第六，桑兵从不同侧面揭示被"主流叙事"遮蔽的民国学术史。第七，重述学术史经常是为了争夺正统与学术权力，唐鉴重写清代学术史就是如此。（戚学民）

语言运动方面，王东杰深入分析了清末切音字运动和"国语统一"思潮的纠结。彭春凌阐释了辛亥前章太炎独特的语言观。罗志田探讨了后五四时期提倡新文学者的内部论争。

在西学东渐过程中，梁启超将政治与道德含义添加到斯密的"生利"与"分利"理论中（李长莉）；西方反省现代性思潮对追求现代性的各派新文化人产生了交叉性影响（郑师渠）；严复《天演论》将赫胥黎的"群肇于众"改为"群肇于家"（俞政）。这些事例都表明西学传入中国后的变异，我姑且称之为"西学东改"或"西学东变"。另外则是国学在西潮冲击下的变化。从章学诚的"六经皆史"到民国史家的"六经皆史料"（刘巍），从廖平的搅乱经、史到蒙文通"六经非史"并提出古史"三系"一体之说（王汎森），不仅反映了中国近代经学的衰败及其主导地位被史学所取代，而且反映了史学自身的变化。其主要表现为，一是"西经中史"，用取代六经的西学公法通例重新梳理中国历史，如胡适、顾颉刚。（刘巍、王东杰等）二是将中国历史纳入"世界史"，将中国王位纪年纳入基督纪年（即公历），形成二元历法。（邹振环、左玉河等）。三是史学的科学化与民族主义相结合，如傅斯年。（葛兆光、桑兵）

近年来文化史研究的新进展主要表现在，其一，宗教史研究深入探讨了宗教与政治的关系及宗教团体内部的纷争与变化。（陶飞亚、付海晏等）其二，医疗卫生史研究中的分歧主要围绕以下三个方面：中西医关系、传统与现代的关系、华人精英的西方化与部分西人的"中国化"。（胡成、梁其姿等）。其三，心态史研究中开始注意其与思想史的差异，如"自由"等理论概念与"焦虑"等心理现象的区别，社会情绪的突然转向、陡涨陡落和社会"传染"性，"民意"的分歧及其经常被媒介所操纵，等等。（陈廷湘、罗志田等）其四，区别于单向传播（如西学东渐），阅读史揭示了读者的主体性和差异性，如"清流"对"十里洋场"的关注。（潘光哲、王维江）其五，在准确描述历史本来面貌的基础上，开始探究"形象塑造"问题，如商人被塑造成"经济汉奸"（王春英），又如投敌者被塑造为"英雄"。（邓野）

近代中外关系史

在近代，许多人对国际法的态度是矛盾的。一方面，是否心悦诚服地接受和遵守国际法被视为中国向现代化、国际化和法制化转型的标志之一；另一方面，西方列强在国际事务中弱肉强食的做法（包括侵略中国）又总是使近代中国人做不到诚心诚意地接受国际法。（田涛等）时人对大韩帝国灭亡一事的认识便反映了既责己又责人、既学西方又反侵略的矛盾态度。（王元周）因此，晚清政府总是在守约的基础上谋求修约。（李育民、戴东阳等）同时，北洋时期的"修约外交"受到学者较多肯定。（杨天宏、唐启华等）与上述"国际法—不平等条约"视角有所不同，王建朗强调北京政府决定参战标志着中国外交政策从消极到积极的一个重大转变，及抗日战争时期国民政府的大国意识、大国作为和大国地位。

同时，学界进一步探讨了权宜之计式的"以夷制夷"、较为稳定的"连结与国"（结盟）及对"门户开放"政策的利用。由于近代中国实力不济，无论何种外交策略，如清末在东北以美制日（崔志海），又如蒋介石利用日苏矛盾以使其互相牵制（鹿锡俊），均难以达到目标。有时未能制"夷"，反为"夷"制，如在1923－1924年的中苏建交谈判中，苏方谈判代表加拉罕提出的以"中国人民"为外交对象的举措，在不同程度上得到了从激进到保守的各类中国人士的应和，使本来处境艰难的北京政府不得不在一种非常特殊的氛围下进行外交谈判。（何艳艳）而与列强结盟则必定要付出代价，如甲午战后，无论联俄还是联日，皆使其在华势力进一步增强，并干涉中国内政。（茅海建和郑匡民）由此或可归纳出四个结论。其一，在"官""民""夷"三者关系中，"官"可"以夷制夷"或"以民制夷"；"民"亦可"以夷制夷"或"以夷制官"；而"夷"更可"以民制官"或"以官制民"，乃至以中国之官民制其他列强。其二，列强的外交从来都是现实主义的。日本在戊戌政变前拉拢新派，是为了抵制李鸿章等"亲俄派"。20世纪初美国政府支持清廷内袁世凯等改革派势力，亦因其亲美。（崔志海）苏俄构建反帝话语，目的仍在通过反对不平等条约，打破欧美对苏俄的封锁，这对其而言显然存在着确确实实的利益。其三，反帝话语一方面对苏联有利，但另一方面也对中国有利。在1923－1927年的中俄交涉中，北京政府第一次有大国为友，借重苏联以制其他列强，以摆脱条约束缚；此后修约外交的进展均与苏联影响有关。此外，苏联虽从其两次对华宣言后退，但宣言仍令北京政府之清理旧俄条约权益"师出有名"，并使苏方在交涉中做出一些让步。（唐启华）其四，"以夷制夷"的前提是"西与西战"，如修约外交的成果与一次大战有关，而中国的大国地位之获得则与二次大战有关。然而也正因此，中国的外交目标能否达到，最终仍取决于列强；在二次大战后，则取决于美苏，尤其是美国。中国插手英印事务（林孝庭），对朝鲜政策的流产（刘晓原），对越南政策的混乱（罗敏），收回琉球企图的落空（侯中军），皆为明证。

综上所述，近年来的中国近代史研究取得了不少进展，也提出了许多问题；然而正是这些问题展现了学术研究在今后继续进展的前景。

中华人民共和国史

张星星

进入 21 世纪以来，中华人民共和国史（以下简称"国史"）暨中国当代史研究愈益引起学术界广泛关注，取得了显著的成绩和长足的进步，有力地推动了这门新兴历史学科的发展和成熟。在国史学界的共同努力下，对国史学科的性质与定位、内涵与外延、理论与方法等基本问题的研究和认识逐渐明晰化，出版或修订再版了一批具有通史性的国史著作，以《中华人民共和国史编年》为主要代表的资料性研究著作为国史学科发展奠定了更加扎实的史料基础，涵盖各领域、各时期和各重大事件的专史性著作进一步拓展了国史研究视野，制度化的全国性学术交流平台基本形成，各种不同形式、不同层次的学术交流活动愈益活跃，学科前沿的重点和难点问题研究取得了一系列新进展。

一 中华人民共和国史基本问题研究逐步深化

自改革开放初至 20 世纪末，国史研究逐渐兴起并取得丰硕成果，为学科发展奠定了重要基础。这一时期，国史研究在积极探索、奋力开拓的同时，已经开始注意到学科建设的一些基本问题，但从总体上看，研究仍然比较薄弱，学科内涵与外延不够清晰，学科理论与方法尚不成熟，这成为国史研究进一步发展的重要制约因素。新世纪以来，国史基本问题研究愈益引起国史学界重视，诸多学者展开比较广泛深入的研究，取得了显著进展。2001 年 4 月，当代中国史研究杂志社召开"国史研究的理论与方法"学术座谈会，与会学者就国史研究的对象、研究领域、理论与方法、国史与党史的关系，以及"全球史观"、数字化、网络化与国史研究等问题发表了重要看法和意见。① 2009 年 11 月，当代中国史研究杂志社又与安徽行政学院共同举办"中国当代史研究的理论与方法"研讨会，交流了对中国当代史暨中华人民共和国史的定义、分期、主线、学科体系建设等基本问题的看法，并对中国当代政治史、经济史、文化史、社会史、国防史、外交史等分支学科做了更为广泛和深入的探讨。②

近十年来，国史学界发表的关于国史研究基本问题的学术文章有 40 余篇。笔者认为，比较重要的有朱佳木的《国史研究的现状与前景》《共和国史、当代史与现代史三者关系的思考》《论中华人民共和国史研究》等，程中原的《中华人民共和国史研究的回顾与前瞻》《国史研究中的若干理论与方法问题》，张星星的《中华人民共和国史研究的现状》《中华人民共和国史研究述论》，齐鹏飞的《关于"国史"研究和"国史"学科建设若干问题的再认识》，李良玉的《中国当代史研究的几个问题》，郑珺的《国史学理论问题研究述评》等。③ 在上述研究的基础上，对国史的学科性质与定位、内涵与外延、理论与方法等基本问题的认识逐

① 《"国史研究的理论与方法"学术座谈会发言摘要》，《当代中国史研究》2001 年第 3 期。

② 《"中国当代史研究的理论与方法"专题笔谈》，《当代中国史研究》2010 年第 1 期。

③ 朱佳木：《国史研究的现状与前景》，《教学与研究》2002 年第 1 期；《共和国史、当代史与现代史三者关系的思考》，《光明日报》2007 年 3 月 30 日；《论中华人民共和国史研究》，《中国社会科学》2009 年第 1 期。程中原：《中华人民共和国史研究的回顾与前瞻》，《当代中国史研究》2004 年第 5 期；《国史研究中的若干理论与方法问题》，《中国井冈山干部学院学报》2009 年第 3 期。张星星：《中华人民共和国史研究的现状》，《当代中国史研究》2008 年第 2 期；《中华人民共和国史研究述论》，《中国历史学 30 年》，中国社会科学出版社，2008。齐鹏飞：《关于"国史"研究和"国史"学科建设若干问题的再认识》，《中共党史研究》2008 年第 3 期。李良玉：《中国当代史研究的几个问题》，《江苏大学学报（社会科学版）》2007 年第 2 期。郑珺：《国史学理论问题研究述评》，《当代中国史研究》2008 年第 2 期。

渐明晰化，在一些重大问题上认识逐渐趋于一致。

第一，关于国史的学科定位。国史界大多数人认为，中华人民共和国史暨中国当代史属于中国历史学的一门分支学科，是中国古代史、近代史的延续和发展，是中国通史的现代或当代部分。也有学者认为，中华人民共和国史与中国当代史有"明显的区别"："'国史'以政治为主线，在研究对象方面，侧重于上层政治和政策的演变；'当代中国史'的研究范围较为宽广，对社会的主导方面和被主导方面都持一视同仁的态度。"① 这一观点对国史学科概念的理解过于狭窄。中华人民共和国史不仅应当研究作为政治上层建筑的国家历史，同时也必须研究中华人民共和国成立以来各个领域、各个方面发生的历史变迁。有学者指出："中华人民共和国史和中国当代史同样都应该以 1949 年以来中国社会的演变过程、社会面貌的全面变化、社会成员全面参与的生活进步为完整的认知对象，在这一点上两者不应该有任何区别。"② 从狭义上看，中华人民共和国史主要是研究中华人民共和国国家政权的建立和发展的历史；但从广义来说，中华人民共和国史研究应该包括国家成立以来各个领域、各个方面的变迁，如政治制度史、政权建设史、法制史、经济史、科技史、文化史、教育史、社会史、民族史、国防史、外交史等，还要包括疆域、人口、婚姻、民俗的变迁和气候、生态、资源、灾害等自然因素对历史发展的影响。③ 只有从广义上来认识，才能正确地把握国史的学科定位。

第二，关于国史的发展主线。所谓"主线"，就是贯穿中华人民共和国历史始终、影响中华人民共和国发展走向的主要历史

---

① 高华：《叙事视角的多样性与当代史研究——以 50 年代历史研究为例》，《南京大学学报》2003 年第 3 期。

② 李良玉：《中国当代史研究的几个问题》，《江苏大学学报（社会科学版）》2007 年第 2 期。

③ 朱佳木：《关于中国当代史学科建设中的几个问题》，《当代中国史研究》2003 年第 11 期。

脉络。主要有三种观点：一种观点认为，国史研究的主线应当侧重于《中华人民共和国宪法》第一条对国家性质的科学论断，着重研究中华人民共和国作为"工人阶级领导的，以工农联盟为基础的人民民主专政的社会主义国家"建立、巩固和发展的历史及其规律；① 另一种观点认为，应当以建立、巩固和发展人民民主专政的社会主义国家，探索和形成建设中国特色社会主义道路，建设社会主义现代化强国为主线，"一种更简明的表述是：中国特色社会主义的奠基、开创和发展"；② 第三种观点认为，"国史的主线至少有三条，即探索中国社会主义的发展道路，争取早日实现中国的工业化和现代化，维护中国的国家安全、主权和领土完整……这三条主线既相互区别又相互联系，共同影响和左右着国史的发展，共同决定着我们国家始终以中国最广大人民的利益和中华民族的利益为自己的最高利益"。③

第三，关于国史的历史主流。任何历史发展都不可能是直线前进的，都会有前进有曲折、有成功有失误、有主流有支流。新中国的60多年，中国人民在中国共产党和人民政府的领导下，确立了社会主义基本制度，建立起独立的比较完整的工业体系和国民经济体系，特别是在改革开放的历史新时期，探索和开创了中国特色社会主义道路，使中国经济总量跃至世界第二，取得了举世瞩目的辉煌成就。这无疑是国史的发展主流。肯定国史的主流，就应当把国史研究的重点放在肯定成就、总结经验上，通过对成就和经验的科学总结，增强坚持中国特色社会主义的信念和信心。当然，对国史中的支流，即探索过程中的失误和曲折，也不应该回避，应当实事求是地加以研究和总结。

第四，关于国史研究的理论和方法。中华人民共和国是在中

① 杜蒲：《中华人民共和国史研究与编纂工作的新开端》，《中共党史研究》1991年第1期。
② 程中原：《中华人民共和国史研究的回顾和前瞻》，《当代中国史研究》2004年第5期。
③ 朱佳木：《论中华人民共和国史研究》，《中国社会科学》2009年第1期。

国共产党领导下，以马克思主义及其中国化的理论成果为指导建立和发展起来的新型人民共和国。国史研究既要坚持以马克思主义的历史唯物主义为科学指南，又要坚持以马克思主义理论特别是马克思主义中国化的理论成果为指导思想，才能正确地认识和把握中华人民共和国的奋斗历程、成功经验和发展规律。同时，国史研究作为历史学的分支学科，也要认真学习继承中国历史学的宝贵遗产，借鉴政治学、社会学、人类学、心理学等学科的研究方法，在继承中发展，在借鉴中创新。①

二 中华人民共和国史通史性著作的出版和再版

进入新世纪以来，国史学界对编纂和出版中华人民共和国史著作继续给予了高度重视。据笔者收集和检索到的单卷本国史著作有 20 个不同版本，其中绝大部分是高等学校或党校教师编写的国史教材。

作为中国通史配套教材编写出版的国史著作主要有杨先材主编的《中国历史·中华人民共和国卷》（高等教育出版社，2001，列为张岂之主编《中国历史》的第 6 卷），周新国主编的《中国通史·中华人民共和国史》（中州古籍出版社，2004，同时出版的还有《中国通史·中国近代史》《中国通史·中国现代史》）。这一新的教材样式显示了中国史学界和高等院校历史专业对中华人民共和国史学科地位的肯定与认同。

再版或修订、增订再版的单卷本国史著作主要有金春明著《中华人民共和国简史》（中共党史出版社 2001 年出版，2004 年增订再版），靳德行主编的《中华人民共和国史》（河南大学出版社 2004 年出版第二次修订本，因原主编靳德行已逝，此次修订工作由原书副主编秦英君主持），何沁主编的《中华人民共和国史》

① 张星星：《中华人民共和国史研究述论》，《中国历史学 30 年》，中国社会科学出版社，2008，第 79、81 页。

（高等教育出版社2009年出版经增订的第三版），陈明显在20世纪末出版《中华人民共和国史》《新中国50年》基础上主编的《中华人民共和国史教程》（中国人民大学出版社，2009），陈述先后著有3种国史著作，即中共中央党校出版社2004年出版的《中华人民共和国历史简编》、中共党史出版社2009年8月出版的《中华人民共和国史》（约20万字）和人民出版社作为"庆祝新中国成立60周年重点图书"于2009年9月出版的《中华人民共和国史》（70余万字）。

初版的国史著作主要有庞松主编的《简明中华人民共和国史》（广东教育出版社，2001），励维志主编的《中华人民共和国史》（高等教育出版社，2002），高平平主编的《中华人民共和国史简明教材》（同济大学出版社，2005），欧阳国庆、张雪娇、刘桂凤著《中华人民共和国史简明教程》（湖南人民出版社，2007），齐鹏飞主编的《中华人民共和国史》（中国人民大学出版社，2009），李安增、李先明主编的《中华人民共和国史纲》（山东人民出版社，2011），还有郭大钧主编的《中国当代史》（北京师范大学出版社，2007），王玉贵、朱蓉蓉主编的《中国当代史教程》（北京群言出版社，2007），梁仁主编的《简明中国当代史》（广东人民出版社，2007），等等。单卷本国史教材的增多，显示了国史教学在高等学校中地位的提升。

新中国成立60周年前后，有两种比较重要的多卷本国史著作问世。一种是张静如总主编的《中华人民共和国发展史》（青岛出版社，2009），该书共6卷，近400万字，以图文并茂的形式较为全面地反映了新中国60年的历史画卷。一种是郑谦主编的《中华人民共和国史》（人民出版社，2010），该书也是6册，300余万字，以比较严谨的研究和论证记述了新中国的发展历程。这两部书的作者主要是中共中央党史研究室和中共中央党校多年从事党史、国史研究的学者，其中有几卷（册）的主要作者是重合的。这两部书有一个共同点，就是都把新中国60年的历史以1978年中共十一届三中全会为标志，分为前后衔接、一脉相承的两个时期,① 又把两个时期各分为 3 个阶段,6 卷(册)的时间分期也是基本一致的;两部书不同的特点主要是,张静如总主编的《中华人民共和国发展史》采取了注重通俗生动的图文并茂形式,郑谦主编的《中华人民共和国史》则采取了比较规范的学术著作形式。两部书各具特色,相得益彰,为国史著作编纂做出了有益的探索和贡献。当然,由于篇幅较大、编撰时间较短,两部书的个别卷(册)难免有粗疏之处。

另一种多卷本国史著作是刘国新、贺耀敏、刘晓、武力等主编的 9 卷本《中华人民共和国史长编》(天津人民出版社,2010)。该书系在广西人民出版社 1994 年版 4 卷本《中华人民共和国历史长编》基础上增编、修订而成。其第 1 - 6 卷分为 6 个时期,以"总论""重大事件""文献资料"等形式,概括了各阶段的历史概貌、阶段性特征、主要成就和经验教训,参照中国传统史学的纪事本末体写法,叙写了各时期重大事件的起因、过程和结局,并附有各时期的"国史研究论著索引"。第 7 卷为"人物卷",主要吸收中国传统史学纪传体的长处,为新中国历史上的杰出人物和英雄模范立传,通过这些反映时代特征的人物活动再现历史。第 8 卷和第 9 卷为"大事记",借鉴中国传统史学的编年体,以时间为经,记述了新中国各时期的重要事件。该书力图以多种体裁、多侧面地展现新中国历史风貌,在形式和内容上都做出了积极的探索和尝试。

三 《中华人民共和国史编年》在历史编纂学上的创新

编纂出版《中华人民共和国史编年》(以下简称《国史编年》),是 2001 年 12 月经中共中央书记处原则批准的重大国史编纂项目。该书编纂工作自 2002 年启动,2004 年由当代中国出版社

---

① 张静如总主编、庞松著《中华人民共和国发展史》第 1 卷,第 1 页;郑谦主编、庞松著《中华人民共和国史(1949 - 1956)》,第 2 页。

出版1949年卷，到2011年已出版至1959年卷，共11卷，逾1100多万字。《国史编年》按年设卷，采用纲目体，逐日记述新中国历史上政治、经济、文化、科技、教育、卫生、民族、社会、人口、宗教、疆域、地理、区划、灾害、气候、生态、资源、国防、军事、外交、对外关系和国际反应等诸方面大事。该书由纲文、目文、注释、文献、图片、附录等部分组成，在史料选用上广泛搜集各种公开史料，并认真加以考证、校勘，同时在中央档案馆大力支持下，1951年卷之后各卷均用较大篇幅披露了一批尚未公开过的档案文献，以真实地记述国史各领域的重大史事。

2009年新中国成立60周年前夕，当代中国研究所在人民大会堂举行《国史编年》出版座谈会。全国人大常委会原副委员长顾秀莲，新闻出版总署署长柳斌杰，中央文献研究室原主任逄先知、滕文生，以及中央机关、科研机构、高等院校的领导和专家50余人出席了座谈会。与会学者认为，《国史编年》既坚持马克思主义唯物史观的理论指导，又继承和发扬中国历代治史、修史的优良传统，凭借翔实可信的弘富史料和严谨缜密的编纂工作，确保了这部史书成为一部资料翔实、编纂有法、可以传之久远的新中国编年史；同时认为，《国史编年》以编年体史籍为矩矱，复取纲目体、纪事本末体史书之所长，既继承发扬古代史家重视史表的优良传统，又与时俱进，融域外史籍编纂之所长，合纲文、目文、文献、注释、史表、图片、附录为一体，年经事纬，纲举目张，实现了编年体史书编纂体裁的成功创新。也有学者指出，《国史编年》的出版应当是国史研究中的一个里程碑，标志着国史研究这门在改革开放进程中应运而生的新兴学科，正在从初创和初具规模走向兴盛与成熟。① 与会学者也就该书的编写凡例、史料筛选、人名注释、索引编列等问题提出了进一步改进的建议。

其他以编年体形式编著的资料性国史书比较重要的还有：中

---

① 《〈中华人民共和国史编年〉出版座谈会发言摘要》，《光明日报》2009年9月9日。

共中央党史研究室编写的《中华人民共和国大事记（1949－2009）》（人民出版社，2009），齐鹏飞、杨凤城主编的《当代中国编年史（1949－2004）》（人民出版社，2007），廖盖隆主编的《中华人民共和国编年史（1949－2009）》（人民出版社，2010），徐达深、张树军、蒋建农等总主编的5卷10册、550余万字的《中华人民共和国六十年实录》①（吉林人民出版社，2009），新华月报社编的《中华人民共和国大事记（1949－2004）》（人民出版社，2004）和《新中国60年大事记》（人民出版社，2010），等等。其中新华月报社所编的两种大事记，主要取材于《新华月报》杂志，虽也参阅了其他已出版或公布的书刊和文献资料，但不可避免地在资料选用上有一定的局限性。

这里还要提到四川人民出版社2003年出版的浩浩50卷、洋洋2000万字的《中华人民共和国日史》。该书按日记事，每天一页，每年一卷，组织了150多人的编写队伍，历经3年多的编撰，并报国家权威部门三次审改，是迄今规模最大、字数最多的一套国史书。但是，该书对史事的记述主要来源于《人民日报》《光明日报》、新华社报道等，且缺乏认真考订、校勘和研究，遗漏和错讹之处较多，与"日史"之称谓相去甚远。2008年，张金才在《当代中国史研究》第3期发表《对编纂资料性国史书的几点思考——以〈中华人民共和国日史〉为例》，对该书做出了比较细致的分析和批评。

此外，不少学者还尝试以新的形式记述和反映新中国历史。如魏宏运主编的7卷本《国史纪事本末》（辽宁人民出版社，2003），中共中央党史研究室、中国国家博物馆编著的《中华人民共和国历史图志》（上海人民出版社，2009），朱佳木任编委会主任、张星星等主编的《中国巨变（1949－2009）》大型画册（当代中国出版社，2009），吕章申、郭德宏主编的《图说新中国

---

①　该书系在徐达深总主编的《中华人民共和国实录》（吉林人民出版社，1996）基础上修订、增编而成。

60 年》（四川人民出版社，2009），汪新等编著的《中华人民共和国史图画读本》（华文出版社，2009），等等。这些图书的出版不仅丰富了国史著作的样式，对拓展国史著作的社会功能也有十分重要的意义。

四 中华人民共和国史各类专史性著作拓展了研究覆盖

新世纪以来，随着国史研究的拓展和深入，集中研究和反映某一领域、某一时期或某一重大事件的专史性国史著作逐渐增多。比较有影响的如肖国亮主编的《中华人民共和国经济史》（华文出版社，2004），武力主编的《中华人民共和国经济史》（中国时代经济出版社，2010），何东昌主编的《中华人民共和国教育史》（海南出版社，2007），军事科学院军事历史研究所编著的《中华人民共和国军事史要》（军事科学出版社，2005），谢益显主编的《中国当代外交史（1949－2009）》（中国青年出版社，2009）；杨胜群、陈晋主编的《五十年的回望：中共八大纪实》（三联书店，2006），张素华的《变局——七千人大会始末》（中国青年出版社，2006），朱佳木的《我所知道的十一届三中全会》（当代中国出版社，2008），罗平汉的《土地改革运动史》（福建人民出版社，2005）、《农业合作化运动史》（福建人民出版社，2004）、《农村人民公社史》（福建人民出版社，2006）等；李正华的《中国改革开放的酝酿与起步》（当代中国出版社 2002 年版，方志出版社 2007 年版），李妍的《对外开放的酝酿与起步（1976－1978）》（社会科学文献出版社，2008），中共中央党史研究室第三研究部编著的《中国改革开放史》（辽宁人民出版社，2002），郑有贵等主编的《一号文件与中国农村改革》（安徽人民出版社，2008），等等。

特别是在 2008 年纪念改革开放 30 周年和 2009 年庆祝新中国成立 60 周年前后，相关国史图书的出版形成了高潮。纪念改革开放 30 周年的主要国史著作有魏礼群主编的《中国经济体制改革30年回顾与展望》（人民出版社，2008），张卓元、郑海航的《中国国有企业改革30年回顾与展望》（人民出版社，2008），吴晓灵主编的《中国金融体制改革30年回顾与展望》（中山大学出版社，2008），刘佐的《中国税制改革三十年》（中国财政经济出版社，2008），傅自应的《中国对外贸易三十年》（中国财政经济出版社，2008），陈锡文等著《中国农村改革30年回顾与展望》（人民出版社，2008），顾明远主编的《改革开放30年中国教育纪实》（人民出版社，2008），万刚主编的《中国科技改革开放30年》（科学出版社，2008），宋晓梧主编的《中国社会体制改革30年回顾与展望》（人民出版社，2008），郑功成的《中国社会保障30年》（人民出版社，2008），中共中央国家机关工作委员会编著的《伟大历程——中央国家机关改革开放30年回顾与展望》（人民出版社，2008），杨贵华主编的《中国人民解放军改革发展30年》（军事科学出版社，2008），郑启荣编著的《改革开放以来的中国外交（1978-2008）》（世界知识出版社，2008），等等。

在庆祝新中国成立60周年前后出版的国史图书主要有韩大元编著的《新中国宪法发展60年》（广东人民出版社，2009），杨一凡等著《中华人民共和国法制史》（社会科学文献出版社，2010），陈东琪主编的《共和国经济60年》（人民出版社，2009），李扬主编的《新中国金融60年》（中国财政经济出版社，2009），谢旭人主编的《中国财政经济60年》（经济科学出版社，2009），刘佐的《新中国税收六十年》（中国财政经济出版社，2009），裴长洪的《共和国对外贸易60年》（人民出版社，2009），贺绍俊的《共和国60年文化发展》（中国大百科全书出版社，2009），刘成俊、刘源的《新中国国防和军队60年》（人民出版社，2009），王逸舟、谭秀英主编的《中国外交60年》（中国社会科学出版社，2009），等等。这些图书大多由有关部门或领域的领导、专家主持编写，既提供了丰富史料，又有较高的权威性。

在专题史著作方面，特别值得提到的是由郭德宏等主编的5卷本《中华人民共和国专题史稿》。① 该书由中共中央党校、中共中央党史研究室、中共中央文献研究室、中国社会科学院、当代中国研究所、军事科学院、国防大学、北京大学、中国人民大学等单位的70多位党史、国史知名专家撰稿，书列130多个研究专题，270余万字，各专题各自独立又相互关联，通过不同侧面揭示历史全貌，可谓新世纪国史专题研究的一部鸿篇巨制，2008年荣获首届中国出版政府奖图书奖。经过2009年修订再版，该书除根据最新研究动态对原专题做了修改补充或重写外，还进一步充实了经济史、社会史、文化史等方面的内容。

五　中华人民共和国史制度化学术交流愈益活跃

2001年9月，当代中国研究所（以下简称"当代所"）于国庆节前夕举办了首届中华人民共和国国史学术年会（以下简称"国史学术年会"），主题为"'三个代表'与国史研究"。虽然这次年会入选论文的25名作者主要来自当代所，但由此发展成为面向全国征文、每年举办一届的制度化学术交流平台。第二届国史学术年会于2002年9月在当代所举办，主题为"中国共产党与新中国建设"，共收到来自各地的应征论文105篇，经论文评审委员会评审入选61篇。2003年9月，当代所与江西省社会科学院在井冈山联合举办第三届国史学术年会，主题为"中国特色社会主义：奠基、开创、发展"，入选论文58篇。2005年9月，当代所、中华人民共和国国史学会（以下简称"国史学会"）与江苏省社会科学院、中共无锡市委在无锡联合举办第五届国史学术年会，主题为"当代中国成功发展的历史经验"，入选论文68篇。2006年9月，当代所、国史学会与湖南省社会科学院、中共

---

① 郭德宏等主编《中华人民共和国专题史稿》，四川人民出版社2004年出版，2009年作为"庆祝新中国成立60周年百种重点图书"修订再版。

长沙市委在长沙联合举办第六届国史学术年会，主题为"毛泽东与中国社会主义建设规律的探索"，入选论文85篇。2007年9月，当代所、国史学会与陕西省地方志办公室、中共延安市委在延安联合举办第七届国史学术年会，主题为"国史研究中的重点难点问题研究述评"，入选论文61篇。2008年9月，当代所、国史学会与中共浙江省委党史研究室在杭州联合举办第八届国史学术年会，主题为"中共十一届三中全会与当代中国的历史发展"，入选论文82篇。2010年9月，当代所、国史学会与中国地方志协会、广东省地方志办公室在广州联合举办第十届国史学术年会，主题为"中国当代史研究与地方志编纂"，入选论文78篇。国史学术年会的创办，有力地推动了国史研究的发展和繁荣，促进了各界和各地国史工作者的学术交流，学术影响和社会影响不断扩大，发挥了积极的导向作用，成为国史学界每年一度的学术盛会。

与创办国史学术年会相配合，当代所还于2004年中华人民共和国成立55周年、2009年中华人民共和国成立60周年之际，先后举办了每五年一次的当代中国史国际高级论坛。2004年9月，当代所举办了首届当代中国史国际高级论坛暨第四届国史学术年会，主题为"当代中国与它的外部世界"，来自内地的30位学者，来自台、港、澳地区的4位学者，来自美国、俄罗斯、瑞典、澳大利亚、日本、马来西亚的16位国外学者，应邀向论坛提交了论文并与会，另有160多位国内学者和高等院校研究生列席并旁听了论坛。2009年9月，当代所举办第二届当代中国史国际高级论坛暨第九届国史学术年会，主题为"当代中国与它的发展道路"，来自内地的34位学者，来自台、港、澳地区的3位学者，来自美国、俄罗斯、瑞典、德国、澳大利亚、日本、韩国、印度的17位国外学者，应邀向论坛提交了论文并与会，另有约200位国内学者和高等院校研究生列席并旁听了论坛。当代中国史国际高级论坛的举办，顺应了中国国际地位不断提高新形势，加强了国内外相关学者的相互了解和学术交流，为扩大中华人民共和国史研究在国际学术界的影响力做出了积极贡献，成为高规格、高水平、高质量的国际论坛。

配合重要纪念活动开展学术研讨和交流，是中华人民共和国史学科的显著特色之一。一是纪念党和国家主要领导人的诞辰，如2003年12月当代所举办纪念毛泽东诞辰110周年学术报告会，2004年7月当代所举办纪念邓小平诞辰100周年学术座谈会，2005年5月当代所举办纪念陈云诞辰100周年学术座谈会，2006年至2010年当代所与有关单位合作联合举办了4届"陈云与当代中国"学术研讨会。二是纪念党和国家的重大纪念日，如2004年9月当代所与中共中央党史研究室、中国延安精神研究会联合主办庆祝中华人民共和国成立55周年座谈会，2006年当代所与中国延安精神研究会联合召开庆祝中国共产党成立85周年座谈会，2009年9月国史学会与中国史学会联合举办"新中国60年历史"学术研讨会。三是纪念中华人民共和国史上的一些重大事件，如2006年9月当代所与国史学会联合举办纪念中共八大召开50周年学术座谈会，2010年11月国史学会与中国军事科学学会军事历史分会联合举办纪念中国人民志愿军抗美援朝出国作战60周年学术报告会，等等。

六　中华人民共和国史重点难点问题研究取得新进展

进入新世纪以来，随着国史研究学术成果的日渐增多和研究深度的逐步拓展，中华人民共和国历史上一些重大问题的研究取得了显著进步，形成了一些引起广泛关注的研究热点。仅择其要者概述如下。

1. 关于抗美援朝战争的历史评价。抗美援朝战争是新中国成立后被迫进行的第一场战争，创造了世界战争史上以弱胜强的典范，保卫了国家的和平建设。近些年来，随着新材料的披露和研究视野的开阔，抗美援朝战争研究已由集中于战史研究转为从战史、军史、外交史、国际关系史、政治史、经济史等多角度、全方位的研究，对朝鲜战争起因、抗美援朝出兵决策、抗美援朝战争评价等重大问题达成了基本一致的认识。但也有人声称，中国出兵抗美援朝，是在苏联领导人鼓动下毛泽东的个人决断；抗美援朝没有达到战略目标，最多打了个平手；抗美援朝得不偿失，妨碍了国内经济建设，贻误了解放台湾的时机，影响了中国与世界的交往。李捷、齐德学、孟照辉等在《当代中国史研究》《军事历史》等刊物撰文，以翔实的资料和严谨的分析批评了上述错误观点。①

2. 关于由新民主主义向社会主义的过渡。由新民主主义向社会主义的过渡涉及对过渡时期总路线、生产资料私有制社会主义改造、优先发展重工业战略和社会主义计划经济体制建立等重大问题，其核心是如何认识新中国对社会主义道路的历史选择和社会主义基本制度的确立。新世纪以来，这些问题仍是学术界研究的重点和热点。多数学者认为，提前由新民主主义向社会主义过渡，抓住了当时的历史时机，是符合中国实际和发展要求的必然之举，并从主要矛盾的变化、国营经济的壮大、国家工业化的要求、有利的国际环境等方面来分析提前过渡的原因，强调优先发展重工业的战略选择和社会主义计划经济体制，是当时落后的农业国加快实现工业化的必由之路，必须放在当时的历史条件下来认识。②

3. 关于新中国成立初期思想文化领域的斗争。新中国成立初期思想文化领域的几场大规模批判斗争中，确实存在混淆思想问题、学术问题与政治问题界限的现象，产生了严重的消极影响。近年来，有些人把建国初期的知识分子政策和文化政策，说成是"消灭知识分子的独立人格"，"取消知识分子的独立话语权"。③

---

① 参见齐德学、郭志刚《抗美援朝战争研究述评》，《当代中国史研究》2007 年第 6 期；张星星主编《抗美援朝：60 年后的回眸》，当代中国出版社，2011。

② 参见黄爱军《新民主主义社会提前结束原因研究述论》，《中共党史研究》2004 年第 1 期；王建君《新民主主义向社会主义转变研究综述》，《北京党史》2005 年第 1 期；赵士刚《新民主主义向社会主义提前过渡原因研究述评》，《中共党史资料》2007 年第 4 期。

③ 万同林：《1995：胡风事件对中国现代知识分子的影响》，《海南师范学院学报（哲学社会科学版）》2007 年第 1 期。

多数学者认为，在新中国成立之初的历史条件下，在思想文化领域中肃清帝国主义、封建主义和资产阶级的思想影响，进行辩证唯物主义和历史唯物主义的宣传和教育，从总体上看是符合社会发展要求的。通过这些工作，使思想文化领域中与新社会不相适应的旧思想受到了强烈冲击，使马克思主义占据了意识形态领域的指导地位，在全国形成了革命的、健康的、朝气蓬勃的社会道德风尚。这些应当以历史唯物主义的观点从总体上予以肯定。①

4. 关于探索适合中国国情社会主义建设道路的成就和经验。以毛泽东为核心的第一代中央领导集体对适合中国国情的社会主义建设道路的探索和社会主义建设取得的重要成就，是1956－1966年开始全面建设社会主义时期10年历史的主流，探索中形成了一系列正确的和比较正确的关于社会主义建设的理论观点，为新时期开创中国特色社会主义道路提供了正反两方面历史经验。这方面的代表性著作主要有逄先知和金冲及主编的《毛泽东传（1949－1976）》、龚育之的《从毛泽东到邓小平》② 等。多数学者认为，从毛泽东发表《论十大关系》开始的探索实践，探索中取得的理论成果和经验，以及探索中取得的建设成就和奠定的物质技术基础，都应当放在新中国60多年的整个探索历程中来思考和认识。③

5. 关于反右派斗争的扩大化。反右派斗争扩大化是在探索适

① 参见孙丹《建国初期知识分子思想改造运动研究述评》，《当代中国史研究》2008年第3期；刘建美《新时期以来关于电影〈武训传〉批判运动研究述评》，《北京党史》2008年第1期；刘仓《1954年对俞平伯〈〈红楼梦〉研究〉批判运动研究述评》，张星星《胡风事件研究述评》，《中共党史资料》2008年第1期。

② 龚育之：《从毛泽东到邓小平》，中共党史出版社，2002年增订新版。

③ 参见李捷《毛泽东对中国社会主义建设规律的探索》，《当代中国史研究》2006年第6期；刘智、王为衡《中共第一代中央领导集体关于中国社会主义建设道路探索研究述评》，《国史研究中的重点难点问题研究述评》，当代中国出版社，2008，第78页。

合中国国情社会主义建设道路刚刚起步之时发生的第一次失误，是阶级斗争扩大化错误的肇源。新世纪以来关于反右派斗争的研究主要集中在全党整风与反右派斗争的关系、由全党整风转向反右的原因、反右派斗争扩大化的主客观原因和严重后果等问题上，特别是深刻总结了反右派斗争扩大化错误的沉痛教训。目前争论的焦点是，发动反右派斗争是毛泽东"引蛇出洞"的"阴谋"，还是确有极少数右派分子放肆地发动进攻。有人认为，当时"并没有什么资产阶级猖狂进攻需要'打退'"，甚至把发动反右派斗争完全归结于毛泽东的"阴谋"。[①] 多数学者认为，这种观点离开当时具体的历史背景，是不符合历史实际的。[②]

6. 关于"大跃进"运动和人民公社化运动。"大跃进"运动和人民公社化运动是在探索适合中国国情社会主义建设道路过程中发生的严重失误，其主要原因是忽视了客观经济规律，脱离了中国基本国情。对于这些基本结论，研究者的认识是比较一致的。主要的不同观点在于：关于"大跃进"和人民公社化运动的起因，有的同志主要强调领导集体与基层群众"头脑发热"的互动，有的则认为群众的"高昂热情"和"首创精神"充其量只是领导者伟大构想的具体化；关于"大跃进"和人民公社的影响，有的同志主要强调其造成的重大损失，有的则认为不应当完全抹杀这一时期取得的一些建设成就；关于"大跃进"和人民公社化运动与国民经济三年严重困难的关系，多数学者认为这确实是造成 1959－1961 年严重经济困难的主要原因，但也不同意否认"自然灾害"影响的观点。[③]

---

①　胡平：《禅机：1957 年的苦难祭坛》，广东旅游出版社，2004；李慎之：《毛泽东与反右斗争》，《炎黄春秋》2008 年第 7 期。

②　谈家水：《反右派斗争研究述评》，《党史教学与研究》2008 年第 2 期。

③　黄爱军：《"大跃进"运动发生原因研究述评》，《当代中国史研究》2005 年第 1 期；刘德军：《近十年农村人民公社研究综述》，《毛泽东思想研究》2006 年第 2 期；辛逸：《人民公社研究述评》，《当代中国史研究》2008 年第 1 期。

7. 关于"文化大革命"和"文化大革命"的十年。"文化大革命"的起因问题一直是学者研究的重点和难点，有学者撰文系统梳理了关于"文化大革命"起因的研究成果，分析了在这一问题上的主要不同观点。① 党内健康力量和广大干部群众对"文化大革命"的抵制和斗争，一直受到学者较多关注，认为党内健康力量和社会主义制度根基的存在，成为最终纠正"文化大革命"错误的重要基础。将"文化大革命"同"文化大革命"时期区分开，是多数学者的看法，有学者指出，尽管"文化大革命"对经济建设造成严重干扰和巨大破坏，但 10 年期间的工业、农业和科学技术仍然取得了一定程度的发展。②

8. 关于中共十一届三中全会的历史转折。中共十一届三中全会，是新中国历史上具有深远意义的伟大转折。新世纪以来，对十一届三中全会及其历史地位的研究取得了丰硕的成果。研究中主要提出了以下观点：邓小平《解放思想，实事求是，团结一致向前看》的讲话，实际上成为十一届三中全会的"主题报告"，是"开辟新时期新道路、开创建设有中国特色社会主义新理论的宣言书"；全会确立的解放思想实事求是的方针、党和国家工作重心的转移和实行改革开放等一系列重大决策，标志着重新确立了马克思主义的思想路线、政治路线和组织路线；全会确立了邓小平的核心领导地位，形成以邓小平为核心的第二代中央领导集体；全会成为邓小平理论形成和发展的历史起点。③

9. 关于邓小平南方谈话和建立社会主义市场经济目标的确立。在近年的研究中主要形成了以下认识：南方谈话深刻地回答

---

① 吴超：《"文化大革命"起源研究述评》，《北京党史》2008 年第 3 期。

② 陈东林：《"文化大革命"时期国民经济状况研究述评》，《当代中国史研究》2008 年第 2 期。

③ 徐永军：《邓小平与十一届三中全会研究述评》，《党的文献》2003 年第 2 期；李正华：《中共十一届三中全会研究述评》，《当代中国史研究》2008 年第 2 期。

了长期束缚人们思想的许多重大认识问题，是"把改革开放和现代化建设推进到新阶段的又一个解放思想、实事求是的宣言书"；南方谈话为中共十四大奠定了思想理论基础，为最终明确建立社会主义市场经济体制的改革目标起了决定性作用；南方谈话作为《邓小平文选》的终卷篇，可以说是全书的纲领和总结，成为邓小平理论走向成熟的重要标志；以南方谈话和中共十四大为标志，中国的改革开放和社会主义现代化建设事业进入了一个新阶段。①

10. 关于深化改革开放史研究。改革开放是新时期最鲜明的特点，是决定当代中国命运的关键抉择，是新时期以来取得一切成绩和进步的根本原因。胡锦涛在 2007 年中共十七大报告和 2008 年纪念十一届三中全会召开 30 周年大会上的讲话中，两次以"十个结合"总结和阐述了改革开放的宝贵经验。这"十个结合"深刻揭示了中国改革开放取得成功的关键和根本，对深化改革开放史研究具有重要指导意义。多数学者认为，要认真领会和把握好"十个结合"，进一步加强和深化对改革开放的历史研究，坚定走中国特色社会主义道路的决心和信心。

七 加强和深化中华人民共和国史研究的思考

在新的历史条件下，国史研究面临着良好的发展机遇。随着中国综合国力的快速提高，中国道路、中国经验越来越引起人们的广泛关注；全国高等院校"中国近现代史纲要"课程的普遍设立，对国史研究提出了更高的要求。面对这些新的形势，必须进一步加强和深化中华人民共和国史研究。

第一，坚持以马克思主义特别是马克思主义中国化的理论成果指导国史研究。中华人民共和国是在中国共产党领导下，以马

---

① 郭思敏、王颖：《邓小平南方谈话研究述评》，《邓小平研究述评》，中央文献出版社，2003。

克思主义为指导建立和发展起来的新型人民共和国。国史研究既要坚持以马克思历史唯物主义为科学指南，又要坚持以马克思主义特别是马克思主义中国化的理论成果为指导思想，才能正确地认识和把握中华人民共和国的奋斗历程、成功经验和发展规律。中国共产党在领导中华人民共和国建设和发展过程中，坚持把马克思主义普遍原理同中国的具体实际和时代特征相结合，在坚持和发展毛泽东思想的基础上，又创立了包括邓小平理论、"三个代表"重要思想和科学发展观的中国特色社会主义理论体系。这些马克思主义中国化的理论成果既为中华人民共和国的建设和发展指明了前进的方向，也为深入研究和总结国家发展的历史经验，提出了新的时代课题。要站在马克思主义的基本原理与中国的具体实际和时代特征相结合的高度，研究和总结中华人民共和国历史，国史研究工作者就要有更加坚定的马克思主义理论信仰，有更高的马克思主义理论水平，更加自觉地坚持和运用马克思主义的立场观点方法。

第二，进一步明确中华人民共和国史的学科定位。国史研究历经30多年的蓬勃发展，已经取得令人瞩目的学术成果，奠定了比较坚实的学科基础，形成了比较完善的学科体系。但是，在国家的学科目录和研究生的培养专业中尚没有中华人民共和国史的独立地位，这已经成为影响和制约学科发展的重要因素。把中华人民共和国史独立列为历史学的二级学科，已成为几乎所有国史工作者的共识。据当代中国研究所2001年进行的千人国史问卷调查，认为中国公民有必要或很有必要了解中华人民共和国史的占98%，对国史有兴趣或非常有兴趣的占88%，认为有必要在大学、中学开设国史专业或课程的占86%。国史学科建设当然需要国史工作者的艰苦开拓，同时也需要在学科、专业设置上得到正式认定，以推进国史学科的独立发展，为繁荣中国历史科学做出更加积极的贡献。

第三，切实加强中华人民共和国史的学科建设。中华人民共和国史尚是一个年轻的历史学科，在学科基础理论、应用理论和学科史等基础建设方面还有许多不足之处。在学科基础理论方面，虽已有数十篇论文研究和探讨国史学科的基本问题，至今尚没有一部国史学理论与方法的论著问世。国史著作虽已出版数十部之多，其中确有建立在扎实学术研究基础上的精品力作，但不少著作在体例框架设计、主要观点提炼、基本史料运用和关键语言表述等方面，仍存在公式化、概念化、低水平重复等现象，严重影响人们对国史研究科学性的认同。要认真学习中国历史学的优良传统，广泛借鉴其他相关学科的研究方法，在继承中创新，在借鉴中发展，建立健全严格的学术规范，为国史研究奠定更加坚实的学科基础。

第四，努力拓宽中华人民共和国史的研究视野。由于历史的原因，国史研究中仍然存在过多地集中于政治史研究、偏重于国家与政府重大决策等倾向，影响了国史研究的全面发展，也影响了对国史发展轮廓的整体描述。要将丰富多彩的历史片段整合成全面系统的历史记述，必须努力拓宽国史的研究视野，既要研究高层的核心政治，也要研究基层的社会个案；既要研究文本的政府决策，也要研究实践的曲折发展；既要研究全局的重大问题，也要研究局部的个别事件；既要研究宏观的国家运行，也要研究微观的社会管理；既要研究理性的社会意识，也要研究感性的公众心理；既要研究人文社会，也要研究自然变迁。有必要进一步拓宽研究视野，以更加广泛、深入、扎实的历史细节研究，丰富多彩地展现中华人民共和国的历史图景。

第五，深入挖掘中华人民共和国史的档案文献。在国史研究当中，确实存在档案文献开放不够的问题，但同时也存在已经开放或公开的档案文献未得到充分研究和利用的问题。缺乏新史料的挖掘和支撑，成为许多国史研究成果陷于低水平重复的重要原因。近年来，新出版的《建国以来毛泽东军事文稿》《建国以来周恩来文稿》《建国以来刘少奇文稿》《邓小平年谱（1975－1997）》等，披露了不少值得注意的新档案、新史料，但在国史研究中利用的情况并不理想。已有学者尝试利用省级和省级以下地方档案馆的历史档案，写出了一些很有分量的国史论著，引起国史学界的关注。应当进一步加大对档案文献的挖掘力度，特别要充分地研究和利用已经开放或公开的档案文献，进一步加强对档案文献的鉴别和分析，提倡和鼓励严谨、细致的实证研究，以推进国史研究的发展和创新。

世界史[*]

姜　芃

　　2002－2010 年的世界史研究主要集中在全球史、环境史、文明史、民族主义与民族国家、城市史、人权与民主、移民史等几个主题。

　　全球史，也称世界史，是近十年来世界史学界讨论最热烈的话题。什么是全球史？怎样来写全球史？钱乘旦主张以现代化为主线来勾画世界近现代史的体系，他认为可以把这一时期划分为五个阶段，即准备阶段、启动阶段、在西方的成熟与发展阶段、现代化的全球扩张和现代化的新的转型。（《以现代化为主题构建世界近现代史新的学科体系》，2003 年第 3 期；《现代化研究与中国的世界史学科》，2006 年第 6 期）于沛认为写世界史就要注重中国的民族特色，他说，中国的世界史研究自萌生时起，就表现出鲜明的民族精神。爱国主义是民族精神的核心，它属于一定的历史范畴，在不同的条件下具有不同的内涵。19 世纪以后是"睁眼看世界"和"救亡图存"，当前的研究就要自觉地同建设有中国特色的社会主义事业联系起来。（《弘扬中国世界史研究的民族精神》，2004 年第 5 期）刘新成的观点是写世界史首先要从研究单位上有所改变，建立一种全球性的历史观，这就要超越西方史学以国家为单位的叙事传统，以人类社会整体发展进程为叙述对象，从学术发生学角度颠覆"欧洲中心论"，以不同人群、社会、民族、国家之间的互动为切入点和考察世界历史的新视角。但这

---

　　*　鉴于相关论文数量庞大，本文主要从《世界历史》《史学理论研究》刊发论文中择要概述。引自前者论文仅注明刊期。

样一来又往往使人过于注重国家之间的外部结构，而忽视了各个社会内部发展动力的考察，所以要特别避免犯结构主义的错误。（《全球史观与近代早期世界史编纂》，2006年第1期）

何平则把全球史观指导下的世界史写作与传统的世界史写作进行了对比，认为它在研究视角上用全球的视野替代了欧洲中心观；在编纂重心上发生了转移，用区域研究、大范围的经济和社会发展模式以及生态研究代替了国别研究；在方法论上用文明的比较代替了实证性的单一叙述并力求对不同的文明做出中立的价值判断；在历史分期上也不再以欧洲为尺度来进行传统的划分，而是采用文明起源、传统文明、现代文明这样的划分方法；此外，全球史观还批判了欧洲中心论的一整套话语体系。（《全球史对世界史编纂理论和方法的发展》，2006年第4期）杨巨平则从概念的演进方面进行了探讨，他认为"全球史"概念是时代的产物，但它既不是西方一家的贡献，也不是突然的空穴来风，而是有着广泛的学术渊源，包括古希腊人的ecumene概念、中国古代的"天下"观、以欧洲为中心的所谓"世界史"和以人类主要文明为研究对象的文化形态史观，所有这些观念都为当代的"全球史"观做了思想和理论模式的准备。而且，它只是世界史研究的一种方法，不能认为世界史研究到此就终止了。（《全球史概念的历史演进》，2009年第5期）除了上述研究之外，俞金尧、徐蓝、朱寰、黄洋、哈全安等对齐世荣先生主编的《世界史》教材所写的笔谈，也从许多不同的方面对全球史的写作发表了各种不同看法。（《关于世界历史教材编写的思考——兼评齐世荣先生主编的〈世界史〉教材》，2010年第4期）

环境史是近十年国内学者关注的另一个热门课题，为此，《世界历史》杂志经常设专栏刊登这方面的文章。这些文章涉及的主题有：国外的环保运动，如大气环境、森林减少、土地沙化、沙虫剂的使用、建立水库是否会破坏生态环境、全球的生物多样性保护和可持续发展等问题，文章有高国荣的《20世纪60年代美国的杀虫剂辩论及其影响》（2003年第2期）和《20世纪

30 年代美国南部大平原沙尘暴起因初探》（2004 年第 1 期），徐再荣的《臭氧层损耗问题与国际社会的回应》（2003 年第 3 期）和《生物多样性保护问题与国际社会的回应政策（1972 – 1992）》（2006 年第 3 期）。梅雪芹注重研究环境史学和环保运动所提倡的新的价值理念，也就是对人类中心主义的批判以及人类与其他生物相互中介的思想，但她认为环境史学批判人类中心主义并非否定人文主义，而是主张人类应该回归和融入自然。为此，梅雪芹写了《20 世纪 80 年代以来世界环境问题与环境保护浪潮的分析》（2002 年第 1 期）、《阿·芒德戎的人文地理学思想与环境史学的关联》（2004 年第 3 期）和《论环境史对人的存在的认识及其意义》（2006 年第 6 期）。侯文蕙则关注作为学科的环境史的产生及其研究视角和方法等问题。她不像其他研究环境史的学者那样，把这一学科的产生简单地与地球生态问题的出现和环保运动相联系，而是从现代生态学这一自然科学的技术层面出发来思考其对人类意识的冲击和改变，认为它是促使环境史学产生的重要原因。而人类对地球生态的了解是一门刚刚开始的学问，对生态的认识程度将直接关系着人类与自然的关系，也决定着环境史学的发展及其研究视角和方法。因此，环境史学的发展空间将是十分广阔的（《环境史和环境史研究的生态学意识》，2004 年第 3 期）。美国的环境史学在当代世界处于领先地位，研究美国的环境破坏、环保运动和环境政策的文章很多，包括孙群郎的《当代美国郊区的蔓延对生态环境的危害》（2006 年第 5 期）、胡群英的《资源保护和自然保护的首度交锋——20 世纪初美国赫奇赫奇争论及其影响》（2006 年第 3 期）和金海的《20 世纪 70 年代尼克松政府的环保政策》（2006 年第 3 期）等。

文明史或文化史是近十年研究的热点，而且还有继续升温的趋势。自 20 世纪 90 年代亨廷顿提出文明冲突的理论以来，世界各国纷纷开展了对文明问题的研究，世界史学史中有关文明的研究方法也越来越受到学界的关注。文明的研究方法是以文化或文明为单位来分析世界历史，并注重长时段的特点。文化史是与文明史既有联系又有区别的研究方法，其研究主题也更加宽泛和灵活，包括了宏观和微观研究不同的层次。国外文化史的兴起，既与冷战结束、世界局势趋于缓和有关，也与历史研究向人类学和语言学转向有关。

十年来，我国研究文明或文化的题材纷繁而多样，姜芃研究了文明起源问题，通过对文明起源时期几种主要文明的社会政治、经济结构和哲学或宗教体系的研究，她认为这一时期所确定的特色将在相当长的历史时期内规定着各种文明的走向。（《文明的起源与轴心期问题》，《山东社会科学》2006 年第 7 期；《文明的起源与宗教和哲学体系》，《古代文明》2007 年第 4 期）何顺果从北美的经济结构（即雇佣劳动制、白人契约奴和黑人奴隶制）和政治结构（即贵族或平民的代议制）的起源，来探讨美国文明的本质（《美利坚文明的历史起源》，2002 年第 5 期）。刘祖熙则抓住了贵族在社会政治和土地制度中的地位这一中心环节来定位波兰的传统文化，从而探讨其如何在近现代波兰形成了民主、开放和宗教宽容的文化特点。（《论波兰传统文化的特征》，2004 年第 2 期）徐建新和铃木靖民从外部因素的影响和多线进化等维度探讨了日本统一王国的产生；金寿福从古代埃及早期统一国家形成的过程论述了文明的起源是一个漫长的历史时期。（徐建新著《日本古代国家形成史研究的几个问题》，铃木靖民著《日本的首长制社会与国家的产生》，金寿福著《古代埃及早期统一的国家形成过程》，2010 年第 3 期）研究文明起源的综述文章有胡玉娟的《全球视野下跨学科的文明与国家起源研究——"古代国家的起源与早期发展国际学术研讨会"综述》（2010 年第 3期）和王敦书的《略论古代世界的早期国家形态——中国古史学界关于古代城邦问题的研究与讨论》（2010 年第 5 期）。

文明比较更受到世界史学界的关注。王晓德的文章对西方文化中美国文化和德国文化进行了区分，认为其本质区别在于"德国人的世界观高度理性化的新教，最大限度地保持了真正文化的价值观，一种能够产生歌德、席勒或康德等人的文化。相比之下，美国代表一种功利主义的大众文明，在这个文明中，个人主义和商业利益窒息了理性和精神生活的发展。(《"美国化"与德国反美主义的文化释读》，2008 年第 2 期) 黄洋的文章从思想观念和方式上考察历史学之所以在古希腊产生的原因和希罗多德在《历史》一书中表现的蛮族与希腊的对立对于直至今日东西方二分的世界史书写传统的影响，从而说明了文化传承的道理。(《希罗多德：历史学的开创与异域文明的话语》，2008 年第 4 期) 徐晓旭从希腊人、马其顿人和蛮族人的三种文化认同来说明马其顿帝国时期地中海的希腊化和政治统治之间的关系。(《马其顿帝国主义中的希腊认同》，2008 年第 4 期) 田明的文章探讨了 1 - 7 世纪埃及的法老文化与基督教文化融合所形成的埃及独具特色的基督教文化 (《试论公元 1 - 7 世纪埃及基督教的特性》，2009 年第 3 期)，叶民的文章考察了罗马人对希腊文化从恐惧和紧张的态度，到把这两种文化进行比较和加以选择并进行文化重塑的变化过程 (《共和国晚期至帝国初期古罗马人的希腊观》，2008 年第 4 期)，这两篇文章都说明了不同文明的融合是不可避免的道理。王建妮分析了英国的人文主义和所谓"文艺复兴"问题，她从亨利八世的宗教改革和当时英国世俗的价值观念的变化，来探讨牛津和剑桥大学对古典语言文化的所谓"复归"和对《圣经》的重新解读，说明文艺复兴不过是近代欧洲的资产阶级根据自己的需要对古代文化进行选择、解释和重塑的结果。(《亨利八世时期人文主义向大学的渗透》，2009 年第 2 期) 其他有关文章还有郑显文的《律令体制下的日本神祇祭祀》(2004 年第 2 期)、王晋新的《皮朗与"皮朗命题"——对西方文明形成时代的重新审视》(2008 年第 3 期) 等，这些文章的特点都是从一个看似微观的具体文化现象，透视折射了其背后所反映的文明宏观的政治结构和哲学体系问题。

民族主义的高涨是当代世界政治的突出表现，它与全球化趋势相得益彰，相反相成。民族问题也与文明紧紧相连，每个个人在文化上的认同构成了民族主义最深厚的基础。对于民族主义问题，近十年的研究很多。一个是对传统的近代欧洲民族国家问题的探讨。秦海波界定了近代民族国家与前近代传统国家的区别，指出其区别是看是否完成了资产阶级革命或改革，而不单纯看是否完成了统一，因此，西班牙统一后通过海外征服和王室联姻形成的超级殖民帝国并非民族国家，只有到了 19 世纪初反对拿破仑的独立战争之后才形成了民族国家。（《从西班牙历史看"民族国家"的形成与界定》，2008 年第 3 期）姜守明强调民族国家形成过程中的文化认同和公民权意识，他认为从约翰·威克里夫的宗教改革，到都铎王朝的宗教改革，再到 17 世纪的清教革命和"光荣革命"，宗教因素对于英国的民族认同发挥了关键作用（《英国民族国家形成过程中的宗教因素》，2008 年第 3 期）陈晓律剖析了英国民族主义形成的三个时期和主要内容，即诺曼入侵后的孕育时期、清教运动的发展时期和帝国扩张的成型时期，其内容是新教和工业主义。（《第一个工业化民族的民族主义》，2008 年第 3 期）此外，这一类的文章还有董正华的《资本主义精神：新教伦理、个人主义还是"民族主义"》（2007 年第 1 期）和王宇博的《剖析 19 世纪澳大利亚民族认同》（2007 年第 6 期）等。

德国纳粹主义的出现，除了与这一民族从未经历法国式的民主革命以及 1929 年世界性经济大危机的催化之外，种族因素不能不说是一个根深蒂固的原因。刘新利和李工真都探讨了德国民族主义与其史学传统之间的关系。刘新利认为，德国的历史科学历来是政治发展的重要因素，从兰克开始，其"历史主义"的观念站在现实分裂的德意志邦国及路德新教的立场上，就为德国历史研究铺设了"德意志民族的""神圣罗马帝国的"以及"帝国宪政的"这样一条历史主线，而这条主线应该为纳粹的出现负一定责任。20 世纪 60 年代以后，德国学界弱化了民族国家的政治叙述，强化了民众—社会—经济的解析，这也是战后德国对纳粹反思的重要成果。（《二战前后德国历史研究中的民族主义》，2002 年第 2 期）李工真则从 19 世纪初"德意志国民经济学派"的理论中去挖掘纳粹出现的根源。他认为，与英国和法国古典主义国民经济学的自由竞争和自由贸易理论不同，德国这一派强调的是自身民族的独立性和经济政策中民族目标的优先权，或也可以称之为一种"民族主义的国家主义"理论，这种经济理论的产生与德国不是经过市民"自下而上"的民主革命，而是通过专制国家"自上而下"的改革的现代化发展道路分不开，它也成为纳粹经济理论的根源，并为纳粹的上台铺平了道路。（《德意志"历史学派"传统与纳粹主义》，2002年第4期）

关于民族分离主义产生的原因，施雪琴认为，在印度尼西亚、菲律宾、泰国和缅甸，都是因为少数民族与主体民族之间存在巨大的政治、经济和社会差异，随着这些国家的政治改革和经济政策的调整，这个差距必将逐渐缩小，分离主义随之也会逐渐式微。（《战后东南亚民族分离主义运动评述》，2002年第6期）余建华从多种宗教信仰和纷繁的民族构成方面追溯了巴尔干半岛复杂的历史，认为这些矛盾以及历史上西方列强及奥斯曼帝国对这里民族和宗教矛盾的挑拨使得"大塞尔维亚主义"和南斯拉夫主义的民族认同不能建立起来。（《民族认同与南斯拉夫民族危机》，2006年第5期）张世均对孟加拉民族主义运动导致国家独立的研究，则从1947年以后西巴基斯坦和东巴基斯坦在地域上的分离、语言上的分歧和经济上的不平等方面进行了探讨，尽管这两地区的宗教基本都属于伊斯兰教。（《孟加拉人民联盟的民族主义运动及其作用》，2009年第5期）

王加丰和徐蓝的关注不是民族国家内部的宗教与种族问题，而是在全球化和欧洲一体化的背景之下如何维护国家的独立。王加丰通过500年来欧洲的历史说明主权理论就是从"欧洲化"的环境中发展起来，主权理论的内容是随着时代的进步、国家的发展水平而不断变化，所以，欧洲化在未来也不会造成主权的消失，因为国家管理的事务在不断增加。（《"欧洲化"、西欧现代民族国家的形成与主权问题》，2008年第3期）徐蓝也认为经济全球化对传统的民族国家主权虽然构成挑战，却没有导致主权的终结，她认为，对于包括中国在内的发展中国家来说，要维护国家主权不但不能远离全球化的潮流，而是要积极参与国际经济秩序的重构。（《经济全球化与民族国家的主权保护》，2007年第2期）

现代化和城市化紧密相连，如果说对传统社会向现代社会转变的研究是近现代世界史研究的主要课题，那么，对城市化的研究也就成为其重要步骤。改革开放以来，中国的城市化进程以前所未有的速度向前推进，至2011年，城市人口已经超过农村人口。在发达国家，这一城市化的进程早在19世纪末、20世纪初就已经完成。因此，研究和借鉴国外的城市化进程也就成为近十年来国内世界史研究的另一个热门话题。王旭追踪美国城市史研究的最新成果，他指出大都市化是20世纪世界城市发展过程中的共同现象，这一进程与在此之前的传统城市化有一些不同的特点，即表现为分散化、多中心格局和大规模郊区化。他以洛杉矶和芝加哥两个城市为例，说明前者虽然先有镇，后有市，中心城市先天发育不足，后者则由于19世纪后半期美国的工业化而表现为开始时期人口和资本的高度集中，在20世纪中叶以后却殊途同归都成为美国人口排名第二和第三的大都市，又都走上分散化、多中心和郊区化的发展道路。他特别指出，由于这种新趋势的出现，城市史学中有关城市化的理论即表现为人口和经济活动集中的趋势也发生了根本改变。（《20世纪后半期美国大都市区空间结构趋同现象及其理论意义》，2006年第5期）王旭和梁茂信注意到美国大都市的发展造成了人口比例和产业结构的失衡，也就是说与中心城市作为金融、产业和商业中心的传统城市分布结构相比，大都市的中心城市出现了"空心化"趋势，人口、产业、零售业以及社会财富大量向郊区转移，并超过中心城市，在政治上的后果则是大都市区的政治日益趋于分散和零碎化，黑人和穷人聚集在城市中心，文化冲突显现出地域特征。（《当代美国大都市区城郊发展失衡现象及其影响》，2005年第1期）孙群郎则从相反的方面探讨了同一问题，即"逆城市化"现象，或者说郊区的发展。但他也指出，郊区的发展速度超过了都市区，并非意味着美国的城市化进程结束，相反，这是城市化的进一步发展和继续。(《20 世纪 70 年代美国的"逆城市化"现象及其实质》，2005 年第 1 期) 他还探讨了美国出现郊区化的原因，认为交通、通信和能源技术的改进为人口和产业向郊区迁移准备了必要前提，而经济结构及其分布的变化显示在郊区具有更大发展空间和效益；此外，政府的政策，包括住宅抵押保险和住宅补贴制度也推进了人口向郊区的转移。(《美国现代城市郊区化动因初探》，2003 年第 1 期)

众所周知，在一定程度上现代化和城市化是以牺牲自然环境为代价的，在这方面，城市化的研究也有很多文章。孙群郎指出，美国郊区化的特点是低密度蔓延，结果造成旷野和野生动物栖息地的大量减少、大量的汽车尾气排放和化粪池对地下水的污染等。(《当代美国郊区的蔓延对生态环境的危害》，2006 年第 5 期) 他还探讨了大都市交通拥堵的原因，认为其原因深深扎根于大都市区的空间结构设计中，包括郊区的低密度蔓延、住宅和就业的失衡、社区土地利用的单一以及郊区社区的空间和道路设计缺陷等。(《当代美国大都市区的空间结构特征与交通困境》，2009 年第 5 期) 车效梅有关德黑兰在近一个半世纪的快速发展，虽然使它位居中东第三大城市，在政治和经济方面的地位大大提升，但随之出现的一系列弊病，如住房短缺、失业贫困突出、生态环境恶化、基础设施短缺等的论文，也属于这一类的文章。(《德黑兰都市困境探析》，2007 年第 4 期)

城市史是一门跨学科研究领域，随着研究视角的多元化和城市史学的新发展，人们不再把人类社会的发展与保护自然截然对立起来，而是把城市看成人文与自然和谐生长的产物。侯深探讨了自 19 世纪末开始的马萨诸塞州公园体系建设的历史以及欧洲浪漫主义思潮对城市保留自然景观在思想上的贡献。(《自然与都市的融合——波士顿大都市公园体系的建设与启示》，2009 年第 4 期) 陆伟芳研究了作为世界上第一个城市国家——英国在近代城市网络的发展，其特点是依托各自的资源和传统产业优势创造自己的特色，体现了城市专业化与多样性的有机结合，城市之间相互取长补短，从而形成一个统一的有机整体。（《近代英国城市群落与城市发展问题》，2004年第6期）潘兴明对历史上的殖民城市进行了研究，认为这些城市由于是在西方工业革命时期殖民扩张中建立的，因此具有经济起点高、外向型、城市人口结构多元的现代城市的特征，并肯定了其本身也是推进城市化的强大动力。（《英国殖民城市探析》，2006年第5期）林广研究了政治因素对以色列城市建设的影响，指出先前以色列出于分散人口、开发新区和保卫国家安全的政治考虑，在南部和北部边境地区建立了许多新城镇，但在利库德集团上台以后，为了向巴勒斯坦地区扩张，城市建设的重点转到约旦河西岸，因此，早先的城镇衰落了，城市网络也遭到破坏，而且还对经济发展造成了负面影响。（《以色列城市化进程中的政治因素》，2006年第5期）韩宇探讨了美国落后地区由于吸引大型高科技企业的分支机构而向创新型城市跨越的发展，阐明了全球化时代后发优势可以创造城市飞速发展的奇迹。（《独特的创新型城市发展道路》，2009年第2期）

除了上述实证性的文章外，姜芃从国外，主要是美国和加拿大城市史学的研究理论上进行了较为系统的介绍，其中包括美国芝加哥学派的人文生态理论、兰帕德的城市化理论、加拿大学者凯尔莱斯的"都市—地区"理论和"世界城市理论"以及美国学者卡尔拉波特的"全球化时代的国际城市理论"等。（《全球化时代的国际城市理论》，《史学理论研究》2002年第3期；《西方城市史学》，瞿林东主编《史学理论与史学史学刊》，社会科学文献出版社，2003）

对人权、民主、平等观念的研究是近代以来人们追求的不变主题。欧洲自古至今始终存在民主、平等的理论，近代以来，对人权和人文主义的追求又成为西方文明的一大特色。对古希腊民主政治的研究在国内由来已久，但时至今日已经超出传统的政治制度的范围，而深入社会观念和文化层面。王以欣认为，雅典民主中有一种根深蒂固的防范英雄的观念，由于天才和超长的能力时常会被滥用，所以，雅典在法律上规定公民大会是最高权力机构，它集立法、司法和政治决策权于一身，所有官吏都必须向公民大会负责。特别是对那些居功自傲、凌驾于公民大会之上的人，经公民大会的表决，他们会被放逐国外 10年。（《英雄与民主——古代雅典民主政治剖析》，2007 年第 4期）杨巨平和王志超也注意到民主政治中精英的问题，认为在雅典城邦政治生活中，演说家既是城邦制度的产儿，也推动民主制度的发展，但与此同时，他们在客观上也消解了民主体制本身。（《试论演说家与雅典民主政治的互动》，2007 年第 4 期）王邵励和张季云注意到城邦戏剧公演的政治功能，认为它是民主政治的一种重要形式，如酒神节戏剧公演中参与者的表现，是与他们在公共政治生活中的角色一致的，反映了阶级、性别和社会角色。（《戏剧公演与雅典城邦政治》，2007 年第 4 期）晏绍祥也注意到，在历史上，对民主的看法并非总是一贯褒奖的，如在希腊化和罗马时代，随着城邦制度的解体，那时的人们对雅典民主的看法完全持批评态度，冠之以诸如“混乱”“无法制”“暴民政治”等词汇，这也反映出经过“文化大革命”以后，中国人在切身体验了绝对民主之后在观念上发生的变化。（《民主还是暴政——希腊化时代与罗马时代思想史中的雅典民主问题》，2004 年第 1 期）

近年来，对斯巴达城邦制度的研究力图扭转传统的寡头统治的看法，晏绍祥发现，其政治生活中有相当浓厚的民主因素，虽然从法律上看，长老会和国王拥有相当多的权力，但在实际上，他们的地位并不显赫，这从公民对自己的地位是满意的就可以看出来。（《古典斯巴达政治制度中的民主因素》，2008 年第 1 期）祝宏俊则从两个方面剖析了斯巴达政治制度中的民主因素。一方面，他认为，监察官代表的主要是平民利益，他的权力以监察和司法权力为主，以行政、宗教、军事和立法权力为辅。监察官制度的建立推进了斯巴达的政治分权。（《斯巴达“监察官”与政治分权》，2007 年第 4 期）另一方面，他对斯巴达公民大会的不同时期进行了甄别，认为在其建立初期是贵族统治的装饰物，在公元前 7 世纪以后，则发挥了重要作用，与监察官一道构成立法机制的核心。到公元前 4 世纪初，公民大会逐渐失去政治意义，随后退出了历史舞台。（《古代斯巴达的公民大会》，2008 年第 1 期）

全球化时代的移民浪潮前所未有，它推动着国家之间经济的交融，也在不经意间把不同的文明搅拌在一起，从而使各种传统文明日益显现多元文化的色彩。近十年来，国内对世界上近代以来的移民浪潮有很多研究，有两方面特别引人关注：一个是全球化时代移民的新特点；另一个是移民移居他国以后的文化认同问题。潮龙起介绍了全球化时代研究移民的跨国主义理论。这一理论 20 世纪 90 年代初由席勒等人提出，它是对当今移民并非从母国一次性地移居他国，而是超越民族国家疆界在两国或多国间频繁往来从事政治、经济、文化等活动的研究。潮龙起对何为跨国主义现象、这一现象兴起的条件和原因以及跨国实践对移民及其母国和居住国的影响等进行了研究。（《移民史研究中的跨国主义理论》，《史学理论研究》2007 年第 3 期）他还特别研究了跨国华人的经济和文化活动实践以及他们的文化认同。（《跨国华人研究的理论和实践》，《史学理论研究》2009 年第 1 期）

曾玲研究了新加坡华人的文化认同，她认为，华南移民到了新加坡重建了宗族，但并不是简单地把祖籍地的宗族移植到那里，而是一个传统与新的社会环境相融合和重建的过程。（《华南海外移民与宗族社会再建》，2003 年第 6 期）李一平探讨了第二次世界大战以来华人在马来西亚与当地马来人融合以及争取政治和经济地位的过程，尽管政府从政治上给马来人以各种优惠政策，从而保证他们在社会经济和文化上的地位不断提升，但华人仍然显示了卓越的聪明才智并成为社会发展与民族和谐的中坚力量。（《试论马来西亚华人与马来人的民族关系》，2003 年第 5 期）庄国土探讨了 1965 年美国修改移民法，承认种族移民机会平等以来华人移居美国的数量激增，在经济和社会地位上的上升以及参政意识增强，从而从移民到选民的变化。（《从移民到选民：1965 年以来美国华人社会的发展变化》，2004 年第 2 期）陈奕平探讨了近年来美国亚裔参政现象，这就是无论从适龄亚裔参加投票的人数增加，还是从获得任命的亚裔官员增加来说，华裔都日益汇入了所谓主流社会。（《当代美国亚裔参政问题分析》，2005 年第 4 期）

世界近现代史

沈　汉

　　从 2002 年到 2010 年，国内学者在世界通史、世界文明史的编写中出版了一些新著。如王斯德主编的《世界通史（16 - 19 世纪的世界史）》（2001 年），金重远、冯玮、李海东编写的《世界现当代史》（2004 年），齐世荣等主编的《15 世纪以来世界九强兴衰史》（上、下卷，2009 年）。

　　值得提出的是，国内学者对文明史的研究加强了。马克垚主编的《世界文明史》（2 卷，2004 年）提出，文明是人类所创造的全部物质和精神成果。过去的世界通史强调的是短时段的东西，政治事件，伟大人物，后来又加上了经济、文化等比较稳定的东西。文明史不同于世界史之处，就是它所研究的单位是各个文明，是在历史长河中各文明的流动、发展、变化。随着落后的农业文明转变为工业文明，它们在经济上、文化上的地位也会越来越突显。不但原有的一些古老的农业文明向工业文明转变，发展为现在的强势文明，而且随着经济的进步和工业化的发展，还会有原来弱小的文明成长壮大，成为新的重要的文明。在可以预见的将来，世界依然是多样性统一的世界，依然是各文明共处的世界。陈启能、姜芃等著的《文明理论》（2010 年）由二十余位学者协力合作写成。该书从总体上对有关世界文明的若干理论问题展开了研究，并将中华文明纳入全球文明的视野。姚介厚、王逢振、杨深的《世界文明通论·国外文明理论研究》（上、下册，2010 年）提出，文明思想与理论这一概念具有双重含义，一是对人类文明整体演进做系统的研究与探索；二是思想家对自身所处的阶段性文明及其前景的反思。该书对西方文明思想史做了尝试性的研究，意在为中国当前文明理论建设和国家文化战略制定，提供历史借鉴。林言椒、何承伟主编的《中外文明同时空》（2009 年）将中国的明清与欧洲的文艺复兴及启蒙时代做对比（2009 年）。周春生的《文明史概论》（2006 年）对马克思主义史学和西方诸多历史学派的文明史观做了梳理，对文明史编撰中的各种学术问题进行了探讨，对文明史上的种种现象做了概略性的说明，特别是对不同的文明特征及其内涵做了比较和剖析。相关的书籍还有朱寰主编的《西方文化要览》（2005 年）、沈坚的《文明的历程》（2006 年）。

在西方思想史研究中，在国际上影响很大的英国剑桥学派的代表人物约翰·波科克和昆廷·斯金纳等人的一批著作被翻译成中文出版。其中有《近代英国的政治话语》《霍布斯哲学思想中的理性和言辞》《语境中的洛克》《国家与公民》《昆廷·斯金纳研究》等。他们的思想史研究方法开始得到注意。把语言学的方法引入历史学，对于推动史学研究有很大的意义。

国内对资本主义史的研究出现了较重要的成果。首先是厉以宁《资本主义的起源》（2003 年）一书出版。该书偏重从政治对于经济的影响的角度，而不是从经济本身的发展，来解释资本主义兴起过程的成败问题。作者采用了比较经济史的研究方法，把封建社会分为刚性体制和弹性体制，认为西欧封建社会的体制是刚性体制，在这种刚性体制下出现了体制外的异己力量和权力中心，从而导致了西欧从封建社会向资本主义社会的过渡。西欧的资本主义是原生型的资本主义，但在亚洲、非洲、拉丁美洲，各地因民情不同，历史发展有所差异，在这些地区所形成的资本主义都属于非原生型的资本主义范畴。在对西方资本主义史的研究中，中国学者对诺贝尔经济学奖得主诺斯和托马斯提出的很有影响的关于绝对私有财产权在近代初期欧洲和英国已经建立，它对西欧资本主义的发展起了决定性作用的理论提出了不同意见。厉以宁在《资本主义的起源》中不认同诺斯所说的西欧资本主义兴起中人口因素和产权的重要作用，指出对产权的保护，只是在资产阶级取得政权以后，甚至在取得政权以后很久才加以实施。

张卫良的《英国社会的商业化历史进程（1500－1750）》（2004年）认为，近代初期的英国社会是一个商业化的社会。在工业革命前的几个世纪中，英国社会发展的主导力量是商业化。随着英国国内外商业贸易的急剧扩张，商业财富成为社会财富中增长得最快的一种财富。商业化是近代英国社会发生深刻变化的基础。

沈汉在《资本主义史》第一卷（2009年）中，对资本主义起源问题提出了和厉以宁不同的观点。该书对资本主义起源和早期历史做了新探讨，批评了经典政治经济学在阐述资本主义起源时表现出的重视工业轻视商业的倾向和那种认为商业流通不创造财富的论点，认为资本主义起源是商业。该书还批驳了国内流行甚广的资本主义的农业起源说。该书提出了资本主义的发展具有欧洲范围的连续性和一国范围非连续性的特点，早期资本主义发展中发生了地理中心的转移现象。该书从形态学的角度对资本主义经济制度形成做了结构剖析，指出资本主义经济形态和封建经济形态在一定时期具有某种共维现象，对价格革命的原因做了新解释，对资本主义观念的起源做了结构发生学的探讨。沈汉指出，诺斯和托马斯和国内一些学者把西方法看作一个整体，没有看到封建法与罗马法的差别，把罗马法关于绝对私人财产权的观念搬到英国，认为近代开始之时，英国已经形成了绝对的私有财产权观念。他通过对英国土地法史的考察指出，在英国中世纪封建法系中，并没有罗马法的绝对私人财产权的概念，而17世纪英国革命又未彻底废除封建法，所以绝对私人财产权在当时的英国并未通过立法而确立。该书还阐述了世界市场是通过一个历史过程才逐步形成的论点。

计秋枫的《漫漫长路：近代国际体系的萌芽与确立》（2001年）研究了近代国际体系的形成过程。该书提出，以威斯特伐利亚和约为标志的近代欧洲国际体系是作为中世纪基督教世界教会的帝国体系的替代物出现的。但欧洲在建立新的国际秩序上仍花费了几个世纪的时间。近代国际体系包括了国家主权和国际规范两项因素，国家主权地位的确立稍早于国际规范的确立。欧洲国家和奥斯曼帝国是通过双向融合加入世界体系的，而美洲、亚洲和非洲则完全是由于欧洲单向性的扩张才与近代体系连接起来。

王加丰的《西欧 16－17 世纪的宗教和政治》（2010 年）一书研究了近代初期一些重要的政治思潮。作者指出，将宗教置于政治之上，是中世纪欧洲的政治原则。16 世纪以后，渐渐向政治高于宗教和政教分离转变。政治优先是把国家利益置于首位。随着政治优先原则的确立，宗教宽容不可阻挡地发展起来。宗教自由是近代最早发展起来的个人权利之一，是现代社会的重要标志之一。作者还指出，在欧洲近代早期，有两种思潮在同时发展，这便是专制主义思潮和共和主义思潮。我们在肯定绝对主义国家及其政治思潮时，不能否定共和主义思潮的历史作用。该书是研究欧洲宗教宽容思潮的代表性著作。

在近代早期经济史的研究中，国内学者继续对欧洲的原工业化保持了研究兴趣。研究原工业化的代表作有王加丰和张卫良合著的《西欧原工业化的兴起》（2004 年），该书探讨了西欧诸国的原工业化。张卫良的《现代工业的起源——英国原工业与工业化》（2009）则集中探讨了英国的原工业化。

现代知识分子史是国内学者晚近新开拓的领域。中国学界对于 20 世纪 60 年代的西方学生运动的沉默终于在 2002 年结束，这年出版了沈汉和黄凤祝合著的《反叛的一代——20 世纪 60 年代西方学生运动》。该书充分肯定了这场学生运动对资本主义文化和资产阶级政治及国家的批判，详细地阐明了学生运动在法国、英国、美国和联邦德国的发展过程，揭示了在当代资本主义发展的新形势下社会运动反映的阶级关系及其反资本主义的进步性，特别是在法国五月风暴中学生运动带动了工人运动的现象，并评估了新左派等各种政治思潮对学生运动的影响程度。该书认为，20 世纪 60 年代西方学生运动是一个特殊的历史坐标，它处以二战结束后西方左翼力量活动的巅峰。以后出现的新社会运动，无论在锋芒上还是在规模上都无法与60年代学生运动相比。该书还研究了学生运动在口号、言辞、风格上的特点及弱点。同一题材的著作还有郑春生的《拯救与批判：马尔库塞与六十年代美国学生运动》（2009年）、吕庆广的《60年代美国学生运动》（2005年）。国内学界对于战后英国新左派运动也展开了研究。

李工真的《文化的流亡——纳粹时代欧洲知识难民研究》（2010年）是对当代知识分子群体的个案研究著作。该书以20世纪30－40年代流亡美国的欧洲知识难民为研究对象。该书指出，文化清洗运动是纳粹对犹太人迫害的第一个信号。它造成了一批高素质的知识分子流亡美国。这批移民日后融入美国社会，这种运动体现了科学的国际化趋势，他们的革新力和创造力极大地促进了美国现代自然科学、社会科学、人文科学等学科的发展。这批流亡知识分子主动与美国的国家政治相结合，他们的前沿性的科学研究直接和政府及军方的活动联系在一起。而从当代学术研究的趋势来说，科学家的前沿性研究势必要和政府及军方的计划项目、订货发生直接联系。作者揭示了当代知识分子具有政治独立性逐渐消失的特点。

俄国史的著作有周尚文、叶书宗、王斯德的《苏联兴亡史》（2002年），王云龙的《现代化的特殊性道路：沙皇俄国最后60年社会转型历程解析》（2004年），张建华的《俄国史》（2004年），吴恩远的《苏联史论》（2007年），陶惠芬的《俄国近代改革史》（2007年），闻一的《十月革命：阵痛与震荡》（2010年），王文奇的《俄罗斯：悄然复苏的北极熊》（2010年），赵士国的《历史的选择与选择的历史：近代晚期俄国革命与改革研究》（2006年）等。陈之骅、吴恩远和马龙闪主编的《苏联兴亡史纲》（2004年）系组织近20名学者写成，该书详细叙述了苏联从十月革命到解体的历史，资料翔实。

在20世纪苏联史和苏联对外关系史领域，沈志华利用解密的档案资料，做了重要的档案出版和研究工作，取得了重大的成绩。沈志华主编的《一个大国的崛起与崩溃》（共3册，2009

年）是一部有关苏联 74 年兴衰历史的实证性专题研究著作，由 22 名中国学者合力完成，书中涉及政治、军事、外交、经济、文化、民族、宗教等各个方面，共分 28 个专题，总计约 110 万字。这部著作利用大量俄国解密档案，立足专题或个案分析，开拓新的研究领域和研究视角，重构了苏联 74 年历史兴衰的主要过程。由沈志华担任执行总主编的《苏联历史档案选编》（2002 年），搜集编纂翻译了苏联各个时期的重要历史档案共 36 册。沈志华的《毛泽东、斯大林与朝鲜战争》（2003 年）以中俄两国的大量第一手资料为基础，对朝鲜战争起源及中国参战问题做了缜密的思考和探讨，推翻了人们所熟知的种种旧结论，揭示了中苏同盟及中国入朝参战这两大历史事件之间的内在逻辑，对朝鲜战争的起源等问题进行了认真深入的描述、梳理和研究，是国内朝鲜战争研究的一个新开拓。在沈志华主编的《中苏关系史纲（1917－1991）》（2007 年）一书中，国内著名学者利用大量史料，包括大量解密资料展示、探讨了 1917－1991 年中苏关系的曲折历史，详尽而深刻地论述了苏联与中国革命、中苏同盟建立、中苏分裂与对抗、中苏关系正常化等重大事件，澄清和揭示了不少以往由于种种原因被扭曲和被遮蔽的历史片段，是目前国内学术界第一部完整反映中苏关系复杂曲折历史全过程的权威力作。沈志华、李丹慧著《战后中苏关系若干问题研究：来自中俄双方的档案文献》（2006 年）是在多年来挖掘和整理大量有关中苏关系的俄国档案和中国地方档案的基础上，以实事求是的科学态度论述 1950－1960 年代中苏关系史上一系列重大历史事件的著作。该书分专题论述了中苏同盟条约的谈判过程，在华苏联专家问题，苏联对华援助的情况，苏共二十大和非斯大林化对中苏关系的影响，中国在波匈事件中的角色和影响，苏联与中国核武器研制的关系，中苏关于长波电台及联合舰队问题争论，苏联对炮击金门、"大跃进"和人民公社的反应及其结果，中苏在世界工联北京会议期间的冲突，1962 年新疆伊塔事件的起因，中苏在援越抗美问题上的矛盾与冲突，中苏边界问题的由来和双方政策的变化等。沈志华主编的《冷战时期苏联与东欧的关系》（2006年）是以对包括美国和苏联等各有关国家大量解密与开放历史档案文献研究的基础上，编撰的国际冷战史专题讲义。沈志华、吴伟、李锐等国内知名历史学家用通俗易懂的语言，深入浅出地讲述了冷战时期苏联与东欧社会主义阵营的关系，着重讲述了冷战时期苏联与东欧社会主义阵营的关系。其内容涉及共产党情报局的建立、苏联与捷克斯洛伐克的关系及对捷的入侵、苏联与南斯拉夫的冲突、苏联对民主德国的占领、苏联与波兰的关系、苏联与匈牙利的关系、苏联与东欧的经济组织——经互会、苏联与东欧的军事组织——华约。

这个时期出版的英国史著作中，阎照祥的《英国政治思想史》（2010年）勾画了英国中世纪以来政治思想发展的线索，资料翔实。舒小昀的《分化与整合：1688－1783年英国社会结构分析》（2003年）、许洁明的《十七世纪的英国社会》（2004年）、赵克仁的《英国与欧洲反法西斯抵抗运动》（2006年）、李华峰的《英国工党与工会的关系》（2009年）等著作各有特色。英国史有特点的研究论文则有于民的《圈地运动与英国农业资本主义发展的典型性问题新论》、王绪杰的《近代早期英国领主对农民的保护》、胡传胜的《都铎英国的政治话语》、刘景华的《论崛起时期英国经济格局的演变》、郭爱民的《工业化时期英国资本与土地流转的市场考察》、潘兴明的《英国殖民城市模式考察》。

中国学者在英国政治制度发展的研究中取得很大的进展。刘淑青的《早期斯图亚特王朝议会政治研究》（2008年），以议会和王权在财政、宪政、宗教和外交政策上的分歧为主线，对冲突产生的背景、在各个领域内议会同王权专制政策进行斗争的过程以及冲突造成的政治影响进行了考察和论述。岳蓉的《英国民族国家研究》（2004年）从领域的整合、国家主权的独立化和合法化统治、语言和文化认同的发展等角度详细研究了16－17世纪英国民族国家的建立过程。郭方的《英国近代国家的形成——16世纪英国国家机构与职能的变革》（2006年）一书，在吸收英国学者 G. 埃尔顿关于都铎政府革命的论点的基础上，研究分析了都铎王朝政府机构变革的内容，他指出，英格兰在宗教改革中，运用国家权力把教会的财产和收入转到王权手中，在税收机构改革中，英格兰建立了一系列新的机构，把作为最高封建领主性质的王室财政收入，转变为适应资本主义新经济发展需要的国家财政收支。在国务秘书机构方面建立了枢密院，吸收新兴的乡绅和资产阶级分子进入这一机构。同时改造了地方政府、司法系统和议会制度。他认为都铎王朝在英国近代国家的形成中具有重要意义，是向系统的有效率的近代国家迈出的第一步。沈汉在《英国近代国家是怎样形成的》（2004 年）一文中指出，英国近代国家不是 17 世纪资产阶级革命一下子建立的，英国近代国家的形成经过了三个阶段，都铎王朝的政府革命开启了英国近代国家制度的建设，由托马斯·克伦威尔主持的财政法庭的设立和对国家财政收入制度的改革、国务秘书部门的发展、国务大臣和枢密院的设立这些中央政府机构的变革，表现了英国政治制度向着近代国家制度建立迈出的第一步。17 世纪的资产阶级革命在政治上结束了封建制度，确立了议会的至上地位和宪政的原则，但这个时期在其他国家机构的建设方面成就有限，甚至保留了绝大部分封建司法和法律制度。19 世纪的政府革命建立了几十个中央部门和近代的地方政府体制，实现了议会选举制度的民主化，使得资产阶级真正成为国家政权的执掌者，同时形成了成熟的资产阶级国家的意识形态职能。英国近代国家的建设到 19 世纪最后成熟。

对英国农业资本主义的研究中出现了挑战性的成果。沈汉的《英国土地制度史》（2005 年）修正了许多过去国内的结论，对英国农业史提出了一系列新见解。该书认为英国 16 世纪农业已经是典型的资本主义农业的观点无法成立，它过高估计了英国农业资本主义发展程度。在农业经济组织问题上，该书认为在中世纪庄园瓦解后，英国农业并未采用雇佣劳动的资本主义大农场制，而是在大地产之下实行了租佃农场制，庄园制在近代仍大量残存，纠正了诺斯和托马斯关于英国农业从庄园制直接过渡到资本主义农场的论点。该书还认为马克思把租佃农场制视为资本主义农场的论点值得商榷。因为租地农场主没有土地所有权，靠租地经营，有受大地主剥削的一面。许多租地农场是家庭农场，不使用雇佣劳动或只是用少量雇佣劳动作为家庭劳动力的补充，同时产品为市场服务，则具有资本主义的成分。租佃制是从中世纪沿袭下来的制度，地主剥削是一种传统的剥削，租佃农场具有后封建主义的特点。该书认为早期圈地有通过协议整理土地的一面，并非全是暴力驱赶。16 世纪并非圈地高潮，17 世纪圈地的规模大于 16 世纪。到 19 世纪英国还有小土地经营存在，小农并没有完全消失。该书一改国内单纯从生产力角度研究英国农业史的方法，强调对土地所有制的关注。该书展开了对英国土地法的研究，指出英国整个近代时期仍然保留了封建土地法，公簿持有农长期未获得公民权和土地权，近代英国农业在土地关系上仍存在浓厚的封建残余。尽管此期英国农业生产力有所发展，但不能认为英国农业是典型的资本主义农业。诺斯和托马斯提出的近代初期英国已确立绝对产权制度的论点难以成立。该书还指出，资本主义时代农业经济部类与工业经济部类在结构和性质上有很大差别，揭示了自由资本主义鼎盛时期农业经济独立发展的路径。

　　德国史研究成果丰硕。关于德国从 1911 年到 1934 年政体的起源和演进，特别是代议制的起源和发展，国内以前没有专门的著作。蒋劲松的《德国代议制》（3 卷本，2009 年）使用了历史学、政治学和法学的多学科方法对此做了连贯和深入的分析与阐述。其中尤其对德意志第一帝国的政体、代议制的起源、德意志邦联的宪法及政体、德意志邦联前期第一次和第二次立宪大潮中出现的各邦宪法及其封建代议制、1848 年德国革命及法兰克福宪法、普鲁士宪法及其封建代议制、俾斯麦帝国宪法的制定、俾斯麦宪法及其代议制的实施、十一月革命及魏玛宪法的制定、魏玛宪法及资本主义代议制的实施、德国二元立宪君主制和魏玛议会制失败的结局做了深入的分析，填补了国内西方宪政史研究的一个空白，有很高的学术价值。在德国史研究中，丁建弘写了《德国通史》（2002年），童建挺写了《德国联邦制的演变》（2010年）。近代德国史有邢来顺的《迈向强权国家：1830－1914年德国工业化与政治发展研究》（2002年）、《德国贵族文化史》（2006年）、王宏波的《第一次世界大战后美国对德国的政策》（2008年）、罗莹的《德国现代化进程研究》（2004年）。现当代德国史有吴友法的《德国法西斯的兴起》（2002年）和《德国现当代史》（2007年），连如玉的《新世界政治与德国外交政策："新德国问题"》（2003年），辛蕾的《融入欧洲：二战后德国社会的转向》（2005年），孙劲松的《柏林墙倒塌后》（2006年），吴友法、邢来顺的《德国从统一到分裂再到统一》（2005年），赵进中的《"世界公民"之路：论德国公民权利发展的历史主线》（2008年），武正弯的《德国外交战略（1989－2009）》（2010年）。这些著作都各有特色。

法国史的著作中，王养冲和王令愉著《法国大革命史（1789－1794）》（2007年），一改过去简单地将雅各宾派外的各党派都斥为反动派的观点，客观地评价了君主立宪派、吉伦特派、热月党、督政府的历史作用，尤其对君主立宪派的思想渊源、政治纲领和执政期间取得的成就做了深入细致的分析。刘文立的《法国革命前后的左右翼》（2010年）指出，法国近代史上左右两大阵营斗争、妥协和合作，围绕着不同的政治理念及相应的立法、行政、司法举措而展开。作者不拘泥于左右标签所产生的年代而是将自己的探讨追溯至中世纪早期，试图揭示并分析千年间旧制度下法兰西王权以及僧侣、贵族和平民三个等级各自在社会上所起的作用，详述了从1789年三级会议召开到1848年二月革命爆发期间的动荡和复杂的法国政治史，对左右翼各大派别的形成及演变做了论述。研究法国共产党的著作有李周的《法国共产党的"新共产主义"理论与实践》（2006年）、《探索中的法国共产党的理论与实践》（2010年），费新录的《法国共产党的兴衰之路：法共的历史演变与创新》（2008年）。

美国史的著作有何顺果写的《美利坚文明论：美国文明与历

史研究》(2008 年) 和主编的《比较开发史》(2002 年),黄发玉的《纽约文化探微》(2004 年),张友伦的《美国西进运动探要》(2005 年),王金虎的《南部奴隶主与美国内战》(2006年),刘绪贻、李世洞主编的《美国研究词典》(2002 年);以及论文集《探径集》《孔见集》《美国史研究与学术创新》等。

在东欧史研究中出版的著作有赵乃斌、汪丽敏主编的《南斯拉夫的变迁》(2002 年),刘祖熙的《波兰通史》(2006 年),马细谱的《南斯拉夫兴亡》(2010 年)。希腊史有梁洁《撒路斯特史学思想研究》(2009 年),意大利史有朱龙华的《意大利文艺复兴的起源与模式》(2004 年) 和《意大利文化》(2004 年)。

研究第一次和第二次世界大战史的著作,具有代表性的有胡德坤主编的篇幅浩大的《反法西斯战争时期的中国与世界研究》(9 卷本,2010 年)。此外还有康春林的《世界战争起源新论:东欧与两次世界大战》(2003 年),赵文亮的《二战研究在中国》(2006 年),王振德的《新编第二次世界大战史 (1937 - 1945)》(2006 年),李庚辰、赵尚朴的《太平洋战争日本战败内幕》(2007 年),等等。

国际关系史与地区史

徐 蓝

一 国际关系史研究

据不完全统计，2002 - 2010 年大陆学者在内地出版的国际关系史和外交史的专著 200 余部，教材 18 部，各种涉及外交关系的文献资料 64 部（一些是连续出版），在主要专业核心期刊发表的学术论文 1300 余篇。现将研究的重要问题和主要成果归纳如下。挂一漏万，敬请谅解。

（一）第二次世界大战前及围绕二战的国际关系史研究

1. 近代国际关系史研究。该领域中的新研究主要包括三个方面：（1）近代欧洲国际关系研究。主要探讨近代欧洲的国际关系体系以及在该体系中的霸权与均势之间的关系，特别是通过较为系统地考察英国近代对黑海海峡的政策发展，对"东方问题"做出新的研究。[①]（2）中外关系研究。具体从英国的对华鸦片贸易政策和对新疆的政策等方面深入探讨中英关系，通过对列强外交使团在中国的运作方式及清帝光绪对外观念的调适来探讨中外关系。[②]（3）日本外交与中日关系研究。对日本近代以来的大陆政

---

① 周桂银：《欧洲国家体系中的霸权与均势（1494 - 1815）》，陕西师范大学出版社，2004；赵军秀：《英国对土耳其海峡政策的演变（18 世纪末至 20 世纪初）》，中国社会科学出版社，2007。

② 吴义雄：《权力与体制：义律与 1834 - 1839 年的中英关系》，《历史研究》2007 年第 1 期；王宏斌：《从英国议会文件看英国外交官关于鸦片贸易合法化的密谋活动》，《世界历史》2010 年第 3 期；许建英：《民国时期

策、亚太政策和霸权战略进行了比较系统的探讨，对日本的侵华决策机制和过程做出评述，对日本在中国关税自主问题上的态度做了深入考察，特别是对近代以来日本与中国西藏的关系进行了深入考察。另外，从历史学与国际政治学的角度，比较日本与英国、日本与德意结盟的外交策略，也有一定新意。①

2. 美国对德国经济外交政策研究。这是对美德关系的新研究。学者从美国对第一次世界大战后德国的赔款和欧洲安全的决策与实施的角度，或从美国对欧洲实行的粮食外交、贸易外交、金元外交等方面，比较深入地考察了20世纪20－30年代初美国对德国经济外交的特点、成就与局限。②

3. 围绕第二次世界大战的国际关系研究。这里既有对老问题的新研究，如对绥靖政策的研究，也有对战时国际关系中一些双边或多边关系的论述。学者通过基于原始档案解读的个案研究，对英、法对德、意、日的绥靖政策和美国以"中立"为名实为绥靖的政策做出了进一步深入探讨；③ 对第二次世界大

英国与中国新疆（1912－1949）》，新疆人民出版社，2008；黄文德：《北京外交团的发展及其以条约利益为主体的运作》，《历史研究》2005年第3期；茅海建：《戊戌变法期间光绪帝对外观念的调适》，《历史研究》2002年第6期。

① 俞辛焞：《近代日本外交研究》，天津古籍出版社，2006；沈予：《日本大陆政策史（1868－1945）》，社会科学文献出版社，2005；熊沛彪：《近现代日本霸权战略》，社会科学文献出版社，2005；雷国山：《日本侵华决策史》，学林出版社，2006；王建朗：《日本与国民政府的"革命外交"：对关税自主交涉的考察》，《历史研究》2002年第4期；秦永章：《日本涉藏史：近代日本与中国西藏》，中国藏学出版社，2005；李广东：《与强者为伍：日本结盟外交比较研究》，人民出版社，2006。

② 王宏波：《第一次世界大战后美国对德国的政策（1918－1929）》，社会科学文献出版社，2008；徐振伟：《美国对欧经济外交（1919－1934）》，知识产权出版社，2009。

③ 高翠：《英国与尼翁会议》，《首都师范大学学报》2003年第5期；梁占军：《1936年法国防范德国重占莱茵非军事区的决策》，《史学月刊》2006年第5期；张皓：《1931年英国处理中日争端政策的演变》，《世界历史》2007年第5期；程文进：《美国安抚纳粹德国的富勒使命》，《历史

战中的苏联与波兰、德国的关系进行考察；对二战中美国的战略与中国抗日战场之间的关系研究，以及对二战中的中国与世界各方面关系的论述，从不同角度丰富了战时国际关系史的内容。①

4. 国际组织与国际秩序研究。通过对国民政府在创建联合国过程中发挥的积极作用的细致考察，通过对美国对联合国善后救济总署（UNRRA）的政策以及该国际组织与中国的关系的考察，拓宽并深化了国际组织的研究领域，是这一时期国际关系研究的重要发展。另外，对二战与战后国际秩序建立之间的关系研究也有重要进展。②

（二）第二次世界大战后的国际关系史研究

1. 美国和日本外交政策研究。在大国的战后外交政策方面，主要集中于美、日外交政策研究。学者从意识形态、美国国会、公众舆论、自由主义与外交思想等多个角度，探讨影响美国外交决策的各种因素，并且从文化外交和能源外交等层面对美国外交进行梳理，进一步拓宽了美国外交的研究内容；③ 对日本与东盟、

　　《教学》2006 年第 8 期。

① 吴伟：《苏联与"波兰问题"（1939–1945）》，世界知识出版社，2002；耿志：《1941 至 1942 年波兰军队在苏联的组建与撤离》，《世界历史》2006 年第 2 期；陈晖：《1933–1941 年的苏德关系》，南京大学出版社，2005；韩永利：《战时美国大战略与中国抗日战场（1941–1945）》，武汉大学出版社，2003；胡德坤主编《反法西斯战争时期的中国与世界研究》（9 卷），武汉大学出版社，2010。

② 金光耀：《国民政府与联合国的创建》，《中国社会科学》2003 年第 6 期；韩长青：《试析 1943 年美国国会与政府在 UNRRA 协定上的冲突与妥协》，《首都师范大学学报》2007 年第 2 期；王ztysz春：《联合国善后救济总署与中国（1945–1947）》，人民出版社，2004；徐蓝：《试论第二次世界大战后国际秩序的建立与发展》，《世界历史》2003 年第 6 期。

③ 周琪：《意识形态与美国外交》，上海人民出版社，2006；王立新：《意识形态与美国外交政策：以 20 世纪美国对华政策为个案的研究》，北京大学出版社，2007；官进胜：《美国对华政策中的国会因素（1945–1950）》，

日本与联合国的关系进行的深入考察，是战后日本外交政策研究的新进展。①

2. 冷战史研究。这是进入 21 世纪以来中国国际关系史研究的重要领域。具有创新性的研究成果主要集中于四大领域。（1）美国的冷战战略。这又是冷战史研究的重点领域。研究的问题主要包括：美国的遏制战略与冷战起源，美国的国家大战略与对苏政策调整，美国的核政策与冷战的关系，美国对其盟国英国、联邦德国、奥地利和西班牙、澳大利亚和新西兰的政策，美国对苏联和东欧国家的宣传战略与文化渗透，美国对苏联和中国的经济遏制政策，冷战中的美国外层空间政策等问题。这些研究通过解读原始档案资料，从多角度多层次拓展了美国的冷战战略与政策研究。②（2）苏联与东欧关系。重点探讨了在冷战的大背景下苏

上海人民出版社，2007；李庆四：《美国国会与美国外交》，人民出版社，2007；李期铿：《台前幕后：参议院外交关系委员会主席与美国外交》，世界知识出版社，2008；袁小红：《公众舆论与美国对华政策（1949－1971）》，湖南大学出版社，2008；任晓：《自由主义与美国外交政策》，上海三联书店，2005；赵志辉：《罗斯福外交思想研究》，安徽大学出版社，2009；王晓德：《"美国化"与德国反美主义的文化释读》，《世界历史》2008 年第 2 期；胡文涛：《美国文化外交及其在中国的运用》，世界知识出版社，2008；徐洪峰、李林河：《美国的中亚能源外交（2001－2008）》，知识产权出版社，2010。

① 乔林生：《日本对外政策与东盟》，人民出版社，2006；连会新：《日本的联合国外交研究》，天津社会科学院出版社，2007。

② 张曙光：《美国遏制战略与冷战起源再探》，上海外语教育出版社，2007；徐蓝：《国家大战略与外交政策调整——20 世纪 40－60 年代美苏冷战态势的演变》，《浙江学刊》2003 年第 6 期；牛军主编《战略的魔咒：冷战时期的美国大战略研究》，上海人民出版社，2009；赵学功：《核武器与美苏冷战》，《浙江学刊》2006 年第 3 期；张颖：《从特殊关系到自然关系：20 世纪 60 年代美国对英国政策研究》，黑龙江人民出版社，2006；崔丕：《艾森豪威尔政府对联邦德国政策新探（1953－1960 年）》和《艾森豪威尔政府对西班牙政策探微》，分别见《欧洲研究》2005 年第 2 期和 2006 年第 1 期；王帆：《试论美澳新同盟的历史演变》，《国际论坛》2005 年第 2 期；汪诗明：《1951 年〈澳新美同盟条约〉研究》，世界知识出版社，2008；张晓霞：《从进攻性的心理战到渐进的文化渗透——评冷

联与南斯拉夫、匈牙利、波兰的关系，并从大国关系的互动方面进行了比较深入的论述。① （3）冷战与发展中国家。关注发展中国家，是冷战史研究的新方向。学者在美国从其冷战战略出发制定"和平队"政策和该政策的实行，以及美国对第三世界的经济援助政策的研究方面做出了新探索。② （4）冷战中的危机与冲突。学者利用解密的原始档案，解读并分析伊朗危机，古巴导弹危机与冷战进程的关系，揭示冷战期间围绕国际热点问题的大国互动和外交。另外，围绕德国问题的冷战研究，也有亲历者的回忆与研究成果问世；对冷战时期的中国与周边国家的关系，也有新的研究成果。③

3. 中外关系史研究。新中国与世界的关系，始终是学者关注的领域，除了美国、苏联的档案不断解密外，中国外交档案的解密使这一研究显示了新的发展势头，出现了一些重要的新问题和新成果。主要有五个方面。（1）美国对华政策与中美关系。该领域始终是中国学者的关注重点，受到档案解密期限的

战初期美国对苏东宣传政策的演变》，《南京大学学报》2004 年第 5 期；于群：《新冷战史研究：美国的心理宣传战和情报战》，上海三联书店，2009；崔丕：《美国的冷战战略与巴黎统筹委员会、中国委员会（1945－1994）》，中华书局，2005 年修订版；张清：《应对危机：尼克松政府对外经济战略与政策研究（1969－1972）》，南京大学出版社，2009；张杨：《新冷战前沿：美国外层空间政策研究（1945－1969）》，东北师范大学出版社，2009。

① 沈志华：《斯大林与铁托——苏南冲突的起因及其结果》，广西师范大学出版社，2002；胡舶：《冷战阴影下的匈牙利事件：大国的应策与互动》，中国社会科学出版社，2004；杨友孙：《美国文化外交及其在波兰的运用》，《世界历史》2006 年第 4 期。

② 刘国柱：《美国文化的新边疆——冷战时期的和平队研究》，中国社会科学出版社，2005；王慧英：《肯尼迪与美国对外经济援助》，中国社会科学出版社，2007。

③ 李春放：《伊朗危机与冷战的起源（1941－1947 年）》，社会科学文献出版社，2007；赵学功：《十月风云：古巴导弹危机研究》，天津人民出版社，2009；于振起：《冷战缩影——战后德国问题》，世界知识出版社，2010；牛大勇、沈志华主编《冷战与中国的周边关系》世界知识出版社，2004。

限制，比较集中在 20 世纪 50－70 年代，探讨的重点问题包括：美国在两次台海危机、中印边界冲突中实行的对华敌视与遏制政策和中国的反应，美国对 1960 年中国粮荒的政策反应，美国对中国联合国代表权的政策演变，美国对中法建交的政策应对，越南战争时期的中美关系，美国对中国西藏的政策及其与达赖集团在国外分裂活动的关系，以及对 50－70 年代美国对华政策的困境与变化的整体考察。这些成果，对中美关系进行了"多元多层"的新探讨。① （2）中苏关系。通过档案文献解读和口述史料，对 1917－1949 年的民国时期的中苏关系，以及1917－1991 年中俄/中苏关系的全面发展进行梳理和深入分析，对 1948－1960 年的苏联专家在中国的活动进行了系统考察。在个案研究方面，学者对围绕外蒙古问题、中长铁路问题和新疆苏

---

① 戴超武：《敌对与危机的年代——1954－1958 年的中美关系》，社会科学文献出版社，2003；牛军：《三次台湾海峡军事斗争决策研究》，《中国社会科学》2004 年第 5 期；王帆：《从二次台海危机看美台军事合作困境》，《历史教学》2006 年第 10 期；王琛：《美国对 1962 年中印边界冲突的反应》，《史学月刊》2002 年第 1 期；牛大勇：《缓和的触角抑或冷战的武器——美国政府 20 世纪 60 年代初期对中国粮荒的决策分析》，《世界历史》2005 年第 3 期；姚百慧：《约翰逊政府与中国在联合国的代表权问题——以 1966 年研究委员会提案为中心的讨论》，《首都师范大学学报》2006 年第 6 期，《论美国与中法建交的关系》，《世界历史》2010 年第 3 期；唐小松：《遏制的困境——肯尼迪和约翰逊政府的对华政策（1961－1968）》，中山大学出版社，2002；温强：《肯尼迪政府与中国——遏制但不孤立政策的缘起》，天津古籍出版社，2005；吕桂霞：《遏制与对抗：越南战争期间的中美关系（1961－1973）》，社会科学文献出版社，2007；张曙光：《接触外交：尼克松政府与解冻中美关系》，世界知识出版社，2009；樊吉社：《美国分离西藏：从策划到失败（1949－1951）》，《国际论坛》2002 年第 6 期；程早霞：《"十七条协议"签订前后美国秘密策动达赖出逃历史探析》，《中共党史研究》2007 年第 2 期；张云帆：《美国国家安全委员会与对华西藏政策的制定（1953－1961）》，《国际论坛》2007 年第 4 期；郭永虎、李晔：《美国国会与中美关系中的"西藏问题"新探——基于〈国会记录〉的文本分析》，《西藏民族学院学报》2008 年第 1 期。

联侨民问题的深入考察，进一步丰富了中苏关系史的研究内容。① （3）日本对华政策与中日关系。重点研究了日本的国内政治对中日关系的影响，以及中国台湾问题对中日关系的影响，特别涉及了近代日本与中国西藏的关系，对中日关系的较长时段的发展，也有新的成果问世。② （4）中国和英国、印度、大韩民国的关系研究。对1948年的沙面事件有基于新解密的宋子文档案的新研究；对1947－1965年的中印关系进行了纵向与横向的系统梳理；通过对未刊档案史料的解读，对韩国临时政府驻华代表团的活动个案进行考察，揭示了该代表团的成立、发展至解体的历史过程。③

4. 非殖民化研究。继续重点考察"非殖民化"的理论含义，并对英国的非殖民化"计划"及其实行的殖民地公职人员的具体政策，以及法国戴高乐时期实施的非殖民化政策，进行了个案探讨。④

---

① 薛衔天、金东吉：《民国时期中苏关系史》（3册），中共党史出版社，2009；沈志华主编《中苏关系史纲（1917－1991）》，新华出版社，2007；沈志华：《苏联专家在中国（1948－1960）》，中国国际广播出版社，2003年/新华出版社，2009；刘存宽：《中俄关系与外蒙古自中国的分离（1911－1915）》，《历史研究》2004年第4期；张盛发：《中长铁路归还中国的历史考察》，《历史研究》2008年第4期；李丹慧：《新疆苏联侨民问题的历史考察（1945－1965）》，《历史研究》2003年第3期。

② 武寅：《热战　冷战　温战——国际大背景下的日本政治走向与中日关系》，《日本学刊》2002年第4期；张耀武：《中日关系中的台湾问题》，新华出版社，2004；秦永章：《日本涉藏史——近代日本与中国西藏》，中国藏学出版社，2005；田恒主编《战后中日关系史（1945－1995）》，中国社会科学出版社，2002；史桂芳：《战后中日关系史》，当代世界出版社，2005；孙乃民主编《中日关系史》（3卷），社会科学文献出版社，2006。

③ 张俊义：《1948年广州沙面事件之始末——以宋子文档案为中心》，《中国社会科学》2008年第6期；尚劝余：《尼赫鲁时代中国和印度的关系（1947－1964）》，中国社会科学出版社，2009；石源华：《大韩民国临时政府驻华代表团研究》，社会科学文献出版社，2009。

④ 潘兴明：《试析非殖民化理论》，《史学理论研究》2004年第3期；张顺洪：《战后英国关于殖民地公职人员的政策（1945－1965）》、《英属东非公职机构本土化初考》，分别见《历史研究》2003年第6期和《世界历史》2010年第4期；陈晓红：《戴高乐与非洲的非殖民化研究》，中国社会科学出版社，2003。

（三）　国际关系史档案文献整理

有四部重要的档案资料集值得关注：沈志华总主编的《苏联历史档案选编》（36 卷，社会科学文献出版社，2002）；沈志华、杨奎松主编的《美国对华情报解密档案（1948－1976）》（8 卷，上海东方出版中心，2009）；周建明、王成至主编的《美国国家安全战略解密文献选编（1945－1972）》（3 卷，社会科学文献出版社，2010）；该书编委会编《中国与苏联关系文件汇编（1949年年 10 月－1951 年 12 月）》（世界知识出版社，2009）。

（四）　国际关系专题性系列出版物

有三种专题出版物值得重视：南京大学国际关系学院朱瀛泉主编的《国际关系评论》（2000 年至今）；华东师范大学国际冷战史研究中心李丹慧主编的《冷战国际史研究》（2004 年至今）；首都师范大学历史学院国际关系研究中心徐蓝主编的《近现代国际关系史研究》（2006 年至今）。

总的来说，进入 21 世纪以来，中国的国际关系史研究取得了重要进步，出现了越来越多运用原始档案资料撰写的论点比较中肯的"功底型"论著；一批学者逐步确定了自己相对稳定的研究重点，并能够就研究的问题进行比较深刻的多层面思考；在研究主题的选择方面，也体现了研究者的问题意识和现实关怀。但是也存在研究的领域仍然相对集中，研究的方法论方面跨学科研究的成果仍然不多等问题。

二　地区史研究

2002－2010 年，中国的地区史研究成果斐然。限于篇幅，这里仅择其要者予以介绍。不当之处，还请批评谅解。

（一）　欧洲史研究

重要研究领域是对欧洲一体化进程的考察。主要包括：从英国的政治文化和外交传统探讨英国对欧洲一体化的若即若离的政策，英国对欧安会的政策演变；联邦德国与欧洲一体化的关系；第二次世界大战对欧洲一体化起源的影响；以及对欧盟共同农业政策改革的探讨。另外，对西欧民族国家形成与主权问题的探讨也有新意。①

（二）亚洲史研究

亚洲史研究无论在成果数量上还是质量上都有明显的进步。据粗略统计，这一时期发表的专著 100 余部，学术论文达到 1000 余篇。主要分为以下几个领域。

1. 亚洲各国和地区的现代化研究。亚洲的现代化研究主要集中在对中国周边国家和几个大国如韩国、印度、伊朗等国家的研究上，主要研究现代化与经济发展、现代化与民主政治、现代化与文化发展等问题。② 钱乘旦总主编的《世界现代化进程》（6 卷，江苏人民出版社，2010），对东亚（董正华主编）、北美（李剑鸣主编）、拉美（韩琦主编）、中东（王铁铮主编）、西欧（陈晓律主编）各地区的现代化进程做了系统梳理，并对整个世界的现代化进程做了总体论述（钱乘旦）。

---

① 赵怀普：《英国与欧洲一体化》，世界知识出版社，2004；申红果：《英国与欧安会的起源（1968－1975）》，南京大学出版社，2009；张才圣、吴有法：《德国新东方政策与欧洲一体化研究》，《武汉大学学报》2009 年第 1 期；严双伍：《第二次世界大战与战后欧洲一体化起源研究》，武汉大学出版社，2007；姜南：《试析欧盟共同农业政策的改革》，《世界历史》2002 年第 4 期；王加丰：《"欧洲化"、西欧现代民族国家的形成与主权问题》，《世界历史》2008 年第 3 期。

② 对亚洲各国现代化的研究成果数量很多，仅举几例：杨栋梁：《近代以来日本经济体制变革研究》，人民出版社，2003；孙晓翔、刘金源：《韩国现代化进程中的腐败问题》，《东北亚论坛》2010 年第 1 期；金永丽：《印度农业发展道路探索》，中国农业出版社，2006；哈全安：《中东国家的现代化历程》，人民出版社，2006；王林聪：《中东国家民主化问题研究》，中国社会科学出版社，2007；毕健康：《伊斯兰教与民主问题——历史与现实的双重透视》，见侯建新主编《经济－社会史评论》第 3 辑，三联书店，2007；盛邦和：《新亚洲文明和现代化》，学林出版社，2003；梁志明：《东南亚历史文化与现代化》，香港社会科学出版有限公司，2003。

2. 国际关系史研究。亚洲是地区和国际热点的高发区，因而亚洲国际关系史的研究比较活跃。从地域来看，主要包括：

（1）围绕东亚和东南亚的国际关系史研究。主要研究的问题包括：围绕朝鲜战争的国际关系研究；[①] 对日本近代以来东亚战略和政策的演变研究；[②] 对冷战时期和冷战后美国、日本、英国、印度、中国等国家与东南亚国家和地区的国际关系研究；[③] 冷战中的日美关系发展及美英与亚太地区安全保障体系的关系研究；[④] 对近年来比较新的研究领域——东方外交史的研究对象和方法的初步考察；对前近代东亚体系中的伦理问题的探讨，也有新的成果问世。[⑤] 另外，对日本在第一次世界大战后至二战结束时期所进行的对南洋华侨的调查研究，也是值得注意的亚洲国际关系研究的新课题和新成果。[⑥]

---

① 沈志华：《中苏同盟、朝鲜战争与对日和约——东亚冷战格局形成的三部曲及其互动关系》，《中国社会科学》2005 年第 5 期；陈时伟：《朝鲜战争时期围绕细菌战问题的三场国际政治动员》，《历史研究》2006 年第 6 期；邓峰：《艰难的博弈：美国、中国与朝鲜战争的结束》，齐德学：《中苏同盟在抗美援朝战争中的作用》，徐友珍：《英国与朝鲜停战谈判中的战俘遣返问题》，三文均见《世界历史》2010 年第 4 期。

② 米庆余：《近代日本的东亚战略和政策》，人民出版社，2007；臧运祜：《近代日本亚太政策的演变》，北京大学出版社，2009；茅海建、郑匡民：《日本政府对于戊戌变法的观察与反应》，《历史研究》2004 年第 3 期。

③ 纪宗安、崔丕：《印度尼西亚债权国会议的缘起与影响》，《中国社会科学》2010 年第 6 期；瞿健文：《论冷战后东盟与印度关系的发展》，《世界历史》2004 年第 5 期；李一平：《冷战后中国与东盟国家关系探析》，《世界历史》2004 年第 5 期。

④ 崔丕：《〈日美相互合作及安全保障条约〉新论》《〈美日返还冲绳协定〉形成史论》《冷战转型期的美日关系——对东芝事件的历史考察》和《美国亚洲太平洋安全保障体系的形成与英国（1950－1954）》，分别见《历史研究》2005 年第 1 期和 2008 年第 2 期、《世界历史》2010 年第 6 期和《国际冷战史研究》第 1 辑，2004 年。

⑤ 陈奉林：《东方外交史研究初探》，《世界历史》2010 年第 3 期；韩东育：《前近代东亚体系中的伦理问题》，《历史研究》2010 年第 6 期。

⑥ 纪宗安、崔丕：《日本对南洋华侨的调查及其影响（1925－1945）》，《中国社会科学》2009 年第 1 期。

（2）围绕中东地区的国际关系史研究。主要有美国与苏联围绕苏伊士运河危机的关系研究，以色列、伊朗、土耳其与美国的关系研究，对美国中东政策的考察。① 另外，对历史上犹太人与阿拉伯人的交往，也有新的成果发表。②

3. 出版了几部重要的史料汇编。如刘金质等编《中国与朝鲜半岛国家关系文件资料汇编（1991－2006）》，中华人民共和国外交部亚洲司编《中华人民共和国与斯里兰卡民主社会主义共和国双边关系重要文献汇编》，权赫秀编《近代中韩关系史料选编》，分别由世界知识出版社 2006 年、2007 年、2008 年出版。

值得注意的是，针对 2001 年日本科学文部省审定通过了扶桑社出版的歪曲历史的教科书，为了让中日韩三国的青少年了解真正的历史，中日韩三国的学者和教师于 2003 年 4 月正式启动了共同编写历史读本《东亚三国的近现代史》的工作，该书于 2005 年 5 月下旬分别在韩国和日本出版了韩文版和日文版，同年 6 月，该书中文版由社会科学文献出版社推出。它的出版为三国青少年以及东亚人民认知东亚近代以来的历史，提供了权威读本。

（三）非洲史研究

据不完全统计，从 2002 年至 2010 年，中国非洲史学者出版学术专著 20 余部，学术论文和评述文章 140 余篇，主要涉及对外政策与国际关系和现代化等领域。

1. 对外政策与国际关系研究。主要包括南非对外关系研究，

---

① 杨东燕：《苏伊士运河危机与苏美关系》，南京大学出版社，2003；李伟建等：《以色列与美国关系研究》，时事出版社，2006；范鸿达：《美国与伊朗：曾经的亲密》，社会科学文献出版社，2006；肖宪等：《土耳其与美国关系研究》，时事出版社，2006；兰岚：《美国在中东：艾森豪威尔主义研究》，南京大学出版社，2010；刘雄：《艾森豪威尔政府亚洲政策研究》，岳麓书社，2009。

② 张倩红：《伊斯兰世界犹太人与阿拉伯人的交往》，《世界历史》2006 年第 6 期。

非洲统一组织研究，中非关系、法非关系、英非关系等的研究。①
中国老一代非洲研究专家陆庭恩的《非洲问题论集》（世界知识
出版社，2005）一书，是作者多年对非洲历史、非洲政治、非洲
经济和中非关系问题的研究成果，反映了中国非洲史学者研究问
题的广度和深度。

2. 非洲殖民主义与非洲的民族主义研究。既有对殖民主义与
非洲关系的专论，也有对非洲民族主义的专题探讨。②

3. 非洲不同地区和不同国家的现代化研究。主要涉及现代化
与政治、现代化与政党、现代化与女性主义等问题。③ 另外，郑
家馨的《南非史》（北京大学出版社，2010），是国内第一部全面
研究南非历史的专著。

还有两种读物值得注意：李安山编著的《非洲华侨华人社会史
资料选辑（1800－2005）》（香港社会科学出版有限公司，2006）；

---

① 沐涛：《南非对外关系研究》，华东师范大学出版社，2003；沈福伟：
《十四至十五世纪中国帆船的非洲航程》，《历史研究》2005 年第 6 期；
黎海波：《晚清政府的非洲华侨政策：评价与反思》，《华侨华人历史研
究》2009 年第 1 期；曹德明：《从历史文化的视角看法国与非洲的特殊
关系》，《国际观察》2010 年第 1 期；李安山：《浅析法国对非洲援助的
历史与现状》，《西亚非洲》2009 年第 11 期；齐建华：《冷战时期法国对
非洲政策的演变分析》，《商丘师范学院学报》2008 年第 4 期；高晋元：
《英国—非洲关系史略》，中国社会科学出版社，2008；张宏明：《基督
教、伊斯兰教对非洲社会发展的影响》，《西亚非洲》2007 年第 5 期。

② 孙红旗：《殖民主义与非洲专论》，中国矿业大学出版社，2008；李安山：
《非洲民族主义研究》，中国国际广播出版社，2004；韩志斌：《从革命民
族主义到超越民族主义》，《世界民族》2009 年第 3 期。

③ 舒运国：《失败的改革——20 世纪末撒哈拉以南非洲国家结构调整评述》，
吉林人民出版社，2004；毕健康：《埃及现代化与政治稳定》，社会科学文
献出版社，2005；哈全安：《埃及现代政党政治的演变》，《南开学报》
2007 年第 4 期；贾宝维、王泰：《当代埃及威权主义政治合法性的构建》，
《西亚非洲》2010 年第 2 期；邢桂敏：《埃及女性主义：纳赛尔到穆巴拉
克》，《西亚非洲》2009 年第 1 期；王泰：《埃及现代化进程中妇女的政治
参与问题》，《西亚非洲》2007 年第 2 期；李娜：《穆罕默德·阿里启动埃
及政治现代化进程分析》，《历史教学》2009 年第 24 期；韩志斌：《利比亚
早期现代化的两条道路之争》，《世界历史》2008 年第 2 期。

以及李安山主编的《北大非洲通讯》(*PKU African Tele - Info*)。该通讯于2010年7月创刊后,至2012年5月15日已经有90期,成为了解中国非洲关系发展与中国非洲研究的又一个好窗口。

(四)拉丁美洲史研究

2002 – 2010年拉美史研究成绩显著,有百余部专著、编著、译著、教材及两百余篇学术论文问世,将研究水平往前推进了一步。现将研究的重要问题及主要成果,择其要者介绍如下。

1. 现代化进程研究。学者或从拉美国家作为一个整体论述其现代化的发展,或从一个国家的现代化个案出发进行探讨;对拉美现代化中的民众主义的分析,使研究更为深入;对美国与拉美发展模式的比较研究,也是学者关注的重要课题。①

2. 政治经济思想科技史研究。(1)政治方面。包括对拉美国家政治制度和共产主义运动的整体考察,对墨西哥革命制度党的专题研究,以及对古巴社会主义运动的个案分析。关于拉美新自由主义的发展演变,学者也做了具体考察。②(2)经济方面。包括对拉丁美洲农业发展的系统考察,对墨西哥殖民时期大庄园的

① 林被甸:《拉丁美洲国家的早期工业化》,《现代化研究》第2辑,商务印书馆,2003;苏振兴主编《拉美国家现代化进程研究》,社会科学文献出版社,2006;张宝宇:《巴西现代化研究》,世界知识出版社,2002;董经胜:《巴西现代化道路研究——1964 – 1985年军人政权时期的发展》,世界图书出版公司,2009,《拉丁美洲现代化进程中的民众主义》,《世界历史》2004年第4期;刘文龙、朱鸿博:《西半球的裂变——近代拉美与美国发展模式比较研究》,上海辞书出版社,2005。

② 袁东振、徐世澄:《拉丁美洲国家政治制度研究》,世界知识出版社,2004;徐世澄:《拉丁美洲政治》,中国社会科学出版社,2006;张凡:《当代拉美政治研究》,当代世界出版社,2009;祝文驰、毛相麟:《拉丁美洲的共产主义运动》,当代世界出版社,2002;徐世澄:《墨西哥革命制度党的兴衰》,世界知识出版社,2009;毛相麟:《古巴社会主义研究》,社会科学文献出版社,2005;徐世澄:《卡斯特罗评传:从马蒂主义者到马克思主义者》,人民出版社,2008;韩琦:《简论拉美新自由主义的演变》,《拉丁美洲研究》2004年第2期。

研究和政治经济改革及模式转变的分析，阿根廷经济学家劳尔·普雷维什经济思想的探讨，以及对2001－2002年阿根廷金融危机的历史研究。对拉美经济结构改革与新自由主义的关系，也有专题论述。① （3）思想史与科技史方面。学者从印第安文化（殖民时期的西方文化与印第安文化的碰撞）拉美的文化独立意识直至全球化时代的拉美文化进行了勾勒。对拉美科技发展的历史、现状、科技特点及研发体制进行了阐述。②

3. 国际关系史研究。研究的重点是对美国和拉丁美洲关系的整体勾勒，以及对拉美一体化进程的考察。对冷战中的美国对拉美的政策，也有新的成果。③

另外，在通史和国别史的撰写方面，成果也比较突出。

总的说来，中国的地区史研究已经有了长足的进步。但是，由于语言等障碍，其研究水平与国家的需要和国际水平相比，还有很大的差距。

---

① 冯秀文、金计初、钱明德：《拉丁美洲农业的发展》，社会科学文献出版社，2002；王文仙：《试论殖民时期墨西哥大庄园的特征》，《世界历史》2004年第4期；徐世澄：《墨西哥政治经济改革及模式转换》，世界知识出版社，2004；董国辉：《劳尔·普雷维什经济思想研究》，南开大学出版社，2003；沈安：《阿根廷的危机回顾与思考》，世界知识出版社，2009；陈平：《新自由主义的兴起与衰落：拉丁美洲经济结构改革（1973－2003）》，世界知识出版社，2008。

② 索萨：《拉丁美洲思想史述略》，云南人民出版社，2003；李明德、宋霞、高静：《拉丁美洲的科学技术》，世界知识出版社，2006。

③ 徐世澄主编《美国和拉丁美洲关系史》，社会科学文献出版社，2007；朱鸿博：《冷战后美国的拉丁美洲政策》，上海辞书出版社，2007；王萍：《走向开放的地区主义——拉丁美洲一体化研究》，人民出版社，2005；舒建中：《美国的"成功行动"计划：遏制政策与维护后院的隐蔽行动》，《世界历史》2008年第6期；翟晓敏：《美国为何归还巴拿马运河——1977年美巴运河条约评析》，《世界历史》2005年第4期。

考古发现与研究

常怀颖　陈星灿

旧石器时代考古

旧石器时代考古的新进展大致体现在如下几个方面。

第一，石器技术与文化关系的探讨。田野工作多集中在旧石器时代考古晚期遗址的调查和发掘上。重要发现有黄河两岸山西吉县和陕西宜川的调查和发掘；宁夏灵武水洞沟与银川、宁夏南部等地新发现的多个地点；河南许昌灵井遗址以及以郑州、新密为中心的多个旧石器时代晚期遗址；江苏连云港将军岩遗址发现了东部沿海地区地理位置最南的细石器遗存。此外，湖北、广西、四川、云南、福建、黑龙江、吉林、河北、西藏、浙江等地的发现也十分重要。这些发现，对于探讨旧石器时代东西方文化关系、早期人类迁徙、南北石器工业体系的区域差异、细石器起源等十分重要。广西百色盆地的发现证实，中国南方旧石器时代早期存在以手斧为代表的石器工业，这一发现有可能修正原来的认识。

第二，新旧石器时代更替的研究。以许昌灵井（《华夏考古》2009 年第 3 期）、新密李家沟（《考古》2011 年第 4 期）、新郑赵庄、登封西施（《2010 中国重要考古发现》，文物出版社，2011）等遗址为代表的旧石器晚期遗存的发现，揭示了中原地区史前居民从流动性较强、以狩猎大型食草动物为生的旧石器时代逐渐过渡到具有相对稳定的栖居形态、以植物性食物为主、开始生产简单陶器的新石器时代的演化历史。

第三，古人类学研究。多集中在中国境内已发表直立人与晚期智人化石材料的综合研究上，其中大部分研究仍然是通过测量分析既往材料，探讨早期人类的行为模式和环境适应特点。中国远古人类"连续进化附带杂交"的观点得到进一步的论证（《人类学学报》2009年第3期）。

第四，人类行为模式的研究。用火、狩猎和石器制造等活动是早期人类行为的重要特征。围绕上述问题，学术界从实验考古、动物考古与微痕观察等角度深入分析了古人类发展的历史与演化过程，展示了中国旧石器时代考古的新方向。高星等人的研究显示，水洞沟等遗址的古人类曾利用烧石加热液体（《人类学学报》2009年第4期）；泥河湾、柿子滩及龙王辿等遗址的用火遗迹证明，早期人类对火的利用已不限于烧烤。通过灵井、马鞍山等遗址出土动物化石等的分析，对古人类狩猎能力、狩猎对象以及食物来源构成中动物的种类、食性分析有了深入的认识（《人类学学报》2009年第3期）。王幼平的《中国远古人类文化的源流》（科学出版社，2004），讨论了中国远古人类及其文化发展的相对独立性特点，认为中国远古人类的发展应是以区域进化为主，与其他地区的基因交流处于相对次要的地位。

第五，古环境与年代学的研究。对古环境的研究多集中在对更新世以来地层沉积过程以及古环境与古人类经济生活的关系方面。年代学的研究也取得了丰硕成果，其中最引人注目的是北京周口店猿人遗址新数据的发表。根据最新结论，北京猿人的年代为77.8万年左右（*Nature*，2009，458），这比既往的认识提前了近20万年。

第六，研究方法与理念的更新。随着研究重点的转移，石器生产中"操作链"的研究方法（《人类学学报》2009年第2期）得到重视，对复原早期人类的石器生产活动起到了关键作用。对石器残留物和石器、骨器的微痕研究也取得了较大进展，对于判断石器的功能和加工对象等进行了有益的尝试。

第七，一批重要的旧石器时代考古资料，如南京直立人化石（江苏科学技术出版社，2002）、水洞沟、百色旧石器（文物出版社，2003）、海城小孤山（科学出版社，2009）、柳州白莲洞（科学出版社，2009）等陆续出版。

新石器时代考古

新石器时代考古资料的刊布与日俱增。新石器时代考古在时空框架的构建、资料的扩充与积累、研究方法的探索、学术材料的刊布等多个方面取得突破。

首先，进一步完善了时空框架，为一系列重大学术问题的深入研究确立了时空标尺。

第一，新石器文化的起源和早期发展继续成为重点课题。在黄河中游，李家沟遗址发现的旧、新石器过渡的连续地层，以及早期陶器与细石器共存的资料，为讨论华北地区新石器时代文化的起源和旱作农业起源，提供了重要线索。北京东胡林遗址的连续发掘，为华北北部地区旧石器向新石器时代过渡提供了不可多得的材料。

长江中游地区，湖南道县玉蟾岩遗址、广西桂林甑皮岩、浙江浦江上山等的发掘，为认识南方地区新石器时代文化的起源、特点和文化多样性，提供了新材料。

第二，新石器时代中期的研究积累了丰富的材料。

陕西秦安大地湾、宝鸡关桃园、陇县原子头、临潼零口村等遗址的发掘与材料的详细公布，显示出在黄河中上游地区由老关台文化向仰韶文化过渡的途径存在多种可能。

在长江中下游地区，以湖北秭归柳林溪、湖南怀化高庙、澧县彭头山、浙江萧山跨湖桥、浦江上山、嵊县小黄山、余姚田螺山代表的一系列遗址的发掘，为讨论稻作农业的起源、定居和多种经济形态的并存，打下了良好基础。

内蒙古敖汉兴隆沟等遗址的发掘，显示西辽河流域在新石器中期阶段即已进入黍作农业阶段。

新石器时代中期，有宜都城背溪（文物出版社，2001）、庙子沟与大坝沟（中国大百科全书出版社，2003）、河姆渡、跨湖桥（文物出版社，2003、2004）、白音长汗（科学出版社，2004）、翼城枣园（科学技术文献出版社，2004）、彭头山与八十垱（科学出版社，2006）、易县北福地（文物出版社，2007）等多处重要材料被全面公布。

第三，新石器时代晚期的发现与研究最为突出。

黄河上游，青海民和喇家遗址发现的地震与洪水灾难现场，是新石器时代考古中较难见到的遗迹。甘肃临潭陈旗磨沟遗址首次在洮河上游发现了马家窑文化遗存，为研究马家窑文化南下川西北高原提供了关键资料。在黄河中游，山西翼城枣园、北橄等遗址的发掘，为聚讼已久的仰韶文化半坡类型与庙底沟类型的关系、庙底沟类型的起源问题，提出了新的启示。河南灵宝西坡、陕西高陵杨官寨的发掘则发现了庙底沟文化阶段的大型环壕聚落，填补了仰韶文化研究中的空白。在陕西白水下河、河南灵宝西坡等遗址发现的面积超过230平方米的大型单体房屋，说明庙底沟时期的中心聚落具有特殊功能的"大房子"；另外，西坡仰韶文化中晚期大墓的发现，则可能反映了社会的层级分化。内蒙古凉城王墓山等遗址的发掘显示，不同考古学文化在河套与岱海地区相互影响，可能代表了新石器时代晚期的人群流动与社会变迁。在黄河下游，以山东即墨北阡、平度逢家庄等遗址为代表的一系列遗址的发掘，为大汶口文化小型聚落的居住形态和埋葬方式提供了重要资料。这些发现均对认识当时的社会结构具有重要意义。

在汉淮流域，通过河南邓县八里岗、淅川下寨、安徽固镇垓下大汶口文化城址等遗址的工作，显示南北方新石器时代晚期文化间存在着复杂的交流和互动，社会的剧烈变革与动荡也体现在丰富多彩的考古材料中。

在过去开展工作极少的贵州、四川南部地区，相继发现了不少重要的新石器时代晚期聚落遗址。四川汉源麦坪、宜宾叫化岩，贵州天柱坡脚、学堂背、贞丰孔明坟等遗址的发掘，不仅填补了新石器时代考古的空白，也为寻找同时期中心性聚落、了解文化交流情况奠定基础。

长江下游新石器时代晚期的考古发现层出不穷。江苏宜兴骆驼墩、张家港东山村、浙江海宁小兜里、余杭茅山、上海松江广富林、青浦福泉山等遗址崧泽文化墓地的不断发现，使长江下游社会复杂化进程的年代大大提前，特别是东山村遗址崧泽文化早中期玉敛葬的发现，昭示着长江下游社会分化的时间约开始于距今 6000 年前。

内蒙古赤峰魏家窝铺、扎鲁特旗南宝力皋吐、库伦哈图塔拉、哈民忙哈、凌源牛河梁等遗址的发掘，为东北地区社会进化的研究增添了新资料。这些发现说明西辽河流域是中华文明的重要策源地之一。

广西那坡敢驼岩、广东深圳咸头岭、韶关圆岗、福建武夷山渡头岗等遗址的发掘，为建立更加丰满的中国史前文化体系，认识中国史前文化发展的特点和规律，提供了新的材料。

新石器时代晚期的材料刊布最多，扶风案板、山东王因、福泉山（文物出版社，2000）、朝天嘴与中堡岛、好川墓地（文物出版社，2001）、郑州大河村、垣曲古城东关、武穴鼓山（科学出版社，2001）、新沂花厅、邓家湾（文物出版社，2003）、宁夏菜园、岱海考古、华县泉护村（科学出版社，2003）、潜山薛家岗、临潼零口村、县石山、珠海宝镜湾、忻州游邀（科学出版社，2004）、陇县原子头（文物出版社，2005）、澧县城头山、江阴祁头山、宝鸡关桃园（文物出版社，2007）、枣阳雕龙碑、新乡李大召（科学出版社，2006）、秦安大地湾（文物出版社，2006）、蒙城尉迟寺（科学出版社，2001、2007）、佛山河宕遗址（广东人民出版社，2006）等重要遗址材料的全面公布，极大地推进了新石器时代晚期研究。

第四，文明起源阶段遗存的发现与研究，逐渐成为新石器时代考古的前沿。对以陶寺、良渚、王城岗、古城寨、新砦、宝墩、石家河为中心的城址群的持续发掘和研究，和对凌家滩、牛河梁等地大型墓葬的发掘相结合，为探索中国早期文明的起源和发展，提供了新的材料和视角。

在黄河上游，以磨沟遗址的发掘为代表，揭示出齐家文化与寺洼文化的丧葬制度与埋葬习俗有一脉相承之处。既往对齐家文化的起止年代的认识也因该遗址的发现有调整的必要。甘肃民乐五坝、张掖黑水城遗址的发掘，则为马厂类型与四坝文化的更替关系提供了新的资料。在陕北，以神木新华、府谷郑则峁、佳县石摞摞山等区域性中心遗址的发掘，揭示出河套地区与南流黄河两岸在文明化进程中走上了一条不同于中原地区的道路。

在长江下游，广富林文化的确立，揭示出良渚时期以后社会进一步走向复杂化的形态。有关该时期的重要发现，新津宝墩（日本有限会社阿普，2001）、辉县孟庄（中州古籍出版社、2003）、禹州瓦店（世界图书出版公司，2004）、神木新华（科学出版社，2005）、反山、瑶山、庙前、良渚遗址群、南河浜（文物出版社，2005）、凌家滩、新地里、昆山（文物出版社，2006）、登封王城岗（大象出版社，2007）、房县七里河、新密新砦（文物出版社，2008）、高城墩（文物出版社，2009）等遗址的材料也相继刊布。

其次，多种科学技术手段在中国考古学中的探索和运用，新石器时代考古扮演了先行者和实验者的角色，以基于GIS技术的区域聚落系统调查、系统钻探、石器微痕分析、植物遗存研究、动物遗存研究、环境考古、碳十四年代学研究、制陶工艺技术研究、土壤微结构分析、体质人类学、同位素分析、石器制作技术研究、原料产地分析、实验考古等手段，在新石器时代考古中被广泛运用。作物的驯化与种植、家畜的驯化、早期冶金技术起源、史前经济与生业模式等课题蓬勃发展，带动了一系列区域社会研究的进展。

区域个案研究的成果较为突出。韩建业对北方地区、张弛对长江中游地区（文物出版社，2003）、郭伟民对澧阳平原（文物出版社，2010）、许永杰（科学出版社，2007）、余西云（科学出版社，2006）对黄河中、下游地区、李伊萍对海岱地区（文物出版社，2004）的区域性个案研究，将视野拓展到区域社会的演进之中。刘莉对中原地区社会复杂化进程的研究（文物出版社，2007）以及戴向明通过陶器专业化生产探讨社会组织结构与分工变化的专题研究（科学出版社，2010），则代表了最近中国新石器时代考古新动向。2010年出版的《中国考古学·新石器卷》（中国社会科学出版社）是全面总结中国新石器考古学的集大成著作，对于了解过去十年的新进展也有价值。

夏商周考古

三代考古的工作主要集中在都城、城址和区域地方序列的完善方面，研究则更多侧重于物质文化遗存所反映的社会阶层分化、意识形态差异、器用制度和文献记载的国族与新发现材料的拟合之上。

第一，在城址考古的工作方法上，更关注遗址布局、功能结构等问题。河南偃师二里头遗址确认了宫城的存在，并发掘了数组宫殿建筑基址，为探索该遗址平面布局的制度化观念，以及三代都城制度的肇始问题，提供了重要的材料和启示。河南平顶山蒲城店二里头文化城址，是迄今发现年代最早的二里头文化城址。河南新郑望京楼、荥阳大师姑、辉县孟庄新发现的二里头文化城址，为研究二里头文化时期的聚落等级关系、区域中心、夏商分界等问题提供了新材料。

郑州商城外郭城的发现与确认，使其平面布局和始建年代的研究进入新阶段。郑州商城范围内梁湖、凤凰台遗址环壕聚落的发现，为研究商代早期环壕聚落、商代中期祭祀遗存以及都城周边次级社区聚落形态，提供了新材料。小双桥大型夯土基址、复杂路网结构的发现，使聚讼已久的郑州商城、偃师商城的关系问题，再次成为关注焦点。望京楼二里冈时期城址的发现为探索夏商分界、夏商时期城址营建与布局异同等问题，提供了极其重要的新材料。

安阳洹北商城经钻探与试掘确认城址中南部存在宫城。西南隅另有一小城，居民点多集中于宫城之外的西北和东北部。殷墟刘家庄北地的发掘，揭露出多条道路、大量祭祀性遗迹、不同的院落布局、巨型取土坑与水渠、公共广场等重要现象，为殷墟都邑的布局研究提供了重要资料。

河南荥阳关帝庙遗址发掘揭示出完整的商代晚期村落布局，为研究商代基层社会提供了珍贵资料。郑州梁湖、洛阳关林侯城、河北邢台东先贤、临城补要等商代中晚期小型聚落遗址的大面积发掘，将使商代普通聚落的研究进入新阶段。

夏商两代核心区域之外，一些地区性中心的发现与研究令人关注。山东济南大辛庄遗址和高等级墓葬的发掘，确认该遗址是商王朝经略东方的统治中心。西安老牛坡遗址、商洛东龙山遗址、山西柳林高红遗址的发掘，则可能为夏、商王朝在西方的经营找到了地区中心。

西周时期的城市考古工作仍然围绕晋豫陕三省的工作展开。周原遗址新发现了数处制骨、制石、铸铜作坊和大型夯土基址，为周原遗址的聚落形态研究增添了新材料。关中西部先周与西周考古取得突破，岐山周公庙遗址在系统考察建筑基址、手工业作坊区和最高等级墓地陵园和普通墓地等关系的同时，还新出土大量刻辞卜甲，发现总字数超过了过去历年发现西周甲骨字数的总和，是研究周族历史的珍贵资料。劝读城址、水沟城址、孔头沟遗址的发现，证明了关中西部周代早期社会形态的复杂性，这些材料的出现，为研究关中西部商周时期的聚落形态、人群关系、商周分界等重大学术问题提供了新启示。

洛阳林校西周祭祀遗址与瞿家屯大型夯土基址的发现，为认识西周东都的结构和布局提供了新线索。山东高青陈庄西周城址及夯土台基、贵族墓葬与车马坑、刻辞卜甲和带有"齐公"铭文的青铜器等材料的发现，对研究齐国早期历史具有重要意义。河南荥阳娘娘寨两周城址，始建于西周晚期，为以往发现甚少的西周城址增添了新资料。

东周城市考古也有新进展。在黄河上游，围绕早期秦文化课题，进行了一系列考古调查与发掘工作，其中礼县大堡子山城址的发掘和西汉水上游流域调查，既为早期秦文化探索和秦早期都邑研究提供了资料，同时也为秦戎关系研究提供了重要线索。陕西雍城与咸阳的考古工作，则为战国时期秦国的手工业、仓储、城市制度提供了新材料。

黄河中游新郑娘娘寨城址的发现，为东虢国的探索奠定了基础。面积约916万平方米的河南濮阳高城东周城址，发掘者推测其应是春秋时期卫国都城遗址。新郑郑、韩故城的连续发掘，对研究郑、韩两国都城营建过程、防御体系、公室与墓葬的空间分布等问题提供了新的线索。邯郸城的系统调查与发掘，使学界对邯郸城的防御体系和水道系统有了新的认识。

吴文化及吴国城址的探索取得突破性进展。江苏无锡阖闾城、苏州木渎城的发现，为吴国都城历史研究增添了重要资料。邳州梁王城东周城址的发现，提示学术界应重视东南地区东周时期地方城市研究。

三代城址考古的发现令人瞩目，但资料的刊布不尽如人意，十年间仅有郑州商城、盘龙城（文物出版社，2001）、秦都咸阳（科学出版社，2004）、郑州大师姑（科学出版社，2004）、小屯西地（世界图书出版社，2004）、小屯丁组基址（文物出版社，2010）等城址的材料得以刊布。天马—曲村（科学出版社，2000）、中山国灵寿城（文物出版社，2005）、潜江龙湾（文物出版社，2005）、大冶五里界（科学出版社，2006）等遗址材料的全面刊布，则为东周都城与墓葬关系、高等级建筑基址、地区次级中心聚落研究提供了新资料。段宏振对于赵邯郸城的研究（文物出版社，2009），可视作先秦城市综合研究的范例。

第二，中心地区墓葬、陵园制度方面的新发现和新研究，成果斐然。

殷墟花园庄M54（科学出版社，2007），是殷墟新近发掘的未经盗扰的高等级贵族墓葬。徐家桥（科学出版社，2010）及抗战前发掘的侯家庄小墓（中研院史语所，2001）与大司空村第二次发掘的小墓（中研院史语所，2008）材料也得以刊布。在殷墟以外，正阳润楼商代族墓地的发现令人振奋。这处族墓地是除罗山天湖商墓外，已知最南的晚商时期族墓地。山西浮山桥北商代高等级墓地的发现，则为"先"族的居所与文献记载的唐国探索提供了新线索。荥阳小胡村则发现了晚商时期"舌"族的族墓地。河南鹿邑太清宫长子口墓（中州古籍出版社，2000）与山西灵石旌介商墓（文物出版社，2006）的材料也全面刊布。

西周墓葬考古的发现令人振奋。山西翼城大河口、绛县横水分别发现了以往未曾知晓的国家或采邑——霸和倗。两处墓地保存完好，前者发现了目前所知年代最早的彩绘漆木俑，后者则完整保存了文献记载的"荒帷"实物。两处墓地的发现，又引出了诸如"怀姓九宗"、西周封国的实际控制范围等一系列新的学术问题。山西黎城新发现的西周墓地，有研究者认为即是文献记载黎国的遗迹。岐山周公庙高等级墓葬与陵园的发现令人惊讶。周公庙四墓道大墓是目前已知最高等级的西周墓葬，但由于盗扰太甚，对墓地的性质争议较大。陕西韩城梁带村芮国墓地的发现，为晋陕间周代国族分布研究增加了新材料。少陵原西周墓地（科学出版社，2008）的发掘，为探索周代军事和族裔制度，提供了新材料。洛阳一系列两周墓葬被发掘（文物出版社，2009），对于了解洛邑西周高等级贵族的埋葬制度十分有益。在北京琉璃河，新发掘的 M5 使沉寂已久的燕国墓葬研究重新受到关注。山东滕州前掌大商周墓地材料的公布（文物出版社，2005），加上新近发掘的沂源姑子坪周墓和高青陈庄西周中期高等级墓葬，为齐的始封、商遗民问题研究提供了新材料。

最近在湖北随州叶家山曾国墓地的发现，不仅改变了西周晚期以前汉阳无曾的传统说法，也使有关周人经略南方的问题有重新审视的必要。

秦始皇帝陵陵园的考古工作除继续发掘的兵马俑二号坑外，

新发现的文官俑、百戏俑、水禽坑等填补了秦代考古的空白。陕西凤翔雍城秦公陵园的勘探与发掘，大致摸清了雍城秦公陵园兆沟内、外的整体布局及内涵。在神禾塬发现的四墓道大墓和六驾车马坑，有学者认为是始皇祖母夏太后的墓葬。西安南郊（陕西人民出版社，2004）、北郊秦墓（三秦出版社，2006）、尤家庄秦墓（陕西科技出版社，2008）、任家嘴秦墓（科学出版社，2005）、宝鸡建河、华县东阳（科学出版社，2006）等一批重要的中小型秦墓资料陆续刊布。

三晋两周地区，较重要的发现有山西曲沃羊舌晋侯墓地和新郑韩王陵的发掘。前者可能是晋文侯的墓地，后者则首次证实墓内建筑的存在。郑韩故城内胡村郑国家族墓地的发现与中小型墓葬资料的公布（文物出版社，2007），为整体探讨郑国墓地陵园制度奠定了基础。侯马乔村（科学出版社，2004）与临猗程村墓地（中国大百科全书出版社，2003）的材料也相继公布。

黄河下游齐文化考古仍是重点。临淄齐国的一批墓葬、居址材料，陆续公布（齐鲁书社，2006；文物出版社，2007）。对于东周夷文化的研究，随着海阳嘴子前（齐鲁书社，2002）遗址材料的公布与归城龙口城址的发掘，也开始受到学界重视。

在长江中游，发掘了一系列重要的楚系墓葬，一批重要的楚墓资料也得到刊布。湖北江陵熊家大冢的发掘，证明这是一座由王墓、大量陪葬墓、特大型车马坑等组成的战国楚国国君陵园。湖北枣阳九连墩、郧县乔家院子、信阳长台关 M7、南阳彭氏家族墓地等一批较高等级墓葬的发掘，使楚系墓葬的材料积累与研究从江陵扩展到楚国的周边地区。同时，陕西丹凤楚墓（三秦出版社，2006）、河南新蔡葛陵楚墓（大象出版社，2003）、淅川和尚岭与徐家岭楚墓、固始侯古堆一号墓（大象出版社，2004）、湖北江陵天星观二号墓（文物出版社，2003）、枣阳郭家庙、襄阳王坡东周秦汉墓（科学出版社，2005）、荆门左冢楚墓（文物出版社，2006）、当阳岱家山楚汉墓、郧县老幸福院墓地（科学出版社，2007）、擂鼓墩二号墓、荆门子陵岗、湖南益阳楚墓

（文物出版社，2008）、长沙楚墓（文物出版社，2000）、沅水下游楚墓（文物出版社，2010）等数量巨大的楚墓材料陆续刊布，必将引起楚文化研究的热潮。

在长江下游，越系墓葬与土墩墓的发现让学术界倍感新鲜。印山越王陵（文物出版社，2002）、鸿山越墓（文物出版社，2007）、浙江越墓（科学出版社，2009）等材料的公布将使越墓研究逐渐走向前台。

三代墓葬的个案研究也不断深入。郜向平对商系墓葬（科学出版社，2011），宋玲萍对晋系墓葬（科学出版社，2007）的研究，在如何将单纯的墓葬年代研究与葬俗、葬制以及墓葬所反映的墓主等级身份等社会问题的相结合方面给人启迪。

第三，三代文明的形成过程的研究继续受到关注。伴随南水北调工程，在河北易县七里庄、唐县北放水、临城补要村、磁县南城、邯郸槐树屯、河南鹤壁刘庄、安阳漳邓遗址的新发现，使先商文化研究推向前沿。刘庄、南城等先商文化墓地的首次发现，也将有助于推动商文化墓葬的研究。

先周文化的研究取得进展，期待已久的碾子坡遗址（世界图书出版公司，2007）的材料终于刊发，甘肃礼县朱马嘴、周原王家嘴等一系列重要的先周时期遗址陆续得以发掘。

在新资料刊布的基础上，刘莉和陈星灿对中国早期国家起源与重要自然资源控制的关系进行了探讨（Duckworth，2003；《古代文明》第一辑，2002）。张渭莲对商文明的形成过程（文物出版社，2008），刘军社（三秦出版社，2003）、张天恩（文物出版社，2004）与雷兴山（科学出版社，2010）分别对商代的关中地区做了研究。梁云则对战国时期秦与关东六国进行了宏观比较（文物出版社，2008）。王青有关海岱地区西周墓葬的研究（山东大学出版社，2002）、张辛有关三晋两周地区墓葬陶器（科学出版社，2002）的研究，对旧有材料做了细密的年代学和文化因素分析。

第四，周边地区考古进展迅速。

以新疆流水墓地、小河墓地、洋海墓地、穷科克墓地、巴里坤遗址与墓葬群的调查与发掘为代表，加上2001年刊布的山普拉墓地材料（新疆人民出版社，2001），使新疆不同区域间的青铜文化，呈现出纷繁复杂的态势。甘肃临潭磨沟齐家文化墓地的发掘对齐家文化的年代与社会组织结构的认识提出了挑战。永昌西岗柴湾岗（甘肃人民出版社，2002）、红古下海石（科学出版社，2009）系统公布了一批沙井与马厂文化的墓葬材料。民和核桃庄（科学出版社，2004）的材料全面公布，对于推进辛店文化研究，具有重要价值。徐家碾寺洼墓地（科学出版社，2006）和崇信于家湾周墓（文物出版社，2009）材料的全面刊布，对于解决寺洼文化的年代问题富有价值。甘肃张家川马家塬、秦安王家洼等战国时期戎人贵族墓地的发现，则为研究先秦时期东西方文化的交流情况提供了新材料。

柳林高红商代遗址的发现与朱开沟（文物出版社，2000）、老牛坡遗址（陕西人民出版社，2002）发掘材料的刊布，将会影响晋陕高原青铜器群族属的认定，并对推进商王朝西北边境人群与中央王朝间关系的研究发挥重要作用。邢台东先贤、葛家庄、粮库遗址（科学出版社，2005）、临城补要村等冀南中晚商时期资料的公布，对于研究商代中晚期都邑变迁、商文化地区类型等问题，提供了重要材料。

在燕山南北地区，属夏家店下层文化的内蒙古赤峰三座店石城遗址和二道井子聚落遗址相继发掘，这对于了解夏家店下层文化聚落形态、经济生活提供了宝贵材料。北京昌平张营遗址（文物出版社，2007）的发现和刊布，对于研究燕山南麓夏家店下层文化的分布与影响意义重大。小黑石沟（科学出版社，2009）遗址的发表对于研究夏家店上层文化的聚落形态，具有重要价值。军都山遗址玉皇庙、葫芦沟、西梁垙墓地材料的刊布，对研究春秋战国时期华北北部戎、狄系人群的作用无可替代（文物出版社，2007、2009）。辽宁建昌东大杖子的一系列新发现，必将推进燕国边境地区青铜文化的研究。黑龙江肇源白金宝遗址（科学出版社，2009）的材料得以出版，对于研究嫩江流域青铜时代考古学文化编年意义重大。

在巴蜀文化区，十年内最重要的发现莫过于成都金沙遗址群（科学出版社，2002－2010）、十二桥遗址、商业街战国蜀国船棺葬墓地（文物出版社，2009）资料的刊布与什邡桂圆桥遗址的发现，对于完善盆地内商至战国考古学文化的编年、研究盆地内外的文化交流、三星堆文化与十二桥文化的更替等问题，提供了关键资料。对研究当地青铜文化面貌、社会发展水平及其与中原王朝的关系等，也具有重要价值。随着三峡工程的开展，以忠县中坝、坩井沟、云阳李家坝、丝栗包、开县余家坝、涪陵小田溪、宜昌路家河（科学出版社，2002）、清江香炉石（科学出版社，2003）、酉阳清源（科学出版社，2009）等一系列重要遗址相继发掘和刊布，对研究盆地青铜文化与峡江地区文化的碰撞与交流等问题提供了新资料。城固宝山遗址（科学出版社，2002）的发掘与资料刊布，对于解决汉中青铜文化的来源以及商周时期中原地区与四川盆地的互动关系，起到了推动作用。

云南大理银梭岛遗址、剑川海门口新石器时代晚期至青铜时代"干栏式"建筑遗址、贵州普安铜鼓山、鲁甸野石山、中水鸡公山、红营盘、银子坛遗址的发掘，不仅发现了一批新的考古学文化，填补了洱海、昭鲁盆地等地区的青铜文化编年序列空白，也为西南地区青铜文明与中原地区、华南及南亚地区同时期文化的交流提供了新材料。中水鸡公山所发现的新的祭祀模式，则为探索当地人群的精神信仰问题，打下良好基础。

湖北郧县辽瓦店子夏至两周时期遗址、湖南宁乡炭河里西周时期城址、永州潇湘上游商周时期遗址群的调查与发掘填补了诸多发现空白。江西清江吴城（科学出版社，2005）与荆州荆南寺（文物出版社，2009）遗址材料的刊布，更新了学术界对于商文化在南方的进退、地方考古学文化编年序列等问题的认识。江西靖安李洲坳与安徽蚌埠双墩一号春秋墓、凤阳卞庄圆形墓（科学出版社，2009），丰富了我国墓葬考古的内涵，填补了有关徐国与钟离国考古研究的空白。

闽浙苏皖地区土墩墓的发现令人振奋。福建浦城管九村周代土墩墓群、江苏金坛、句容土墩墓的发掘，屯溪土墩墓（安徽人民出版社，2006）、南仓山与独王山（科学出版社，2007）的资料不但完善了土墩墓遗存的编年序列和文化面貌，也对土墩墓的起源和传播、埋藏方式等提出新的认识。马桥遗址（上海书画出版社，2002）与淮阴高庄战国墓（文物出版社，2009）资料的刊布，对研究当地青铜文化面貌及其与中原王朝的关系等，也具有重要价值。

博罗横岭山（科学出版社，2005）东周墓地的发掘与刊布，为华南地区青铜文化的编年找到了标尺。福建虎林山遗址（海潮摄影艺术出版社，2003）与鸟仑尾与狗头山（科学出版社，2004）材料的刊布，为探索闽粤赣地区的文化谱系提供了新材料。

对于周边地区层出不穷的新资料，考古界尚处于消化阶段。值得一提的著作有杨建华对春秋战国时期北方游牧人群文化带形成与传播的探讨（文物出版社，2004）。向桃初基于炭河里等地的新材料，对湘江流域青铜文化进行了系统研究（岳麓书社，2008）。于孟洲基于峡江地区夏至西周时期遗存的新材料，对该地区考古学文化的编年与互动关系做了分析（科学出版社，2009）。

第五，手工业经济研究成为新的增长点，其中对铸铜、制盐、制陶、原始瓷等手工业门类的研究多有突破。

殷墟孝民屯、周原李家、新郑郑韩故城（大象出版社，2006）等都邑遗址铸铜遗迹的发掘，对探索铜器的专业化生产至关重要。安徽铜陵师姑墩遗址的发现，则为铜料南来和"金道锡行"说提供了新材料。

渤海南岸地区晚商至西周多达300余处制盐遗址的发现以及通过对其中若干遗址的发掘，证实该地区殷墟时期已成为商王朝的盐业生产中心。这一发现为理解商人东进及其所导致的一系列历史事件提供了新线索。

原始瓷制作的北方说与南方说在既往研究中长期争执不下，但近来在福建浦城猫儿弄山、江西鹰潭角山、浙江湖州东苕溪、德清火烧山（文物出版社，2008）、亭子桥（文物出版社，2009）的一系列工作表明，南方地区的原始瓷生产不仅年代早、序列完整、工艺成熟，更有完整的器物群组，这为南方起源说提供了有力支持。

石器工业在三代考古中关注较少，但随着偃师灰嘴石铲制造场（《考古》2010 年第 2 期，《考古学报》2010 年第 3 期）和周原制石作坊的发现（科学出版社，2010），逐渐受到学术界的重视。

安阳安钢大道范围内殷墟制陶作坊的首次发现、新郑冯庄东周制陶作坊的发掘、雍城秦制陶作坊的发掘，使三代制陶工艺的研究走向新阶段。对二里头、殷墟、周原、郑韩故城的一系列研究则表明了三代制骨工艺的产业化倾向。

第六，三代礼仪与器用制度进入综合分析的新阶段。

铜器的组合与使用仍然是三代考古的重心。曹玮系统整理了周原、陕北和陕南出土青铜器（巴蜀书社，2005、2009、2006）。李海荣对北方地区出土三代青铜器进行了年代学和文化来源的研究（文物出版社，2004）。张昌平对曾国青铜器的研究，整合了铸造技术、文化传统和铜器风格的不同侧面，堪称区域铜器研究中内容与体例最为完备的著作，代表了未来铜器研究的新方向。朱凤瀚修订出版了《中国青铜器综览》（上海古籍出版社，2009），是中国铜器发展史的集大成研究著作。岳洪彬与何景成分别对殷墟出土青铜容器（中国社会科学出版社，2003）、商周青铜器氏族铭文（齐鲁书社，2008）进行了整合研究。彭裕商对西周（巴蜀书社，2006）和东周铜容器的年代（中华书局，2010）做了综合研究，也值得关注。吴晓筠对商周时期车马埋葬制度进行了系统研究（科学出版社，2009）。孙庆伟则搜集了周代墓葬中的玉器资料，结合文献研究了周代用玉制度（文物出版社，2008）。

第七，新的文字材料不断出土和刊布，丰富了我们对三代历史的认识。小屯南地 H57 甲骨的发现与花园庄东地甲骨的刊布（云南人民出版社，2003），对推进非王卜辞研究起到了重要作用。陕西眉县杨家村逨器窖藏和扶风五郡琱生尊窖藏的发现，对于夏商周断代工程年表和部分铜器的编年提出质疑。以上海博物馆藏楚简、清华大学藏楚简为代表的一系列楚简的材料的刊布，丰富了我们对三代社会与历史、学术、思想的知识。

《中国考古学・夏商卷》和《两周卷》（中国社会科学出版社，2003、2004）的出版，对于了解十年来三代考古发现的价值和意义，提供了全面而深入的背景材料。

秦汉考古

秦汉考古主要集中在都城城址、陵、墓发掘和区域文化序列的构建之上，研究则侧重于物质文化遗存所反映的社会阶层分化、意识形态差异、器用制度方面。《中国考古学・秦汉卷》（中国社会科学出版社，2010），对新中国成立以来六十年的秦汉考古做了总结。

第一，在城址考古方面，围绕秦咸阳、汉长安、汉魏洛阳、阿房宫、上林苑、秦直道与离宫别馆等，做了大量工作。秦阿房宫前殿遗址附近的上林苑宫殿建筑群建筑遗址的发掘，证实大部分建筑基址为战国时期，有的沿用至西汉，这对厘清秦汉时期的上林苑布局有一定价值。长安城遗址陆续发掘了直城门、城内道路、桥梁等遗迹，并对城内外部分地区进行了大规模钻探，丰富了以往的认识；楼阁台遗址附近考古钻探新发现两个东西并列的小城，推测应为建筑于西汉长安城东北隅的十六国至北朝时期的宫城。长安城遗址考古相继公布了南郊礼制建筑（文物出版社，2003）、武库（文物出版社，2005）和桂宫（文物出版社，2007）等重要材料。洛阳故城南郊东汉刑徒墓地材料的刊布，有利于摸清刑徒墓地的形成和营建规律（文物出版社，2007）。

地方城址的工作进展迅速。2006－2007年对北京地区的实地考察，确定汉代城址21处（燕山出版社，2009）。在长江中上游，罗州城（科学出版社，2000）、赤壁土城（科学出版社，2004）、蕲春罗州城（科学出版社，2007）、云阳旧县坪等汉代地方城址与墓葬的系统工作，对汉代县级城市的布局、营建方式有了一定的了解，填补了学术界对于这一问题的研究空白。里耶城址研究成果的刊布（岳麓书社，2007），对于解决里耶及汉代洞庭湖区的行政建构问题富有价值。武夷山城村汉城（福建人民出版社，2004）、广州南越国宫署与池苑遗址（文物出版社，2008）的发掘，为西汉早期地方割据政权的城市营建、宫室制度的研究提供了重要资料。

山东东平陵汉代县治的发掘，为北方地区汉代县级城址的布局研究提供了重要线索。辽宁绥中姜女石遗迹材料的公布（文物出版社，2010）则填补了秦代边境地区离宫或特殊性质遗迹研究的空白。内黄三杨庄汉代村落遗址的发掘，展示了汉代乡村生活形态。

第二，帝陵考古研究取得突破。《秦始皇帝陵园考古报告》（文物出版社，2004－2008）和《秦始皇陵二号兵马俑坑发掘报告（第1分册）》，公布了秦始皇陵园考古阶段性成果。西汉帝陵考古工作重点在帝陵陵园、陵邑总体布局上，通过大面积勘探和试掘，对陵园的分布、陵园布局、陵寝建筑、陵邑形制等有了全面认识。通过西汉诸陵的大规模的钻探调查，对汉阳陵、长陵、茂陵、康陵、义陵等六座帝王陵的范围、布局及结构也初步了解。调查新发现陵园18座，探明建筑基址54处，外藏坑645座，陵人墓地一处，古墓葬700余座，确定陵邑2座，这些发现，为西汉帝陵制度的"草创、确立、衰变"的深入研究奠定了基础。

通过洛阳东汉帝陵的深入调查，对东汉帝陵陵园布局、陵寝制度等问题，有了新的重要认识。安阳曹魏高陵的发现，不但引起了学术界的讨论，也引发了公众对于考古研究的巨大兴趣。

第三，诸侯王及高等级贵族墓葬的新发现。新发现汉代诸侯
王级别的陵墓如安徽六安双墩 1 号汉墓，推测墓主为西汉六安国
共王刘庆；湖南望城县风篷岭 1 号汉墓采用了"黄肠题凑"的葬
制，推测墓主为西汉晚期长沙国王后；江苏盱眙大云山汉墓
（《2010 中国重要考古发现》）推测可能为西汉江都王刘非；北京
老山汉墓的墓主可能为某代广阳王；西汉中前期的山东青州香山
"甲"字形大墓也应当为同一级别的墓葬。

除了墓葬本身，对于芒砀山 M2 剩余部分的考古工作以及梁
王墓地陵园的建筑基址、陵园布局的探索，为深入研究诸侯王墓
的葬制提供了新材料。马王堆二、三号汉墓（文物出版社，
2004）、北洞山西汉楚王墓（文物出版社，2003）、高庄汉墓（科
学出版社，2006）、芒砀山梁王墓地（文物出版社，2001）等既
往发掘材料也相继公布。

汉代高等级官吏和贵族墓葬屡有发现。陕西凤栖原张安世家
族墓地、日照海曲汉墓、章丘危山汉墓、洛阳邙山东汉陵区中曹
魏贵族墓，尤其是曹休墓葬的发现，为秦汉各时期高等级墓葬的
断代、性质判定提供了标尺。

第四，中小型墓葬材料不断积累。

汉代中小型墓葬的考古工作遍布全国各地。随着三峡工程、
南水北调等大型经济建设活动的开展，汉代墓葬的发掘引人注
目。以西安为中心，汉墓的材料陆续刊布。白鹿原汉墓（三秦出
版社，2003）、高陵张卜、兴平侯村（科学出版社，2004）、长安
汉墓（陕西人民出版社，2004）、西安郑王村汉墓（三秦出版社，
2008）、西安东汉墓（文物出版社，2009）材料的公布，将会对
全国汉墓的编年研究起到范式作用。而神木大保当（科学出版
社，2001）、固原南塬汉唐墓地、米脂官庄画像石墓（文物出版
社，2009）材料的公布，则对既往关注较少的汉民族与少数民族
族群交接地区汉文化的渐进问题提供了新资料。三门峡南交口
（科学出版社，2009）、三门峡向阳汉墓（燕山出版社，2006）、
鲁中南汉墓（文物出版社，2009）资料的公布则丰富了鲁豫两地

汉墓的基础材料。

在长江流域，荆州高台秦汉墓（科学出版社，2000）、荆门罗坡岗与子陵岗（科学出版社，2004）、绵阳双包山汉墓、什邡城关战国秦汉墓地（文物出版社，2006）、巢湖汉墓、三台郪江崖墓（文物出版社，2007）、中江塔子梁崖墓、萧县汉墓（文物出版社，2009）、老河口九里山秦汉墓（文物出版社，2009）等秦汉小型墓葬材料的系统公布，对各区域墓葬年代学的构建与完善，墓葬所反映的汉文化的传播、墓葬所反映的汉代社会问题以及不同区域间的历史文化交流等，都具有重要价值。

秦汉墓葬研究成果显著。滕铭予通过秦墓材料，对秦从封国到帝国的形成过程做了探讨（学苑出版社，2002）。黄晓芬对汉墓进行了概括性研究（岳麓书社，2000）。信立祥、罗二虎则分别对汉代画像做了专题研究。前者侧重于对汉代画像的阶段性特征、意义及其产生背景的分析（文物出版社，2003），后者则专门对汉代画像石棺进行了基础研究（巴蜀书社，2002）。

第五，边疆地区的秦汉时期考古研究得到长足发展，尤以西北与西南地区最为显著。

新疆东天山巴里坤地区、阿勒泰、尼勒克、乌鲁木齐等多个地区的考古工作，对于构建北疆、天山北麓、天山南麓中部墓葬的年代学标尺，研究该地区汉与匈奴、月氏等少数民族间的关系，具有重要价值。

横断山区和滇东黔西地区的考古成果令人振奋。对岷江、雅砻江、大渡河上游的石棺葬遗存的发掘和研究，为研究石棺葬文化的扩展、甘青地区民族移动与青藏高原东麓秦汉时期的文化交流，建立了粗略的年代标尺，提供了较为系统的资料。安宁河流域大石墓（文物出版社，2006）材料的系统发表，盐源盆地秦汉时期青铜文化墓葬的发掘（文物出版社，2009）、川南宜宾地区与昭通盆地石棺葬墓群的发掘，为川滇之间战国至秦汉时期文化交流的方式、特征研究奠定了基础。

在滇东与昆明地区，一系列重要墓地被发掘，其中，曲靖八塔台与横大路（科学出版社，2003）、昆明羊甫头（科学出版社，2005）、晋宁石寨山第五次发掘（文物出版社，2009）、江川李家山第二次发掘（文物出版社，2007）的材料已经刊布，这为研究滇文化的消亡、汉文化对云南的影响、汉帝国对西南夷的经略都将起到关键作用。而澄江金莲山春秋至西汉时期墓地的发现，将为研究滇文化的起源和早期演变提供重要线索。在黔西，以红营盘、银子坛、赫章可乐（文物出版社，2008）为代表的一批战国秦汉时期墓葬的发掘，对探索夜郎、且兰等少数民族地方政权，提供了新线索。

合浦风门岭汉墓（科学出版社，2006）与番禺汉墓（文物出版社，2006）材料的刊布，对南岭以南汉文化的传播研究提供了新材料。

第六，大量简牍材料的发现与刊布。简帛文字材料不断发现，一批早年发现的材料也陆续公布。里耶秦简、岳麓书院藏秦简、北京大学藏秦、汉简牍、云梦睡虎地 M77 竹简、沙市谢家桥 M1 汉代简牍、荆州印台墓地汉简、甘肃永昌水泉子汉简、长沙走马楼发现的一系列汉简与吴简相继出土；放马滩秦简、关沮秦简、悬泉置汉简、张家山汉简、孔家坡汉简、居延汉简等材料陆续公布。大量战国秦汉简牍材料的出现，使得简牍学成为显学，对先秦思想史、秦汉历史地理、日书、秦汉地方行政制度、司法制度等问题的研究，已经越来越无法离开简牍材料。

魏晋南北朝至宋元明考古

魏晋以降的考古学研究，取得了如下几方面的突破。

第一，城市遗址考古，取得较大收获。2008 年，汉魏洛阳城新发现北魏宫城 2、3 号建筑遗址，其中 2 号遗址为一座三门道的大型殿堂式结构宫门建筑，形制结构与阊阖门多有相同之处，这是继宫城正南门阊阖门遗址发掘之后的又一新发现。邺城遗址在发掘了东魏北齐佛寺塔基遗迹之后，又发现了规模宏大的北朝寺院遗址，这对于邺南城平面布局的研究具有推动作用。隋唐两京长安、洛阳城的考古在十年间发掘面积大、发掘遗迹类型丰富，其中对丹凤门遗址进行全面发掘，揭露该宫城门五门道的形制；唐长安大明宫含元殿址以南地带发现宫殿式建筑、园林式建筑、防卫设施以及渠道、桥梁、道路等一系列新遗迹类型，为了解唐大明宫前朝部分和宫城制度的演变提供了新的参考资料。隋唐洛阳城确认出中心区宫殿建筑群中隋唐、五代至北宋时期夯土基址的叠压打破关系，为研究洛阳隋唐城宫城的平面布局提供了科学依据，对天堂、明堂等礼仪建筑基址的发掘，对于了解隋唐时期的皇家祭祀、礼仪有重要价值。杭州中山中路南宋御街的发掘和皇城的范围也继续有新的发现（文物出版社，2007、2008）。继河北张北县元中都发掘"工"字形宫殿基址和宫城南门、西南角楼遗址之后（《文物》2007 年第 1 期），在内蒙古正蓝旗也发掘了元上都（中国大百科全书出版社，2008）内城明德门（午门）和穆清阁建筑基址（《中国文物报》2009 年 12 月 18 日），为了解蒙元"离宫"性质的都城形制，做了有益的探索。

地方城址较为重要的考古项目有大同北魏平城、南京三国至南朝建康城、太原北朝隋唐晋阳城、河南延津沙门古黄河渡口汉代至金元各时期城址、扬州隋唐至宋扬州城、四川成都江南馆街唐宋时期街坊、重庆合川抵抗蒙（元）的钓鱼城军事城防以及黑龙江汉魏时期炮台山城址、辽宁省高句丽中晚期的凤凰山山城遗址、湖北蕲春罗州城遗址、镇江双井路宋元仓储及元代石拱桥遗址、上海志丹苑元代水闸遗址的发掘等。南水北调中线工程在河南叶县发现的集镇遗址（《2007 中国重要考古发现》）、重庆云阳明月坝唐宋市镇遗址为我们了解中原与南方地区集镇的形成提供了难得的第一手资料。

第二，墓葬考古的发现与研究进入新阶段。

隋唐以降的帝陵考古进入带有课题意识的全面勘探和试掘阶段。在陕西，对唐陵的系统勘察已经完成了多座。在河北，对隆尧唐祖陵的调查也做了详细工作。内蒙古巴林左旗辽祖陵考古发掘、西夏三号陵（科学出版社，2007）、西夏六号陵陵园遗迹的考古工作，表明西夏陵虽然仿宋陵而作，但又表现出自己的特色。在帝陵的调查中，已有唐睿宗桥陵钻探勘测报告（Damstadt，2002）先行公布。沈睿文对唐陵的综合研究可以看作该时期对唐代帝陵研究的阶段性成果（北京大学出版社，2009）。

有多处高等级贵族墓葬被相继发现。北方地区新出的重要墓葬资料有陕西西安凤栖原十六国至隋唐墓地、咸阳国际机场十六国隋唐墓葬、西安西兆余村唐秦守一石椁墓、宁夏固原杨庄北朝墓、河南安阳固岸北朝至隋墓地、河北赞皇北朝李氏家族墓地、磁县东魏元祜墓、北齐高孝绪墓、河南洛阳北宋富弼家族墓地、陕西蓝田北宋吕氏家族墓地、陕西高陵灰堆坡明代石室墓等。这些墓葬有许多新材料，如陕西韩城盘乐村宋代壁画墓墓内壁画以及木榻等遗物保存完好，壁画有关于中医药的画面，也是首次在墓葬壁画发现释迦牟尼涅槃图（《2009中国重要考古发现》）。陕西甘泉金代壁画墓有明确纪年（《文物》2009年第7期），墓主人及子孙家庭成员形象共绘一室，丰富了我们对宋金时期流行题材"开芳宴"中人物关系的认识。

南方地区新发现的重要墓葬资料有湖南长沙市桂花坪印山坡东晋墓、永州河西工业园汉晋古墓群、广州西湾路旧广州水泥厂南朝墓葬、江西宜春樟树村隋纪年墓，为研究该时期各地墓葬的区域分布、分期提供了参考资料。此外还有四川彭山正华村北宋石室墓、南京江宁区清修村宋代墓园、南京江宁将军山明代沐氏家族墓等，其中不乏大的家族墓葬，为研究这个时期的家族制度、丧葬习俗等提供了丰富材料。

北朝墓葬材料被完整公布的有磁县湾漳北朝壁画墓（科学出版社，2003）、北周田弘墓（文物出版社，2009）、娄睿墓（文物出版社，2006）、西安北周安伽墓（文物出版社，2003）、大同南郊北魏墓群、咸阳十六国墓（科学出版社，2006）。隋唐墓资料中，唐薛儆墓（科学出版社，2000）、偃师杏园唐墓（科学出版社，2001）、唐金乡县主墓（文物出版社，2002）、巩义芝田唐墓

（文物出版社，2003）、惠庄太子墓、节愍太子墓、新城长公主墓（科学出版社，2004）、太原虞弘墓（文物出版社，2005）、李宪墓（科学出版社，2005）、吴忠西郊唐墓（文物出版社，2006）、三门峡庙底沟唐宋墓葬（大象出版社，2006）、凤翔隋唐墓（文物出版社，2008）、吴忠北郊北魏唐墓（文物出版社、2009）等资料相继刊布，推动了北朝及唐墓的研究。

北方地区宋辽金墓的发掘和研究也取得显著成绩。闽宁村西夏墓地（科学出版社，2004）、徐水西黑山（科学出版社，2007）、北京龙泉务辽金墓葬（科学出版社，2009）、宣化辽墓（文物出版社，2001）等的资料陆续刊布。

在南方，六朝至元明时期的墓葬材料也有不少刊布。鄂城六朝墓（文物出版社，2007）、乳源泽桥山六朝隋唐墓（文物出版社，2006）、泸县宋墓、安丙墓（文物出版社，2004、2008）、大理大丰乐（云南科技出版社，2002）、鹤庆象眠山墓地（文物出版社，2007）、梁庄王墓（科学出版社，2007）等资料的出版，为南方地区该时期墓葬制度的研究提供了丰富的材料。

第三，中央王朝周边政权的考古工作取得较大进展。尤其是东北地区对于高句丽、渤海国的考古工作成果斐然。高句丽三座城址——五女山城、国内城、丸都山城和集安王陵（文物出版社，2004）、集安贵族墓葬（科学出版社，2009）材料的公布，极大地改变了高句丽考古的研究现状。渤海国西古城（文物出版社，2007）、上京城、宁安虹鳟鱼场渤海墓地（文物出版社，2009）的材料也陆续公布，推动了渤海国考古的研究。

在西北，交河沟西（新疆人民出版社，2001）、都兰吐蕃墓（科学出版社，2005）、丹丹乌里克（文物出版社，2009）的材料相继公布，对于魏晋隋唐时期的西北各民族关系、中原文化与西北地区文化的互动、佛教对当地的影响等研究均有重要价值。

第四，手工业遗址考古长足进展。

该时期手工业考古工作仍多集中在瓷窑址方面。重要工作有浙江上虞尼姑婆山越窑址发现的三国西晋时期的瓷窑作坊，它代表了当时青瓷生产工艺的最高水准。景德镇西南丽阳乡五代瓷窑址出土了大量青瓷器，对于研究景德镇周边地区瓷窑发展史富有价值。四川崇州公议镇的天福窑的考古工作，丰富了川西平原唐代窑业的材料。其他南方窑址的发现还有浙江奉化下宅弄唐宋窑址、江西浮梁凤凰山宋代窑址、江西景德镇观音阁明代窑址、江苏南京窑岗村 30 号明代琉璃窑址等。河南巩义白河北朝窑址，出土大量青瓷及少量白瓷，为研究中国早期白瓷的起源及演变提供了宝贵的实物资料。河北曲阳涧磁村定窑作为宋元时期北方地区白瓷生产的代表性瓷窑之一，产量巨大，影响广远，该窑址的发掘在定窑的始烧年代、白瓷工艺技术发展等方面提供了许多新资料。

在田野工作之外，寺龙口越窑、北京龙泉务窑（文物出版社，2002）、上林湖越窑（科学出版社，2002）、耀州窑（三秦出版社，2004）、龙泉东区窑址（文物出版社，2005）、邢台隋代邢窑、重庆涂山窑（科学出版社，2006）、景德镇湖田窑（文物出版社，2007）、长安三彩窑、婺州窑、白舍窑（文物出版社，2008）、禹州钧台窑、宝丰汝窑（大象出版社，2008）等重要窑址的材料相继公布。

砖瓦建材窑址的工作是新世纪以来手工业考古的新亮点。浙江宁波马岭山东汉时期烧制砖瓦的馒头窑，在浙江属首次发现。河北磁县南营发现了十六国时期的砖瓦窑址，出土了大量筒瓦、板瓦、瓦当等建筑材料，是研究十六国时期砖瓦建材制作工艺的珍贵资料。另在洛阳隋唐东都外郭城附近，曾多次发现隋唐时期的砖瓦窑址。

其他种类的手工业作坊有山西夏县禹王城汉代制铁的烘范窑，出土 90 余套叠范。山西夏县师冯则发现了汉代末期私铸或盗铸货币的窑址。江西高安华林造纸作坊遗址、浙江富阳造纸作坊遗址的发掘，为我们认识宋代以来造纸技术发展史提供了难得资料。这些发现可以和文献中记载的造纸流程，尤其是竹纸的生产工艺相互印证。

第五，宗教遗迹的发掘勘探与宗教考古研究进入新阶段，中西交流遗迹的考古发现与研究也逐渐增多。

佛教与中外文化交流领域的考古工作十分活跃，重要者有西安未央区窦寨村出土北周佛教石刻窖藏、隋唐长安城荐福寺浮图院遗址唐代夯土建筑基址、四川邛崃唐宋时期龙兴寺遗址、重庆云阳县明月坝唐宋寺庙基址等。此外，太原晋阳古城太山龙泉寺唐塔基地宫、大同云冈石窟窟顶佛寺、山东兖州兴隆塔北宋地宫、南京大报恩寺遗址及塔基地宫的发掘也是该时期的重要考古工作。在边疆地区发掘和调查的工作有新疆和田策勒达玛沟佛寺遗址、西藏阿里札达象泉河流域卡俄普与西林衮石窟和西藏萨迦寺的考古发掘与调查等。

石窟寺遗迹的考古勘探和测绘工作，成绩斐然。莫高窟北区石窟（文物出版社，2000－2004）、慈善寺与麟溪桥（科学出版社，2002）、天梯山石窟（文物出版社，2000）、山嘴沟西夏石窟（文物出版社，2007）、水帘洞石窟群（科学出版社，2009）、龙门古阳洞等重要石窟的初步考古记录、测绘与发掘报告相继出版。雷峰塔遗址、拜寺沟方塔（文物出版社，2005）、朝阳北塔（文物出版社，2007）等塔基清理或修缮发掘报告也得以出版。法门寺地宫的发掘报告终于出版（文物出版社，2007），这些成果必将推动相关研究工作。

随着考古工作的深入开展，对于火袄教、景教遗存的研究也有不少成绩。道教考古取得丰硕成果，以六卷本《中国道教考古》（北京线装书局，2005）为代表，昭示了道教考古广阔的研究前景。

中西交流是魏晋至明考古的一大亮点，十年间的研究工作，很大一部分是围绕着虞弘、安伽、史君、康业等墓葬进行的。由于上述墓葬的墓主是粟特人或粟特后裔，所以，许多中西交流考古研究是围绕粟特及昭武九姓展开的。其他研究则多集中在金银器、玻璃器、中亚钱币等遗物的研究之上。

水下考古工作受到重视，也屡有重要发现。绥中三道海沉船

（科学出版社，2001）、山东菏泽元代沉船（《2010 中国重要考古发现》）、南海一号、南澳一号（《2010 中国重要考古发现》）、西沙群岛华光礁 1 号沉船（《2007 中国重要考古发现》）等抢救性考古发掘中，获得了许多南宋至明代的珍贵瓷器。这些发现，对探索中国与其他国家的海上贸易、造船技术、交通路线都将大有裨益。水下考古作为新兴的考古学分支，前景可观。

其 他

进入新世纪以来，中国考古界对于理论探讨的兴趣略显黯淡。但是对于国外优秀成果的译介取得不少成果。有关考古学历史、理论、实践的著作，多有译介。柴尔德、宾福德、张光直、炊格尔、霍德、伦福儒、林巳奈夫、刘莉等一批国外考古学家的名作陆续出版。《南方文物》等杂志对国外考古研究的新理论和新的个案研究的介绍不遗余力，凡此对中国考古学的健康发展均发挥了积极作用。一批在西方留学的新生代中国考古学家（梅建军、吕烈丹、李新伟、马萧林、戴向明、张良仁等）的著作，陆续在西方出版；中国考古学家的论文也频繁出现在西方著名刊物上，这对国际考古学界了解、认识中国考古学，也为中国考古学家走向世界，开创了新局面。这是过去从未有过的。由中国社会科学院考古研究所编辑的 *Chinese Archaeology*（年刊），用英文向国际学术界介绍中国考古学，对推动中外考古学界的交流互动，必将发挥日益重要的作用。

三　动态

1 新书评介

历史学理论与方法

朱本源著，人民出版社，2007，462 页

本书系统地阐述了历史学理论、方法论和西方历史思维模式的演进历程。何兆武称："这正是多年来我所期待于我国史学界的第一部完整的、全面的有关史学理论的著作。"

全书分两编。第一编为绪论：历史，它的理论和方法。第一章论述了历史的定义和"历史"术语的语义学的演变。第二章分别论述了三种历史编纂学的范式：以兰克史学为主流的实证主义范式；马克思主义历史编纂学的方法论模式；年鉴派历史编纂学的方法论模式。第三章讨论了历史科学的对象理论和元理论。

第二编追溯并分析了西方史学史中各重要时段历史思维模式的发展演进历程。其中第二章为近代西方历史思维的四个主要取向：（1）历史思维取向于史学的科学化。（2）历史思维取向于人道主义。（3）历史思维的理性主义取向。（4）历史思维取向于历史进步观。历史思维的四个特征的统一性在于：历史进步观是我们时代的思维模式。

第三章为古典古代的历史思维范型：基本是人道主义的。第四章为基督教的一中世纪的历史思维模式：神学的思维就是历史的思维。它有以下几个主要特征：是善恶二元论的历史观、普遍史概念的形成、历史分期意识的形成。作者批驳了西方史家认为的基督教历史观中包含了"进步"的观点，认为历史进步观念不可能产生于末世学中，而只能产生于对它的否定中。

第五章为文艺复兴时期的历史思维范型：人道主义。与古典

人道主义不同，它有以下几个特征：是个人主义的人道主义；追求身份与美德；是民族主义的人道主义；是折中主义的人道主义。文艺复兴史学不是中世纪精神史（教会史）的继续，而是古典古代史学的继续。

第六章为启蒙时代的历史思维范型：以理性主义为特征。启蒙理性是批判的理性；是自然科学的理性模式。启蒙时代历史思维的新取向是历史研究的哲学化。启蒙运动至迟在19世纪初结束，但是它对理性和科学的推崇、对合乎理性的社会制度的憧憬、它所创立的合乎理性主义与人道主义及民主主义传统，已成为人类永久的精神财富。

第七章为浪漫主义的历史思维范型。在史料范围和研究主题方面，开拓出新的、被启蒙运动与理性主义所忽视了的历史研究领域，如神话、传说、民间故事等。在认识论—方法论上，以移情与诗的想象替代启蒙理性主义的抽象理性，去认识历史的本质。同时不可避免地将历史学家的世界观和社会政治观念带入历史研究中。要求在历史编纂学运用诗的想象和创造才能，是其独到之处，也带来了问题。在史学史上，是承前启后的中介，批判对待启蒙运动理性主义的历史思维，它本身的缺点则促进了实证主义历史思维在西方史坛的胜利。

第八章为实证主义的历史思维模式。分别讨论了兰克模式的实证主义历史思维类型与孔德模式的实证主义历史思维类型。

（文　涛）

历史认识概论

于沛著，中国社会科学出版社，2008，265页

本书是研究历史认识论的理论专著。全书共分六个部分。第一部分导论。分别从历史认识的特殊性、历史认识论和历史唯物主义的关系、中国史学中的历史认识论问题、西方历史哲学中的历史认识论问题、苏联与波兰史学中的历史认识论问题等方面进

行了论述。在强调历史认识的特殊性时，作者强调，历史认识对象是已经逝去的人类社会的历史现象，现实是理解过去和预测未来的前提和基础。正是现实决定了历史学研究什么、怎样研究。在论及历史认识论和历史唯物主义的关系时，作者指出，历史认识论研究的积极成果，将会丰富及完善历史唯物主义的科学原理，使之随着社会的进步、科学的发展，特别是包括历史认识论研究在内的整个历史科学的发展而不断发展。历史认识论是当代历史唯物主义新的生长点之一。我们所说的历史认识理论以历史唯物主义的基本原理为理论核心，与西方批判的分析的历史哲学有着质的区别。

第二部分为历史认识的主体。分别从历史过程的主体和历史认识的主体、主体的创造性、历史思维和历史认识、当代历史思维发展的特点和趋势等方面进行了分析。作者认为，任何一种科学思维都和一定的知识体系联系在一起，历史思维也不例外。就一个时代或认识的主体的认识来说，知识的水平制约着历史思维的水平，科学知识体系的深度和广度，直接决定着历史思维的深度和广度。现代历史思维主要特征表现为宏观和微观的统一、定性与定量的统一、精确与模糊的统一。

第三部分为历史认识的客体。作者认为，历史认识客体只是进入历史认识主体认识领域的历史存在，而绝不是全部的历史存在。承认历史认识客体的客观实在性，是探讨历史认识客体其他性质的前提和基础。

历史认识的主、客体，不仅相互依赖而且相互联系、相互渗透、相互转化。科学的历史认识是实践的历史认识，是历史与逻辑的统一。第四部分为历史认识中的历史事实。作者认为，在认识论或历史认识领域，没有丝毫主观性因素在内的历史事实是不存在的。历史事实是主观与客观的完美结合。

第五部分讨论历史规律。作者认为，马克思主义经典作家创立的历史唯物主义，第一次揭示了人类社会历史发展规律，强调人类历史进程的进步趋势是不可逆转的。是否承认历史发展的规律性，是马克思主义史学和非马克思主义史学的分水岭。唯物史观是人类社会发展的最基本的规律，离开这个基本规律或基本事实，是无法科学地阐释人类历史的；同时，这也是对人类历史进行科学认识的起点和归宿。

第六部分主要讨论价值判断。作者认为，没有价值判断的历史认识是不完整的历史认识。在历史认识中，只有通过价值判断才能够使历史认识主体和客体发生密切的联系，并在一定条件下充分发挥认识主体的主动性和创造性。每一时代的历史学家，都是从他所生活的具体时代和具体环境中去观察、思考、认识历史，其目的是更清醒地观察、思考、认识今天和未来。实践是检验历史认识真理性的唯一标准。

（文　涛）

历史哲学引论

张耕华著，复旦大学出版社，2009，252 页

本书是研究历史认识论问题的专门性著作。作者在前言中提出，本书目标在于：整理问题，梳理逻辑，找出症结，做点解释。同时，作为初学者的一种门径和阶梯，有必要让读者了解本领域的学术争论及争论双方的一些基本观点，在正文或注文中，引录了许多学者的有关论述以及一些精彩论断。以上正是本书的两个特点：对问题的整理分析比较系统深入，大量征引经典著作和论文。

全书共分八章，分别为：一、史学是什么。回顾了历史学科学性问题的经典认识、国内学术界关于史学概论的争论以及历史认识论的兴起。二、史实与史家。从过去的研究中总结出三种"历史事实"：历史事实的本体、历史事实的观念、历史事实的信息。这是分别由历史客体、史家主体、史料中介三种要素组成的认识结构。三、历史的真实。作者将历史学分为四个层面：分别为史实的确认、史事的理解、历史规律的概括、历史意义的评

价，有关历史学客观性以及历史学学科本质特性的讨论，也将在这四个层面上分别进行。四、历史的话语。在第二个层面上，可以同意海登·怀特的说法，它并没有真正的客观性检验标准。至于法国大革命究竟是喜剧、悲剧还是闹剧，这不取决于历史本身，而取决于历史学家，取决于他的历史观、价值观等理论前提，取决于历史学家所生活的那个社会和时代的需要。五、历史的重演。受庞卓恒历史共性是求"最小公倍数"的启发，作者认为历史重演的抽象概括可比作数学中的提取公约数。六、历史学的概括。历史学的理论概括之所以不能以形式化的语句来陈述，原因是历史中的因果关系本身具有一种不确定性。受金岳霖"理由固然，势无必至"启发，提出历史学概括的规律是"理有概然，势无必至"，即社会历史之理无确定性，仅有概率性；社会历史之理不清晰，太混沌；理论命题的不清晰，使得理论命题的检验难以操作，只能依据历史的结果来推测其原因条件。七、史学的人文性。德雷依据视角将历史评价分为"过去的价值"与"现实的价值"，作者认为，前者可称为历史价值的认知，后者才是历史的价值评价。在第四个层面上，柯林武德不是相对主义与怀疑论者。在这个层面，肯定一个判断具有真实性客观性，虽然也是肯定了它与对象的符合和一致，但这种符合一致并不等于真理性。八、历史学的应用。

（文　涛）

历史学研究的语言学转向

韩震、董立河著，北京师范大学出版社，2008，409 页

该书是关于西方后现代历史哲学的专门性研究著作。全书共分十个部分。第一部分为绪论。第一、二章是对后现代历史哲学的学术溯源。第三、四章分析了当代后现代历史哲学的发展现状。第五、六章关注叙事理论。第七、八章研究后现代理论中的客观性问题。第九章为全书的总结。

绪论部分概括了后现代史学的四个基本特征：第一，宏大元叙述结构的碎裂。第二，历史连续性的断裂。第三，客观真实性神话的破灭。第四，历史学与文学之间的界限消失。作者认为后现代主义历史哲学击中了现代历史编纂学的要害，即它忽视了自己活动的主观性，使历史认识处在新的朴素层次上。如果不面对这个问题，就不能真正理解历史学家的实践，更谈不上深化历史研究。但是我们也不能完全接受后现代主义历史哲学，因为那样就等于承认科学地进行历史认识是不可能的。

第一章梳理了分析历史哲学的兴衰过程，分别就围绕亨普尔的覆盖律和历史解释的种种理论进行了评析。作者认为，分析的历史哲学中实证主义模式衰退的主要原因有：一是理论与历史实践的脱节，二是新叙述主义的冲击。分析历史哲学的衰退，并不能说明这种理论模式毫无建树。它提升了历史的科学性质，从今以后历史著作再也不能只以讲故事的形式出现了。

第二章对历史学后现代产生直接影响的结构主义与解构主义哲学思潮做了研究。作者认为，结构主义哲学有以下共性：一是都热衷于语言现象。二是由于对整体性和共时性的偏爱，结构主义者大多厌恶动态的东西。三是反对统一的连续过程，只承认多样性和非连续性。四是结构主义还持一种体系自我调整的封闭态度。五是结构主义并没有摆脱元叙述。正是由于自身的矛盾，结构主义阵营瓦解。一些哲学家走向话语分析和文本分析，如罗兰·巴尔特、福柯、德里达、海登·怀特。

第三、四章分析了欧美后现代历史哲学的发展与现状。巴尔特、福柯、安克斯密特在欧洲大陆的工作，海登·怀特、汉斯·凯尔纳和帕特里克·乔伊斯等人在英美的活动，使后现代思潮所推动的激进相对主义方法论和世界观也进入了历史哲学的视野。第五、六章是对后现代叙事理论的研究。作者认为，后现代历史叙事理论将历史学完全等同于叙事模式，一方面低估了历史实践方式的多样性和复杂性，另一方面也高估了叙事在历史学的作用。存在很多非叙事性的历史著作。即便是采用叙事方式来著述的历史，往往也包含了分析性和解释性的评论。历史学当然不是诠释学，可是历史叙述需要理解、解释和诠释。叙述和解释是历史学的两个不可缺少的手段。第七、八章对后现代历史哲学最重要的否定历史客观性的分析中，作者介绍了怀特的历史转义理论、安克斯密特和汉斯·凯尔纳的隐喻理论。

作为全书的总结性结论，作者指出：历史首先是历史事实，其次才是历史认识和理解，最后才是历史语言。由于语言有助于人们认识历史事件，理解历史事实，它才与历史联系在一起；否则语言可以是任何东西，但绝对不是历史。同样，历史认识和历史理解的确有助于把握历史事实和历史真相，因此它们才与历史联系起来；否则认识和理解活动也可以是任何东西，但绝不是历史。一句话，客观的历史事实、历史认识和表述历史的语言三个方面，共同构成了历史意义的显现形态。

（文　涛）

西方史学的理论和流派

姜芃主编，中国社会科学出版社，2007，350 页

本书是在中国社会科学院研究生院开设的"西方史学理论"课程的基础上，吸收了近年来的最新资料和研究成果修订而成。作者罗凤礼、于沛、张文杰、陈启能、姜芃、刘军、俞金尧均来自中国社会科学院。全书共 14 章，包括现代西方史学的演变、马克思主义历史观的形成、西方思辨的历史哲学、西方的马克思主义史学、美国的新政治史学、西方心理史学、西方城市史学、西方妇女史学、西方家庭史学、西方儿童史学、后现代主义对历史学的挑战等部分。各章不仅描述了 20 世纪不同阶段历史学的发展趋势，涉及多个历史学的分支学科，而且还从历史学与社会以及社会学术思想的关系上进行了较为全面的分析。故不仅讲述的是 20 世纪西方的史学史，而且对影响西方史学的那些最重要的理论、方法、史学家和流派进行了集中和深入的刻画。如第四

章西方思辨的历史哲学，分别从基督教的历史哲学、历史哲学世俗化的先例——维科和伏尔泰、19世纪实证主义哲学对历史哲学的影响、德国唯心主义的历史哲学、20世纪思辨历史哲学的集大成者——斯宾格勒和汤因比等部分，对于思辨历史哲学的发展历程进行了系统的论述。

由于该书是以研究生为撰述对象的教材，故每章均按照统一的体例编写，由内容提要、正文、小结、思考题和参考文献五部分组成。内容提要概述该章的叙述范围、叙述角度和基本内容，用简短的文字为读者构建了关于叙述主题的基本轮廓。正文之后，撰有小结，综述该章的主要内容，再次突出正文的重点，对难点做出补充说明。思考题部分分为名词解释、简答和论述。每章后的阅读参考文献，列出了关于本章内容的重要中英文参考书目和文章，为有兴趣的读者提供了进一步阅读思考的路径。

该书前言写道：历史总是要随着时代的变化、随着人类认识能力的提高和观察问题的角度的变化不断重写。故在论述各理论与流派时，既着重介绍它们的成就，同时也适当指出了其中的不足之处。如第四章小结中指出，尽管思辨的历史哲学在18世纪末到20世纪初曾经起到过相当重要的作用，但到了20世纪，它似已不再适应社会、科学的发展了，因此它被分析的或批判的历史哲学所取代也就成为不可避免的了。第十一章结束部分也强调：史学研究不能拒绝任何方法，也不要迷信任何方法，可谓对全书著述宗旨的再一次说明。

（文　涛）

叙事的转向
——当代西方史学理论的考察

彭刚著，北京大学出版社，2009，222页

本书是一部研究20世纪西方后现代史学理论的专门性著作。作者认为，20世纪70年代，第二次世界大战之后兴盛一时的分

析的历史哲学逐渐被叙事主义的历史哲学所取代，后者至今仍是当代西方史学理论中最主要的理论形态。这一转型通常被称为叙事的转向。本书集中考察了这一转向的代表人物海登·怀特和安克斯密特等人的理论取向。

全书共分五章，第一章讨论的是海登·怀特。分析的历史哲学在 1960 年代左右已经呈现出处于论题近乎耗尽、要想做出创造性的工作越来越困难的境地。在这个意义上，怀特的工作，尤其是他在《元史学》中所做出的重大理论贡献，为历史哲学实现叙事的转向奠定了基础，从而改变了整个历史哲学的学术范式，使得原本在分析的领域里已经近乎山穷水尽的历史哲学重新焕发了生机。海登·怀特的理论探索使叙事成为历史哲学思考的焦点，叙事主义历史哲学因而得以产生。由于海登·怀特的挑战，通过建立历史叙事与历史实在之间的关联以重建历史认识和历史解释的客观性的任务，比之人们以往所设想的要更为严峻。

第二章讨论的是安克斯密特。安克斯密特提出，历史表现或历史叙事就其蕴含而论，远非作为其构成成分的单个描述（或陈述）意义的总和所能比拟的，它们提供了我们看待过往实在的某种视角；真实性并不是历史叙事或历史表现唯一的，甚至不是其主要的衡量标准；历史争论往往发生在历史叙事或历史解释的层面，而在对于同一历史课题的不同历史表现之间，我们完全可以有合理的依据来判定其优劣高下，原创性和涵盖范围的最大化乃是优秀的历史表现的基本标志……这样一些理论观点的提出、论证和发挥，大大推进了叙事主义历史哲学的理论发展，而成为最近 20 余年来西方史学理论成就中令人瞩目的部分。安克斯密特没有像一些极端人物那样走到否认历史学学术规范的地步，而是依然保留了对于历史学家法的认可和尊重；在他们的理论视野下，过去因为是人们可以按照自己所选择的方式来编排组织的，也变得不确定了，然而人们并没有完全的自由来任意地支配过去；在他们的理论观照下，历史学传统的真理与合理性概念被动摇和重新界定，然而并未就此被抛弃不顾；他们的理论给史学研究中多种视角的引入提供了基础。

第三章讨论的是昆廷·斯金纳。在斯金纳看来，思想史的价值就在于它给我们展示了多种多样的可能性，可以使得我们了解自身思想信念和社会政治制度安排的偶然性，从而使得我们更加宽容、更加开放。思想史研究所展示的各种在历史演进中被从中心挤压到边缘甚而隐匿不彰的思想资源，也可能给我们的思考带来新的可能性。

第四章为"史料、事实与解释：20世纪西方史学理论视野下的考察"，第五章为"相对主义、叙事主义与历史学客观性问题"，从个案研究转向以问题为导向的讨论。作者认为，经过叙事主义理论的洗礼之后，传统实证主义意义上那种如实直书的、绝对的客观性，是过于天真和乐观了。历史学的选择性和历史学家的主观性并没有将客观性驱逐出历史学的领地之外。叙事主义史学理论所揭示的，历史学家在建构历史文本时所拥有的自由度与创造性，历史学文本所具有的认知层面以外的审美和伦理的层面，也并未让历史学丧失了在不同文本之间做出评判和选择的合理标准。

（文　涛）

西方历史编纂学史

何平著，商务印书馆，2010，432页

本书是一部研究西方史学史的专门性著作。全书共18章，基本以时间为序，将西方自古典时代至今的史学发展脉络做了一次较为全面而细致的梳理。其中前四章以较少篇幅概括论述了18世纪前的西方史学，包括古典时代的希腊史学、希腊化时代的希腊史学、共和国时代的罗马史学、帝国时代的罗马史学、中世纪的教会史、中世纪的编年史、文艺复兴时期的欧洲史学、宗教改革时期的欧洲史学、博学派的史料考订和文献编纂以及17世纪历史认识论的变革等。

　　第五、六章关注的是 18 世纪史学观念的更新和历史哲学。第七章至十一章详细探讨了 19 世纪史学的诸种形态，作者除了讲述史学观念从浪漫主义、民族主义到实证主义的流变外，还用两章的篇幅集中讨论了包括制度史、城市史、经济史在内的专门史研究。这种将史学类型单列分述的方法，比以时间为序只重线索而不重面的架构更能让人对西方史学的发展有一个全面把握。第十二章专门记述美国史学的发展。第十三章反思了批判历史哲学，时间跨度为 19 世纪下半叶到 20 世纪下半叶。从第十四章开始到最后一章，集中考察的是 20 世纪以来西方历史观念的新变化和研究范式的转换，着力最多的是年鉴学派、后现代史学和全球史。

　　除对历史编纂的重视之外，对于史学思想与历史理论的强调是本书的一个特点。作者用四章的篇幅对 18 世纪以来的历史哲学和史学理论做了概述和评论，分别是第六章"十八世纪的历史哲学"、第十三章"批判历史哲学：历史事实、历史知识和历史客观性的限度"、第十五章"分析历史哲学：对历史解释的探讨"和第十六章"二十世纪下半叶：史学理论的后现代化"。作者并没有将史学理论问题集中起来进行论述，而是把它们分别穿插在相应的时段里，便于读者更加直观地了解历史哲学或史学理念与产生它的那个时代的关系，以及它对当时史学编纂的影响。

　　作者在前言中区分了编撰史学史著作的三种方法：传统史学史著作罗列名著和影响深远的史家观念方法；晚近史学史论著将重点转到研究史学赖以源出的社会的、文化的和思想的背景，并采用计量史学和新史学的方法；本书的目标则是同时采用社会科学方式和文化史学的方法。文化史学的方法要求注意那些从历史科学的发展角度来看是荒谬的著作，例如，了解中世纪的历史著述状况，不能忽视大量的那些充斥着有关神迹、上帝的计划、圣徒的生平、世界的起源和人类历史演化的神学描述的历史书。文化史学的方法要求收集和研究特定时代的所有历史著述，并在对资料文本的统计和分析的基础上得出有关那个时代历史写作的概貌。但作者同时承认，这个目标最终未能达到。

（文　涛）

封建考论

冯天瑜著，武汉大学出版社，2007，554 页

本书首先从"封建"这一概念出发，确认"封建"的本义及西义，在此基础上，梳理"封建"概念演绎的轨迹，对其做历时性的动态研究，考察这个原本创制于中国，又在近代中国及日本借以对译西文 feudal 的新名，在中国逐步演化的具体过程，尤其用力于探讨几个导致概念变更的关键时段（如清民之际、五四时期、大革命失败后几年间、五种社会形态说流传中国时期）的社会—文化生态，以及在此种社会—文化生态下的语义迁衍。进而，从概念的历时性演绎及中外对接的过程中窥探"封建"概念被泛化的社会—文化因缘。

作者认为，"封建"本为表述中国古代政制的汉字旧名，意谓"封土建国""封爵建藩"，封建制的基本内涵是世袭、分权的领主经济、贵族政治，古来汉字文化圈诸国大体在此义上使用"封建"一名。中国秦汉至明清社会主流离封建渐远，实行地主经济基础上的君主集权官僚政治。欧洲中世纪制度 feudalism（封土封臣、采邑制）与中国的殷周封建制相近（当然也有区别，中国是"宗法封建"，西欧是"契约封建"），与日本中世及近世的公—武二重制"酷似"，19 世纪中叶西学东渐以降，晚清、日本明治间遂以"封建"对译 feudal。清末民初中国采用这一在汉外对译间形成的新名。五四时期，陈独秀忽略中日、中欧历史差异，引入西欧及日本近代化进程中的"反封建"命题，形成"封建＝前近代＝落后"的语用范式。20 世纪 20 年代，共产国际文件以"半封建"指称现实中国。随后的中国社会史论战，把以专制集权和地主—自耕农经济为特征的秦汉至明清的两千余年纳入

"封建时代"，以与西欧中世纪对应，"封建"概念泛化，既与本义脱钩，也同西义 feudal 含义相左，且有悖于马克思、恩格斯的封建原论。在特定历史条件下，五种社会形态说框架内的泛化封建观被"日用而不察"。用以对译西洋史学术语 feudalism 的"封建制"，衍为一个表述普世性历史阶段和社会形态的新名。"封建"一词经历了概念的古今转换和中西涵化，日本因素也参与其内，马克思主义在中国的传播，更深化了此一术语的含义，其内涵与外延均大为丰富并复杂化。

作者主张，秦至清主要时段社会形态的名目，宜以"宗法地主专制社会"更替"封建社会"；秦至清两千余年可简称"皇权时代"。

本书出版之后，引发了较大反响和争论，是近年来中国古代史研究和社会形态讨论的一部重要著作。

（徐歆毅）

中国古代国家起源与形成研究

沈长云、张渭莲著，人民出版社，2009，347 页

中国古代国家的起源与形成，是国内外学术界一致瞩目的重大学术问题。围绕这一问题，作者系统地进行一番有关这项课题的理论与其资料使用方法的清理，并在此基础上提出对于中国古代国家起源与形成的新认识。本书内容实际分作上下两个部分，各五章。上半部分主要讨论理论与方法，除第一章回顾中国古代国家起源与形成研究的历史外，第二、三、四章分别探讨了马克思主义及现代人类学有关国家起源与形成的理论，第五章讨论文献资料的处理方法及文献资料与考古资料相互关系的问题。下半部分主要讨论中国古代国家起源与形成的具体历史进程，包括中原地区夏、商、周三个早期国家及中原以外的三星堆国家起源与形成的情况。其中第六章讲夏代国家产生的部分附带追溯夏以前中国文明先进地区史前社会组织进化的情况。最后的第十章以讨

论春秋战国之际中国早期国家向成熟国家的过渡作为结束。

该书有关中国古代国家起源与形成的基本观点如下。

1. 中国前国家社会曾经经历了由平等的氏族社会向不平等的（或曰有阶等的）氏族社会发展的历程。其中不平等的氏族社会的基本组织结构就是现代人类学者所称的酋邦。

2. 中国古代最早产生的国家应属于现代人类学者所称的早期国家。之所以称其为早期国家，主要是因为这种性质的国家仍普遍存在各种由血缘亲属关系结成的社会组织，酋邦这种不平等的氏族组织作为基本政治单位也仍然存在于这些国家之中。

3. 中国早期国家产生的途径，也与古希腊罗马奴隶制国家的产生有所不同。这就是恩格斯在《反杜林论》中提出的统治与奴役关系产生的另一条路径，即氏族社会各个组织的首领因其权力的集中与其"独立化"倾向由"社会公仆"转变为"社会的主人"，从而结成一个统治者阶级，促使社会转化为阶级社会的路径。

4. 中国上古中原地区最早出现的夏、商、周三个王朝，即是由以夏后氏、有商和有周三个酋邦为首的势力集团分别建立的国家。它们均属于早期国家的性质。

5. 以夏后氏为首的夏族人是中国第一个早期国家夏的建立者。夏族兴起于古河济之间，主要包含了夏的同姓和姻亲酋邦。

6. 商族与周族均发祥于中国北方，由于气候变迁逐渐南徙。

7. 与中原夏、商国家产生的时间相差无几，在中国长江上游的四川盆地也曾崛起过一个具有高度文明的三星堆国家。三星堆国家亦属早期国家，其最终形成，显然也是由一个大的酋邦对其他众邦统一的结果。

8. 早期国家的产生并非意味着古代国家起源与形成过程的结束。在中国，由早期国家向成熟国家的过渡是在春秋战国时期。这个转型是通过由生产力与生产关系引起的一系列变化实现的。

本书的撰写体现了两个整合，一个是理论与史实的整合，另一个是历史与考古的整合。这一特点使本书在中国古代文明和国家起源问题的研究中富有特色。

（徐歆毅）

秦制研究

张金光著，上海古籍出版社，2004，836 页

《秦制研究》分为 12 章，分别对秦的土地制度、为田制度、阡陌封疆制度、租赋徭役制度、官社经济体制、家庭制度、刑徒制度、居赀赎债制度、乡官制度、学吏制度、爵赏制度、户籍制度进行了详尽研究。

第一章"土地制度"中提出了"秦实行普遍的真正的国有制说"。第二章"为田制度"，综合研究了青川秦牍《更修为田律》，秦的为田规划制度是长条亩并列，阡在顷侧，陌横贯亩中，分其亩为二畛。秦为田制度是与其土地国有制密切联系在一起的，系统、严整、统一的田间布置规划是秦普遍土地国有制在为田制度上的具体表现。第三章"阡陌封疆制度"认为阡陌之得名实由两个因素决定：一言田间道路千百纵横，既多且长；二则顺亩为阡，横亩为陌。第二点为核心原则。第四章"租赋徭役制度"认为秦国家租赋徭役制度的剥削之本与基础，在其土地普遍国有制和国家份地授田制。初则限量剥削，至秦末则毫无制度，竟至亡秦。第五章"官社经济体制"，首倡"官社经济体"说，战国、秦社会经济制度的支配形态是在土地国有制基础上通过国家份地授田制，建立起强制性的份地分耕定产承包责任制。这是一种官社或官公社经济体制。其首要特点便是政社合一。其政治经济关系是在国家与社会、政府与民之间发生的统治、剥削关系，所谓阶级关系也都表现在官民对立之中。传统的战国新兴地主阶级封建制说或奴隶制社会说皆有违历史真实。"官社经济体制模式"代表着一定历史阶段与社会形态，即由古代农村公社共同体，向比较自由的秦国家授田份地小农，进而向汉代国家个体小农经济支配形式的普遍过渡形态。第六章"家庭制度"，认为

秦是个体小家庭的定型化时期。强有力的土地国有制和国家授田制，使个体小家庭获得了独立的经济基础。个体小家庭的充分发展，宗族的解体，都带来了人的个性的一定被承认和发展。第七章"刑徒制度"认为秦的隶臣妾是刑徒，刑徒皆无期。秦的刑徒是部分肉刑与自由刑（徒刑、劳役刑）的结合而以徒为主。且刑中又多黥少斩，甚或很多不施肉刑。秦刑徒制是从多肉刑到无肉刑的过渡形态，应肯定是一种历史的进步。第八章"居赀赎债制度"指秦自商鞅变法以后，创立了官作"居赀赎债"制度，其基本性质与内容乃是以人身劳役作为对国家的抵负偿债手段。第九章"乡官制度与乡治"认为秦确立了系统的乡官组织，秦完成的乡里邻伍制度为以后两千年来的统治者所效仿。第十章"学吏制度"对秦学吏制度的学习内容、教材编审和吏员的推举、辟除、考试、试用等事做了讨论。第十一章"爵赏制度"对秦二十等爵的爵名、序列、级别、渊源爵赏论次原则、方法步骤、功用、官爵级别标识、卒徒之别、获爵途径、官爵关系等详加探究。秦是中国古代户籍制度开创和奠定时期，第十二章"户籍制度"对此加以研究。

本书是作者数十年专注于秦制研究的成果累积，见解独到，值得研究者重视。

（徐歆毅）

出土简牍与秦汉社会

杨振红著，广西师范大学出版社，2009，254 页

本书前三章是关于秦汉法制史的系列研究，第一章"出土法律文书与秦汉律二级分类构造"提出秦汉律二级分类说，对战国秦汉时期律典的形成轨迹做了如下推测：战国秦汉时期国家根据现实需要，针对具体问题制定出相应的单行律，李悝、商鞅、萧何编纂法典时，将这些单行律加以分类，并以其中一个单行律名作为该类的一级律篇名，由这样的六个或九个一级律篇构成当代的律典。在汉代，有关礼仪、朝仪、宫禁方面的法规亦被纳入

"律"的范畴，但是它们还没有取得与九章同等的地位，九章被视为正律，而它们则以旁章的形式存在。

第二章"《二年律令》的性质与汉代律令法律体系"探讨以下两个问题：第一，如何看待《二年律令》的性质，第二，如何看待秦汉时期律与令的关系。作者认为《二年律令》是吕后二年修订的法典。汉代追加、修订律的法源与令相同，均来自皇帝的诏书令，汉代律、令的本质及两者之间的关系与汉代法典编纂修订有密切联系。从吕后时期起汉王朝在法典的编纂修订上已经形成这样的惯例：新一任皇帝即位后通常要将前主颁布的令进行编辑，将其中属于九章律范畴的、具有长期法律效力和普遍意义的、仍然适用于当代的令编辑进律典中，而将其中一部分仍然适用于当代的但无法归入九章律的有关制度方面的令按内容、官署、州郡、干支进行分类编辑，形成令典。汉代的令典经历了高、惠、吕、文、景、武时期的发展，已经达到了三百余篇。汉武帝以后，汉代律令的篇目基本没有大的变化，法律的变化主要表现为具体条文的增删和修订。

第三章"汉代法律体系及其研究方法"认为汉二年萧何"为法令约束"与萧何"次律令"不是同一层次更不是同一行为，萧何为汉制定具体法令始于汉元年任丞相时，而非汉二年。萧何做律九章即编纂律典在高帝五年统一天下后。将《二年律令》性质定性为当代行用律令的抄本，并没有解决其题名"二年"的问题。正律、旁章、傍章、律经、罪名之制、事律等概念，-出现在《晋书·刑法志》、魏律《序》、颜师古注引文颖说等重要史料中，是我们赖以认识汉律结构的重要概念，绝不能随意摒弃，否则必然导致史料的虚无。

战国秦汉时期土地制度的形态及其性质一直是史学界关注的焦点。第四章"《二年律令》与秦汉'名田宅制'"根据《二年律令·户律》中有关田宅制度的律文，将秦汉土地制度定名为以爵位名田宅制。"名田宅制"是战国秦商鞅变法时确立的，并作为基本的田宅制度为其后的秦帝国和西汉王朝所继承，此外不存在其他的田宅制度。秦始皇三十一年"使黔首自实田"，只是以承认现有土地占有状况为前提，对全国土地占有状况进行的一次普查登记。名田宅制以爵位划分占有田宅的标准，以户为单位名有田宅，田宅主要通过国家授予、继承、买卖等手段获得。爵位减级继承制是名田宅制得以长期延续的配套制度。文帝时正式从法典中取消了有关名田宅的规定，"名田制"仅仅作为土地登记的手段而存在。

第五章"月令与秦汉政治——兼论月令源流"，通过秦汉律令与传世月令书以及《管子》等书的比较研究，发现《吕氏春秋·十二纪》中许多行事与秦汉律令的规定不同，却与《管子》等记载相同。它似乎意味着当时已经存在一本以"明堂"名义命名的月令书，它应当出自战国齐人邹衍阴阳五行家一派，很可能就是汉宣帝时丞相魏相所上《明堂月令》。《吕氏春秋·十二纪》《淮南子·时则》《礼记·月令》应分别采自《明堂月令》。月令掺入《礼记》应在元帝之后，王莽时对月令加以整理，《礼记·月令》的独尊地位因此确立，从而导致原有单行本《明堂月令》的失传。西汉建立的按月施行的制度没有超出传世月令的范畴。从文帝时起，西汉统治者对月令逐渐重视，开始把国家的政策与月令相结合，按照月令安排施政的时间和方式。武帝时罢黜百家，独尊儒术，月令中天人相感的祥瑞灾异思想开始作为执政好坏的标志而被特别强调。武、昭、宣时期月令行事主要与祥瑞相结合，元、成以后则主要与灾异相联系。

本书利用出土简牍资料，对秦汉法制史、土地制度、月令与秦汉政治等问题进行研究，创获颇多，是近年秦汉史研究的一部重要著作。

（徐歆毅）

从爵本位到官本位
——秦汉官僚品位结构研究

阎步克著，三联书店，2009，468 页该书可视为作者《品位与职位：秦汉魏晋南北朝官阶制度研究》一书的续篇，不仅从理论上建构了中国官阶研究的基础框架，而且从微观及宏观的角度对秦汉帝国的品位结构进行了辨析与阐述。

作者围绕张家山汉简《二年律令》中的《秩律》展开了一系列研究，挖掘出秦汉间秩级变迁的许多前所未知的细节。通过若干秩级的考证，作者揭示出战国秦汉间的禄秩序列存在一个纵向伸展的趋势，这体现在禄秩序列的高端不断向上延伸且品级由简而繁，低端则由繁而简，禄秩序列的重心因此上移。这一变化意味着禄秩管理手段所针对的官员层次在向上增长，显示出"吏"的群体的上升和周朝公卿大夫士体制的终结。同时，这个"伸展"主要是就中央朝官而言的，随着中央朝官秩级的上升，郡国官的秩级却显现出下降的趋势，宣告了中央朝廷对地方政治强势的确立。在考证秩级的过程中，作者还敏锐觉察出"比秩"与"宦皇帝者"的关联，指出"宦皇帝者"特指皇帝的侍从内官，最初没有禄秩，后来被列在"比秩"，构成了一个与"吏"有异的特殊职类。由"宦皇帝者"的"比秩"问题，作者进而考察了其他列在比秩的官职，揭示这些比秩之官体现出的非吏职、自辟除以及军吏自成系统的性格，显示了战国秦汉间禄秩序列的横向扩张趋势，即禄秩从最初只面向"吏"之职类，进而向更多职类扩展。

在细节考证的坚实基础上，作者对秦汉帝国的品位结构及其变化展开了整体性的论述。周朝品位结构的特点被概括为"爵—食"体制，即呈现出上下叠压关系的公卿大夫士爵与胥吏的"稍食"等级，该结构适应了贵族等级秩序。随着战国秦汉间禄秩序列的纵向伸展与横向扩张，以及二十等爵制的发展，汉帝国的品位结构演变为呈现出并立关系的"爵—秩"体制，用"爵"安排身份，用"秩"保障行政。"爵—秩"体制体现了早期帝国的二元性，即周代贵族政治的传统影响与新兴官僚政治制度的并存两立。此后，作者还通过对魏晋后官品结构与功能意义的深入挖掘，来探索秦汉品位结构的变迁方向和演化归宿，即"官本位"和"一元化"，进一步指出并论证了"品位结构一元化"虽是专制官僚体制自身发展的结果，同时也不能忽视儒家礼制的推动作用。在对品位结构进行了上述整体性思考与论证之余，作者还具体从三个侧面考察了秦汉品位结构的分等分类特征，即比秩与"宦皇帝者"、冠服体制变迁、"士"阶层的品位安排，进一步强化了整体性论述的说服力。

作者所建构的研究框架：分等与分类；品秩五要素、品位性官职；品位结构变迁的四线索：贵—贱，士—吏，文—武，胡—汉；品位结构的三层面：君—臣，官—官，官—民，对相关领域的研究都颇具启发意义。

（陈奕玲）

中古北族名号研究

罗新著，北京大学出版社，2009，311 页

《中古北族名号研究》是作者研究魏晋南北朝隋唐时期北方民族政治名号及相关问题的论文集。作者力图将中国中古史有关北族的史料，置于内亚史的背景上重新进行认识。书中利用中国传统文献、民族文字碑石、文书等丰富的材料，结合语言学、民族学、人类学的多种方法，对鲜卑、匈奴、柔然、突厥、高句丽的政治名号进行结构与功能的分析，指出一个完整的北族政治名号通常是由代表职务的"官称"和修饰性的"官号"两个部分组成。官号使官称的获得者具备了唯一性，因而官号就具有了与"姓名"一样的标志个人身份的功能。正是在这个意义上，通常是名号中的官号而不是官称代替政治人物的原有名字（或前一个政治名号）成为他的新身份标志。其中一些领袖人物的官号（或官号的一部分）逐渐变成他所领导的政治体（部族）的名称，即史籍中的族名。同样的道理，这些政治名号还会沉淀在地名等其他专名上。因此，对这类名号的研究拓展了中古北族史原本十分

有限的史料。

在上述结构模式下，作者对北魏的"直勤"制度进行了考察，认为"直勤"与突厥的"特勤"都是社会结构下的一种身份，相当于汉文中的"宗室"，是对血缘范围的界定和认可，这一制度在中古时期内亚草原社会中普遍存在着。作者还通过"直勤"制度考察了拓跋部族社会的汉化问题，指出孝文帝受汉文化的影响对道武帝子孙和非道武帝子孙开始进行区别，"改降五等"的改革举措实际取消了"直勤"制度，这引起了北魏政权内部的情感和文化分裂，对北魏末年的六镇之乱产生了巨大影响。

柔然官制在作者提出的结构模式下也得到了深入的研究，作者在官制研究的基础上揭示出：柔然政治制度与东胡系民族尤其是鲜卑有着密切关系，以及柔然对突厥及突厥以后的欧亚草原上其他的游牧政治体政治制度有着重要的影响。但作者同时还指出，突厥对柔然政治文化及制度的继承，并非单纯地学习和接受，也存在选择和变异，存在突厥自身文化传统和其他文化传统对柔然职官体制的改造作用。这些考察反映了中国北族政权在政治文化上所具有的连续性，以及柔然在草原政治制度史上的特殊地位。此外，作者还通过高句丽兄系官职的考察，指出突厥、扶余、新罗等民族都存在类似官职，而这类官职都是对东胡政治传统的继承，再次反映出东胡民族对整个北族政治文化的独有贡献。

（陈奕玲）

北朝村民的生活世界
——朝廷、州县与村里

侯旭东著，商务印书馆，2005，439 页

该书是一部独具特色的社会生活史著作，以北朝为时间段，以"村落"为基本研究单位，以"村民"为主要研究对象，利用丰富的造像记及文献、考古材料，采用不同的观察视角，结合个

案剖析与整体分析的方法，从局部到全景地勾画出了当时村民的生活世界，并试图提炼出理解中国历史的新分析概念与新解释。

作者首先考察了北朝村落的时空分布、单个村落的状况，以及村落与治所的关系，展示出村民生活的主要场所的概况。随后在考察北朝村落居民构成的基础上，讨论了自西汉至北朝百姓"宗族"观念的发展变化，揭示出人们生活中由父系、母方并重到父系意识独领风骚的趋势。作者还对村落之外，与村民生活密切相关的三长制与乡里制进行了辨析，指出：普遍存在的乡里制在生活中似乎未受到村民的积极认同，相反，他们对世代生活其中的村落表现出更强的归属感，并依托"村"组织活动，官方设置在村落被架空，但村民同时又对皇帝有着热切的愿望，表现出在对待朝廷与官府上的矛盾性。

"市"与人的社会生活存在密切的关联，因此作者从制度、行为、观念的角度对北朝的"市"加以考察，结果显示：对普通城乡居民、士人官宦、朝廷这些不同主体而言，"市"具有不同的意义；朝廷围绕"市"的制度安排，大体基于传统儒家的思想，但思想与制度设计上存在矛盾，实践中也很难完全实现其初衷；围绕着"市"，人们的行为（日常活动）与观念并不一致，士人尤其如此；在不同群体的参与下，"市"呈现出复杂的面貌，它包融了日常生活、知识交换、统治实施、思考对象，并在世间发挥了多种沟通作用。对北朝"市"的探讨，不仅为我们揭示了一段逝去的生活，而且将"市"的研究从经济史的狭小领域中解放出来。

除了对北朝村落进行整体性思考外，该书还以安鹿交村为个案，剖析了其中村民的构成、村内的主要组织以及因佛教而生的建"邑义"活动。村民观念的考察也在书中得到体现，作者通过辨析造像记中民众为皇帝、国家的求福祈庆，认为其中表现出他们的积极认同与归属，指出了日本学者提出的"豪族共同体"理论的局限性。作者不仅从民众的角度对其生活与观念予以观察，还进行了从朝廷视角"自上而下"的观察，通过北朝皇帝的诏令与大臣的上奏，勾画出当时朝廷关于"民众"的一般认识，并基于此分析了朝廷的治民实践。

在从不同的角度对北朝村落与村民生活进行考察后，作者还试图勾画出一幅"全景"图，其中包括：村民的日常生活及其核心场所；村民的村外活动及与朝廷、官府的往来；比照村民的生活世界与朝廷对帝国的理解，揭示帝国的构造，分析维系帝国的机制；分析官爵名号在村民世界与帝国再造过程中的作用，探讨结构如何延续。

（陈奕玲）

唐书辑校

吴玉贵著，中华书局，2008，上、下册，1278 页

《唐书辑校》对《太平御览》引《唐书》的内容进行了全面整理，主要做了三个方面的工作。首先，将《太平御览》引《唐书》的内容全部予以辑录并逐条编号，为进一步的科学整理和研究提供了基础。其次，对所辑内容进行"校注"，即以《旧唐书》为主，根据各种现存的唐代史料中的相关记载，对《太平御览》引《唐书》的内容进行整理，希望在纠正《太平御览》引《唐书》的文字错误的同时，还能够帮助读者比较直观地了解《太平御览》引《唐书》与《旧唐书》《册府元龟》及其他记载的异同，为对《旧唐书》进行文献学和史学史的研究提供参考数据。第三，对所辑内容进行"还原"的工作，即找到《太平御览》引《唐书》的各条在《旧唐书》中的相应记载，并且将《旧唐书》没有相关记载的条目也明确加以标示，为研究和利用这些数据提供一些便利。

《太平御览》引《唐书》的史料价值主要表现在以下两方面。首先，在《太平御览》引《唐书》的内容中，有1862条在今本《旧唐书》中可以找到相应的记载，占了《太平御览》引《唐书》内容的绝大部分。由于这些数据保留了《旧唐书》较早的面

貌，不仅可以用来考证今本《旧唐书》在修订和流传过程中出现的错误，而且还有助于发现和纠正《新唐书》的错误，具有很高的校勘价值。这些数据是岑建功先生辑录《旧唐书》逸文时舍弃的内容，散见于《太平御览》，翻检不易，它们的价值一直没有引起足够的重视和利用。其次，在辑录的2335条《太平御览》引《唐书》的记载中，有473条的内容为今本《旧唐书》所无。这些条目大致可分为三大类，第一类与唐朝诸皇帝直接相关，涉及的内容大体可分为议论、诏敕、征祥、职官、御制诗文等；第二类为各类人物事迹，大约涉及160人，其中67人《旧唐书》有传，但《太平御览》引《唐书》记载的内容为今本《旧唐书》所无，有59人见于《旧唐书》，但在《旧唐书》中没有立传，有34人不见于《旧唐书》的记载；第三类就是所谓"四夷"的内容，其中有12个民族或政权《旧唐书》有传，但《太平御览》引《唐书》保留了今本《旧唐书》没有的内容，有26个民族或政权《旧唐书》没有立传。这些内容虽然多带有所谓琐屑和荒诞不经的特点且数量不算太多，但反映的信息量却很大，可以为唐史研究提供重要的新资料。

因此，无论从研究《太平御览》引《唐书》的性质而言，还是为唐史研究提供新史料而言，该书对《太平御览》引《唐书》的内容所进行的科学系统的整理，都是非常必要且意义重大的。

（陈奕玲）

唐礼摭遗
——中古书仪研究

吴丽娱著，商务印书馆，2002，650页

《唐礼摭遗》是通过书仪来研究中古礼仪的著作。书中内容具体包括两部分，即书仪篇与礼仪篇。书仪篇以敦煌所出三大类书仪——朋友书仪、吉凶书仪、表状笺启书仪为主要研究对象，对书仪进行分类和系统化研究，勘正某些书仪的史实和年代，探

讨各类书仪的源流、性质、内容结构演变、制作方式、发展趋势，以及受唐代社会政治影响相互间的递进、取代关系。考察显示：不同类型的书仪兴盛发展有其时代性，它们彼此间既相因相成、相互派生，内容又各树一帜、别具侧重；虽然它们占据主导地位的时间不同，却并不妨碍它们因彼此均在某方面适应了时代的要求而同时并存于某一历史阶段。此外，从敦煌书仪的发展历程，既可以看到唐五代时期中原文化向边区的传布和延伸，也可以发现边塞地区文化区别于中原文化的独特性，两者的结合才是灿烂的唐文化取之不尽的源泉。

礼仪篇则是从书仪中掇拾、排比、勾勒出与当时礼仪相关的内容，结合敦煌文献和其他存世史料，对书仪涉及的礼仪问题进行全面的介绍、分析和定位，力图从书仪制作的礼仪来源、书范程式、等级规格、婚丧礼俗、官场仪制等多方面透视与揭示书仪作为礼书的性质。唐前期书仪继承魏晋南北朝，其内容以国家庙堂及个人家族为中心，以表现家族关系的内外族书仪和婚丧礼俗为主体和侧重；但在吸收前朝礼俗的基础上，也在不断建立适应时代的新特点，即在提倡礼仪用平趋轻的同时，官族并重成为官僚社会新的等级标准，而且官僚礼仪开始充斥书仪。唐中期后书仪继续沿着上述轨迹发展，在全社会变礼思想的指导和推动下，吉凶书仪中原来以古制为框架、以朝廷礼制为指导和约束的婚丧礼仪特别是服制，在开元礼后发生了越来越大的变化。同时，表状笺启书仪开始作为书仪的主体出现，反映唐后期礼的重心被转移至地方官场。俗礼此时更多取代了朝廷正礼，在政权更迭的同时，荡涤和瓦解了中古贵族制的社会。书仪形式内容的继承和变化，引导着百姓生活和思想的转变。官本位的观念日益支配现实生活，追求官职身名成为全社会趋利走向的中心，甚至书信的格式体裁也以官牍文范为借鉴和模本，书仪日渐与时俗合流。整个社会在不断官僚化的同时，其实也就是走向了平民化，中国社会的发展于是在唐宋之际有了划时代的改观。

（史　篆）

祖宗之法
——北宋前期政治述略

邓小南著，三联书店，2006，553 页

作为儒家礼制的核心，祖宗崇拜的原则与实践，对于中国古代的政治、法律、社会等诸多方面都产生过深远影响。在宋代，这种原则与实践凝聚为所谓"祖宗之法"。宋代士大夫们对于"祖宗之法"即有许多诠释与阐发。宋人议论中这一提法出现的频率之高、应用之广泛，使得无论做宋代哪一方面研究的学者，都无从绕过这一问题。

本书突破了王朝框架的限制，详细比较了前代"祖宗"观念，认真梳理了晚唐五代以来的政治史脉络，对宋代"祖宗之法"的形成、内涵、影响进行了细密的剖析；指出它是一个核心精神明确稳定而外缘宽泛富有弹性的综合体，其基本精神是"事为之制、曲为之防"，保障政治体制与社会秩序的稳定；进而对北宋诸多政策、事件中"祖宗之法"的深刻影响，进行了深入阐述。

本书论述"祖宗之法"在宋代的发展与变化，虽以北宋前期为重心，实则阐明两宋君臣因时事变异，对于祖宗言行予以选择，做出不同解释和利用的过程，既塑造可供仿效的祖宗形象，也为其为政施治的护身符。书中指出，"祖宗之法"既包括各种"做法"，如守内虚外、重文轻武、限制宦官外戚、尊重士大夫等，同时也包括各种"说法"，是士大夫的一种话语集成，对其理解可能因人、因时、因具体情形而异。它由"涂抹""层累"和"叠加"而形成，集中反映着宋人的"宋史观"。

作者将"祖宗之法"视为赵宋一朝"做法"与"说法"的集合，书中强调了如下两个交错叠加的过程：太祖太宗的创法立制过程，和申说"祖宗之法"时帝王与士大夫们出于己意而加以发挥阐释的过程。由此可以看到，在北宋政治中，"祖宗家法"

作为传统的稳定性，与"祖宗不足法"的变革要求所构成的矛盾，不仅要从政治史、制度史的角度去观察，还需从文化角度去观察。该时代所面临的问题，处于三者的交界面上而错综纠结。

作者以丰富的资料、精练的文字、严谨的态度、娴熟的分寸感和切当的把握力，深度挖掘并令人信服地阐释了宋朝"祖宗之法"话语背后的意涵与事实之间复杂多变的关系，给读者以深刻印象。本书所揭举的论题，不仅是理解宋朝政治特性的主要线索、整体把握宋代政治发展的主要课题，更将传统社会的"正家之法"、皇帝的"家法"和朝廷"国法"的关系予以综合认识。这样本书超越了一般的断代政治史，把政治与文化的复杂互动关系呈现出来，从而为从文化角度研究中国古代政治史，提供了新鲜启示。

（梁建国）

新获吐鲁番出土文献

荣新江、李肖、孟宪实主编，中华书局，2008，389 页

《新获吐鲁番出土文献》所刊布的文献主要来自 20 世纪末以来发掘的墓葬及寺院遗址，包括 300 多件写本文书和一些墓志，为研究中国中古史及"吐鲁番学"提供了新的第一手资料。这些文献所涉时间主要从十六国到唐西州时期，内容则以世俗社会的公私文书为主，其中包括以往未曾出现的大量资料，增加了人们对许多历史重大事件与制度、文化的了解。

书中刊布的一些文书具有很高的研究价值，如 2006 年洋海 1 号台地 4 号墓出土的中国现存最早的户籍《前秦建元二十年（384）高昌郡高宁县都乡安邑里籍》（177 页）、2004 年阿斯塔那 408 号墓出土的北凉时期的《令狐阿婢随葬衣物疏》（第 21 页）、2006 年洋海 1 号台地 4 号墓出土的两件北凉时期的《衣物疏》（第 173、175 页）、2004 年木纳尔 102 号墓出土的《唐显庆元年（656）宋武欢墓志》与标题为"移文"的《衣物疏》（第 103 –

105 页）等都相当完整。2006 年征集到的文书《延昌十七年（577）道人道翼遗书》则向我们展示了僧人与世俗社会间的密切联系（第286页）。除阿斯塔那墓区文书外，巴达木地区（高昌城东北）和洋海地区（鄯善县吐峪沟乡）出土的大量文书是书中的一个亮点，延展了吐鲁番文书的分布区域。而粟特墓地（巴达木2号墓地）、粟特语文书、汉文文书中的粟特人名，则是研究古代吐鲁番地区外来文明的重要资料。

19 世纪末20 世纪初，吐鲁番文书遭到国外探险家的掠夺性盗掘，几乎没有考古学的记录。该书弥补了这方面的不足，采用考古学的方法，用解题方式介绍了发掘的时间、地点、数量，多数图版附有比例尺，有的图版还附有纸鞋、纸帽的原貌、拆解过程，使人们对这些文书的来源有具体的了解。如在介绍2006 年洋海1 号台地4 号墓出土文书时，附有墓主赵货（下葬于北凉缘禾二年，433 年）纸帽的正面、侧面、背面照片，以及女墓主两双纸鞋的正面、背面照片（第169 页）。又如1965 年发掘的阿斯塔那341 号墓中，男女俑身上用文书制成胳膊，2006 年将文书拆出，书中附有一张拆前的女俑照片，非常珍贵（第54 页）。该书正文采取了图文对照的方式，并对录文进行了标点和释读，将大量专家的研究成果吸纳在书中。书后还附有《人名索引》（附《神名索引》）、《地名索引》《文献编号索引》，大大便利了读者的使用。

这本书的出版对新疆、中亚地区以及古代历史文化的研究，都将起到积极作用。

（陈奕玲）

江南农业的发展（1620－1850）

李伯重著，上海古籍出版社，2007，268 页

随着中国的发展，20 世纪90 年代初，中国的近代化问题再次成为史学界关注的焦点之一，学者们纷纷从不同的领域、不同

的角度来考察这一问题，以西方的发展模式和发展道路为标准的
"西方中心论"受到学界的质疑和挑战。在经济史研究领域，李
伯重著、王湘云译的《江南农业的发展（1620－1850）》2007年
由上海古籍出版社出版（该书的英文版早在1998年出版）。这部
著作力图摆脱史学研究中以西方为标准和中心的研究传统与观
点，对清代前期、中期江南农业的发展问题提出了不同于传统观
点的看法和结论。

全书分为三编。第一编"生产要素的变化"，包括劳力、
耕地与气候，以及农业技术的变化。这些生产要素的变迁是江
南农业得以发展的物质基础。第二编"农业生产的变化"，包
括三个方面，即农业资源利用的合理化，农业生产的集约化，
外向型农业的形成。这三者是江南农业发展的主要途径。第三
编"农业的发展"，探讨了两个问题：土地产值的增加和劳动
生产率的提高。

在研究方法上，作者占有丰富的一手资料，又挖掘了一些罕
见的史料，将定性与定量分析相结合。如劳动生产率的一章是全
书的重中之重，该著作全面展开了对这一问题的探讨，考证甚
详，既借用了西方的史学理论，又以所占有的丰富史料进行了计
量分析，更具说服力。对于相反的观点，作者并没有对其进行批
判或理论辨析，而是以丰富的史料来详细考察江南农业发展的历
程和绩效，从历史认识上澄清其错误。为了更有力地说明清代江
南农业发展的成绩，在许多问题上，作者还与宋、明或1850年以
后这一地区农业发展的情况进行了比较研究。这在经济史研究的
方法论上是十分必要的。

多少年来，在以西方近代化道路和模式为标准的史学研究
中，明清社会的"停滞"似乎早已成了"定论"，而农业尤其是
清代农业（包括江南农业）只能用"衰退""停滞""有增长无
发展"，以及"人口爆炸""劳动力过剩""过密化生产"等这样
的词语来表述。作者通过自己的研究，得出了与之相反的结论：
清代江南的农业技术在进步，而且是重要的进步；农业资源的合

理利用程度有所提高；农业生产各主要部门的生产集约化程度也比明代后期明显提高；清代江南农业又是近代以前世界上商业化和外向化程度最高的农业之一。所以，清代前、中期耕地与劳动力的生产力都得到了提高。

该著作是一种系统的理论研究，它大胆地质疑前人，质疑"西方中心论"，以现有的历史知识和现有人类所具有的理论水平，重新认识江南经济史，进而希望正确认识中国自己的发展模式。

（李成燕）

清代江南的瘟疫与社会：一项医疗社会史的研究

余新忠著，中国人民大学出版社，2003，446 页

余新忠著《清代江南的瘟疫与社会：一项医疗社会史的研究》全书包括六章内容。第一章，绪论：介绍选题缘起、研究思路和学术史回顾，界定概念；第二章，清代江南瘟疫的生态社会背景：介绍了其生态、社会和医疗背景；第三章，清代江南的疫情：研究了疫情的时空分布和种类；第四章，清代江南对瘟疫之认识：包括江南人对病原、病因及传染方式的认识，并介绍了晚清西方细菌学说的传入；第五章，清代江南瘟疫成因探析：作者认为其成因包括灾荒、人口、环境、习俗诸因素；第六章，清代江南瘟疫与社会之互动：这是全书的重中之重，包括时人的卫生防疫观念和行为、各界救疗瘟疫之举措、医学与瘟疫、瘟疫的社会影响四个方面。

该著作最大的特点便是新视角。该书被收入"新生代学人文丛"出版，该丛书以"三新"立意——新学人、新作品、新机制。其中对"新作品"的要求之一便是"从独特视角或新的层面，提出学理上能够成立的独到见解"。社会史研究经过 20 世纪90 年代的大发展之后，其研究已经涵盖社会领域的各个方面。而有关疫灾的资料较少，而且跨学科，难度颇大，所以 21 世纪初其研究仍然很薄弱。作者突破疫灾原有的研究局限，从社会史的

角度对历史上直接关乎人类生命的疾病、医疗状况进行重新阐释，而且将其纳入"地区社会史"的研究框架，做成了医疗社会史——一个交叉学科，弥补了中国医疗史学界一直以单纯的医疗现象为研究对象的缺陷，既研究了清代江南瘟疫的发生原因、时空分布情况、江南人对瘟疫的认识，又探讨了清代江南瘟疫与社会的互动关系，并且以此对中国近世社会变迁、国家与社会的关系等热点问题做了出自己的诠释。

另外，作者比较成功地克服了资料不足的缺陷。中国古代对瘟疫很忌讳，一般不进行记录，即使记载，也语焉不详。作者挖掘了医书、档案、方志、文集、笔记、政书、族谱等资料，搜集已比较全面，可是对于这项研究来说，还远远不够。面对这种困难，作者对原始资料做出特别的介绍，并采用迂回的方式来解释某些现象以弥补资料上的不足。这对遇到同样难题的研究者不乏借鉴作用。

总之，该著作对于一个研究薄弱、资料少而分散的跨学科领域做出了一个相对全面而可靠的描述，在江南社会史的研究中占有一席之地。

（李成燕）

狂欢与日常：明清以来的庙会与民间社会

赵世瑜著，三联书店，2002，485 页

新中国建立以来，在"中国史"的学术研究中，政治史一枝独秀。面对"中国史"研究的缺陷，20 世纪 80 年代中国大陆兴起了社会史，社会史研究日益成为中国史研究的重要组成部分。赵世瑜历十年之功，完成了其社会史重要专著《狂欢与日常：明清以来的庙会与民间社会》。

多年来，东西方的差异成为中国经济史、文化史，甚至社会史诸多学者关注的重要课题。在文化精神方面，一些比较文化学家认为中国的文化精神完全是一种理性精神，而没有西方那种

"酒神精神"（第 477 页），带着这种比较宏观的疑问，作者把目光投向了民间社会，从"民间文化信仰"这一当时尚未被重视的、难度较高的、宏观的领域来考察这一问题。作者认为中国有自己的"酒神精神"，那就是庙会上"狂欢"。这种观察在当时十分可贵。

作者首先从整体上进行观察，即第一部分"概说之部"，包括五个方面：中国传统社会中的寺庙与民间文化、民间社会中的寺庙、中国传统庙会中的狂欢精神、寺庙宫观与明清中西文化冲突、庙会与明清以来的城乡关系。接着，为了看得更清晰，作者聚焦于一个地域——华北，此即第二部分"地域研究之部"，包括三个方面：明清时期的华北庙会、明清时期江南庙会与华北庙会之比较、明清华北的社与火。最后，作者进行了更为细致的考察，即第三部分"个案研究之部"，对华北明清以来妇女的宗教活动、闲暇生活与女性亚文化，一些民间信仰如黑山会的故事，祭祀组织与行业组织如鲁班会，以及太阳生日的传说所折射出的东南沿海对崇祯之死的历史记忆，国家正祀与民间信仰的互动五个方面进行了微观研究。在微观的个案研究中，还包含着宗教、经济（商业）、文化娱乐，甚至政治的成分，正是由于作者的研究角度立足于整体和综合，所以它既不是宗教史研究，也不是经济史研究，更不是文化娱乐史研究，而是社会史研究。

在研究方法上，具有民俗学背景的作者将传统的历史文献法与当时新引入中国史学界的、人类学和社会学所倡导的田野调查法较好地结合起来。作为一个历史学家，作者有扎实的文献基础，又吸收了人类学和社会学的方法、理论，田野调查法又很好地弥补了民间文化信仰研究中史料的不足。所以，该书既有以历史文献为基础的可信性，又给人以方法、理论耳目一新的感觉。

同时，这本专著也是作者"社会史是一种史学'范式'"说的体现。在该书的"叙说"和"附录"中，作者讨论了这个问题。持"范式"说者认为，社会史不是历史学的一门分支，不是专门史，而是"一种新的研究方法、新的研究态度和新的研究视角"，是史学研究的一种"新范式（paradigm）"（第439－440页）。而作为"范式"的社会史是一种"整体史"，包含着经济、思想文化、宗教信仰，甚至政治的成分。该专著正是这种新视角、新方法及社会史是"整体史"主张的典型体现。

（李成燕）

中国近代通史

张海鹏主编，江苏人民出版社，2006，10卷

《中国近代通史》以近代中国面临的两大历史任务——争取国家独立和争取社会进步即现代化——为基本主线，全面系统地叙述了1840－1949年这110年的中国近代历史。全书以政治史、革命史为主干，但不局限于政治史、革命史的范畴，而是有机地结合了经济发展、社会生活、思想文化等专题史内容，以及边疆民族地区的历史发展情况，多角度、多层次地呈现了近代中国有血有肉、丰富多彩的历史画面。

基本结构与内容如下：第一卷，近代中国历史进程概说，张海鹏著，508页。这是全书的总论。简要概述了编纂中国近代通史的历史传统，以及该书编纂的指导思想和基本的方法论问题，对中国近代史做了宏观的解说。卷末附录了详细的近代中国史事纪略。第二卷，近代中国的开端（1840－1864年），姜涛、卞修跃著，671页。叙述西力东侵与中国初步沦为半殖民地半封建社会，以及中国社会的积极力量初步反应的历史。第三卷，早期现代化的尝试（1865－1895年），虞和平、谢放著，511页。叙述以洋务运动为中心的中国朝野为应对变局而寻求变革自强，并被甲午战争证明失败的历史。第四卷，从戊戌维新到义和团运动（1895－1900年），马勇著，566页。叙述戊戌变法、义和团运动与八国联军侵华的历史，这是中国半殖民地半封建社会

的确立期，也是中国社会中的积极力量做出强烈反应的时期。第五卷，新政、立宪与辛亥革命（1901 - 1912 年），张海鹏、李细珠著，677 页。叙述清末新政、立宪与革命互动关系的历史，揭示近代中国从帝制向共和转型的实相。第六卷，民国的初建（1912 - 1923 年），汪朝光著，558 页。叙述南京临时政府时期、北洋军阀统治和军阀割据战争的大部分时期的历史，是中国社会"沉沦"到"谷底"并转趋上升的时期。第七卷，国共合作与国民革命（1924 - 1927 年），王奇生著，566 页。叙述国共合作发动大革命、工人运动与农民运动高涨、北伐战争的胜利进展以及北洋军阀政府垮台的历史，明显地反映了中国社会的上升趋势。第八卷，内战与危机（1927 - 1937 年），杨奎松著，587 页。叙述国共两个政权长达十年的对立与政争的历史，由于外敌日本的侵略，使国共政争局面发生重大变化，西安事变是一个关键因素。第九卷，抗日战争（1937 - 1945 年），王建朗、曾景忠著，675 页。叙述全民族抗战及其伟大胜利的历史，揭示了抗战对于近代中国历史转折具有根本性的意义。第十卷，中国命运的决战（1945 - 1949 年），汪朝光著，601 页。叙述了国共两大政治势力为决定中国发展方向而决战的历史，展示了近代中国历史发展的新方向。

该书总结了五十年来，特别是近二十多年来中国近代史研究领域的成果，第一次完成了一部以 1840 - 1949 年为时间范围的大型的中国近代通史。从通史的角度说，既打通了断代史意义上的晚清史与民国史的分野，又打通了学界习以为常的中国近代史与现代史的分野，第一次搭起了一个中国近代史的总体框架。这个框架不同于一般的中国近代史，不同于一般的近代专门史，也不同于中国革命史、中共党史和国民党史。可以说，《中国近代通史》在总结既有学术研究成果的基础上，搭建了一个全新的中国近代史框架，为进一步深化中国近代史研究奠定了一个良好的学术基础。

（李细珠）

二十世纪中国史纲

金冲及著，社会科学文献出版社，2009，4卷

该书是一部记录中国20世纪历史进程的力作。作者从1894年甲午战争中国惨败写起，以独特的视角解读和评价了义和团运动、辛亥革命、五四运动、抗日战争、国共内战，以及新中国成立后的若干重大历史事件，对反右扩大化、"大跃进""文化大革命"等失误进行了客观分析，一直写到2000年新世纪的来临。作者以20世纪中国历史始终贯穿的一个鲜明主题（为实现中华民族的伟大复兴而奋斗）、中华民族面临的两大历史任务（求得民族独立和人民解放，实现国家富强和人民富裕）和经历的三次历史性巨变（辛亥革命、中华人民共和国成立、改革开放）为基本线索，对中国的百年历史进行了系统的、全方位的描述。

该书对很多重大问题进行了新的诠释。如对于辛亥革命的性质，作者称之为"中国完全意义上的近代民族民主革命"；书中用了相当篇幅描述抗日战争时期国民党正面战场的作战，认为"国民政府迁都的决定是值得肯定的；将战时首都迁往大后方的重庆，表明了'长期抗战'的决心"；抗战进入相持阶段以后，"国民党副总裁汪精卫一向宣扬民族失败主义，认为不如及早求和。作为国民党总裁的蒋介石坚持抗战，是值得称赞的"，体现了作者以辩证的观点对待复杂的历史现象。

该书最后一章以"历史的启示"为题，着重讨论了如何实现中华民族的伟大复兴、革命和现代化的关系、怎样在不断探索中前进和建设有中国特色的社会主义，最后指出："如果没有中国共产党，很难想象中国会在二十世纪这短短的一百年里，发生如此惊天动地的变化"，"这是一部二十世纪中国历史得出的结论，是历史的选择、人民的选择"。

《二十世纪中国史纲》一书史料全面、系统、可靠、权威。

作者曾担任中共中央文献研究室的领导，熟悉党和国家的重要文献，参阅了许多中央和国家领导人的内部讲话、文稿、批示、信函。此外，作者及时跟踪搜集了一些近年来新解密的档案、日记、新出版的回忆录和有价值的著述。全书共引用690多种参考资料，引文注释达2300多条。依据当事人提供的第一手资料，综合历史档案、文献和多家论著，作者去粗取精、去伪存真，真实记录了百年中国的苦难与奋斗、光荣与梦想，可以称为是一部近现代中国历史研究的鸿篇巨作。

（郑　珺）

中国现代化历程

虞和平主编，江苏人民出版社，2001，3卷

本书对1840 - 2000年的中国现代化过程进行了比较全面系统的研究。在体系结构上，以现代化的解释体系，按现代化进程的大阶段和道路转换，将这160年的现代化进程分为三个大的阶段；在每一个大阶段中，又按现代化进程的发展和特点变化分为互有交叉的若干小阶段。在第一卷中，分为"前提与外因（1840之前后）""传统社会的裂变（1840 - 1895）""动力因素的增加（1895 - 1911）""走向启动（1898 - 1911）"四编；在第二卷中，分为"现代化的启动及其异化（1912 - 1916）""自由发展与道路选择（1917 - 1927）""畸形发展与道路分野（1928 - 1936）""外患内忧与道路抉择（1937 - 1949·10）"四编；在第三卷中，分为"改道与过渡（1949·10 - 1956）""中挫与调整（1957 - 1978）""转型与改革（1979 - 1991）""深化改革与开始腾飞（1992 - 2000）"四编。这一体系结构，既有利于揭示中国现代化所包含的现代化的一般性与特殊性，体现了中国现代化进程以制度变革和道路转换，以及内外、新旧因素互动为主要动力的特点，也有助于中国现代化史研究体系的建立，对中国历史学的学科创新和社会功能的进一步发挥有一定的推进意义。

本书在内容结构上力求面与点的合理结合，既反映中国现代化过程的全貌，又对一些以往缺少研究，或有争议，或无现代化诠释的重要事件和重要问题进行重点研究。主要内容是：第一，围绕一条主线。即以考察近代以来中国人民和政府如何为争取国家独立富强而奋斗的过程为主线，如做过什么样的努力，有过什么样的遭遇，发生过什么样的分歧和争论，有哪些经验和教训，取得过什么样的成就，犯过什么样的错误，在世界现代化进程中占有什么样的地位。第二，突出两个转变。即中国的现代化是如何从资本主义现代化转变为苏式经典社会主义现代化；又如何从苏式经典社会主义现代化转变为有中国特色的社会主义现代化。第三，反映三项主体内容和三对主要矛盾。即以争取民族独立、民主化、工业化为主体内容；与此相应，以帝国主义与中华民族、专制主义与民主主义、计划经济与市场经济（国家资本与民间资本）的矛盾运动为现代化进程的主体脉络。第四，注意四种关系。即以内因与外因、传统与现代、政治变革与经济社会发展、政府与社会的四种关系作为影响中国现代化进程的最重要的因素和特点进行研究。

在理论方法上，本书对现有的国内外的现代化理论进行了检讨，进一步发掘了马克思的现代化思想，提出了中国现代化的特定含义。提出争取民族独立、制度变革和道路选择不仅是中国现代化的主体内容之一，而且是重要动力，并据此设计全书的体系结构。除了考察现代化发展表象的指标体系之外，还探讨了动力系统、外因内变、思想观念、制度和道路等表象背后的制约因素，从而基本上反映了中国现代化历程的全貌，突出了中国内在因素和制度变革、道路选择的决定性作用，克服了以往某些研究中侧重指标体系和外部影响的片面性，把反帝反封建革命斗争、改革开放和现代化进程有机地融合在一起。

本书出版后，曾获得江苏省迎接党的十六大优秀读物一等奖、中国社会科学院优秀成果奖、郭沫若中国历史学奖二等奖、第六届国家图书奖。

（宁　颖）

近代中国文化转型研究

耿云志主编，四川人民出版社，2008，9卷

近代中国社会与文化都处于转型的过程中。这个过程在很多方面仍在继续。中国近代文化转型发生于西方列强侵略的大背景下，当时中国政治落伍且极其腐败，以致国弱民穷，受欺受辱。因此，西方文化表现出强势作用。中国人长时期在中西文化的关系、传统文化的价值等问题上存在难以摆脱的困惑。要走出困惑，实现中国文化的近代转型，顺利推进社会主义新文化的建设，有必要对近代中国文化转型的过程进行深入系统的研究，提高民族文化自觉。

这一课题涉及广大范围的复杂而深刻的问题，以往的研究所提供的学术积累不足，我们只好采取类似社会学抽样调查的方法，选择比较受关注的几个方面，作为子课题做深入研究。同时，设一导论卷，就近代中国文化转型的长时段的宏观轨迹和若干理论问题做深入探讨。这样，全书共九卷：第一卷，导论，由全书主编耿云志撰写；第二卷，社会结构变迁与近代文化转型，郑大华撰写；第三卷，中国人的生活方式：从传统到近代，李长莉撰写；第四卷，西学东渐：迎拒与选择，邹小站撰写；第五卷，西学的中介：清末民初的中日文化交流，郑匡民撰写；第六卷，近代中国思维方式演变的趋势，王中江撰写；第七卷，人的发现与人的解放：近代中国价值观的嬗变，宋惠昌撰写；第八卷，中国近代学术体制之创建，左玉河撰写；第九卷，中国近代科学与科学体制化，张剑撰写。

文化转型，也就是文化转轨，即文化发展到某一关节点，它改变了方向，改变了轨道。这种情况之所以发生，一方面，传统文化内部长期积累起来的某些新质因素，造成原有的文化结构失衡。另一方面，传统文化遇到外来文化的严峻挑战。在内因和外

因的综合作用下，使文化发生某种深刻的质的变化，这就是文化转型。

该书抓住中国近代文化转型的两个关键时段：一是清末戊戌维新运动到清朝灭亡的这段时期，二是新文化运动时期，比较详细、具体地描述出重要领域文化转型的轨迹，揭示出文化转型的外在条件和内在机制。

此外，本书还着力探讨了一些重要的理论和实际问题。例如，提出社会公共文化空间形成对于近代文化转型的重大意义的问题；分析在转型过程中政治与文化互动的复杂关系，既指出在近代中国，由于特殊的内外环境所造成的严重民族危机，决定了政治变革的优先性，因此，是政治变革带动文化更新，同时又指出，文化的更新反过来会助推和深化政治变革。书中还深刻分析了自近代文化转型启动以来，中国人所遇到的种种困惑及其原因；明确指出文化转型的基本趋向是世界化与个性主义。

近代中国文化转型基本上是两个过程的统一：一是中国传统文化自身蜕变与演进的过程；二是西方文化随着资本主义、帝国主义侵略而进入中国，从而发生西方文化与传统文化的碰撞与交融的过程。科学、充分理性地认识近代文化转型的大趋势，使全民族确立起健全的文化心态，更加自觉地促进这种转型比较顺畅地朝着最有利于中国特色的社会主义现代化之实现的方向发展。这正是该书的理论价值与实践意义之所在。

（左玉河）

中国资本主义的发展和不发展
——中国近代经济史中心线索问题研究

汪敬虞著，中国财政经济出版社，2002，457 页

该书从中国资本主义产生的历史条件、中国资本主义发展的外部环境、中国资本主义发展的内部机制、中国资本主义发展的全面评估四个方面，全面论证了中国资本主义的发展和不发展这

一中国近代经济史的中心线索问题。

该书首先从讨论中国资本主义萌芽、资本主义产生的三个阶段及其在中国近代的特殊性入手，进而又从新生产力、商品市场和劳动力市场、原始积累三个方面，论证了中国资本主义产生的历史条件和前提。

外国资本主义之进入中国，则是中国资本主义发展所面临的外部环境。该书认为，外国资本主义既是中国资本主义成长的促进者，又是中国资本主义发展的压迫者。这种双重作用一方面主要体现在新生产力的开发、中国资本主义的启动上（"放脚"）；另一方面则主要体现为外国资本主义在华享有的特权地位，严重压迫、束缚了中国资本主义的发展（"铐手"）。

中国前近代的经济发展水平、整个上层建筑的状况和变化，构成制约中国资本主义发展的内部机制。该书提出，传统经济突破封建生产关系的动力不足，中国近代农业生产力始终没有突破封建生产关系可以容纳的范围。此外，上层建筑与经济基础互动乏力，表现为旧中国历届政府经济政策的着眼点，是政治对财经的优先，财政对经济的优先；政策措施的着手处，则呈现滞后与错位；各项措施也没有抓住要点，轻重失宜。

该书最后从工业、矿业、交通运输业、金融、保险和海外贸易等若干具体行业考察了鸦片战争后中国资本主义现代企业是如何起步的；从生产与资本积累、对外贸易与国内市场等方面论证了1895年之后中国资本主义发展的现实；从中国近代企业创办者身上所体现出的产业革命精神，展示了新兴资本主义力量在艰难中的奋起，从而对中国近代资本主义的发展做出了全面评估。

该书堪称作者半个多世纪学术研究工作的一个总结，也是他学术思想的核心部分。该书获得学术界好评。"最重要的学术贡献就是提出了将资本主义的发展和不发展作为中国近代经济史的中心线索。这一思想具有鲜明的理论意义，为中国近代经济史研究提供了一条新的思路"；在一些重大问题的讨论中，"提出了不少发人深思的见解。这些新见解对于中国近代经济史研究的进一步深入，无疑会是一次新推动"。

（徐卫国）

中国近代经济史（1840－1894）

严中平主编，经济管理出版社，2007，上、下册

该书考察鸦片战争至甲午战争期间国家主权的丧失和半殖民地半封建经济的形成，着重从"苦力"掳卖和鸦片走私、商埠开辟和租界割据、中外贸易和关税制度、农村经济和农业生产、外国银行和金融市场控制、新式工矿业和水上航运业等领域，分析帝国主义侵略对中国经济的影响与破坏，叙述列强对华早期资本输出、中国资本主义新式企业的产生及其同中外势力的联系与矛盾。又单辟两章，重点考察太平天国的经济措施及其影响、农民起义对封建秩序的冲击和镇压起义的反革命战争对社会经济的破坏；全面阐述农民大起义失败后清政府强化封建统治的政策措施和农村阶级结构、土地占有、租佃制度、农业生产经营的种种变化。全书内容翔实，资料丰富，整理和引用了大量罕见的外文档案（包括海关档案）和中外文报刊资料，完整、真实地再现了历史。该书在研究观点、方法和广度深度上均有重大突破，关于帝国主义侵略手段和本质、太平天国战争后农村生产关系和生产经营变化、买办资产阶级产生及早期面貌等的揭载和分析，是其主要成就和特色。

该书编撰的缘起，可追溯到 20 世纪 50 年代初。1953 年，政务院中国历史问题研究委员会决定，由中国科学院经济研究所经济史组严中平负责，自 1954 年起编辑"中国近代经济史参考资料丛刊"。1955 年，严中平等编辑的《中国近代经济史统计资料选辑》出版。随后工业、农业、手工业、对外贸易、铁路、外债、公债等专题资料相继问世。严中平、李文治、孙毓棠、章有义、汪敬虞、彭泽益、姚贤镐、聂宝璋、张国辉、宓汝成等在编辑资料的同时，着手进行专题研究。这为后来近代经济通史的编

撰奠定了坚实基础。1961 年中宣部和高教部决定，由严中平主持编写中国近代经济通史（1840－1949），作为高校教材，先后参加编写组的有中国人民大学孙健、王方中，武汉大学彭雨新，中南财经学院赵德馨等 20 余人，其间取得了若干阶段性成果。1964年因"社教"运动中断，编写组不复存在。1979 年拨乱反正，经济研究所再次提出由严中平组织编写中国近代经济史。由于条件变化，写作班子只限经济史研究室人员，首期目标由原来的通史教材改为 1840－1894 年的断代史专著，体例结构亦相应调整，篇幅从原来预设的 30 万字增至 131 万余字。奋战 8 年，最终铸就多卷本中国近代经济通史的开山之作。

该书是几代经济史学家劳动成果的汇集，出版后颇获好评，被认为是"解放以后 40 年来我国最重要的社会科学著作之一，代表了已有中国近代经济史研究的最高成就"，其突出的特点和优点是：一、马克思主义与中国历史实际相结合；二、中国经济与世界经济相结合；三、史论结合，实事求是；四、全书结构严谨、分析细腻、文字流畅。它既是一本科学著作，又是一本进行爱国主义教育的好教材（1991 年刘国光在第四届"孙冶方经济科学奖励基金"发奖会上的颁奖词）。该书先后荣获 1991 年孙冶方经济科学奖著作奖；1993 年中国社会科学院第一届优秀科研成果奖著作奖；1999 年国家社会科学基金项目优秀成果一等奖，第二届吴玉章社会科学奖一等奖。

（刘克祥　徐建生）

中国近代经济史（1895－1927）

汪敬虞主编，经济管理出版社，2007，上、中、下册

该书考察清末民初半殖民地半封建经济的深化和新式产业的初步发展，分 3 篇依次叙述帝国主义经济侵略、势力渗透的扩张及其对中国经济的危害；中国传统封建经济主体地位的延续和推移；资本主义在工矿业、手工业、交通运输业、商业和金融业等

部门中的发展状况。该书的最大特点是以"中国资本主义的发展和不发展"作为中心线索，从方法论上丰富了中国近代经济史的涵量和内容，将诸多问题的讨论提升到理论的高度，它既有提纲挈领之功，又有充分发挥、论断和辩证的广阔空间，有力地推动了中国近代史上一系列问题的深入研讨，并得出了重要的规律性认识：资本主义的产生，是近代中国社会前进的历史走向，但又以资本主义不能得到真正发展而告终，当代中国所走的社会主义道路是历尽百年沧桑的历史选择。这正是该书学术价值和现实意义所在。

全书共 16 章，分别就外国对华贸易和中国国际收支，外国在华金融和工矿交通业投资，中国外债，农业生产和农村经济，财政税收和内债，经济政策和措施，国内工矿业、手工业、交通运输业、商业、金融业等领域进行考察。有关外国在华金融活动和在华企业、农业生产经营、改良推广及资本主义因素的滋长及其局限，手工业结构与功能，对外贸易和国际收支，新旧商业嬗替，钱庄、票号和中资银行的发展变化等问题的阐述，均较前人有较大突破。

该书采用通史编纂与专题研究相结合、以专题研究为主的撰述方法写成，是国内外迄今为止最完整、系统和深入研究清末民初中国经济发展历史的学术专著，代表了当前研究的最高水平。专著出版后，评论界认为该书有四大特点：一是以"中国资本主义的发展和不发展"作为全书的中心线索，用以推动理论分析，并提纲挈领，联系各个方面；二是在总体研究上有新的开拓，在专题研究上亦多创造性贡献，有突破性进展；三是资料丰富，发掘及采用第一手资料，为该书一大特色，在当代同类著作中，无出其右者；四是完全本着实证主义原则撰写，基础雄厚稳健，每项论证都有根有据。（吴承明：《一部金字塔式的中国经济史新著》，《经济研究》2001 年第 1 期）该书曾获 2000 年孙冶方经济科学著作奖；2002 年中国社会科学院第四届优秀科研成果著作奖一等奖；2002 年郭沫若中国历史学奖一等奖；2002 年吴玉章社会科学奖一等奖。

（刘克祥　徐建生）

中国近代经济史（1927－1937）

刘克祥、吴太昌主编，人民出版社，2010，上、中、下册

该书全面考察和探讨1927－1937年，即国民党政府成立最初10年间中国经济的发展、变化及其规律、特点，详揭日本侵略和劫夺暴行、列强转嫁危机及其对中国经济的危害；承续前卷"中国资本主义的发展和不发展"的中心线索，重点阐述这一时段中国资本主义的生存环境和"不发展"态势及其原因，浓墨大写新民主主义经济的萌发与早期成长，揭示半殖民地半封建条件下，中国不可能顺利和正常发展资本主义、只有社会主义才能救中国的历史真实和社会发展规律。全书分辟九章，依次就工矿业、农业、手工业、交通运输业、对外贸易、国内商业、金融业、财政和根据地经济九个领域进行考察和探讨。有关农村阶级结构和土地分配，农户家庭收支和农户经济，农业生产和农业经营，近代手工业的发展趋势及功能、地位，国际收支统计，城乡市场的兴衰变迁，商人资本及其经营，日本在东北的金融掠夺，中资银行的发展和结构变化，新旧金融机构的兴替等方面的论述，尤具功力。

全书采用个案分析与综合考察相结合，微观、中观、宏观结合，纵横结合，史论结合，生产关系和生产力相结合，质的论述和量的分析相结合的"六结合"方法，尤其注重史实叙述和量化分析，全书计有大小统计表格428个，大部分是自己设计、整理、编制，新增、补充、订正了不少重要统计数据。在重视数据考察的同时，特别着力于宏观研究，勾画出这一时段经济发展变化的整体轮廓，分析不同地区、不同行业的特点，避免了经济史研究中可能出现的片面偏颇、以论代史、重生产关系轻生产力、重质的论述轻数量分析等缺陷。全书内容新颖，资料丰硕，且多系首

次采用，并对过往少有涉及的农业收成和农户收支，农村粮食、油料加工，旧式造纸、印刷及其演进，土法榨糖、酿酒、制酱，农村钱庄、典当等，逐一揭载，填补空白。这是该书的一大亮点。

该书是"九五"哲学社会科学国家重点研究项目，获得项目鉴定组的充分肯定，认为书稿"堪称 1927－1937 年中国经济状况研究成果的集大成者，代表了学术界对这一时段经济史研究的最高水平"。该书编写组除两人外，均系"文革"后培养和成长起来的新一代硕士、博士；书中理论框架承续前卷的历史观，以"中国资本主义的发展和不发展"作为全书中心线索，但有发展、创新。评论界对此予以高度评价，认为能够"正确处理传承与创新的关系，写出了具有新的历史时期特点的著作"，故称该书为"一部承前启后的中国经济史杰作"。（吴承明、叶坦：《一部承前启后的中国经济史杰作》，《经济研究》2011 年第 2 期）

（刘克祥　徐建生）

再造"病人"
——中西医冲突下的空间政治（1832－1985）

杨念群著，中国人民大学出版社，2006，465 页

以往对近百年中国历史演变的研究往往注重长程变化的趋势，主要致力于探讨中国大历史的运行轨迹。这部著作则认为，中国近代历史的变化在关注上层制度转型与展现精英人物活动的同时，更应注重社会基层乃至身体、精神和感觉世界等微观层面的历史变化，并进而探讨上下层面之间发生互动和博弈的复杂过程。

基于如上思考，此书采取了当今较为前沿的"医疗社会史"研究方法，但绝非刻板沿袭传统"中国医疗史"的研究框架。西方医学进入中国之后曾经促使中国学界重新界定身体、疾病、卫生观念和行为，这个过程往往和政治局势、文

化思潮、社会形态、民族认同和国家观念纠葛成错综复杂的暧昧关系。显然对这类现象的分析要比相对单纯的中国医疗史的内部研究更有难度。此书以中西医冲突的历史境遇为切入点，从身体隐喻、制度变革和社会动员等几个方面重新诠释和展现中国历史变迁的多样化图景。

此书对中国人的身体形态如何被西医加以改造的过程进行了深入分析，探讨中国人如何从"常态"变成了"病态"，以及如何在近代被当作"病人"来加以观察、训诫和治疗的漫长历史。对"疾病"隐喻如何转化为制度变革的动力做了细致的考察。近代医疗卫生作为一种"政治实践"，与近代西方的殖民形态、现代中国的国家建设、民族自救潮流紧紧缠绕在一起，作为国家推进现代化运动的一部分，其中充满了命令、法律、暴力强制和共谋、妥协、抵抗的反复博弈。

在处理这些问题时，此书吸收了社会人类学的方法，详细讨论在某个局部区域内"地方感觉"的呈现，上层制度安排与民间社会组织的关系，也包括日常生活的基本结构、微观权力运作，等等。与以往社会史研究取向颇为不同的是，其观察视野始终是超乎"区域"之上的，中国历史的深度、广度以及个人的生活经验和情感世界及其与深刻影响历史的"大"事件之间的关系，在思考中始终占据着核心的位置。

这部著作在叙事手法上也进行了若干探索，力求在一种"情境化写作"的状态中充分展示近现代政治与传统医疗因素之间复杂的互动关系，通过数十幅相互衔接的场景，形象再现中国社会变迁波澜壮阔的另一个历史侧面。在这些场景中活动的人物既有西医传教士、助产士和社会改革者，亦活跃着坐堂中医、顶香看病人和走方行医者，还有各类政治家和赤脚医生的身影。因写作和叙事上的创新性，此书曾荣获由27家新闻媒体评选出的"2006年度十大好书"，并获得了跨学科意义上的高度评价。史学、社会学和文学的顶级刊物《近代史研究》《社会学研究》《文艺研究》分别发表长篇书评。各类书评和媒体如《中华读书报》《中国图书商报》《中国图书评论》《瞭望周刊》《南风窗》《新京报》《文汇读书周报》均曾刊载评论加以介绍。

（黄　杨）

戊戌变法史事考

茅海建著，三联书店，2005，571 页

　　1898 年的戊戌政变，影响中国历史走向甚巨，是近代史研究中的常青树之一。康、梁事后认定，袁世凯告密引发政变，导致维新运动夭折，此说得到大众公认，却被诸多史家质疑。黄彰健、孔祥吉等学者曾据档案及推论，认为康有为《戊戌奏稿》属后来之作，政变并非起因于袁的告密。这些结论未能广泛传播，又因政变属难觅确证的密谋，细节晦暗不明，致使人们对此至今言人人殊。《戊戌变法史事考》是在研究到达了一定阶段，求对该课题进行全盘检讨的产物。

　　本书引用的资料主要包括中国第一历史档案馆的军机处《录副奏折》《随手登记档》《早事档》《早事》，内务府档案，宫中档《日记账》《记载档》《穿戴档》，中研院近史所档案馆的《总理衙门档案》，日本外务省外交史料馆的《外务省记录》，及已刊的《戊戌变法档案史料》《日本外交文书》《张荫桓戊戌日记手稿》《张之洞全集》《刘光第集》。

　　本书主要观点是：戊戌政变是一个过程，帝、后的权力关系经历了紧张、对立、决裂，到最后慈禧太后企图废帝；政变起始于七月十九日光绪帝独立决定罢免礼部六堂官；光绪帝企图通过开懋勤殿、设议政官重用康有为及其党人，引起帝、后的政治对立；光绪帝召见和提升袁世凯，似未引起慈禧太后及后党的激烈反应，荣禄并未造谣、调兵以图制袁；八月初三日慈禧太后限制了新任军机新章京的"签拟"权力，并非于此日政变；八月初四日慈禧太后突然回西苑，起于杨崇伊关于伊藤博文次日觐见的密折；戊戌政变虽未因袁世凯告密而发生，但袁告密的消息大大加

剧了政变的激烈程度；慈禧太后进行整肃的时间要比私家著述中的记录晚得多。此外该书还对前人忽略的重大史实进行发掘，包括：考证戊戌年张之洞召京的原委，说明政变的偶然性；对戊戌年司员士民的上书活动展开研究，倾听中下层对变法的思考；考释戊戌年光绪帝对外观念的调适，以此思考传统中国在近代转型时的艰难与无奈；考察日本政府对变法人物的观察与反应，阐明此期的中日关系，并借外人角度思考变法。

《戊戌变法史事考》的学术贡献在于，通过利用史料逐日比对戊戌变法时期的事件，着力廓清重大疑点，对先前各说做一认知、补证与修正的工作，揭示前人忽略的面相，使得戊戌政变的整个过程清晰起来。本书致力于重大史事的史实重建，在时间、精力上皆属高投入，产出亦可能较高，或能启示年轻学者，于学科风气有所匡正。

（李文杰）

庚子勤王与晚清政局

桑兵著，北京大学出版社，2004，488 页

全书分绪论和正文十三章，绪论概述研究缘起与旨趣，各章不追求面面俱到的叙述，从整体着眼，以专题研究的形式分别探讨神州内外、朝野上下各派势力在庚子勤王中的态度、表现和影响。该书揭示了庚子勤王是趋新各派在非常情况下协商共谋的联合行动，目的是推翻顽固的清政府，建立议会和实行宪政。保皇会的勤王方略以两广为正军，以汉口、江淮为辅助，由南而北，直下北京。他们在海外的捐款和宣传活动，促使全球华侨首次民族和群体意识的广泛觉醒。汉口自立军虽非保皇会勤王的主力，长江流域却是各派联合借勤王以兴民政，实行中原大举的中心。以中国议会为核心聚集起来的革政派士绅，包括台湾民主国内渡官绅、戊戌贬官罪臣、港澳在内的各地维新人士和海外爱国华侨，并同时秘密联络会党土匪，积极参与勤王大举。这也得到孙

中山的革命党和梁启超等保皇党人的支持赞助。各派势力既有联络，亦有分歧。无论从内部组成，还是外部关系来看，保皇会、兴中会、自立会、正气会、中国议会等团体的组织和宗旨，都存在错综复杂的联系与区别。其主张和行为，显示出各派趋新人士在国难当头之际对朝廷与社稷两难取舍的心路历程。勤王各派势力与实行东南互保的各省督抚以及东亚同文会等外国在华势力，在抵制顽固政府的倒行逆施、维持南方稳定方面有一定的共识，至于手段和目的，则存在严重分歧和冲突。新政复行后，参与庚子勤王的革政派士绅多被启用，一面为政府中主张立宪的大员出谋划策，一面继续联络传媒和各种在野的政治势力，联系与沟通朝野趋新力量，推动变革。革命派与革政派虽存在分歧，却不拒绝合作，加上勤王失败后保皇会内部的分裂，使"革命"的概念为越来越多的人正面接受，并日益现代化，对辛亥革命乃至整个20世纪中国的历史进程产生了极为深远的影响。

该书贡献主要有三：其一，以新史料盘活旧史料。作者将分散于海内外的各种新旧史料相互参证，破解了当时史料的隐语旧码和事后陈述的分歧矛盾，解读出大量长期误读或无法读懂的内容。其二，重建被故意扭曲的史实。改变了既往研究关于庚子勤王运动的基本认知，引导学界重新估价1900年中国政治版图变动的趋向和意义。其三，回到历史现场，避免套用外来概念做非此即彼的笼统划分。全面整体而又具体入微地多角度、多层面考察重大历史事件的展开及其复杂的内外关系，在截取横断面进行剖析的同时，又注意史实的前后联系，由此探讨清季朝野上下各派势力的互动及制衡，为其他研究提供方法上的实际参考。

（张　珊）

张之洞与清末新政研究

李细珠著，上海书店出版社，2003，397 页该书以制度变革为切入点，着重考察张之洞对清末新政时期各项制度变革过程中清王朝中央决策的参与及其影响，并以张之洞在湖北所推行的具体改革作为新政政策实施的例证，以期动态地观察清末新政从决策到实施的全过程。

全书共九部分，除绪论外，共计八章。主要内容如下：第一章，张之洞在晚清政坛的崛起。概述了张之洞作为一位儒臣由清流领军到地方实力派大员的历程，在历经甲午、戊戌、庚子等重大事件后，通过成功应对时局，张之洞积累了丰厚的政治经验与威望，这是其影响清末新政的基础。第二章，主稿《江楚会奏变法三折》。对新政开端的《变法三折》从酝酿、起草到奏呈，以及在此过程中发生的各种冲突、妥协做了细致研究，揭示了张之洞的关键作用。第三章，学制变革与文化关怀。对张之洞在以学制改革为中心的近代教育体制转型过程中的重要贡献进行了全面研究；同时，也对张之洞以"卫圣教""保国粹""存书种"为特点的文化关怀进行了分析和评价。第四章，经济体制改革与政策调整。研究了张之洞在湖北建立近代工业体系的实际活动，并对其在设立商务局、组织商会、圜法币制与厘金税务改革、路矿政策等方面的贡献也进行了评估。第五章，编练新军与军制改革。探讨了张之洞在采用西法编练新军方面的实践与思想，并将张之洞创办的湖北新军与袁世凯的北洋新军做了比较研究。第六章，法制改革与狱政改良。对张之洞参照西法以整顿旧律，制定新律，以及狱政改良与建造湖北省城模范监狱等方面的思想与活动进行了研究，并对法制改革中的礼法之争及"司法独立"问题中的权力之争，做了深入剖析。第七章，预备立宪与体制改革。全面探讨了张之洞对立宪政治的基本态度与实际支持行动，并深入剖析了预备立宪过程中各派政治势力的权力争斗及其对宪政改革进程的影响。第八章，结论。对张之洞与清末新政的关系做了概括总结，认为新政时期张之洞的表现已经有着明显超越洋务运动的一面，评价新政时期的张之洞必须突破"洋务派"的分析框架，张之洞在新政时期的多种面相恰恰反映出这位过渡时期政治人物的复杂性。

该书材料扎实，分析深刻，对张之洞与清末新政的关系首次做了全面系统研究。特别是利用了近代史研究所图书馆藏张之洞未刊档案，对于清末新政中重要决策的形成内幕以及地方的不同反应，都有非常详细的直观反映。同时，作者对于张之洞这位亦新亦旧的复杂历史人物的分析和评价也力求客观公允。该书是近十年来研究清末新政的一部力著。

（马忠文）

被"废除不平等条约"遮蔽的北洋修约史（1912－1928）

唐启华著，社会科学文献出版社，2010，569 页

全书共分八章，章节划分大体以历史发展阶段为线索，并突出重要条约个案。第一章到第三章论述从清末到民初修约方针的传承与确立过程，指出清政府于甲午战后就已经具有了修约的观念，并已经付诸外交实践；民国成立后，北京政府外交部坚持以平等互惠方针与无约国建立外交关系；欧战后的 1919 年，北京政府修约方针具体形成并全面展开。第四章到第六章具体论述修约个案，分别以《中德协约》与《中奥商约》的签订，《中日民四条约》的废除以及《中俄协定》的签订为论述对象，展现出具体的修约过程。第七章和第八章分别对北洋的修约成果以及后续修约交涉进行论述。

作者将自北洋开始的修约历程大体划分为以下四个时期进行论述。1912－1918 年是第一个时期，也是北洋修约的萌芽期，或可称为新旧交替之过渡期。虽因国力不足的先天限制，有时无法完成既定外交宗旨而不得不对外迁就，但北洋外交部对新订各约的基本态度，已是朝平等互惠的大方向努力，不愿再失利权。1919 年是第二个时期，这是修约外交的确立与展开期。参加欧战是中国的一大契机，为废止旧约特权、收回已失国权，开创了可贵的先例。此期的修约朝着三个方向同时进行：对德、奥等战败国，要求废除旧约，重订平等新约；对协约国提出《希望条件》说帖，综合概括了当时中国朝野上下的修约建议与要求，是中国

首次在国际会议中提出对不平等条约的不满；对无约国，坚持平等订约，不再给予领事裁判权和片面最惠国待遇。1920－1925 年是第三个时期，北洋政府完成了《中德协约》和《中奥商约》的签订，并在此期间与苏俄订立《中俄协定》，这是北洋修约的重要发展阶段。此期签订的《中奥通商条约》被认为是中外缔约以来最平等详备之条约，成为此后北洋政府与各国平等订约的蓝本。从五卅惨案到北伐结束（1925－1928），是北洋政府"到期修约"方针的酝酿和实施期，也是第四个时期。

该书以实证研究为基础，以北京政府为主要探讨对象，探讨围绕修约问题展开的双边及多边外交互动，注重将外交史与国际法相结合，力图呈现外交史与国际法的对话。该书的出版，无疑将极大改变学界已往对北洋外交的认识，从而将相关领域研究推向新的高度，但该书并非要刻意否定现有研究。强调修约，并非要否定"废约"的目的和成果，而是希望人们认识到，在"废约"之外还存在"修约"，两者的目的都是摆脱条约束缚。

（侯中军）

中苏关系史纲（增订版）
——1917－1991 年中苏关系若干问题再探讨

沈志华主编，杨奎松、沈志华、李丹慧、牛军著，社会科学文献出版社，2011，566 页

本书始终抓住"意识形态与国家利益，党际关系与国家关系的纠葛"这条核心脉络，以时间为线索，以重大历史事件为阶段性标志，将 1917－1991 年的中苏关系划分为四部分，分别加以论述。

第一篇，难以确定的对手（1917－1949），主要讲述在意识形态与国家利益因素的双重作用下，苏联以及苏联共产党与中国政府及中国共产党的双轨制关系；苏联在中国共产党形成、中国国民革命发展以及国共两党关系决裂中扮演的角色；苏联对中国苏维埃革命的扶植以及中苏两国关系的恶化；苏联推动国共两党

妥协政策的实施，二战期间中苏两国的合作与冲突，以及中国内战时期的中苏国共关系。

第二篇，同志加兄弟（1949－1960），主要讲述中苏同盟关系确立、发展和裂痕初显的历史进程，广泛涉及中苏结盟、朝鲜战争、苏共二十大、波匈事件、莫斯科会议、第二次台海危机等影响深远的事件：中苏同盟条约签订过程中的利益纷争；朝鲜战争的爆发与中苏关系的迅速发展；赫鲁晓夫上台后苏联对中国的经济和军事援助与中国对苏联的政治支持；莫斯科会议上中苏的成功合作及其隐忧；中苏对社会主义发展道路的不同理解与选择，对国际形势的不同认识与对策。

第三篇，从分裂到对抗（1960－1978），主要讲述意识形态和国家发展目标一致的两国、两党走向分裂的过程：1950 年代末至 1960 年代初中苏之间的明争暗斗与苏联专家的撤出；中国外交政策的逐渐"左"转与中苏意识形态大论战的开始；中国对苏对美两面作战；中苏边界冲突爆发、中美和解进程启动与中国走上联美抗苏道路。

第四篇，走向正常化之路（1979－1991），主要讲述中苏两国逐渐淡化意识形态并最终恢复国家关系"正常化"的历程：1979 年苏联入侵阿富汗与中苏初步外交接触的中止；1982 年勃列日涅夫塔什干讲话与中苏副部长级特使政治磋商会议的举行；中苏政治、经贸与文化关系的渐趋改善；两国在柬埔寨问题上达成妥协；戈尔巴乔夫访华与中苏关系"正常化"。

本书利用了自苏联解体以来可以获得的几乎所有相关的苏方解密档案以及来自中国外交部档案馆、地方各省市档案馆和台北"国史馆"的文献资料，并参照美国方面的一手文献和历史事件亲历者的口述资料，不仅理顺了中苏关系发展的主线索，澄清了过去的诸多错误认识，而且从党际关系和国家关系的视角揭示出中苏同盟形成、发展和破裂的内在逻辑。可以说，这是一部代表了中国最高研究水平的中苏关系通史类著作。

（梁　志）

党员、党权与党争：1924-1949 年中国国民党的组织形态（修订增补本）

王奇生著，华文出版社，2010，423 页

海内外学界有关中国国民党历史的研究，多关注其"党治"，忽视其"治党"。《党员、党权与党争：1924-1949 年中国国民党的组织形态》一书，兼顾"党治史"和"治党史"的研究理路，以国民党党机器的运行机制和组织形态为研究对象，结合政治史与社会史的视野，梳理了国民党在组织架构、法理权威、社会构成、阶级基础、录用机制、权力分配、内部派系等层面的特征，并横向剖析了国民党与共产党的组织互动，国民党执掌全国政权后的党政关系、党军关系、党团关系，以及与工人、资本家、知识界、地方精英等社会各界错综复杂的关系。

全书共分 15 章，40 万字。前三章主要讨论 1920 年代国民党改组与国共合作的问题，认为国民党借鉴俄国布尔什维克的组织模式，建立新型政党组织体系，在党的组织结构上，似是脱胎换骨的变化。然而，国民党仅学得俄共组织形式半套功夫的弱点，在与"全盘俄化"的共产党竞争过程中渐趋弱势，最终不得不以武力"清共"，为研究国共分家提供了一个新的观察视角。

"一个革命政党在其政治成长经历过程中，大凡要经历两大难关：一是当创党的魅力领袖去世以后，最高权力的继替问题；二是当革命成功以后，由革命党向执政党转型之调适问题。"第四、五章正是从这两个问题切入，探析国民党如何在裂变与蜕变的相互作用下丧失其革命魅力和组织能力。第五章，作者通过国民党调解劳资纠纷的实例，颠覆了关于国民党阶级基础的传统认知，揭示了自诩"全民政党"的国民党如何陷入劳资两不讨好的尴尬处境。

第七、八章集中讨论了党、政、军的关系问题。通过对从中央及地方各级政治体制、权力分布、组织架构的分析，指出法理

意义上党—政—军体制被实际运行的军—政—党所取代，党不能充分发挥领导政权、统御军队的主导、监督、制约功能。

第十、十一、十二章分别考察了国民党的政治录用机制和党员对政治资源的控制程度，以及国民党主要派系 CC 系、力行社的存在形态和党员的社会构成之后，发现在这些关系着国民党"党力"强健与否的核心问题上，均存在结构性的"缺失"。

第十二、十三、十四章对国民党在抗战时期党团体制之混乱、党政关系之颠倒、组织发展之无序以及派系精英之冲突等诸多方面的问题一一呈现和剖析，从多个层面勾勒出国民党"软弱涣散"的组织困境和有心无力的独裁病状。

第十五章提出国民党是一个"弱势独裁"政党，作为全书的结论和核心概念。全书虽然是一部研究国民党史的专著，却自始至终将国共两党这一对竞争对手放在战略互动和比较的视野中进行审视。

（马思宇）

国民党的"联共"与"反共"

杨奎松著，社会科学文献出版社，2008，765 页

本书是国内第一部从国民党史的角度研究国共关系的著作，作者利用了国共双方大量可靠、翔实的历史档案和许多重要人物的日记、回忆录，注意多方查证重大史实的细节，全面论述了从 1921 年中国共产党成立到 1949 年新中国成立前，国共两党关系发展变化的经过及其原因。书中对涉及国共两党关系发展中的一系列重大问题都做了深入细致的研究和探讨，如大革命时期孙中山及国民党内各派在不同时期对国共合作的态度变化，从孙中山以实用的态度制定"联共"政策，到蒋介石、汪精卫面对共产党和工农运动从左到右的政策转变；第二次国内战争期间国民党对共产党从"清"到"剿"的政治、军事斗争过程；1936 年前后国共两党从秘密接触走到西安事变，双方地

位、实力乃至命运转折的曲折经过；抗战初期国民党内部从中央到地方与中共关系的复杂情况；抗战中期造成皖南事变发生的多方面原因，等等。

本书的最大特点是注意到了历史本身的复杂性。作者一方面采取尽可能客观的态度，努力把国民党和共产党放到具体的历史背景和特定环境中加以考察，尽可能理解双方政策、态度及其关系变化的各种原因；另一方面注意全面占有史料，既深入研究国民党各方面的史料，也认真分析梳理共产党方面的史料，在努力梳理、排比和考订史实的基础上来重做历史的解读和叙述。

因此，本书不仅厘清了涉及国共两党关系史上许多说法各异的重要事件的经过与原因，而且给读者提供了一个不同以往的比较完整和有逻辑的历史叙事。作者笔下的国民党和共产党，早期不仅是同志、朋友，有大致相同的信仰和追求，就是走到两军对垒、你死我活，看起来誓不两立的情况下，双方其实也仍旧常常是你中有我，我中有你，始终存在某种相通之处。由此可知，1927 年以后众多共产党人离开共产党，甚或转向国民党，20 年之后大批国民党人抛弃国民党，转向共产党，其实不是没有原因的。

（钱　同）

找寻真实的蒋介石

杨天石著，山西人民出版社，2008，546 页；第二集，华文出版社，2010，372 页

蒋介石是近代中国历史上非常关键的领导人物，他在 1949 年之前统治中国 22 年，在 1949 年以后又统治中国台湾 26 年。长期以来，由于国共之间意识形态的对立，两岸学界对蒋介石的研究呈现出非黑即白的两极化评价取向。近年来，随着台湾"国史馆"陆续出版《蒋中正总统事略稿本》，美国斯坦福大学胡佛研究所档案馆所藏的《蒋介石日记》对外开放，在大量新史料与转化中的研究新视野的冲击下，海峡两岸学界关于蒋介石的研究与

书写都在发生悄然的改变。蒋介石的历史形象，由过去简单的两极化脸谱，逐渐向色彩斑斓的多元化形象演化。在蒋介石研究的热潮中，中国著名历史学家杨天石先生所著的《找寻真实的蒋介石》系列研究独领风骚。该书在发掘新史料的基础上，采用新视角，形成蒋介石研究的新突破。

从 20 世纪 80 年代以来，杨天石先生就长期研究南京第二历史档案馆、台湾"国史馆"收藏的蒋介石日记的"类抄本"和"仿抄本"，2006 年 3 月美国斯坦福大学胡佛研究所陆续开放蒋介石日记手稿本以后，他不辞辛劳，多次赴美亲手抄录日记手稿。杨先生不仅依靠蒋介石日记，同时参考大量的文献、档案，钩沉索隐，稽查考核，力图还原一个真实的蒋介石。作者采用专题研究方式，选取蒋介石一生非常关键而又为后来意识形态书写方式所遮蔽甚至扭曲的历史疑点，逐件逐项地加以研究。

《找寻真实的蒋介石》第一集共有六个单元。第一单元以蒋介石早年的经历与思想为中心，揭示出蒋早年的三重性格特征：上海洋场的浮浪子弟、道学信徒、追随孙中山的革命志士。五四运动前后，已过而立之年的蒋介石的思想经历了从向左到向右的转变。第二单元主要以蒋介石 1923 年的苏联之行与 1926 年发动中山舰事件的始末为中心，探讨了北伐前后蒋介石从容共到反共的转变。第三单元围绕抗日期间蒋介石的对日政策为中心展开，揭示了蒋所亲自掌控的对日秘密谈判和对孔祥熙谋和活动的阻遏，解读了蒋介石所谓"恢复卢沟桥事变前原状"与"抗战到底"之"底"的演变与意涵。第四单元以抗战胜利前后的国共矛盾为中心，揭示了第三国际的解散与蒋介石"闪击"延安计划的撤销，以及重庆谈判期间蒋介石对待毛泽东的微妙心态变化。第五单元以蒋介石亲自查处孔祥熙等人的美金公债舞弊案为切入点，重新审视了国民党的社会改良主义性质。第六单元以蒋介石的家庭生活为中心，以确凿的史料澄清了关于宋美龄与美国总统特使威尔基的"绯闻"，揭示在蒋介石的"婚外情"传说背后，蒋与美国人要其交出军权之间的较量。

《找寻真实的蒋介石》第二集也有六个单元。第一单元以国共关系为中心，揭示出1926年邵力子出使共产国际与国共两党争夺领导权的内幕；抗战初期，蒋介石建议国共两党合并，共同组建一个新的政党——国民革命同盟会，中共同意建立这一组织，但不想放弃其政治和组织上的独立性。两党关于合并的谈判破裂后，蒋介石转向致力于限制共产党的发展。两党关系转入多事之秋。第二单元侧重探讨蒋介石的对日策略，揭示出九一八事变后"不抵抗"命令出自张学良，南京国民政府的对策说明它默认并且赞同张的处理方针；作者通过全面审视日中两方留下的资料，辨析了"桐工作"的真伪，指出：日方所谓的"桐工作"，就中国方面来说，不过是军统在香港的几个小特务对日方的玩弄，目的在于刺取情报。第三单元以战时国际外交为中心，揭示了蒋在第二次世界大战期间拒绝德国拉拢，阻挠德日会师印度洋，同时派员赴欧，参与德国内部推翻希特勒的地下运动；以宋美龄拒绝访问英国和会见丘吉尔，以及蒋介石正告丘吉尔"藏事为中国内政"，反映了战时中英关系的摩擦与冲突的一面；通过考察蒋介石与韩国独立运动的关系，和1942年的蒋介石访问印度，揭示出蒋介石对待亚洲周边国家的态度与考量。第四单元偏重探讨国共内战时期蒋的国内政治，揭示了"飞机抢运养狗"这一不实报道与打倒孔祥熙运动之间的关系，以及蒋介石应对二二八事件的对策。第五单元探讨了蒋介石迁台之后的自我反省，蒋在台"复职"与李宗仁在美的抗争，以及蒋曾反对用原子弹袭击中国大陆这一鲜为人知的历史秘辛。第六部分以蒋介石的婚姻家庭为中心，探讨了蒋经国从苏联回国的经过，以及蒋与宋美龄之间的爱情与婚姻。

（罗　敏）

国家与学术的地方互动
——四川大学的国立化进程（1925－1939）

王东杰著，三联书店，2005，356页

《国家与学术的地方互动——四川大学的国立化进程（1925－1939）》（以下简称"《国立化》"）以民国时期四川大学的国立化进程为研究重心，借以探讨近代中国"民族主义运动"的"建设"面相在大学层面的表现。

作者将四川大学（以下简称"川大"）国立化进程分为四个阶段，并以此为线索，将全书分为四章（另有绪论和第五章"总结与思考"）。第一、二章论述1925年至1935年川大在四川半独立的政治局势下寻求自身保障与发展的历史。这一时期，川大虽然已经号称"国立大学"，但受到地方政局变化的直接影响，这在校长的任命、经费的来源和支付等问题上都有充分的表现。为了谋求学校的发展空间，川大师生利用"国立"旗号，主动向中央政府寻求支持。尤其在1933年以后，由于地方军人势力之间的变化，川大和四川地方政府的关系趋于紧张（1933年的保卫皇城校产事件特别凸显了这一矛盾），"国立"二字更成为学校自保的依据。这一时期川大国立化的历史表明，"国家"作为一个象征性资源，对各个阶层都有很强的吸引力，但意义多歧，其名实错位的事实反映出中央、地方和国家的关系并不如理论建构的那样清晰。

1935年至抗战爆发之初，国民政府势力入川，并确立了把四川建设成为"民族复兴策源地"的政策，川大地位也随之上升，"国立化"进程进入实质阶段。任鸿隽执掌川大，在人事安排、招生来源等方面，努力破除"地方"观念，提倡"国家"观念；在课程、设备方面，则以"现代化"为号召。通过其努力，川大从一所实际意义上的地方大学逐渐走入全国的视线。但让川大这个"小社会"开始焦虑的是，同"国立化"携手而来的还有"地方中央化"。另外，国家观念和地方认同之间的紧张也在这一时期尖锐化了，并最终导致了任氏的去职。

随着抗战的爆发，"中央"在地理上和心理上与川大的距离都更近，川大的"国立化"基本完成。但此时川大师生为维持学术自由，与中央政府的关系也趋于紧张。1939年底，以拒绝中央任命的程天放执掌川大为导火线，川大教师与国民党政府的矛盾大爆发，而终以教育部的胜利告终。程天放长校后，"党化"教育加强。

在方法上，《国立化》一书受到微观史学和叙事史的影响，试图以"深描"的方式展示"国家"这一象征在不同时期对不同人展现的不同意义。同时，该书突破了就教育论教育的传统教育史写作方法，把学校放在更广泛的政治、社会和文化环境中把握，为大学史研究提供了一个新视角。同时，对近年蓬兴的地方史而言，如何既能避免"邻猫生子式"的琐碎，又能提供"特殊的'地方性知识'"，此书也颇具提示意义。

（王　康）

中华人民共和国史论丛

中国社会科学出版社，2009，9 册

《中华人民共和国史论丛》由九本文集组成，作者均系长期从事国史、党史研究的专家。该论丛既是近年来国史研究的成果荟萃，同时也是作者多年的学术积累和研究精华，不仅反映了国史研究的整体水平，而且对国史学科建设起到了奠基作用。

全国政协副主席、中国社会科学院院长、中华人民共和国国史学会会长陈奎元在中华人民共和国国史学会第四届理事会上的讲话作为总序放在每本文集的卷首。论丛以公开发表的论文为主，每本文集的书名由作者自拟，目录按照发表时间顺序或专题排列，书后附后记。论丛主要包括：

《中国工业化与中国当代史》。作者佳木。该书主要内容涉及四个方面：从工业化角度看中国当代史；十一届三中全会及其前后两个历史时期的关系；国史研究学科建设问题；马克思主义史学理论建设。

《国史静思录》。作者李捷。该书分为"毛泽东与共和国史""内政篇""国际篇"三个部分。

《总结历史开辟未来》。作者张启华。该书分三个部分：新中国成立初期起步时的艰难探索，如何看待社会主义革命和建设时期党所犯的错误，共产党对社会主义理论认识的历史进程等；毛泽东提出的中国工业化道路，毛泽东与中华民族的伟大复兴等；探讨陈云实事求是思想路线和优良作风。

《毛泽东与新中国建设》。作者沙健孙。该书分为四个部分：毛泽东与新中国的缔造；毛泽东与社会主义基本制度在中国的全面确立；毛泽东对社会主义建设道路的积极探索和取得的主要成果；毛泽东的历史地位和对新中国的创立及发展所做的历史性贡献。

《毛泽东与中国社会主义事业》。作者梁柱。作者围绕"毛泽东与中国社会主义事业"这一主题，从20世纪80年代以来发表的文章中选编而成。

《大变动年代的探索》。作者系金春明。该书分为三个部分：对新中国成立后重大历史事件的研究和评述；关于党的主要领导和党的指导思想方面的研究和评述；关于国史的某些看法和论争。

《中国的成功之路》。作者程中原。该书分中国特色社会主义研究、伟大历史转折研究、人物研究、关于中华人民共和国史研究四辑。

《当代人与当代史探研》。作者田居俭。该书分为学史篇、治史篇、治当代史篇（上、下篇）。主要回答了如何以唯物史观为指导，以及当代人为何要治当代史的问题。

《共和国经济风云回眸》。作者董志凯。该书论文主要有：新中国成立与国民经济恢复时期（1948 – 1952 年）；计划经济建立与实施时期（1953 – 1978 年）；改革开放阶段（1978 – 2008 年）；贯通几个时期的论文；中国现代经济史的学科建设。

（叶张瑜）

中华人民共和国经济史（增订版）

武力主编，时代经济出版社，2010，上下卷，1683 页武力主编的《中华人民共和国经济史》（增订版），全面系统地再现了60年中国经济的发展和制度变迁，内容充实，资料丰富，立论科学，是一部颇具权威的优秀著作。最近得悉该书获新闻出版总署第三届"三个一百"原创出版工程奖，可以说是实至名归。该书的创新和特点大致有以下几个方面。

（一）独具匠心，构建科学的研究体系。第一，全面系统而又主线突出。对60年中国经济史的描述，可谓"全景广角"和"泼墨写意"，不以偏概全，同时又注意防止治丝益棼，主线十分清晰。第二，突出重大政策、重大制度、重大事件的描述。采取"局部特写"和"工笔细描"的方法。第三，将中国的发展和变革置于世界经济发展史中去观察和论述。第四，注意中国在区域经济发展上的不平衡问题，以及与此相关制度的多样性。第五，把港、澳、台地区的经济发展纳入中国当代经济史体系展开研究和记叙，实现了中国当代经济史编研的完整性。第六，对于有较明显分歧的观点，在有所取舍的同时，尽可能在注释中提供不同观点的索引，可以供读者参阅和思辨。

（二）博采众长，彰显水准。第一，站在学科前沿，站在今天的高度，对60年来的经济发展和制度变迁进行审视，使得在历史描述、理论分析、经验总结等方面都比初版时有了较大提高。第二，将60年看作中国人民努力实现现代化的一个动态历史过程，运用辩证唯物主义和历史唯物主义的立场、观点和方法来研究问题。第三，遵循"史无定法"，尽可能多地运用各学科的理论、方法和工具来分析历史。第四，广泛吸收最新披露的史料和研究成果。

（三）究天人之际，通古今之变。古人云："物有本末，事有始终，知所先后，则近道矣。"在以真实再现历史为主的同时，史论结合，对重大实践与理论问题进行了思辨，探索事物的内在联系和规律。例如，在导论部分，基于60年间中央与地方的经济关系、一国两制等，提出了"'多元一体'是中国经济发展的基本规律"的论断。随后，还进一步概括出以下启示：第一，中国幅员辽阔、人口众多和政治经济发展的不平衡，决定了中国只能实行"多元一体"的经济制度和中央与地方经济权限的合理划分，必须考虑到经济发展不平衡的特点，特别是香港、澳门回归祖国以后，中央政府将给予特区政府较多事权和立法权；另外，随着市场经济体制的建立和经济一体化、统一市场的要求，中央政府在宏观调控方面的权力则呈加强趋势，即事简而权大。第二，60年的历史证明，要想科学合理地划分中央与地方的经济权力，同时发挥中央和地方的两个积极性，首先必须科学界定中央政府和地方政府的经济职能。第三，科学合理地划分中央与地方的经济权限，是使国民经济避免波动、持续稳定增长的重要保障之一。第四，中央政府的权力集中，必须与它的管理能力相一致，不考虑中央政府管理经济的能力和成本，而过分突出中央政府，会造成地方发展动力受抑、财力的萎缩和体制的僵化。

（四）十年磨剑，见赤诚之心。武力率领的这个研究团队认为，回顾和研究60年中国经济发展及制度变迁的历程，尤其是总结中国经济发展的历史经验教训，不仅能够激发我们的民族自信心和自豪感，加强对国情的认识，加深对中国特色社会主义理论的理解；同时对于我们落实科学发展观，解决今天的经济问题和把握明天的发展机遇，对于中国的统一和经济一体化，也非常有必要。本着赤诚之心，基于如此认识，这个研究团队在10年前迎着困难，坚持写作这本书，并在10年后又增补修订该书，仅就此而言，哪怕该书是"管窥蠡测"，得出的是"千虑一得"，也都令人敬佩。

（郑有贵）

目标与路径

——中国共产党"三农"理论与实践60年

郑有贵著，湖南人民出版社，2009，503页该书于2009年被国家新闻出版总署评选为庆祝新中国成立60周年百种重点图书之一，2010年获第三届中华优秀出版物图书奖，是近年来研究新中国60年"三农"问题富有创新价值的力作。

该书对新中国成立60年间中国共产党"三农"理论与实践这一重大选题进行了全面系统的研究，主要从以下两个方面开展了新的学术探讨。

第一，60年间"三农"政策目标与实现路径的历史逻辑分析。新中国成立以来，中国共产党关于解决"三农"问题实践的探索，主要是围绕"三农"政策目标与路径选择而展开的，或者说"三农"政策目标及其实现路径的演变可以很好地体现中国共产党在"三农"理论与实践上的探索。基于这一事实和逻辑，该书以"三农"政策目标及其实现路径为主线，展开对经济社会发展阶段、意识形态与理论认识、资源在工农城乡间配置取向、经济体制（计划经济或市场经济）、政策目标、政策目标实现路径与政策工具、政策绩效（工农城乡发展及结构）、工农城乡发展互动、农民发明创造、政策调整与完善等关系的研究，从新的视角对中国共产党关于"三农"问题的理论与实践进行了梳理和研究。这一新的研究框架，与以往一般以大的生产关系变动为依据而划分为土地改革时期、农业生产合作化时期、农村人民公社时期、改革开放时期的研究框架相比，避免了就事论事的局限，使得对60年间中国共产党关于"三农"问题的理论与实践问题的讨论更加符合历史逻辑，更具系统性，研究深度也随之拓展。

第二，60年间资源在工农两个部门的配置与"三农"政策选择的历史逻辑分析。该书对于60年间中国共产党关于"三农"问题的理论与实践这一重大选题的研究，不是就"三农"而论"三农"，而是从国家工业化——整个经济社会演进时空的维度，以资源在工农业两部门间的配置关系为重点，考察国家工业化与"三农"政策演变、制度变迁的关系，较为独特地解"三农"政策之演变、析"三农"理论之创新、探"三农"发展之路径、究"三农"决策之动因，在此基础上揭"三农"趋势之指向、献

"三农"对策，为工业反哺农业政策的实施提供了厚重的历史依据和理论支撑。

此外，作者一方面不急于求成，用了6年时间，静心于历史文献资料的收集和分析，并到24个省进行走村入户式调研，获得了身临其境的感受和第一手调查资料；另一方面注重多学科方法的运用，以资料收集→文献分析→农村调查→专项研究→综合分析→成果撰写为技术路线，还运用发展经济学、制度经济学和公共选择理论的原理，以及实证分析法、规范分析法、比较法、归纳法等方法。

该书对60年间关于"三农"的重大决策、重大政策调整、重大制度变迁、重大结构转换、重大理论突破和创新、"三农"发展的重大进展等展开了不同视角的讨论，或对一些重要理论问题进行了新的论证，或形成了一些新的结论，或获得一些新的发现，或澄清了一些认识误区，即在这一领域的一些方面实现了新的突破，对推动这一领域更深入的研究将发挥积极的作用。

（武　力）

大动乱的年代

王年一著，河南人民出版社，1990，648页

该书经中共中央党史研究室专家审读，由国家新闻出版总署批准，人民出版社在中华人民共和国成立60周年之际再版。

说《大动乱的年代》是迄今为止大陆出版的内容最全的"文化大革命"史书并不夸张，对比33万字的席宣、金春明著《"文化大革命"简史》，该书以55万字的篇幅远远超过了后者。全书分为前言、第一篇（全面内战、打倒一切）、第二篇（新的"斗、批、改"和林彪事件）、第三篇（纠"左"与批"右"）和结束语五大部分，按照时间顺序、以专题的形式，全面再现了"文革"十年的历史。此外，该书还具有以下两个显著特点。

第一，该书对"文革"十年混沌的历史做了细致的梳理，分

析了"文革"的来龙去脉，揭示出"文革"的发动、形成、发展和终结的历史必然；剖析了"文革"十年内乱中的种种失误、错误、弊端和荒谬的危害；揭露了"文革"中形形色色的不合常理的、扭曲的甚至假、丑、恶现象。深刻回答了为什么毛泽东要发动这场"文革"，国家主席刘少奇为什么被诬陷致死，"接班人"林彪为什么要叛逃，显赫一时的"四人帮"为什么不得人心，史无前例的"文革"为什么是中国革命史上的悲剧、是国家民族的一场灾难等一系列读者所关心的问题。

第二，作者是国内较早研究"文革"史的专家，得益于20世纪80年代思想解放的大环境，他能够有效地占有当时所能找到的档案材料和各种红卫兵小报，不少资料在今天已经很难为一般人所看到了，所以该书所述所论均持之有故。细心的读者从三审王光美的原始材料、毛泽东南巡的讲话、林彪事件和"批林整风"等事件的描述中都能看出端倪。作者对"文革"的理解显然要比常人更深刻，他特意在全书的结束语中做了理论分析，指出，"文革"时期，正是世界上进行新技术革命和经济起飞的时期，许多国家就是在这一时期国民经济成倍增长而一跃成为发达国家的。日本1957年同中国经济水平相差无几，到了20世纪70年代中期已成为人均产值5000美元以上的世界上最富的国家，而中国却落在了人均产值400美元以下的贫穷国家的行列里。这场大动乱使中国同世界上一些国家之间本来已经缩小的距离拉大了，落后了几十年，这个损失是无法用数字来估量的。相信读者读过之后，掩卷沉思，会有所悟。也相信几十年后，对那段历史生疏且对"文革"有所误读的人能受到启发。只有能够从灾难中总结吸取教训的民族，才是有前途的民族。

由于各种原因，《大动乱的年代》还只是一部关于那十年的政治史，至于经济和社会等方面的内容没有怎么观照。遗憾的是，王年一先生已经仙逝，难以由他来补足了。

（杨文利）

中国知青史·大潮（1966 – 1980）

刘小萌著，当代中国出版社，2009，545 页

该书分为绪论和上、中、下三篇。绪论部分（1954 – 1966 年）作为铺垫，扼要叙述了上山下乡运动的兴起历程。上篇为"大潮涌起"（1967 – 1973 年），讲述知青运动的缘起及初期的跌宕；中篇为"再起高潮"（1974 – 1976 年），反映"文革"十年中上山下乡运动发展的状况；下篇"大潮跌落"（1977 – 1980 年），以知青的"返城潮"为重点，剖析运动衰落的原因。

正像作者所说，知青运动早已随着"文化大革命"的结束趋于沉寂。但是它留下的历史震荡还没有完全消失，而人们对它的认真深省才刚刚开始。

在诸多问题中首先是关于知青上山下乡的起因及基本动力。作者认为，城市就业压力是其基本动因，即便是在"文革"中，政治上的考虑仍是服从于劳动就业的实际需求的，是第二位的。政治方面的种种因素也给这场运动注入了活力。除了关于知识分子必须接受"改造"、无产阶级革命事业的接班人必须在"三大革命"中锻炼成长等思想外，还有通过这场运动来"缩小三大差别"的理想。广大知识青年学到农村中去，既可减轻就业压力，又可改变农村的落后面貌，这是多么好的一幅图景！但实际情况却事与愿违。社会的进步有其客观规律，不是人们的主观意愿所能决定的。

其次是这场运动的发展变化与共和国历史的关系。上山下乡运动不是一个孤立的历史现象，它发端于 20 世纪 50 年代，初澜于 60 年代，滥觞于"文化大革命"中，历时近 30 年，卷入其中的知青有 1700 万人。这场运动不仅改变了一代青年人的命运，也使众多的农民受到波及和影响，因此，它在共和国历史中不是无足轻重的，是占有相当地位的。而且，知青运动本身是一系列政治运动的结果，反过来它又直接或间接地推动了政治运动的走

向。它像一面镜子，在折射着新中国青年蹉跎与奋进身影的同时，也集中反映出共和国曲折发展的足迹。因此，知青史研究对于共和国政治史、经济史、文化史、社会史的研究都是不可或缺的。

最后是关于这场运动的评价。作者认为，上山下乡运动付出了沉重的代价，造成了无法弥补的损失。总结这一历史教训，不等于抹杀了下乡知识青年在艰苦条件下为建设农村、开发边疆做出的宝贵贡献。正是通过这一运动的磨砺，一代青年真正认识了中国社会的面貌，培养造就了他们脚踏实地的作风和自强自立的精神。也只有在这个意义上可以说上山下乡运动是一场"教育人的运动"。

作者是近现代史领域著名学者，该书的写作十分注重史学规范，突出的一点就在于作者进行了"艰辛浩繁"的资料收集。资料来源除公开的报刊文件外，还包括"文革"时期的红卫兵小报和印刷品；从中央到地方各级知青办公室的历史档案；知青回忆录以及与此相关的宣传品、文件集、资料集、统计年鉴、大事记、劳动史志，等等。对这些资料，作者都进行了认真的分析、整理、鉴定和筛选，以使该书尽可能准确地反映历史原貌。

（杨文利）

毛泽东传（1949－1976）

逄先知、金冲及主编，中央文献出版社，2003，上、下册，1798 页

《毛泽东传》记述的内容是从毛泽东1949 年10 月1 日宣布中央人民政府成立到1976 年9 月9 日逝世，前后共27 年的历史。这部书以《中共中央关于建国以来党的若干历史问题的决议》为指导，依据大量可靠的材料撰写而成，如中央档案馆保存的新中国成立后毛泽东的文稿、讲话和谈话记录；中共中央文件和有关会议记录；《人民日报》、新华社电讯；有关的书籍和资料；同毛

泽东有过直接接触的汪东兴、徐涛、吴旭君、张玉凤等人的回忆和对他们访问的记录等，其中有相当大一部分材料是第一次公布。

《毛泽东传》生动地叙述了毛泽东在领导恢复国民经济、实现社会主义改造、探索中国社会主义建设道路过程中所进行的重大决策和深入思考；叙述了他为确立和巩固中国的社会主义制度、发展中国社会主义的各项事业所做的艰辛努力和历史贡献。该书还对新中国成立后的 27 年里中共中央应对社会主义革命和建设中遇到的各种困难与挑战以及在处理对外关系和国际事务中所表现的政治智慧做了比较深入的叙述和分析。

对于毛泽东的错误，这部传记没有回避，而是客观地、实事求是地加以反映，并对当时的历史背景、错误产生的原因等做了简要而具体地分析。比如，毛泽东发动"大跃进"的本意是想尽快把国民经济搞上去，使中国早日改变贫穷落后的面貌，但由于要求过急，脱离了实际，加上没有经验，违背了经济发展的客观规律，结果造成了重大损失。在发现错误后，毛泽东又着手纠正，而纠正错误的过程又出现曲折。《毛泽东传》反映了这种复杂而曲折的过程，有助于读者比较客观地理解毛泽东为什么要发动"大跃进"，也可以认识到如果违背了客观经济发展规律会导致严重的后果，从历史中吸取有益的教训。

《毛泽东传》以大量原始文献资料为依据，始终把毛泽东的活动放在中国革命和建设的大背景中来叙述和分析，突出描写了毛泽东在重大历史关头的决策过程，对于读者深入具体地了解毛泽东、了解毛泽东的思想方法和工作方法、了解毛泽东为建设新中国所做的历史贡献以及了解中华人民共和国史都大有裨益。

（郑　珺）

世界文明通论·文明理论

陈启能、姜芃等著，福建教育出版社，2010，431 页本书是研究文明理论与文明发展线索的理论著作。获得国家新闻出版总署"第三届'三个一百'原创出版工程"奖。

全书共分五个部分。导论部分为马克思主义的文明理论。第一编与第二编以历史流程为序，着重分析文明理论的发展概况，从古代到当代，以西方为主，特别分析了古代世界的文明，包括两河流域的文明、古埃及文明、古印度文明、古希腊罗马文明和古代中华文明，以及它们之间的相互关系。其中第一编为文明曙光与古代文明。第二编为文明概念与文明理论。作者指出，文明概念和文明理论都是18世纪中叶后在西方形成的。到19世纪，文明理论在不少欧洲国家思想家的学说中有了很大发展，多数思想家虽然表述了对人类文明的看法，但并非明确把文明作为专门的范畴来进行探讨。线性—阶段性文明理论从一开始就占主导地位。20世纪出现了种种专门性的文明理论，如文明是文化的衰落、文明是挑战和应战的循环往复、文明是对本能的压抑和升华、文明是长时段的历史演变、文明是不断冲击的社会浪潮、文明是语言修辞背后的权力等。

后两编与具体历史过程发展相结合，讨论文明的起源与发展问题。在第三编讨论"文明起源与轴心期"问题时，作者认为雅斯贝斯的轴心期理论具有重要意义，他相信人类具有唯一的共同起源和共同的发展目标。应该把他的理论加以扩展，把突破扩大为一种社会发生整体变革的观念。突破表现在各个方面，如经济方面的铁器使用、社会结构上的成熟国家形态取代最初的国家形态、意识形态上人类意识的觉醒和高级宗教或哲学体系的产生。在"文明的起源与国家形态"一章中，作者指出文明起源阶段国家有以下共性：城邦国家的产生具有普遍性、城邦国家的社会基础是父系家庭、战争是早期国家形成的催化剂、早期国家的阶级划分主要是本邦人与外邦人之分、从城邦国家向地域国家的转变、早期王权的出现具有普遍性。

第四编为"文明的发展"，分别论述了原生文明与次生文明、中心文明与周边文明、文明之间的融合与相对独立性三方面内容。一、以近代西欧文明与古典西方文明为例说明原生文明与次生文明的关系。尽管次生文明与原生文明在地域上会有所重合，相同的地理环境也会造就不同的生产方式，但从根本上说，次生文明与原生文明是两个不同的文明。次生的西欧文明与原生的古代奴隶制文明相比，显示出强大的生命力。从宗教或哲学体系来看，无论是欧洲古代文明、中世纪文明，还是近代文明，确实存在某种一致性，但这种一致性与其说是后者对前者的继承，不如说是人类文明发展的共性。二、以中华文明与日本文明为例说明中心文明与周边文明的关系。先进文明向后进文明的流入发生在许多方面，最重要的是移民。社会制度方面，不同文明之间不能照搬。在文字方面，不同的文明也不能照搬。三、作者相信，即使假定世界上所有文明或早或晚终将采纳相同的技术，即使人们的生活方式因此也部分趋同，在长时期内我们仍然将面对事实上非常不同的各种文明。

（琼　岛）

文明交往论

彭树智著，陕西人民出版社，2002，637 页

本书是研究文明交往的专门性著作。分总论、分论与附录三部分。

总论部分是对文明交往的理论探讨。所谓文明交往是指人类跨入文明门槛之后，直到现在，而且还将持续发展的基本实际活动。文明发展的多样性和不平衡性决定了文明必然需要交往，交往是文明传播的根本途径。人类的交往是伴随着生产力同步发展的历史过程，因而是历史交往的过程。交往在逐步克服野蛮状态的历史过程中，使人类不断走上更高文明层次的社会。而人类社会历史不仅仅是社会因素相互作用所推动的物质运动，而且是人们世代积累所创造出来的、有内在联系的文明形态及其交往的序列，其本质是以价值关系为媒介的主客体辩证的文明交往过程。

文明交往和生产力同为人类的基本实践，交往力同生产力相互作用，分别组成了人类社会发展进程中的横线和纵线，彼此交叉璧联，编织成了色彩斑斓的多样性历史画卷。不同国家、不同民族、不同文明之间的交往，不同性质的文明与野蛮之间的矛盾交往运动，与不同国家、不同民族、不同水平的生产力和生产关系的矛盾一起，推动着历史的前进。文明交往促进了社会进步，社会进步反过来又推动着文明交往。

人类交往的基础，是人类的生产实践的活动，而生产实践活动的前提，是人类的社会交往，即社会关系和联系。人类文明交往的基本内容包括物质文明、精神文明、制度文明和生态文明。文明交往的形态是以社会经济形态为基础，从史前的原始蒙昧社会到农耕畜牧的自然经济，再到工商业经济时期，人类文明交往由地缘性的区域交往发展为全球化的现代交往。文明交往形式多样，它既有和平形式，也有战争形式，不仅存在文明冲突，同时也存在文明融合。文明交往是一个互相发现、互相沟通、互相扬弃、互相理解、互相融合的相互作用的复杂历史过程，这个过程同时充满着摩擦、碰撞、矛盾和冲突，也不乏对抗、分裂、压迫、侵略和反抗。但是，文明交往在趋向上逐步文明化而少野蛮性，并由自发性走向自觉性、自在走向自为、情绪化走向理性化、对立对抗走向合作对话。中国一贯主张以"和为贵"的理念解决国际关系中的矛盾冲突，正反映了人类追求文明交往的交往文明化的时代要求，也是"文明交往论"的主旨所在。总之，文明交往所追求的目标是人与人之间的和睦相处，是人与自然之间的平衡和谐，是民族之间、国家之间的平等互利，是对自己文明的自尊、欣赏和对异己文明的尊重、宽容乃至欣赏，是抱着爱其所同、敬其所异的广阔胸怀和对人类共同美好理想的追求。

分论部分是实证研究，分塞人篇、阿富汗篇、伊朗篇、中东地区篇、阿拉伯伊斯兰篇、世界史综合篇和世界当代篇七个分论。各分论中都是从交往角度讨论诸文明的一些具体问题，如伊朗篇的内容为：伊朗和中国古代物质文明的西传、伊朗古代袄教的文化内涵、唐代长安与祆教文明的交往、伊朗史中的文明交往与文明对话问题。

（石　勒）

荷马社会研究

晏绍祥著，上海三联书店，2006，361 页

该书是国内第一部全面系统研究荷马社会的专著。在对两部史诗基本内容做了言简意赅的介绍后，马上就转入了关于荷马史诗作为史料的可行性的讨论（第一章）。作者认为，史诗在整体上显示了非常强的统一性，这表明最后编定者曾对史诗传统进行了统一化处理，其结果是编者所处时代的资料更多地进入史诗之中。因此，史诗能够被看作一个整体，具有反映编者及其稍前时代社会的史料价值。作者将史诗主要反映的年代认定为公元前 10 世纪至公元前 8 世纪（第二章）。在作者看来，史诗中的农业、定居城市的生活方式等情况反映了多利安人、爱奥尼亚人等迁徙浪潮结束后的社会状态。而考古发掘证明，公元前 10 世纪前后希腊人已经大体定居下来。根据史诗反映的诗人对西部地中海地区和埃及了解不多、国王和贵族执政、人民大会的软弱、文字的缺乏等情况，断定史诗所反映的时代的下限应在公元前 8 世纪。

在第三、四和十三章，作者从总体上表述了他对荷马社会的重构。他所复原的荷马社会的整体图景是：私有制已经确立，主要的生产资料土地已经成为私有财产；社会已分化为贵族、平民和奴隶等不同的阶级，家庭是社会的基本单位；各种政治机构已经设置但都还相对原始，城邦制度刚刚萌芽。城邦萌芽是作者关于荷马社会的解释模式的重点，城邦萌芽的具体过程是：迈锡尼宫廷国家的崩溃和铁器的广泛使用使小农的独立成为可能；希腊人在几乎不受外界影响的条件下，进行新的政治试验；到公元前 8 世纪，城邦开始兴起。作者认为，在荷马时代，在萌芽状态的

城邦中，后世希腊城邦的基本机构，特别是那些代表民意的机构如人民大会、长老会等已经出现；巴塞列斯具有某种程度的政治和军事优势，但没有发展成相对成熟的君主政体；在面对敌人入侵时，共同体会表现出惊人的团结和共同抗敌的决心；共同体修建的神庙、道路等，明确标示了它的疆域。

在对荷马社会做了两章（第三、四章）的总结之后，作者在随后各章中又对其进行了分门别类的细化论述。其中关于政治权力运作机制的论述就长达5章，分别对史诗中关于政治领袖的术语（第五章）、史诗中所反映的早期王权（第六章）、巴塞列斯的经济地位（第七章）及其权力的社会基础（第八章）、长老会、人民大会及其政治作用（第九章）这几方面的问题进行了详细深入的探讨。在接下来的3章里，晏绍祥又对战争与军事组织（第十章）、家庭婚姻和妇女（第十一章）、宗教和信仰（第十二章）分别详加论述，考察了荷马社会不同于迈锡尼社会的特征。这些特征主要是常备军的消失，业余军队的兴起，个体家庭的产生，神意解释权的下移。以上这些对荷马城邦内部结构的全方位考察和剖析也凸显了古典时代希腊城邦对荷马时代城邦的继承关系。在结语（第十三章）中，作者除重申了希腊古典城邦萌芽于荷马社会的观点外，还对荷马社会和商、周之际的变革这两个不约而同发生的社会转折做了一番饶有意义的比较，指出希腊文明走了一条不同于西亚、埃及和中国等文明的发展道路，强调了希腊城邦产生的特殊性。

晏绍祥这本新著最突出的创新点在于提出了一种关于荷马社会的新的理论模式，尤其是强调荷马社会中已经出现城邦萌芽。

（石　勒）

欧洲文艺复兴史

刘明翰主编，人民出版社，2008、2010，12卷该书分设总论、经济、政治、哲学、科技、文学、艺术、教育、法学、宗教、史学及城市与社会共 12 卷。综观本丛书具有下述主要特点。

（一）丛书各卷归纳和吸收了从 18 世纪到 20 世纪末国外有关欧洲文艺复兴史的研究成果，把从瑞士布克哈特、英国西蒙斯等许多名家的著作到美国新版的《文艺复兴百科全书》（1999 年版，6 卷本）等新著的许多精彩资料和论点基本上都吸收进来。在一些重点问题上，也有中国学者同欧美著述观点和论点不同之处。

（二）本书的指导思想和重要观点是：着重揭示先进思想和先进文化是推动人类历史前进的重要动力；先进文化的出现离不开先进的经济背景和先进知识分子的贡献。文艺复兴的成就是由于破除迷信、解放思想而展开的阶级斗争和思想斗争才取得的。欧洲文艺复兴运动强调以人为本、提倡人权、发展人的个性、重视理论和科学实验。文艺复兴在哲学上表现为人本主义，政治上体现为民族主义，在伦理思想上反映为反对禁欲主义，在文学上突出古典主义，艺术上表现为现实主义。欧洲文艺复兴是有史以来人类第一次思想解放运动，是具有划时代意义的文化革命运动。

（三）全书改变了传统的惯例，有显著的创新。在丛书设计的各个卷别方面，除文学、艺术、哲学、政治诸卷外，新增了经济、法学、教育、城市与社会生活、史学、科技、宗教、总论等专门卷。并在许多卷中新增加了重要内容，如总论卷新加了欧、美、俄、日等国 20 世纪末文艺复兴著述的近况；新增补了北欧、东欧文艺复兴的重要史实。文学卷补充了流浪汉小说，增加了文艺复兴时期的女性作家专章。艺术卷中充实了艺术理论、音乐与乐器和戏剧演出及工艺美术、园林艺术等章节。教育卷中不仅分别叙述了人文主义教育、天主教及基督教新教、空想社会主义教育的理论和代表人物与作品，此卷还指出了初等、中等教育创建人以及平民教育、义务教育，提倡人的教育观和业迹。经济卷揭示了西欧从古代至近代经济思想的发展规律（即从"人本"——

"神本"—"人文"的经济思想），还广泛运用了计量史学的方法。科技卷探讨了文艺复兴时期科技革命的思想源流，将传统的哥白尼"太阳中心说"订正为"日心—地动说"，并补充了欧洲与东方科技不同特点的比较。哲学卷指出了哲学从神学中独立的历史，围绕人文主义的"人生哲学""新教哲学""政治哲学""近代自然哲学"和"17世纪前期的机械唯物论"及其特点，五大主题分别论析，并加叙了文艺复兴与启蒙运动的关系。政治卷剖析了以情爱论为特点的早起道德政治学及不同类型君主制的政治学和乌托邦。宗教卷分析了人文主义宗教观，补充了东正教与犹太教文明，阐述了文艺复兴与宗教改革的关系。城市与社会生活卷吸收了大量国外新的研究成果，阐释了城市的理论与实践，社会中人们的家庭、居住、消费、生活空间等多方面的状况。除揭示发财商人编造家谱、突显"高贵"外，侧重于平民百姓的情节，等等。各卷特色鲜明，史料翔实，令人耳目一新。

（石　勒）

世界近代史

刘宗绪主编，北京师范大学出版社，2004，365页

这是一部经过重大修改、面目全新的学术佳作，也是一部值得向全国高校推广使用的好教材。

这部新版教材最大的特点首先在于它在体系结构上做了重大调整与改动。刘宗绪对世界近代史的内在规律又一次做了独创性的高度概括："世界近代史就是资本主义产生、发展和走向成熟时期的历史。"刘宗绪在绪论中说："广义地说，近代与古代的根本区别，就在于它开启了人类历史的现代化进程。"于是他强调近代社会有三大基本特征：在经济上，近代时期商品经济取代了自然经济。在政治上，近代时期法治取代了人治。在居民方面，近代时期公民取代了臣民。这就是"近代"二字的真正含义。

其次是对世界近代史的起讫时间做了根本性的改动。新版教

材不再沿用中国学界 50 多年来的传统做法，将近代史的起点从 1640 年上移到 1500 年左右，而将终点从 1918 年上移到 1900 年左右。将世界近代史的时间跨度从原来的 280 年延伸到 400 年。这是主编从资本主义生产力发展的高度来审视近代社会的结果而做出的重大变动，使资本主义产生、发展和走向成熟这一历史过程更为完备、更贴切地反映出来。

再次，在近代史历史发展阶段的划分上，新版教材仍然坚持三段分法，但在提法上却做了重要修改。例如，原教材第一编的标题是：工场手工业时期的资本主义资本主义国家的诞生。而新版标题则改为：近代文明的兴起。原版第二编的标题是：第一次工业革命后的工业资本主义时期资本主义世界体系初步形成。而新版则改为：工业化的发端进入工业资本主义时期。原版第三编的标题是：第二次工业革命后的工业资本主义时期垄断资本主义的形成。而新版则改为：开始跨入电气时代。这一改动，其意义非同小可，它更鲜明地突出了世界文明的发展脉络和现代化的历史进程，说明历史发展归根结底是生产力发展史、是文明演进史，从根本上改变了历史只是阶级斗争史的旧观念。

最后，在体系结构上的另一重大改动是中国史成为世界近代史的有机组成部分而融入这部新版教材。刘宗绪本着决不搞简单重复的原则，在教材中对中国史的多处叙述构思独特：例如，在第九章"处于传统文明中的东欧和亚洲"之"亚洲"一节中专设一目："鸦片战争前的中国明清王朝"，以经济发展为主线，概述了从 1368 年朱元璋建立明朝后直至康熙、雍正、乾隆三朝，中国一度出现的盛世与辉煌，充分展示了中国在世界历史上的瞩目地位，也指出了到乾嘉之时，清朝"闭关自傲，以天朝大国自居，视域外为夷狄"，结果"盛而必衰"，"远远落在了世界潮流的后面"。在这一历史段中，突出了中国一度的强盛与辉煌，最终因闭关自傲而衰败、落后而挨打。中国历史虽然篇幅不是很多，但毕竟已经占有一席之地，而且可以使读者明晰地看到与世界近代史相应的 400 年中国历史的脉络，看到中国在世界上历史地位的变迁以及中国历史发展之必然趋势和必由之路。

（石　勒）

法国政治制度史

郭华榕著，人民出版社，2005，574 页

本书介绍了法国政治制度的演变历史，内容涉及 1789 年以前法国的政治制度、1789－1870 年法国的政治制度、1871 年巴黎公社的政治制度、1870－1940 年的共和制、维希政府的政治制度及 1958 年以来的共和制等。

本书作者从宏观上论述了法国政治制度曲折发展的全貌，凸显了法国政治制度与众不同的特点。

第一，作者以宪法或宪章作为契入口。郭教授认为宪法或宪章等法律文献最能代表法国政治制度的原生态。因为，宪法是一个国家的公法的核心，是一个国家的根本大法，也是一个国家的政治窗口，透过它便能够清晰地窥视这个国家、这个社会。郭教授非常重视宪法与社会实际的对照，反对将宪法或宪章绝对化的做法。

第二，作者将 1871 年巴黎公社的政治制度单独列为研究对象。公社的真正本质在于它创立了"特殊类型的国家"。"其实 1871 年的公社是劳动群众通过其政治代表当家作主的新政治制度的萌芽。"

第三，作者对半总统制的论述，同样具有新意。法国特别根据政治制度的发展过程中存在内聚力不足、政局不稳、总统权力受到制约等实际，设计了一套本国历史上独一无二的政治制度，"对于政治标签与主张如同奶酪一般名目繁多的法兰西而言，总统制与议会制互相结合的第五共和国制度，是一个理想的折中。这是议会制与总统制的混合制度或半总统制度，是议会逻辑与总统逻辑的组合。法国 1958 年宪法明显的是一个样板"。

（石　勒）

中东国家通史

彭树智主编，商务印书馆，2000 - 2007，13 卷

《中东国家通史》是第一部由中国学者撰写的中东各国的通史性著作。每卷由一个国家或国家群组成。各卷依次为：《阿富汗卷》《沙特阿拉伯卷》《以色列卷》《巴勒斯坦卷》《伊朗卷》《土耳其卷》《伊拉克卷》《叙利亚和黎巴嫩卷》《埃及卷》《也门卷》《海湾五国（科威特、阿曼、阿拉伯联合酋长国、卡塔尔、巴林）卷》《约旦卷》和《塞浦路斯卷》。每卷为 25 万至 30 万字，全书共计 300 余万字。从体例与叙事上看，《中东国家通史》具有以下几个特点：

第一，"通古今之变"是《中东国家通史》努力追求的目标，即采用历史的叙事方式，由古及今地阐释现有中东边界范围内不同国家的发展过程。重点是不同人群如何在交往中加强联系，最终形成文明、民族和国家的历史以及不同文明之间相互交往和彼此影响的历史。

在阿富汗内战的问题上，作者深入探讨了自进入阶级社会以来，阿富汗社会经济发展的不平衡性与差异性所引发的各种矛盾，如部族矛盾、宗教派别矛盾、地区矛盾等，这些矛盾又导致了代表不同利益集团不可调和的政治矛盾。在黎巴嫩的教派之争问题上，作者分析了自公元 7 世纪以来，黎巴嫩教派割据的形成，以及 19 世纪以来教派分权制政治体制的确立，从这种由来已久的独特的国家组织形式中寻找现实矛盾的根源，从而使"历史和现实问题，在通古今之变中都便于理解了，在究天人之际中都易于领悟了"。

第二，弥补"大地区史"的缺陷，揭示不同国家的多元性与差异性，这是《中东国家通史》关注的重点问题。目前中国中东史研究的主要成果体现在地区史研究方面，注重从政治、经济、社会、文化、宗教等方面探讨中东地区的一般

发展模式与共有特征。《中东国家通史》依照国家通史的体例，来把握中东地区的整体面貌，各卷自成一体，又互为联系。通过对不同国家进行全方位、多层次的扫描，从而"扩大对中东地区的视野，丰富中东史的内容，活跃和深化对有关中东史许多问题的思考"。

第三，《中东国家通史》注重挖掘"小国史"中的"大舞台"。中东堪称小国林立的地区，18 个国家中有阿富汗、以色列、黎巴嫩、科威特、阿拉伯联合酋长国、卡塔尔、巴林、阿曼、约旦、巴勒斯坦和塞浦路斯 11 个国家属于小国之列。在阅读《中东国家通史》的过程中，一些小国在有限的国土上殚精竭虑努力开辟"大舞台"的举措，如约旦的领导者在不足 10 万平方公里的国土上，充分开辟"大外交"，在全世界赢得了很高的声誉。1999 年当 63 岁的侯赛因国王去世后，有 80 位国家元首与政府首脑专程赴安曼吊唁，他的政治谋略与敬业精神至今被国际社会传为佳话。

第四，彭树智先生一向主张历史研究的目的就是要回归历史的真实，而不是以单纯的逻辑推理作为最后的结论。《中东国家通史》的立足点是要多层面地反映各个国家兴衰更替的来龙去脉，客观描述重大事件的前因后果，并对时间、空间的变迁与世事演变做出理性的解释。

彭树智先生认为，文学是"社会之镜"，文学在处理它同政治、历史的关系中，能成为"人类之魂"。在中东国家中，伊拉克文学以最富政治性而著称，文学与民族的命运与国民的心声紧密联系在一起。《中东国家通史》对文学作品的广泛运用，不仅增添了丛书的趣味性、可读性，而且赋予历史著作以动态性的活力与扣人心弦的感染力。诗歌是阿拉伯世界民族文化的精粹，被称为阿拉伯"文学中的文学"，海湾地区又是阿拉伯世界典型的"诗歌之乡"。《海湾五国卷》在对海湾国家的描述中，引用了科威特女作家哈耶达·苏哈坦·萨利姆在《海湾拾贝》中的开篇词："海湾，多么美丽的名字……"以恢宏的气势、美丽的语言概括了海湾文明的发展历程与趋势，从而把读者引入一个令人神往的学术领域。

（石　勒）

中国考古学

1995年1月，《中国考古学》编写领导小组主持召开九卷主编会议，正式启动了该课题科研工作。1996年，《中国考古学》（九卷本）被分别批准为国家社科基金自主重点项目和中国社会科学院重大研究课题。截至2010年这套由中国社会科学院考古研究所编著的《中国考古学》（九卷本）已出版了四本，分别是由杨锡章、高炜主编的《中国考古学·夏商卷》（以下简称《夏商卷》），由张长寿、殷玮璋主编的《两周卷》，由刘庆柱、白云翔主编的《秦汉卷》，由任士楠、吴耀利主编的《新石器卷》，由中国社会科学出版社先后于2003、2004、2010年出版。

《夏商卷》16开精装本，总序6页，目录14页，图版32版，正文668页。全书共9部分：绪论；第一章，夏文化探索；第二章，二里头文化；第三章，先商文化探索及相关问题；第四章，商代早期的商文化；第五章，商代中期的商文化；第六章，商代晚期的商文化；第七章，商代的经济、技术、文字和艺术；第八章，夏、商王朝周边地区的考古学文化。

《两周卷》16开精装本，总序6页，目录8页，图版32版，正文563页。全书共13部分：绪论；第一章，先周文化探索；第二章，西周文化的分期、年代和都邑；第三章，西周时期的诸侯国墓地；第四章，江南地区的西周文化；第五章，西周时期的农业和手工业；第六章，西周时期的文化；第七章，东周时期城市的发展；第八章，东周时期中原地区的墓葬；第九章，东周时期南方地区的墓葬；第十章，东周时期的生产技术；第十一章，东周时期的社会生活；第十二章，两周时期周边地区的考古学文化。

《新石器卷》16 开精装本，总序 6 页，目录 14 页，图版 32 版，正文 848 页。全书共 10 部分：绪论；第一章，中国新石器时代的自然环境；第二章，新石器时代早期文化；第三章，新石器时代中期文化；第四章，黄河流域和北方地区新石器时代晚期文化；第五章，长江流域和华南地区新石器时代晚期文化；第六章，黄河流域和北方地区新石器时代末期文化；第七章，长江流域和华南、西南地区新石器时代末期文化；第八章，中国新石器时代居民种系研究；第九章，中国新石器文化总考察和文明起源探讨。

《秦汉卷》16 开精装本，总序 6 页，目录 11 页，图版 32 版，正文 1024 页。全书共 14 部分：绪论；第一章，秦代都城、行宫和直道；第二章，秦始皇陵；第三章，秦代官吏与平民墓葬；第四章，秦各项统一措施；第五章，汉代都城；第六章，秦汉地方城邑与长城；第七章，汉代帝陵与王侯大墓；第八章，汉代官吏与平民墓葬；第九章，秦汉时期的农业；第十章，秦汉时期的工商业；第十一章，秦汉时期的简牍、帛书和铭刻；第十二章，秦汉时期边远和少数民族地区的考古学文化；第十三章，秦汉时期的中外交流及同周边的地区的联系。

四本书均是集体写作的成果，撰写工作主要是中国社会科学院考古研究所夏商周考古研究室、史前考古研究室及汉唐考古研究室的中青年学者，他们都是长期在中国考古第一线进行考古发掘和研究的人员，主编则都曾是各自领域研究精深、当之无愧的领军人物。四本书均是在全面梳理考古材料、充分利用已有研究成果的基础上，建立了自己对该段考古学的系统性框架结构，并同时形成了自成一家的系统性观点，所以虽是集体编写，但是绝非材料堆砌而是研究性的皇皇巨著。出版时间较长的《夏商卷》和《两周卷》已经受到时间的考验，备受各界赞誉并获得多个图书奖项。新出版的两本《新石器卷》和《秦汉卷》自出版之日起就受到学术界的关注，也是两本值得向学界推荐的好书。毋庸讳言这四本书已成为考古学者研究的必备资料书，也是非考古专业查阅的工具书。当然，鉴于考古学科的特殊性，这几本书应该都是阶段性的总结之作，随着新发现的不断涌现，书中的不少材料和观点有待修订、完善、补充。

（庞小霞）

中国考古60年（1949—2009）

国家文物局主编，文物出版社出版，2009，631页

本书对新中国成立以来60年的考古工作与研究成果进行了全面概括性的总结，属于集大成之著作，是"辉煌历程——庆祝新中国成立60周年重点书系"之一。本书没有章节之分，但内容厚重。主要有三部分组成，第一部分是国家新闻出版总署署长柳斌杰"辉煌历程——庆祝新中国成立60周年重点书系"的总序；第二部分是中国社会科学院考古研究所王巍等先生撰写的"中国考古研究60年"，对60年来中国考古学研究的重要进展进行了概要性的回顾；第三部分是全国各地的考古工作60年的概述，包括北京、天津、上海、重庆4个直辖市，河北、山西、辽宁、吉林、黑龙江、江苏、浙江、安徽、福建、江西、山东、河南、湖北、湖南、广东、海南、四川、贵州、云南、陕西、甘肃、青海、台湾23个省，内蒙古、广西、西藏、宁夏、新疆5个自治区，此外还包括香港与澳门特别行政区60年的考古工作总结。每一个省、自治区、直辖市基本上都是按照旧石器时代、新石器时代、夏商周三代、秦汉、魏晋南北朝、隋唐、宋辽元明清的时代的先后顺序叙述各自区域的重要考古发现与研究成果，并附带大量考古照片资料。有些省、自治区和直辖市还根据自己区域内的特色与优势单独设立一些专题，如内蒙古的岩画、摩崖石刻及石窟寺考古，福建与海南的水下考古，甘肃的长城考古，新疆的佛教考古等。

本书最大的特点是全面系统地概述了全国范围新中国成立以

来60年的考古工作，包括港澳台地区的考古工作，是一般学者与爱好者了解新中国考古事业概况的最佳工具书。而本书第二部分对旧石器至清代考古及各类专题与综合研究高度概括性的叙述，十分有利于整体上宏观把握与了解新中国60年来中国考古的研究状况及最新进展。因此，无论是考古资料层次的，还是中国考古学学科研究层次的，本书都可以称得上是一部资料丰富、内容完备的"教科书"。

（高江涛）

中国文明起源研究要览

中国社会科学院考古研究所与中国社会科学院古代文明研究中心联合编著，文物出版社，2003，433页

本书是一部全面反映20世纪有关中国文明起源研究各类成果的摘编要览性的专题研究工具书。书正文可分六大部分，第一部分为前言，概括了20世纪20年代末以来中国文明起源研究的历程，简单介绍了本书的结构与内容；第二部分是综论中国文明的起源，主要是有关文明起源问题理论与方法方面的学术成果的摘编，涉及中国文明起源的宏观研究、理论、方法探索，文明的概念、特征、标志与要素的讨论，国家起源、形成与早期国家形态及其理论探讨，酋邦问题及中外文明起源比较研究；第三部分是中国文明起源的专题研究，主要是对从不同角度研究文明起源的论文摘编，分别有古代环境、原始农业、史前聚落城址、符号与原始文字、早期铜器、原始宗教、史前战争、史前玉器；第四部分是对中国几个主要区域的文明起源研究论文的摘编，区域有黄河流域、中原地区、海岱地区、黄河上游地区、辽西及其附近地区、长江中游、长江下游、华南及西南地区等；第五部分是对中国文明起源与中国古史研究的相关论文的摘编，主要有传说时代与文明起源、夏文化探索与文明起源、夏商周三代文明的特点等；最后一部分是有关中国文明起源研究的成果评介与回顾性质

的论文摘编。此外，附录主要是有关中国文明起源研究的论文与专著的目录索引。

该书对 20 世纪 20 年代以来近 80 年的有关中国文明起源问题的大量研究成果和文献资料进行了系统收集与整理，填补了此类工具书严重缺乏的空白。全书摘编了约八百篇论著并按三个研究专题编排，基本涉及了中国文明起源研究的各个方面、层次、角度，集中全面地展示了中国文明起源研究的历史与现状，对于准确地认识和开展中国文明起源及进一步推动这一重大课题的研究，具有重要的学术意义。此外，本书体例既不属于索引目录性质的工具书，也不是有关中国文明起源问题的专著，而是这一专题研究成果的摘编，便于读者了解各种形式的论著与各家不同观点看法。所以，本书是探索中国文明起源以及早期国家形成这一重大学术课题的必备书籍与参考文献。

（高江涛）

安徽繁昌人字洞
——早期人类活动遗址

金昌柱、刘金毅主编，科学出版社，2009，439 页

人类的起源，人类文化活动的遗存和气候环境对生物进化的影响等重大学术问题一直是学术界孜孜追求的前沿课题，为推动中国在这一研究领域的进展，1998 年，科技部、国家自然科学基金委员会、中国科学院设立了国家"九五"攀登专项"早期人类起源及环境背景的研究"。这为在中国寻找 200 万年或更早的人类化石和早期人类活动的遗存带来了新的机遇。安徽繁昌人字洞遗址的发现和研究就是其中的重要研究内容之一。

人字洞遗址位于长江以南繁昌县城西南约 10 公里处，1998 年进行地质古生物调查时发现，1998 年 9 月至 2001 年 11 月，由中国科学院古脊椎动物与古人类研究所、安徽省博物馆和安徽省文物考古研究所联合组队进行了多次系统的发掘，出土了大量石

制品和骨制品，数万件脊椎动物化石标本，包括大量灵长类、保存较完整的锯齿虎、乳齿象和丽牛等，其地质时代为早更新世早期（可能为距今200万年至240万年前）。本书分6章，系统介绍了遗址的发现和发掘过程、遗址的地质和地理概况，详细研究了迄今为止在欧亚大陆最为古老的人工石制品和骨制品，系统记述了伴生的哺乳动物化石，阐明了哺乳动物群的组成特点和性质，同时讨论了遗址的地质年代及古气候环境等。作者认为，人字洞遗址的石制品从类型或技术上都比中国境内发现的早期石制品显得粗糙、简单而原始，打击骨器的发现也说明早期人类使用工具原料的多样性。其技术传统与中国北方早期旧石器工业较为接近。与其伴生的动物群基本上具有中国南北方动物区系的过渡特点，但更接近于北方动物区系。这充分反映了人类文化遗存、哺乳动物和古气候环境的互动关系，同时也表明动物地理区域性差异受古气候环境控制。

安徽繁昌人字洞遗址的发现和研究无疑为亚洲人类早期演化和早期旧石器文化模式及其环境背景的探讨提供了重要资料。本书是研究该遗址的一部重要学术专著。人字洞遗址是欧亚大陆最早的旧石器人类文化遗址之一，它的发现与阶段性研究成果是国家"九五"攀登专项"早期人类起源及环境背景的研究"课题的重大成果。其在考古学及第四纪地质和生物学上的重要意义越来越引起学术界的重视，在其发现之初，对人字洞遗址出土的石、骨人工制品的认定曾引起了广泛的争议。许多研究者对其人工属性存疑。相信本书的出版会进一步深化对人字洞遗址出土石、骨制品的认识。目前，人字洞遗址已成为第六批全国重点文物保护单位，其史学和科学价值已渐入人心，由此也引出一些亟待探讨的问题。人类起源与文化起源关系、文化发展方向以及早更新世哺乳动物区系及古环境变迁等都需要今后长时间的研究，正如本书结尾所言"许多问题尚有待研究，许多认识尚有待深化，新一轮的发掘和研究将在以后再度启动，我们期待着这一新的开始"。

（王晓庆）

殷墟花园庄东地甲骨

中国社会科学院考古研究所编著，云南人民出版社，2003，6册

1991 年中国社会科学院考古研究所在殷墟发掘了一座甲骨坑（编号为花东 H3），坑内共出甲骨 1583 片，其中刻字的有 689 片。这是继 1936 年小屯北地 H127 坑甲骨、1973 年小屯南地甲骨之后甲骨文的第三次重大发现。《殷墟花园庄东地甲骨》即是对此甲骨坑出土甲骨的著录。该书共 6 册，第一册由前言、甲骨顺序号、图版号目录表、刻辞卜骨统计表、刻辞背甲统计表、卜甲反面文字统计表、卜甲缀合统计表、图版凡例、拓本、摹本图版（第 1－130 号）组成。第二册和第三册为拓本、摹本图版（第 131－464 号）。第四册和第五册为彩色图版（第 1－546 号）。第六册由殷墟花园庄东地甲骨释文、殷墟花园庄东地甲骨钻凿形态研究、字形检字表、字词索引表和笔画检字表等组成。

《花东》一书有四个重要特点。

其一，内容珍贵，意义重大。花东 H3 里面整龟很多，完整卜甲达 700 多版，其中有刻辞的完整卜甲又多至 300 多版，且本身窖藏完整，资料完整，更重要的是它们全部属于当时被称为"子"的一个贵族，而非商王占卜的记录，即常说的"非王卜辞"。内容涉及田猎、祭祀、疾患、入学、献礼等社会生活的方方面面，为甲骨学、殷商史乃至整个上古史研究提供了珍贵资料，意义重大。

其二，体例完备，著录精确。《花东》采用甲骨学与考古学相结合的著录方法，书中包含了田野发掘报告具备的发掘位置、发掘经过、地层堆积、地层包含物、遗迹遗物、各种统计表甚至自然科学的检测等内容，同时又吸收汇总甲骨文著录书的优秀体例，集拓本、摹本、照片（含局部特写）、释文、索引于一体。作者刘一曼、曹定云两位先生学风严谨，甲骨功底深厚，著录精准。

其三，整理科学，研究并举。从1991年底开始发掘，到2003年底大作面世，费时12年。这是一项有条不紊地科学发掘、科学整理的工程，同时又是一项审慎严谨地探索与研究的工程。其工作规范与研究历程，为此后同类的工作提供了一个可资效法的范例（葛英会评语）。

其四，编辑认真，印刷精美。该书的文字编辑和校对认真，基本无文字编辑校对方面的失误，照片排版印制清晰，色泽美观。

（庞小霞）

北方草原考古学文化研究
——青铜时代至早期铁器时代

乌恩岳斯图著，科学出版社，2007，386页，图版8页

北方草原泛指长城沿线及其以北地区。本书所述考古学文化主要分布于长城地带中段。青铜文化限定在东起辽西（医巫闾山以西）、西至鄂尔多斯高原；早期铁器时代文化主要集中在内蒙古中南部及以陇山为中心的宁夏和甘肃庆阳地区。之所以限定在这一区域，是因为这一地域的古代文化自青铜时代至早期铁器时代发展的脉络比较清楚，而且在文化内涵方面具有更多的关联因素。从年代上说，本书包含的青铜时代和早期铁器时代相当于中原地区的夏商至战国末期，约当公元前21世纪至公元前3世纪。

北方草原处于欧亚大陆的东端，又靠近黄河流域。这一优越的地理位置决定了它在欧亚大陆草原古代文明中的重要地位。关于北方草原地带考古学文化的研究，目前已出版了很多发掘报告和简报，发表了大量的研究论文和专著。北方草原地带青铜文化和早期铁器时代文化的序列已经基本确立。如果以张家口地区为界划分为东、西两大区域，西段的青铜文化有朱开沟文化、李家崖文化和西岔文化；东段燕山以北的青铜文化有夏家店下层文化、魏营子文化、夏家店上层文化和十二台营子文化；燕山以南

的青铜文化有大坨头文化、围坊三期文化和张家园上层文化，以及青铜时代晚期并向早期铁器时代过渡的玉皇庙文化。早期铁器时代文化有毛庆沟文化、桃红巴拉文化和杨郎文化。

本书是关于北方草原地带青铜时代至早期铁器时代考古学文化综合研究的专著。全书分为 13 章，系统地研究了北方草原地带夏家店下层文化、大坨头文化、朱开沟文化、魏营子文化、围坊三期文化、李家崖文化、夏家店上层文化、十二台营子文化、张家园上层文化、玉皇庙文化、毛庆沟文化、桃红巴拉文化及杨郎文化，内容分别包括发现与研究简史、年代与分期、遗迹与遗物、经济形态、社会组织结构与宗教信仰、渊源与相邻文化之间的关系、族属与流向等方面。

本书作者在充分吸纳前人研究成果的基础上，对国内外学者所关注的问题提出了自己的一些看法，对北方草原地区青铜文化和早期铁器时代文化的内涵及其相互关系问题、北方草原地带青铜文化和早期铁器时代文化在欧亚大陆草原古代文化中的重要地位以及同境外考古学文化的关系问题、游牧畜牧业的形成及其何以维持数千年不衰的问题、族属问题等做了全面阐释。

（庞小霞）

桂林甑皮岩

中国社会科学院考古研究所等编著，文物出版社，2003，703 页，彩版 16 面，黑白图版 72 面

该书是在 2001 年发掘的考古资料的基础上，聚合考古学、古动物学、古植物学、年代学、体质人类学、实验考古学等方面的专家，对 1973 年以来甑皮岩遗址出土的全部遗物进行了多角度、全方位综合分析和研究的成果。全书共十章，可分三部分。第一部分"遗址背景"，主要介绍了桂林地区现代自然地理环境和历史沿革以及遗址所在地域的小环境，并对甑皮岩遗址历年发掘工作及研究状况进行了详细的回顾、分析和反思。同时，对 2001 年

再次发掘甑皮岩遗址的原因、采用的发掘方法以及整理过程做了详细的介绍。第二部分"出土资料"，主要介绍了2001年所发掘的几个区域代表性的地层堆积，并根据甑皮岩的地层叠压关系和文化遗物的特征，把甑皮岩遗址史前时期的堆积归纳为五期，并分期、分类介绍了各类遗迹、遗物的特征。第三部分"综合研究"，采用了多种科学采样和科技分析的手段，对甑皮岩史前人类的生存环境、生业形态、工艺技术、体质特征及年代等进行了全面的分析和研究，从整体上探讨了甑皮岩史前人类的生活习俗、生存条件、资源及其与技术和社会的互动关系；综合论述了甑皮岩遗址各时期的文化特征，并对甑皮岩与陶器起源及相关的文化演化以及与华南及东南亚地区史前文化的关系进行了深入、详尽的分析，取得了重要成果。

该书把1973－2000年对桂林甑皮岩的田野工作成果进行了综述，还加入了2001年新发掘的内容，书中讨论了以往提出的主要问题，如年代、环境、生计、葬俗、地质地貌、家猪驯养等，并有重点地与新的发掘和研究进行联系和比较。它首次将该遗址分为五期，指出存在五期史前文化堆积，代表了距今7000－12000年间桂林地区史前文化的发展演化序列。书中指出遗址出土的猪为野猪，提出该遗址不存在原始农业的观点，认为第一期的陶器是目前中国最原始的陶器之一，探讨了该遗址各期文化遗存与湖南沅水流域、洞庭湖地区、岭南地区以及东南亚地区同时期文化间的关系。

突出科技考古是本书的一大亮点。运用各种自然科学手段对遗址环境、生计、人类骨骼、动植物遗存、工具制作技术及年代等进行系统、综合的研究，这是本书的重点，占全书近三分之二篇幅。这种在科技研究上的大比重，既体现了考古纵深研究的需要，也与国际学术趋向相合，不是以发掘数据的汇集为主，而是在充分汇集发掘数据的基础上，将科技考古成果立为全书主体。同时，各种自然科学手段的分析研究并非互不相干地进行，而是整合为某些重大问题或专题（如年代确定、农业起源、家畜驯养、体质特征、生计模式），从而整体上探讨生活习俗、生存条件、资源及其与技术和社会的互动关系。使自然科学手段在考古学中的应用真正做到了水乳交融。

本书的出版在学术界得到了广泛的好评，继甑皮岩遗址的考古工作荣获2002年度国家田野考古二等奖之后、《桂林甑皮岩》先后荣获2003年最佳考古发掘报告、第四届夏鼐考古学研究成果奖二等奖、第六届（2007年）中国社会科学院优秀科研成果奖二等奖、中国社会科学院考古研究所优秀科研成果奖一等奖等多项奖项。

（王晓庆）

梁带村芮国墓地
——2007年度发掘报告

陕西省考古研究院、渭南市文物保护考古研究所、韩城市景区管理委员会编著，文物出版社出版，2010，259页

本书属于典型的考古发掘报告，全面系统地公布了陕西省韩城市梁带村2007年南区、北区、西区三个发掘区清理的36座墓葬与2座马坑的考古资料。全书共分5章，正文259页，其中有215幅重要的考古插图资料，另包含两个附录与附表，并最后附有199页彩版重要遗迹、遗物的照片图。第一章为绪论，介绍了梁带村墓地所处的地理环境、韩城历史沿革、考古工作概况及墓地分布情况；第二章重点公布了北区墓葬，包括大型墓M502、中型墓M586和M01等20座小型墓，另外还有一座按墓葬编号的马坑M515；第三章公布了南区发现的几座墓葬，主要是大型墓与中型墓，未见小型墓，包括大型墓M28和中型墓M17、M31、M35；第四章为西区墓葬的考古资料，包括中型墓M2、M18、M49、M51与6座小型墓，另有马坑MK1，未见大型墓；第五章为结语，论述梁带村古芮国墓地的年代与分期、墓主身份、墓地布局及重要遗物如棺饰等相关问题，另外还论述出土有铭铜器铭

文内容及相关问题。附录主要是梁带村墓地出土人骨与木材的鉴定报告，而附表主要是北区、南区及西区墓葬登记表。

该书对梁带村2007年度发掘的36座墓葬与2座马坑的考古资料进行了系统描述，图文并茂。值得注意的是，作者在公布发掘资料时力求做到最大限度地提取有用考古与历史信息，对于墓葬资料尤其大型墓葬的表述除了传统的墓葬形制、葬具葬式和随葬品详述外，还对大型墓葬的地层关系给予了详细描述，而不仅限于墓葬开口某层下的只言片语。对于大型墓随葬品依据在棺椁中的不同位置分区分层地用线图展示出来，对于重要的出土遗物除简单的线图外，还增加了拓片图，如有铭青铜器的纹饰拓片、铭文拓片等，这些都是以往其他发掘报告所不多见的。此外，重要的是该书这些考古资料的公布显然会推动周代古芮国及其与其他诸侯国关系的探索，同时对于周代墓葬制度尤其小型诸侯国埋葬制度及其相关礼仪制度的研究都有着重要的促进作用。

（高江涛）

西汉礼制建筑遗址

中国社会科学院考古研究所编著，文物出版社，2003，246页，图版440幅

本书收入1958－1960年在西安西北郊（汉长安城南郊）发掘的14座西汉礼制建筑遗址的全部资料，同时收入1956－1957年在同一地区发掘的大土门遗址资料。内容分为十章，包括绪言，第1号至第12号遗址综述，第3号遗址，第1号、第2号、第4号至第11号遗址，第12号遗址，第13号遗址，第14号遗址，出土的砖、瓦、瓦当，大土门遗址，结语。文后还附有出土器物总表等。

第1号至第12号遗址分布在汉长安城南城墙以南1公里外，适处安门以南沿线西侧，西安门以南沿线东侧一带。其中11座

大小相仿，第 12 号遗址约大 1 倍。它们的平面都呈"回"字形，都是由中心建筑、围墙、四门和围墙四隅的曲尺形配房组成。规矩方正，整齐划一。在大小相仿的 11 座建筑的四周还环以大围墙。第 12 号遗址位于大围墙南墙外的正中。中心建筑和四门门道内都有大量的建筑材料出土，大都是西汉晚期流行的器形纹样，此外，还有一些带王莽时代标志的遗迹和遗物。推测这组建筑应是"王莽九庙"。

第 13 号遗址位于第 1 号至第 11 号遗址的大围墙外面西南边，东距第 12 号遗址约 600 米。遗址的主体是一座横长方形的夯土台基。现存东西残长约 240 米，南北宽 60 – 70 米，高出周边地面 5 – 10 米。台基中部正北直对汉长安城内未央宫前殿遗址。遗址保存很不好，现存夯土台基，部分廊道和础石，多个陶圈井，多条排水陶管道，以及台基边上的 3 座房屋，出土遗物主要是板瓦、筒瓦、瓦当等建筑材料。其始建年代应为秦代，现存的早期遗迹应是西汉早期建筑遗迹。推测其可能是利用秦旧址修建的汉初社稷。

第 14 号遗址是平面呈"回"字形的内外两层围墙。外围墙南北长 600 米，东西长 570 米，四面围墙正中各辟一门。内围墙每边长 273 米，四面围墙正中也各辟一门。出土遗物主要是板瓦、筒瓦、瓦当等建筑材料。推测该遗址可能是王莽新增的未完成的社稷。

大土门遗址在西安旧城西郊的大土门北边，东距西安玉祥门约 1.5 公里，北距汉长安城南垣 1 公里许。遗址分三部分：中心建筑，围墙、四门及配房建筑，圜水沟。出土遗物有砖、瓦、瓦当等。推测该遗址应是辟雍遗址。

这批西汉礼制建筑遗址为古代中国所特有，对中国东汉魏晋以后各代的礼制建筑有重大而深远的影响，对中国古建筑学，尤其是中国传统的礼制建筑制度的研究，都有重要意义。本书对广大的文物考古工作者及古代史研究者都有重要的参考价值。

（洪 石）

法门寺考古发掘报告

陕西省考古研究院等编著，文物出版社，2007，上册为正文等，393页，下册为彩版，256页

法门寺位于陕西省扶风县城以北约10公里的法门镇。寺内原有明代万历年间建造的一座13级八棱砖塔，1981年坍塌约三分之一。1982－1985年，对坍塌废墟进行了清理。1987年2月正式开始法门寺真身宝塔塔基清理工作，直至1988年10月底。

该报告正文部分对发掘概况，塔体建材中和寺院内所见刻铭砖、碑碣及刻石，塔身所出造像和经卷，以及地宫出土遗物进行了介绍，并在结语部分进行了分析探讨。

经发掘可知，明代塔基略呈圆形，东西最大径约19米、南北最大径约20米，总面积约1300平方米。其位置在现存唐代塔基石条边围之内的中心区域。塔基全部用夯土筑成。塔基的位置与八棱13层砖塔平面形状吻合。

唐代塔基大体呈方形，每边长26米，面积676平方米。在第一层夯土的表面四周分布20个"柱础"，组成一方形柱网，在柱网的四隅还有4个"内角柱柱础"。现存的中心方座位于整个塔基的中心部位，大体呈正方形，边长约10.5米。

唐代地宫位于塔基的中心部位，由踏步慢道、平台、隧道、前中后三室及秘龛7个部分组成，形状略呈甲字形。总长度为21.125米，总面积32.48平方米。地宫构筑方法是挖出竖穴土圹，形成整个地宫基槽，然后用石灰石、大理石进行明箍而成，地宫内部全涂成黑色。

地宫内发现两通石碑，即大唐咸通启送岐阳真身志文碑、应从重真寺随真身供养道具及恩赐金银器物宝函等并新恩赐到金银宝器衣物帐碑，细述了法门寺寺庙的沿革、佛指舍利及咸通年间迎佛骨的盛事和唐僖宗送回佛骨以及诸多赏赐的经过，还有赏赐物品的清单，可与地宫内出土文物进行对照。

地宫中的遗物主要有两大类。一类是佛指舍利，共4枚，分别供奉于地宫后室的八重宝函之内、中室的汉白玉双檐灵帐之中、后室的秘龛内、前室汉白玉阿育王塔内的铜浮屠中。另一类是为供养舍利而奉献的物品，有金银器、铜铁器、瓷器、琉璃器、珠宝玉器、漆木器及大量的纺织品和铜钱等。

法门寺的发掘，是中国唐代考古的重大事件，也是佛教考古的重大发现。地宫中的遗物品类多、等级高、质量精，代表着唐代高度发展的工艺水平。金银器上多刻有铭文，为研究唐代金银器的制造等提供了极为重要的实物资料。秘色瓷的发现解决了陶瓷史上的秘色瓷的颜色及烧制年代等问题，而琉璃器则是当时中西文化交流的重要物证。

（洪　石）

渤海上京城

黑龙江省文物考古研究所编著，文物出版社，2009，666页，插图460幅，图版412幅

渤海国（公元698－926年）是隶属唐朝的由靺鞨族建立的东北地方民族政权，设有五京，其中的上京城，建制模仿唐长安都城，曾两次为都，时间长达160余年，是渤海国的主要都城。平面形状呈长方形，面积16.4平方公里。上京城遗址现位于黑龙江省宁安市境内。

渤海上京城遗址的调查、勘探与发掘，是近年国家文物局边疆考古研究的重点课题，其项目实施时间历时十年（1998－2007年），主要工作内容是系列发掘该城核心部位——宫城宫殿群以及外郭南门、北门、皇城南门等遗址，总发掘面积达44748平方米，出土文物近万件，究明了全城中线特别是宫城中区的建筑布局，更新绘制了新的渤海上京城遗址平面图。此报告即是此项目考古资料的总汇。报告共分十一章：绪论、第2号宫殿基址、第3、4号宫殿建筑群基址、第5号宫殿基址、第50号宫殿基址、

皇城南门基址、郭城正南门基址、郭城正北门基址、第 1 号街基址、城墙建筑结构、结语（始建与废弃年代、宫城布局、建筑规模反映的等级、宫殿功能与建筑特点、遗物、遗迹的分期、城址供排水系统），并附录：渤海上京城釉陶器、白灰测试报告，渤海上京城金属器金相测试报告，渤海上京城铁器金相学与工艺探讨、"东京城"遗址发掘的初步报告，后记以及英文、俄文、日文、韩文提要和参考文献。

该报告相较其他报告，具有一定的特色：（1）对渤海上京城遗址的考古历史做了较全面的回顾与评价，并附录了该城址不同时期测绘的平面线图，使读者不仅可以了解到考古的过程与成果，而且也了解到该城址不同时期保存的状况和工作水平。特别是在报告的最后，附录了 1931 年以旅华俄籍学者 B. B. 包诺索夫为主的东省特别区考察队古民族分队对渤海上京城进行了第一次科学的考古工作报告（"东京城"遗址发掘的初步报告）的中文译文，殊为珍贵。（2）图文并茂。遗物线图采用传统的黑白点画法，使器物具有了明显的立体感和质感，这在现代考古报告中是不多见的。遗迹线图较全面丰富，而且在附图册中配录了 17 幅折页大图，更客观地体现了建筑布局以及单体建筑的遗迹状况。图版部分也不惜工本，均采用彩版，更方便了读者。

总之，该报告不仅是中国渤海历史与考古研究最新成果的客观体现，而且也是唐代城市制度、唐代建筑史乃至中国古代城址考古等诸多研究所必备的珍贵资料。

（龚国强）

景德镇湖田窑址：1988－1999 年考古发掘报告

江西省文物考古研究所、景德镇民窑博物馆编著，文物出版社，2007，上、下册，756 页

景德镇瓷窑遗址大体分为市区、南河区、小南河区以及东河区 4 个区域。其中市区主要为明清御窑厂区；南河、小南河区主

要是宋元时期窑业区；东河流域则主要属明清民窑青花瓷业产区。南河及小南河区中湖田窑是最典型的一处，位于景德镇市区东南约 4 公里的竟成镇湖田村，面积约 40 万平方米。

1988－1999 年，江西省文物考古研究所等单位配合中国航空工业总公司第 602 研究所的生活区建设工程（即湖田窑所在地），进行了 10 次抢救性考古发掘，发掘面积 6000 余平方米。发掘出土了一批窑炉、作坊、生活等遗迹和"数十万件"瓷器、窑具、制瓷工具等各类文化遗物，年代涵盖五代、北宋、南宋、元、明时期。

报告编写工作从 2000 年 7 月启动到 2006 年秋完成。报告分为上、下两册，上册主要内容为概论、窑址的调查与发掘、主要遗迹、出土遗物、分期与年代、湖田窑发掘的主要收获，共计 6 章，此外还包括序、后记和英文提要。文后附录中则辑录了景德镇湖田窑青瓷与白瓷的科学技术研究、景德镇湖田窑古瓷元素组成的核分析研究、宋元纪年墓出土青白瓷简表。下册为彩版图，含窑址遗迹、遗物彩图共计 196 张。

报告对湖田窑截至 1999 年清理的 7 处窑炉均有介绍。发掘的作坊遗址布局规整有序，遗迹种类丰富。其中 1995 年在 A 区发掘出土的作坊遗迹有房屋、路面、水沟、淘洗池、陈腐池、蓄泥池、凉坯台、陶车基座、釉缸等，保存较好，且连成一片。发掘出土的瓷器品种有青瓷、白瓷、青白瓷、黑瓷、卵白釉瓷、仿龙泉釉青瓷、青花瓷器等。出土的制瓷工具的种类、数量也较多，有的是以往未发现或未被辨别出来的。在一些瓷器、制瓷工具、窑具上戳印或刻画有文字和题记。

报告在全面、细致整理资料的基础上，将出土资料分为 9 期，并归纳每期特点，初步建立起了湖田窑的发展序列。以往分期研究多限于宋元时期，该报告则包括了湖田窑从创烧至衰落的全部生产时期。发掘报告资料丰富、分析深入、总结客观、分期具有开创性，为景德镇地区窑址断代提供了资料和标尺。报告中较为完整的作坊遗址资料是以往景德镇古代瓷窑遗址考古发掘资料中所不多见的，在南方地区也是少见的。其对于探讨湖田窑乃至景德镇地区制瓷工艺及其分工等无疑是一批难得的资料。遗物上文字和题记等是探讨湖田窑的产品性质、经营模式等的珍贵资料。它的出版对于湖田窑、景德镇瓷业乃至整个中国古代南方制瓷手工业的研究都将具有推动作用。

（王　睿）

2 史学新刊

史学理论与史学史学刊

此刊由北京师范大学史学理论与史学史研究中心主办，社会科学文献出版社出版，2002年出版首卷，每年一卷。该刊主要包含五个方面的内容：一是关于史学理论建设的有关论述，这是学科建设方面带有全局性的问题。总结正反面的经验，在新的形势下结合具体的研究对象，如何更准确地在历史研究领域运用和发展唯物史观，以及融会东西方史学的进展进行理论创新的论述等；关于中国史学史的学术体系的讨论等，这些都是学科建设中的重大问题。二是就某个理论问题做专门探讨，如历史学是"科学"还是"人文学科"，历史认识中的"历史事实"，"欧洲中心论"及其表现等。三是关于中国史学史的一些专题研究，其涉及范围上起先秦两汉，下至20世纪50年代。四是关于史学家的研究。五是关于中外史学交流的研究。学刊是反映史学界在史学理论、史学史研究领域之最新进展的一个学术园地。其宗旨是贯彻"百花齐放、百家争鸣"的方针，继承优秀史学遗产，促进中外史学交流，推动史学理论、史学史研究的不断进步。该刊2008年至今一直为中文社会科学引文索引（CSSCI）来源集刊。

新史学

《新史学》丛刊创刊于2007年，由中国人民大学清史研究所主办，中华书局出版，自2011年起从每年出版一卷改为半年刊。创刊的最初动议源起于清史研究所发起组织的一次由多学科学者参加的研讨会。为了纪念梁启超《新史学》发表一百周年，有九个学科的学者参加的此次会议，从多学科交叉的角度探讨了中国新史学在未来发展的可能走向，会后论文结集成《新史学：多学科对话的图景》出版，展示了多学科视野下不同历史叙述与研究进路的可能性。为推进这一尝试的进一步实施，一些同道随后创办了《新社会史》丛刊，在出版的三期中涉及记忆与象征、身体与性别以及历史认识论等问题。然而在编辑过程中他们发现，"新社会史"的理念已远不能涵盖对历史学的整体思考，遂有《新史学》丛刊的创办。

《新史学》在创刊之初就标举出跨学科研究的旗帜，试图广泛融合社会科学与人文科学的优秀治学传统，努力提升中国史学界的前沿"问题意识"，同时又反对在学科专门化的名义下对历史书写进行规训和裁割，强调在解读史料的过程中磨砺对历史的感觉和想象力。如第一卷主编杨念群在创刊号引言中就提出了"中国史学需要感觉主义"的观点。《新史学》编委会除史学研究者外，还荟萃了文学、哲学、社会学、人类学等学科的一批优秀学者，在编辑程序上采取了创新机制，不设固定主编，而是采取轮流主编的方式，希望通过这种制度创新，尝试包容不同的研究风格和探索路径。

《新史学》不设固定栏目，每卷的主题设计和若干栏目设置均有所变化，力求反映和追踪最新的前沿问题意识和研究动态。在已出版的各卷中，包括以下论题：第一卷"感觉图像叙事"，由杨念群主编，其中黄兴涛关于"她"字的研究在史界引起较大反响，对国内"概念史"研究是个有力的推动。第二卷"概念文本方法"，由孙江主编。第三卷"文化史研究的新方向"，由黄兴涛主编，其中曹新宇所写《从传教士汉学到社会科学》一文已被译成英文出版。第四卷"再生产的近代知识"，由黄东兰主编。第五卷"清史研究的新境"，由杨念群主编，这卷对美国兴起的"新清史"研究近况有所批评和回应。以下各卷涉及生态环境史研究（夏明方主编）和新革命史研究（王奇生主编），也已出版。

《新史学》的创办为中国历史学的发展带来了一种新的可能性,有利于克服中国史界相对刻板单一研究风格的制约,其对跨学科的问题意识和研究方法的采用,对推动史学界向更多元的方向发展起着有益的激励作用。

经济－社会史评论

《经济－社会史评论》2005 年创刊,侯建新担任主编,三联书店出版和发行。

该刊宗旨,其一,为了引进和建设经济—社会史学科,从这个意义上讲,《经济－社会史评论》是应运一个新学科而诞生的,肩负着倡导与引入这个新学科的使命。20 世纪 70 年代以来,经济—社会史(Economic and Social History)成为国际史学界的一个重要的研究方向。社会史研究需要经济史赋予其深度,经济史研究也需要社会史赋予其广度。而两者的结合显示出独特的学科优势,一些日常的、具体的、分散的历史现象,在这一新的学术视野下,可以"见微知著",成为宏大历史解释的基础,形成长时段的历史、整体的历史和大众的历史。近 20 年来,天津师大"欧洲经济—社会史研究中心"一直致力于倡导与引入这个学科。创办《经济－社会史评论》,通过宏观的理论探讨与微观的实证研究,明晰该学科的理念、方法与特征,逐渐构建一套本土化的经济—社会史话语体系,赋予历史学一份新鲜的活力。其二,以欧洲历史为切入点,为中国的社会转型,为中国的现代化大业提供一份厚重的思想资源。由于该学科特别适合传统社会向现代社会转型这类宏大而复杂历史题材的研究,可以借鉴该学科理论和方法,加强历史学的解释力与生命力。其三,在坚持学术性的同时,力求面向大众,面向社会,面向生活。求真、求实、注重细节,让一般读者对一些即便复杂深奥的历史与现实问题,也能够愿意读、读得懂,并有所获,提升他们的公民素质和人文精神。总之,办刊方针概括起来即是"历史与现实相结合,外国历史与中国历史相结合，学术品位与大众品味相结合，关注转型中的中国"。

刊物采用专栏式结构。每辑开设一两个重点专栏，如"转型与分化""生态与环境""农民负担""教育与社会""社会保障""财产权利""金融危机与应对"和"农民与土地"等，都是就现实社会中的某一重大问题，从历史与现实、中西对照等角度展开广泛而深入地讨论，力求为问题的解决提供历史的解释、经验、借鉴或启示。其他常设栏目有"个人与社会""宗教与神话""域外新论""往事访谈""学者访谈""随笔札记"等。配少量插图，力求图文并茂，每辑发表文章约20篇。与此相应，办有"经济—社会史评论"网站（http：//www.eshistory.com），欢迎访问。

《经济－社会史评论》创刊以来，一直受到学界的关注，已成为经济社会史学科建设和交流的平台，也成为研究社会转型理论问题的一个重要平台，并产生良好的社会反响。学界普遍认为，它不仅把经济—社会史这一学科介绍到了中国学术界，而且在较高的起点上进行了本土化尝试。

中国社会历史评论

《中国社会历史评论》，由南开大学中国社会史研究中心主办，南开大学历史学院协办，为教育部人文社会科学重点研究基地刊物，创刊于1999年，年刊。截止到2012年，出版了13卷，除了第3卷由中华书局出版、第4卷和第5卷由商务印书馆出版外，其余各卷均由天津古籍出版社出版发行。目前本刊每卷刊发各类文章约30篇，字数65万字左右。

作为中国社会史研究的专业学术刊物，刊发本领域海内外学者的论文，重视基础研究，欢迎理论探讨，反映学术动态，提倡跨学科交流，重视老专家与提携新学者兼顾，呈现学术积累与反映学术前沿并重，在人文社科领域产生持续性影响是本刊追求的目标。

设有专题论文、研究述评、书评三大板块，以发表专题论文为主，每卷发表 1–2 篇研究述评，5 篇书评。

主要栏目围绕日常生活、思想观念与社会、区域社会、基层社会与国家权力设置，其中基层社会与国家权力方面，关注宗族、乡约、保甲、社团组织等；区域社会研究尤其欢迎华北区域研究的稿件；思想观念与社会问题希望打通社会与文化的讨论；日常生活则是倡导社会再生产与生活的关系以及新文化史观照下的生活史研究。

还设有礼仪与习俗、法制与社会、生态与社会、海洋与社会、科举与社会、乡村与城市等栏目，主张从多元视野看社会，增进对社会与历史的认识。

刊发的论文以宗族研究、医疗社会史、日常生活史最为集中，均有专辑出版。近期尤为倡导日常生活史研究。

创刊 14 年来，本刊发表的论文早期较为宽泛，后来逐渐集中于人的社会网络与生活状态，采取栏目设置后，采用的论文更强调针对性与问题意识。刊物得到了海内外学者的支持与认可，每卷都有海外学者的稿件，遍及日本、美国、韩国、澳洲以及中国台湾、香港地区的学者，其中有国际著名学者日本谷川道雄、夫马进，美国王国斌、彭慕兰，台湾刘翠溶院士与陈捷先、梁其姿等的论文。中国老一辈社会史家冯尔康、郭松义、刘志琴均赐稿本刊，中年学者郑振满的访谈录在学界产生了广泛影响。

首任主编张国刚教授，主编了第 1 卷至第 5 卷；现任主编常建华教授，主编了第 6 卷至第 13 卷。

本刊在社会史学科发挥了重要作用，在基础问题、前沿问题以及热点问题上均发表过重要论文，如率先讨论了社会形态问题，引起国内的持续性讨论；率先设置医疗社会史栏目，成为本刊的特色；率先设置日常生活史栏目，面向学术未来发展；连续推出中国社会史的核心问题宗族、家庭的论文，夯实社会史研究的基础。

中国乡村研究

《中国乡村研究》系在美国出版的历史学暨社会科学杂志 *Modern China*（SSCI 来源刊物、国际中国研究领域的主流刊物之一）的姊妹刊，由国际知名学者黄宗智（Philip C. C. Huang）教授担任主编。其办刊宗旨为会集中国乡村研究的优秀人才，提高中国乡村研究的理论和实证水准，促进中外乡村研究的学术交流，推动中国乡村研究的本土化和国际化。

《中国乡村研究》力图包容各家各派，鼓励学术争鸣，推动学科整合，其编委会由孙立平、陆学艺、陈春声、张静、阎云翔、秦晖、黄宗智、龚启圣、景军等知名学者组成，应星、夏明方、彭玉生、李放春、尤陈俊、高原等来自社会学、人类学、法学、历史学、经济学等各学科的青年学者担任执行编辑。其主要栏目包括"乡村文化变迁""农业经济今昔""中国革命再思考""乡研新锐"等，并根据各辑稿件的不同特点灵活设置。对所有来稿均采取双向匿名审稿制度，只考虑学术质量而不论其稿源、观点和方法，最终采用与否，均严格按照国际通例，主要决定于审稿同人的意见，编辑部本身只起过滤和协调作用。

自 2003 年创刊以来，《中国乡村研究》截至 2011 年底已经出版 8 辑，其间虽曾数易出版单位（最初两辑的出版社单位为商务印书馆，第三辑至第四辑由社会科学文献出版社出版，自第五辑起由福建教育出版社出版至今），但始终保持刊物在学术上的高品位和高质量，刊发了大量从不同学科的角度研究中国乡村的学术性论文、研究报告或著作评论，其中一些文章后被中国人民大学报刊复印资料等全文转载，引起了良好的学术反响。

《中国乡村研究》的作者群涵盖中外相关学界，既有论著甚丰的国内外知名学者，包括但不限于陈春声、董磊明、龚启圣、行龙、贺雪峰、景军、李怀印、刘志伟、卢晖临、彭玉生、秦晖、仝志辉、王跃生、吴重庆、夏明方、薛涌、阎云翔、应星、岳谦厚、张静、张小军、折晓叶、周飞舟等，也包括一些崭露头角的学术新锐，为推动中国乡村的理论研究和实证研究双方面的进一步发展，尤其是跨学科的深入研究，做出了为学界称道的贡献。

城市史研究

《城市史研究》试刊号出版于1988年，1989年以学术集刊的形式正式发行，到2011年已出版发行27辑，共21册（有的是合辑），总计480.5万字。历任主编有胡光明、刘洪奎、刘海岩、张利民，历任副主编有林纯业、崔志远、刘海岩、周俊旗、任云兰。

改革开放以后，随着中国城市化进程的加快，一系列城市问题引起了学术界以及城市管理者的高度关注。城市学、城市经济学、地理学、社会学、历史学等各学科的学者们开始对城市研究给予学术关照。1986年天津社会科学院主办了首届"沿海城市经济史学术讨论会"。在与会专家学者的倡议与鼓励下，天津社会科学院历史研究所经过两年的筹备，终于在《天津市研究》（内刊）的基础上，与天津市城市科学研究会合作创办了《城市史研究》试刊号。

《城市史研究》的办刊方针是：以马克思主义作为指导思想，提倡以辩证唯物主义和历史唯物主义的科学方法进行研究，同时，也欢迎用其他方法取得的有价值的成果。其目的是交流学术成果，传递科研信息，反思历史，总结现实，以期更好地规划和展望未来。

该刊创刊二十多年来，主要栏目有：城市史理论探讨、中国城市化研究、世界城市化研究、城市史研究译丛、当代中国城市研究、城市社区与社团、区域城市化研究、城市经济、城市结构、城市职能与性质、城市治理、城市区划与城市建设、城市空间、城市社会、城市文化、市政管理、城市环境、城乡关系、城市史研究论著索引以及学术信息、新书评介等。该刊栏目设置与时俱进，根据学科发展的最新动态，适时调整。该刊的特点是信息量大，注重国外城市史研究成果与信息的介绍，此外，对天津城市史以及华北区域城市史研究成果的关照也是其独特之处。

该刊的发展情况如下：第1－9辑（1989－1993年）由天津教育出版社出版，基本上每半年出版1辑，第10－14辑由天津占籍出版社出版，从第11辑开始，每2辑合为1册，每年发行一次。从第15－16辑开始，由天津社会科学院出版社出版，每年出版一次合辑，从第21辑起改为每年出版1辑。第1－22辑一直由天津社会科学院历史研究所与天津市城市科学研究会合办，第23辑由天津社会科学院历史研究所独立办刊，第24辑得到了天津市社会科学界联合会以及天津市地理学会的资助，第25－27辑由天津社会科学院历史研究所与天津市社会科学界联合会合办。

《城市史研究》是目前国内唯一一本专门刊载城市史研究成果的集刊，在经费紧张的情况下，一直坚持办刊二十多年。该刊不仅探讨了城市史研究的理论问题，而且对个体城市以及区域城市历史的研究成果都有反映；不仅将海外该领域最新研究成果介绍到国内，而且向海外介绍了中国学者的最新研究成果，在学科发展中的作用是不言而喻的。

历史学家茶座

《历史学家茶座》是一本定位为"有识、有趣、有用；真相、真实、真切"，面向知识大众的通俗历史文化读物。作者主要为国内史学界知名学者及其他人文学科知名学者，从第七辑开始港台地区的一些文史学者加入了作者队伍，他们把史学界比较新的研究成果用通俗的历史小品文呈现给读者。创刊于2005年5月，截止到2012年3月已经出刊27辑，基本每年4辑。

主要栏目有"历史现场""重读民国史""人物春秋""旧案重审""学坛述往""掌故钩沉"等。每栏目有3－4篇文章。每篇文章的篇幅在 5000 字左右。每辑 16 万字，160 页，文述图显，装帧雅致，轻松阅读。

"历史现场"栏目主要刊登一些对近当代历史的回忆文章，既有抗战老兵的战场回忆，又有对反右、"文革"的现场记述。"重读民国史"栏目通过研究不断涌出的民国时期新史料，第一时间向大众呈现史学界对民国史的新认识。"人物春秋"栏目说人，"旧案重审"栏目说事，作者通过介绍人物和叙述事件，向读者呈现他对该人物、该事件的新理解和新诠释。"学坛述往"栏目主要是对学界前辈的回忆文章，回忆他们的治学和做人。"掌故钩沉"栏目文章的主要内容是对一些比较容易混淆的历史文化知识的重新梳理。

《历史学家茶座》每辑的印刷数量是 8000 册，主要通过邮局订购和书店销售。几年来销量一直很稳定，得到了国内外史学爱好者的喜爱。

《历史学家茶座》的编辑采用主编和执行主编双主编制度，主编是山东出版集团原董事长王兆成，他不负责茶座的具体业务，实际工作由执行主编负责。第一任执行主编是肖黎先生，他主编了《历史学家茶座》的第 1－6 辑；第二任执行主编是王学典先生，他主编了《历史学家茶座》的第 7－30 辑。

《历史学家茶座》顺应今天人民群众对通俗历史的巨大需求，架起了联结史学界和社会知识大众阶层的桥梁。史学界通过《历史学家茶座》发出他们的声音，呈现了他们对历史和现实的理解；历史爱好者通过阅读茶座获得了更准确的历史知识和观察历史、现实的方法，愉悦了心情，提高了历史修养。

中国文物科学研究

2006 年 1 月创刊，季刊，国内统一刊号：CN11—5282／K，国际标准刊号 ISSN：1674－9677，大 16 开。创刊之始由国家文物局主管，中国文物学会、中国文物研究所主办，

2007 年 11 月第 4 期（总第 8 期），由中国文物学会、中国文化遗产研究院主办，中国文物科学研究杂志社编辑出版。该刊内容主要分为学科论坛和科技高地两大部分，具体栏目有文物学说、保用视野、法制经纬、管理纵横、纵览全局、花果荟萃、传统技艺、他山之石。至 2011 年底共发行总第 24 期，彭卿云主编。

（王景霞）

中国文化遗产

2004 年 3 月创刊，季刊，国内统一刊号：CN11—5191/G2，国际标准刊号 ISSN：1672－7819，2005 年 3 月第 1 期（总第 5 期），改为双月刊，大 16 开。国家文物局主管，中国文物报社主办，中国文化遗产杂志社编辑出版。该刊主要刊登有关文化遗产保护、研究、利用和管理等方面的文章，具体栏目有"观点""聚焦""对话""文博忆往""国际关注""人物""交流合作""资讯"等。至 2011 年底共发行总第 46 期。2004 年至 2008 年，解冰任主编，2009 年至 2011 年底张双敏主编。增刊情况：2009 年底出版增刊《中国考古新发现：年度记录 2009》，中国文物报社编，收录王幼平《2009 年中国旧石器时代考古综述》、戴向明《2009 年中国新石器时代考古新发现综述》、李维明《2009 年夏商周考古新发现综述》、焦南峰《2009 秦汉田野考古新发现综述》、朱岩石《2009 年三国至元明清时期考古新发现综述》，并按华北、东北、华东、华中、华南、西南、西北、港澳台不同地区介绍 2009 年度考古发现资料。

简帛研究

该刊是中国社会科学院简帛研究中心的专业性学术刊物，广西师范大学出版社出版，年刊。20 世纪是简牍帛书大发现的时代，如今简帛研究已成为专门之学。中国社会科学院简帛研究中心自成立以来，曾先后编辑出版了《简帛研究》第 1 – 3 辑和《简帛研究译丛》第 1 – 2 辑。《简帛研究》脱胎于以上两种刊物，集中刊发近年来简帛研究的前沿成果，主要内容是：1. 出土简帛的辨识、考证；2. 根据出土简帛考辨史实、研究中国古代的各种制度、思想文化以及社会发展状况；3. 有代表性的国外简帛研究译文；4. 简帛研究综述；5. 简帛研究著作书评；6. 简帛研究论著索引。著名学者张政烺先生为该刊题词："辨析字形，理解文义，玑珠重联，审系篇题，终成图籍，补史之迹。"该刊所收论文既有微观的考证，也有宏观的历史阐释，对历史学、哲学、考古学、文献学、古文字学等学科研究具有重要参考价值。

唐研究

《唐研究》由美国罗杰伟先生创办的唐研究基金会资助，荣新江主编，每年由北京大学出版社出版一卷，论文和书评以中文为主，也包括英文论文和书评。《唐研究》以唐代及相关时代的研究为主，内容包括历史、地理、美术、考古、语言、文学、哲学、宗教、政治、法律、经济、社会等各方面的传统学术问题，其特色是论文之外，发表新史料、书评和学术信息。《唐研究》从第九卷开始，基本上采取某一专题研究的专号形式编辑出版，将该卷的主体论文集中到一个涵盖较广、可以做跨学科研究的题目上来。该刊是唐史研究领域的综合刊物，在坚持发扬传统课题研究优势的前提下，扩大思路，开阔视野，引入新的理论思考，用新的方法来探讨新的问题，拓展唐史研究的各个方面。

近代史学刊

本刊是教育部人文社会科学重点研究基地——华中师范大学中国近代史研究所主办的专业学术刊物，创刊于 2001 年，一年一辑，连续发行，由华中师范大学出版社出版。

本刊的主编与编辑部成员均由本研究所研究人员兼任。主编章开沅，执行主编严昌洪。编辑部成员罗福惠、朱英、彭南生、刘家峰、许小青、郑成林、彭剑。由执行编辑负责刊物日常事务。先后担任执行编辑的是许小青、郑成林、彭剑。

本刊倡导"走出中国近代史研究中国近代史"，因此，既欢迎研究"中国近代"（1840－1949）历史的成果，也欢迎一些研究 1840 年以前及 1949 年以后历史的成果，以求更好地融会贯通，理解近代中国的"古今之变"。

本刊定位为中国近代史学界的开放交流园地，奉行"英雄不问出处"，不论国籍，不论资历，选取稿件，唯在学术建树，实行匿名评审。创刊以来，已刊登一百多篇各种类型的研究成果。既包括专题讨论、研究论文、史实考订，也包括研究综述、书评、学者书札、学术信息。既有中外近代史学界大家的鸿篇巨制，也有成长中的年轻学者的新颖见解。本刊的发行，得到了学界的高评，为繁荣中国近代史研究，做出了力所能及的贡献。

中国近代思想史研究集刊

《中国近代思想史研究集刊》由中国社会科学院近代史研究所思想史研究室主办，郑大华、邹小站主编。

柯林伍德在其名著《历史的观念》一书中曾提出过一个重要的史学思想，即"一切历史都是思想史"。他认为历史科学与自然科学的根本区别就在于：自然只是现象，它的背后没有思想，而历史则不仅仅是现象，它的背后还有思想，历史学家所研究的与其说是历史事实或现象，还不如说是历史事实或现象背后的思想活动。我们可以对柯林伍德的"一切历史都是思想史"的说法提出各种各样的批评，他对思想史在历史研究中之重要地位的强调，无疑值得我们认真思考。历史是人创造的，而人是有思想的；为了解释历史运动的深层次的各种机制，不能不研究人们的思想。凡政治史、经济史、文化史、教育史、学术史以及艺术史等领域中发生的矛盾、争论，在思想史中都有反映。所以在一定程度上说，思想史的确可以涵盖和深化其他专门史的功能。近代中国，由于受到强烈的外部刺激，思想的发展对于历史进程的影响尤为明显；同时，近代是中国历史一个大的转折期，外部的威胁，内部的危机，格外逼人，在异常紧迫局势的催逼下，思想观念变动之快、思想观念之复杂、内容之丰富为此前所罕见，亦为世界所罕见。中国近代思想在引领近代中国的历史进程中，发挥着明显的作用，研究中国近代思想，对于认识中国近代历史有重要作用，对于推动中国近代史学科的深入发展也有独特的作用。同时，人们今天遇到的、讨论的、感到困惑的许多思想问题，也都是中国近代史上人们曾遇到过的、讨论过的、感到困惑过的问题。深入研究中国近代思想史，能为我们处理和解决这些问题提供有益的借鉴。可以说，中国近代思想史是一个有待深入开掘的学术富矿，也是一个值得花大力气深耕的学术园地。但长期以来，学术界却没有一份中国近代思想史的研究专刊。

为了弥补这一缺憾，推动中国近代思想史研究，加强海内外学术交流，为海内外学者搭建一个高质量、高起点的学术平台，2004 年，近代史研究所思想史研究室经过充分酝酿，决定利用中国社会科学院重点学科建设工程的资助经费，创办一份专门刊发研究中国近代思想史学术论文的《中国近代思想史研究集刊》。此项工作得到了近代史研究所和社会科学文献出版社有关领导的大力支持。

该集刊每年出版一辑，每辑 50 万字左右。为更集中也更深入地讨论一些问题，集刊每辑都有一个主题，现已出版八辑，即第一辑"思想家与中国近代思想"，第二辑"西方思想在近代中国"，第三辑"传统思想的近代转换"，第四辑"中国近代史上的民族主义"，第五辑"中国近代史上的自由主义"，第六辑"戊戌变法与晚清思想文化转型"，第七辑"中国近代史上的社会主义"，第八辑"中国近代史上的激进与保守"，第九辑"辛亥革命与清末民初思想"，第十辑以"近代中国人的国家观念与世界意识"。

由于得到海内外学者的大力支持、踊跃赐稿，加上每辑讨论的都是中国近代史上的一些重大思潮、重要观念、重大事件以及前沿和热点问题，集刊出版以来，得到学术界的广泛好评，海外一位资深的研究中国近代思想史的学者特地来信，称赞集刊的出版为学界办了一件大好事，对推中国近代思想史研究、加强海内外学术交流具有十分重要的意义，并希望集刊能持之以恒地办下去。一些高校和研究机构还将集刊列为大学生、研究生的专业参考书目。今后，思想史研究室将继续努力推进这项工作，继续就中国近代思想史上的一些重大思潮、重要观念、重大事件以及前沿和热点问题组织讨论。深盼学界同道继续支持，共同推动中国近代思想史学科的深入发展。

全球史评论

《全球史评论》是首都师范大学全球史研究中心主办的年刊性质的连续出版物，刘新成主编，计划每年出版一辑，刊载国内外学者有关全球史研究的学术论文和相关学术信息。第一辑除发刊词外，有"全球史的理论与方法""全球史的个案研究""世界各国的世界通史教学""论点摘要""特稿"等栏目，收录了近40位学者的文章与论点摘要。

在"全球史的理论与方法"栏目，有马克垚的《编写世界史的困境》、刘新成的《全球史观与近代早期世界史编纂》、于沛的《全球史：民族历史记忆中的全球史》、郭方的《评麦克尼尔的〈西方的兴起〉及全球史研究》、赵文亮的《整体史观与中国的世界通史编纂学》、黄民兴的《关于全球史观的一些个人见解》、王玮的《全球史观和世界史分期问题》、王晋新与孙义飞的《全球史及其诸问题刍议》、韩莉的《全球通史体系下的生态环境史研究》、美国学者杰瑞·H. 本特利的《当今的世界史概念》、美国学者伊格尔斯的《文化际全球视角中的现代史学编纂》等论文。

在"全球史的个案研究"栏目，有张绪山的《整体历史视野中的中国与希腊—罗马世界——汉唐时期文化交流的几个典例》、李化成的《全球史视野中的黑死病——从麦克尼尔的假说论起》、美国学者安妮·佩雷兹·哈托里的《解读入侵的真正含义：对西班牙和美国入侵关岛的历史编纂的考察》、澳大利亚学者保罗·德阿西的《历史的边缘：从太平洋视角重思世界史》等内容。

在"世界各国的世界通史教学"栏目，有齐世荣的《20世纪中国世界历史教学概况》、何芳川的《世界通史研究与教学在中国》、钱乘旦的《我国世界史学科的发展现状与近期的目标（摘要）》、赵文洪的《全球通史教学中的"时间"与"空间"意识》、陈德正的《晚清教育中的外国历史课程与希腊罗马史》、陈志强的《两种世界史课程体系之比较》、刘景华的《世界历史新四分法》、侯建新的《"封建"：世界史中的一个概念错位》、王加丰的《全球观与世界史教育》、郭小凌的《中国普教中的世界通史教育》、意大利学者里基·卡扎尼的《世界史及反对意见：以意大利为个案（摘要）》、德国学者埃克哈德·福克斯的《德国世界史教科书的编纂与教学（摘要）》、哥伦比亚学者葆拉·卡斯塔诺的《世界历史在哥伦比亚和拉丁美洲（摘要）》、加拿大学者卢克·克劳塞的《加拿大的世界史及其导论课的意义（摘要）》等文章。

"论点摘要"摘录了庞卓恒、徐蓝、何平、李荣建、梁占军等学者的观点。"特稿"为何平专访法国著名史学家拉杜里的文章。

正如主编在书中所说，全球史以人类社会整体发展进程为叙述对象，超越西方史学以国家为单位的叙事传统，从学术发生学的角度颠覆"欧洲中心论"，以不同人群、社会、民族、国家之间的互动为切入点，开辟了考察世界历史的新视角，建立了编纂世界通史的新框架，具有鲜明的时代特点和理论启发性。中国的全球史研究尚处于起步阶段，但已受到学者的广泛关注，是一个发展迅速的新的学术增长点。

中国社会科学院历史研究所学刊

　　该刊为中国社会科学院历史研究所创办的学术专刊，内容以中国古代史研究专题为主，并收入部分重要古代典籍整理之作，文章由历史研究所各领域的专家分别撰写，研究范围上起殷商时代的甲骨文，下至晚清学术，资料翔实、论证严谨，多有创见。代表了社科院的研究水平，也体现了历史所实事求是、严谨笃实的务实学风。该刊是中古史研究领域极有价值的参考资料。

3 学术会议

"封建"名实问题与马列主义封建观学术研讨会

2007 年 10 月 11 日至 12 日，由中国社会科学院历史研究所主办，经济研究所和历史研究编辑部协办的中国社会科学院 2007年中国古代史论坛暨"'封建'名实问题与马列主义封建观"学术研讨会在北京举行。来自北京大学、清华大学、北京师范大学、中国政法大学、首都师范大学、河北大学、天津师范大学、史学月刊编辑部、读书杂志社、光明日报社，以及中国社会科学院院科研局、马研院、世界史所、近代史所、经济所、历史研究编辑部、历史所等多家单位 30 余位学者与会。

会议围绕如何看待"封建""封建社会"概念的演变、如何认识和评价马列主义的封建观、中西方封建社会的比较以及马克思主义社会形态学说和封建名实问题讨论的意义与实质等问题展开热烈讨论。

一是如何看待"封建""封建社会"概念的演变。一种意见认为，"封建"一词，在社会发展和学术研究中已经发生了语义变化。马克思主义传入中国后，人们把"封建制"作为人类社会历史发展中的一个阶段，给该词注入了新的内涵。经过长期的讨论，现今学界所说的"封建社会"，其概念既不同于中国传统的西周封建制，也不同于欧洲中世纪的领主封建制。

二是如何认识和评价马列主义的封建观。关于马克思主义封建观是否具有普遍性。一种意见认为，马克思、恩格斯从对西欧历史实际的分析出发，主要从生产方式角度建立了其封建观。他们注意探讨经济基础及其与相应上层建筑的关系，并赋予封建制度某种普遍性的品格，已经大大超越了"西义"封建概念。封建社会的普遍性是没有疑问的，中国和西欧都存在过封建社会。关于能否用"封建社会"概括中国自秦至清的社会发展阶段。有的学者指出，中国的马克思主义史学工作者从生产方式角度认定秦以后是封建社会是符合历史实际的，不能因为它不符合或不完全符合"封建"的古义和西义而予以否定。也有学者认为把中国中古社会说成是"封建社会"，抹煞了与西方的差异，无视中西方各自的特点。

三是中西方封建社会的比较。多数与会学者指出封建社会形态在人类社会历史上是普遍存在的，但东西方封建社会又存在差异。东西方封建社会的共性有三个方面：（1）具有大致相同的生产力发展水平；（2）剥削形态都是以地租为手段；（3）都存在依附性和超经济强制。中国封建社会具有四个特点：皇权专制和等级制度；独特的社会阶级与阶层结构；政教分离和思想变化；国家统一和民族融合。

四是马克思主义社会形态学说。关于马克思主义社会形态学说是否存在"单线论"与"多线论"的分歧。有的学者指出，把马克思主义说成"单线论"，或者把它说成"多线论"，都是片面的。马克思始终以生产方式来解释社会形态的发展，因此，马克思的三大社会形态、五种社会形态是一以贯之的。

清代政治与国家认同国际学术研讨会

2010年8月9－11日，"清代政治与国家认同"国际学术研讨会在北京召开，会议由中国人民大学清史研究所主办，来自中国大陆、中国台湾、美国、日本、德国等国家和地区的近60名专家学者参加了会议。近年来，由于受西方学术研究取向变动的影响，社会史、文化史等各个研究领域日益活跃，加上自身因素的影响，政治史有被边缘化的倾向，面对着巨大的挑战，如何超越传统政治史研究的框架，以何种方式回归政治史，成为学界迫切的课题。此次会议就试图通过对清代政治史的讨论，来为政治史研究开辟新的路径。具体地讲，加强对清朝政府行政的微观运行过程及政策落实手段的考察，对关乎国计民生各个方面的问题以及政治与经济、社会的联动性进行研究，力图使政治史研究与社会学、人类学、经济史、思想文化，乃至地理学和生态环境等各个学科交叉互动。会议议题集中在以下几个方面。第一，就清朝的国家与民族认同问题对"新清史"进行再认识。学者们围绕"清帝国"与"中国"是否同义词，满人、八旗角度的"中国认同"问题，清代帝王庙祭与国家政治文化认同，清代"新儒学"中的族群问题，"黄帝"作为民族认同象征的塑造问题，蒙古族的高级官僚升允的人物个案研究展开讨论。第二，清代的政治制度、权力结构、国家秩序化管理的研讨。与会者在关注制度本身建设与发展脉络的同时，特别将制度创设的成因及制度中传递的政治信息加入了研究范畴。第三，清代的官僚与政府行政状况。学者们研讨了清朝帝王的教养观与学者型官僚的基层治理模式，政治理念如何落实在钱塘江海塘修筑工程上，18 世纪行政官僚向技术官僚的转变等问题。第四，清代的政治对当时思想文化的投射。学者们或以王船山为主题讨论了心性与"政治实践"之间的内在关系，或分析清儒考证明堂的政治文化史意涵，或关注凌廷堪的正统观，或检讨近代中日思想文化交流视野下的相关问题，或关心"袍哥"文化，论述"汉奸"观念的形成，分析"国际婚姻"的思想文化背景。学者们还对国家控制与社会变迁、身体史、区域研究立场下的明清鼎革、咸同之交浙江诸暨包村事件、茶叶文化、民间宗教等问题展开研讨。会议取得圆满的成功，也引起学界的广泛关注。

义和团运动 110 周年国际学术讨论会

2010 年 10 月 18 - 19 日，"义和团运动 110 周年国际学术讨论会"在山东大学举行。会议由山东大学、中国史学会、上海大学、中国义和团研究会联合主办，来自德国、俄国、美国、英国、澳大利亚、中国大陆及台湾地区的90多位学者参会，共提交论文57篇。会议采取全体与分组相结合的方式进行讨论，共举行两场全体会议和四场分组会议，同时还有10月20日在上海大学举办的一场专题讨论会。此次会议的主题是"义和团：中国与世界"，学者们针对以下几个主要议题展开讨论。第一，义和团运动的起因、组织源流及评价。与会者从新的视界对这些旧有问题进行了细致的审视，如从德国新教传教士的见解论述义和团运动的爆发，分析胶东何以未兴义和团的原因，从对梅花拳、九宫道等民间教派、拳会形迹特征的梳理中为义和团的组织源流研究做基础性铺垫，思索义和团在世界近现代民族解放运动史和国际共产主义运动史上的意义等。第二，清政府与义和团。分析奕劻、袁世凯、李秉衡、徐桐与义和团的关系，梳理东南互保、八国联军入侵前后清廷兴建陪都等问题。第三，报刊舆论与义和团，与会者发表了关于《万国公报》《申报》《台湾日日新报》、俄国社会舆论、《科伦日报》、德国左翼媒体及美国媒体等国内外报纸舆论与义和团关系的论文。第四，义和团与近代中国社会变迁。与会者认为义和团运动之后下层民众开始自发地追寻民主革命的领导者、试图走出近代以来农民起义无先进阶级领导的状况，义和团运动是连接传统民族抗争运动和近代民族主义运动的必然环节，是促成中国知识阶层全面认同现代文明价值的一个重要契机。会议还就义和团运动时期西方在华传教事业以及列强军事侵略等问题展开了热烈而广泛的研讨。

中国需要什么样的新史学——纪念梁启超《新史学》发表100周年学术研讨会

2002年8月21日至23日，"中国需要什么样的新史学——纪念梁启超《新史学》发表100周年学术研讨会"在北京召开。此次会议由中国人民大学清史研究所和浙江大学社会思想与文化批评研究中心组织。会议召开的背景是20世纪80年代以来，随着以人类学、法学为代表的其他学科纷纷进入史学和后现代思潮对史学的冲击，中国史学原有的理论和叙述模式遭遇重大挑战。如何应对这种冲击和走出《新史学》的窠臼，成为摆在中国历史研究者面前的重要问题。近40位来自史学、哲学、社会学、人类学、文学、经济学、法学、考古学和心理学9个不同学科领域的与会学者，就如何打破学科界限，为史学的发展探寻一条新路，展开了人文社科领域内不多见的一次多学科间的跨学科交流。与会者围绕"社会科学入史的意义和限度与史学的边界和主体性问题""历史的书写与历史记忆""地方史研究与历史知识的普遍性和特殊性问题"以及"对梁启超《新史学》的反思与近代思想文化研究"等数个论题展开讨论。通过会上的交流与论争，史学研究者愈加认识到了自身的盲点，其他学科的学者也更加认识到史学对他们各自学科的重要性。此次会议为史学未来方法论的建立提供了可能的空间，史学与其他学科间的对话交流平台正在被自觉地搭建。虽然会议在某些方面没有达成共识，但分歧应当比共识更重要，史学生存和发展的空间无疑将因此而更加开阔。

中华民国史（1912－1949）国际学术讨论会

2002年8月21日，"中华民国史（1912－1949）国际学术讨论会"在北京九华山庄开幕，会议由近代史研究所与澳门中西创新学院、美国黄兴基金会联合主办，来自中国内地、香港、澳门、台湾地区以及日本、韩国、俄罗斯、波兰、德国、美国、加拿大、澳大利亚等国学者100余人出席。中华民国史是中国近代史研究领域的一个重要分支学科，也是一门新兴学科。民国史研究起步虽晚，但从无到有，发展非常迅速，已成为备受海内外史学界关注的热门研究领域之一。在民国史研究从起步到发展繁荣的历程中，中国社会科学院近代史研究所起到了至关重要的作用，近代史所民国史学科始终保持了在民国史研究领域的领先地位。2002年是民国史研究开展30周年，为展示近代史所研究成

果，与海内外学界进行广泛的学术交流而召开此次会议。讨论会
共收到论文92篇，内容几乎涵盖了民国历史的方方面面。在为
期3天的讨论中，与会者进行了广泛深入的探讨，并普遍反映，
这次讨论会是一次高水平的学术会议。讨论会的成功举办，也使
人有充分的理由相信，民国史研究的发展前景是非常乐观的，并
将成为中国和世界历史学研究中不可或缺的重要学科门类之一。

第五次中华民国史国际学术讨论会

2006年7月28日－8月1日，第五次中华民国史国际学术讨
论会在浙江奉化溪口举行，会议由南京大学中华民国史研究中心
主办、南京大学中华民国史研究中心溪口研究所承办。来自美、
英、德、澳、日、韩、新等国家，中国台、港、澳和大陆地区的
知名学者130余人莅会，共提交论文105篇。1984年、1987年、
1994年、2000年，南京大学和其他单位合作，曾先后在南京召开
了4次中华民国史国际学术讨论会，总结民国史学界阶段性成
果，开创研究新境界的平台。由于溪口蒋氏历史与中国近代历史
息息相关，本次会议择址溪口，标志着民国史研究在力求客观、
公正、科学的过程中取得了重要进展。此次会议上，学者提交的
论文涉及民国人物、政治、经济、军事、社会、文化、中外关系
等各个方面。学者们依据新近掌握的史料，对国共两党历史上的
重要人物蒋介石、何应钦、陈独秀等提出了崭新的学术见解。政
治史研究方面的论文，则包含国民党的内部斗争及结构、国共关
系、中央与地方的关系及地方发展等广泛的领域。在民国经济
史、对外关系史研究方面，学者们探讨了自然灾害与民国时期的
中国经济、抗战初期国民政府关于天津白银危机的应对、抗战时
期蒋介石对孔祥熙谋和活动的阻遏等论题。还有学者的论文涉及
民国社会与社会阶层研究、知识分子在剧变时代的人生抉择。
2010年8月21－23日，第六次中华民国史国际学术讨论会在南
京中山陵召开，由南京大学中华民国史研究中心与美国哈佛大学

等海外著名大学联合承办，会议主题是"民国时期的社会转型"，中外学者共150余人与会，提交论文100余篇。

1920年代的中国国际学术研讨会

2004年7月26–29日，"1920年代的中国"国际学术研讨会在银川市举行，会议由中国社会科学院近代史研究所民国史研究室与近代史研究编辑部和四川师范大学历史系合作主办，来自中国大陆、香港、台湾地区以及美国、日本、韩国的50多位学者与会，就1920年代民国史的相关问题进行讨论。尽管近年来不少专家学者大声疾呼要加强经济史、社会史研究，但与会学者的论文似仍主要集中在政治方面，大多属政治史范畴，计21篇，几占全部论文的一半。此次会议深化了对国共合作的国民革命、中国共产党领导的早期土地革命及与此相关联的诸多重大历史问题的研究，对因党派立场所导致的偏执和专断影响下中国革命历史的书写、中国思想界的分裂与社会的重组等问题提供了新的研究思路。有论文研究大革命失败前广东民间武器的数量、来源及社会影响，上海电影检查委员会的成立、运作过程，1929年的"废止中医案"等，拓宽了1920年代中国历史的研究领域。2005年8月4–8日、2006年8月25–28日、2007年8月17–20日近代史研究所民国史研究室再次与四川师范大学历史文化学院及历史研究编辑部或近代史研究编辑部合作，在四川成都和北京召开了"1930年代的中国""1910年代的中国""1940年代的中国"以年代为主题的系列国际学术研讨会，就各个时代中国政治、经济、军事、外交、思想、文化、宗教等各方面的问题进行了全面讨论。

纪念长征胜利70周年座谈会

2006年10月19日，当代中国研究所与中国延安精神研究会、中国人民解放军国防大学、中国人民解放军军事科学院在北京联合主办"纪念长征胜利 70 周年座谈会"。全国人大常委会副委员长、延安精神研究会会长李铁映出席会议并做重要讲话。参加过长征的老红军代表方强、王定国，以及中国社会科学院副院长兼该所所长、延安精神研究会副会长朱佳木，国家审计署副署长、研究会常务副会长令狐安，常务副会长洪虎、有林、郑幼枚，副会长刘忠德、倪豪梅、梁柱、马尔赤、马鋈伯，顾问于明涛、李力安、杨波、杨蕴玉、余建亭、张全景、汪家镠、林谦、慕丰韵等，共 100 余人出席会议。军事科学院副院长葛东升中将、国防大学副政委李殿仁中将、该所第一研究室主任李正华研究员、军事科学院原军事历史研究部徐占权研究员先后发言。座谈会由研究会常务副会长伍绍祖主持。《光明日报》《中国青年报》和中央电视台（央视网）等媒体对此做了报道。

纪念中国人民抗日战争暨世界反法西斯战争胜利 60 周年学术研讨会

2005 年 8 月 15－18 日，"纪念中国人民抗日战争暨世界反法西斯战争胜利 60 周年"学术研讨会在北京举行。会议由中国社会科学院主办，近代史研究所、世界历史研究所、日本研究所承办，中国抗日战争史学会、中国第二次世界大战史史学会、中华日本学会协办。共有 80 多名学者参会，收到论文 90 多篇，140 多位学者出席会议。与会学者主要围绕中国抗日战争总论、中国抗日战场与日本侵华三个主题展开了热烈与深入的讨论。《走向民族复兴的重要标志——论抗日战争胜利的历史意义》《抗日战争的胜利与日本侵华 70 年历史的终结》《抗日战争与中国现代化的历程》《中国抗日战争的世界历史意义和现实意义》等论文，研讨如何认识与评价中国抗日战争以及抗日战争对于整个世界的意义。中国抗日战场方面，围绕共产党与抗日战争、抗日根据地的政权建设与各方的政治和人力动员、各方抗战、抗日战争时期中国的经济与文化、民族复兴思潮等论域，与会者展开讨论。对于日本侵华的研究，则主要分为以下的历史和现实问题，即日本侵华政策的源流和背景，日本军国主义与日本社会的关系，日本对中国的掠夺与破坏，当前日本政府对日本侵华战争的态度。此外，与会学者还研究了第二次世界大战期间美国的对华与对欧政策、台湾的光复及其意义等。此次学术研讨会有关抗日战争的研究涉及面广，研究深入具体，新意迭出，有利于推动抗日战争研究向前发展。

近代中国的知识与制度转型学术研讨会

2004 年 12 月 15 - 18 日，"近代中国的知识与制度转型"学术研讨会在广州召开，会议由中山大学历史系、中山大学近代中国研究中心和历史研究编辑部联合主办。50 多位学者出席了会议，近 40 位学者提交了论文。此次研讨会的举行是中山大学近代中国研究中心的"近代中国的知识与制度体系转型"研究计划思路的具体延伸。研讨会围绕近代中国的知识与制度转型在政治、经济、外交、社会、教育和思想文化等各领域的反映，展开广泛研讨。会议有如下主要议题：第一，在传统学术与现代学科的关系中，研究者或考察《隋书·经籍志》的成书经过，强调不能仅持西方图书馆学的编目来评论中国传统目录学，或涉及近代经今古文学纷争与汉宋学分合的问题，或以具体人物（蒋廷黻）、学科（美术、社会学）等与现代学术的关系展开讨论。第二，中西新旧互掣下的制度移植与转型，与会者提交关于总理衙门成立后晚清交涉体制的演变，《大公报》的"剪发易服"活动，光宣之际州县官考绩制度的变化、原因及其效果，20 世纪 30 年代北平粪业等为主题的报告。第三，知识输入与思想观念变迁，会议上宣读了关于《时务报》的译稿、中国报界俱进会、抗日战争历史的影像记忆研究、1930 年代文化论战中的全盘西化思潮等议题的论文。会议强调回到历史现场，顺着历史发展看近代知识与制度是如何从无到有地变化和转型的，探讨中国固有的思维方式和行为习惯有哪些变与不变的地方，又如何影响到今人的实际生活并制约着将来的走向。2008年，中山大学近代中国研究中心在广州又举办了第二届"近代知识与制度转型"学术研讨会，两次学术研讨会受到国内外学术界的广泛关注，2010年社会科学文献出版社出版了两次会议的论文集《转型中的近代中国》（上、下卷）。

北京：都市想象与文化记忆国际学术研讨会

2003年10月22日至24日，"北京：都市想象与文化记忆"国际学术研讨会在北京大学召开。该会议由北京大学二十世纪中国文化研究中心、哥伦比亚大学东亚系、北京大学中文系合办，来自中国北京大学、美国哥伦比亚大学、中国社会科学院、中国人民大学、台湾大学、日本东京大学、德国海德堡大学等高校及研究机构的约40位学者参加了会议，来宾则超过300人。在上海的研究已经成为显学的情况下，北京研究相比而言逊色很多。五方杂处，既是文化场域又是政治舞台的北京，其现代性经验比上海更加复杂。由于上海有半殖民地的历史，上海研究中也有相关西方理论资源可以借鉴，而北京的研究则缺乏现成的理论模式。此次会议正是期望借由不同的文化、历史、文学角度，勾勒近现代北京（尤其是北京想象）的多重视景，具有深入的思辨潜力。会议目的不在于刻意标榜门派学说，而在开拓议题，深入历史和文本肌理。会议议题包括了金元到明清的北京文化抽样；近代北京声情与色相的白描；通俗文学、新文学、新旧媒体的对话；"京味儿"民俗志学考察；北京城与北京市的景观政治；北京从城外到域外的想象；甚至后现代、全球化的北京叙事学，等等。此次会议是一个标志性的事件，北京研究此后获得各个学科越来越多学者的关注，而成为一个活跃并充满各种可能性的研究领域。会议的论文集《北京：都市想像与文化记忆》（陈平原、王德威编）2005 年由北京大学出版社出版。

中国近代社会史国际学术研讨会

2005 年 8 月 9 - 11 日，首届中国近代社会史国际学术研讨会在青岛大学国际交流中心召开，会议由中国社会科学院近代史研究所与青岛大学主办，近代史所社会文化史研究室、近代史研究编辑部与青岛大学师范学院承办，首都师范大学、山东大学、中山大学、山西大学、苏州大学、贵州师范大学六所大学协办。此次会议的主题是"近代中国的城市·乡村·民间文化"，参加会议的代表共计 120 余人，分别来自美国、澳大利亚、日本、韩国、新加坡、中国大陆以及港台地区的高等院校和研究机构，共收论文 90 余篇。会议主题涵盖了社会史复兴 20 年来研究成果积累较为丰富的 3 个领域。与会者于近代史、文化史、社会史、思想史做了宏观思索，进行了近代中国城市的历史追寻，深入思考中国乡村问题和近代民间文化，研讨近代慈善赈灾事业，对女性及中国经济问题也有所讨论，呈现出跨学科及交叉学科的特点。从会议讨论中可以看到，社会科学方法尤其是人类学方法得到越来越多的重视，民间文献与口述资料的积累愈益丰厚；突破政治史所设定的古代史、近代史范围，从事长时段研究的尝试已经开始。借着这次会议召开的契机，中国社会科学院近代史研究所社会史研究中心也正式宣告成立，召开了首届理事会筹备会，宣读并通过了《中国社会科学院近代史研究所社会史研究中心章程》。中国社会科学院近代史研究所还分别于 2007 年 8 月 18 - 22 日、2009 年 8 月 27 - 30 日协同其他单位在乌鲁木齐、贵阳召开了第二届、第三届中国近代社会史国际学术研讨会。会议主题分别是"晚清以降的经济与社会""社会流动、社会控制与文化传播"。三次会议能够反映中国近代社会史研究在视点和方法上的推进，展现出近代社会史研究经过近 20 年实践所取得的卓有成效的进步。

中国近代史研究三十年——过去的经验与未来的可能走向学术研讨会

2009 年 10 月 17 - 18 日，"中国近代史研究三十年——过去的经验与未来的可能走向"学术研讨会在北京召开，会议由近代史研究编辑部主办，来自全国各近代史研究重镇的 60 余位知名学者参加会议。本次研讨会不仅具有广泛代表性，而且展示了国内学者的若干最新思考。会议大致有以下几个议题。第一，整体回顾三十年来的近代史研究，研究领域大大拓宽，研究人员素质提高，大批资料整理出版，学术刊物水平提升，在取得巨大成绩的同时，也存在中国的史学工作者在国际史学界似乎还没有多少话语权，搬用外国的一些理论框架来讲话等问题。第二，关于研究范式的讨论。近年来近代史书写中革命史范式与现代化范式的并存与争鸣颇受关注。学者们有如下观点，即革命与现代化是近代历史这一整体不可分割的两个侧面，如果用"范式"这个源自自然科学的概念构建近代史框架，对于史学来讲具有过强的刚性，因此不但要突破革命史的框架，而且要超越范式之争，向通史的本义回归；应围绕"市场经济的发展和演变"为中心线索来研究中国近代经济史；新样态的中国马克思主义史学需要克服玄学化、形式主义和碎片化的三大问题。第三，"本土取向"与区域社会史问题，由于以侧重民间社会为研究对象，以揭示长时段的社会与文化变迁为学术目的，以重建历史情境工作方式、强调田野调查和对民间文书及地方档案的解读等为具体手段，这些独特性，使有明显"本土取向"的区域社会史更有资格被视作一种范式。学者们围绕"大分流"史观，"十七年"史学的本土取向，社会史关心政治的方式，"中国"概念不断重新构建等问题展开讨论。第四，社会史与区域社会史的关系问题，学者就如何保持历史学特征的前提下实行历史学与社会学的整合，如何将大部分日常碎片整合进特定时代的社会整体中，使民众与精英一起构成历史的"主体"要素等问题交流了见解。学者们还就近代史研究的分期与分科、治史的理论与方法（尤其是如何避免对西方"主义"等理论照搬照用，历史学作为人文科学如何知人论世），以及加强当代史（1949－1976）研究，加强这一时期乃至更早时期资料的整理与抢救，加强学术批评等问题进行了积极的讨论。

第二届国史学术年会

2002 年 9 月 23－25 日，当代中国研究所举办了主题为"中国共产党与新中国建设"的第二届国史学术年会。本届年会共收到应征论文 105 篇，从中选出 61 篇论文入会，另有 6 位同志向年会提交了特约论文。出席这届年会的正式代表共 70 人，中央文献研究室、中央党史研究室、中央档案馆、中国社会科学院等部门的领导和来自中央国家机关有关部门、科研单位、大专院校和该所的专家学者约 150 人出席了 23 日上午的开幕式。中国社会科学院副院长兼该所所长朱佳木在开幕式上致辞。他在介绍了本届年会的筹备情况以及入选文的质量、内容和作者情况后说：当代所于去年举办了首届国史学术年会，主题是"'三个代表'与国史研究"。经过一年的科研实践，我们更加深刻认识到，国史学科要向前发展，必须按照"三个代表"要求，进一步解决好学科的指导思想、研究重点和是非判断标准等重要理论问题。我们把第二届国史学术年会的主题定为"中国共产党与新中国建设"，这是因为，我们党将于 11 月 8 日召开具有历史意义的十六大。国史是通史，它与党史的建国后部分在研究角度、研究重点、研究范围上有很多不同。但是，中国共产党是中华人民共和国的执政党，是领导中国人民建设有中国特色社会主义事业的核心力量，党史的建国后部分与国史不仅密不可分，而且是国史进程中的决定性因素和核心内容。因此，确定这一主题不仅是合乎时宜的，也是符合国史学科自身特点的。

本届年会安排大会发言三个半天，小组讨论两个半天。在大会上，共有15位代表做了发言，其中既有传统课题，也有较新颖的课题；既有宏观的课题，也有较微观的课题；既有偏重国史学科基础性工作的课题，也有以提供新史料见长的课题。有的代表在发言中还使用了先进的多媒体手段，从不同角度论证了自己的观点，使交流更加充分。在小组讨论会上，论文作者和来宾们畅所欲言，各抒己见。大家普遍反映，本届年会是一次有较高水准的国史学术会议。

中央电视台、中央人民广播电台、中国国际广播电台、《人民日报》《光明日报》、北京电视台等十余家新闻媒体对年会做了报道。本届年会扩大了该所的社会影响，提高了该所在国史界的知名度，加强了该所与所外国史学界专家学者的联系，促进了该所的科研工作。

第三届国史学术年会

2003年9月15－17日，当代中国研究所与江西省社科院在井冈山联合主办了主题为"中国特色社会主义：奠基·开创·发展"的第三届国史学术年会。全国政协副主席、中国社会科学院院长陈奎元，原中顾委秘书长、当代中国研究所原所长李力安，以及江西省委领导同志应邀出席会议并做重要讲话。来自中央和国家机关有关部门、中央和地方社会科学研究机构、高等院校、军队院校的专家和学者约120人出席了开幕式。

陈奎元在讲话中指出，国史研究是改革开放以后逐渐形成的一门新兴学科，对国史开展科学研究，总结社会主义革命、建设和改革的历史经验，揭示中国特色社会主义的发展规律，能够为全面建设小康社会、实现中华民族的伟大复兴提供精神动力和智力支持。我们应当重视和加强国史研究，用以弘扬和培育民族精神，引导和激励广大人民群众为改革开放和社会主义现代化建设而奋斗。

陈奎元指出，大力开展国史研究，首要任务是解决好国史研究的指导思想问题。整个哲学社会科学都必须坚持以马克思主义为指导，这一点任何时候都动摇不得，模糊不得，游离不得。我们要按照胡锦涛总书记在2003年"七一"讲话中指出的"无论遇到什么样的困难和风险，我们都要坚定不移地以马克思列宁主义、毛泽东思想、邓小平理论和'三个代表'重要思想的要求作为行动指南"，把是否符合"三个代表"重要思想的要求作为检验科研工作方向和水平的重要标准。只有这样，国史研究和哲学社会科学研究才能始终保持正确的政治方向，才能写出对中国特色社会主义事业有价值的国史，拿出符合人民根本利益的社会科学研究成果。

陈奎元还指出，中华人民共和国的建立、巩固和发展是人类历史上的壮举，是中国共产党几代领导人带领中国人民共同奋斗和无数革命先烈用智慧和鲜血换来的。国内正反两方面的经验和苏联解体、东欧剧变的教训都说明，研究国史必须坚持辩证唯物主义和历史唯物主义的立场、观点和方法，严格遵循《关于建国以来若干历史问题的决议》。要通过国史研究和著述，不仅使国人正确认识过去的历史，而且让全世界的人都了解和尊重中国历史上这段辉煌的时期。在这方面，国史工作者任重道远。他还充分肯定了该所建立的国史学术年会制度，并希望把这一制度坚持下去，不断加以完善。

朱佳木在开幕词中介绍说，每年国庆节前夕举办国史学术年会，是中央书记处讨论批准的《当代中国研究所2001－2004年科研规划》中的一项重要举措，目的在于加强国史界的学术交流，推动国史研究的学科建设。2003年是落实党的十六大提出的全面建设小康社会奋斗目标的开局之年，中国特色社会主义事业由此掀开了新的历史篇章。为了从宏观上把握中国特色社会主义事业的历史过程及其各个历史阶段的关系，从而深入地探寻共产党执政与社会主义建设的规律，本届年会的主题确定为"中国特色社会主义：奠基·开创·发展"。毫无疑问，中国特色社会主义事业是党的十一届三中全会以后开创的，但这一事业的基础早在 1949 年中华人民共和国成立后就逐步奠定了，而邓小平同志1992 年的南方谈话和党的十四大又把这一事业推入了崭新的发展阶段。我们是历史唯物主义者，我们不能割断历史。

朱佳木指出，国史学的学科建设，首要问题是明确指导思想。坚持还是不坚持历史唯物主义的指导，对于国史学来说，不仅仅关系政治方向问题，而且关系学科的自身建设。其次，弄清国史学的学科特点也是国史学科建设中的重要问题。党的历史是国史的核心部分，决定着国史的走向，国史与党史建国后部分在研究对象、内容上不可避免地会有交叉有重合。但国史是通史，它与党史无论在研究范围、研究重点还是研究角度上都有很大不同。另外，历史学所具有的资治教化、资政育人功能，在国史学身上表现得尤为明显。国内外敌对势力总是千方百计地歪曲、否定中华人民共和国的历史，他们的用心，说到底是要用这个意识形态的"软武器"，摧垮我们民族的精神支柱，进而摧垮我们整个民族和整个国家。现在，有些社会主义国家已经被他们用这样的"软武器"摧垮了，我们要引以为戒，绝不能自毁历史，重蹈他们的覆辙。国史工作者要通过国史研究不断挖掘建国以来人民群众在各个历史时期涌现出来的无数可歌可泣的英雄事迹，为弘扬和培育以爱国主义为核心的伟大民族精神提供历史依据。

朱佳木还引述了胡锦涛总书记半个月前在视察江西革命老区时发表的关于"要教育全党全国人民学习和发扬毛泽东同志等老一辈革命家为祖国、为民族、为人民矢志奋斗的崇高精神和高尚品德，坚定不移地把他们开创的、几代共产党人为之持续奋斗的事业继续推向前进"的重要讲话，指出：第三届国史学术年会选择在毛泽东同志亲自创建的第一块农村革命根据地井冈山召开，具有特别的纪念意义。我们要按照总书记的要求，把本届年会开成一次继承毛泽东等老一辈革命家的宝贵精神财富、在新的历史条件下大力发扬井冈山精神的学术会议。

会议将大会发言和分组讨论相结合，并在九位学者大会发言后都由与会人员进行了评议和提问。会议期间，中国社会科学院学术委员会委员陆学艺以"'三农'问题的由来和发展"为题做了学术报告，在与会人员中得到热烈反应；全体与会人员还参观了井冈山革命斗争遗址、博物馆和烈士纪念馆，大家身临其境，抚今思昔，更加深切地缅怀毛主席和老一辈无产阶级革命家以及为中国革命献身的先烈们，更加深刻地感受到井冈山精神对中国共产党和中国人民的深远影响。

9 月 17 日，朱佳木同志主持闭幕式并做了简短讲话。该所副所长程中原代表年会组委会做了总结发言。与会代表一致认为，本届年会加深了对中国特色社会主义奠基、开创和发展的历史过程的理解，从多领域、多视角丰富了中国特色社会主义历史的认识，明确了加快国史学科建设的方向与任务，是一次有较高水准的国史学术会议。

为了筹备本届年会，该所科研办和办公室早在 2002 年就开始与江西省社会科学院进行联系，并于 2003 年 1 月发出了征文通知，共收到应征论文 105 篇，其中所外 85 篇。7 月，由所内外 11 名专家组成的论文评审委员会进行了 3 天会议，确定 58 篇论文入选。这次会议是该所组织的一次国史学术年会，也是国史学界对毛泽东诞辰 110 周年的一次纪念活动。由于入选论文质量明显高于前两届，会议内容丰富，组织周密，受到与会代表的一致好评。会后，《光明日报》《中国社会科学院报》、江西电视台、《江西日报》均做了报道。

第五届国史学术年会

2005 年 9 月 26 - 28 日，当代中国研究所与江苏省社会科学院、中共无锡市委员会和中华人民共和国国史学会联合主办了第五届国史学术年会，会议在无锡市举行。会议主题为"当代中国成功发展的历史经验"。全国政协副主席、中国社会科学院院长、国史学会会长陈奎元应邀出席开幕式并发表重要讲话。中国社会科学院副院长兼该所所长、国史学会常务副会长朱佳木致开幕词，中共无锡市委书记杨卫泽致欢迎词。中央文献研究室原主任、国史学会顾问逄先知在开幕式上做了即席讲话。出席开幕式的还有江苏省政协副主席陆军，以及来自中央和国家机关有关部门、中央和地方社会科学研究机构、高等院校、军队院校的专家和学者约110人。开幕式由江苏省社会科学院院长宋林飞主持。

陈奎元同志在讲话中指出，研究国史是历史赋予我们的重任，国史专家首先应当有历史的责任感和高尚的职业道德。在谈到国史研究的理论指导问题时，陈奎元同志指出，研究国史，总结经验，既要正确地了解国情，又要以科学的理论为指导。他强调指出，建国50多年有成绩也有缺点，有经验也有教训。50多年的实践与50多年理论上的探索是相伴而行的，毛泽东思想、邓小平理论、"三个代表"重要思想是马克思主义同中国实际相结合的光辉记录和不朽的成果。科学地总结成功与失误的经验，是我们党立于不败之地的保证。逄先知同志在即席讲话中指出，毛泽东同志在建国后有缺点，有错误，但功绩是第一位的。毛泽东同志晚年有错误，但毛泽东思想是完全正确的，我们只有继承和发展的任务，没有要不要纠正的问题。朱佳木同志在开幕词中，着重就本届年会的主题进行了阐述。他说，本届年会把主题定为"当代中国成功发展的历史经验"，就是为了使人们对建国以来特别是改革开放以来的成功经验在认识上更深入一步，从而使国史研究更好地为树立和落实科学发展观服务，为加强党的执政能力建设服务，为构建社会主义和谐社会服务，为贯彻党在社会主义初级阶段的基本理论、基本路线、基本纲领和基本经验服务。

本届年会论文应征人员130多人，经过由所内外专家组成的论文评审委员会的评选，入选论文68篇，几乎涵盖了建国后历史的各个方面和时段。会议采取了大会交流和分组讨论相结合的方式，宋林飞同志做了题为《"中国模式"的成功、特征与未来》的主题报告，11位学者做了大会发言。会议闭幕式由该所副所长程中原主持，该所副所长张星星代表年会组委会做了总结发言。会议期间，与会人员还参观考察了全国闻名的华西村、江阴县高桥镇和海澜集团。《光明日报》《中国社会科学院报》《无锡日报》和无锡电视台对本届国史学术年会做了报道。

第六届国史学术年会

2006 年 9 月 11－14 日，为纪念中国共产党第八次全国代表大会召开 50 周年和毛泽东、周恩来、朱德逝世 30 周年，当代中国研究所及中华人民共和国国史学会与湖南省社会科学院、中共长沙市委在长沙市联合举办了主题为"毛泽东与中国社会主义建设规律的探索"的第六届国史学术年会。全国政协副主席、中国社会科学院院长、国史学会会长陈奎元出席闭幕式并做了重要讲话，对本届年会的举办给予了高度评价，希望大家继续以唯物史观为指导，全面、客观、正确地对待中国共产党领导人民建立和建设新中国的历史，正确地评价毛泽东思想及毛泽东的历史贡献，科学地总结新中国建立以来的经验和教训，并做了《认真学习江泽民民主政治建设思想，巩固和发展我国的社会主义事业》的发言。他指出，江泽民同志在领导中国社会主义建设的实践中，高度重视民主政治建设。江泽民的民主政治建设思想是"三个代表"重要思想的有机组成部分，是马克思主义民主理论中国化的新成果，是对毛泽东、邓小平社会主义民主政治理论的继承和发展，是新时期中国化马克思主义民主理论集大成的硕果。党的十三届四中全会以来十几年的改革、发展的历史证明，以江泽民同志为核心的第三代中央领导集体，坚持"一个中心、两个基本点"的基本路线，在社会主义现代化建设和经济体制、政治体制等方面的改革都取得了巨大的成功。当前，中国的民主政治建设正在以胡锦涛为总书记的党中央的领导下阔步前进，全党正在推进的和谐社会建设必将开创社会主义民主政治建设的新局面。

中国社会科学院副院长兼该所所长朱佳木在会议开幕式和闭幕式上分别致辞。中组部原部长张全景，济南军区原政委宋清渭，湖南省政协主席胡彪，湖南省委副书记谢康生，湖南省委常委、宣传部长蒋建国，湖南省政协副主席王汀明，中国社会科学院秘书长朱锦昌等领导同志，以及来自中央和国家机关有关部门、中央和地方社科研究机构、高等院校、军队院校的专家学者约150人参加了会议。中央文献研究室副主任、国史学会副会长李捷在大会上做了《毛泽东与中国社会主义建设规律的探索》的主题报告，8位同志做了大会发言，全体代表进行了两个半天的分组讨论。由于会议主题鲜明，准备充分，组织周密，内容丰富，受到了与会者的好评和学术界的关注。

本届年会入选论文85篇，涉及政治、经济、社会、文化、教育、科技、卫生、国防、外交等各个领域。其中既有宏观概论，也有个案研究；既有思想阐释，也有考证辨析，反映了国史学界近年来在研究毛泽东与中国社会主义建设规律探索问题上的新成果、新进展。

会后，《光明日报》《中国社会科学院报》和《湖南日报》《长沙晚报》等媒体均对会议做了报道。

当代中国史国际高级论坛

为庆祝中华人民共和国成立55周年，由当代中国研究所主办的主题为"当代中国与她的外部世界"当代中国史首届国际高级论坛于2004年9月27日至29日在北京举行。

召开本届论坛，是中共中央书记处批准的该所三年科研规划中的一个重要项目。为了举办本届论坛，早在2002年就开始着手筹备工作，并成立了由所领导和各有关部门负责同志组成的论坛组委会。本届论坛经过各方面权威人士推荐，以及所科研办的反复联系，最终向论坛提供论文的有：俄罗斯的齐赫文斯基、季塔连柯、波尔嘉科夫、高念甫，美国的傅高义、沈大伟、沃德、福佑史密斯，瑞典的沈迈克，日本的国分良成、加加美光行，国内的龚育之、金冲及、王梦奎、沙健孙、吴易风、金春明、梁柱、谢益显、董志凯、李捷、宫力、房宁等，以及台湾的陈永发、朱言明，香港的宋小庄，澳门的杨允中等。我所科研人员朱佳木、程中原、田居俭、陈东林、刘国新也提交了论文。

本届国际高级论坛的主题是"当代中国和她的外部世界"。许多论文围绕这个主题，论述了新中国 55 年的历史进程，充分肯定了在中国共产党及其三代领导集体的领导下，经过艰难探索和曲折发展，成功地开辟出一条中国特色社会主义道路，客观地评价了中国改革开放和社会主义现代化事业取得的成就，阐明国际环境、时代特点对中国道路选择和形成的影响，同时也阐明中国道路的开辟和拓展、中国改革开放和社会主义现代化事业的成功，对世界的积极影响。这是这次论坛在学术上最主要的进展。表现在以下几个方面。

第一，关于中华人民共和国的创建。俄罗斯科学院齐赫文斯基院士的论文和报告，以亲历者和见证人的身份，评述了中华人民共和国成立这一对世界产生巨大而深远影响的历史事件。中国学者对中国共产党创建人民民主政权直到缔造中华人民共和国的历程，对新中国第一年实现的社会大变革，取得开局的成功，做了相当充分的论述；对为保卫新生的共和国而进行的抗美援朝战争的若干问题，做了深刻的分析。

第二，关于中国工业化问题。几位中国学者探讨了中国工业化这一贯穿中华人民共和国史始终的重要问题。有的学者指出，针对苏联不赞成中国搞独立完整的工业体系，毛泽东主张以自力更生为主、争取外援为辅，建立独立完整的工业体系和国民经济体系，并提出了实现四个现代化的宏伟目标和"两步走"的战略步骤；毛泽东率先突破苏联模式，为此后的改革开放奠定了思想基础。有的学者指出，中国何时由新民主主义向社会主义过渡，是与中国工业化选择什么样的发展战略紧密相关的问题。中华人民共和国成立后，中国共产党之所以决定向社会主义提前过渡，根本原因是编制五年计划时选择了优先发展重工业的战略，并得到了苏联在技术和设备制造上给予全面援助的承诺。而实际过渡时之所以又被提前，主要原因也在于要使农业和资本主义工商业尽快适应优先发展重工业的需要。优先发展重工业的战略虽然存在一定的历史局限性，向社会主义过渡中也出现了一些弊端，但总体看，正是优先发展重工业的战略抉择和向社会主义的提前过渡，使中国抓住了历史机遇，大大加快了中国工业化的进程，为今天建设中国特色社会主义提供了前提条件。这个很有说服力的新观点，得到广泛的赞同。

第三，关于改革开放和中国特色社会主义道路，这是学者们讨论的一个热点。学者们也从不同的角度提出了一些新的观点。

除了从宏观上对主线和全局进行研究外，也有一些论文论述了某一领域、某一侧面的历程，生动具体地丰富了对中国特色社会主义道路及其与外部世界关系的认识。如关于新中国金融发展与当前的开发性金融事业的论述；新中国初期社会保障制度历史作用的回顾；中国气象事业及其国际交往的总结；中国乡村政权职能的演变等，都给与会者留下了较深的印象。

本届论坛共收到国内外学者论文50篇，其中国外16篇，台、港、澳地区4篇，内地30篇。在5个单元的大会上，共有35位学者相继登台发言，并回答了与会学者的提问。该所副所长程中原代表大会组委会对本届论坛做了学术总结。参加中华人民共和国国史学会第三次会员代表大会的部分代表、国内外当代中国史的部分学者、该所研究人员，以及高等院校的研究生共160余人列席或旁听了会议。

由于准备充分，论坛进行得隆重而热烈。开幕时，全国政协副主席、中国社会科学院院长兼中华人民共和国国史学会会长陈奎元出席并致贺词，中国社会科学院副院长兼该所所长朱佳木致开幕词。中央宣传部、国务院新闻办、中央文献研究室、中央党史研究室、中央档案馆等中央和国家机关有关部委领导与会，新华社、《人民日报》《光明日报》发了消息。论坛开始和结束时，全国人大常委会副委员长成思危和李铁映分别接见并宴请了与会代表。

纪念毛泽东诞辰 110 周年学术报告会

为纪念毛泽东诞辰 110 周年，当代中国研究所于 2003 年 12 月 23 日举行学术报告会，邀请毛泽东研究专家、中共中央文献研究室原主任逄先知做主题为"毛泽东领导新中国革命和建设过程中的探索及其留下的宝贵遗产"的学术报告。报告会由中国社会科学院副院长兼当代所所长朱佳木主持，原中顾委秘书长、当代中国研究所原所长李力安和中央党史研究室副主任、当代中国研究所原副所长张启华，以及北京有关单位的专家学者约 170 余人应邀参加了报告会。

逄先知在报告中从新中国三项基本政治制度的建立等 10 个方面分析了毛泽东在新中国社会主义革命和建设过程中的探索及取得的伟大功绩，认为这是毛泽东为当代中国特色社会主义建设留下的非常宝贵的历史遗产。对这份遗产，我们要以历史唯物主义的态度进行科学的总结，让历史的经验在新的时代条件下，在全面建设小康社会的进程中，更好地发挥其作用。

朱佳木在讲话中说，在毛泽东诞辰 110 周年的日子里，当代所以举行学术报告会的形式，缅怀他的丰功伟绩，抒发对他的怀念之情，表达继承毛泽东的遗志、高举邓小平理论伟大旗帜、全面贯彻"三个代表"重要思想、继续沿着中国特色社会主义道路前进的坚强决心。毛泽东在社会主义时期的前 27 年中一直处于党和国家政治生活的核心位置，他的生平与思想在共和国历史中占有极其重要而独特的地位。我们要深入研究国史，就不能不深入研究毛泽东和毛泽东思想；我们要深刻认识国史，就必须深刻认识毛泽东和毛泽东思想。逄先知同志结合自己的亲身经历和对毛泽东的长期研究心得，为我们做了一次政治性、理论性、学术性都很强的报告，对我们研究中华人民共和国史具有重要的启示和指导作用。

对这次学术报告会，《人民日报》《光明日报》和《中国社科院院报》均做了报道。

中国世界史研究论坛首届学术年会

由全国30余所高校和科研机构的世界史学者共同发起，中国社会科学院世界历史研究所和华东师范大学历史系主办的"中国世界史研究论坛"首届学术年会于2004年12月16－17日在华东师范大学举行。来自全国各地近40所高校、研究机构和出版单位的100多位专家学者与会。著名历史学家、首都师范大学名誉校长齐世荣先生做了《在半个世纪内把我国世界史学科提高到世界水平》的大会发言。"中国世界史研究论坛"设立的宗旨是"集聚全国世界史学科力量，构建高层次学术交流平台，形成多方位学术交流机制，推进世界史学科发展"。

会上，学者们就"新世纪世界史学科建设和发展的趋势""世界史学科新体系的构建与诠释""关于'全球史观'""关于规范我国世界史研究的基本概念"等大家普遍关心的话题发表了精彩的演讲，展开了热烈的讨论。会议还就如何加强世界史学科的队伍建设尤其是博士生培养问题进行了研讨。

有学者指出，世界史资料建设至关重要，建议能够编写一套全新的代表中国研究水平的世界史资料选集，为将来进一步研究世界通史打下坚实的资料基础；并强调了研究20世纪世界史和世界文明文化的重要性，希望能听到更多的中国学者在这两方面与国外学者的对话和探讨。有学者指出了现今世界通史研究的四大不足之处：（1）通史不通，缺乏各地区之间的横向联系和互动；（2）西方中心论色彩浓重，非西方地区的历史研究比重过低；（3）没有能把中国历史真正地揉进世界历史中；（4）全球史观已是全世界的研究热点，但中国尚没有能力在此领域与西方学者进行对话。

第七届青年世界史工作者研讨会及第十二届
全国史学理论研讨会

2005 年 8 月 23 - 26 日，第七届全国青年世界史工作者研讨会及第十二届全国史学理论研讨会在云南大学召开。本次研讨会为期 4 天，由中国史学会史学理论分会、世界历史编辑部、厦门大学东南亚研究中心和云南大学历史文化学院、国际关系学院、西南边疆少数民族研究中心等单位共同举办，来自全国科研院所的 200 多位专家学者参加了会议。会议围绕马克思主义史学理论、中外史学理论与方法的发展、主要史学流派及理论特点等史学理论问题及世界历史上的社会转型、社会问题、政治外交等世界史重大问题展开了热烈研讨。

关于制度创新及政府作用，有学者从制度创新的角度探讨了资本主义不断向前发展的进程，指出英国这类国家从世界霸主地位下降为欧洲二流国家的主要原因在于它逐渐丧失了制度创新的能力。

会议对不同国家及不同地区转型时期的社会思潮、社会史、社会问题进行了多方面的探讨。有学者指出，20 世纪 80 年代以来东南亚国家的政治转型无论在方式、途径，还是在方向和效果上均呈现出多样性，研究这些多样性将有助于我们认识发展中国家政治发展和社会变革的区域性、阶段性。

古代国家的起源与早期发展国际学术探讨会

2009 年 11 月 4 - 5 日，由中国社会科学院世界历史研究所主办的"古代国家的起源与早期发展"国际学术探讨会在北京召开。来自中国、美国、日本、荷兰、俄罗斯的 50 多位中外学者围绕古代国家起源与早期形态等问题进行了跨学科的对话与交流。此次研讨会主要围绕两大主题展开讨论：（1）文明与国家起源理论；（2）古代世界各地区国家起源的模式与特点。

关于马克思和恩格斯的国家起源理论，围绕恩格斯在《家庭、私有制和国家的起源》一书中提出国家的本质与特征、国家形成标志、文明与国家概念的异同等问题，学者们进行了讨论。"阶级的存在"被视为国家最本质的特点。王震中主张以此作为国家形成的标志，并且认为这一点可通过考古学得到验证——远古社会的墓葬、居住建筑物等考古学证据可作为社会分化、阶级产生的物化标志。王巍、郭小凌在会上发言，强调国家的"社会管理职能"和"非强制非暴力性"。王巍说，国家是代表统治阶级利益凌驾于社会各个阶层之上的公共权力，目的是限制阶层之间的矛盾、冲突，以免各阶层在冲突中同归于尽，其主要职能是社会管理，是维持社会正常秩序；国家除依靠强制的暴力手段（军队、法庭等）以外，还靠非强制、非暴力（宗教信仰、舆论、伦理规范等）手段实现其职能。

郭小凌认为，从古到今，国家的性质已发生了较大改变：前现代的由少数富有阶级推出一个总代表（国君）统治的国家属于"以暴力为依托的脱离社会的公共权力"；而现代实行普选制和代议制的民主制国家则"以民意为依托、以暴力为保证的、依附于社会的中央政府，其职能包括防御外来侵犯与维持社会秩序、组织社会生产、物质分配以及全国范围内的文教卫生等社会活动"。

关于恩格斯所说的国家产生的两个标志："凌驾于社会之上的公共权力的产生"与"按地域原则划分居民"，学者们对前者一致表示认同，但对于后者却有不同认识。国家产生后，血缘组织是否迅速被地缘组织所取代呢？中国史学者一般认为，"地缘组织"取代"血缘组织"这条原则对于古希腊、罗马国家也许是适用的，但中国古代国家直至商代和周代，氏族、宗族和家族等血缘组织长期、完整地得以保存，与地缘组织并存，并在社会政治生活中发挥着相当大的作用。无独有偶，据吴宇虹介绍，古代两河流域社会也非常重视宗族关系。金寿福说，古埃及国家统一王权形成之前，以血缘亲属关系为核心的地方宗族组织比较强大，形成与中央集权相背离的分裂势力；统一王权形成之后，通过进行亲属称谓制度简化改革等一系列打击宗族势力的措施，逐渐消灭了宗族组织。徐建新说，从《马克思古代社会史笔记》来看，马克思本人也认识到"以氏族为基础的社会和以地区和财产为基础的国家曾长期并存"，这就提醒我们不能机械理解经典作家关于国家的另一个特征是按地域划分人民的表述。

关于酋邦理论的分歧表现在如何对待马克思、恩格斯的国家起源理论与西方人类学家的酋邦理论、早期国家理论，这也反映了当前中国学术界的困惑。大多数与会学者认为酋邦学说具有较高的理论价值和启示作用。这是因为，摩尔根和恩格斯的古代社会演进学说仅仅表明从氏族社会到国家发生过一次质变——平等的氏族社会一变而为不平等的阶级社会，在这一演变过程中是否存在某些过渡阶段呢？20 世纪 60 年代，美国新进化论派人类学家的研究表明，在前国家的早期社会中，确实存在不平等的社会发展阶段。对于这一阶段，弗里德（Fried）称之为阶等社会和分层社会；塞维斯（Service）称之为酋邦，这就弥补了传统社会进化论的理论缺口。

会议代表中有几位是酋邦理论的积极倡导者。例如，日本学者铃木靖民就大力主张引进和运用首长制社会理论，促进日本史研究的国际化。不过，他也承认，日本古代史和考古学的研究者似乎对首长制社会理论的反响并不热烈，甚至有批评说，这类早期国家研究和国家起源研究"正在脱离文献史学"。

否定酋邦模式具有普遍性的学者认为，酋邦只是通过一些特定的民族和地区考察后归纳提出的，所以有其特定的内涵，如尖锥体式的血缘结构和酋长控制的生计数据再分配的经济体制等，而这些都很难同考古学遗存坐实。从多线进化的观点看，很难认为古代诸文明古国都是通过酋邦这种形式，从史前走向文明的。

国内学术界对"五帝时代"的社会性质存在争议。一种意见认为"五帝时代"的中原地区已进入国家状态。因文献记载这一时期出现"天下万邦"或"天下万国"，故而称这一阶段的社会为"古国"或"邦国"。按照王巍的说法，早在距今 7000 年至 5000 年前，从黄河流域到辽河流域，以至于长江中下游地区的各个文明区域都已进入古代国家第一个阶段——"邦国时期"。

另一种意见则相反，认为文献中所载五帝时代的"邦""国"，实际只是氏族部落性质的血缘组织，并非真正意义的国家。王晖持"五帝时代为酋邦"说，他把考古学上的新石器时代后期，相当于庙底沟文化到龙山文化早期划为酋邦社会阶段，而把传说时代的虞舜夏代，即考古学上的陶寺龙山文化和二里头文化划为早期国家形成阶段。

关于早期国家理论，传统社会进化论存在的另一个理论缺口是对国家早期演进形态未做细致区分。长期以来，人们未注意到早期国家与一般国家的区别，以一般国家固有的特征作为衡量国家产生的标志，结果往往会发生偏差。这个问题引起了国际学术界的注意，荷兰学者克赖森和斯卡尔尼克在塞维斯的部落——酋邦——国家模式的基础上，进一步将第三阶段的"国家"分解为早期国家（early state）—成熟国家（mature state）两个阶段。20世纪七八十年代，这两位学者组织了大规模的国际合作研究，对世界各地历史上存在过的 300 多个早期国家进行个案研究，并出版《早期国家》论文集，奠定了早期国家理论的基础。

总体看来，酋邦理论、早期国家理论与其他人类进化新说目前已得到中国学者的广泛认知，但尚未占据主导地位。在会上，王巍表示不同意在中国使用"酋邦"这个名词，而宁愿采用中国传统文献中的"邦、国"来标志中国古代国家发展的几个阶段（邦国—王国—帝国）。"早期国家"这个名词也遭遇了同样的命运。从提交的论文来看，有人使用"古代国家"这个概念，有人则使用"早期国家"这个概念，还有二者混用的现象。

纳尔·桑达勒除了酋邦理论、早期国家理论外，在会议发言与讨论中也涉及另一个重要的文化人类学理论——核心区与边缘区理论。根据该理论，文明的核心区与边缘区之间存在交流与互动关系。文明成果由先进的核心区向相对落后的边缘区传播，与此同时，从边缘区获取资源，从而取得进一步发展的动力。从会议发言可看出，有几位学者将这一理论运用于各自的研究中。

美国学者 H. 皮特曼发表《哈兰河流域吉罗夫地区孔纳尔·桑德勒考古报告》。她根据在哈兰河流域大型遗址中发现的纪念性建筑、庞大的手工业制造区、生活区及墓葬区，以及出土的器物判断，这是一个独立发展起来的文明，该地区是公元前三千纪中东地区广阔贸易网络中的核心地带，同时也在主要城市的边缘发现了一些小型遗址，从而验证了边缘区的存在。

第二届中国世界城市史论坛国际研讨会

2012 年 4 月 6 日至 8 日，由杭州师范大学、中国社会科学院世界历史研究所和英国莱斯特大学城市史中心主办，杭州师范大学和桐庐县政府承办，杭州国际城市学研究中心协办的"第二届中国世界城市史论坛"国际学术研讨会在杭州和桐庐召开，来自美国、英国、法国、比利时、中国香港和大陆的 30 多所高校、研究机构的 60 多名学者参加了会议。本届论坛共收到论文近 40 篇，会议以"比较视野中的城市化：历史、社会与文化"为主题，集中探讨城市史研究的理论与方法、城市社会变迁以及城市文化与生活，中外学者就相关问题展开了热烈而深入的讨论。

在本届论坛上，城市史理论与方法得到了中外学者的高度关注。厦门大学王旭教授在考察世界城市史特别是美国城市史及美国城市发展个案的基础上，提出世界城市发展历程应该分为传统城市化和新城市化（也即大都市区化）两个阶段。传统城市化以单核城市发展为主，城市集中发展以产生聚集效应，但在这些城市达到一定的规模以后，这种聚集效应逐渐丧失，城市化开始进入新城市化阶段，郊区获得迅速发展，从而逐步形成多中心的大都市区。目前，中国的很多城市仍强调人口和经济向中心城市集中的传统城市化，城乡二元结构明显对立，负面效应严重。美国旧金山艺术基金会主任斯洛波丹·丹·佩奇探讨了历史上对城市规划具有重要影响的两个体系——1662 年意大利人托马斯·康帕内拉在《太阳城》中提出的理想之城和 1898 年英国人埃比尼泽·霍华德在《明日的田园城市》中提出的田园城市理念，并在此基础上提出了自己有关城市规划的新理念——群星之城，他认为世界上的城市犹如太阳系中的星星一样，可以发挥各自不同的作用，形成一个完整的城市体系。英国莱斯特大学城市史中心的罗斯玛丽·斯威特教授从一个新的角度考察英国城市化的进程，认为在 18 世纪整个英国书写和出版城市史的著作显著增加，这与当时城市人口快速增长、城市财富增加、独特的城市文化和生活方式出现相关，城市史成为一种表达市民认同的工具，也成为一种探索城市在英国社会发展中作用的介质，即商业贸易对于现代政体的贡献以及对于评价城市社会文化和道德强弱的贡献。

本届论坛对于伦敦、巴黎、纽约、香港等城市的个案研究很有特色。扬州大学陆伟芳教授对 19 世纪伦敦的政府建构进行了考察。法国巴黎高等研究院历史研究中心伊莎贝拉·巴库歇教授以塞纳河在巴黎城市建设中的重要作用和历史改造为中心，探讨了 18－19 世纪巴黎中心城市空间的布局，认为历史上对塞纳河的改造是与巴黎的发展紧密地结合在一起的。有的学者则探讨了 19 世纪巴黎城市与郊区的空间整合问题、巴黎的下水道工程，认为巴黎建设者在城市改建过程中有很强的地上和地下整体规划意识。

贫民窟是城市化进程中的一种普遍现象，即使在今日的欧美、亚洲、拉美以及非洲国家的大城市中"贫民窟"问题依然存在。杭州师范大学张卫良教授通过对伦敦贫民窟的历史及其社会意义的考察，认为贫民窟的历史就是城市住房的历史，贫民窟首先是一种住房，一种缺乏基本生活设施、居住过度拥挤的住房。对贫民窟做过多的社会学解读，容易使贫民窟研究趋于非历史化，甚至误读贫民窟。美国佐治亚州立大学唐纳德·雷泽斯教授则以亚特兰大市中心的伍德拉夫公园为考察对象，认为公园管理者和行政当局对无家可归者的态度经历了一个从排斥到接纳的过程。

城市疾病、职业病、公共卫生体系的建构是近年趋于热烈讨论的领域，在本届论坛中也有多位学者关注这些问题。杭州师范大学周东华副教授对民国时期杭州麻风病的救治进行了系统的考察。有学者则探讨了美国西弗吉尼亚州一些煤矿城镇的煤尘肺运动。

南京大学沈汉教授主要探讨资本主义与城市的关系问题，以大量史料批驳了资本主义农业起源说和否认商业对资本主义起源起作用的观点，认为资本主义起源于城市。

第一届中英英国史学术交流研讨会

2009 年 4 月 15 日至 18 日，第一届中英英国史学术交流研讨会在北京举行。本次会议由中国英国史研究会主办，北京大学历史学系承办。来自中英两国的 23 名学者出席了会议，提交论文 23 篇。英方对本次会议高度重视，派出强大阵容参加会议，与会者都是在各自领域有卓越贡献的著名学者。中方也由中国英国史研究会选派国内顶尖英国史学者参会。此次会议研讨课题由英方提出，会议围绕"贵族与国家""农村与农业""商业与城市化""中世纪宗教""人口与性别"等 12 个主题进行，涵盖了英国历史从古到今各个时段上的许多领域。经双方协定，每个课题范围都分别由一位英国学者和一位中国学者做论文演讲，然后大会提问与交流。英方尤其对中国学者能够就英方提出的 12 个课题都选派学有所长的专家提交高水平的学术论文有深刻印象，他们对中英双方的长期合作具有充分的信心。

按照英方要求，中国英国史研究会会长钱乘旦教授对中国的英国史研究发展过程做简要回顾，并介绍了近三十年来中国学者在英国史研究领域取得的学术成就。

伦敦大学历史研究所主任、会议的英方主持人 Miles Taylor 教授介绍了近二十年中英国学者研究的进展，并重点提出当今的英国史研究有向跨学科和数字化发展的趋势。

在"贵族与国家"的专题讨论中，谢菲尔德大学历史系主任 Michael Braddick 教授考察了现代英格兰国家的形成和当时社会文化变迁的内在联系。首都师范大学校长刘新成教授通过对都铎时期下议员成分变化对议会性质产生的影响进行剖析，阐释了"乡绅入侵"这一都铎时期的"异常现象"，并认为是 17 世纪英国革命爆发的重要原因之一。

就"农村与农业"问题，莱斯特大学 Christopher Dyer 教授对中世纪经济史的研究动态向与会者进行陈述，他指出，大家开始认识到资本主义的萌生、人口的变化和商业化的发展等诸多问题与采邑及其制度的变迁并不构成绝对的因果关系。天津师范大学侯建新教授对前近代英国和中国农村的地产运动趋势、雇佣经济发展规模、雇工的数量和社会身份，以及雇佣经济的效益进行了比较，探讨了农场式经营在中英两国产生不同后果的原因，为反思中英现代化历史进程的异同提供了一个值得关注的新视角。

关于"商业与城市化"问题，伦敦大学历史研究所 Derek Keene 教授从中长时段的角度历数了英格兰城镇和贸易自公元 700 年到 1700 年的发展和变迁，指出自从罗马帝国的统治结束之后，英国的贸易和城镇虽然得到了重新发展，但相对于欧洲大陆的贸易网来说，英国长期处于边缘的位置，直到 17 世纪大西洋贸易兴起，这一局面才得到显著的改观。复旦大学赵立行教授围绕"特许状与西欧中世纪商业"这一主题驳斥了学术界关于特许状作用与性质的一些传统观点，否定了盲目夸大商业和封建制度对立性的说法。

在"中世纪宗教"问题的讨论中，埃克塞特大学 Alexandra Walsham 教授以《宗教改革时期的宗教与文化》为题，综述了英国学术界对于近代早期宗教史——尤其是宗教改革史——的研究状况，为与会学者提供了关于该领域研究发展方向的新思路。首都师范大学刘城教授以《职业功能的转变：从演绎宗教礼拜仪式到宣讲上帝之言》为题发表了报告。

在"人口与性别"专题中，埃克塞特大学 Kate Fisher 教授针对以往认为 1870 年至 1940 年间英国人口出生率的持续下降以及家庭规模的显著缩小主要是因为女性在家庭中地位上升，以至于可以在避孕事宜上扮演主导角色这一观点，提出了自己的质疑。中国社会科学院世界史研究所俞金尧研究员从家庭史的角度入手，通过与中国历史上家庭人口状况的对比，考察了前工业化时期欧洲婚姻家庭的特征。

在"贸易、工业与城市化"的研讨中，卡迪夫大学 Patricia Hudson 教授从英国的贸易、工业和城市化三个角度简介了西方史学界近期的研究动态，尤其是受新文化史影响而发生的研究方法转型情况。天津师范大学刘景华教授从甄别"城市化"与"城市现代化"的概念入手，指出英国在 1500 年至 1750 年间经历了老城市的转型和新城市的兴起，并将其称为英国城市现代化的"准备阶段"。

在关于"国家与帝国"的讨论中，利兹大学历史系主任 Andrew Thompson 教授以"帝国与不列颠国家"为主题，指出关于英国帝国主义的两种传统理论——自由贸易的帝国主义和绅士帝国主义——对国家与社会的关系有着不同的界定，而在"新帝国史"看来，关于国家（state）角色的五种不同理解实际上对英国海外扩张的历史都产生了各自的影响。北京大学高岱教授首先简要介绍了马克思关于"殖民主义双重使命"的学说，并指出这一问题在东西方学术界存在一定程度上的理解不一致。

在研讨"现代思想与宗教"时，伦敦大学国王学院 Arthur Burns 教授从一个"英国现代宗教史"研究者的身份出发，指出在现代英国史——尤其是 1800 年以后的英国史——研究当中，宗教是一个在很大程度上被边缘化的领域。河南大学阎照祥教授的报告以《英国近代世俗领域无神论思想源流》为题，指出英国无神论是英国政治思想史上的重要内容，其源头可溯至都铎王朝晚期。

关于"民主与改革"问题，牛津大学 Kathryn Gleadle 教授从性别的角度探讨了 19 世纪英国议会改革和公共领域的关系。针对学术界各种各样的观点，Gleadle 教授指出 19 世纪英国选举权的扩大的确使公共领域的内涵和外延得以重塑，而女性的社会角色在此期间也相应地出现变化。中国社会科学院世界历史所吴必康研究员报告的题目是《英国民主和简单多数制》。报告分析了英国长期坚持简单多数选举制的利弊所在，指出它在很大程度上其实是与民主的基本理念相违背的，但改革始终没有发生，其基本原因何在？

在研讨"福利与发展"问题时，伦敦大学历史研究所 Pat Thane 教授从当代史的视角，考察了志愿行为在英国"福利国家"出现前后的发展变化。台湾成功大学王文霞教授的报告考察了英国妇女工会运动和福利制度建设之间的关系，指出以往的学术研究忽视了妇女这一社会弱势群体对福利国家的贡献。

著名历史学家爱丁堡大学教授 Harry Dickinson 就最后一个题目，即"世界史的分期问题"发表主题演讲。他首先历数了西方学术界自古以来对于"历史分期"问题的认识发展过程，指出关于历史的进程有循环论、衰退论、线性发展论、渐进论、革命推动论等多种解释，每种解释都有不同的分期体系；随后又阐述了当前英国史研究在分期问题上的一些困难，并提出"英国历史独特的延续性使得人们非常难以定出某几个确凿的界限将其严格地分成好几个阶段"。

面向 21 世纪的美国和中国国际学术研讨会

2003 年 4 月 3 日至 5 日，"面向 21 世纪的美国和中国"国际学术研讨会在天津举行，来自美国、日本、韩国和国内 30 多家科研和出版单位的 100 多名代表参加了会议。此次研讨会是在美国驻华使馆文化处、中国美国史研究会和南开大学的资助与支持下，由南开大学历史学院美国历史与文化研究中心承办的。

南开大学副校长陈洪、美国驻华使馆新闻与文化处公使衔参赞劳埃德·内伯斯（李柏思）、南开大学历史学院院长李治安、中国美国史研究会副理事长任东来到会致贺词。研讨会分大会和小组讨论两种形式进行，共举行了6场大会和12组讨论。

中美关系是这次研讨会的重点。与会代表对近代以来的中美关系进行了回顾，并展望了21世纪中美关系的前景，着重分析了影响中美关系的文化因素。美国外交是学者们关注的另一重点。与以往不同的是，美国外交中的文化和观念因素受到学者们的重视。伊拉克战争是当前的热点话题，本次研讨会为此举办了一次伊拉克危机专场讨论会。学者们在会上探讨了推动美国发动对伊战争的因素和战争的性质，预测了战争对未来国际局势和国际关系的影响。还有学者就美国法制和公共政策、美国媒体和文化、美国移民和种族等方面的问题进行了阐述和讨论，提出了许多新的观点和研究视角。

世界通史教育国际学术会议

2005年10月12-13日，由首都师范大学全球史研究中心与美国世界历史协会联合举办的"世界通史教育"国际学术研讨会在首都师范大学隆重举行。此次会议是中国世界史学界一次空前规模的大会。来自美国、俄罗斯、加拿大、澳大利亚、意大利、德国、哥伦比亚、新西兰等国与国内60多个单位180多名世界史教学和研究人员向大会提交了论文。

会议就全球史的概念、全球史兴起和发展、全球史研究的理论与方法、全球史观对中国传统世界通史研究及教学的冲击进行了深入的讨论。

关于全球史的概念，首都师范大学全球史研究中心主任刘新成教授认为，全球史是一种说明世界历史的方法，其特点是跨社会边界地比较历史过程，或考察不同社会的人的互动，或分析跨社会的总体历史的发展模式和过程。美国世界史学会主席、夏威夷大学杰瑞·H.本特利教授认为，全球史是生活在全球化时代的历史学家从历史学角度对全球化历史的追述。北京师范大学刘家和教授认为，"世界历史"是世界作为"一"的历史，它是一个有机的整体，而不是各个地区、国家、民族历史算术上的总和。

关于全球史的兴起和发展，与会的大多数学者都把全球史的出现与全球化趋势联系在一起。本特利指出，强劲的全球化趋势驱使史学家们关注人类早期的跨文化互动和交流过程，全球史研究代表了当代史学家对身居其中的全球化现象的职业反应。北京大学何芳川教授认为，近代以来人们真正有了世界的眼光，而全球化的冲击则促使人们重视世界史的研究。刘新成把20世纪下半叶以来全球化进程中全球文化趋同与民族本土文化认同之间的日益紧张的关系视为全球史产生的最重要的时代背景，而人类学的进展、后现代主义对"宏大叙事"的否定以及非西方世界史学研究与西方的"对接"则是其重要的学术背景。武汉大学李工真教授强调，西方大国关注全球史是其大国意识的体现，是为了对自身的地位做出合理的解释。

关于全球史研究的理论与方法，刘新成认为，全球史有理论，但这种理论属于历史编纂方法论，确切地说是编纂世界通史的方法论，把"全球史观"与马克思主义"唯物史观"相比较是不妥当的。他还总结了全球史审视世界历史的独特视角：第一，全球史摒弃了以国家为单位的思维模式；第二，全球史家提出把全球的人口增长、技术进步与传播、不同社会之间日益增长的交流这三大趋势作为人类历史发展的主要脉络；第三，全球史把不同社会、不同地区、不同民族、不同国家之间的"跨文化互动"作为研究的重心；第四，全球史从学术发生学的角度彻底颠覆了"欧洲中心论"；第五，全球史把全球背景作为分析历史事件新的参数，必然会对原来的历史事件做出新的分析，并得出新的结论。同时全球史还存在许多理论缺陷，最明显的缺陷是对社会内部自身发展的忽视。本特利从三个方面阐述了全球史对专业史学的贡献，即提出了社会空间概念，为人们反思人的主体性与大的框架的关系问题提供了更为切实的理论基础和丰富的背景知识，是对欧洲中心论的批判。

关于全球史观对中国传统世界通史研究与教学的冲击，与会学者认为，全球史观对中国传统世界通史研究和教学造成了强有力的冲击已是不争的事实。北京大学马克垚教授根据多年研究和编纂世界通史教材的经验，提出要编写一部真正意义上的世界通史，最重要的是解决三方面的问题：如何把各个发展阶段不同、模式不同的文明，整合为一个统一的有机的世界史；说明世界历史是怎样发展的和如何发展的，即解决世界史发展的动力问题；克服世界通史编写中普遍存在而又为大家普遍不满的"西欧中心论"问题。

文明起源学术研讨会（2001－2010）

2001 年以来，关于中国文明起源问题的研究空前高涨，围绕这一专题的国际性、全国性和地区性的学术研讨会较多地相继召开。

2001 年 8 月 1 日－3 日，中国社会科学院古代文明中心召开中国古代文明的起源及早期发展国际学术探讨会，会上多个学科的学者就文明起源的理论与相关概念、文明的发展道路、由考古遗存分析判断文明化的程度等问题进行了深入的讨论。几年后的 2007 年 10 月 18－19 日，中国社会科学院考古研究所主办的古代文明研究国际论坛在北京召开。2009 年 5 月 25－26 日，由中国社会科学院考古研究所举办的古代文明国际论坛暨第一届考古研究所和斯坦福大学双边学术研讨会在北京召开。此外，2003 年 10 月 26－29 日，山东大学东方考古研究中心、中国社会科学院古代文明研究中心、山东省文物考古研究所联合举办的中国东方地区古代社会文明化进程国际学术研讨会在山东召开。

有关地区性文明起源研究的研讨会迄今约有 9 次。2002 年 7 月 23－25 日，上海博物馆、中国社会科学院古代文明研究中心联合举办了"长江下游地区文明化进程"学术研讨会。2003年4月23－25日，湖北省博物馆、湖北省文物考古研究所、中国社会科学院古代文明研究中心联合举办了"长江中游地区文明化进程"学术研讨会。2004年4月23－24日，四川省文物考古研究所、成都市文物考古研究所、中国社会科学院古代文明研究中心联合举办了"长江上游地区文明化进程"学术研讨会；同年9月17－20日，郑州大学、中国社会科学院古代文明研究中心联合举办了"中原地区文明化进程"学术研讨会；10月20－22日江苏省考古学会与中国社会科学院古代文明研究中心联合举办了"淮河流域古代社会文明化进程"学术研讨会。2005年11月23－25日，河南省博物院、河南省文物考古研究所、中国社会科学院古代文明研究中心联合举办了"文明探源：考古与历史的整合"学术研讨会。2006年6月26－28日，辽宁省文物考古研究所、辽宁师范大学、中国社会科学院古代文明研究中心共同举办了"辽河流域文明化进程"学术研讨会；同年11月13－15日，安徽省文物考古研究所和中国社会科学院古代文明研究中心共同举办了"江淮地区文明化进程"学术研讨会。2009年4月24－26日，由河北师范大学、中国社会科学院古代文明研究中心、先秦史学会等联合主办了"中国古代文明与国家起源"学术研讨会。

中华文明探源工程是继国家"九五"重点科技攻关项目——"夏商周断代工程"之后，又一项由国家支持的多学科结合专门研究中国文明起源问题的重大科研项目，以上十年来的这些大型会议都是工程期间召开的，有的甚至一年召开几次，与这一重大项目的推动作用密不可分。会议既有地方性的，也有全国性的，更有国际性的且是多次召开。会议在地域上涉及中国七大流域或地区，基本覆盖全国各地，其中仅中原地区同年就召开两次。会议在探讨内容上基本涵盖了当前文明起源研究的各个方面、各个层次及各个角度的热点和难点问题。此外，在学科门类上会议虽以考古学科为主，但强调多学科的结合，除人文学科外，还有许多自然科学学科与考古学结合性质的研究成果和会议论文。总之，上述一系列的专题学术会议的召开极大地促进了中国文明起源与早期国家形成这一重大学术课题的研究与探索。

第四届东亚考古学大会

2008 年 6 月 3 日至 5 日，第四届东亚考古学大会在北京中国社会科学院考古研究所召开，大会由中国社会科学院国际合作局和考古研究所共同举办，共有来自英国、美国、加拿大、澳大利亚、德国、法国、荷兰、俄罗斯、以色列以及中国、日本、韩国、越南、蒙古等国家和中国香港、台湾等地的 200 余位学者参加。

学者们就东亚旧石器、东亚与世界早期复杂社会的比较研究、欧亚大陆的冶金和社会、东亚岛屿考古、东亚史前和历史时期的区域间互动、东亚考古遗产保护、中国青铜时代、中国南方与东南亚史前考古等课题以及东亚地区的古代动植物、体质人类学、玻璃器等内容展开深入广泛的讨论。这些课题中既包括了当今东亚乃至世界考古学研究领域中的热点理论问题，也有对东亚地区内区域性考古工作成果的提炼与展示。关注古代社会文明的发展道路与发展模式，探讨不同地区间古代文化的互动关系，充分利用新技术、新理论与方法来研究古代的遗迹、遗物，文化遗产保护事业的理论与实践探索等，也是本次大会讨论的重要议题。本次大会上，中国学者凭借这样一个重要的学术交流平台，集中展示了当今中国考古学在各个领域取得的成果，并由此来推进中国和东亚地区考古学的蓬勃发展，也将对东亚地区考古学的发展起到积极推进作用，为东亚地区乃至世界的考古学者之间的交流、互动搭起了沟通的桥梁。

考古学的过去、现在和未来——中国与世界国际学术研讨会

2010 年 7 月 28 日至 30 日，"考古学的过去、现在和未

来——中国与世界"国际学术研讨会在中国社会科学院考古研究所召开，共有来自英国、美国、加拿大、澳大利亚、德国、法国、荷兰、俄罗斯、以色列以及中国、日本、韩国、越南、蒙古等国家和中国香港、台湾等地的近300余位学者参加。

大会既有对陶寺、二里头、殷墟、邺城、汉魏洛阳故城、唐长安城、辽祖陵等这些经典遗址的深度研究，又有中国及其他国家和地区一些新发现考古遗址的介绍；既有像系统表面采样调查、古代DNA、骨骼同位素、岩相分析等现代方法的应用探讨，又有对经典议题的讨论，如新旧石器时代过渡、中国地区现代人起源问题的思考；既有专题研究学者对玉器、陶瓷、石器从技术、文化交流等方面进行研究，也有科技考古研究者讨论家养动物、小麦、大麦、玉米等植物的传播；欧亚大草原过渡地带文化互动、东南亚地区文化交流等跨地区、跨文化的研究都纳入学者的研究视野；古代礼仪研究、社会复杂化过程等议题也被深入讨论。

这次研讨会在以往的基础上，进一步加强了中国与世界考古学界的联系，共同回顾国际考古学的发展历程，分析国际考古学的现状和动态，展望国际考古学的发展方向，并交流最新的研究成果。

中国考古学会第十一次年会

2008年10月22－26日，中国考古学年会第十一次年会暨第五届会员代表大会在中国社会科学院考古研究所隆重召开。来自中国大陆各省区120多位会员代表，30多位列席代表出席了大会。学术会议按照地理区域划分的四个小组同时进行讨论，学者围绕"改革开放三十年来的中国考古学"的中心议题做了精彩的演讲，涉及改革开放三十年以来区域性考古、专题考古、科技考古、水下考古、文化遗产保护、公众考古学的回顾与反思等各个方面。题目有改革开放三十年来的黑龙江考古、改革开放三十年的河南考古、广东地区的新石器时代考古、中国旧石器考古的新进展与新视野、近年来中国北方地区旧石器时代向新石器时代过渡研究的新进展、近三十年古文字研究的新进展、常规碳十四测年三十年来的发展、改革开放以来的文化遗产保护等。本次会议还产生了中国考古学会新一届理事会、常务理事会等。10月26日上午，召开了第五届理事会第一次大会，副理事长王巍汇报了常务理事会议对今后工作的初步想法，新一届理事会表示，将为中国考古学在新形势下取得新发展而努力。

中国·二里头遗址与二里头文化国际学术研讨会

2005年10月18日至20日，由中国社会科学院考古研究所、河南省偃师市人民政府主办的"中国·二里头遗址与二里头文化"国际学术研讨会在河南偃师市召开。来自中国大陆、香港、台湾和日本、韩国、美国等国家的70余位专家学者参加了会议。代表们来自不同的研究领域，有着广泛的学术背景，包括考古学、历史学、历史地理学、人类学、古文字学、艺术史、测年科学、环境科学、冶金史、植物考古等学科和研究领域。

会议共收到学术论文50余篇，与会专家学者畅所欲言，共同探讨二里头遗址和二里头文化的有关学术问题。议题涉及二里头文化的年代、内涵、性质及与其他文化的相互关系；二里头遗址与其他二里头文化重要遗址考古新发现的意义；初期王朝与国家形成期的地域交流与文化态势；二里头遗址、二里头文化与夏商文化的关系研究以及学术史的回顾；二里头文化的聚落形态及重要遗存如建筑、墓葬、青铜器、玉石器的专题研究，以及围绕新发现的绿松石龙形器所展开的多角度的讨论，并通过了《中国·二里头遗址与二里头文化国际学术研讨会专家意见书》。

此外，专家学者还对二里头遗址的保护和利用提出了有益的建议与设想，建议尽早启动二里头遗址和偃师尸乡沟商城遗址作为夏商都城遗址群共同申报"世界文化遗产"的工作，进一步提升其国际影响力。

汉长安城与汉文化——纪念汉长安城考古五十周年国际学术研讨会

2006年10月28日－30日，由中国社会科学院考古研究所、陕西省考古研究所和西安市文物保护考古所共同举办的汉长安城与汉文化——纪念汉长安城考古五十周年国际学术研讨会在陕西省西安市隆重开幕。来自全国各地考古文博机构、高等院校和来自美国、日本和韩国的80多名专家学者出席了这次会议。

研讨会期间，刘庆柱先生做了题为《汉长安城考古50年与汉代考古学》的专题报告；与会代表对汉代城市考古、陵墓考古及汉文化研究等专题分组发言，并进行了热烈讨论；举行了汉代考古新发现专题报告会，有关学者对汉阳陵遗址、西安西郊发现的汉代睾河木桥遗址、汉长安城长乐宫遗址和东汉帝陵等考古发现进行了报告。会议期间，与会代表还到汉阳陵遗址和汉长安城遗址进行了实地考察。

这次研讨会是汉长安城考古乃至汉代考古和汉文化研究领域的一次重要会议，对于汉长安城考古、中国古代都城考古和汉代考古的进一步发展，对于大遗址保护的进一步推进，都将产生积极的推动作用。

鄂尔多斯青铜器与早期东西方文化交流——北方草原通道国际学术研讨会

2010年8月25日至27日，"鄂尔多斯青铜器与早期东西方文化交流——北方草原通道"国际学术研讨会在内蒙古自治区鄂尔多斯市隆重召开。本次研讨会云集了来自中国、美国、英国、德国、俄罗斯等10个国家的近百位专家学者。专家学者们围绕北方草原通道、东西方文化交流和鄂尔多斯青铜器等议题展开了热烈的讨论。

学者们介绍和讨论了分布在欧亚草原即北方草原上的青铜文化群体以及与其相关的考古学文化，并就相关考古遗址所表现出的各自特点以及与其他草原文化的相似性和可能存在的联系进行了广泛的探讨和交流。

马丁·琼斯教授提出在距今 4000 – 5000 年间广泛分布在辽阔的欧亚大陆及北部非洲的古代文化群体开始了频繁的文化交流和人群迁徙。学者们认为，欧亚草原通道即北方草原通道在这次史前文化大交流和大碰撞的过程中发挥了重要作用，而活跃在欧亚草原上的一系列早期青铜文化起到了媒介作用。

针对欧亚草原通道即北方草原通道的问题，学者们从不同的研究角度和文化内涵探讨了丝绸之路开通之前活跃在这条通道上的东西方文化交流。例如，穈子的西传、小麦的东传、绵羊山羊的西传、马和马车的扩散、青铜冶炼和制造技术的相互交流等考古实证。

专家学者们围绕北方草原通道、东西方文化交流和鄂尔多斯青铜器等议题展开了热烈的讨论。

中国大遗址保护研讨会

2007 年 7 月 11 – 14 日，由中国社会科学院考古研究所、中国科学出版集团科学出版社和内蒙古文物考古研究所共同发起和组织的中国大遗址保护研讨会在内蒙古呼和浩特市召开。来自全国 26 个省、自治区和直辖市的近 60 家科研、行政管理和新闻出版单位的 120 余位代表参加了本次会议。

会上，代表们就中国以大遗址为代表的文化遗产保护领域最急迫的命题展开讨论。通过 11 场主题报告，专家从理论和实践结合出发，就中国大遗址保护的急迫性、所面临的问题、基本概念，以及大遗址的保护理念、保护方法和利用形式等问题，结合具体案例从多个角度进行了系统分析和精彩陈述。与会代表就当前中国以大遗址为代表的文化遗产保护等问题形成了若干共识。

第一，实践证明，政府的相关政策是大遗址保护最强有力的保障。

第二，考古学研究是文化遗产保护研究的重要组成部分，是大遗址保护的基础，将考古工作纳入文化遗产保护体系既是现实需要，也是发展的必然结果。

第三，文化遗产保护功在当代，利在千秋，不但应注意并尊重人民群众生存和经济发展的权利，也要注意并尊重群众对文化遗产利用的权利。

本次大会的成功举办及其推动下许多共识的形成，必将对中国文化遗产保护事业产生深远影响。

船与人：亚洲古船历史学与考古学比较研究的新视角国际研讨会

2009 年 11 月 9 日－11 日"船与人：亚洲古船历史学与考古学比较研究的新视角"国际研讨会在中国社会科学院考古研究所八楼会议室举行。此次研讨会由法国远东学院、中国国家博物馆、中国社会科学院考古所、法国国家科研中心主办，来自中国、法国、英国、澳大利亚、韩国、新加坡、荷兰等国的近百名学者参加会议。会议分四大主题，分别是"关于历史和海洋考古的概念""海洋与江河船舶考古学：文字与图像资料""船装货物和海上与内陆水路贸易""海上居民人类学：技术与文化"。学者们介绍了中国、印度尼西亚、日本、丹麦、法国等国家、地区的海洋考古发展历史及现状，讨论了运用各种文字和图像资料来研究海洋考古的案例，并展示了通过水路贸易的考察从而丰富了中外交流认知的研究。在这次研讨会上，来自不同国家和地区、具有不同学术背景和专长的学者们就相关问题充分地切磋、交流，彼此增进了解，加深友谊，共同促进了亚洲乃至世界古代船只与人类活动相关问题研究的深入。

中国社会科学院考古学论坛

"中国社会科学院考古学论坛"是中国社会科学院重要的学术论坛之一,是由中国社会科学院主办、中国社会科学院考古研究所和考古杂志社承办的中国考古新发现学术论坛。论坛创办于2002年,于每年年初举办,主要报告从各年度全国考古新发现中遴选出6项重大发现。

为了在新世纪加强对考古新成果的宣传和报道,中国社会科学院考古研究所和考古杂志社于2002年1月共同举办了中国考古新发现学术报告会,邀请2001年度6项重要发现的发掘者做学术报告。此后每年年初举办论坛成为定制。同时,论坛根据学科发展及学术界的需要又不断有所调整。2004年的第三届论坛将学术报告会更名为"中国考古新发现学术论坛";自2005年的第四届论坛开始,论坛被纳入中国社会科学院的重大系列学术活动,更名为"中国社会科学院考古学论坛",并由中国社会科学院主办、考古研究所和考古杂志社承办。在第三届至第五届论坛上,除田野考古新发现外还增加了科技考古的内容。从第三届起论坛设评论专家对每场学术报告进行评论。论坛至今已举办九届。历届论坛广泛邀请在京的文博考古机构、高校考古院系和新闻媒体等出席,论坛在学术界和社会上的影响日益扩大。在全国考古界的支持下,"中国社会科学院考古学论坛"已成为"中国最新考古信息的交流舞台、中国重大考古发现的展示舞台、中国最新考古进展的学术讲台"。

4 现代史学家

蔡尚思

蔡尚思（1905－2008），号中睿，福建德化人。1912－1920年在家乡私塾、县立小学就读，参加农业劳动。1921年至1925年夏，在邻县永春读中学。1925年秋冲破家乡闭塞落后的环境，到北京求学，寻访名师，先后考入孔教大学国学研究科、北京大学研究所国学门哲学组。1929年起，历任大夏大学、复旦大学、华中大学（原名文华大学）、沪江大学、光华大学、东吴大学及无锡国学专修学校等校讲师、教授。1932年，由蔡元培等介绍，加入中国民权保障同盟。1936年开始为中共地下党做些秘密工作。抗日战争期间，留须装老，拒绝日伪威胁利诱。1945年与郭沫若等24人发起成立中国学术工作者协会上海分会。翌年，与张志让等4人发起成立上海大学教授联谊会。新中国成立后，任沪江大学代理校长、校务委员会副主任委员。1952年经院系调整，任复旦大学历史系主任、教务委员。1953年正式加入中国共产党。1978年起，先后任复旦大学副校长、校学位评定委员会副主任、中国思想文化史研究室主任、国务院古籍整理出版规划小组及中国哲学史、墨子中国学会蔡元培等顾问、孙中山研究学会理事、孔子基金会副会长、朱熹研究中心名誉理事长、中山大学文化研究所顾问、国际儒学联合会顾问、比利时太极研究院世界太极学会荣誉会长。

蔡尚思先生生前不仅是迄今为止中国学术界年龄最长的老寿星，而且是学术界生前见到了自己的著作集辑为全集的第一人。在其百年华诞之际，德化县出资于2005年由上海古籍出版社出版了 8 册《蔡尚思全集》，共收录专著 20 余部、报刊论文 300 余篇，皇皇 400 万字。其中 5 本专著，是他首肯认定的代表作。

《中国思想研究法》是蔡先生的一部关于哲学社会科学研究方法论的专著，也是他学术思想成型期的一部力作。1929 年，他在南京龙蟠里国学图书馆住读，称其为"太上研究院"，遍读馆藏除诗赋歌曲以外的历代文集。后到北京向史学专家王国维、陈垣、朱希祖等，哲学专家陈大齐、梅光羲、李栩灼等，以及梁启超等问学。他逐渐领悟到，做学问必须文史哲结合，尤其是把史哲结合起来研究，直到晚年仍坚持这一结合原则。之后他用了 7 年时间写成此书。1939 年由商务印书馆出版后，被学术界认为是引证资料最广最多的一部书。蔡先生以后的著作都是在此基础上形成发展起来的。此书出版时，蔡元培、蒋维桥、柳诒徵、顾颉刚、陈中凡等许多名家作序，在学界影响深远。直至 1988 年湖南人民出版社还重版了横排本，1991 年台湾商务印书馆又将其影印出版，并被收入周谷城主编的《民国丛书》第三编。2005 年复旦大学建校 100 周年时，由复旦大学出版社再次重版。作为《中国思想史通论》绪论的《中国思想研究法》，所列中国经济思想史、政治思想史、教育思想史、哲学伦理思想史史料简目，每一门类仅宋元至清便开列名单数百人，这是他广泛阅读宋、明、清人文集所发掘的思想材料。这一名单，极大地扩展了思想史研究的范围。顾颉刚在序中这样写道："要之，其学也博，其思也慎，其辩也明，其行也笃，凡昔人叹为大难者，君并有焉。"柳诒徵指出："其博贯独到处，语语石破天惊，洵为并时无两之巨著。"在某种意义上可以这样说，《中国思想研究法》是南京苦读的产物。它是最能代表蔡先生生平学术思想研究的一部著作。

1981 年底，蔡先生利用腿部受伤开刀出院后在家休养的机会，重借太平洋书店出版的 80 大本《船山遗书》，从头到尾读一遍，并摘录其要语，先写成《王船山思想体系提纲》一文，发表在《光明日报》上。之后，曾有人扬言要对他的这篇短文"逐条辩驳"。于是就更促使其"集中精力来编著"《王船山思想体系》

一书。为从中国学术思想史上看清楚王船山的"真面目"，蔡先生从全部原著中选出极其丰富的材料，分为哲学、宗教、政治、法律、军事、经济、教育、史学、文学、美学、科学11个方面作为无可否认的论据，证明欧阳兆熊、谭嗣同、梁启超、章太炎、张西堂、熊十力、侯外庐等人宣传王船山思想不合事实之处。其结论是："王船山的思想精华与糟粕两方面都很突出。"此书被谭其骧先生称为"不仅是王船山研究著作中的一个典范，也是整个中国学术思想史研究领域中的一个典范"。因为在数以百计研究王船山思想的著作中，蔡先生的这本书具有两个与众不同的特点："一是别人往往只看过船山著作的一部分，遽尔发为议论，而此书作者则是把将近五百万字的《船山遗书》从头到尾通读了一遍，分类摘出原始资料后，才根据这些资料进行分析研究，从而得出结论写成这部书的；二是别人读船山的书都只取其一面，随意发挥，所以所作评价不可能全面，也不可能正确，而此书作者由于全面掌握了体现在船山全部著作中的船山思想的各个方面，所以就能做到正确地阐述船山思想的整个体系，既指出其进步的精华的一面，也指出其落后的糟粕的一面，做出既是全面的也是实事求是的评价。"

1986年由广东人民出版社出版的《中国近现代学术思想史论》，是蔡先生的一部融思想史、哲学史、学术史为一体的论文集。全书分通论与专论两大类，共收入论文56篇，计40余万言。这些论文是从1931－1986年间作者撰写的有关中国近现代学术思想史的近百篇论著中选出来的，其中7篇是首次发表。通论部分收有10篇论文，强调学术研究要以马克思主义为指导，开展百家争鸣，并论述了中国近现代思想史研究的重点与方法，以及中国文化应走的道路等问题。专论部分，除少量文章是论述近现代思想史上的重大问题，如辛亥革命时期的新思想运动、五四新文化运动以及佛学思想等之外，主要是评论中国近现代思想史上的著名人物及其著作，共涉及梁启超、章太炎、王国维、蔡元培、柳诒徵、吕思勉、陈垣、顾颉刚、郑天挺、范文澜、嵇文甫、艾思奇等 25 位人物、42 篇文章，恰好占全书篇幅的 3/4。他在《和青年谈谈中国近代思想史研究》一文中，针对学术界以往提出的许多争论不休的问题，发表了独到的见解。诸如：孙中山的中心思想是民权主义；康有为《大同书》在"九去"中"是以'去形界'作为实现大同理想的前提和关键的"；王国维的死"就死在尊孔复古、反共和反共产而矢忠于亡朝废帝"；等等。蔡先生几十来以反对封建旧传统思想而著称。他始终如一地认为，现代中国的改革，只能是"以马克思主义思想为指导"而"决不能向中国如儒家孔子传统思想求真理"。该书是蔡先生多年研究中国近现代思想史心得的结晶。它具有两大突出特点：一是部分地反映了中国近现代思想史发展进程和研究面貌，并对其中若干重大问题与重要人物提出与众不同的见解，同时披露了蔡先生与许多师友往来的第一手感性资料；二是表现了一位年长者始终坚持进步、勇于探索的学术美德。例如，"论梁启超"共有 5 篇论文，最后一篇《梁启超的总评价》，对以前论文的部分观点有所修正和补充。

作为《中国近现代学术思想史论》姊妹篇的《中国古代学术思想史论》，1990 年由广东人民出版社出版。蔡先生在其《学术自传》中阐述了他编写此书的目的："我很想以此书代替已遗失掉的《中国思想史通论》（旧稿）的一部分。"用他自己的话讲，此书主要特点是：一是认为先秦有十二家而不止六家和九流。二是最可代表中国自创的思想文化的是孔子、墨子、老庄、韩非四大祖师。对此四家的中心思想，先介绍古来学者各种看法，然后肯定孔子是礼教，墨子是兼爱非命（反宗法、反宿命），老庄是自然主义、相对主义，韩非是极端君权（势治），论证号称"三代下的孔子"的朱熹，其中心思想仍然是礼教而不是其他，不以钱穆《朱子新学案》避而不谈其礼教思想为然。三是指出中国最可代表佛教者是慧能与澄观。四是司马迁思想很有特点，表面不得不尊孔而实质却反儒。五是袁枚的思想非常广大，也很精彩，梁启超、钱穆《中国近三百年学术史》固不必说，杨鸿烈《袁枚评传》也很不够，袁枚进步性的思想是超过戴震的。六是不讲王充，是因为我没有太多自己的见解，也因为我早已把他概括过了。此书的六个特点可视为蔡先生本人对中国古代学术思想史上最具代表性人物及其著作，所做的总结性概括。

撰写《中国礼教思想史》的最初想法，是蔡先生1929年在大夏大学讲授"中国传统思想新批判"专题时萌发的。但他对封建礼教思想的仇视早在懂事时就有了。他在《我的母亲》一书中记述道：母亲在河边洗衣，无意间与过路的陌生男人打了个照面，被满脑子男女授受不亲的父亲打一顿，头上留下了永不长发的伤疤。这也给他幼小的心灵造成一定的伤害。其家乡十分盛行礼教之风，触目皆是林立的贞节牌坊。直至20年代在北京求学，虽已经历过五四新文化运动的洗礼，到处仍充塞着旧礼教的遗风。于是他经过半个世纪的酝酿，从浩瀚的书海中找到了礼教对中国社会文化影响的例证，并且追根寻源到孔子以礼为中心的礼学思想体系，完成了为古往今来的不幸妇女鸣不平的愿望。这本书以历代鼓吹礼教的思想和反礼教思想两条主线展开，涉及的代表人物多达170位。它是迄今为止唯一一部系统反礼教思想的专著。

蔡尚思在1993年巴蜀书社为其出版的《学术自传》中给自己的学术活动定位时说过："我自知生平学术研究的大范围是在哲学社会科学内，较确切地说是在文史哲的范围内；最正确地说是史哲结合，尤其偏重思想方面。与其称我为思想史家、哲学史家，倒不如称我为'思想家''哲学家'。"这一自我评价，是非常符合他一生学术地位实际的，是名副其实的。

（章　复）

陈翰笙

陈翰笙（1897－2004），中国著名的历史学家、经济学家、社会学家和杰出的社会活动家，中国社会科学院学部委员、顾问，世界历史研究所名誉所长。

陈翰笙1897年2月5日生于江苏省无锡县城内城头巷。原名陈枢，幼年就读于无锡东林小学，因父亲长年外出，受到母亲的严格教育和悉心培养，终生受益。1909年随父母到长沙，考入由革命党人黄兴创办的明德中学。在学校中受到具有民主革命思想的老师，尤其是同盟会会员、南社诗人、历史教师傅荣湘的很深影响。

1915年陈翰笙赴美留学，就读于洛杉矶的波莫纳大学，因视力差不得不从植物学和地质学改学欧美历史。1920年毕业后，转入芝加哥大学研究生院任助教，并获硕士学位。在此期间，受俄国十月革命影响，抓紧时间学习俄语。1922年春，到哈佛大学学习东欧史，秋天转赴德国，入柏林大学史地研究所继续研读东欧史。1924年夏，在柏林大学获得博士学位。

1924年秋，陈翰笙在柏林遇到了在欧洲考察的蔡元培，应其邀请到北京大学任历史系和法律系的教授。在北京大学期间，陈翰笙接受了马克思主义，于1925年加入中国共产党，成为一名杰出的地下工作者。陈翰笙接受马克思主义，一条重要途径是认真研读马克思、恩格斯的著作。在北京大学教书时，他结识了北京俄文专修馆的讲师彼得·格里涅维奇等俄国友人。格里涅维奇推荐他读《资本论》。两人常常讨论到深夜。陈翰笙外语好，讨论时应用的是德文原版的和俄文版的《资本论》。通过对《资本论》的深入学习，陈翰笙改变了自己的人生观和历史观。他深有感触地说："啊呀！我过去在欧美所学的哪里是历史啊！不过都是些历史的堆砌，《资本论》才是真正的历史啊！"

在1920年代，陈翰笙除教书写作外，还参加了许多实际工作和活动。如参加胡适等创办的《现代评论》，先后发表过55篇文章；写文揭露三一八惨案真相；为共产国际的《国际新闻通讯》写稿，并从事共产国际的秘密情报工作。1927年，李大钊被捕并被杀害，陈翰笙不得不从天津经日本逃往莫斯科。

1920年代末、1930年代，陈翰笙领导的中国农村调查，是他一生中的重要业绩，也是他对中国人民革命事业和社会科学发展的巨大贡献。1928 年 5 月，陈翰笙从苏联回国。1929 年，蔡元培邀请陈翰笙任中央研究院社会科学研究所副所长，并主持社会学组工作。他由此主持领导了影响深远的中国农村调查。陈翰笙很早就关注中国的农村经济，但直接的诱因是他在莫斯科共产国际下属的国际农民运动研究所工作时，与当时主持国际农民运动研究所东方部工作的匈牙利人马季亚尔的争论。马季亚尔写了一本《中国农村经济》，宣扬"亚细亚生产方式"理论，认为中国自原始社会解体后，既没有奴隶社会，又不存在封建社会，而是一种"水利社会"，到 20 世纪初，西方资本主义传入中国后，中国（包括农村）都成了资本主义。陈翰笙不同意马季亚尔的看法，进行了反驳，但同时又感到对中国农村经济还缺乏广泛深入的调查研究。

陈翰笙领导的这次农村调查，从 1928 年开始，到 1936 年他赴美，前后有七八年。他的足迹踏遍中华大地。1933 年陈翰笙创办了中国农村经济研究会，出任理事长。这次农村调查的意义重大，在政治上对中国共产党的理论建设做出了贡献，因为调查的结论是：中国还是一个半封建半殖民地的社会，主要问题是土地问题；在学术上对中国社会学的发展也起了重要的推动作用，并且培养了一批后来影响很大的经济学家，如王寅生、张锡昌、薛暮桥、钱俊瑞、孙冶方、狄超白、秦柳方、张稼夫、姜君辰等。陈翰笙主要依据这些农村调查的丰富资料，先后完成了《封建社会的农村生产关系》《现代中国的土地问题》《广东的农村生产关系与生产力》《工业资本与中国农民——中国烟农生活研究》《中国的地主与农民》（英文版）、《工业资本与中国农民》（英文版）、《中国农民》（英文版）、《西双版纳的土地制度》（英文版）、《解放前的中国农村》第 1－3 辑（与薛暮桥、冯和法合编）、《解放前后无锡、保定农村经济》（与薛暮桥、秦柳方合编）等许多重要的著作。

在这段时间，陈翰笙在政治和社会活动方面也取得了许多令人瞩目的成就。他遵照李大钊的指示，以"开明学者"的面目活动，与各类社会人士广泛接触。他先交国民党左派，在他们的圈子中十分活跃。这些左派包括蔡元培、陈友仁、宋庆龄、邓演达、杨杏佛、何香凝、冯玉祥、王昆仑等。同时，他对右派也不疏远，如"现代评论派"的王世杰、陈西滢，改组派的陈公博、顾孟馀、唐友壬，C. C. 派的朱家骅等。这些右派有不少是反蒋的，他们常把蒋政权的一些内幕信息透露给陈翰笙，陈翰笙就整理成资料送交共产国际，而他自己的身份则保护得很好。

陈翰笙到过印度、日本、苏联、德国和美国，国际交往广泛。与他经常联系的有史沫特莱、哈罗德·伊萨克、斯诺、斯特朗、左尔格、尾崎秀实、路易·艾黎、爱泼斯坦、邱茉莉等知名人士，通过他们又进而影响到更多的人。如 1939－1942 年间，陈翰笙通过太平洋学会的出版物和香港出版的《远东通讯》对美国罗斯福总统 1941 年派往中国的使者拉林·柯里施加影响，直接影响了美国政府对中国的决策。又如与左尔格这位"世界间谍史上的传奇人物"的合作关系。左尔格早年投身革命，为第三国际和苏联做情报工作，1929 年来中国。在中国，左尔格做了三年情报工作，卓有成效，如把 1930 年 12 月至 1931 年 9 月，南京政府对中国红军革命根据地三次进攻的情报和准备发动第四次"围剿"的战略计划都事先通报了中国共产党。左尔格谍报工作之所以成功，与他的丰富经验和慎重严谨的工作原则有关。他总是把接触范围限制在极有限的中国人之内，而陈翰笙正是他选中的主要人员。当左尔格受莫斯科的委派去日本工作时，他特邀请陈翰笙去日本，与他配合。

1936－1939 年，陈翰笙应邀赴美工作。1939 年 5 月，陈翰笙又根据党的指示，由美国回到香港。在香港，他协助宋庆龄和埃德加·斯诺夫人及艾黎等友人发起组织了工业合作运动，并担任工合国际委员会秘书，负责向国际宣传、接受捐献、转运物资。工合国际委员会直接向延安和其他地区提供了 1800 美元。陈翰笙还通过英文的《远东通讯》半月刊最早把皖南事变的消息向国外报道。

香港沦陷后，陈翰笙先到桂林，后因国民党的抓捕而逃到印度。陈翰笙在印度德里大学历史系得到一份入学考试评卷员的工作。他花了两年时间阅读了多达14卷的《英国皇家印度农村调查团证词（1927－1928）》，并前往各地进行调查。1945年8月，陈翰笙加入印度历史学会，之后几个月在印度农村进行调查。

1946年秋，陈翰笙接到周恩来、廖承志的指示前往美国。在美国，他继续查阅《英国皇家印度农村调查团证词》，并补充在印度调查所得的资料，最终用英文写成《印度和巴基斯坦经济区域》。这部著作把印度、巴基斯坦分成21个经济区，很有学术价值。在美国，陈翰笙还到处发表演讲，指出：美国政府如果援蒋反共，就是走进了死胡同，与全中国人民为敌。由于陈翰笙在美国知识界的影响，他的演讲在当时的影响是不容忽视的。

1950年1月，陈翰笙接周恩来总理电报回到中国。周恩来请陈翰笙出任外交部副部长。陈翰笙表示要做研究工作。陆定一请陈翰笙出任北京大学副校长，也被他婉拒。周恩来总理电邀陈翰笙回国，说明要他协助宋庆龄创办《中国建设》杂志，但当宋庆龄邀请他当杂志总主编时，他却推荐了金仲华，自愿当副总编辑。

改革开放以后，陈翰笙虽然已年过八旬，依然在学术领域发挥作用。他出任中国社会科学院顾问和该院世界历史研究所名誉所长，担任北京大学、外交学院教授，硕士和博士研究生导师，《中国大百科全书》外国历史卷的编委会主任，并为商务印书馆主编外国历史小丛书。他还与卢文迪、彭家礼为中华书局合编《华工出国史资料汇编》（共10辑，300多万字），与薛暮桥、冯和法合作将1930年代有关中国农村经济问题的重要文件著作搜集整理编成《解放前的中国农村》三大册。陈翰笙一生的全部著作下二百种。关于他的主要著作和农村调查文章目录，可参见陈洪进的《陈翰笙的史学思想》一文和附表（《世界历史》1985年第8期）。

了解了陈翰笙的生平，更应该学习他的精神，特别是他终生不忘、身体力行的他母亲的教诲：做人千万不要"看见大佛笃笃拜，看见小佛踢一脚"。

（东　月）

龚育之

龚育之（1929 - 2007），1929 年 12 月 26 日出生于湖南湘潭，2007 年 6 月 12 日 9 时在北京逝世，享年 78 岁。龚育之是著名的马克思主义理论家、中共党史学家、教育家，第九届全国政协常委，中央党校原副校长、中央党史研究室原常务副主任。

龚育之先后在吉林长春、天津、湖南湘潭和宁乡读小学、初中，在湖南明德中学读高中。青少年时代，他目睹和经历民族灾难和国家衰败，深受其父亲——老共产党员龚饮冰的影响，执著追求救国救民的真理，信仰马克思主义，投身进步学生运动。

1948 年 9 月，龚育之考入清华大学化学系。同年 11 月加入党领导的外围组织——新民主主义青年联盟，12 月加入中国共产党。新中国成立后，他努力学习专业知识，积极参加政治活动，曾担任清华大学理学院党支部委员、副书记。

1952 年 9 月至 1966 年 6 月，龚育之在中共中央宣传部科学处工作，主要研究党的科技政策及其理论基础马克思主义科学技术论，调查研究科技和教育工作的实际情况。他是中国著名的自然辩证法专家。

1953 年，龚育之开始发表科学技术哲学方面的文章。从 1956年起，他参与组建中国科学院哲学研究所自然辩证法组，先后兼任学术秘书、副组长，1956 年协助于光远主持制定十二年科学发展规划中的《自然辩证法（数学和自然科学中的哲学问题）十二年研究规划草案》，参与创办和编辑《自然辩证法研究通讯》杂志。1957 年，与罗劲柏、陈步和侯德彭合译了控制论创始人维纳的代表作《控制论》，以"好几人"的谐音"郝季仁"署名译者出版。龚育之确定了"控制论"一词的汉译名称。1961年，龚育之出版了新中国成立后科学技术哲学方面的第一部论文集——《关于自然科学发展规律的几个问题》，产生了很大影响。中国科学院哲学研究所自然辩证法组（中国社会科学院哲学研究所科技哲学研究室前身）成立后，他成为该组兼职研究人员，1962年起兼任副组长。1964年8月18日，毛泽东找几位哲学工作者谈话，与吴江等人一起参加谈话。20世纪60年代初，他作为导师之一，在北京大学和中国科学院招收和指导自然辩证法专业研究生，为中国自然辩证法学科和自然辩证法事业做出了开拓性贡献。他参与起草了作为中国科学技术工作政策调整的重要文件——《关于自然科学研究机构当前工作的十四条意见（草案）》（简称《科学十四条》）和聂荣臻给中共中央的请示报告，随后参与修改了中国教育政策调整和文艺政策调整的重要文件——《教育部直属高等学校暂行工作条例（草案）》（简称《高教六十条》）、《关于当前文学艺术工作若干问题的意见（草案）》（简称《文艺八条》）。

"文化大革命"中，龚育之受到错误批判和冲击，被下放到宁夏贺兰县中宣部"五七"干校劳动。他依然坚定革命信念，刻苦研读马克思主义著作。1973年10月至1976年10月，龚育之在国务院科教组、教育部工作。1975年被借调到国务院政治研究室，参加毛泽东选集材料组的工作。他积极拥护邓小平领导的全面整顿，参加修改整顿科技工作的重要文件《科学院工作汇报提纲》。粉碎"四人帮"后，他被调到中共中央毛泽东主席著作编辑出版委员会办公室工作。

龚育之在政治上始终与党中央保持高度一致，在理论创新和政策制定方面做出了突出贡献。从1980年1月起，龚育之先后担任中共中央毛泽东主席著作编委会办公室副主任、中共中央文献研究室副主任，主要从事毛泽东、邓小平等老一辈革命家著作和党的文献编辑研究工作。他热爱党的文献工作，对党的文献事业做出了重要贡献。他参与主持编辑出版了《毛泽东著作选读》

《毛泽东书信选集》《建国以来毛泽东文稿》（共 13 册）、《毛泽东早期文稿》等。这些著作对于宣传毛泽东思想，研究毛泽东生平和思想，具有重大作用，在广大干部中和思想理论界产生了广泛影响。特别是他参与主持编辑出版的第一部邓小平著作选集《邓小平文选（1975－1982）》，对于将全党思想统一到党的十一届三中全会以来的路线上来起到了巨大的作用。他参与编辑的《周恩来选集》《刘少奇选集》，为研究这两位党的领袖人物生平和思想，为研究中共党史，提供了重要的文献资料。他还先后参与起草了《关于建国以来党的若干历史问题的决议》、中共十二大报告、1982 年宪法修改草案、1984 年《中共中央关于经济体制改革的决定》、1985 年《中共中央关于教育体制改革的决定》、1986 年《中共中央关于社会主义精神文明建设指导方针的决议》、中共十三大报告等许多中央重要文件和中央领导的重要讲话稿，与此同时他还发表了一系列有影响的著述。

1988 年 3 月至 1991 年 9 月，龚育之任中共中央宣传部副部长，分管理论工作。按照中央要求，他参与主持召开了全国纪念十一届三中全会召开 10 周年理论研讨会，参与了社会主义初级阶段理论研究小组的工作。面对国内的政治风波和苏东变局，他毫不动摇地坚持"一个中心、两个基本点"的基本路线，参与毛泽东、邓小平著作的编辑工作，参加胡绳主编的《中国共产党的七十年》的撰写工作。

从 1991 年 9 月起，龚育之集中精力系统研究邓小平改革开放以来的全部论述特别是有关市场经济的论述，他撰写的《在有中国特色的社会主义旗帜下——读邓小平著作的笔记》在学界引起广泛反响。1992 年，他参与起草了中共十四大报告。1993 年，他参与主持《邓小平文选》第三卷的编辑工作，撰写了许多很有影响的宣传研究文章。

1994 年 3 月至 1999 年 3 月，龚育之任中共中央党校副校长，分管理论工作，兼任中央党校邓小平理论研究中心主任和党校学术委员会副主任，为推进邓小平理论的研究、学习和宣传做出了重要贡献；为深入研究毛泽东思想和党的历史，为党校的教学改革和教学新布局的建立、新教材的建设、科研工作的规划和实施以及党校的学科建设，做了大量富有成效的工作。

1995 年 6 月至 1999 年 3 月，龚育之兼任中共中央党史研究室常务副主任，他倾注心血推进中共党史的研究、宣传、教育和资料征集工作，着重抓了《中国共产党历史》中卷稿的编写和上卷的修改、中央党史研究室领导班子建设、图书资料和办公大楼的修建三件大事。其间，参与起草十四届四中全会《关于加强党的建设几个重要问题的决定》、十四届六中全会《关于加强社会主义精神文明建设若干重要问题的决议》、党的十五大报告等工作。

1999 年，龚育之从行政领导岗位退下来之后，继续深入研究、宣传邓小平理论和"三个代表"重要思想以及十六大以来党中央一系列重大战略思想。他参与了中共十六大报告，十六届三中、四中全会文件的起草。作为中央马克思主义理论研究和建设工程咨询委员会委员、中央马克思主义中国化历史进程及其基本经验课题组首席专家，他认真履行职责，对于送给他征求意见的文件、讲话、书籍、文章，一丝不苟，认真审读，提出许多重要意见。他一如既往地研究理论和党史问题，笔耕不辍，撰写了大量文章和著作，他发表的一系列党史札记受到多方面关注和好评。

龚育之是中共第十五次全国代表大会代表，第五、第六、第七、第八届全国政协委员，第九届全国政协常委。他曾兼任全国政协文史资料委员会副主任、中国科协常委兼促进自然科学和社会科学联盟委员会主任、中国自然辩证法研究会理事长、中国科学学与科技政策研究会理事长、中国中共党史学会会长。他是中共中央党校教授、科学社会主义专业博士生导师，北京大学兼职教授、科学技术哲学专业博士生导师。

龚育之一生著述颇丰，主要有《列宁、斯大林论科学技术工作》（编译）、《关于自然科学发展规律的几个问题》《科学・哲学·社会》《自然辩证法在中国》《毛泽东的读书生活》（合著）、《在历史的转折中》《从新民主主义到社会主义初级阶段》《思想解放的新起点》《毛泽东思想研究的新起点》《大书小识》《在有中国特色的社会主义旗帜下》《从毛泽东到邓小平》《中国特色社会主义论二十题》《论旗走笔》《在旋涡的边缘》《龚育之论中共党史》《龚育之文存》《党史札记》《党史札记二集》等，在国内外理论界、学术界产生了重大影响。

（郑　珺）

韩国磐

韩国磐（1919－2003），字漱石，号蓬庵，斋号老榕书屋，江苏如皋人。自幼家境贫寒而勤奋好学。1940 年 9 月考入寄寓武夷山的江苏学院（前身为苏皖临时政治学院）。1942 年转学考入厦门大学（时在长汀），1945 年毕业于该校历史系。翌年 8 月起在厦大历史系任教。从助教（1946）、讲师（1951）、副教授（1956）到教授（1978），一直从事魏晋南北朝隋唐五代史的研究。

韩国磐是厦门大学国家重点学科——中国社会经济史的奠基人之一。历任厦门大学中国经济史研究室主任、厦门大学历史研究所副所长、厦门大学学术委员会委员、福建省历史学会会长；第四届福建省政协常委、第五届福建省政协委员、第六届全国人民代表大会代表；中国唐史学会副会长、顾问，魏晋南北朝史学会顾问、《中国社会经济史研究》学术顾问等职。

韩国磐在魏晋南北朝史、隋唐五代史、中国古代经济史、敦煌吐鲁番出土文书、中国古代法制史、中国文化史等领域均有突出的成就。共发表百余篇论文，出版学术专著十几部。主要著作有《隋朝史略》（1954）、《柴荣》（1956）、《隋唐的均田制度》（1957）、《北朝经济试探》（1958）、《隋唐五代史纲》（1961、1977、1979）、《南朝经济试探》（1963）、《隋唐五代史论集》

（1979）、《魏晋南北朝史纲》（1983）、《北朝隋唐的均田制度》
（1984）、《敦煌吐鲁番出土经济文书研究》（主编，1986）、《南
北朝经济史略》（1990）、《中华文明五千年》（主编，1993）、
《中国古代法制史研究》（1993）、《韩国磐诗文钞》（1995）、《唐
代经济社会诸问题》（台湾文津版，1999）等；译著有《均田制
的研究》（堀敏一著）。

韩国磐早期以隋史的研究在学界崭露头角。1947 年发表《隋
炀帝夺位真相》，翌年又发表《杨玄感之乱考实》《论隋文帝》，
1953 年在《光明日报》发表《关于李密问题的意见》，1954 年在
这些研究的基础上出版《隋朝史略》。这是新中国成立后出版的
第一部中国断代史，虽不足 5 万字，但言简意赅，被许多大学历
史系用作教材，至 1956 年时已重印 5 次，其中第 5 次印数达 5 万
册之多，可见其受欢迎程度。其后《隋唐五代史纲》（1961）的
出版，更奠定了韩国磐在隋唐史学界的声名。该书是韩国磐在多
年授课讲义的基础上不断完善的成果，融入了他一系列的研究心
得，尤其是关于均田制、租庸调等重大经济制度的篇章，备受行
家注意。因而该书一出版，就受到大学师生和学术界的欢迎和首
肯。后来修订重版，第一次即印刷 15 万册，1979 年又印刷 8 万
册，并被教育部指定为大学文科教材，1988 年 1 月获国家教委高
等学校优秀教材二等奖。日本的中国史学者谓此书为当代通用的
最标准的教科书。说该书影响了整整一代隋唐史学人亦不为过。
1983 年出版的《魏晋南北朝史纲》同样汇集了韩先生的很多重要
研究成果，与《隋唐五代史纲》一同被列为教育部指定大学文科
教材，广受学界欢迎和好评。此外，《北朝经济试探》《南朝经济
试探》也是韩国磐的代表之作。两书在体例上具有创新性，开创
了按地区撰写断代经济史的先例，从阶级、阶层分析入手，系统
提出了对当时社会经济的分析和见解，内容上也有许多新史料和
新观点。

韩国磐学术功底深厚，重视任何研究都须追源溯流，不局限
于问题本身。他重要的学术贡献还包括对土地制度的研究，对均

田制的研究，对科举制的研究，对法制史的研究，均体现了他贯通先后的研究理念，提出了许多值得重视的见解。韩国磐在20世纪五六十年代即开始运用能接触到的敦煌吐鲁番文书进行唐代田制和农民生活的研究，以文书材料佐证唐史文献，在当时亦可算开风气之先，其后培养和带动了杨际平、郑学檬、谢重光等一批年青学者参与研究，并于1986年主编出版了《敦煌吐鲁番出土经济文书研究》。之后韩国磐仍做着敦煌吐鲁番文书的系统研究，发表多篇论文，并在《唐代经济社会诸问题》一书中有总结性阐述。韩国磐的研究成果，为推进魏晋南北朝、隋唐五代史的研究都做出了巨大贡献，无论是否已成确论，都在这一研究领域的学术史上占有重要的地位。

韩国磐喜爱吟诗作赋，闲暇时常以诗词抒发心意。据先生自述，中学期间出于对中国传统古典诗词的喜爱，曾专门利用暑假，足不出户，专心揣摩诗词的作法。在大学期间还曾经有"专攻文抑专攻史"的困惑，其后虽专攻史学，但诗词文学方面良好的天赋和造诣，使得他的史学文章往往在平实流畅的叙述中，具有一种娓娓道来的美感和层次感，深邃的思想常常蕴含在朴素而别开生面的佳言警句中。韩国磐更倡导"治史必须习文"，指出学六朝隋唐史须学会骈体文赋及诗词，因为各个时代的文章与同时代的史事息息相关，掌握其时的文章易于更清楚和深刻地了解史事。

韩国磐晚年将各个时期创作的诗词数百首自费印制，曰《韩国磐诗文钞》，其中颇有意境精妙之佳作。先生最喜一首《卜算子》："寥廓岁寒时，坦荡孤山路。不管阴晴与昼昏，总把清香吐"，时常吟诵，亦曾数度手书以赠毕业的学生。而这实际上也正是他人格魅力的写照。韩国磐一生恪守君子之道，严以律己，俭以修身，慎言人间是非，处处温良恭俭让，所以有德高望重之誉。韩国磐寓居鼓浪屿多年，以窗外苍劲而生机勃勃的古榕树自喻，取斋号老榕书屋。鼓浪屿与厦门岛隔鹭江相望，渡轮是唯一的交通工具，遇到大雾或台风天便会停航。他曾作诗《大雾封江厦鼓轮渡停航戏作》："不架长桥用意深，仙源岂合径登临。要经碧海千重浪，始见朝真一片心。"意境展阔又不乏顽童气息。如今，韩国磐虽已登仙而去，幸有其笔下文章，在风涛海浪中仍慧光频现，助我辈聆听斯人哲思，追慕斯人风范。

（毛　蕾）

胡　绳

胡绳（1918－2000），原名项志逖。1918年1月出生于江苏苏州，2000年病逝于上海。胡绳是著名的马克思主义理论家、历史学家，尤其在中国近代史研究领域筚路蓝缕开拓耕耘，著述丰富，成就斐然。他所构建的近代史诠释体系，以及诸多富有创见的学术观点，对大陆学界的近代史研究有极深远的影响。

胡绳的青少年时期是在抗日战争的烽火中度过的。1931年升入高中，适逢九一八事变发生，他参加了苏州学生第一次请愿活动。1934年，胡绳考入北京大学哲学系，1935年弃学返上海，同年9月在上海从事中共领导的文化工作，并投身于爱国救亡运动。他一面自学，一面写作，为倾向共产主义的刊物《读书生活》撰稿。同时，他还与何干之一道为在新启蒙运动中建立抗日民族统一战线而努力。

抗战爆发后，胡绳赴武汉，于1938年1月加入中国共产党。此后几年主要在武汉、襄樊、重庆、香港等地主编和编辑多种报刊，参与党的文化领导机构和统一战线工作。1942年自香港返重庆，任中共机关报《新华日报》编委，直至抗战胜利。在此期间，他为反对国民党政府推行的文化专制主义，为批判学界涌现的反理性主义和复古主义思潮，撰写了一系列思想文化评论文章，对著名学者冯友兰、贺麟、钱穆等的几本著作做出了深刻的分析批判。1946－1948年，胡绳以笔为枪驰骋于思想文化战场，他担任上海、香港生活书店总编辑，并撰写了大量政治评论和"史事评论"。"文苑风高激浪斜，当年征战笔生花"，实非过誉。

中华人民共和国成立后，他先后任政务院出版总署党组书记、人民出版社社长、中共中央宣传部秘书长、《学习》杂志社主编、中共中央马列学院第一部主任、中共中央政治研究室副主任等职，在党的理论研究和宣传教育方面担当重任。同时，他对中国近代史学科体系的理论建构也贡献卓著。"文革"中受到迫害，下放干校劳动，1973 年逐步恢复工作。在此期间，他着手撰写《从鸦片战争到五四运动》一书，并于 1981 年由人民出版社出版，成为中国近代史的典范性著作。改革开放以后，胡绳任中共中央文献研究室副主任、中共中央党史研究室主任。1985 - 1998 年担任中国社会科学院院长。1988 年和 1993 年，胡绳先后当选为中国人民政治协商会议第七、八届全国委员会副主席；他还当选为中共第十二届中央委员，第四、五届全国人大常务委员会委员。

胡绳晚年老而弥笃，在对以往思想深刻反思的基础上，撰写了大量影响深远的论著，对中国近代史学科体系做出了重要思考和探索，对近代史学界的学术研究产生了深刻的影响。

严格说来，写于 1939 年 12 月的《论鸦片战争——中国历史转变点的研究》是胡绳的第一篇关于中国近代史的论文。1946 - 1948 年间，胡绳写了相当多的时政评论。由于国民党的文化专制日趋严酷，只能"用中国近代史的题材写一些文章以代替政论"。以史论政使这些评论文章贯通历史与现实，具有厚重的历史感，因而也更能令人信服。

1947 年在香港完成《帝国主义与中国政治》一书，翌年出版。以此为标志，胡绳将学术研究的重心转向了中国近代史领域。此书以分析之透辟而率多为人称道，体现了胡绳从宏观上把握中国近代政治史的非凡能力。他以中西畸形政治关系的演变为主线，侧重分析自 1840 年鸦片战争以来外国侵略势力、封建统治者和人民三者之间的复杂关系。在这一分析框架之下，近代中国纷繁复杂的重大历史事件都变得清晰可解。40 年代中期，马列主义史学中国近代史研究的基础仍较薄弱，此书与范文澜著《中国近代史》"标志着中国的马克思主义者研究和探索中国近代史的成功，为新中国成立以后中国近代史学科的建立和兴旺发展，奠定了扎实的基础"。

在新民主主义革命的大潮流里，胡绳充分展示了其文史才华，赢得了"神童"的美誉，尤其在中国近代史领域，已经卓然独立。但由于强调服从革命斗争的需要，他的这些著述也不免带有时代局限；他所提出的中国近代史分析框架也还不够缜密、成熟。新中国成立后，胡绳着重研究、思考中国近代史学科体系问题。这个时期的代表作有《中国近代史提纲》《中国近代历史的分期问题》《从鸦片战争到五四运动》。

《中国近代史提纲》初稿写于1953年，对中国近代史形成一些比较系统的看法。1954年胡绳发表《中国近代历史的分期问题》一文，进一步清晰提出了中国近代史的理论架构，在历史学界引发了一场关于如何用马克思主义观点观察和研究中国近代历史的讨论。胡绳在文中提出中国近代史存在"三次革命高潮"：1851－1864年的太平天国革命运动，是第一次革命高潮；甲午战争以后出现了第二次革命高潮，以戊戌维新和义和团运动为标志；1905年同盟会成立至1911年的辛亥革命为第三次革命高潮。以"三次革命高潮"作为分期标准，就能从中国近代历史的复杂事实中寻绎一条基本线索，有助于深入揭示历史发展的内在脉络。经过讨论，各方坦陈己见，胡绳构建的近代史解释体系得到了学术界的普遍认同，"三次革命高潮"也成为审视中国近代史全局、把握近代史本质和主流的核心概念。中国近代史学科体系至此开始趋于明晰、完备，并且被全国高等学校历史系中国近代史教学大纲所采纳，进而对整个学界的近代史研究产生覆盖性影响。新的学科体系的建立不仅为这一时期的近代史研究提供了理论框架前提，也为进一步研究者提供了一个交流对话的平台，同时其自身的形成、发展也构成了这一时期全部中国近代史研究成果中最深刻、最本质之所在。胡绳作为这一学科体系的最主要的创立者，无疑功不可没。

胡绳在70年代利用"文革"中"靠边站"的机会，撰成70

余万字的《从鸦片战争到五四运动》，1981 年出版。1995 年胡绳以近 80 高龄的抱病之躯，再次通读了这部著作，并做了较多的修改，于 1997 年再版。这是一部具有典范意义的近代史著作，在宏观把握上高屋建瓴，气势恢宏；在微观剖析上细致入微，条分缕析。此书以"三次革命高潮"概念为结构骨架，论述 1840 - 1919 年的中国历史。通过对 80 年间中国社会阶级力量的发展、演变的论述，阐明了这三次革命高潮的各自特点和承继关系。胡绳分析指出，在无产阶级独立登上历史舞台之前，中国革命的主要动力来自农民阶级和资产阶级，这两个阶级的分离和结合，形成了三次革命高潮环环相扣又各具特色的历史景观。作者通过分析三次革命高潮的历史背景与阶级力量配备的变化，论述从单纯的农民战争到资产阶级领导的革命运动的发展过程，揭示了它们之间的内在逻辑关系。

改革开放以后，学术界对中国近代史研究进行了深刻的反思，"现代化史观"迅速崛起，并对传统的学科体系构成挑战。为了回应时代的挑战，胡绳在深入思考的基础上，对自己原来的理论框架做了一定的调整，颇有新见，在学界引起强烈反响。

首先，胡绳就中国近代史学科时限问题做出反思。1950 年代主要在胡绳倡议下，学界基本形成了以 1840 - 1919 年为中国近代史学科时限的共识。随着时代前进，这一界定的局限日益显现。胡绳 1981 年就提出："在中华人民共和国成立已经超过 30 周年的时候，按社会性质来划分中国近代史和中国现代史，看来是更加适当的。"1997 年再次提议："把 1919 年以前的 80 年和这以后的 30 年，视为一个整体，总称之为'中国近代史'，是比较合适的。"胡绳以他的声望，登高一呼，统一了史学界对这一问题的认识。

胡绳还曾计划撰写从五四运动到中华人民共和国成立的历史。1995 年初，他与丁伟志、徐宗勉谈续写近代史的构想，并组成课题组。此后就此与课题组成员进行 10 次谈话，对五四运动以后 30 年的历史提出了许多新颖的见解，在学界引起强烈反响。

由于精力所限，续写近代史的宏愿未竟其功，但 10 次谈话及写成的部分书稿结集《胡绳论"从五四运动到中华人民共和国成立"》，为学术界留下了一份宝贵的思想遗产。

其次，对于近代中国的现代化问题，胡绳在晚年进行了深入思考，并且阐发了一些新的观点。他明确表示，以现代化为主题来叙述中国近代历史不失为一种可行的思路，而且很有意义。同时，他也指出："以现代化为中国近代史的主题并不妨碍使用阶级分析的观点方法。相反的，如果不用阶级分析的观点和方法，在中国近代史中有关现代化的许多复杂的问题恐怕是很难以解释和解决的。"胡绳还特别强调，近代中国的两大课题是民族独立和现代化，"现代化必须和民族独立问题联在一起，中国现代化不能离开独立的问题"，民族独立是真正意义上的现代化的必要前提。

总体说来，在胡绳晚年的历史观中，为回应时代挑战，他将现代化视角融入他所构建的中国近代史阐释体系，从而使其更为完善，具有更强的解释力。胡绳在晚年能够不株守成说，自我突破，敢于对中国近代史做出独到而新颖的论述，极为难能可贵。

胡绳的学术研究与现实政治紧密联。无论是 1949 年前的以近代史研究作为与反动统治斗争的武器，还是新中国成立后以近代史研究参与人民共和国国家意识形态的重建，胡绳以史经世的治学取向对学术界有着相当重要的影响。

胡绳以他卓越的理论建树和研究实绩，影响中国近代史学界数十年。他的一些具体观点、论述容或存在缺陷，他的探索也不可能穷尽所有的历史认识，他构建的理论体系、研究规范也会被发展、突破。但是，作为中国近代史研究领域拓荒者，一个研究范式的开创者，他在中国近代史学科的学术史上是难以绕越的。

（赵庆云）

贾兰坡

贾兰坡（1908 - 2001），中国旧石器时代考古学奠基人之一，因病医治无效，于 2001 年 7 月 8 日在北京逝世，享年 93 岁。

贾兰坡 1908 年 11 月 25 日出生于河北省玉田县，1931 年到中国地质调查所新生代研究室工作。新中国成立后，历任中国科学院古脊椎动物与古人类研究所研究员、中国地质学会第四纪地质及冰川专业委员会副主任、中国考古学会第二届理事会副理事长、文化部国家文物委员会委员、中国科学院院士、美国科学院外籍院士、第三世界科学院院士。

贾兰坡于 1931 年春加入闻名中外的周口店北京人遗址工作，1935 年正式接替裴文中先生主持该遗址发掘。新中国成立后，贾兰坡担负起恢复已经中断 12 年（1937 – 1949）之久的周口店发掘工作的重任，建立和领导了周口店田野工作站，主持 20 世纪 50 年代的几次大规模发掘。在所有参加过周口店遗址发掘和研究的中外科学家当中，以他在周口店工作的时间最长。周口店事业成为贾兰坡学术生涯中最重要的组成部分。

从 20 世纪 50 年代起，贾兰坡在主持周口店工作的同时，又负起领导中国旧石器时代考古开拓工作的重任。他先后主持或指导了山西的丁村、匼河、西侯度、峙峪、鹅毛口，陕西的蓝田，河北的泥河湾，河南的三门峡，甘肃的庆阳，内蒙古的萨拉乌苏，宁夏的水洞沟，青海的小柴旦，以及辽宁的庙后山和小孤山等一系列重要遗址的发掘与研究工作。上述工作构筑起中国北方旧石器时代考古的基本框架，从而把中国旧石器时代考古推上一个新的台阶。除了华北、西北和东北之外，他的足迹也遍及华南和西南地区。他一贯关注全国旧石器时代考古事业，以极大热情指导、鼓励和支持各地开展旧石器时代考古工作，并与地方同行结下深厚的情谊。

贾兰坡一生朴实无华，勤奋好学，但从不囿于传统。他崇尚实践，强调考古学必须跟上时代。他笔耕不辍，著述丰富，饮誉海内外。他的不少著作以多种文字出版，有些成为西方大学人类学专业的教科书。他对旧石器时代考古学的卓越贡献赢得国内外学术界的尊重。

回顾贾兰坡 70 年的学术生涯，他在以下几个方面的研究工作对推动中国旧石器时代考古学发展的贡献尤为突出。

第一，关于北京人文化的性质和时代。在 20 世纪 50－60 年代，中国学术界进行了几场关于于北京人是不是最原始的人的争论。贾兰坡根据自己在周口店北京人遗址长期的实地观察和研究，支持法国史前考古学家步日耶（Henri Breuil）在 30 年代对北京人石器进步性质、用火和使用骨器所做的基本结论。贾兰坡明确地指出北京人文化不可能代表人类最原始的文化，北京人也不可能是最原始的人。这个结论大大地推动了周口店乃至中国旧石器时代的研究。

第二，关于寻找最古老的人类遗迹。根据对北京人制作石器的技术水平和用火能力的推断，贾兰坡在《科学通报》1957 年第 1 期上发表的与王建合作的文章《泥河湾期的地层才是最早人类的脚踏地》，提出人类历史应该溯到比北京人所处的中更新世更早的早更新世（也叫泥河湾期）的假说，大大地鼓舞了中国考古学家打破思想禁锢，去开创中国古人类学和旧石器考古学的新局面。就在这个假说提出不久，山西西侯度（1959）、陕西蓝田公王岭（1965）、云南元谋（1965）和河北小长梁（1978）等一系列早更新世人类化石和文化遗址相继发现，完全证实了上述假说的科学预见性。而西侯度遗址的发现竟与改写世界史前史的东非奥杜威遗址早更新世距今 175 万年的人类化石与文化层的突破性发现发生在同一年。

此后，贾兰坡又根据国内外，尤其是东非大裂谷带和中国泥河湾、元谋盆地的一系列考古新发现，赞成国外有人估计人类历史可能达到或超过 400 万年的主张，提出"最早的石器应该到第三纪地层中寻找"的建议。（《中国古人类大发现》，香港商务印书馆，1994）贾兰坡所提的地质时代，就是早更新世之前的第三纪上新世，年代为距今约 500 万－260 万年。事实上，1998 年在安徽繁昌人字洞洞穴遗址发现的人工制品已经叩响了上新世的大门，而泥河湾盆地出现的一些线索又向人们展示了更加广阔的前景。

第三，关于华北旧石器文化传统。贾兰坡在长期对华北旧石器观察研究的基础上，于1972年在一篇合作文章（《山西峙峪旧石器时代遗址发掘报告》，与盖培、尤玉柱合作，《考古学报》第1期）中正式提出华北旧石器在发掘过程中至少存在两个文化系统的理论。一个系统是，"匼河—丁村系"，或可称为"大石片砍砸器—三棱大尖状器传统"；另一个是"周口店第1地点（北京人遗址）—峙峪系"，或可称为"船头刮削器—雕刻器传统"。提出这个理论是中国旧石器时代考古进入一个新时期的重要标志。它极大地推动了学术界为弄清中国远古文化的来龙去脉，以及中国文化同亚洲乃至世界文化的相互关系的研究。

第四，关于中国细石器文化的起源与分布。细石器文化是学术界一向关心而又争论不休的问题。1978年，贾兰坡著文专门讨论了这个问题（《中国细石器的特征和它的传统、起源与分布》，《古脊椎动物与古人类》第16卷第2期）。他认为全世界的细石器有两个体系，一个以地中海周围地区为中心，以几何形细石器为特色，分布范围包括欧、非、西亚以至澳大利亚；另一个的分布范围包括中国、东北亚和北美，以两侧平行的细石叶和梭柱状、锥状、楔状细石核为特征。贾兰坡根据华北从北京人时代起已经存在一个与后来的细石器文化关系密切的"船头刮削器—雕刻器传统"，认为东亚、北美体系的发源地可能在华北，而不是一些学者所主张的西伯利亚。上述观点发表后受到国际同行的重视，美日等国学者来信表示赞成。十多年后，在距今100万年前的泥河湾东谷坨石器工业中发现可以充当楔状石核母型的"东谷坨定型石核"，为贾兰坡的科学预见提供了有力的佐证。

第五，关于人类起源中心。在这个被誉为世界十大科学难题之一所引发的争论中，贾兰坡一向拥护"亚洲起源说"。他在学者多依据非洲发现的材料较多，认为人类起源于非洲时，于《中国古人类大发现》一书中提出：在亚洲南部会找到人类的根。今天，尽管科学界还不能为上述争论做出决断，但是，近年第四纪地质学家在东亚季风的起源、青藏高原隆起和第三纪中新世距今2200万年以来亚洲环境变化研究的新进展，无疑会引起人们对人类"亚洲起源说"越来越多的关注。

（黄慰文）

李　新

　　李新（1918－2004），原名李忠慎，生于四川省荣昌县安富镇。其父曾参加过同盟会和辛亥革命时的保路同志会，这段革命历史因此而对李新产生过一定的影响。

　　少年时期的李新在乡接受教育，1934年考入川东师范学校，在读书之余，关心国事，有感于日本入侵所致的国家民族危机，萌发了爱国救亡思想。1935年，因为反对日本对华北的扩张而爆发了"一二·九"运动，李新积极参加重庆各校学生的救亡运动，并被推为重庆学联主席，奋斗在运动的第一线。1936年，李新因为积极参加学运而遭到学校开除，其后，他加入中国共产党，在党的领导下，开始了一生奋斗的革命历程。1938年初，李新约集同志数人徒步到达延安，入陕北公学学习。毕业后，在八路军西安办事处任招生委员。1939年，他返回延安，任《中国青年》编辑。同年秋，任西北青年救国会第二剧团指导员兼团长，并率该团赴华北抗日前线演出。其后，李新留在华北中共根据地工作，历任中共北方局青年干部训练班主任，北方局、晋冀鲁豫中央局组织部组织科长，晋冀鲁豫中央局青委书记，中共河南杞县县委书记，经受了抗日战争血与火的严峻考验，为中国人民的民族独立和解放事业做出了自己的贡献。

　　抗战胜利后，1946年初，李新任北平军调处执行部整军小组成员，第十八集团军驻北平办事处主任滕代远将军中校秘书兼办事处党支部书记，参加了国共和谈时期对国民党的斗争。同年秋，任中共河北永年县委书记兼围城司令部政委，亲身参加了人民解放战争。

1948 年 8 月底，在伟大的战略决战即将开始的前夕，李新接到中央来电，要他立即赶往西柏坡，中共中央书记处书记任弼时找他谈话，告知他中央决定由他主持刚刚成立不久的华北局青委工作。李新以往的革命实践，多为青年和党务领导工作，因此，中央决定由他主持华北局青委工作是顺理成章的。但是，经过认真的思考，李新却表示，希望在未来的新中国成立后从事教育学术工作，虽然他从无这方面的经历，但他的内心世界充满了对教育学术工作的憧憬和理想，愿意将自己的一生献给新中国的教育学术建设。经过和任弼时三天的谈话，任弼时最后支持了李新的想法，并把他推荐给中共老一辈革命家吴玉章。从此，李新离开政界步入学界，走上了领导教育和学术研究的道路。

1948 年秋，李新出任华北大学一部副主任，1949 年又任该校正定分校主任。中华人民共和国成立后，李新协助吴玉章筹建中国人民大学，这是在中共领导下的一所全新的大学，筚路蓝缕，工作是繁忙的，李新的心情也是愉快的。正值此时，李新又接到西南局书记邓小平的电文，要他去西南局任青委书记兼西南军政委员会秘书长。邓小平是李新的老上级，在抗日战争和解放战争时期，领导过李新在华北根据地的工作，了解李新的经历和为人。他们又都是四川人，曾经在一起摆龙门阵、下棋，有过很好的交往。邓小平给李新的电文，表示了他对老下属的信任和关心，但是，经过慎重的考虑，李新还是婉言推辞了，他下决心从事教育工作和学术研究事业。

然而，对于李新而言，半路出家研究学问，谈何容易。首先，他没有接受过完整的大学教育，历史知识积累得不够；其次没有进行过系统的历史研究，经验方面也有所欠缺。但是，凭着勤奋刻苦的努力以及自谦好学的品格，李新由入门到精通，再到推陈出新，步入了学问的殿堂，终成学问大家。

1950 年代，李新协助吴玉章整理出版辛亥革命回忆录，获得成功，也由此逐渐步入历史研究的佳境。1956 年，受高等教育部委托，在李新的主持下，与蔡尚思、陈旭麓、孙思白、彭明等几位教授共同编写大学教材《新民主主义革命时期通史》。全书共4卷，于1961年完成出版，是那个时期不多的能够比较全面客观地反映中国新民主主义革命时期历史的通论性著作，自出版后便得到高校师生的欢迎，不断被再版，也得到学术界的重视，至今仍保持着相当的影响力。1988年，此书获得高等学校优秀教材一等奖。

1960年，李新被评定为教授。在从事学术研究的同时，他还先后担任中国人民大学党委副书记、国家文字改革工作委员会秘书长等职，担负着繁重的行政领导工作。1962年，李新辞去行政职务，调至中国科学院近代史研究所任研究员，专注于历史研究事业。

李新的前半生是战士、职业革命家，在战争中度过了激情燃烧的岁月。这种丰富的阅历，使他对中国近代历史有着亲历者独到的视角和理解。同时，李新还有着治史的求实态度和科学精神。他认为，历史著作首先要求真，以事实为基础，只有先将史实弄清楚，才能在此基础上得出科学的结论，这就是论从史出的观点。在当时"政治挂帅""左"倾思潮泛滥的形势下，李新的观点反映了史家的坚守和学术的良知。正是这种写真史、信史，以史带论、论从史出的历史观，使得他敢于突破已有的条条框框，提出新的观点和看法，从而推动学术研究的进步。比如，李新主张将1840－1949年的中国历史划入近代史的范畴，而将1949年以后的中国历史归入现代史的范畴，对于当时以1919年的五四运动作为中国近代和现代历史分期界限的主流观点，是个不小的修正，也在史学界引来不小的反响。

"文革"开始后，李新受到冲击。复出后，他继续从事历史研究工作。1972年，国家将民国史研究列入重点出版规划，李新受命在近代史所组建民国史研究组并任组长（1978年改称民国史研究室），开始了一门新学科——中华民国史研究的艰辛创业历程。万事开头难，举凡与民国史研究相关的方方面面，李新都事必躬亲，有关民国史研究的对象、原则、框架、体例等，都是当年在李新的领导下，由同事们共商而定，并为学术界沿用至今。正是因为李新的史识及创见，使得民国史研究从无到有，逐渐发展成为当下中国历史研究中最为活跃、成绩斐然的一门学科，李新也因此而成为学界公认的民国史学科发展的奠基人之一。

李新主持编撰的多卷本《中华民国史》《中华民国人物传》《中华民国大事记》自1978年开始陆续出版，随即在海内外学术界广获好评，产生了重大影响。历经前后近40年的积累和老中青几代学者的辛勤努力，上述三书计36卷于2011年全部修订完成出版，成为中华民国史学科研究的代表性成果。

1978年以后，李新还主持编纂了12卷本的《中国新民主主义革命通史》，于1996年全部完成出版。这套著作，以其丰富的资料和平实的论述，成为中国革命史研究的代表性成果。

由李新主持的《中华民国史》和《中国新民主主义革命通史》两大系列论著的编写和出版，奠定了他在中国近代史学界的大家地位。

治史的求实精神和科学态度，为李新主持编写的著作带来了长久的生命力，而强调史德，也是李新治史的突出表现。他认为写历史要秉笔直书，对于那些拒绝真实、掩饰真相、一味歌颂、回避历史失误和惨痛教训之作，都大不以为然。1972年，李新开始主持编写《中华民国史》时，正值"文革"时期，在极左思潮泛滥的形势下，写民国史涉及的一些历史事件和人物，能否实事求是地予以评价，难免受到影响。但是，李新坚持的研究原则是：在力求材料真实可靠的基础上，首先是弄清事实，说明真相，少做不恰当的评论。正因为如此，使得这部著作始终保持了较高的学术品位。对于长期困扰历史学界的虚假现象，李新终生予以贬斥，并自励绝不同流合污。其诗云："直笔写真史，曲笔抒真情。彩笔传忠烈，朱笔诛奸佞。"

李新不仅是学问大家，而且以其丰富的阅历、深厚的眼光、宽广的胸怀，成为卓有成就的学术研究事业的组织者和领导者。他善于发现人才、培养人才，形成研究团队，通过学术研究的带动和引领，培养了一大批在当今史学界颇有影响力的学者。他以宽厚谦容之德，善待做学问的专家，把大批人才组织起来，用自己的学识、为人、品德、精神影响了众多的学界后人。

1978年，李新任中国社会科学院近代史研究所副所长、党委副书记。1980年，任中共中央党史研究室副主任。他还历任第五、六、七届全国政协委员，全国政协文史资料工作委员会副主任，先后兼任北京大学、中国人民大学、清华大学、复旦大学、南京大学、中山大学等校教授，并曾多次到国外访问讲学。

1986年，李新退居二线，1997年离休。2004年2月5日，李新因病医治无效在北京逝世，生前立下遗嘱：遗体供医学解剖，眼角膜捐献，骨灰海葬于清明时节。

李新早年投身革命，新中国成立后从事教育和学术研究工作，既是革命家，也是教育家和著名历史学家。他学识渊博，治学严谨，勇于创新，敢言前人之所未言，在学术问题上有独到的见解，在中华民国史、中国革命史、中共党史等史学领域造诣深厚，论著颇丰，在学界有着广泛而深厚的影响力。

（黄修荣）

林志纯

林志纯（1910－2007），笔名日知。1910年11月11日出生于福建福州。先后在私塾、小学、中学及大学任教。创建东北师范大学世界古典文明史研究所，任所长、名誉所长。主持成立中国世界古代史研究会，任会长、名誉会长。

先生幼年在私塾学习中国古代典籍，后又接受西式教育。1930年代，先生在上海师从一位英籍教师学习英语及古代拉丁文，这为其日后从事世界古代史教学和研究工作储备了知识基础。1950年代，先生开始从事世界古代史教学和研究工作，在苏联专家的指导和帮助下，主持发表了一批世界古代史教材及教学资料。

"文革"后期，东北师范大学开始招收工农兵学员，先生受命组织编写世界古代史教材。先生没有拘泥于已有的、主要依据苏联教材编写的教材和教学资料，而是大量阅读当时能够找到的相关英文著作，广泛收集整理各方观点，还每天到吉林省图书馆寻找《泰晤士报》等英文报纸中不多见的考古发现和学术信息报道，据此结合自己的研究编写完成世界古代史讲义。这些教学资料是后来先生主持编写《世界上古史纲》的基础。《世界上古史纲》（上、下册，人民出版社，1979）是"文革"后出版的第一本世界古代史教材，它在资料收集、结构布局、学术观点等方面摆脱了苏联学术的影响，具有自身特色。这部著作从人类起源讲起，至罗马帝国形成止，涵盖原始社会史、古代西亚、古代埃及、古代南亚、史前欧洲、古代希腊、古代罗马、古代美洲文明等阶段、地区。上述内容是当前中国世界古代史学科研究的主要专业领域。现在看来，这部著作中的某些资料、某些观点已经过时，但是它对于中国世界古代史学科发展的贡献不容忽视。

先生一生致力于中西古典文明对比研究，期望从中寻找到具有中国特色的世界古代史研究道路。1990 年《孔子的政治学——论语》一书发表。这是先生研究《论语》中所包含的政治学思想的著作，书中指出孔子是中国古代史上革命性、划时代的人物。在研究过程中，先生发现传统学术观念中欧洲中世纪的封建制度与中国古代典籍中所记载的封邦建国之封建截然不同。早在 1950年代，中国社会科学界展开古史分期的大讨论，先生就积极参与其中，根据自身对于中国古代史的理解提出自己的观点。也是从这次讨论开始，先生开始关注封建社会问题。1991 年，先生撰文提出"封建"一词乃误译（《"封建主义"问题——论FEUDALISM 百年来的误译》，《世界历史》1991 年第 6 期）。先生详细对比英国人李雅各所译英文版四书五经中封建的译法，再探究严复所译欧洲中世纪 Feudalism 的译法，最终指出中西之封建并不相同，中国出现与欧洲中世纪封建制度类似的制度的时间较晚，且二者源流也并不一致。文章最后提出："古典世界由西而东，由地中海到中国海，本来就是一片有限的而不可分割的一块欧亚非相关的境土，在这里，文明文化的发生发展，息息相关，国家的起源和发展，也是东西相互往来，相互促进，共同发展，共同成长的，是统一而不可分割的。"

依据这个立论，先生深入研究欧洲古典时代与中国古代社会，比较对比二者之异同，寻找解释古代社会发展过程中的共性要素。先生先后研究中西古代城邦、公卿执政与贵族寡头制、雅典帝国与周天下、中西古典史中的"黑暗时代"问题、中西城邦学与中西古典学等问题，深入探讨中西古代文明发展过程中存在的共性与个性、普遍性与特殊性。中西方的发展道路并非完全一致，究其原因是"古典中国有人民革命的传统"。① 从 1980 年代中期开始，先生陆续发表有关这些问题的论文和著作。先生主持编写的《古代城邦史研究》（人民出版社，1989）一书对比古代中国、古代西亚和古代希腊城邦的政治制度，提出中国古代社会亦存在民主制度。1997 年，《中西古典文明千年史》一书由吉林文史出版社出版，该书系统总结先生多年来对古代世界文明的区域与系统、中西古典文明的交往、中西古典文明发展的两个阶段、东方专制主义问题、"封建主义"问题、民主政治问题的看法和观点。之后，先生深入研究中国古代典籍中所记载的从武王征商至春秋时期的相关文献，探索其中存在的民主和共和因素，提出"由邦君兼主神与民之政到邦君主神，公卿主政，由原始君主制的史诗时代到公卿执政制的春秋时代，古代中国民主政治进入古典阶段，民主思想在春秋战国时期进入高潮……"在中西古典时代的发展过程中，中国文化一脉相承，"黄帝，共和，孔子，一条历史系统，世相承，年相接，此中国之古典文明也，下至古

---

① 见《封建主义问题与中西古典学——在 1999 年对 FEUDALISM 与封建之误译应作的世纪订正》，《世界古典文明杂志》增刊 4，1999 年 10 月，第 41 页。

典帝国，绝无间断"。而在西方，"黑暗时代"出现"是一种似乎
（或确为）文明文化中断的时期"，"中世纪初的黑暗时代……
（导致）古典文化终结。"① 中国古典史上未见"黑暗时代"的原
因在于古中国之兄弟民族思想以及古中国有可变之礼俗，无排他
之宗教。据此先生提出中西古典学的概念，并在其三论中西古典
学（《论中西古典学》，《世界历史研究动态》1993 年第 10 期；
《再论中西古典学》，《社会科学战线》1996 年第 4 期；《论中西
古典学之现阶段》，《传统文化与现代化》1998 年第 3 期）中深
入集中地进行阐述，"古典时代是人类社会少年青年的成长时期，
西方有此古典时代，中国亦有此古典时代。同是古典时代，时代
相近似，社会的成就亦相当，此研究'中西古典学'之基础，亦
'中西古典学'之必须提出的问题！中西古典学极富于历史上相
互比较、相互启发的材料与内容，此中西古典学之可宝贵也！"②
这"标志着先生的中西古典学理论的最终形成"。1999 年，《中
西古典学引论》（东北师范大学出版社）收录了先生有关中西古
典学的 28 篇论文，系统梳理了其对于这个问题的研究历程。

　　先生的中西古典学观点也体现在他对于世界古代史学科建设
的思考中。早在 1950 年代，在接受苏联专家指导的时候，先生就
已经开始思考这个问题，他一直认为，中国的世界古代史研究者
应该具备世界通史知识，应该深入认识中国历史，应该能够自如
地运用英语交流。为此先生不仅亲自制定学生的教学课程，确定
古代文字、考古学、语言学（包括比较语言学）、英文写作、古
代近东史、古代希腊史、古代罗马史、先秦史等共选课程，希望
培养出来的学生能够全面掌握古代史研究中所需要的各项技能，
并且能够与国际学术研究接轨。同时，先生还致力于中西古典学
的学科资料建设，组织翻译出版了《世界古典文明丛书》，丛书
采用中外文对照印本，"为了促进中外古典文化交流，为了把西

---

① 《中西古典文明千年史》，第 214、608 页。
② 《中西古典学引论》，第 565 页。

方古典文化引进中国，把我国古典文化向世界传播……"① 先生晚年还筹备撰写《中西古典辞书》，期望用中英文对照的方式全面系统编辑中西古典学研究中的各种术语，完成一部由中国人编写的世界古代史研究工具书。

先生一生致力于创建中国的世界古代史学科，不辞劳苦，居功至伟。先生一生笔耕不辍，一生致力于研究中西古典文明，创立中西古典学，期望中西方学者间建立能够相互理解、融会贯通的交流平台。对于中西古典学发展及世界古代史学科建设，先生不厌其烦地表达着自己的观点、想法，提出了众多需要晚生后辈继续深入研究的重大课题，给中国世界古代史学科留下的丰厚遗产将使我们终身受益。

（刘　健）

瞿同祖

瞿同祖（1910 - 2008），字天贶，后改天况，1910 年 7 月 12 日生于湖南省长沙市。世家出身，幼承庭训，打下了良好的国文基础。少年时代先后就读北京的育英中学、汇文中学，1930 年以优异成绩被保送到燕京大学，主修社会学。1934 年获燕京大学文学士学位，随即入燕京大学研究院，在吴文藻与杨开道的指引下，从事中国社会史研究，1936 年获硕士学位，学位论文《中国封建社会》1937 年由商务印书馆出版，旋即成为中国社会史研究领域的重要参考书，并被译为日文在东京出版。瞿同祖以社会学的观点和方法研究中国过去的社会，引起国内社会史研究同人的瞩目。

抗日战争爆发后，瞿同祖只身南下，1938 年任国民政府贸易委员会调查处处员。1939 年由云南大学社会、政经、法律三系合

---

① 《世界古典文明丛书编印缘起》，《古代中国纪年》，东北师范大学出版社，1993。

聘为讲师，后升为副教授、教授，开设"中国经济史""中国社会史"及"中国法制史"三门课程。1944 年兼任西南联合大学讲师。在大学任教期间，瞿同祖着手撰写《中国法律与中国社会》，1947 年由商务印书馆出版，成为学术领域的知名创新之作，1961 年英文版（*Law and Society in Traditional China*）在巴黎和海牙出版，引起国际学术界广泛的好评，成为研究中国法律和中国社会的学生必读参考书，被认为是关于中国法律研究最好的西文著作，中、英文版均多次再版，是中国法律史研究的经典之作。

1945 年春，应德裔美籍社会史学家魏特夫（K. A. Wittfogel）邀请，瞿同祖赴美国，入哥伦比亚大学中国历史研究室任研究员，从事汉史研究。在哥伦比亚大学期间，瞿同祖完成《汉代社会结构》的初稿，对汉代的家族、婚姻、妇女地位、社会阶级、豪族等专题进行讨论与分析，后由华盛顿大学出版社出版。1955 年，美国知名学者费正清教授在哈佛大学成立东亚研究中心，瞿同祖被聘为研究员，继续中国史的研究，并与人合开"中国法律"课。在哈佛大学期间，瞿同祖先生完成了《清代地方政府》（*Local Government in China Under the Ch' ing*）的撰写，1962 年由哈佛大学出版社出版，成为其学术历程中的又一重要创新之作。英文本多次再版，书中的一些观点为不少专家所引用、接受，在西方汉学界产生了相当大的影响。1962 年，瞿同祖又应邀前往加拿大不列颠哥伦比亚大学亚洲系任教，开设"中国通史"课，并讲授古汉语。

瞿同祖在国外任职期间，始终关心祖国的发展和建设，与国内亲属、友人和有关方面保持着联系。为了参加祖国的建设事业，并与家人团聚，1965 年，瞿同祖辞去不列颠哥伦比亚大学的教职，经欧洲回国。在"文革"时期的动荡中，瞿同祖先生始终坚定地保持对祖国前途的信念。1971 年，瞿同祖被安排在湖北文史馆工作。1978 年，调任中国社会科学院近代史研究所研究员，被评定为二级研究员，1985 年起享受终身在职的专家待遇，2006 年被聘为中国社会科学院荣誉学部委员。在近代史所工作期间，瞿同祖计划撰写一部关于清代法律的著作，并为此搜集了大量的资料，写出"政治秩序""经济秩序"二章的初稿，最终因各种原因未能完成。此外，瞿同祖编译出版了《艾登回忆录》《史迪威资料》，还代表中国出席了一系列国际性学术会议，如1980年8月作为中国历史学家代表团成员出席在罗马尼亚举行的第15届国际历史科学会议，9月出席在瑞士举行的第27届欧洲汉学会议，1983年在香港大学讲学，1985年应美中学术委员会高级学者交流计划的邀请访美，在美国多所著名学府讲学。在这些讲学与学术交流活动中，瞿同祖进一步阐述了法律在中国社会中的作用、儒家思想与中国法律发展的关系，以及法律儒家化的经过等重要学术见解，引起国际学术界的广泛关注。

2008年10月3日，瞿同祖先生因病在北京协和医院逝世，享年98岁。

《中国法律与中国社会》一书是成就瞿同祖学术功业的基石，其原型是瞿同祖在云南大学和西南联合大学的中国法制史和社会史讲稿，作为吴文藻主编的《社会学丛刊》甲集第五种出版后反响颇好，后来英文版出版后，即引起多位西方著名学者的关注，同时专业期刊刊出十数篇评论。学术界谈到"法律之儒家化"或"以礼入法"的论述时，总是把它们与瞿同祖联系在一起。

《中国法律和中国社会》，"它既是一部法律史，也是一部社会史。如书中关于婚姻，家庭，阶级，这是我的心得，这是社会史的内容。当初写这本书，是想从法律的角度来研究社会"。这是瞿同祖晚年对这本书的自我评述，也是与其他的法律史著作相比而独具特色的地方。

瞿同祖先生认为，中国古代法律的基本精神及其主要特征表现在家族主义和阶级概念上，这二者是儒家意识形态的核心和中国社会的基础，是中国古代法律所着重维护的社会制度和社会秩序，在法律上占有极为突出的地位。对于古代中国阶级的论述，是瞿同祖最具有创见性的地方。他指出，要理解中国古代的社会阶级，必须从权力的角度来考察，而"统治阶级"和"被统治阶级"的二分法是中国社会和政治思想史的一个核心概念。儒家关于君子小人及贵贱、上下的理论仍为社会的中心思想，中国古代法律承认贵族、官吏、平民和贱民的不同身份，不同身份的人在法律上的待遇不同。

瞿同祖深入研究了以礼入法、法律之儒家化的过程，认为这一过程肇于汉儒，中经魏、晋，成于北魏、北齐，隋、唐采用便成为中国法律的正统，其结果是"礼法结合，礼之所去，刑之所取，违背礼的，也就违背法"，因此"中国的法律可说全为儒家的伦理思想和礼治主义所支配"。在此基础上，瞿同祖指出中国古代法律的变迁特点是由特殊而普通。因为对身份的重视产生了大量关于亲属及社会身份的特殊规定，与一般规定并存于法典之中，其运用原则是特殊的规定优先于一般的规定，于不适用特殊规定时才适用于一般的规定。

瞿同祖这本书在方法上的创新之处在于，结合社会学、人类学与历史学的研究方法，强调法律是社会制度的有机组成部分。同时，在研究过程中，忽略历朝法律形式上枝节的差异，将秦汉至晚清变法前两千余年的事实融于一炉，"寻求共同之点，以解释我们法律之基本精神及主要特征"。后来一些评论对于《中国法律与中国社会》的批评也大多集矢于这一点，认为应该考察中国法律在这两千多年间是如何与中国社会、政治、经济的变化相适应的。但是，即使到晚年，瞿同祖仍觉得在方法论和处理上是相当成功的，"书里阐述的观点现在还是站得住脚的"。

《清代地方政府》是瞿同祖的另一本重要著作，这是第一本系统、深入研究清代地方政府的著作。瞿同祖采用政治社会学的方法，既描述、分析和诠释中国清代州县级地方政府的结构与运作，也研究绅士在地方行政上的作用，西方学术界的评论认为，该书"为我们提供了迄今为止最为完整的关于中国地方行政运作的图解"，是"关于中国最底层政府的第一部有意义和可靠的著作"，大大推进了对中国政府及行政的研究，是"值得每一个研究传统中国与现代中国的学生细读的杰出著作"。

瞿同祖认为清代地方政府虽然有一定的地域差异，但在总体上具有一致性。同时，尽管行政规章有定期修订或有新规章的颁布，但地方行政具有整体的连续性，衙门组织、职员及其职能，监督模式和地方财政模式等，都基本保持不变。在这本书中，瞿同祖力图超越法律及行政典章来勾画实际运作中的地方政府之轮廓。他指出，州县衙门是清帝国的基层法庭和基层税收机构，司法与税收是州县官最为重要的行政事务。但州县官不谙吏治，职责繁重，依赖书吏、衙役、长随和幕友等辅佐人员执行各项任务。书吏和衙役都是从当地人中招募的，与州县官保持着一种正式的、公务方面的关系。书吏与衙役经济收入低微，基本是靠收取各种陋规来获取经济利益，虽有各种法规和州县官的监督，也难以控制其贪赃违法。长随与幕友都是州县官私人雇用的，不作为政府雇员看待，往往不是本地人，与州县官维持着一种私人的、非正式的关系。长随也参与一定的公务处理，但地方行政事务主要依赖作为刑名、税收、公文及行政事务专家的幕友执行。

瞿同祖的清代地方政府研究的突出之处，是认为凡参与治理过程者都应包括在广义"政府"范围之内，因此州县政府外，也研究绅士在地方行政上的作用。瞿同祖指出，作为地方领袖，绅士不仅参与地方事务，并运用其势力，施加影响于地方官，左右政策之决定，甚至操纵并干涉地方官吏。劣绅则往往与贪官污吏互相勾结，狼狈为奸。绅士与地方官吏之间的关系错综复杂，既有合作，又有矛盾；既互相依赖，又互相制约。但这些政治参与并不意味着地方自治。在清代中国，地方权力只在官吏（正式政府）和士绅（非正式政府）之间进行分配。在瞿同祖看来，地方上所有的集团间存在紧张：州县官与其上司之间，州县官与书吏、衙役、长随之间，地方官吏与地方士绅之间，民众与官员及其僚属之间，百姓与士绅之间莫不如此。这种紧张关系没有导致显著的变革，其原因在于所有这些集团，都在现有的体制下获得了最大的回报。因此尽管有紧张，但他们却没有兴趣去改变现状，这样我们看到了社会和政治秩序中的稳定性与连续性。

瞿同祖先生的学术成就精益求精，斐然可观，堪称国际一流学者大家，他在法律、社会、政制史方面的研究成果，至今仍惠及无数学人。

（赵利栋）

任继愈

任继愈（1916－2009），著名哲学家、宗教学家和历史学家，中国马克思主义宗教学创建者和奠基人。青少年时代，为追求真理考入北京大学哲学系，学西方哲学。抗日战争期间，步行从湖南走到云南，一路目睹中国农村的贫困，目睹中国人民的顽强意志和不屈精神。一种沉重的历史责任感，使他把总结中国古代精神遗产作为自己一生的追求和使命，遂转学中国哲学。

在中国古代诸子百家中，他推崇儒家。新中国成立后，接受马克思主义。在用马克思主义总结中国古代哲学的工作中，他是做得最好的一位。由他主编的《中国哲学史》（4 卷本）从 20 世纪 60 年代开始，就是大学哲学系的基本教材。数十年来，该书多次重印和再版，培养了一代又一代哲学工作者。

他认为，奠基于宗法制社会结构之上又往往带有地域特点的中国哲学，是不断发展的。1957 年 1 月 11 日，在《光明日报》发表《试论中国哲学中的对象和范围》一文，认为苏联由日丹诺夫确定的哲学发展模式，只讲唯物主义和唯心主义的斗争，忽略了哲学的不断发展和辩证法在哲学发展中的作用，也未能给唯心主义以应有的历史地位。《中国哲学史》（4 卷本）由于是教材，未能全面贯彻自己的主张。"文化大革命"刚结束，就组织班子，重新撰写中国哲学的历史，欲成一家之言，所以定名《中国哲学发展史》。计划 7 卷，已出版 4 卷。

在中国哲学的研究中，自觉地把佛教哲学作为中国哲学的有机组成部分，并从 20 世纪 50 年代开始，连续发表了一系列中国佛教的研究论文，受到毛泽东的高度称赞，认为是研究宗教问题的"凤毛麟角"。由于这些论文在中国是首次用马克思主义的观点研究佛教，所以讲清了许多前辈学者没有讲清和无法讲清的问题，使之不仅成为用马克思主义观点研究中国佛教的奠基之作，也成为中国马克思主义宗教学的奠基之作。他本人也成为中国马克思主义宗教学的开创者和奠基人。这些文章后来汇为《汉唐佛教思想论集》，在生前共发行 5 版，并被译为日文，在国际佛教研究界有广泛影响。此后又主编《中国佛教史》（8 卷本，已出 3 卷）、《佛教大辞典》《宗教大辞典》《中国道教史》等宗教学著作。

由于佛教方面的研究成果，1964 年，被任命为毛泽东亲自提议建立的世界宗教研究所第一任所长。1978 年，创建中国无神论学会；1979 年，创建中国宗教学学会；并担任理事长和会长。

任世界宗教研究所所长二十余年，提出"积累资料，培养人才"的八字办所方针。目前活跃在宗教研究领域的知名学者，大多出于宗教研究所，或者受到他直接的培养和影响。

"文化大革命"中神化领袖的现实，对传统文化的深入理解，使他得出结论，中国古代文化，和其他古代民族的文化一样，也是宗教文化。中国不可能脱离历史发展的普遍规律，在古代就成为无宗教国。1978 年底，在中国无神论学会成立大会上发表演说，首次指出历史上并称的"三教"中的"儒教"，就是宗教。这个论断被称为"儒教是教说"。

从 20 世纪初开始，梁启超提出"儒教非教说"，后来得到蔡元培、陈独秀等人的附和和赞同。此后，中国古代是个"无宗教国"，就成为中国学术界的定论，成为研究中国历史和中国传统文化的立论基础。因此，儒教是教的判断，根本改变了对中国传统文化性质的看法，是认识中国传统文化本来面貌的基础性理论建树。有关的论文，大多收集在《任继愈学术自选集》中。

儒教是教说提出之后，十多年中，几乎无一人响应，但是他始终坚持着自己的学术观点。这些年来，儒教是教说逐渐得到学术界越来越多的理解和赞同。

儒教是教说认为,儒教是中国封建时代的国家宗教,随着封建时代的结束,这个宗教的主体也不再存在。但是儒教的思想影响,却不能很快消除。"文化大革命"中神化领袖以及相关的现象,就是封建主义在新条件下的泛滥。所以批判封建主义,宣传科学无神论,是建设现代化中国的重要任务。

1979 年,继儒教是教说之后,在《哲学研究》发表《为发展马克思主义的宗教学而奋斗》,指出"马克思主义宗教学本质上是一种科学无神论"。因此,坚持以科学无神论的立场研究宗教,坚持宣传无神论,是马克思主义宗教学的基本内容。由于种种原因,自 20 世纪 80 年代初开始,在中国这个以马克思主义为指导思想理论基础的国度,无神论宣传处于非常困难的境地。传统的有神论迅速发展,以特异功能为代表的新有神论更是到处传播。1996 年,为抵制新旧有神论,重新组建中国无神论学会。1999 年,创办《科学与无神论》杂志。同年,在《人民日报》发表《不仅要脱贫,而且要脱愚》,全面论述了在新的历史条件下宣传科学无神论的必要和意义。该文被《光明日报》《解放军报》以及众多报刊转载。此后,"不仅要脱贫,而且要脱愚"的主张,就成为宣传科学无神论必要性的基本主张。该主张认为,"脱贫"和"脱愚",对于中国人民的幸福和国家的发展,同样是必要的。贫穷不是社会主义,愚昧也不是社会主义。在坚持无神论还是相信有神论的问题上,需要脱愚的不仅是文化水平不高的基本群众,也包括受过高等教育、有着高级职称的人们。二十年左右的特异功能泛滥并且导致"法轮功"的出现,与许多具有高级职称、处于高级领导岗位的人们的轻信,并且加以推动直接相关。因此,"不仅要脱贫,而且要脱愚"的主张,对于中华民族的精神健康,具有重要的战略意义。

自 20 世纪 80 年代开始,领导《中华大藏经(汉文部分)》的整理和编纂工作。全书 106 册,1.02 亿字。80 年代末,任《中华大典》(预计 7 亿 - 8 亿字)总主编,并自任该大典中《哲学典》《宗教典》主编;21 世纪初,组建《中华大藏经续编(汉文部分)》（预计 2 亿－3 亿字）编委会，任主编。在古籍整理方面，他是最为重视、用力最多且贡献最大的学者。

他学风严谨，实事求是。主张有一分材料说一分话，不说无根据的话，不说自己没有想通的话。主张学哲学的应该懂得历史，学中国哲学的应当懂得西方哲学。主张传统文化研究者都应该亲自整理、今译一两部古籍。他自己一生中，今译了僧肇的《肇论》、范缜的《神灭论》，四次今译《老子》。

他为人至诚，品格高尚。热烈追求真理，坚定持守真理。虚名荣利不足动其心，天风海浪不能撼其志。他用自己的能力帮助过许多青年学者找到发挥才能的机会，他用自己的工资津贴资助过难以数计的困难学生和同事。自己则常常用废纸写稿，翻拆旧信封寄信。他对工作尽职尽责，对父母尽心尽力。对兄弟，他亦兄亦父；对子女，他亦亲亦友。他把传统圣贤的清高，转化为新时代的清廉和简朴；把传统道德的忠孝，转化为对国家对民族的忠诚。无论做人还是为学，他都是一棵独立支撑的大树，不是随风摇摆的花草；他属于中国学术发展之河的深流，不属于表面飞溅的浪花和光怪陆离的泡沫。他是我们这个时代所需要的、真正的学者。

（李　申）

王毓铨

王毓铨（1910－2002），明史专家、秦汉史专家、古钱币学专家。山东莱芜人。1924 年，他考入曲阜山东省立第二师范学校，1925 年加入中国共产主义青年团，次年担任曲阜县团委书记。1929 年考入北京大学预科，1931 年进入北京大学经济系。在北京大学学习期间，他担任学生会交际股股长，负责联络各地大学生进行抗战救国运动，并参加北京大学学生南下示威团，到南京反对国民党政府的不抵抗主义。后转入历史系。1938 年在北京大学历史系毕业后，到南开大学经济研究所工作。七七事变后，回到家乡，配合抗日救亡运动委员会、八路军山东游击队第四支队做抗日救亡工作，为政治训练班讲授社会发展史。

1936 年，王毓铨在美国太平洋学会主编的 *Pacific Affairs* 季刊上发表了英文论文 "The Rise of Land Tax and the Fall of Dynasties in Chinese History"（《中国历史上的田赋增加和王朝更替》）。1938 年，应太平洋学会邀请，他远渡重洋，前往美国纽约，并于次年参加太平洋学会主持的"中国历史编纂计划"，承担秦汉史部分。同时，在哥伦比亚大学研究生院进修希腊史和罗马史，获得美国哥伦比亚大学硕士学位，毕业论文题目是《西汉中央政府组织》（The Organization of the Central Government of the Western Han Dynasty）。1947 年，王毓铨受聘于美洲古钱学会，担任该学会博物馆远东部主任。1948 年，在中国共产党纽约支部指导下，他参与建立留美学生和学者的组织新文化学会，任第一届主席。1951 年在美国出版了《中国古货币》（*Early Chinese Coinage*, New York：American Numismatic Society，1951）一书。

新中国成立后，1950 年王毓铨克服阻力，从大洋彼岸回来报效祖国。他先在中国历史博物馆（今中国国家博物馆）陈列部任主任，1955 年调到中国科学院历史二所任研究员。在新成立的明清史研究室，由白寿彝担任组长，王毓铨任副组长，直接负责新中国明史学科的建设工作。1978 年，中国社会科学院历史研究所成立明史研究室，由王毓铨担任研究室主任。1989 年中国明史学会成立，王毓铨任会长。他还兼任中国社会科学院研究生院硕士生和博士生导师、中国古代经济史学会会长、明藩王研究会名誉会长，以及太平洋历史学会顾问、《香港大学中文集刊》顾问、英国剑桥大学 *Asia Major* 学报顾问、意大利东方大学《中国历史与文化百科全书》顾问等职。

王毓铨博通中国古代史，在学术上有着卓越成就。他半个多世纪的学术生涯大致可以划分为前后两个阶段。

第一阶段主要是在国外，从事秦汉史和古钱币的研究。在秦汉史方面，1939 年他参加美国太平洋学会主持的"中国历史编纂计划"，承担秦汉史部分，收集整理秦汉社会经济资料汇编。回国后他在《历史研究》上发表《汉代亭与乡里不同性质不同行政系统说》《爰田（辕田）解》两文，就是在此时打下的基础，澄清了《汉书》的错误。他的研究生毕业论文《西汉中央政府组织》，通过将中国汉代与古代罗马的比较研究，指出了西汉政府的基本特点，成为当时美国各大学学生学习中国历史的必读论文。在古钱币方面，1950 年他在美国以英文出版《中国古货币》一书，因此《世界名人录》（*Who's Who*）收入了他的小传。回国以后，1957 年他出版了《我国古代货币的起源和发展》一书，并由此奠定了他在古钱币学史上的重要地位。1990 年此书更名为《中国古代货币的起源和发展》出版。初版近四十年之后，依然具有很高的学术价值。

第二阶段是王毓铨归国以后，直至去世，主要从事明史研究。虽然在回国之前，他已在史学领域中有了其他方面的学术成就，但当新中国需要加强明史的研究时，他没有任何犹豫，立即转攻明史。从此，在长达近半个世纪之中，明史研究是他倾注了全部心血的研究领域，成为其学术生涯中最重要的组成部分，他在这一领域成就卓著，闻名中外。

王毓铨对明代社会经济史用功最多，对于明代土地制度史以及相关问题上的研究具有开创意义。他的《明代的王府庄田》一文，系统而全面地对明代的王府庄田进行了研究；《明代的军屯》一书，追本溯源，论述了明代军事屯田的历史渊源以及发展演变的轨迹；《明代的田地赤契与赋役黄册》一文，利用明代徽州土地买卖契约文书，说明了土地买卖赤契与赋役黄册的关系。难能可贵的是，王先生注意马克思主义经典著作学习，融会贯通在学术研究中，以明史研究为基点，进一步加以理论思考，高屋建瓴地对中国古代社会形态的基本特点进行了探究，从而形成了一整套对于中国古代史的完整体系，深化了对明史以及中国古代史的认识。《中国历史上农民的身分》《封建社会的土地具有主人的身分》《中国古代经济史研究议》《明代的军户》《明代徭役编审与土地》《籍·贯·籍贯》《纳粮也是当差》《户役田述略》《明代的配户当差制》等一系列论文，在对中国古代农民身份地位进行深入考察基础上，比较系统地阐述了他对封建土地国有制、编户齐民纳粮当差的中国封建社会形态基本特征的独到见解。关于封建社会及其体制的主要特征，他提出：中国封建社会是"家长制专制封建社会"，基本特征是"政治权力支配经济权力"，"经济体制完全建立在其政治体制之上，且决定于政治体制"，而封建政权的基础是土地与人民，土地与人民归帝王所有，因此，"封建的人身依附关系在各阶级、各阶层间居有支配的地位"。他还认为封建社会的土地不是市场上的商品，只是"通过这种手段能使佃种者（占有者）供办超经济强制的劳役。因为佃种者对它没有所有权，所以能被所有者朝廷禁止典卖"。从而，他指出"古代封建中国没有土地私有制"，皇帝"代天理物"，管理土地与人民，于是设置百官，形成了一个庞大的官僚机构和专制官僚政体，百官为皇帝当差，而"居于主体地位的个体农户所遭受的剥削和压迫是赋役（粮差）"。由此，他进一步认为，引发中国农民战争的原因，主要是由于赋役的繁重。他特别强调实事求是地研究历史，曾指出，在明代，资本主义萌芽"萌了没有"，"还是个应该探索的课题"。他的学术视野宏大，具有鲜明的理论特色，成为明史研究中新的学说体系，确立了在明史学界的重要地位。

王毓铨献身史学事业六十多个春秋，致力明史研究将近半个世纪，对新中国建立明史学科体系有着开拓之功。他造诣颇深，成就斐然。曾负责《明史》点校，担任《中国大百科全书·中国历史卷》明史分支编写组主编、《中国历史大词典·明史卷》主编、白寿彝总主编《中国通史》第九卷《中古时代·明时期》主编、《中国经济通史·明代经济卷》主编。1982年起，由他主编，明史研究室编辑出版了《明史研究论丛》（第1-5辑），他的《〈皇明条法事类纂〉读后》和《明代地区经济研究之我见》等具有倡导意义的论文都发表在这一研究室的学术园地上。他的论文《论明代的配户当差制》得到史学界高度评价，荣获中国社会科学院第一届优秀科研成果一等奖，他主编的《中国经济通史·明代经济卷》，获得中国社会科学院第四届优秀科研成果二等奖。1984 年，他的《莱芜集》出版，收录了关于中国古代土地制度和农民身份等方面的论文，有着广泛的影响；2005 年中华书局出版了他的文集《王毓铨史论集》（上、下册）；2006 年中国社会科学院科研局组织编选的《王毓铨集》出版。2010 年，是王毓铨百年诞辰，《中国史研究》特辟专栏以志纪念。今天，我们读着他的专著，从字里行间，仍可感受到他的执著进取和认真求实的学术精神，成为留给后学的一笔宝贵遗产。

（万　明）

王钟翰

王钟翰（1913－2007），以字行，湖南省东安县伍家桥乡人。中国当代著名清史、满族史专家。1934 年毕业于长沙雅礼中学，后考入北平燕京大学历史系，1938 年、1940 年分别获得北平燕京大学历史系学士和硕士，毕业后留校任教，1943 年在成都燕大历史系任讲师。1946 年赴美国哈佛大学进修两年。回国后在燕京大学历史系任副教授，兼任哈佛燕京学社引得编纂处代副主任。1952 年调至中央民族学院任教，1956 年起在历史系担任教授。旋即卷入整风反右运动，被划为右派，此后 20 年再无片言只字发表。1978 年以后任中央民族大学历史系教授、博士生导师、终身教授，兼历史系名誉主任、满学研究所所长、中国社会科学院民族研究所兼职研究员、北京市历史学会顾问和中国民族史学会顾问。2007 年 12 月 12 日逝世，享年 95 岁。王钟翰教授的研究生涯长达 60 余年，在清史、满族史、民族史及文献整理等方面取得丰硕成果，堪称现代满族史研究的奠基人和开拓者，为后人留下了宝贵的治学经验。

王钟翰于燕大求学时，即师从洪煨莲（业）、邓文如（之诚)、顾颉刚等著名史家。本科期间首次发表《辨纪晓岚手书四库简明目录》。其学士论文《清三通之研究》及硕士论文《清代则例与政法关系之研究》,均显示出注重清代典章制度的研究取向。十余年潜心浸淫之后,于1948-1949年间撰就《清世宗夺嫡考实》及其姊妹篇《胤禛西征纪实》,在孟森研究的基础上,将雍正即位一案的研究提升到新的水平,这两篇文章不仅继承了中国史学求实的传统,也融入了西方史学求真的精神,即要求在更高的意义层面上来重构历史的研究特色,是将考据与史论结合的典范。

新中国成立后,1952年实行院系调整,王钟翰调入新成立的中央民族学院,成为中国老一辈学者中较早利用历史唯物论研究少数民族历史的学者之一,此后满族史也与清史一起成为他的主要研究方向。

1957年王钟翰的第一部学术论文集《清史杂考》由人民出版社出版,集中收录了1948年以来撰写的论文8篇、附录2篇,凡30万言。其中《满族在努尔哈齐时代的社会经济形态》和《皇太极时代满族向封建制的过渡》两文,对满族入关前的社会形态及其发展做了深入的探讨,为当时一批明清及满族史学者对此一问题进行倾心研究的代表作。两文除利用明朝、朝鲜的官私记载以及清朝所修《实录》等官私方文献之外,还首次在研究中运用《满文老档》等满文史料,为进行深入细致的分析,提供了坚实的前提。《清史杂考》(以及未收入该书的《明代女真人的分布》一文)可以视为王钟翰将清史与满族史融为一体的独辟蹊径研究的起点,这不仅开辟了他个人研究清史的新阶段,也是新中国清史学新发展的一个标志。

《清史杂考》面世未久,王钟翰即因"反右"而受株连,此后20年未发表一篇论文。但在学术上的积累与准备迄未终止。在调往沈阳工作期间,他对清朝的发祥地进行了广泛深入的实地考察,又遍阅《李朝实录》并从中辑录出《朝鲜李朝实录中之女真史料选编》。1971-1976年被借调中华书局,参与《清史稿》

点校，1976－1980 年独力完成 80 卷《清史列传》的点校。

"文革"结束，尤其是进入 20 世纪 90 年代之后，王钟翰的研究进入一个新的更高的发展时期，屡有佳作发表。先后出版了《清史新考》（1990）、《清史续考》（1993）、《清史余考》（2001）三部论文集，2004 年，中华书局结集为《王锺翰清史论集》全 4 册，洋洋 200 万言，大部分论述完成于 65 岁之后。研究视野几乎覆盖了清史、满族史的各个领域。王钟翰这一时期的研究，已经迈上了从整体把握清史、满族史的发展阶段和特征，阐述了满族史和清史的发展规律的新阶段。

首谈清史研究。王钟翰晚年清史研究的一个重点，是继续对雍正夺嫡问题进行探讨，与原来不同之处是更加重视利用存世的满汉文档案史料。除撰写了备受中外学界关注的《清圣祖遗诏考辨》之外，又做《胤祯与抚远大将军王奏档》一文，收罗国内外 5 个版本，对 50 年前撰写的《胤祯西征纪实》做了较大补充，对考察康熙帝晚年招抚蒙古、进军西藏与用人得失、施政之成败，以及康熙诸皇子夺嫡成败等问题，做了深入讨论。围绕雍正夺嫡一案，连带引出的是康熙帝第八子胤禩、第九子胤禟的改名问题。王钟翰为此先后撰写《释阿其那与塞思黑》《再释阿其那塞思黑与满族传统文化》《三释阿其那与塞思黑》三篇文章。这些文章的发表，与 50 年前的《夺嫡考》《西征纪实》相比，对雍正夺嫡这一重大历史问题的认识无疑更为丰富而深化。

此外，对清史中一些有争议的重要人物，王钟翰也重新审省，反复斟酌，力求给予公平全面的评价，这方面的代表作有《洪承畴的历史功过问题》《施琅的历史功过问题》《李光地生平研究中的问题》等。

再谈满族史研究。因身处中央民族学院这个特殊的环境，使王钟翰对民族史有比较充分的了解和进行深入钻研的条件，得以在满族史领域长年坚守，不断开拓。他的研究方法与特点与目前国际汉学界风头正劲的"新清史"研究不谋而合，这体现了他在研究方法、研究成果方面的前瞻性，也是他的研究可以在国内外清史、满族史学界居于领先地位的原因。

1981 年发表于《中国社会科学》的《关于满族形成中的几个问题》，是该领域的重要著述之一。王钟翰强调只有承认满族这个新的共同体汇集了不同血缘成分的事实，才有可能对后来源源不断加入这个共同体的各种非满洲成分如汉军旗人、内务府旗人的民族从属问题做出合理的解释。另一篇文章《清代八旗中的满汉民族成分问题》一文，对汉人融入满族的过程和具体途径做了更为详尽的阐述。

有关满汉关系问题的论述，散见于《关于满族形成中的几个问题》《国语骑射与满族的发展》《清代八旗中的满汉民族成分问题》等篇章之中。他将这一问题分为两部分，一部分是八旗内部的满汉关系，另一部分亦可称之为旗民关系，从一个全新的视角，揭示了满汉等民族多源多流，相互融合，形成你中有我、我中有你密切关系的历史进程。

1992 年《清代民族宗教政策》一文的核心，是论证清代的民族宗教政策对统一多民族国家的发展所做的重大贡献，该文从 5 个方面归纳了满洲统治者民族政策运用的成功经验。文章高屋建瓴，气势磅礴，实为晚年的精心之作。

王钟翰也特别注重满族社会性质的研究。1987 年发表《满文老档中计丁授田商榷》一文，为研究满族入关前社会经济形态之续作。1950 年代关于对皇太极时期满族开始向封建制过渡的结论，在史学界产生广泛影响，30 年后他对此文重新审视，核对《满文老档》原文，对各种版本"计丁授田"谕令的汉文译文仔细比勘、考证，检讨各种译文的利弊得失，遂"正式予以自我摈弃"。这种严格的求实精神，给予年轻一代学者深刻的教育启迪。

《释玛法》与《释汗依阿玛》等文，注重满文名字之考证，不但澄清对清初史实的误解，而且通过"玛法"等名词的历时变迁，折射出满族入关前后礼法、风气的差异。

王钟翰以满族史研究为重点，逐渐拓展开来，对其他民族如蒙古、达斡尔、锡伯以及西南地区的民族史乃至整个中国民族史进行了一系列研究，先后发表《达斡尔人出于索伦部考》和《清初八旗蒙古考》《试论理藩院与蒙古》《蒙古世系谱作者及其它》等论文，以及《雍正西南改土归流始末》，在中国民族史研究方面，做出了超乎前人的贡献。

此外，王钟翰还完成了《满族简史》的通纂，参与编纂《中国历史地图集·东北卷》和《中国历史地图集释文汇编·东北卷》，并主持《满族史研究集》，主持大型《中国民族史》和《四库禁毁丛刊》等多项工作。其中《满族简史》是一部历经20余年的社会调查、研究和反复修订的集体著作，王钟翰在其中做出了很大贡献。

1991年王钟翰获国务院颁发的特别贡献证书，1996年获北京市第四届人文社会科学成就奖，1997年获中国人民大学吴玉章奖金历史学一等奖，同年获上海宝钢教育基金优秀教师奖，1999年荣获国家社会科学基金优秀成果一等奖。2007年获国家民委突出贡献专家奖。《满族简史》与《清史新考》获国家级著作优秀奖、日本满洲学协会个人著作成果优秀奖，《中国民族史》获1995年中国图书奖。

（定宜庄）

吴汝康

吴汝康（1916－2006），1916年2月19日生于江苏省武进县。1940年毕业于因抗日战争搬迁到重庆的中央大学生物系。1940－1942年任中央研究院历史语言研究所人类学组研究实习员，1942－1945年任贵州大学讲师，1945－1946年任中央研究院体质人类学研究所筹备处助理研究员。师从中国体质人类学的奠基人之一吴定良先生，从事中国少数民族的体质调查和研究。1946－1949年在美国圣路易华盛顿大学研究院解剖系学习，1947年获硕士学位，1949年夏获哲学博士学位，同年冬回到新中国。1949－1956年任大连医学院解剖教研组教授，1953－1956年在中国科学院古脊椎动物研究所兼任研究员，1956 年起任中国科学院古脊椎动物研究所（1960 年改为中国科学院古脊椎动物与古人类研究所）研究员，曾任副所长，兼任北京大学、中山大学、香港大学教授，1980 年被选为中国科学院院士。1970 年起历任中国解剖学会副理事长、理事长、名誉理事长等职。

在古人类学研究方面，他开创了中国人自己深入研究古人类化石的时代，培养了该领域的后继人才，为新中国的人类古生物学研究奠定了坚实的基础。他对巨猿、禄丰古猿、蓝田猿人、北京猿人、金牛山人、马坝人、柳江人、资阳人等化石进行了系统的研究。20 世纪 50 年代起，吴汝康恢复了过去由步达生（D. Black）和魏敦瑞（F. Weidenreich）主持的中国人类化石的研究，对 40 多年来在中国发现的绝大多数人类化石做了深入的研究，他关于开远森林古猿，蓝田、周口店、和县的直立人，丁村、马坝、资阳与建平等处的智人化石的研究报告一直是研究中国古人类学者必读的参考文献。他还对系统地位长期悬而不决的重要化石灵长类、巨猿做了系统研究，发表的专著《巨猿下颌骨和牙齿化石》曾在美国、日本和韩国被多次重印，并被美国自然历史博物馆戴尔森（E. Delson）提议与魏敦瑞的著作一起作为中国古人类学的经典著作重印。从 20 世纪 60 年代起腊玛古猿曾被认为人类的直接祖先，吴汝康在对中国出土的大量化石进行研究以后提出它是禄丰古猿（吴汝康提议的新属）的雌性个体，是人类进化的旁支。另外他还提出了从猿到人的过渡是一个漫长的过程，人类的各项独有特征是在这个过程中不同时期形成的，从对北京猿人的研究他还提出了从猿到人的过渡中存在人类体质发展的不平衡性。所以以上各项研究成果都受到国内外同行的高度重视。

先生归国后十分重视学习马克思列宁主义，特别是恩格斯关于人类起源、生物进化的理论，力图将其运用于自己的科研工作。早在 20 世纪 50 年代，在研究北京猿人化石时，他发现古人类进化过程中存在体质发展不平衡现象，提出劳动导致手足的进化早于脑的发展，认为对这种现象的研究丰富了恩格斯劳动创造人的理论。20

世纪 60 年代他在研究巨猿化石的基础上，提出"生物人"与"社会人"的概念，将"广义劳动"与"狭义劳动"的概念应用于从猿到人转变过程的研究，认为从古猿转变到人是一个漫长的过程，开始的标志是两足直立行走，结束的标志是制造工具。其后他进一步提出，现代人的各项特征（如直立行走、会制造工具、社会组织、语言、思想等）不是在某一个时间一起出现，而是在从猿到人的漫长时期中逐一获得的。在 20 世纪 70 年代以前，考古学界以能否制造工具作为人和古猿分界的标志，人类的纪元从制造石器开始。吴先生关于能制造工具之前也存在人类的理论在国内引起了争议，但这样的观点在国际上于 20 世纪七八十年代逐渐达成共识，那些能够两腿直立行走但不会制造工具的、早先归入古猿或"前人亚科"的动物也被划进了人类的范畴。

先生不但致力于古人类学研究，对中国人民体质的研究和人体解剖学事业的发展也做出了重要贡献。他在推动中国现代人的体质人类学的工作中也有显著的成绩，他与同事合编了重要的工具书，也亲自进行这方面的研究，并创建了"今人类学"。由于他在中国人类学研究中卓著的业绩，在美国出版的《体质人类学历史百科全书》中吴汝康是作为专条被列入的唯一一位中国体质人类学家。

他从 1970 年起长期担任中国解剖学会的领导工作，拨出专门经费，亲自在上海复旦大学举办中国第一届人体测量培训班，有 120 位解剖学者参加，很多人其后成为该领域的专家。为系统培养中国人类学领域的专门人才，先生在中国科学院古脊椎动物与古人类研究所招收培养研究生，并在北京大学、中山大学等大专院校兼职授课，为中国人类学领域人才梯队的建立铺设了基石。1982 年先生创办了中国人类学领域第一份学术期刊《人类学学报》，并且长期担任主编，使该学报成为中国人类学领域的成果汇集地和对外展示的窗口。

吴汝康一生著述甚丰，硕果累累。他先后发表了 200 多篇（册）学术著作和文章。既发表了大量科研论文和专著如《巨猿下颌骨和牙齿化石》等，还撰写了许多适合相关专业人员以及业余爱好者阅读的《古人类学》《今人类学》以及大量科普作品。此外他还领衔与国内外同行合作撰写或编辑了《人体测量方法》《中华人民共和国古人类学与旧石器时代考古学》《北京猿人综合研究》《海南岛少数民族人类学考察》等专著。

吴汝康先生对古人类学、解剖学及相关学科的巨大贡献获得了国内外学界的广泛赞誉，先后获得何梁—何利科学与技术成就奖，中国科学院自然科学一等奖、二等奖，并当选国际人类学和民族学联合会荣誉终身会员、英国皇家人类学研究所荣誉学术委员、国际史前与原史学协会常设委员会委员、国际古人类协会常设委员会委员、世界考古大会执行委员会东亚地区高级代表等荣誉职位。

（刘　武　吴新智）

徐苹芳

徐苹芳（1930~2011），山东招远人。著名考古学家，中国社会科学院荣誉学部委员，全国政协第七、八届委员。

徐苹芳1950年考入燕京大学新闻系，后转历史系。1952年并入北京大学历史系，1955年毕业于北京大学历史系考古专业，入南开大学历史系任助教。1956年转入中国科学院考古研究所（现中国社会科学院考古研究所）工作。曾任中国社会科学院考古研究所所长（1988-1993年）、中国考古学会理事长（1999-2008年）。直至辞世前，一直担任北京大学考古文博学院兼职教授、博士生导师，全国哲学社会科学考古学科规划小组组长，全国古籍整理出版规划小组成员，国家文物局考古专家组成员，中国世界文化遗产专家委员会委员，全国历史文化名城保护专家委员会委员，中国考古学会名誉理事，中国文物学会顾问，中国古迹遗址保护协会顾问，北京市文物古迹保护委员会委员，北京历史文化名城保护委员会专家组成员，《燕京学报》副主编等职。

曾任美国普林斯顿大学东亚系和考古美术系访问教授（1986－1987年）、台湾大学历史系客座教授（1999年）。

徐苹芳长期致力于中国历史考古学的研究，以兼通历史文献学著称于学界。曾主持北京金中都及元大都、唐宋扬州城、杭州南宋临安城的考古勘查和发掘工作，并长年在北京大学考古文博学院兼任教授，担任宋元考古学等历史考古学主干课程的教学和研究，研究领域涵盖中国历史考古学诸多领域和重大课题，特别是在中国古代城市考古、汉代简牍和宋元考古研究上成就卓著。著有《居延汉简甲乙编》（合著）、《明清北京城图》和《中国历史考古学论丛》等著作。曾领衔主编《中国古代天文文物图集》《十世纪前的丝绸之路和东西文化交流》和《中国文明的形成》等书。逝世前仍担任《二十世纪中国社会科学·考古学卷》《中国陶瓷史》和《元大都》等大型论著、报告的主编，为这些著作的编著出版耗尽心血。

在徐苹芳广泛的研究领域中，投入精力最大、关注时间最长的是中国古代城市考古。20世纪60年代，在清华大学赵正之先生勘查和研究元大都的基础上，先生主持了北京元大都的勘查和发掘，这是中国第一次系统地对一座古今重叠式的古代城市进行的田野调查和考古发掘，取得了重要的成果。在前辈工作的基础上，结合最新考古材料与古代地图和文献，徐苹芳最终绘制出了元、明、清三代北京城的历史地图，这是迄今唯一的把考古材料和历史文献相互结合并以科学方法绘制的古代城市历史地图，使北京成为古今重叠式城市考古学研究的一个范例。徐苹芳一生倡导并实践着调查和研究这类的中国古代城市的科学理念和方法。在他的晚年，针对中国历史文化名城令人担忧的保护现状，对中国古代城市抢救性考古工作的理论和方法及其迫切性做过全面系统的重新考虑，撰写了大量著作，可惜这些凝集先生最多心血和最多忧虑的文稿，大多还没有来得及刊布。

徐苹芳凭借丰富的田野考古实践经验和扎实深厚的文献功底，获得了很多历史学与考古学整合研究的成果。如通过对西北地区汉简的整理研究来恢复汉代的屯戍制度等，依据考古发现与文献记载对唐代城市生活进行深入的复原研究，由城址的个案研究入手形成对中国古代城市演进过程的系统认识，以及关于历史考古学分区问题的探讨等。

自20世纪七八十年代开始，以若干重要的考古发现为契机，在学术界形成了探索中国文明起源的热潮。但这类研究在初起阶段还处于零散和自发的状态。作为当时的中国社会科学院考古研究所所长兼《考古》杂志主编，徐苹芳于1989–1991年，适时地组织了文明起源课题组，通过主持召开座谈会、组织学术考察、发表笔谈等形式，开始了有组织、有计划地探索中国文明起源的研究工作。这种由国家一级学术研究机构主持的多家研究单位参与的有计划的研究举措，使中国文明起源研究获得了实质性的进展，开启了中国文明起源研究的新阶段。他在规划主持这一大的学术活动的同时，就对有关中国文明起源研究的方法、途径等提出了指导性意见。嗣后，在《中国文明的形成》一书他与张光直合作的结语中，阐述了中国文明的独特性及其对世界文化的贡献，这些观点产生了广泛的学术影响。

徐苹芳在主持中国社会科学院考古研究所工作期间，通过文明起源研究等重大课题，积极加强与地方的联系，进一步扩大了考古所在中国考古学领域的影响。徐苹芳在相当长的时间内，主持全国社会科学考古学科规划工作，进一步推进了中国考古学的学科发展和中国考古学会的建设。

如果从学生时代起算，徐苹芳与中国现代考古学结缘近60年。60年来，徐苹芳把自己的一生献给了他服膺的前辈所艰难开创并在重重困难条件下进步发展的中国考古事业。作为一名考古学家，先生一生坚守考古学的学术规范，维护考古学这个学科的学术纯洁性，并为此不懈努力。

先生一生光明磊落，耿直刚介，博学多识，谦和儒雅。道德文章，堪为师范。先生一生挚爱祖国文化遗产，对中国的文物保护事业怀有深刻的历史责任感和强烈的忧患意识，长年为中国的文化遗产保护事业，尤其是以北京为首的历史文化名城的保护殚精竭虑、奔走呼号，担当了一个考古学家的社会责任。徐苹芳先生献身中国考古学和文化遗产保护事业的成就和精神，是他留给后人的宝贵财富。

（许　宏）

杨　宽

　　杨宽（1914－2005），字宽正，江苏青浦白鹤江镇人。幼年入家乡小学，时值五四新文化运动刚刚结束，青浦地近上海，得风气之先，已创立有新式学堂。杨宽先生所入鹤溪小学，即为当时著名的新式学堂。在新旧学制转变之际，他既读古文，又学白话文。后就读于著名的苏州中学，进入师范科，1936年毕业于光华大学中文系，师从吕思勉、钱基博等名家。后来受到古史大辩论的启示，得到顾颉刚先生的指导，迅速成长为古史辨派的一员大将，并最终成就了其历史研究，尤其是先秦史研究上的辉煌业绩。

　　从青年时起，杨宽即博览群书，并多有创见。《古史辨》刊出其成名作《中国上古史导论》时，杨宽仅20岁出头，却已然成为古史辨派重要的后继者。杨宽一生著述丰厚，学术影响巨大。他曾任光华大学历史系教授和上海市博物馆馆长，又长期从教于复旦大学历史系。后移居美国，2005年9月1日在美国迈阿密病故，享年92岁。

　　杨宽的主要著作有《西周史》（1999）、《战国史》（1955）、《中国古代都城制度史研究》（1993）、《中国古代陵寝制度史研究》（1985）、《杨宽古史论文选集》（2003）、《历史急流中的动荡和曲折》（1993年台湾时报版）等；另外著有《古史新探》《墨经哲学》《中国历代尺度考》《吕氏春秋集释》（与沈延国、赵善诒合作）、《中国古代冶铁技术发展史》《战国史料编年辑证》等。

在中国古代史、先秦史研究方面，杨宽有着卓著的学术贡献，现就以下几个方面进行简要介绍。

第一，其战国史的研究全面而且深入，所著《战国史》为断代史类著作中之佼佼者。杨宽早年在顾颉刚指导下，与童书业研究春秋战国史。童书业撰写了《春秋史》，杨宽先生则著成了《战国史》。这两部书业已成为学术经典，堪称是春秋战国史研究中的并峙双峰。杨宽先生的《战国史》初版20余万字，刊行于1955年9月。出版不到一年，便销售一空。仅到次年12月，此书就已重印了4次，发行量高达26000余册，这对于一本严谨的学术著作来说，无疑是一个奇迹。《战国史》一书着重论述战国时期从分裂割据走向统一，以及这一时期在政治、经济、军事、文化等领域发生的重大变革，再现了战国时代风云变幻、剧烈变革、百家争鸣、英才辈出的历史与社会状况，是战国史研究的扛鼎之作。此书积聚了杨宽数十年治学研究之重要成果，体现了杨先生实事求是、科学严谨的治学风格。这一点我们还可以从此书的修订上看出。《战国史》第二版刊行于1980年，全书近43万字，较初版增加了20余万字。至1998年第三次修订出版时，已扩展到了56万字左右。在这一次次的补充修订中，作者不仅增加了20世纪50年代以后出土的大批考古材料，而且还根据新材料重新修订了此前的诸多历史认识，这是一个自我扬弃、自我超越的过程。2001年，杨宽的《战国史料编年辑证》出版，作者在书中深情写道："我编这部书，经历了半个世纪，是我所有著述中历时最久的，也是最费工夫的。"而其所修订的《战国史》一书正是依据此书完成的。从中我们亦不难窥见在《战国史》一书的背后，杨宽所付出的半个多世纪的辛劳。近年的战国史研究虽然在不少方面又有新的进展，但体系完备、全面深入的经典之作尚无出此书之右者。

第二，继《战国史》之后，杨宽的《西周史》同样是断代史研究中的精彩著作。其所著《西周史》一书，在立足于先秦典籍文献的基础上，又广泛采用了新的考古及古文字资料来弥补西周中后期文献史料的不足。是书史料翔实，规模宏大，内容涉及西周开国历史、土地制度、农业和手工业生产、政权机构、乡遂制度、军政大事、文化礼制等西周史研究中的诸多重要课题。不仅如此，对于书中诸多具体问题，杨宽也都做出了细致入微的考察。

第三，杨宽的先秦史研究多独辟蹊径，屡发创见。青年时期，他即对上古时代的礼制有浓厚兴趣，熟读清人黄以周所著《礼书通故》，并以为研究中国古代社会不可不熟知古代礼制。他所著《古史新探》一书，正是积多年心得之成果。此书对于上古时代的诸种礼制如"籍礼""冠礼""乡饮酒礼""飨礼""射礼""贽见礼"以及上古时代的大学制度和"辟雍"的起源等，都做了深入研究。此书出版于20世纪60年代，至今仍是研究先秦礼制的必读之书。杨宽在这部书中提出许多卓见，如关于"籍礼"，他明确指出此种古礼与周代的井田制有密切关系，"籍礼"的籍田与井田制下的"公田"有相同的性质。古代田制是社会生产关系的核心内容之一，周代的井田制亦为研究周代社会以及上古社会发展的一个关键问题。杨宽关于"籍礼"的研究对于揭示周代井田制的本质、认识周代社会性质都有重要的学术意义。杨宽对于古礼的研究气势恢宏、场面广阔、卓见迭出，令人折服。

第四，杨宽的古史研究不仅规模宏大，气象非凡，而且多能依据考古材料进行精微细致的剖析。其文物及考古研究，也是卓然不凡。例如，他对于古代陵寝制度的研究、对于西汉长安城布局结构的研究、对于先秦时代墓上建筑的研究等，历来为考古文物学界所重视。杨宽先生十分重视新发现的考古材料，并及时将之运用于古史研究中。在古史探讨中，他大量运用甲骨卜辞、彝器铭文、简帛文字等文字资料，并密切关注考古发掘新材料。马王堆帛书面世不久，他就发表了《马王堆帛书与〈战国策〉的史料价值》一文，是为此方面研究的嚆矢。他所发表的有关《何尊》铭文的研究论文，有关楚帛书中四季神像及其创世神话的研究等论文，都具有极高的学术价值。古代的冶铁技术发展史，是杨宽先生多年关注的一个研究领域。他关于古代水力冶铁鼓风机"水排"的复原研究，是一项卓越的成果。对于上古时代铁农具，杨宽亦有系统的考察，其研究成果反映于所撰《我国历史上铁农具的改革及其作用》一文中，推动了古代经济史的相关研究，对于探讨生产工具与社会形态之间的关联也提供了极好的参考。

杨宽虽然早已是名满天下的学术大家，但他并不故步自封，而是孜孜以求，创新不断。早在 20 世纪 60 年代，他依据金文和古文献资料对于周代军制中的"六师""八师"问题进行探讨，与于省吾相互切磋。两位学者在《考古》杂志上连续发表多篇高水平的学术论文，往复多次商榷探讨，将此问题的研究步步推进，成为学界的一段佳话，也是为后进学习的典范。杨宽先生对于学问的这种开放心灵不仅体现在与其他学者的相互切磋上，更体现在其在治学中敢于扬弃自我、超越自我上。如其对《战国史》的每一次修订都是一次新的突破；他早年主张西周是奴隶制社会，而晚年则果断放弃了这一看法，认为中国古代没有奴隶制阶段，这在今天基本已经成为学界的共识了。

杨宽先生治学严谨，刻苦勤奋，数十年如一日，孜孜不倦地追求学术真理，为后学留下了大量珍贵的学术遗产，足为后世楷模。

（罗新慧）

俞伟超

俞伟超（1933 - 2003），1933 年 1 月 4 日出生于上海，1950 年 9 月至 1954 年 7 月在北京大学历史系学习，是新中国培养的第一批考古专业毕业生。1954 年 9 月 - 1957 年 8 月在中国科学院考古研究所工作，为配合三门峡水库工程建设，先后参加了黄河三门峡古栈道的勘查和河南陕县刘家渠汉唐墓葬群的发掘。1954 年 9 月至 1961 年 1 月在北京大学历史系考古专业读研究生，师从苏秉琦先生，获副博士学位。1961 年 2 月至 1985 年 4 月在北京大学历史系考古教研室工作，任讲师、副教授、教授，先后讲授"战国秦汉考古""考古学理论与方法""古代文献目录学"等课程，为国家培养了大批考古专业人才。同时，他长期从事野外考古工作，先后主持北京昌平雪山遗址、山东临淄齐故城遗址、湖北黄陂盘龙城遗址、湖北江陵楚都纪南城遗址、陕西岐山和扶风周原遗址、青海大通上孙家汉晋墓葬群、湖北当阳季家湖遗址、青海循化苏志卡约文化墓群、湖北沙市周梁玉桥等遗址的调查和发掘工作。

1985 年 5 月以后，俞伟超调至中国历史博物馆工作，任副馆长、馆长、学术委员会主任。在此期间，他主持修改中国通史陈列，吸收历史学和考古学诸多最新研究成果，充实大量新展品，增强了陈列内容的科学性和学术性，并与国外博物馆学界建立了广泛联系，提高了中国历史博物馆的学术影响和国际地位。他还极为重视中国历史博物馆的考古工作，在倡导和实践田野考古学新理论、新方法的同时，创建了水下考古和航空考古，填补了我国考古学界在这些研究领域的空白。

俞伟超对考古文博事业有着深沉挚爱和忘我投入。即使在"文革"中受到残酷迫害、身心遭受严重摧残的情况下，他仍然顽强地继续其考古学研究，冲破重重阻力，坚持带领学生进行野外考古工作。从 20 世纪 80 年代中期起，他为三峡库区的文物保护工作奔走呼号，投入许多精力，并多次前往库区考察文物遗存。1994 年，他担任三峡库区文物保护规划组组长，身体力行，跑遍了三峡库区的山山水水，指导整理出大量的古代遗迹、遗址档案，完成了 200 万字的三峡库区文物保护规划方案，为三峡库区文物保护工作做出了重大贡献。

俞伟超对中国考古学科的建设卓有贡献。从 20 世纪 80 年代起，他积极借鉴国外的理论方法运用于中国的考古学实践。20 世纪 90 年代，他以河南渑池班村遗址的发掘为样板，对多学科考古发掘与研究做了大胆实践和探索。他对于最新科学技术方法和成果在考古学中的应用，给予了极大关注。他积极倡导将 DNA 技术用于考古学，为此，他与中国科学院遗传研究所合作，通过对古人类骨骼的 DNA 鉴定，探讨古代社会血缘集团与文化圈之间的关系。他的知识渊博，涉猎广泛，思维敏捷，见解深刻，在许多研究领域都卓有建树。他是秦汉考古学的主要开拓者，对新石器时代考古、楚文化研究、中国古史分期、商周礼制、早期佛教和道教等诸多考古学重大问题也都有权威性研究成果，共发表了百余篇学术论文、三部论文集和两部专著。

俞伟超的学术贡献十分广泛，集学者和教育家于一身。在长期的教学活动中，他关心和指导学生的成长，独具慧眼，选拔英才，不拘一格，一些自学成才的青年在他的推荐、培养下成为国内外知名学者。

俞伟超一生的学术任职和兼职甚多。他先后被聘请和推选担任北京大学古代文明研究中心学术顾问、北京大学中国考古学研究中心学术委员、中国科技大学兼任教授、西北大学兼任教授、吉林大学兼任教授、上海大学客座教授、中央民族大学文物考古研究所名誉所长、安徽大学名誉教授、国家文物局考古专家组成员、中国楚文化学会会长、"夏商周断代工程"专家组成员、四川大学博物馆顾问、中国考古学会副理事长、中国文物学会副会长、中国长城学会理事、保利艺术博物馆名誉馆长、重庆市三峡文物保护顾问组组长等。

2003 年 12 月 5 日，俞伟超在广州逝世，享年 70 岁。

（信立祥）

张芝联

张芝联（1918－2008），1918 年 11 月 7 日出生于湖北汉口，2008 年 5 月 27 日卒于北京，浙江鄞县人，著名历史学家，北京大学历史系教授。父亲张寿镛系浙东著名学人，曾创办光华大学（现华东师范大学）。家里书香传世，张芝联自幼浸润其中，在家塾饱读诗书，博闻强识。1935 年考入北平燕京大学西语系，两年后转入光华大学，受业于英国文学教授张歆海和中国史学大师吕思勉、童书业。1941 年重入燕京大学研究院攻读历史，在名师张尔田和聂崇岐的指导下研究中国史学，发表《〈资治通鉴〉纂修始末》等论文，开始学术生涯。1946 - 1947 年间游学于美、英、法各名校，广泛涉猎中外文学、历史和学术思想。回国后先任教于光华大学，1951 年北上到燕京大学历史系教授世界史，1952 年转入北京大学任历史系教授，直到 1988 年退休。曾兼任中国社会科学院世界历史研究所学术委员、中国史学会理事、中国法国史研究会会长、北京外国问题研究会会长、北京大学欧洲研究中心主任等职。1985 年获法兰西共和国荣誉军团骑士勋章，1986 - 1998 年连续当选全国人民政治协商会议及其外事委员会委员。

张芝联熟谙西方文化，精通英法文，粗通德俄文，在世界史方面造诣深厚，同时特别热心于世界史学科的建设，是新中国世界史学科的奠基人之一。新中国成立初期，他痛感中国世界史研究薄弱，在资料、文献和研究成果方面与国外差距很大，因此来北京大学后主要致力于从以下两个方面来推动中国世界史学科的发展。一是加强学科基本建设，编教材，译资料，引进西方学术成果。他先后参加了《世界通史》的编著和《世界史资料丛刊》的编审工作，编译了英国史资料集《1815 - 1870 年的英国》。同时应《历史研究》杂志的要求，提供介绍国外史学动态的文章和书评，极大地开阔了国内学界的视野。1978 年以后，他又发表了一系列文章，评论二战以来西方史学的发展方向。他最早把在 20 世纪中期以来国外史学界影响极大的法国年鉴学派介绍到中国，1986 年发表长篇论文《费尔南·布罗代尔的史学方法》，引起中国学界的广泛注意，实际上推动了整个中国历史学方法论的更新。二是培养人才，他一方面利用各种机会邀请外国史学家来中国讲学或参加讨论，让中国学者有机会结识外国同行，相互交流切磋；另一方面也尽可能把研究生送出国进修，使他们得以在良好的学术环境下迅速成长为高校世界史教学科研的骨干人才。

　　张芝联是公认的法国史专家，1979 年同全国各大学和科研机构的同行创立了中国法国史研究会，并担任会长。他主编了中国第一部《法国通史》，以翔实的资料、独到的见解、新颖的体系赢得了诸多专家的赞誉。1988 年出版专集《从高卢到戴高乐》，收集了他有关法国历史、中法关系、法国大革命、法国史学等方面的研究成果，获得北京大学第三届科学研究成果荣誉奖。

　　张芝联极重视从历史角度研究人权问题。在研究法国人权宣言的基础上，基于国际上人权问题的复杂状况，张芝联于1989 年初在北京外国问题研究会成立大会上首次提出研究人权问题的必要性，并主持承担了"国际关系中的人权问题"这一国家社科基金重点课题，从历史、理论、实践三方面来研究人权问题。1989 年、1991 年，研究会两次组织国际人权问题研讨会，编辑出版了人权问题专辑和《国际人权纵横》一书，受到有关方面的好评。

　　张芝联还是一位重要的学术外交家、活动家，在中外历史学术交流方面贡献卓著。几十年来，他多次到法、美、英、德、意、荷兰、瑞士、日本、苏联等国访问讲学，参加国际学术会议，带回有价值的史学信息和图书资料，也向国外同行介绍中国史学的研究状况。1995 年，他当选为中国 18 世纪研究会会长，5年来经常出席国际 18 世纪研究会理事会和关于启蒙运动的研讨会。

　　张先生在临终前不久，把他毕生治学的精华部分汇集成四本小书，分别是《二十年来演讲录》《中国面向世界》《法国史论集》和《我的学术道路》，2007 年由三联书店出版。其中，《二十年来演讲录》辑录的是张先生 1980 年代末以来在海内外一些学术会议上的发言，内容很广泛，但篇篇都富有启迪性。比如《18、19 世纪的欧洲》这篇讲演，本是张先生的一次必须用 6 个小时讲完的课程，因此涉及的全是这个人类历史关键时期的一些最重要的侧面，而这些侧面的恰当择取，就需要高超的史识。又如《中国大学世界史教学及观念的变化》，短短的几页文字，却勾画了 20 世纪中国世界史教材演变的大致路径，概括了改革开放以来世界史学界在历史分期、历史动力等重要理论问题上的观念变化，还介绍了在当今中国高校世界历史教学中影响比较大的三种新历史思想。再如《关于启蒙运动若干问题的再认识》这一篇，集中反映了张先生有关启蒙运动的独立思考，其中他对启蒙运动的定义方法就很有意思：鉴于启蒙运动有着太大的复杂性，很难"从正面"给它一个统一的定义，他主张逆向思维，"从反面"来界定启蒙运动这个概念，也就是"把它看作一个挣脱、排除、批判一切人为的、意识形态上的，妨碍政治、经济、社会、文化发展的枷锁和束缚的思想运动"，而且"其具体内容必然随各国的历史特点和文化政治背景而异"。这实际上意味着一切旨在推动人类社会健康发展的、对既定制度或流行观念的批判性思考，都应当被纳入启蒙的范畴；意味着以往或当今流行的那些有关启蒙运动的看法，如把它看作一种资产阶级或剥削阶级的意识形态，或一股单纯倡扬"科学理性"的现代思潮，或近代以来西方话语世界霸权的起源等，其实都是一些不得要领的曲解或偏见。

第二本书《中国面向世界》是张先生和他早年结识的一位法国友人（佘敷华）之间长期神交的一个结晶。佘敷华是法国外交官，同时也是一个造诣很深的画家和人类学家，酷爱探讨文化问题，尤其是中西文化异同的问题，并且"在许多方面都卓有先见，其中不少至今仍有深远意义"（乐黛云语）。读着佘敷华的那些议论，我们会不时地为一位外国人能这样公正看待并准确感受中国文化而感动，而佘氏附在文中的八封给张芝联（化名"唐林"）的信函分明也告诉了我们，他的真知灼见其实多源自他和张先生之间的思想交流。

第三本书是《法国史论集》，内容比较专一些。张先生在学术上属于那种"述而不作"型的，文章寥寥。可是他在法国史知识的渊博方面，国内却罕有其匹，是公认的大家泰斗。记得先生曾对笔者说过这样的话："没办法，读得书越多，就越不敢写啦!"这是一种谦逊,更是一种严谨,当然这同时也说明先生的每一篇文字都是绝对的原创,而且都堪称精品,值得后学细细把玩品味。

《我的学术道路》是"张芝联系列"的最后一本,它记录的是一位史学大师的成长历程,同时也展示了他学术兴趣的演变轨迹。

(高　毅)

5 知名学者

安金槐（1921–2001）

河南省登封市人。1948年毕业于河南大学历史系。长期担任河南省文化局文物工作队副队长和河南省文物考古研究所所长职务，又先后担任河南省政协委员、全国政协委员、中国考古学会常务理事等。长期坚持在田野考古第一线，参加过很多遗址的发掘和调查，发现了郑州商城，在中国第一次找到了早于安阳殷墟的商代王都，最早提出郑州商代二里冈文化的考古学分期；发现并发掘了登封王城岗古城址。先后主编或参与主编了12部考古报告专集和学术专著，主要代表作是：《郑州二里冈》《登封王城岗与阳城》《密县打虎亭汉墓》《安金槐考古文集》《郑州商城》。发表了《郑州商代城遗址发掘报告》等130多篇考古发掘报告、简报和研究论文。

安志敏（1924–2005）

山东烟台人。1948年毕业于中国大学史学系，1952年毕业于北京大学史学研究部。先后师从裴文中、梁思永、夏鼐学习中国考古学。1950年9月起正式进入中国科学院考古研究所工作，曾任考古所第一研究室主任、副所长、《考古》杂志主编等职。他是新中国考古事业的重要领导者和组织者之一，先后参加或主持数十项田野调查和发掘。他发表论著近400篇，论文先后结集为《中国新石器时代论文集》（1982）、《东亚考古论集》（1998）；主编《庙底沟和三里桥》（1959）、《双砣子与岗上——辽东史前文化的发现和研究》（1996）等，许多论著被译成日、英、德等多种文字在国外发表，还应邀到10多个国家访问和讲学，1985年荣膺德意志考古研究院通讯院士。

陈胜粦（1937－2003）

广东梅县人，笔名山茅、丹炯。1958年任教中山大学，1983年至1995年为历史系主任。1991年主持创办中山大学近代中国研究中心。专精于对林则徐和鸦片战争前后中国社会的研究。主要著作有专著《林则徐与鸦片战争论稿》（1985）及其增订本（1990）。与人合作编撰的有《林则徐集》（3种）5册、《林则徐奏稿·公牍·日记补编》《孙中山在港澳与海外活动史迹》《对西方挑战的首次回应——鸦片战争》等。发表《鸦片战争前后中国人面对西方双重挑战的回应》《关于近代中国社会形态的重新认识问题》《民本主义论纲》《论孙中山的"开放主义"》《关于孙中山向西方学习的若干问题思考》等论文50余篇。

陈锡祺（1912－2008）

江苏省盐城人。1936年毕业于武汉大学历史系。曾任金陵大学讲师、四川大学副教授。1946年任教中山大学历史系，1979年春，参与组建中山大学历史系孙中山研究室，是海内外知名的孙中山研究专家。2005年获广东省人民政府"特别学术成就奖"。他在1956年出版《广东三元里人民的抗英斗争》，1960年代初主编《林则徐集》，均受到学界重视。主要从事孙中山研究，完成《同盟会成立前的孙中山》（1957）、《孙中山与辛亥革命论集》（1984）等专著，倡议并主持创办《孙中山研究论丛》（1981－2000），主编《孙中山全集》第5－8卷。率领研究所同人编纂的《孙中山年谱长编》（1991）被视为中国内地研究孙中山最重要的成果之一。

丁日初（1917 - 2002）

福建邵武人。1936 - 1937 年留学日本法政大学。后回国参加抗战，进延安抗大学习。1958 年到上海社会科学院经济研究所工作，历任资料室主任、研究员，经济史研究室主任、院学术委员会委员，上海社会科学院出版社总编辑。曾任上海市政协委员、上海市经济史学学会会长。主编《上海资本主义工商业的社会主义改造》《上海近代经济史》，著有《近代中国的现代化与资本家阶级》（论文集）。其学术研究以中国的现代化和资本家阶级为重点。他提出中国近代经济发展的主流是资本主义；承认兼有买办职务和不兼有买办职务的进出口贸易商人是中国最早的民族资本家。他的某些观点曾引起不同反应。

丁守和（1926 - 2008）

出生于河北省望都县尧家庄。1950 年在中共中央俄文编译局工作。1961 年春正式调入中国科学院近代史研究所工作，任《历史研究》编辑部主任。1977 年后任近代文化史研究室主任，兼《近代史研究》主编。1989 年 4 月，发起成立中国现代文化学会，被推为首任会长。"文革"之前，主持编辑了约 300 万字的《五四时期期刊介绍》（人民出版社，1958 - 1959），并与人合作撰写《从五四启蒙运动到马克思主义传播》一书（人民出版社，1963），最早系统梳理了俄国十月革命对中国革命的影响。80 年代以后，将主要精力放在文化史研究方面。主编了《中华文化辞典》《中国历代治国策选粹》，出版了《瞿秋白思想研究》《民主科学在中国的命运》等著作。

端木正（1920 - 2006）

安徽安庆人。早在中学时代就积极参加爱国学生运动。1942

年毕业于武汉大学政治系，1947 年获清华大学法学硕士学位。1950 年获法国巴黎大学法学博士学位。历任岭南大学副教授、历史政治系代理主任，中山大学副教授、教授、法律系主任。1985 年任香港特别行政区基本法起草委员会委员；1990 年至 2000 年任最高人民法院副院长、审判委员会委员；1993 年被中国指派为常设海牙仲裁法院仲裁员。中国法国史研究会名誉会长，第七、八届全国人大代表；第二届至第四届全国政协委员。先后出版译、著书 20 种，在国内外发表文章和译文 60 多篇。他翻译的《世界简史》、〔法〕吉布尔《法国革命》、〔法〕乔治·勒费弗尔《拿破仑时代》影响颇广。

韩伟（1937－2011）

陕西西安市人，1960 年毕业于西北大学考古专业后留校任教，1961 年调入陕西省考古研究所，历任陕西历史博物馆副馆长、陕西省考古研究所所长。曾任第八届全国政协委员、第九届全国人大代表、中国农工民主党陕西省委员会副主委。先后参与或主持西安何家村唐代窖藏、凤翔秦都雍城、唐代法门寺地宫等重要发掘工作。在考古界首倡"秦人东来说"，并论述了"屈肢葬"的渊源和意义；首次系统整理了唐代金银器工艺、图案。著有《海内外唐代金银器荟萃》《陕西石窟》《佛门秘室大唐遗珍》《法门寺考古发掘报告》《天涯足痕——海外考古访问录》《唐墓新出土壁画》《磨砚文稿》等 10 余部专著。

何芳川（1939－2006）

原籍山东菏泽。1962 年任教北京大学。1996－2002 年担任北京大学副校长；2002 年以后担任北大校务委员会副主任、北京大学对外汉语教育学院院长、北京大学亚太研究院院长等。他在非洲史、亚洲史、环太平洋地区史、中外文化交流史等领域进行了卓有成效的开拓和探索，先后出版《崛起的太平洋》《澳门与葡萄牙大商帆》《太平洋贸易网 500 年》（主编）、《世界历史·近代亚非拉部分》（合著）、《非洲通史·古代卷》（主编）、《中外文明的交汇》等著作 10 余部，发表《古代东非城邦》《19 世纪东方国家的上层改革活动》《"华夷秩序"论》《太平洋时代与中国》等论文 50 多篇。他的著作多次获得国家、教育部、北京市和北京大学的优秀成果奖。

黄永年（1925－2007）

江苏江阴人。1944 年考入中央大学南京部历史系，后退学并于 1946 年重新考入复旦大学史地系（后改历史系），1950 年分配至上海交通大学担任助教。1978 年调入陕西师范大学。曾任陕西师大古籍整理研究所所长。学识广博，视野开阔，在北朝隋唐史及唐代文学、古典诗词小说、版本学、目录学、碑刻学、古籍整理等领域内均有开拓性的贡献。其学术论文多收在结集出版的《唐代史事考释》《文史探微》《文史存稿》《树新义室笔谈》《学苑零拾》《学苑与书林》《长安学丛书·黄永年卷》等著作中。致力于古代文史知识的普及工作，主持完成国家教育部古籍整理重点项目《二十四史全译》中的《旧唐书全译》与《新唐书全译》等。

金重远（1934－2012）

江苏江阴人。1954 年赴苏联列宁格勒大学历史系学习，主修法国史。1959 年毕业，任教于复旦大学历史系。1985 年任教授，1997 年被聘为复旦大学首席教授。2004 年获俄罗斯联邦总统普京签署命令授予的"圣彼得堡 300 周年荣誉勋章"，2006 年获法国政府授予的"棕榈教育骑士勋章"。主要研究欧美近现代史，着重于法国近现代史和第二次世界大战史，同时也涉足拉丁美洲近现代史和中外近代关系史。主要著作有《战后世界史》（主编）、《20世纪的世界》（主编）、《法国通史》（副主编）、《第二次世界大战百科词典》（主编之一）、《墨西哥之梦——小拿破仑美洲覆师记》《寻求秩序、安全与发展》《炮火中的文化》《战后西欧社会党》等。

李侃（1922－2010）

辽宁本溪人。中学时起便积极参加中共地下党在学校开展的秘密反满抗日活动。1954年调北京，历任中共中央东北地方工作部组长、中共中央宣传部干事、高等教育出版社副秘书主任。1958年调至中华书局工作，历任近代史编辑组副组长（主持工作）、编审，中华书局副总编辑、总编辑，《中国历史学年鉴》主编等职。主要著作有《中国近代史》（合著、高校教材），论文结集有《中国近代史散论》《朝夕集》《近代传统与思想文化》《史林随想录》《中国近代史论丛稿》《芳古集》和《李侃史论选集》《李侃史学随笔选》等，对于太平天国运动、义和团运动、晚清政局、辛亥革命、农村农民与革命、思想文化及人物等诸多方面的研究提出了独到见解。

李华兴（1933－2011）

原籍湖北武汉，生于上海，1961年任教复旦大学。1986年9月调至上海社会科学院历史研究所任常务副所长。长期从事中国近代史、思想文化史和教育史的研究，于"民主在近代中国"和"民国教育史"专题钻研尤深。著有《人世楷模蔡元培》（1988）、《中国近代思想史》（1988）、《近代思潮纵横》（1992）、《民主与近代中国》（2006），主编《民国教育史》（1997）。参与选编《中国近代对外关系史资料选辑（1919－1949年）》下卷第1、2分册，与陈旭麓等合作《中国近代史词典》，参与《中国现代思想史资料简编》第2、5卷，与吴嘉勋合编《梁启超选集》，主编《近代中国百年史辞典（1840－1949年）》，与陈旭麓共同主编《中华民国史辞典》。

李逸友（1931－2002）

四川高县人，1949年、1950年曾先后就读于四川大学和北京大学的历史系。1953年开始负责筹建绥远省博物馆，历任内蒙古文物工作组副组长、文物工作队副队长、考古研究所副所长等职务，是中国考古学会第一、第二、第三届理事会理事。开创内蒙古的文物考古事业，主持和参与了原昭乌达盟全境的调查、额济纳河流域的调查、以呼和浩特为中心在附近各旗县的调查、夏家店下层文化墓葬、额济纳黑城元代亦集乃路遗址的发掘工作等。代表作有《辽代城郭营建制度初探》《内蒙古元代城址概说》《内蒙古历史文化名城》《黑城出土文书》汉文文书卷，以及论文集《北方考古研究》等，在城名考辨、城市沿革、城市制度等方面的研究卓有建树。

梁尚贤（1936－2011）

曾用笔名：司马文韬、古贤、周小鹏等。出生于广州。1956年就读于中国人民大学历史系。1960年毕业后，先后在中国人民大学、北京师范学院任教。1984年4月调入中国社会科学院近代史研究所工作，先后在近代史研究编辑部任编辑、副编审、编审，1989－1994年任副主编。1996年12月退休。多年从事中国近代史研究，尤其着力于研究1921－1937年的中共党史、1924－1927年国民党史、孙中山与南方政权史、国共关系史。著作《国民党与广东农民运动》（广东人民出版社，2004），以丰富的史料，重新观察广东农民运动的兴起、发展、高涨、挫折、低落、失败的全过程，并有中肯求实的分析评价，在学界得到好评。另在各学术期刊发表学术研究论文数十篇。

林茂生（1929－2005）

出生于江苏省沭阳县。1945 年 8 月加入中国共产党。1953 年 8 月至 1969 年 11 月，在中国人民大学历史系、中共党史系工作。一度调入北京师范大学历史系。1978 年 4 月至 2002 年 9 月，在中国人民大学中共党史系工作，曾任中国近现代政治思想史教研室主任。2005 年 9 月获"中国人民大学荣誉教授"称号及金质奖章。著名的陈独秀研究专家，长期担任陈独秀研究会会长，著有《陈独秀年谱》，主编有《陈独秀文章汇编》（3 卷本）。同时，他还是中国现代政治思想史专业奠基性学者，主编了第一部《中国现代政治思想史》，填补了学科空白。主持建立了中国现代政治思想史专业第一批硕士学位点和专业唯一的博士学位点。

刘明逵（1926－2004）

河北滦南人，1949 年入华北大学历史研究室。1955 年开始从事中国革命史和中国工人运动史的研究。曾发表多篇有关工人运动的文章，并参与、主编多种工运研究、资料的著述。1985 年编纂出版《中国工人阶级历史状况（1840－1949）》，1998 年与唐玉良联合主编的 6 卷本《中国工人运动史》面世，250 余万字，它大量运用一手资料，对中国工人阶级的产生壮大、对中国革命与工人运动的关系，都做了清晰的叙述，该书获 2000 年第十二届中国图书奖和郭沫若历史学奖。2001 年 12 月，与唐玉良主编《中国近代工人阶级和工人运动》资料集出版，共 14 册，1000 万字，辑录了自鸦片战争至中华人民共和国成立一百多年间中国工人阶级和工人运动的大量史料。

刘文鹏（1931－2007）

生于大连市。1955年东北师大研究生毕业，并留校任教。1972年调入吉林省通辽师院（后改为内蒙古民族师院），任世界上古史·埃及史研究所所长、教授，兼任世界古代史研究会副理事长。中国最著名的埃及学学者，1976年参加林志纯教授主持的《世界上古史纲》编写工作，撰写"古代埃及"部分。专著《古代埃及史》为国内首部古代埃及通史专著，在内容、体系方面均有所突破。主持翻译的埃及学名著《埃及的遗产》对推动中国埃及学研究具有重要意义。主编的《古代西亚北非文明》，被认为是兼具学术水平和可读性的优秀著作。先后在《历史研究》《世界历史》《史学理论研究》等重要学术刊物发表埃及学论文近50篇。

刘宗绪（1933－2003）

天津人。1956年以后一直执教于北京师范大学，曾多年担任研究生导师，兼任中国法国史研究会副会长以及北京教育学院兼职教授、国家教委（教育部）考试中心研究员等。主编的两部《世界近代史》（高教版和北师大版），新意迭出。晚年领衔主编中国规模最大的20卷本《世界大通史》。著名的法国史专家，1961年在《历史研究》发表《巴黎公社的原则是永存的》一文，被视为当时学界相关研究的代表作。1979年在《历史研究》发表《试论热月政变的性质》一文，影响深远。改革开放以来，先后发表《从文明演进的角度看历史》等文章，以人类文明演进的大视野重新审视世界历史，率先提出"生产力标准"为核心的世界史观，并据此撰写多种有影响的论著。

马承源（1927－2004）

浙江镇海人。1954 年 12 月调上海博物馆工作，曾任保管部和陈列研究部副主任、青铜研究部主任等职。1985 年 3 月至 1999 年 3 月任馆长。任上海市文物管理委员会常务副主任，中国考古学会第一、二届理事会理事，中国博物馆学会副理事长等。精心策划的青铜器馆，是上海博物馆最具特色的专题陈列馆。主持编著的《中国青铜器全集》，是一部前所未有的中国青铜艺术宗录，16 个分册共收录器物近 3000 件，1991 年启动，1998 年出齐，体现了青铜器研究的最高水平。致力于战国楚竹书的征集和研究，亲自参加整理小组的释文、注释和再排序等艰辛工作。2001 年迄今已出版《上海博物馆藏战国楚竹书》四大册，引起了国内外的广泛关注。

穆舜英（1932－2008）

上海人。1960 年北京大学历史系考古专业毕业，先后在新疆科学院考古研究所、新疆博物馆考古队、新疆社会科学院考古研究所、新疆文物考古研究所工作，历任考古组组长、考古队队长、研究所副所长及所长等职。20 世纪 50 年代，曾参加帕米尔地区塔吉克族的社会历史文化调查工作。1979－1980 年又两次主持参加罗布泊地区楼兰古城和古丝道的探险考察工作，是"楼兰美女"古墓发现者之一。参加《吐鲁番出土文书》的整理编纂工作；参加编纂《新疆古代民族文物》一书。从 1987 年至 1994 年又陆续出版专著《神秘的古城——楼兰》《中国新疆古代艺术》《楼兰文化研究论集》《隋唐五代墓志汇编》和《新疆彩陶》等。

彭明（1924－2008）

河南夏邑人。1945 年入华北联合大学教育学院史地系求学；·

1947 年、1948 年先后师从胡华与范文澜攻读研究生；1949 年担任华北大学中国革命史课程助教。1950 年中国人民大学正式成立后，一直从事教学和学术研究工作，是中国人民大学中外政治思想、政治学理论学科和博士点的开创者。撰写和主编学术著作 10 余部，发表学术论文 200 余篇。其中，1984 年出版的 50 万字巨著《五四运动史》为其代表作，1988 年获全国普通高等院校优秀教材一等奖。从 1985 年开始，继续对五四运动史进行深化研究，于 1998 年推出了新修订的《五四运动史》，使其五四运动史的研究进一步丰富和完善。其部分代表性论文和学术随笔，晚年结集为《彭明文存》和《板凳集》出版。

戚国淦（1918－2010）

原籍贵州修文，出生于热河承德。新中国成立后，任北京教师进修学院历史组组长。1954 年，受命组建北京师范学院（后为首都师范学院）历史系，后担任该系第一任主任，从此毕生在该系工作。曾任中国世界中世纪史研究会理事长、中国英国史研究会副会长。中国都铎史研究的开拓者和奠基人。撰写的论文《16 世纪中英政治制度比较》（1987）有广泛影响。主编了《外国历史名人传·古代部分·下册》（1983）、《外国历史大事集·古代部分·第二分册》（1986）。独自翻译或者与人合作翻译的欧洲史籍《西方的没落》（1963）、《查理大帝传》（1979）、《法兰克人史》（1981）等，是商务印书馆汉译世界学术经典名著丛书中的优秀成果。

荣天琳（1918－2009）

出生于辽宁省，中国现代史学科的开拓者之一。1956 年，以荣琅为笔名撰写《克服教条主义，加强中国现代史的科学研究》，刊登于当年 6 月 20 日《光明日报·史学》，认为建国以来中国现代史研究主要存在三个问题，即受教条主义束缚，研究者不敢独立思考；缺乏大量的历史资料，资料保密过严；史学界产生"重古轻今"情绪等。研究论文包括《论中国工人阶级向自为阶级转变的最后阶段》（1962）、《论中国民主革命中的第二次人民大革命——北伐战争的主要特征和历史功绩》（1982）、《抗战时期翦伯赞对中国马克思史学的贡献》（1985）等，主编《中国现代史论文著作目录索引（1949－1981）》。

史革新（1949－2009）

山西阳泉人。1977 年考入北京师范大学政教系，1979 年考入北京师范大学历史系，攻读硕士学位，1981 年留系任教，1997 年晋升为教授。兼任中国人民大学清史研究中心研究员。长期从事中国近代史、中国近代思想文化史方面的教学和研究，为北师大历史学科教学科研骨干和学科带头人。出版各种著述 10 余种，所著《晚清理学研究》（1994）获北京市第四届哲学社会科学优秀成果奖，主编《中国社会通史·晚清卷》获 1998 年全国教育图书二等奖，主编《中国文化通史·晚清卷》获 2002 年第三届中国高校人文社会科学研究优秀成果三等奖。合著《中国近代文化概论》（1997），教育部研究生工作办公室推荐为研究生教学用书。发表学术论文 80 余篇。

宋伯胤（1921－2009）

陕西耀县人，1948 年北京大学历史学系毕业，在向达举荐下赴南京博物院工作。曾任南京博物院副院长，中国考古学会第一届理事，中国博物馆学会第一、第二届理事等。当选江苏省第二、第三、第四届政协委员。在民族学、考古学、博物馆学、古代陶瓷研究等学科领域均有建树。早年参加多项民族文物的调查和田野考古发掘工作。在博物馆学界有较大影响。2009 年被文化部、国家文物局授予"中国文物、博物馆事业杰出人物"荣誉称号。在历史学、考古学、目录学、美术史等方面均有研究。著有《剑川石窟》《紫砂苑学步》《宋伯胤说陶瓷》《品味清香——茶具》等 11 部专著及各种调查报告、学术论文 276 篇。

孙守道（1931－2004）

大连市旅顺人，1948 年在旅大行政公署文物保管委员会从事文物考古，1950 年调入东北博物馆（今辽宁省博物馆）。1955 年入文化部第四届考古培训班学习，1959 年参加中国历史博物馆建馆陈列工作。1984 年被选为辽宁省第六届政协委员会常务委员。发掘沈阳市郑家洼子青铜短剑墓，促成了朝阳县魏营子西周早期墓的发现，保护了姜女石——秦行宫遗址。1983 年领队开始对牛河梁遗址的发掘，发现红山文化积石冢和女神庙遗址。在这期间撰写的考证三星塔拉玉龙时代和龙的起源、早期龙的演变以及中国文明起源的文章，都有独到见解。对旧石器时代的研究，除发现鸽子洞遗址外，还对"建平人"的发现贡献很大。

孙思白（1913－2002）

山东历城人，原名孙兴诗，中华民国史专家。1934 年入北京大学历史系。新中国成立后，历任山东大学历史系副教授、系副主任、《文史哲》编委。1973 年借调到中国近代史研究所（1976 年正式调入），任研究员、民国史研究室主任。从事《中华民国史》《民国人物传》的组织与编写工作，对中国现代史、中华民国史的学科建设做出了开拓性的贡献。五四新文化运动史、陈独秀研究方面的先行者。编著《红楼风雨：北大"一二九"历史回顾》，另有论文数十篇，如《试论"五四"文化革命的分期及其前后期的转化》《陈独秀前期思想的解剖》《北洋军阀统治史提纲》等，重要论文收入山东大学出版社出版的《孙思白史论集》。

唐振常（1922 - 2002）

祖籍湖南衡阳。1946 年到上海《大公报》工作。1953 年进入上海电影创作所，1958 年调入《文艺报》，任文艺部主任。1978 年入上海社会科学院历史研究所，任副所长、研究员。后半生由文入史，专攻人物研究与上海史。第一篇史学长文是《论章太炎》。《苏报案中一公案——吴稚晖献策辩》一文否定了邹容的被捕是吴稚晖告密的传统观点。1989 年完成国家重点课题《上海史》的编写，对上海史研究有辟路前驱之功。有史学著作《章太炎吴虞论集》《蔡元培传》《史海寻渡》《识史集》《承传立新》《当代学者自选文库·唐振常卷》及文集《唐振常散文》《川上集》《饕飧集》《俗轻集》《澳洲见闻》等传世。

田广金（1938 - 2006）

辽宁省大连人，1965 年毕业于北京大学历史系考古专业，同年到内蒙古自治区文物考古研究所工作。曾任内蒙古自治区文物考古研究所所长、中国考古学会第三、第四届理事，九三学社会员。发表学术论文 50 余篇，撰写或主编专著、报告和论文集共 8 部。1986 年出版的《鄂尔多斯式青铜器》，是这一研究领域的经典之作。2004 年出版的《北方考古论文集》，汇集了其 20 篇代表性论文。还撰写有专著《北方文化与匈奴文明》等。主持编写的考古发掘报告有《朱开沟——青铜时代早期遗址发掘报告》《岱海考古（一）——老虎山文化遗址发掘报告集》《岱海考古（二）——中日岱海地区联合考察报告集》《岱海考古（三）——仰韶文化遗址发掘报告集》。

佟柱臣（1920 - 2011）

辽宁省黑山县人。1941 年毕业于吉林高等师范学校历史地理系。1961 年入中国社会科学院考古研究所，曾任第一研究室副主任，中国社会科学院荣誉学部委员。自 20 世纪 40 年代起，在吉林、辽宁、内蒙古等地做考古调查和发掘工作，对后来东北地区考古工作的开展具有奠基意义。早期研究领域主要在中国东北考古，共发表考古调查、发掘报告和学术论文 40 余篇。其代表作为《考古学上汉代及汉以前的东北疆域》。20 世纪 60－80 年代，主要研究课题为中国新石器和新石器时代文化，共发表论文 20 余篇，并完成长篇学术专著《中国新石器研究》。此外，还在中国新石器时代文化、中国文明起源问题、中国边疆民族地区考古等研究领域均有重要学术建树。

王桧林（1925－2009）

河北乐亭县人。1952 年起任教北京师范大学。多年来，一直从事中国现代史、中国现代政治思想史和抗日战争史的教学和研究工作，特别强调史学研究的哲学素养。曾任中国现代史学会名誉会长。1983 年主编并参与撰写了《中国现代史》（上、下），被国家教委定为历史类中国现代史专业教学用书，在 1988 年获国家教委高等学校优秀教材二等奖。1984 年合著出版国内首部研究现代政治思想的专著《中国现代政治思想史》，1994 年始主编大型《抗日战争史丛书》，汇总抗战史各项专门研究，2003 年出版《中国现代史·事与势》。主要学术论文有《从教学和研究中看中国现代史科学体系的建立》《党史研究的四个层次》《五四时期民主思想的演变》等。

王觉非（1923－2010）

出生于河南省林县。1944 年 9 月，考入中央大学历史系。1948 年，以优异成绩毕业后留校任教。曾担任南京大学欧美研究中心主任、南京大学学术委员会委员、历史系学术委员会主任。

还任中国英国史研究会会长、江苏省世界史研究会会长。1982年，应邀请访问英国。努力扩大中英学术交流，被英国历史协会选举为荣誉会员，后又被英国皇家历史学会理事会选为通讯会员。代表著作有《欧洲史论》《近代英国史》（主编）《世界史（近代史编）》（合编）（高等教育出版社，1992，1995 年获国家教委优秀教材一等奖）、《欧洲五百年史》（主编）、《克伦威尔传》（〔英〕查尔斯·弗思 著，与左宜合译）、《欧洲历史大辞典》（主编）。

王年一（1932 - 2007）

出生于江苏扬州。1949 年参加中国人民解放军，次年加入中国共产党，1960 年大学毕业后，担任解放军国防大学中共党史教员，1979 年开始从事“文化大革命”的研究与教学工作，发表中共党史论文 50 多篇。1988 年出版《大动乱的年代》，还主编三部《中共党史教学参考资料·文化大革命时期》。是中国大陆“文革”史研究的开拓者之一。早期发表的一些关于“文革”研究的文章成为这一领域的开山之作。所著《大动乱的年代》是国内外公认的“文革”史研究的代表之作，迄今仍得到学界的重视。该书理顺了“文革”十年的历史线索；揭露了“文革”中形形色色的假、丑、恶现象；揭示出“文化大革命”的历史必然。该书对“文革”做了一个较有说服力的论述。

王养冲（1907 - 2008）

出生于上海南汇。20 世纪三四十年代，旅居法国十年之久，师从哲学家瓦尔、历史学家费弗尔、社会学家拉洛等名家，研治欧洲哲学史、法国革命史以及涂尔干等人的社会学思想。1947 年回国后，任复旦大学社会学系西方社会学思想史教授。1952 年转入华东师范大学历史系，任世界近现代史和西方思想史教授。"文革"结束后，先后出版了《法国大革命研究（1789－1794）》《西方近代社会学思想的演进》等多部专著，耄耋之年还主编完成了近90万言的《法国大革命史》。此外，还翻译出版了《拿破仑书信文件集》《罗伯斯庇尔选集》等，为法国史研究积累了宝贵的文献资料。在60多年的教学研究生涯中，为华东师范大学历史系培养了大量西方史学人才。

王永兴（1914－2008）

祖籍山东省莱州府掖县，出生于辽宁省昌图县前靠河屯，原名王中九。1931年九一八事变爆发，流亡至北京。后用四平街交通中学毕业的"王永兴"的文凭，考入清华大学文学系，至此更名为王永兴。参加"一二·九"学生运动，1936年春加入中国共产党，当选为救国会委员。1937年11月开始师从陈寅恪先生系统学习魏晋南北朝史、隋唐史。先后出版了《隋末农民战争史料汇编》《隋唐五代经济史料汇编校注》《唐勾检制研究》《陈门问学丛稿》《唐代前期西北军事研究》《敦煌经济文书导论》等10部著作和大量笔记、未刊书稿。着力弘扬义宁之学，整理寅恪先生读书札记，并主编《纪念陈寅恪先生百年诞辰学术论文集》。

杨立强（1939－2002）

广东揭阳人，1964年任教复旦大学，曾任复旦大学历史学系副主任、主任，文博学院副院长等职。发表数十篇学术论文，荣获上海市哲学社会科学优秀著作奖。他1979年后发表《民族觉醒的一块里程碑》《略论辛亥革命前夕的资产阶级立宪派》，对戊戌变法、清末立宪派予以重新评价。致力于研究中国早期资产阶级和新知识群体的兴起，有论文《清末民初宝山的新乡绅及其领导的社会变革》等。《论近代中国军阀官僚集团组织构成的特点》

《中日甲午战争与清末军制变革》是其军事史方面的研究成果。还涉猎太平天国、辛亥革命、孙中山、陈宝琛等研究领域，退休后关注中国谱牒学。2003 年遗著《清末民初资产阶级与社会变动》出版。

杨生茂（1917 – 2010）

字畅如，生于河北省涿鹿县。1941 年秋赴美入伯克利加利福尼亚大学历史系读书，1944 年获本科学士学位后，旋入斯坦福大学研究院，师从美国外交史学家托马斯·贝利，主修美国外交史，获历史学硕士学位。1946 年底回国，1947 年 9 月任教于南开大学历史系。是中国美国史研究奠基人之一。1979 年，与刘绪贻先生一起主持《美国通史丛书》的编写，用 25 年时间，完成了一套多达 300 万字、6 卷本的《美国通史》。与人合著《世界近代史》（上、下册）、《美国黑人解放斗争简史》《美国西班牙战争资料选集》《简明外国人物词典》《美洲华侨华人史》《美国史新编》《美国外交政策史（1775 – 1989）》和《美国历史词典》等。编著有《美国南北美战争资料选辑》《美国史学家 F. J. 特纳及其学派》和《探径集》等。

余绳武（1926 – 2009）

江苏扬州人，近代中外关系史、香港史专家。1951 年调入中国科学院近代史研究所工作，1978 年任近代史研究所中外关系史第二研究室主任。1979 年任近代史研究所副所长。1982 – 1988 年任近代史研究所所长。曾任中俄关系史研究会会长、中国社会科学院荣誉学部委员。新中国成立后，与刘大年、丁名楠合著《台湾历史概述》。参与写作集体课题《帝国主义侵华史》。主持编写的《沙俄侵华史》（4 卷），荣获中国社会科学院第一届优秀科研成果奖（1993），主编《十九世纪的香港》《20 世纪的香港》，获得高度评价。围绕边疆问题发表多篇论文，为中国政府与有关国家勘定边界提供了有力的学术支持。

张国辉（1922－2004）

浙江温州人。1950年调入中国科学院经济研究所工作，毕生致力于中国近代经济史的研究，尤侧重于金融史研究，特别是对近代中国的钱庄、票号研究卓有成果；论述广及近代轮船招商局、洋务企业、缫丝工业、煤矿、进出口贸易、钢铁、通信等各个领域。1960年代初，承担中国近代经济史组《中国近代经济史纲》第一卷（1840－1895）有关中国资本主义发生这一专题的撰写任务。主要著作有《洋务运动与中国近代企业》（1979）、《晚清钱庄和票号研究》（1989）、《中国金融通史》第二卷《清鸦片战争时期至清末时期（1840－1911年）》（2004），主要论文包括《十九世纪后半期中国钱庄的买办化》《中国近代煤矿企业中的官商关系》等。

张森水（1931－2007）

浙江省仙居县人，1952年考入北京大学历史系考古专业，1956年到中国科学院古脊椎动物与古人类研究所工作。1958年开始从事旧石器考古研究。任中国考古学会第四届理事会常务理事、国家文物局考古专家组成员。在内蒙古清水河等地区发现30余处旧石器地点。主持对四川富林、贵州穿洞与马鞍山、陕西大荔、河北孟家泉等旧石器时代遗址的发掘与研究。在中国最早将"区系类型"的概念引入旧石器时代考古学实践，并在对旧石器遗存系统整理和总结的基础上提出中国旧石器文化存在"二元结构"。先后发表160多篇（部）学术论文、专著，出版文集《步迹录》，还以"路石"和"一丁"等笔名发表了大量的科普文章和杂记。

张学正（1930－2002）

甘肃省景泰县人。1951 年毕业于甘肃省兰州师范学校师范科，后被分配到甘肃省文物事业管理委员会工作。曾任甘肃省文物工作队副队长、甘肃省文物考古研究所副所长、中国考古学会第三届理事会理事。在临洮县马家窑—瓦家坪遗址首先发现马家窑文化叠压在仰韶文化中期庙底沟类型之上的地层关系。主持玉门清泉"四坝"文化墓葬、永登县连城铅厂遗址的发掘工作。先后发表《武威雷台汉墓》《甘谷汉简考释》，与人合作写有《甘肃彩陶》《甘肃文物考古工作三十年》《从马家窑类型驳瓦西里耶夫中国文化西来说》《谈马家窑、半山、马厂类型的分期和相互关系》《甘肃发现的早期铜器研究》等多篇论文。

张亦工（1946－2003）

河北深泽人。1978 年考入中国社会科学院研究生院。1981 年到中国社会科学杂志社工作，历任近代史编辑室主任，《历史研究》副主编、主编；中国社会科学杂志社总编辑助理；中国历史学会理事。主要从事史学理论及中国近代史研究。先后发表《〈中华民国临时约法〉起草人辨正》《第一届国会的建立及阶级结构》《中国近代史研究的规范问题》《商民协会初探》等论文。参加国家社科基金项目"近代中国民主化进程"的研究工作，是该课题成果《近代中国对民主的追求》一书的主要执笔者之一。积极策划和组织选题，编辑了一批高水准的学术论文。致力于推动学术研究规范化的工作，主持起草了《关于遵守学术规范的联合声明》。

赵光贤（1910－2003）

河北玉田人，字奉生。曾任辅仁大学教授、北京师范大学历史系教授、中国先秦史研究会副理事长等职。其著作多为文献、史事的考据或论辩之作，并集中体现于《周代社会辨析》《古史考辨》《中国历史研究法》等代表性论著当中。关于中国古代社会的性质，持西周封建说，并对此进行全面深入论析。晚年逐渐将研究的重点集中在西周年代的考证上，并连续写了《从天象上推断武王伐纣之年》等10余篇文章。在其推动下，整个先秦学术界甚至掀起了一个小小的探讨西周历日的热潮，影响到后来的"夏商周断代工程"。

赵生琛（1930－2007）

青海西宁人，1951年3月参加青海省图书馆工作，1952年8～12月参加中央考古训练班第一期学习，曾任青海省博物馆筹备处办公室副主任，1975年后历任青海省文物管理处副处长兼考古队队长、青海省文物管理处副处长，1984年调入青海省博物馆，任中国考古学会第二届理事会理事，青海省考古学会第一、第二、第三届理事会副理事长。青海省文博工作的奠基人之一，主持黄河上游大型氏族社会公共墓地——柳湾墓地和大通上孙家寨等墓地的田野考古发掘。参加《青海古代文化》《文物考古文献目录》《乐都瞿坛寺文物调查记》《青海省文物考古工作大事记略》《青海风物志》《西北五省（区）考古学文献目录》等编写工作。

赵矢元（1930－2004）

满族，祖籍辽宁省清原。1953年东北师范大学历史系毕业后，留该系任教，1983年任教授。在"文革"之前主要研究方向是太平天国史和鸦片战争史，成果包括论文《读〈李秀成自述原稿笺证增订本〉》《略论太平天国理想的农民公社》，其专著《中国近代史事记》是1949年后大陆学术界出版的第一部中国近代史年表，被许多学校作为本科生的指定参考书。"文革"之后主要研究孙中山和辛亥革命史，成果包括《论南京临时政府的性质》（1979）、《论二次革命与辛亥革命》（1982）、《论辛亥革命与二次革命之间的孙中山》（1981）等。此外，与李侃等一同主编、中华书局出版的《中国近代史》一直在高校中广泛使用。

钟文典（1924 - 2010）

广西蒙山人，1946 年考入北京大学，先后就读于政治系、历史系，师从沈从文、王铁崖等著名学者。1950 年任北京大学明清史专家郑天挺的助教。1952 年受广西大学校长杨东莼之邀，回到广西任教。1953 年转入广西师范学院（今广西师范大学）历史系任教，曾任系副主任、主任，兼任广西师范大学地方民族史研究所所长。以研究太平天国著称，曾任中国太平天国研究会会长等职。出版《太平军在永安》《金田起义》《太平天国开国史》《太平天国人物》（获广西优秀社会科学成果一等奖）等，主编或参与撰写《太平天国丛书》《我的祖国》《20 世纪 30 年代的广西》《广西近代圩镇研究》《广西通史》（3 卷本）等专著，发表论文 80 多篇。

周天度（1928 - 2009）

湖南长沙人，1954 年毕业于武汉大学，经中国人民大学革命史研究班学习，1956 年 8 月入中国社会科学院近代史研究所，长期从事中华民国史研究，1988 年被评聘为研究员。著作有《蔡元培传》《李公朴传》《沈钧儒传》，主编《中华民国史》（第二编第二卷）获得全国图书荣誉奖。对救国会史实研究多年，主编《七君子传》，论文主要有《救国会史略》《辛亥革命时期的蔡元培》《民主革命时期的章伯钧》《抗战时期的救国会》等，编纂有《民主党派史料》《救国会》《邓演达文集》《救国会史料集》等。

朱庭光（1924－2005）

祖籍浙江省鄞县。1958 年在《红旗》杂志工作，参与国际评论的写作。曾多次随刘少奇、周恩来、邓小平、彭真等领导同志出国访问。曾任中国社会科学院世界历史所所长，改革开放初期，在《世界历史》发表《没有必要作茧自缚》，提倡解放思想，打破禁区，推动了世界史研究的深入发展。筹划创办了《世界历史》《世界史研究动态》《世界历史译丛》等刊物。主编的《法西斯主义与第二次世界大战》《法西斯新论》《法西斯体制研究》，受到学术界重视。还主编有《外国历史名人传》和《外国历史大事集》。

邹衡（1927－2005）

出生于湖南省澧县。1952 年就读北京大学历史系考古专业攻读副博士学位，师从郭宝钧先生学习商周考古。1955 年分配至兰州大学历史系，1956 年调入北京大学历史系考古专业。从 1956 年起，一直在北京大学考古专业主讲《商周考古》课程。为解决前人所遗夏文化、殷商前期、先周文化三大难题，考古足迹遍及北京、河南、河北、山东、山西等 10 多个省、市，并初步建立夏商周考古学年代框架和学术体系。主编的《天马——曲村》（1980－1989）考古报告获 2001 年"岛田奖"。以考古资料为基础，写作具有原创性考古学术著述百余篇，集成《夏商周考古学论文集》《夏商周考古学论文集》（续集）、《夏商周考古学论文集》（再续集）。

6　中国史学会中外学术交流

　　◇ 2003 年 10 月，中国法国史研究会一行六人应巴黎大学法国大革命研究所和维济尔法国大革命博物馆之邀，赴法国做为期一周的学术交流。先后在两地与法国同行一起参加了法国大革命史学术报告会和研讨会。学术活动围绕"社会文化史""政治史""中国的法国大革命史研究和教学"三个论题展开。

　　关于社会文化史的研究，法国学者就开拓社会文化史的研究领域发表了意见。夏尔－戴高乐大学让－皮埃尔·热桑纳做了题为《怀疑与更新之间的法国革命的社会史》的发言。他指明了三点：大革命社会史"退潮"，放弃把大革命解释为社会的全面变革，人们借助于当时多元的社会动力来重新看法国大革命。他认为有许多可供研究的课题，如大革命中的团体，国家财产的出售情况，购买能力、社会、家族、职业的演变，企业家与企业，公务员与国家工作人员的地位，革命给贵族带来的损失以及他们的社会行为和文化特征，大革命造成的社会冲击史，等等。同属夏尔－戴高乐大学的埃尔韦·勒韦尔在题为《社会生活与大革命》的发言中提出，大革命时期"社会性、社交性和人际关系准则"的形式和发生的环境处所是一个值得研究的领域。鲁昂大学帕斯卡尔·迪皮伊以《大革命与肖像学》为题发言。尼斯大学卡里纳·朗贝尔在题为《大革命中的妇女》的发言中探讨了关于大革命时期妇女研究的新途径。

　　北京大学高毅的发言题目是《法国革命：热月时期社会"还俗"现象论》。他认为"热月反动"不仅是一场政治的反动，而且是一场社会风气的反动。华东师范大学李宏图在以《法国大革命中的公民观念的转变》为题的发言中认为，"公民"的概念既有社会、民族的意义，又体现道德的评价，其含义是多重的。

关于政治史的研究，法国学者论及了政治史的研究途径、暴力问题和大革命中的艺术问题。巴黎第一大学皮埃尔·塞尔纳以《法国大革命政治史的新途径》为题发言。他提出可以在民主政治体制和共和国之间的关系上确立若干政治思想史的课题。巴黎大学法国大革命研究所让－克莱芒·马丁的发言题目是《革命和暴力》。他认为研究暴力，有必要考察以下三点：暴力的非宗教化、对行政官员（法官）合法性的质疑以及阅读历史的新背景。布莱兹·帕斯卡尔大学菲利普·博丹做了题为《为政治服务的艺术：一个（业余）爱好者的国家》的发言。华东师范大学王令愉的发言《自由、平等和国民主权原则的实践》认为，自由、平等和国民主权等"1789 年原则"是君主立宪派对当时的法国社会各个方面分析和思考的结果。这些原则有特定的内容。

关于中国的法国大革命史研究和教学，中国学者介绍了中国史学界和大、中学校关于大革命史的研究和教学情况。浙江大学楼均信着重指出改革开放之后中国的法国大革命史研究在内容上的 7 处创新：热月政变的性质是大革命的继续，而不是反革命；大革命结束的标志是拿破仑帝国的失败，而不是热月政变；大革命中各个派别得到了客观、公正的评价；罗伯斯比尔固然被肯定为革命者，与之对立的丹东也被大多数史学工作者肯定为革命者，而不是叛徒；肯定《人权宣言》的颁布是重大的历史进步，而不是仅强调其局限性；对以往认定的"反革命"现象做了反思，如不再把旺岱起义视为反革命现象而是给予客观的评价；在肯定大革命功绩的同时，也看到了大革命的主要负面效应。

◇ 2004 年 11 月 22 日，中国史学会常务副会长兼秘书长张海鹏与国际历史科学委员会秘书长让－克劳德·罗贝尔在北京国际饭店见面，就国际历史学大会选择会址及成员国会议如何组织等问题做了详细谈话。此前，2004 年 4 月国际历史科学委员会主席科卡教授来到北京，表达了希望中国承办 2007 年国际历史科学委员会成员国会议的意愿。中国社会科学院国际合作局明确表示支持。

◇ 2005年7月，中国史学会组织的中国历史学家代表团一行出席第20届国际历史科学大会，大会在澳大利亚悉尼新南威尔士大学召开。中国历史学家代表团共24人。中国社会科学院常务副院长冷溶为代表团名誉团长，中国史学会常务副会长张海鹏任团长，中国史学会副会长、世界历史研究所所长于沛任副团长兼秘书长。出席此次大会的有来自世界上73个国家和地区的历史学家和相关人员，约1300人。

中国史学会组织的"近现代时期的中国与世界"专题讨论会是此次大会唯一以国家为主题命名的讨论会，来自不同国家的70余名代表参加了此场会议。中国代表团还全体参加了"现代性历史的再审视：东亚道路和模式"讨论会，代表团成员分别出席了其他分场。中国学者在会上阐述自己的学术见解，获取国际学术动态信息。他们的出色表现提高了中国史学家在国际历史舞台上的声音。

在悉尼期间，中国史学会常务副会长张海鹏出席了国际史学会代表大会，大会通过了中国史学会2007年9月在北京举办国际历史学会代表大会的申请。

◇ 2006年12月20日，中国史学会负责人与国际历史学会主席和秘书长何塞·路易·佩塞特、让－克劳德·罗贝尔就合作事宜举行了非正式座谈。中国史学会会长李文海表示，中国史学会十分重视明年的国际史学会北京代表大会，这是双方加强联系的好机会，中国史学会会尽全力办好。近年来中国办过很多国际大会，但史学领域目前还没办过汇集各国史学会的大会。中国史学会非常愿意加强同国际史学界的联系，这是中国几代史学工作者的共同心愿。中国史学会常务副会长张海鹏通报了与何塞·路易·佩塞特、让－克劳德·罗贝尔工作会谈的情况。与会者表达了希望2015年国际历史学大会能在中国召开的愿望。双方还就2015年国际历史学大会的申办程序等问题交换了意见。

◇ 2007年9月15－18日，由中国社会科学院和中国史学会共同承办的国际历史科学委员会成员组织大会在北京举行。来自亚洲、欧洲、美洲、非洲、大洋洲27个国家的代表与会。会议由三个部分组成：国际历史科学委员会执行局成员会议、国际历史科学委员会成员组织大会和中国历史学的现状与未来国际学术讨论会。其中9月16日中国历史学的现状及未来国际学术讨论会是由中国史学会主办，目的在于促进各国学者了解中国历史学的发展现状。中国社会科学院常务副院长冷溶出席会议并讲话。冷溶强调，国际史学会是在联合国教科文组织注册的在国际上有影响的学术组织，是团结各国历史学家推动历史学繁荣和发展的重要学术机构。中国史学会是在中华人民共和国民政部注册，并接受中国社科院管理的历史学家的学术社团。中国社会科学院高兴地看到中国史学会与国际史学会、与各国历史学家之间的学术联系日益紧密，积极支持中国史学会与国际史学会之间的学术联系和中国历史学家与各国历史学家之间的学术交往。

中国史学会会长李文海、国际史学会会长J.帕塞特出席会议并致辞。中国史学会常务副会长兼秘书长张海鹏主持开幕式。李文海在致辞中说，国际历史科学委员会的代表大会在北京召开，意义重大而深远。在人文社会科学中，历史学具有不可替代的地位。历史是我们走向未来、创造新生活的一面镜子。我们也许有着不同的文化背景，但大家都有着一个共同的追求，那就是为促进和实现历史科学的繁荣和发展做出不懈努力。为了这个共同目标，我们在加深了解、加强交流和合作方面，有很多事情可以做、应该做。中国具有悠久的历史，中国历来重视历史。中国历史学家十分希望在中国史学走向世界的过程中继续得到国际历史科学委员会和各国同行们的支持和帮助，也愿意为推动历史科学的发展和进步做出自己的努力和贡献。张海鹏、陈星灿、卜宪群、汪朝光、张星星、熊月之、李伯重、陈启能、徐蓝等在会议上介绍了中国历史学研究状况。

除了这次学术讨论会，中国史学会还在近代史研究所支持下承办了国际历史学会北京代表大会，进一步密切了与国际历史学会的关系。

◇ 2007 年 11 月 10 日，李文海、张海鹏代表中国史学会致函东京大学名誉教授卫藤沈吉，慰问病情。

◇ 2010 年 8 月 21 – 29 日，中国史学会组织的中国历史学家代表团出席了在荷兰阿姆斯特丹举办的第 21 届国际历史科学大会。中国史学会组织的代表团共 22 人，其中中国社会科学院 15 人，各大学 7 人，中国史学会会长张海鹏任团长，中国史学会副会长于沛任副团长，中国史学会秘书长王建朗任秘书长。中国学者基本上全体出席了"中国、印度和日本的现代化比较研究"专题讨论会和"战争和占领"专题讨论会。此外，中国学者还分别参加了其他各场的讨论。"中国、印度和日本的现代化比较研究"讨论会由清华大学李伯重教授以及日本、印度学者三人共同主持，张海鹏研究员提交了《1860 – 1890 年代中日早期现代化比较研究》的论文；李伯重教授提交了《中国经济现代化的基石：19 世纪中国全国性市场》的论文。在"战争和占领"的讨论会上，近代史研究所步平研究员提交了《二战期间日本使用化学武器的研究报告》的论文（汪朝光研究员代为宣读）；武汉大学胡德坤教授提交了《抗战期间日本对日占区敌后战场的政策》的论文。

中国代表团在此次大会的工作重点放在了申办 2015 年在济南召开国际历史科学大会的申办权上，并取得了圆满成功。2010 年 8 月 22 日，中国史学会秘书长王建朗在国际历史学会代表大会上代表中国史学会正式提出了申办要求。8 月 24 日中午，中国史学会在阿姆斯特丹大学举办招待会，招待国际历史学会执行局成员和各国代表。张海鹏会长在招待会上做了 10 分钟演讲，播放了中国史学会制作的申办宣传视频，陶文钊理事代表中国史学会回答了各国代表的提问。26 日，国际历史学会进行了投票表决，有 8 票反对，5 票弃权，36 票赞成，赞成票超过了 2/3。8 月 28 日在第 21 届国际历史科学大会闭幕式上，新任国际历史学会主席向全体与会者宣布，2015 年 8 月将在中国济南举办第 22 届国际历史科学大会。

7 中国史学会动态*

2002 年 4 月 18 日，与教育部社科中心、北京市历史学会在北京联合举办唯物史观与社会科学研究研讨会。

2002 年 5 月 26 – 30 日，与云南大学联合在昆明举办 21 世纪中国历史学展望学术讨论会，70 余名学者出席。

2003 年 5 月 29 日，与教育部社科中心在北京联合举办《走向共和》与中国近代史研讨会，40 余位学者出席，从学术角度对电视连续剧《走向共和》所表现的史实、观点及相关理论问题提出意见。

2003 年 9 月 17 – 19 日，在北京大学召开中国史学会单位会员负责人座谈会，48 人出席。其间，举行第 6 届理事会第 14 次会长会议，决定 2004 年 4 月中旬在陕西师范大学举行中国史学界第七次代表大会。

2003 年 12 月 31 日，由中国史学会秘书处编辑的《中国史学会五十年》定稿，交海燕出版社出版。

2004 年 1 月 17 日，举行第六届理事会第 15 次会长会议，决定由会长会议提名推荐的第七届理事会理事候选人名单。

2004 年 4 月 14 – 17 日，中国史学界第七次代表大会在陕西师范大学举行，金冲及会长致开幕词，李文海会长致闭幕词。大会选举产生了中国史学会第七届理事会，会长李文海，副会长张海鹏、何芳川、马敏、于沛、陈祖武、郑师渠、姜伯勤。秘书长张海鹏兼任。

2004 年 6 月，编印《中国史学会通讯》第 10 期，并发行。

---

* 中国史学会中外交流活动参见前述。

2004 年 8 月 24 - 27 日，与中国现代文化学会、中国社会科学院历史研究所、中国社会科学院近代史研究所等单位联合发起，聊城市政协和聊城大学主办傅斯年与中国文化国际学术研讨会在山东聊城举行。

2004 年 9 月 16 - 20 日，与山东省历史学会、威海市政府主办的甲午战争 110 周年国际学术讨论会在威海举行。中国史学会理事戚其章等 80 多位专家学者出席了会议，收到论文 70 余篇。李文海会长代表中国史学会致开幕词。

2005 年 1 月 6 日，与教育部社科中心联合举办关于近现代历史研究与历史虚无主义思潮研讨活动。

2005 年 3 月 26 - 28 日，与中国社会科学院近代史研究所联合主办纪念黄遵宪逝世一百周年国际学术讨论会。张海鹏副会长代表中国史学会致开幕词。

2005 年 4 月 5 日，与中国抗日战争史学会、中国社会科学院近代史研究所在北京联合主办首都史学界抗议日本文部科学省审定歪曲历史教科书座谈会。中国史学会常务副会长张海鹏在座谈会上发表谈话。

2005 年 8 月 30 日 - 9 月 1 日，与中国国际文化交流中心、福建省社会科学联合会、福建省国际文化经济交流中心、福建省林则徐研究会联合主办林则徐与近代中国——纪念林则徐诞辰 220 周年学术讨论会。张海鹏副会长代表中国史学会在开幕式上致辞。

2005 年 9 月 26 - 29 日，与宁夏大学合办的中国历史上的西部开发国际学术讨论会在银川举办。来自法国、日本以及中国大陆和台湾的学者百余人出席。中国史学会常务副会长张海鹏、副会长郑师渠和中国史学会理事、宁夏大学校长陈育宁出席会议，张海鹏代表中国史学会致开幕词。

2005 年 10 月 22 日，与中国社会科学院近代史研究所在北京联合举办纪念亚洲抗日战争胜利 60 周年学术座谈会，与会学者 50 余人，分别来自中国、韩国、泰国、越南、新加坡、菲律宾、马来西亚和印度尼西亚等国。中国史学会常务副会长兼秘书长张海鹏在开幕式上致辞。

2005年10月27日，中国史学会世界历史工作委员会和华东师范大学联合主办中国世界史研究学术论坛。

2006年2月6日，中国史学会、国家清史编纂委员会联合主办的首都史学界迎春座谈会在北京举行。70多位史学家欢聚一堂，国家清史编纂委员会主任戴逸、中国史学会会长李文海以及何兹全、汪敬虞、张芝联、金冲及、林甘泉、李学勤、步平、牛大勇等先后发言。座谈会由中国史学会常务副会长张海鹏主持。

2006年3月，中国史学会秘书处和陕西师范大学历史文化学院联合编辑的《中国历史学研究现状和发展趋势——中国史学界第七次代表大会学术研讨文集》出版。文集选收了中国史学界第七次代表大会期间代表提交的19篇文章和有关讲话，以及学术研讨的综述。同月，编印《中国史学会通讯》第11期，并发行。

2006年8月，与南通市人民政府和南通大学主办的第四届张謇国际学术讨论会在南通举行，李文海、张海鹏联名致函祝贺。中国史学会副会长、华中师范大学校长马敏出席讨论会。

2006年9月23－26日，与曲阜师范大学共同主办的儒学与现代化问题国际学术研讨会在曲阜师范大学召开。来自中国大陆、香港、台湾地区及韩国、日本、巴西等国家的80多位专家学者参加了讨论，会议共收到论文60余篇。中国史学会副会长陈祖武出席会议并致辞。

2006年10月18日，与中国社会科学院历史研究所、考古研究所发起纪念尹达诞辰100周年座谈会，李文海会长出席并代表中国史学会致辞。

2006年10月19－22日，与华中师范大学中国近代史研究所联合主办的第四届全国青年史学工作者学术讨论会在武汉举行。来自全国各高校、中国社会科学院及省市社会科学院等研究机构的80余名青年学者参与此次学术盛会，会议围绕"中国道路：历史的探索与比较"这一主题展开学术讨论。中国史学会会长李文海，副会长、华中师范大学校长马敏担任大会组织委员会主任委员。李文海致开幕词，马敏致欢迎词。中国史学会原会长金冲及做了主题演讲，中国史学会原副会长龚书铎出席会议。会议还特邀章开沅、冯天瑜、朱雷、田居俭等著名学者和青年学者进行交流对话，就讨论主题、治学方法及学术规范等问题进行现场指导。中国史学会常务副会长张海鹏在闭幕式上做学术总结。

2006 年 11 月 6 - 8 日，与中国社会科学院、广东社会科学院联合主办的孙中山诞辰 140 周年学术讨论会在广东中山市翠亨村举行。中国社会科学院院长陈奎元等出席，中国社会科学院常务副院长冷溶致开幕词。中国史学会常务副会长张海鹏在闭幕式上做了学术综述。

2006 年 11 月 21 日，与教育部社科中心联合召开唯物史观与历史研究历史教育学术研讨会，讨论了历史研究与历史教育领域中一些倾向性问题。中国史学会会长李文海、副会长张海鹏，原副会长齐世荣、龚书铎和北京大学教授沙健孙等出席。10 月，由中国史学会组织撰写，梁柱、龚书铎主编的《警惕历史虚无主义思潮》一书由人民教育出版社出版。

2007 年 5 月，与中国社会科学院近代史研究所联合编辑的《黄遵宪研究新论——纪念黄遵宪逝世一百周年国际学术研讨会论文集》由社会科学文献出版社出版。

2007 年夏，因遗留的经济纠纷案，中国史学会副秘书长徐辉琪到北京市海淀区法院出庭。法院接受了中国史学会提交的证据，开庭审理，判定中国史学会胜诉，驳回原告。

2007 年 8 月，与宁夏大学合编的《中国历史上的西部开发——2005 年国际学术研讨会论文集》，由商务印书馆出版。

2008 年 4 月 10 日，2008 中国（无锡）吴文化节开幕式暨世界同宗祭祀泰伯典礼在吴文化广场隆重举行。中国史学会会长李文海出席致贺。

2008 年 10 月，中国社会科学出版社出版中国史学会常务副会长张海鹏主编的《中国历史学 30 年》，这是根据中国史学会会长会议的决定组织有关学者编写的。

2008年12月1日，李文海会长主持中国史学会第九次会长会议，就2009年4月召开中国史学界代表大会事宜交换意见，做出相应决议；就具体工作程序拟定初步工作时间和安排；并对即将于天津南开大学召开的中国史学会单位会员负责人座谈会商定相关事项。

2008年12月6日，由中国史学会和南开大学历史学院共同主办的中国历史学30年暨中国史学会会员单位负责人座谈会在天津天宇大酒店举行。中国史学会会长李文海、南开大学常务副校长陈洪出席开幕式并讲话。卜宪群、张海鹏、于沛、陈志强等介绍了中国历史学科30年来发展的概况。辽宁、天津、上海、江苏、河北、湖北、云南、四川等地的史学会负责人，回顾总结了中国历史学在各自地区的发展情况，并交流了经验。大会对下一届史学会理事改选事宜进行了讨论，为定于2009年4月举行的中国史学会第八次代表大会做了充分的准备工作。各场会议分别由副会长张海鹏、陈祖武、马敏、郑师渠、于沛主持。

2008年12月，编印《中国史学会通讯》第12、13期，并发行。

2009年2月15日，李文海主持中国史学会第七届理事会第十次会长会议，就中国史学会第八届理事会会长、副会长、秘书长人选做了认真、仔细的讨论，取得了共识。会长会议决定以这次共识为准，向中国社会科学院党组报告，经批准后，向中国史学界第八次代表大会建议。会议还研究了第七届理事会向中国史学界第八次代表大会所做工作报告的主要内容和起草问题。张海鹏通报了与国际历史学会秘书长最近的联系，会议一致同意向国际史学会推荐陶文钊作为国际历史学会执行局成员改选的建议人选。张海鹏还通报了申办2015年第22届国际历史科学大会举办地点问题。

2009年3月1日，李文海主持中国史学会第七届理事会第十一次会长会议，审议并确认了各会员单位向中国史学界第八次代表大会推荐理事候选人及代表名单，提出了会长会议推荐的理事候选人名单和特邀代表名单。

2009 年 4 月 3 日，李文海主持中国史学会第七届理事会第十二次会长会议，听取了有关中国史学界第八次代表大会筹备工作的汇报，审议了即将向大会提交的各项文件。这是中国史学会第七届理事会最后一次会议。

2009 年 4 月 7 日，《中国历史学年鉴》2001 年卷由三联书店出版。

2009 年 4 月 10－14 日，由中国史学会主持的中国史学界第八次代表大会在石家庄举行，李文海做大会工作报告，张海鹏当选为第八届理事会会长，全国政协副主席、中国社会科学院院长陈奎元当选为中国史学会名誉会长。

2009 年 5 月 8 日，纪念白寿彝先生诞辰 100 周年大会在北京师范大学召开，中国史学会会长张海鹏出席并致辞。

2009 年 5 月 20 日，北洋海军成军 120 周年学术研讨会在威海召开，中国史学会会长张海鹏出席并致辞。

2009 年 5 月 28 日，中国史学会第八届理事会第一次会长会议在郭沫若纪念馆召开。会议决定成立中国古代史、中国近代史、世界史三个专业委员会，陈祖武、陈春声、邓小南分工负责中国古代史专业委员会，张海鹏、马敏、李捷、熊月之、郑师渠负责中国近代史专业委员会，于沛、徐蓝负责世界史专业委员会。专业委员会可多从本专业角度考虑如何推进中国史学会的学术活动，起到引领本专业学术发展的作用。会议还审议了王建朗征求各方面意见提出的副秘书长人选，并通过了近三年工作计划。

2009 年 7 月 4 日，第八届中国史学会秘书处第一次办公会议在中国社会科学院近代史研究所召开。

2009 年 7 月 17 日，中国史学会在首都师范大学国际文化大厦举办了纪念中国史学会成立 60 周年座谈会。中国史学界 60 余位在京专家学者出席了座谈会。中国史学会会长张海鹏，副会长郑师渠、徐蓝出席了会议。

2009年8月，中国史学会与中华人民共和国国史学会合办纪念中华人民共和国成立60周年学术研讨会。

2009年10月，编印《中国史学会通讯》第14期，并发行。

2010年3月13日，中国史学会第八届理事会第二次会长会议在近代史研究所召开。张海鹏会首先通报了中国史学会2009年的工作，通报了有关组团出席2010年8月在荷兰召开的第21届国际历史科学大会的相关事宜。会议对申办2015年第22届国际历史科学大会、辛亥革命100周年纪念活动、史学会年会及设立"中国历史学奖"等事宜进行了热烈讨论。

2010年10月17－19日，与山东大学、上海大学、中国义和团研究会联合主办的纪念义和团运动110周年国际学术讨论会在山东大学举行，来自英国、德国、俄国、美国、澳大利亚和中国台湾地区及大陆的学者90余人参加了会议。会议主题为"义和团：中国与世界"，是在新的国际形势和新的国际学术格局下，对义和团运动这一国际性学术课题的一种新的学术研讨，引起与会代表及各方面的广泛关注。中国史学会会长张海鹏出席开幕式并致辞。

2010年，就2011年纪念辛亥革命100周年国际学术讨论会的具体筹备工作，中国史学会同湖北省社联先后召开4次联席会议进行磋商。

（赵庆云　整理）

四　重大考古发现

青海民和喇家遗址

　　喇家遗址位于青海最东部的民和县官亭盆地，是黄河北岸二级阶地的一处面积约 50 万平方米，以齐家文化遗存为主，包含多种文化遗存的大型史前聚落。中国社会科学院考古所甘青队与青海省文物考古所合作进行官亭盆地考古研究，1999 年起开始试掘，2000－2001 年发掘取得了突破性收获，2002 年被评选为 2001 年度全国十大考古新发现。

　　考古发现重新确认了喇家遗址是盆地区域的一处齐家文化的中心聚落，遗存丰富、规格高、规模大，年代在距今约 4000 年前。新发现了齐家文化一系列最新的文化现象和极重要的遗迹，包括因灾毁灭的埋藏大量人骨表现了灾难瞬间人们相互关爱情景的多座房址、宽大壕沟和窑洞式建筑的不同格局的聚落，新发现土台与广场及高等级的重器和较普遍出土的玉器等，以及壕沟兴废反映的聚落变化等，都提供了齐家文化研究的最新认识。遗址上发现的齐家文化时期的大面积灾难遗存和灾变现象，经多学科研究确认了史前地震和洪水的灾害原因。考古学与多学科的结合，得出了对相关现象的不同角度的相互吻合的认识，合理解释了考古发现与自然灾害现象的地层关系及多重灾难的时间先后、人地关系的相互复杂影响与因果变化。喇家遗址上十分难得地保留下来的史前大地震和大洪水等灾难遗存，揭示了先地震，后洪水，接踵而至的灾害，把史前聚落彻底摧毁的灾变过程。定格了一个活生生的灾难瞬间的充满了人性光辉的真实感人的灾难现场和先民们的生活原貌。直观再现了齐家文化的最原生状态的自然与聚落状况，反映了人与自然的相互关系和人与人的亲情关系。这是其他考古遗址所难以获得呈现的一种史前时期原封原样的最生动的真实记录。

喇家遗址的考古新发现，是齐家文化研究的重大突破，不仅扩大了对于史前文化的考古学知识，而且显著提升了齐家文化发展的水平和高度。灾难显示出来的极端的人地关系和人们之间的社会关系，聚落形态反映的社会结构变化，以及诸多各种出土资料，对于认识黄河上游地区史前社会变化和文明化进程，具有重要的学术意义。喇家灾难遗址还已经明显超越了考古学的范畴，突显了跨学科研究的意义，当之无愧成为多学科研究，特别是人与自然关系和环境演变研究的一个重要的多学科切入和交叉的考古学平台，也已成为各种边缘学科创新性研究的开放实验基地。其科学价值显得极为突出，其科研成果也在不断涌现。

（叶茂林）

四川成都金沙商周遗址

金沙遗址位于成都市西郊，分布面积在 3 平方公里以上，是一处大型的商代晚期至西周时期的遗址，处于蜀文化中心，可能是古蜀国的又一都邑所在。

现有的勘探和考古发掘成果表明，金沙遗址的布局结构有一定规律。遗址的东部——"梅苑"东北角区域是宗教仪式活动区，有三个重要的遗迹现象：多个象牙堆积坑，坑内除大量的象牙之外，并伴出有玉器、铜器等；面积约 300 平方米的石壁、石璋半成品分布区；成片的野猪下犬牙、鹿角、象牙、玉器、陶器和美石集中分布区。遗址的中南部——"兰苑"区是居住区，发现有木（竹）骨泥墙式房屋以及小型馒头窑。遗址的中部——"体育公园"区是居住区和墓地，该区域可能为居住区废弃后改为墓地。在遗址北部的黄忠遗址，发现了一组面积在 1000 平方米以上的建筑群，建筑群的布局极有规律，该遗址主体遗存的时代与金沙遗址的时代大体相同，很可能是金沙遗址最重要的居住区之一。

2001 年度金沙遗址清理和发掘出土的重要文物共 2000 余件，包括金器 40 余件、铜器 700 余件、玉器 900 余件、石器 300 余件、象牙骨器 40 余件等。此外，还出土了数量众多的象牙和数以万计的陶器、陶片等。其中，以太阳神鸟今箔饰最为著名。金沙遗址出土的金器、玉器、铜器等珍贵文物绝大部分都是礼仪性用器，总体风格与三星堆祭祀坑出土的器物相一致，并且与中原地区、长江中下游地区以及东南亚地区都有着密切的联系，反映了商周时期成都平原与其他地域的文化交流。

金沙遗址是四川省继三星堆之后最为重大的考古发现，极有可能是三星堆文明衰亡后在成都地区兴起的一个政治、经济、文化中心——古蜀国在商代晚期至西周时期的都邑所在。通过对金沙遗址的发掘与研究，对建立成都平原先秦考古学文化序列和对巴蜀文化的深入研究以及破解三星堆文明衰亡之谜等具有重要的学术意义。

（王　毅）

大师姑二里头文化城址的考古发掘

大师姑遗址位于郑州市西北郊，荥阳市广武镇大师姑村和杨寨村南地。北距黄河、西南距荥阳市区均为 13 公里，东南行 22 公里即为郑州市。大师姑遗址是在 1984 年郑州市开展文物普查时发现的，2002 年春，郑州市文物考古研究所对遗址进行了初步钻探，2002 年 10 月至 2003 年 5 月，郑州市文物考古研究所对遗址进行了试掘。2003 年 10 月至 2004 年 5 月，进行了第二次发掘。目前，调查和发掘工作仍在继续。发掘领队王文华。

经过连续两年的发掘和钻探、调查，取得了重大收获。

首先，经过发掘证实大师姑遗址是一处二里头文化中晚期的大型城址，搞清了城址的范围、形状，城址的始建年代、城墙的结构和建造方法。城址由城垣和城壕两部分组成。城垣距现地表深度不一，一般在 1 米左右。已发现的部分为南墙西段、南墙东段的部分地段、东墙北段、西墙北段和北墙西段。城垣长度南墙西段为 480 米，西墙北段为 80 米，北墙西段为 220 米。城壕和发现的城垣平行，除城壕西南角已被今索河河道冲毁外，其余地段均已封闭。城址的范围依据城壕计算，东壕南北长为 620 米，北壕长度为 980 米，西壕已发现长度为 80 米，复原长度为 300 米，南壕长度已发现为 770 米，复原长度为 950 米。总周长已发现长度为 2450 米，复原长度为 2900 米。所发现的二里头文化遗存全部集中在城垣和城壕以内，总面积约 51 万平方米。城址的方向除北壕西段呈东北—西南走向外，其余部分基本属于近东西或近南北走向。其中东壕的方向为 8°，南壕的方向为 278°。整个城址的形状呈东西长、南北窄的扁长方形。

其次，初步了解了城址内部的文化内涵。城址内部二里头文化遗存十分丰富，文化层厚度一般在 2－2.5 米左右。已发掘出土有夯土房址、灰坑、窖穴、灰沟等多处遗迹，出土有青铜工具、玉钺、玉杯，大量的石制生产工具和陶制生活用具。尤其是在城址中部发掘出土有成片倒塌的夯土墙体和大量的陶制排水管道，显示在城址内部存在规格较高的大型建筑。

最后，发现了早商文化的大型环壕，说明这里在早商时期仍是一处重要的聚落遗址。在城址的东北角还发现有早商文化的墓地。

大师姑二里头文化城址是我国迄今为止发现的唯一一座二里头文化城址，它的发掘填补了我国夏代城址考古的空白，为进一步研究我国夏代的城市发展、社会结构乃至中国古代文明的起源提供了珍贵的资料，对探讨夏代晚期夏商文化关系、夏商交替年代等一列我国夏商考古研究中的重大学术问题具有十分重要的学术价值。

已发表的资料有：

《郑州大师姑（2002－2003）》，科学出版社2004年12月。

《河南荥阳大师姑遗址2002年度发掘简报》，《文物》2004年第11期。

（王文华）

二里头遗址的考古收获

二里头遗址位于河南偃师境内。1959年发现并开始发掘。其主要文化遗存属二里头文化，是二里头文化的典型遗址。现存面积约300万平方米。

新世纪以来，中国社会科学院考古研究所对二里头遗址进行了系统钻探与重点发掘，又有若干重要的发现。这些考古收获与认识包括：

发现中国最早的宫城。宫城平面略呈纵长方形，总面积约10.8万平方米。始建年代约距今3600年左右。

发现中国最早的城市主干道网及车辙。已发现的四条大路位于宫殿区四围，呈井字形。其中宫殿区南的大路上发现二里头文化早期车辙痕迹。

发现中国最早的多进院落和中轴线规划的宫室建筑群。确认二里头都邑宫殿区，在晚期至少存在两组带有明确中轴线的建筑群。早期则发现了两处并列的多进院落的大型建筑基址，从而把中国古代宫室建筑主流模式的源头上溯到了公元前1700年左右。

发现中国最早的官营作坊区。宫城以南新发现夯土围墙，内侧即为绿松石器制造作坊，向南不远处则有大型青铜冶铸作坊。这一以围墙环绕的封闭区域应为官营手工业作坊区。

由上述新发现可知，二里头遗址的中心区有纵横交错的道路网，宫殿区围以方正规矩的城垣；宫城、大型建筑以及道路都有明确的方向性，宫城内至少分布着两组具有明确的中轴线的大型建筑基址群。这是一处经缜密规划、布局严整的大型都邑。二里头都邑规划性的判明，对于探索中国文明的源流具有重要的标尺性意义。

（许　宏）

湖南龙山里耶战国秦汉时期城址及
秦代简牍（2002）

里耶古城位于湖南省湘西土家苗族自治州龙山县里耶镇，现存城址呈长方形，南、西、北三面有护城河，南门有道路直通城外，城墙转角略呈弧状。古城南北长210米，东西现存宽度103－107米。

通过对南、北城墙的解剖，初步认定这座古城有两个主要的建筑和使用时期。第一期城墙筑于生土上，年代为战国中期至秦代；第二期城墙年代为西汉。城墙经夯筑而成。城墙外侧与护城河相连，经勘察，护城河的水源应来自城西北的溪口河，目前尚存宽约40米的古河道。酉水属于山溪，涨落幅度很大，目前的正常水位低于城址近20米，推测当时的护城河应是半封闭式的。

城内发现通道、作坊、官署建筑和古井等遗迹。古城为战国晚期楚国修筑，后经重修，经历了秦和西汉早期，绝对年代为距今2200年前后。里耶古城为研究战国晚期、秦至汉初中原中央政权对湘西地区的行政管理和区域政治提供了资料。古城紧邻酉水，有时代和规格与之相应的麦茶古墓群。

古城内的重要遗迹一号井井深14.3米，井壁用厚15厘米、宽近30厘米、长2米多的硬质木版用楔卯结构构成，重重相叠，保存完好。井内出土三万六千多枚秦代简牍。其中，绝大多数为木质，极少数为竹质，均为毛笔墨书。内容涉及邮传、历术、法律、军事等各个方面，是当时的官署档案，为研究秦代政治、经济、法律和社会制度提供了极为难得的文献资料，将极大地丰富对秦代政治经济制度的认识。

出土秦代简牍的一号井不是一个孤立的遗迹，它处在一个平面布局和地层关系都相当清楚的古城址内，与古城相对应的还存在各个时期的墓葬群。这样，由简牍、古井、城址、墓葬而形成一个完整的统一体，对它们进行全面的科学发掘和研究，将获得包括不同时期城市职能、居民构成在内的多方面的丰富信息。

（柴焕波）

江西南昌李渡元明清三代烧酒作坊遗址（2002）

　　李渡烧酒作坊遗址位于南昌市进贤县李渡镇，地处抚河东岸，赣抚平原腹地。已发现面积约 15000 平方米，发掘面积约 250 平方米，发现元代酒窖，明代水井、晾堂、酒窖、炉灶、蒸馏设施、水沟、墙基等酿酒遗迹，布局配套，完整齐全。

　　水井位于遗迹中心部位，始建于元代，后经增高，深 4.25 米，六边形红麻石井圈，口径 0.66 - 0.72 米，井台三合土筑。炉灶始建于明代，红石与青砖砌，长径 2.80 米，短径 1.42 米，残高 1.98 米，烟道位于头端两侧；灶前操作坑呈"凹"字形，长 2.70 米，宽 1.60 米，深 1.84 米。晾堂 2 处，明代晾堂 50 平方米，清代晾堂 40 平方米，卵石与三合土筑，表面不平，边界用红石砌。酒窖 22 个，其中元代酒窖 13 个，直径约 0.65 - 0.95 米，深约 0.56 - 0.72 米；明代酒窖 9 个，有 6 个至今仍在使用，直径 0.9 - 1.1 米，深约 1.52 米。蒸馏设施 2 处，圆桶形砖座，明代蒸馏设施经清代修补，直径 0.80 米，高 0.62 米，东南距灶 0.85 米。清代蒸馏设施直径 0.42 - 0.54 米，高 0.38 米。

　　遗址出土遗物 350 件，有陶瓷器、石器、铜器、铁器、竹木器等，以陶瓷器为主，陶瓷器又以酒具为多。

　　在以淀粉质为原料酿酒的各种方法中，特别是糖化、酒化同时进行和半固态发酵方法的运用以及这两项技术的巧妙结合，在酿酒工业发展中具有重要的意义和科学价值，是宝贵的文化遗产。李渡酒正是运用此法从民间酿酒中发展起来的。本次发掘证明，李渡酿造蒸馏酒的历史至少可以追溯到元代，历经明清，连续不断，发展至今，是继四川成都水井坊之后我国发现的又一处时代最早、延续时间最长且具有鲜明地方特色的古代烧酒作坊遗址。它为中国蒸馏酒酿造工艺起源和发展研究提供了实物资料。

（杨　军）

2002－2003 年陶寺城址重大考古发现

为了实施"中华文明探源工程预研究"子课题"聚落反映社会组织"之重点聚落陶寺城址布局探索计划，2002 年春季至 2003 年冬季，中国社会科学院考古研究所山西第二工作队与山西省考古所和临汾市文物局合作，对陶寺城址进行了进一步发掘与钻探，总发掘面积为 1511 平方米，钻探面积 32 万平方米，发掘确认了陶寺早期城址、宫殿区内早期宫殿附属建筑"凌阴"IF-JT2、中期小城内墓地和祭祀区夯土台基建筑 IIFJT1。

早期城址位于中期城址内东北部，大致为圆角长方形，面积约 56 万平方米。中期大贵族墓地位于中期大城南边的中期小城内的北部，已清理大中小型墓葬 22 座。其中大墓一座，IIM22 长 5 米、宽 3.65 米、自深 7 米，出土精美玉器、彩绘陶器、漆器、骨器等 74 件套。

在陶寺文化早中期宫殿内，陶寺文化早期宫殿附属建筑 IF-JT2 系长方形坑状建筑，面积约 300 平方米，深约 9 米。坑内人工垫土成南高北低的斜坡。斜坡的北部用夯土做出路坡。斜坡的南部用夯土版块垒筑"之"字形路基，南侧夯土台阶的顶部为宫殿区的生土台基的出入口，与北侧路面高差约 5 米左右。北边的路基在围壕边发现夯土桥墩一对，应是供放取冰块的栈道。

陶寺中期小城内发掘出一座大半圆形夯土基址的基础部分。该建筑北依陶寺中期大城内侧南墙 Q6，圆弧面南，已清理其东南部分 600 余平方米，可见三道夯土挡土墙，估计原有三层台基。外圈夯土挡土墙半径约 24－21 米，总面积约 1400 余平方米。生土台基芯与第三道挡土墙之间建 11 个方形夯土柱，柱间留有 10 道缝，宽 15 厘米左右。从圆心经每个缝可看到一个对应的山头。经实地模拟观测，推测这些缝供观测日出确定节气。该建筑应以观天授时为主兼有祭祀功能。它建造和使用于陶寺文化中期，陶寺晚期被平毁。如此则不仅证实《尧典》中观天授时记载的真实性，而且将中国古代科学观天授时的考古证据上推到距今 4100 年前。此外，观象台建筑是"王都"必备的建筑要素，它的发现对了解陶寺城址王都性质具有极为重要的意义。

（何　驽）

河南内黄三杨庄汉代聚落
遗址（2005）

三杨庄汉代遗址位于河南省内黄县梁庄镇三杨庄村北，地处黄河故道，是一处西汉晚期的大规模的聚落遗址。2003 年夏疏浚硝河河道时发现 4 处汉代瓦顶建筑遗存，并于 2003 年 7 月至 12 月和 2005 年 3 月至 12 月，分别进行了两次发掘，清理总面积约 9000 平方米，平面揭露了四处宅院遗存的坍塌原貌，保留了整个聚落遗址内的各类遗迹现象。

已经清理出的四处宅院，均为坐北朝南的二进院落；南门外为小范围的活动场地，且各自有水井；宅院之间互不相连，四周由农田相隔；所有房屋顶部均使用筒瓦和板瓦做建材。这是一处西汉晚期的大规模聚落遗址。根据遗址出土陶器、瓦当的字体、纹饰特点、出土铜钱，并且结合《汉书》有关记载，推测大致为新莽时期，黄河大规模泛滥，在洪水缓慢上涨的过程中，庭院因浸泡而坍塌之后被淤沙掩埋。

该遗址首次再现了汉代农业乡里的真实景象，为研究汉代的基层社会组织结构提供了绝好的实物资料。所揭示的汉代中下层民众生产、生活状况的庭院与生活环境，填补了考古学研究的空白。首次发现的大面积汉代耕作农田遗迹，也为研究汉代农耕文明、耕作制度及土地分配制度等提供了第一手资料。这些保存较为完好的汉代民居建筑实物遗存，对研究汉代一般民居建筑及其工艺技术等也提供了新颖的实物资料。同时，也会为黄河河道变迁等黄河水文史方面的研究提供重要的考古资料。

（刘海旺）

甘肃礼县大堡子山遗址（2006）

大堡子山遗址位于礼县县城以东 13 公里处的西汉水北岸。2006 年调查、钻探面积达 130 万平方米，发掘面积 3000 多平方米。发现各类遗迹近 700 处，计有夯土城墙、建筑基址、墓葬、车马坑、灰坑等。

大堡子山城墙依山坡而建，平面呈不规则的长方形，东西城墙断续长 1000 米，南北城墙长约 250 米，城墙内遗址总面积约 25 万平方米。大型建筑基址（21 号建筑基址）位于城址内南端较高处，夯土基址呈南北向纵长分布。整个建筑基址南北全长 103 米、东西宽 16.4 米，东西墙之间正中发现平行排列的 18 个大型柱础石。该建筑基址的基本结构大体清楚，为大型宫殿或府库类建筑，大约始建于春秋早期晚段或春秋中期早段，战国时期废弃。祭祀遗迹位于被盗秦公大墓的西南部，相距约 20 余米，包括大型"乐器坑"一座、人祭坑 4 座。大型乐器坑长 8.8 米，宽 2.1 米，深 1.6 米，坑内南排的木质钟架朽痕旁，依次成排放置有 3 件青铜镈、3 件铜虎（附于镈）、8 件甬钟，镈和钟各附带

1 件青铜挂钩；北排磬架（仅存朽痕）下有 2 组共 10 件石磬，均
保存完好。青铜镈一大二小，最大的一件铜镈造型及纹饰华美，
鼓部有铭文 20 余字，与过去发现的秦武公镈相似，年代为春秋
早期。4 座人祭坑每坑埋人骨架 1－2 具，肢体屈曲，其性质当为
杀人祭祀。大型"乐器坑"的发现对于被盗秦公大墓墓主的确认
以及早期秦人的礼乐制度、祭祀制度、铜器铸造工艺等提供了极
为珍贵的材料。

通过对大堡子山城址及其周边一些年代相近的遗迹的发掘，
确定了大堡子山一带是早期秦人的一处重要遗址，对我国早期秦
文化考古研究意义重大。

（赵化成 王 辉）

河北磁县东魏元祜墓与河南安阳固岸东魏北齐墓地（2006－2007）

中国社会科学院考古研究所河北工作队于 2006 年 9 月－2007
年 7 月发掘了北朝墓群 M003 号墓。M003 位于磁县县城南、京广铁
路之西，属于北朝墓群南部的一座墓葬。它东距邺城遗址 7 公里，
西距天子冢约 3.5 公里。发掘得知，M003 是东魏皇族元祜的墓葬，
该墓未被盗掘，随葬品组合完整，墓室残存壁画格局基本清晰。

元祜墓坐北朝南，由斜坡墓道、过洞、天井、甬道和墓室构
成，全长约 25.5 米。墓室中发现了完全朽坏的一棺一椁，棺椁位
于墓室西侧，棺内有一具人骨。棺椁之东分布有随葬的陶俑、模
型明器、陶瓷器、墓志等遗物。墓室东侧的随葬品保存状态较
好，总计 190 余件，包括彩绘陶俑 144 件，种类包括镇墓类陶俑、
仪仗侍卫类陶俑、家内侍仆类陶俑等。墓室四壁残有部分壁画，
内容包括青龙、白虎、官吏等。墓室内甬道的封门墙下，出土一
合青石墓志。据墓志记载可知，墓主是葬于东魏天平四年（公元
537 年）的皇族、徐州刺史元祜。元祜乃北魏皇帝拓跋焘的重孙，

死后埋在东魏皇族元氏的陵墓茔域内。元祜墓的发掘有几点重要收获，第一，墓志明确了磁县北朝墓葬群中东魏皇宗陵的地域所在。第二，元祜墓是北朝墓群中仅见的未被盗掘的墓葬，出土了丰富的随葬品，是研究当时社会制度、生产技术难得的资料。该墓年代明确，其墓葬形制和出土遗物成为北朝墓葬研究的标尺。第三，墓葬壁画格局新颖陶，俑雕塑风格写实，是研究南北朝时期艺术风格源流的宝贵资料。

河南安阳固岸东魏北齐墓地位于河南省安阳县安丰乡固岸村和施家河村东部的高台地上，漳河南岸，总干渠里程728公里处。发掘面积25000余平方米。已经清理出和正在清理的墓葬333座，据不完全统计，已发掘出的墓葬有战国32座、秦汉68座、魏晋6座（曹魏3座）、十六国3座、北朝144座（东魏50座、北齐92座、北周2座）、隋3座、唐3座、宋1座和清6座。其他正在发掘，时代尚待判定的墓葬60余座。出土文物2201件。

固岸墓地具有明显的等级，最高一级为带斜坡墓道的砖石墓，次一级为带天井和斜坡墓道的铲形洞室墓，再次一级的为不带天井的斜坡墓道的铲形洞室墓，其下为斜坡墓道的刀形洞室墓和浅土坑竖穴墓。墓地的家族性质明显，且多为平民葬，其墓葬分布排列有序，器物组合完整，为完整研究故邺城的布局提供了重要的实物资料。因为是平民墓葬，对其进一步研究，可以更准确地揭示当时的社会生活状况，生产力水平。同时也为人类学、人种学的研究提供了新的课题。特别是北周墓葬的出土，在这一地区也是首次发现。

元祜墓与固岸墓地都位于邺城郊外，隔漳河相望，时代明确。磁县元祜墓是磁县北朝墓群中仅见的未被盗掘的皇族墓葬，基本体现的是洛阳北魏时期的风格；安阳固安墓地则是一处以东魏、北齐时期为主的平民墓葬群，墓地的家族性质明显，这样集中发现的北朝平民墓地前所未见。两处墓地对于北魏—北齐时期的考古资料，有着补缺的意义。

（朱岩石　潘伟斌）

河南许昌灵井旧石器遗址考古
取得重要收获

灵井遗址位于许昌市西 15 公里的灵井镇西侧。文化层深 7.2－5.6 米不等，共分 11 层，比较重要的发现集中在遗址第 5 层和第 10－11 层。2007 年 12 月 17 日，在 T9 深 4.99 米处（第 11 层），发现人类头盖骨化石 16 块，评为 2007 年全国十大考古新发现，在国内外引起广泛关注。2008 年发掘 T9 的东部，又出土同一个体人类头盖骨化石 12 块。从 2005 年至今，发掘面积 300 余平方米。2008 年在遗址第 5 层出土细石器 2000 余件，除常见的种类外，一些器型为国内所独有。出土一批精致的牙制工具，其中有制作细石器的牙器，这一发现有望改变国内外关于细石器制作工艺的认识。2009－2012 年，除细石器外，在遗址第 5 层出土距今 11000 年的陶片 60 余片，是中原地区发现最早的陶器代表。

第 10－11 层出土大量石器、骨器、动物化石和人类头盖骨化石。出土石制品和动物化石约 3 万件，类型有石锤、石砧、石片、断块和石器等，原料主要为脉石英。哺乳动物化石 18 种。

"许昌人"头盖骨化石的发现，对于研究东亚人类演化和中国现代人类的起源，具有重要学术价值。据灵井动物群灭绝动物占 44% 的比例和光释光测年的初步实验结果，头盖骨化石出土层位时代为距今 8 万－10 万年左右，是世界古人类学研究上的敏感时段；出土大量打制和使用的骨器，数量是国内同类遗址中最多的；灵井遗址地层总厚达 10 余米，其中旧石器以后主要时段的文化层都有分布，是国内不多见的较完整的地层剖面。

（李占扬）

浙江余杭良渚文化古城遗址（2007）

浙江省文物考古研究所和良渚遗址管委会在 2006 年 6 月至 2008 年 1 月对浙江余杭良渚文化古城遗址进行了考古钻探、调查和发掘，发掘面积约 2700 平方米。现已初步搞清了城墙的分布范围、堆积状况以及年代下限。遗址位于浙江省杭州市西北约 20 公里，处于三面环山的河谷地带，南面和北面都是天目山脉的支脉，南北与山的距离大致相等，东苕溪和良渚港分别由城的南侧和北侧向东流过，凤山和雉山分别被利用到城墙西南角和东北角，因此建城的位置显然是经过精心勘察与规划的。从地理位置和堆筑情况分析，良渚古城不仅具有军事防御功能，同时也应该具备防洪等其他功能。

良渚古城南北长 1800－1900 米，东西宽 1500－1700 米，总面积约 290 多万平方米。布局略呈圆角长方形，正南北方向。城墙底部普遍铺垫石块作为基础，在石头基础以上用较纯净的黄色黏土堆筑而成，城墙底部宽 40－60 米，现存较好地段高约 4 米。四面城墙的堆筑方式基本一致，从堆筑技术上反映了城墙的整体性。城墙内外均有壕沟，壕沟边缘有叠压着城墙堆土的良渚文化晚期堆积。西墙白原畈段还发现了一个良渚文化晚期的灰坑打破城墙，反映了这座古城使用或废弃的下限不会晚于良渚文化晚期，其始筑年代还有待于进一步的考古工作。

良渚古城是长江下游第一次发现这一时期的城址，是同时代面积最大的古城。良渚古城的发现将以往发现的莫角山遗址及反山贵族墓地乃至良渚遗址群内的许多遗址组合为一个整体，为研究良渚遗址群 130 多处遗址的整体布局和空间关系提供了新的资料。它规模宏大的营建工程及其所反映的惊人的管理和社会组织动员能力，表明其除了具有政治意义上的功能，还可能具有军事和防洪功能。特殊的营建方式也为国内首次发现，它的发现改变了原本以为良渚文化只是一抹文明曙光的认识，标志着良渚文化其实已经进入了成熟的史前文明发展阶段。

（刘　斌）

山东寿光双王城盐业遗址群（2008）

　　双王城盐业遗址群位于山东省寿光市北部双王城水库周围，面积达 30 平方公里。

　　自 2003 年开始，发掘单位在寿光市羊口镇双王城水库周围 30 平方公里范围内进行了七次大规模的田野调查、钻探和试掘工作，发现古遗址 83 处。其中，龙山文化时期遗址 3 处，商代至西周初期 76 处，东周时期 4 处，宋元时期 6 处（宋元遗址多与商周遗址重合）。从出土遗物分析，这些遗址大多与古代制盐有关，是目前在渤海南岸发现的规模最大的盐业遗址群。

　　其中 2008 年发掘的 014A 地点主要为商代晚期的制盐作坊遗址，面积约 4000 平方米，发现了卤水井、盐灶、储卤坑等重要遗迹，基本上可以弄清制盐作坊的基本布局；014B 地点主要为西周早期的制盐作坊遗址，面积近 6000 平方米，其布局与 014A 基本相同。发现的遗物主要为盔形器，多集中分布在盐灶及储卤坑内。

　　2008 年对编号 07、014 的两处遗址的发掘，完整地揭露了一个商周时期制盐作坊，使我们对渤海南岸地区商代晚期和西周早期的制盐工艺流程有了基本了解。遗址规模大，年代早，内涵丰富，如此完整地揭露整个古代制盐作坊等遗址在全国乃至世界都是首次。

（燕生东　王守功）

陕西岐山周公庙遗址（2008）

周公庙遗址位于岐山县城北 7.5 公里的凤凰山南麓，遗址东距著名的周原遗址 27 公里，面积约 8 万平方米。

自 2003 年以来，周公庙考古队对该遗址进行了全覆盖式的地面调查、重点区域的详细钻探和有针对性的发掘，发现了商周时期 7 处千余座墓葬、40 多座大型夯土建筑基址、1700 余米长的夯土墙，以及铸铜和制陶作坊遗存各一处，出土商周时期周人甲骨文近 500 字。基本建立了该遗址自新石器时代至商周时期的考古学文化编年与文化谱系，大致探明了该遗址商周时期的布局结构。

2008 年，周公庙考古队在庙王村（ⅢA1 区）发掘地点，共清理商周时期灰坑等遗迹近百座，以及龙山时代房址、陶窑和灰坑等各类遗迹近 60 座，其中最重要的发现是一处客省庄二期文化晚期的窑洞式院落遗迹；在折树棱（ⅣA2 区）发掘地点共清理墓葬 73 座、殉马坑 2 座、房址 2 座、灰坑 9 座，墓葬均为中、小型墓葬，年代从西周早期延至西周晚期。最重要的发现来自祝家巷（ⅢA2 区）地点的发掘，在一条东南—西北走向的大沟（ⅢA2G2）中出土了 7651 片西周卜甲，其中有刻辞者 685 片，可辨识刻辞字数约 1600 字。根据卜甲刻辞的内容及字体特征则可以初步确定这些卜甲的年代为西周早期。字数达到了以往发现的先周西周时期有字甲骨的两倍，卜辞内容比较丰富，有人名、地名、方国名、祭祀、战争、占梦、记时、月相等内容。其中亶王、王季、叔郑等周人先王和西周初年重要人物的名字为首次出现，对研究周族历史和先周至西周早期周人的社会结构是不可多得的珍贵资料。

（徐天进）

安徽蚌埠双墩一号春秋墓（2008）

　　墓葬位于蚌埠市淮河以北 3 公里的双墩村内。墓葬形制独特，遗迹现象复杂。

　　墓葬封土堆高 9 米，底径 60 米，未夯筑。封土和墓坑内的填土均为黄、灰（青）、黑、红、白等五色颗粒混合土。

　　墓坑为大型圆形竖穴土坑，墓坑 2 米下有生土二层台，正东向有 14 级阶梯式短墓道。在墓底形成十字形埋葬布局。在二层台以上的填土层中发现三层不同的由五色填土或"土偶"构成的遗迹现象。填土层中，沿墓坑一周有深色填土带围绕着中间"放射线形状"遗迹现象。叠压在"放射线形状"遗迹层下的填土层中，用填土构筑的"土丘"迹象，土丘沿墓坑一周构筑 18 个。同时在该填土层中放置 1000 多个泥质"土偶"。叠压在土丘与"土偶"层下，在二层台内缘上，用 3－4 层"土偶"垒砌成高 34－40 厘米左右墙体形状。

　　该墓随葬品丰富，有大量的青铜器、彩绘陶器、石器、玉器、硬纹陶器以及海贝饰件、金箔饰件等 400 多件。其中最为重要的是，在编钟正部发现"唯王正月初吉丁亥童丽（钟离）君柏作其行钟童丽之金"的铭文。在青铜簠内底发现"唯王正月初吉丁亥童丽（钟离）君柏择其吉金作其食簠"铭文等。

　　发现的青铜器铭文证明，该墓葬的主人是一位名叫柏的钟离国君。钟离国是春秋时期淮河中游的方国，文献匮乏。这是钟离国国君墓葬的首次发现。此次发掘的出土器物组合与形制具有春秋时代特征。证明春秋时期淮河中游地区钟离古国存在的历史事实。墓葬奇特迹象在同时期其他地区的墓葬中从未发现，它有什么样的象征意义，反映了什么样的思想观念，令人遐想，发人深思。

（阚绪杭）

山东高青陈庄西周城址（2009）

在南水北调东线山东段建设工程中，自2008年10月至2010年1月，山东省文物考古研究所对高青县陈庄遗址进行了大规模的考古勘探和发掘工作。

目前已发掘面积达近9000平方米，发现西周早中期城址、西周贵族墓葬、祭坛、马坑、车马坑等重要遗迹，出土大量陶器及较多的骨器、铜器、玉器等珍贵文物，在许多方面填补了山东周代考古的空白。西周城址是这次发掘的重要收获，时代属西周早中期，是目前山东地区所确认的最早的西周城址，也是鲁北地区目前所发现的第一座西周城址。另一重要发现是位于城内中部偏南的夯土台基。由其结构和所处位置，初步判断其与祭祀有关，或为"祭坛"，此为山东周代考古的首次发现，在全国这一时期也十分罕见，为研究周代的祭祀礼仪提供了宝贵的资料。这次发现的一批大中型墓葬，由其墓葬规模和随葬品的情况来看应属于西周时期的贵族墓葬。其中两座带墓道的"甲"字形大墓属于西周时期高规格的贵族墓，对解读该城址的地位与属性可能具有重大意义。墓葬出土铜器上的铭文内容也表明其与齐国有直接的关系，尤其是铭文中的"齐公"字样，为金文资料中首次发现，对研究早期齐国的历史具有重要价值。此外，此次发掘还发现了山东地区首例西周刻辞卜甲。

陈庄遗址的考古发掘在许多方面填补了山东周代考古的空白，是半个世纪以来山东周代考古特别是齐国历史考古的突破性进展。

（郑同修）

江苏盱眙大云山江都王陵考古发掘

　　大云山江都王陵位于江苏省盱眙县马坝镇云山村大云山山顶区域。2009年9月开始，南京博物院对该区域进行了抢救性考古发掘，清理了主墓3座、陪葬墓13座、陪葬坑7座、祭祀坑4座，揭示出一处较为完整的西汉江都王陵园，出土了大量珍贵文物。

　　M1墓室结构为黄肠题凑。尽管受到早期盗墓影响，但墓室内还是出土了大量精美文物，尤其是外回廊内，随葬品几乎未受盗扰影响。其中西回廊内出土了一套完整的铜编钟及编磬，并首次出土了两套完整的鎏金龙纹铜架，学术意义重大。此外，回廊及墓室内出土的大量陶器、铜器、金银器、玉器、漆器等为了解西汉诸侯王的随葬品制度提供了全新资料。

　　M2受到近代盗扰，但仍出土了大量陶器、漆器、铜器等，其中，玉棺是最为重要的发现之一。尽管墓室中心部位遭遇盗扰，但玉棺主体结构明确，是迄今为止发现最为完整的玉棺，为研究汉代玉器殓葬制度、玉匣制度等相关课题提供了材料，并为解决诸如玉片是粘贴在漆棺内壁而不是外壁的争议首次提供了直接证据。

　　对2009－2011年度的发掘资料进行整体分析表明，陵园内的陪葬墓区经过精心设计与规划，所有陪葬墓布局整齐划一，墓葬营建规模、棺椁结构、随葬品种类与数量等因素皆以该墓距离主墓的远近逐次降低或减少，统一的营造模式下显示出墓主人之间浓厚的身份与等级差异。

　　大云山江都王陵的考古发掘，重点旨在对汉代诸侯王陵园的整体布局及陵园陪葬制度进行探究，通过对陵园内的陪葬墓进行全面揭示，对汉代诸侯王陵陪葬制度有了全新的认识。保存完好的车舆构件，尤其是错金银车饰及首次发现的嵌宝石金银马饰件等珍贵文物为研究汉代车马制度提供了全新的材料。

总之，大云山江都王陵的考古发掘取得了很大的收获，为进一步研究西汉诸侯王陵制度提供了重要材料，并为汉代考古的相关研究提供了新的方法，开拓了新的视野。

（李则斌）

河南安阳西高穴曹操高陵（2009）

西高穴大墓位于河南省安阳市西北。2006年至2008年，此墓葬多次被盗。河南省文物考古研究所于2008年12月12日开始，到2009年12月下旬对此墓葬进行抢救性发掘，取得了阶段性的成果。

这次发掘共清理了2座墓葬，分别编号为1号墓和2号墓。

2号墓虽然经过多次盗掘，破坏严重，但是仍出土了一批文物，大部分经过扰动。其中以出土的多枚刻字铭牌最为重要。另有兵器和墓主人的头骨、肢骨等残块，为我们确定墓主人的身份提供了珍贵的实物资料。

结合墓葬的形制、规模、出土文物、出土铭牌铭文的内容、字体、出土墓主人骨骼的鉴定，并结合鲁潜墓志和西门豹祠等的相互位置，以及历史文献记载的魏武帝陵位置，最终判断此墓的墓主人是魏武帝曹操，此墓系魏武帝曹操的高陵。特别是那些带有"魏武王"铭文的文物出土，为确定墓主人为魏武帝曹操提供了重要证据。

此墓葬墓主人曹操去世和入葬的年月清楚，纪年明确，为东汉、魏晋时期墓葬的断代起到了标尺性作用。曹操所开创的魏晋南北朝薄葬制度是从两汉到隋唐丧葬制度的过渡阶段，在中国丧葬制度演化的历史上占有重要地位，对我们全面了解中国丧葬制度的演化过程具有不可或缺的作用。

（潘伟斌）

河北曲阳定窑遗址考古发掘（2009）

　　定窑窑址位于今河北省曲阳县灵山镇境内，集中分布在涧磁村、北镇村和东、西燕川村、冶北村两个区域。此外，在杏子沟、涧磁西等地点也有一部分遗迹。这些窑址以灵山镇为中心，东西延绵约 8 公里，即《光绪曲阳县（河北）志》上所说的龙泉镇。总面积约 10 平方公里。

　　考古发现及文献资料表明定窑瓷器在宋元时期日常生活、国家典礼以及边境贸易等诸多方面发挥着重要的作用，但由于一直没有一个以窑址发掘为依据的科学分期研究而严重制约了研究的深入。为全面了解定窑瓷器各时期生产的总体面貌和烧造工艺，促进定窑研究工作的深入，河北省文物研究所、北京大学考古文博学院组成联合考古队，于 2009 年 9 月至 2010 年 1 月对定窑遗址进行了主动性的考古发掘。本次发掘布方 21 个，发掘面积 776 平方米，清理各类遗迹 94 余处，包括窑炉 11 座、作坊 12 座、房基 3 座、灰坑 45 个、灶 7 座、墓葬 2 座、沟 6 条、界墙 8 道，出土了大量各时期的瓷器和窑具，其中完整或可复原的标本数千件。

　　通过田野发掘过程中的观察和初步的整理，我们认为本次发掘的收获主要表现在以下几点。

　　第一，发现并清理了从中晚唐到元代各个时期的地层，为我们全面了解定窑的生产历史和工艺发展提供了翔实的资料。通过发掘资料大体可以判定定窑的始烧时代在中晚唐时期。我们在不同发掘地点的多个探方中均发现了中晚唐到五代时期的地层，其下即为生土，这种反复出现的事实基本可以确定定窑的创烧时代早不过中唐。从遗迹的分布和地层堆积的规模可见，金代是定窑烧制历史上最繁荣的时期。发掘中还清理了以往并不了解的定窑元代的地层及遗迹。通过燕川区发掘及其附近的野北、杏子沟地区的调查，发现了各类元代遗迹及大量遗物，可知定窑在元代烧造规模仍非常大，但产品质量下降，与宋金时期的精美定瓷已相去甚远，已成为提供附近民众日用器物的窑场。

第二，清理了一批重要的遗迹，包括2座保存较完好的五代窑炉、1座宋代窑炉、3座金代窑炉，这些窑炉大都具有大而深的火塘，发达的通风道和宽大的烟囱，十分适合要求很高烧成温度的定窑瓷器的烧成，具有不同于北方其他地区馒头窑的独特特点。在涧磁B区清理的大型作坊，其中有6口盛放原料的大缸，还清理了一处大型的烘坯作坊，这些遗迹的清理，对我们了解当时的烧成工艺、成形工艺和研究当时的生产管理体制的相关问题都十分有价值。

第三，出土了一批代表定窑各时期贡御情况的重要遗物，如五代、宋初地层中的"官"字款器物，北宋地层中的带"尚食局""尚药局"款、装饰龙纹的器物，金代地层中的"尚食局""东宫"款碗盘等，都为我们研究定窑的贡御瓷器的特征及历史提供了实物资料。在集中出土这些官用器物的地点，也还同时生产制作粗率的另一类产品。这种官作制度似乎是由许多窑户承造官用的精致产品，同时其还从事商品生产的体制。

（秦大树　李　鑫）

哈民遗址

哈民遗址位于内蒙古科左中旗舍伯吐镇东偏南约20公里，南距通辽市50公里。遗址介于西辽河及其支流新开河之间，地处西辽河平原东部，科尔沁沙地的腹地。遗址平面呈不规则椭圆形，总面积近10万平方米。自2010年开始，对哈民遗址进行两次发掘，发掘面积4000平方米，出土千余件文物。

哈民遗址房址排列整齐，方向统一，结构均为半地穴式，平面呈长方形或方形，"凸"字形门道设置在居室的东南，门向集中在130°－145°之间。保存较好的居住面和穴壁面常见有烧烤的痕迹，呈红褐或黑褐色。圆形灶坑位于居室中部偏向门道一侧，多数灶底发现草木灰。特别重要的是，在7座房屋中发现了较完整的房屋顶部木质结构，这些木质构架，基本反映了建筑构架塌落后的状况。此外，还在一座房址内发现多达98具人骨遗骸，场景极为震撼。在一个房址居住面上埋葬如此众多人骨的现象极为罕见。

墓葬发现较少，除一座三人圆形土坑竖穴墓之外，其余的均为单人长方形土坑竖穴墓，墓穴较浅，墓中少见随葬品。环壕绕在聚落外围，平面为椭圆形，壕沟截面呈梯形，包含少量陶片、动物骨骼及人骨等。

哈民遗址陶器有筒形罐、壶、盆、钵、三足罐、斜口器等，以"麻点纹"或素面为主要纹饰特征，还见有少量压印之字纹、刻画纹及彩陶片。陶质以砂质陶为主，有少量泥质陶。器表多为黄褐色或红褐色，内壁一般经打磨，呈黑灰色。石器种类丰富，以打制和琢制为主，通体磨制的较少。器形有斧、凿、刀、磨盘、磨棒、杵、耜、环形器、镞和骨柄石刃刀等。出土玉器选料讲究，制作精美，有玉璧、双联璧、钺等。骨、角制品以生产工具为主，常见有骨匕、锥、针、镞、角锥等。

哈民遗址首次发现这类遗存的原生堆积，并揭示出带有环壕的聚落。遗址房址结构、墓葬形制和丧葬习俗具有明显的地域考古学文化特点。陶器基本组合，尤其是富有鲜明特点的麻点纹及施纹方式及生产工具组合也与其他考古学文化不同。目前这类遗存仅见于西辽河以北科尔沁地区，年代大体在5500－5000年前。根据对其文化内涵的认识，可确定为一种新的考古学文化。"哈民文化"的发现在聚落考古方面取得了突破性进展，也为相关联地区新石器文化源流的探索、文化体系的构建和区域间考古学文化关系的研究提供了新视角。由此开启了探索科尔沁地区史前文明的新篇章。

（吉　平）

广东汕头"南澳Ⅰ号"明代沉船遗址（2010）

2007年5月，南澳县云澳镇渔民在生产过程中，发现了一条满载青花瓷器的沉船并打捞出一批瓷器，2007年6－7月，广东省文物考古研究所组织专业水下考古工作队对"南澳Ⅰ号"进行调查和试掘，绘制出沉船海床面的平面、纵横剖面图。2010年的发掘显示，沉船现存有十六道隔舱板，十五个舱位；现存船体长约27米，最宽的隔舱长度7.5米。出水各类文物1万余件。

发掘出水的比较特别的文物有青花开光五彩花卉纹碗、青花底款刻暗花白瓷碗、3件一套的套装青花瓷盖盒、五彩盖盒、白瓷盖盒、白瓷大盘、金属戒指、锡壶、木秤杆等。南澳Ⅰ号的出水陶瓷器从胎质、釉色、器形、青花图案纹饰风格以及烧造工艺等方面判断，其年代为明代晚期嘉靖至万历年间，其来源很可能是中国东南沿海地区的民窑产品，包括江西景德镇民窑、福建漳州窑以及粤东梅州大埔和潮州饶平等地民窑。

南澳Ⅰ号的发现，为研究明代中晚期海上贸易提供了重要的线索和资料，为研究"漳州窑""汕头器"等陶瓷研究领域提供了不可多得的实物资料。

"南澳Ⅰ号"是目前我国沿海经过正式调查和试掘的第一条明代沉船，也是保存最好的明代商贸沉船。为研究明代中晚期海上贸易提供了重要的线索和资料。

"南澳Ⅰ号"是目前我国最深的水下沉船遗址，其水下发掘和保护难题的解决方案成功运用于发掘过程中，为中国水下考古树立了一个标志性和规范性水下考古项目。

（崔　勇）

吐鲁番吐峪沟石窟考古新发现（2010－2011）

吐峪沟石窟是丝绸之路上一处重要的佛教石窟。2010－2011年，中国社会科学院考古研究所、吐鲁番学研究院、龟兹研究院组成联合考古队，对吐峪沟石窟沟东、沟西北部窟群进行发掘，并新发现一处回鹘地面佛寺。发掘面积达2500平方米，获得了重要成果。

其一，据发掘与调查，吐峪沟两侧山坡上分布着许多地面佛寺遗址，表明这是集洞窟与地面寺院于一体的大型石窟寺院遗址群。

其二，在沟东、沟西区各发现一座绘有壁画的早期中心柱窟，显示出较早的年代特征，这表明吐峪沟石窟的开创年代约5世纪左右。在沟西一处僧房窟后壁发现满壁墨书的回鹘文，这表明吐峪沟石窟使用年代一直延续到回鹘时期。同时还发现了由沟底通向沟东、沟西北部两区石窟的道路系统，以及多处洞窟改建、维修、封闭等迹象，对于石窟寺的外观复原以及使用过程提供了可贵的资料。

其三，洞窟组合均为上下多层式的组群布局，是研究石窟寺院形式的重要资料。新发现的壁画题材新颖，前所未见，既表现了与古代龟兹石窟、于阗佛教寺院和河西走廊早期石窟的密切关系，也说明了吐峪沟早期洞窟具有浓郁的地域特色，这对研究新疆石窟寺的分区具有重要学术价值。

其四，出土的近万件多种语言文书残片（包括佛教写经、世俗文书等），还有绢画、木器、雕塑等，对于重新认识吐鲁番的历史文化及各民族、各宗教和谐共存的社会背景，具有重要历史价值和现实意义。

上述新发现表明：在丝绸之路早期石窟寺艺术传播途径中，吐峪沟石窟占有相当重要的地位，是西域与中原佛教文化艺术交汇碰撞之处，其独特的地域特色和作用，是以前学术界所没有认识到的。大量的文书出土，足以影响对吐鲁番历史的重新认识，推动国际吐鲁番学的研究。

（李裕群）

老奶奶庙遗址（2011）

老奶奶庙遗址位于郑州市西南郊，二七区侯寨乡的樱桃沟景区内。2011年4－8月，郑州市文物考古研究院与北京大学考古文博学院合作，对该遗址进行抢救性发掘，揭露面积50平方米，发现3000多件石制品、12000多件动物骨骼及碎片、20余处用火遗迹，以及多层叠压、连续分布的古人类居住面。这处新发现非常清楚地反映了当时人类在中心营地连续居住的活动细节，同时也发掘出土一系列与现代人行为密切相关的文化遗存。

老奶奶庙遗址的发掘进一步将近年来在嵩山东南麓调查及发掘的数量众多的旧石器地点完整地连接起来。这些地点既有临时活动场所，也有长期居住的中心营地，还有专门的石器加工场所，以及摆放石堆与大象头骨的特殊活动遗迹。其分布明显成群组聚集，构成多个以基本营地为中心，各类临时活动地点呈放射状分布的遗址群。这些遗址群沿古代河流两侧分布，有各自相对独立的活动领域，系统地展示了该地区晚更新世人类的栖居形态。

老奶奶庙遗址及嵩山东麓旧石器遗址群的新发现确切证明，早在距今3万－5万年前中原地区已有繁荣的旧石器文化与复杂的栖居形态。晚更新世人类在这一地区繁衍生存的辉煌历史，不但是探讨中华文明之源的重要资料，而且更进一步展现出多项与现代人行为密切相关的新文化特征，清楚地揭示了我国境内更新世人类发展的连续性特点，为研究现代人类及其行为在东亚地区出现与发展提供了非常重要的新视角。

（王幼平）

湖北随州叶家山西周早期曾侯墓地（2011）

叶家山墓地位于湖北随州市东北部约 20 公里的淅河镇内，现隶属于随州市经济开发区淅河镇蒋寨村八组。地理坐标为东经 113°27′28″、北纬 31°45′22″，海拔高程 88 米。

2010 年 12 月 28 日，当地农民在进行农田改造时，发现了一批青铜器。经国家文物局批准，2011 年 2 月 18 日至 6 月 14 日，湖北省文物考古研究所对叶家山墓地进行了勘探和布方发掘。

通过发掘显示，所有墓葬均未发现封土、墓上建筑、墓垣和墓祭等相关遗迹。所有墓葬皆为长方形土坑竖穴墓，绝大多数墓葬都有葬具，尽管葬具已朽，痕迹可判明为一棺一椁、二棺一椁墓和单棺墓。尽管人骨保存不好，但葬式皆为仰身直肢、头皆向东、棺内全都有朱砂。大多数墓葬都有随葬品，随葬品全都是放在棺椁外的熟土二层台上。只有两座墓葬有腰坑。部分大型墓葬的坑边发现有 4－6 个不等的圆形、椭圆形或方形斜向柱洞。

本次发掘共出土陶、铜、瓷、漆木、玉石等各类质地的文物达 739 件套，其中，青铜器多达 325 件，其器类主要有圆鼎、方鼎、簋、甗、盉、瓿、觯、斝、爵、卣、觥、弓形器等。据器物形制特点，这批遗物的年代为西周早期。其中，大量西周青铜器和原始瓷器的出土，是本次发掘的一个亮点。

在所发掘的这批墓葬中，M2、M3、M26、M27、M65 共 5 座墓葬出土的铜器中都发现有"曾""侯""曾侯"和"曾侯谏"的铭文。其国属显应为曾。根据墓葬规格和出土铭文初步判定，M65 和 M2 分别为曾侯谏墓和曾侯谏夫人媿氏墓，M27 可能为曾侯谏之子或其夫人墓。

随州叶家山墓地是一处保存完整的西周早期高等级贵族公墓地，墓地保存完整。这一墓地具有如下特点：一是西周姬周文化的特性，时代早且明确；二是出土铜器丰富、完整；三是铜礼器大多有铭文，国属应属曾。上述若干特征已初步显示出这一墓地的重要性及所具有的重大学术价值。

首先，对西周曾国研究将是一个重大突破，自曾侯乙墓发现后，有关曾国问题的讨论不绝于学界。大多学者认为曾国是在西周晚期周灭鄂后而立国的，叶家山墓地西周早期所见铜器铭文表明，西周早期不仅有曾国，并已称侯。

其次，本次发现的青铜器部分有铭文，已知铭文总字量达400 余字，铭文内容除常见的一些西周早期的族氏文字和方国名外，也有大量过去所不见之人名。对于排定墓地的世系及与其他方国的关系具有重大的研究价值。已见有的族氏文字有 16 种之多，说明在西周早期，曾国与这些族氏或方国都有往来。

最后，为汉东方国的研究提供了最新材料。汉东西周方国格局素为学术界所重视，近年来一批批青铜器在汉水一带出土，特别是随州羊子山鄂侯铜器群发现后，关于古鄂国的地望问题已渐趋明朗。叶家山西周早期曾侯器群的再次面世，说明在西周早期，曾、鄂应是同时并存于随州的两个古国。随着鄂被周消灭，姬姓曾国迅速地扩展至汉北及河南新野一带，成为替代鄂国的名副其实的汉东第一大国。结合昭王南征的诸多铜器铭文分析，叶家山这批铜器具有重要的辅证作用。同时，对已面世的诸多昭王南征的青铜器铭文中所见的"在曾""在曾、鄂师"等系列铭文都可以重新得到诠释。

（黄凤春）

西藏日喀则定结县恰姆石窟寺（2011）

恰姆石窟位于西藏日喀则地区定结县琼孜乡恰姆村南 3 公里，喜马拉雅山脉中段中尼边界果美山的南北向山脊的东侧崖壁。石窟群以南北向分布于叶茹藏布支流给曲左岸。海拔 4506 - 4600 米，石窟群南北长约 863 米、东西宽约 65 米，总占地面积

56096 平方米。

2008 年 8 月，日喀则地区文物普查队首次对该石窟开展专业考察和记录，其初步调查资料发表在《2008 年第三次全国文物普查重要新发现》一书中。2009 年 9 月，西藏自治区人民政府公布"恰姆石窟寺"为西藏自治区第五批文物保护单位。2010 年 12 月，赵春江在广东连州国际摄影年展上推出了"赵春江摄影发现——羌姆石窟"展览，当时石窟名称被公布为"羌姆石窟"。与这次影展同时进行的研讨会对石窟壁画年代和风格则做出了不同的判定。

2011 年 8 月，西藏自治区文物保护研究所和中国藏学研究中心组成的调查人员开展了考察，此次考察形成的初步成果入选"中国社会科学院考古学论坛·2011 年中国考古新发现"六大项目之一。同时，入围"2011 年全国十大考古新发现"终评评选项目。

恰姆石窟群自南向北依次可划分为Ⅰ区、Ⅱ区、Ⅲ区三个大区。据粗略统计，整个石窟群约有 105 座洞窟，其中Ⅰ区洞窟 29 座、Ⅱ区 35 座、Ⅲ区 41 座。

恰姆石窟泥塑木桩的碳十四年代范围介于 10 世纪至 12 世纪中期，综合Ⅰ区 1－3 号窟泥塑和壁画提供的信息，我们暂且将恰姆石窟早期作品的年代可推定为至迟在 11 世纪，其上限时间也不排除可能早至 9－10 世纪。

恰姆石窟的出现并不是孤立的。从大的地理单元看，恰姆石窟所在地理位置恰为西藏西部阿里与卫藏腹心区域的连接区域。在其西部的阿里和东部的岗巴县、康玛县、拉孜县等都有与恰姆石窟内出现的同样题材的金刚界五部佛及其神众的图像，说明它们之间应当存在一定的联系。同时，从壁画人物的翻领长袍具有的独特特征，同样可以看出石窟所具有的地域性特征。

恰姆石窟的发现，扩大了西藏乃至中国石窟的分布空间，尤其是Ⅰ区重要三个窟内存留的泥塑、壁画独具特色的艺术风格，对探讨西藏早期佛教艺术、佛教发展史，甚至后弘期初期西藏社会历史的进程具有极其重要的参考价值。其中，恰姆石窟和乃甲切木石窟以雕塑形式供奉金刚界曼荼罗的做法，为探讨金刚界曼荼罗在西藏境内的传播、藏传密教思想的发展等问题提供了极为珍贵的实物资料，具有深远的意义。

（夏格旺堆）

五　其他

国家图书奖获奖名单（历史学）

第 1 届（1993 年）

巴雅尔著《蒙古秘史》新还原本（蒙文），内蒙古人民出版社，1981

（唐）玄奘、辩机原著，季羡林等校注《大唐西域记校注》，中华书局，1985

田余庆著《东晋门阀政治》，北京大学出版社，1989

（晋）常璩撰，任乃强校注《华阳国志校补图注》，上海古籍出版社，1987

苏秉琦著，俞伟超、张忠培编《苏秉琦考古学论述选集》，文物出版社，1984

恰白·次旦平措、诺昌·吴坚著《西藏简明通史（藏文）》，藏文古籍出版社，1989

军事科学院军事历史研究部编著《中国人民解放军战史》，军事科学出版社，1987

中共中央党史研究室编《中国共产党历史（1921–1949年）》，人民出版社，1991

金冲及主编《周恩来传》，人民出版社，1988

中国社会科学院历史研究所编，郭沫若主编《甲骨文合集》（全13册），中华书局，1978–1983

谭其骧主编《中国历史地图集》，中国地图出版社，1982

第 2 届（1995 年）

正式奖

中国社会科学院历史研究所等编《英藏敦煌文献——汉文佛经以外部分》（全14卷），四川人民出版社，1990–1995

军事科学院军事历史研究部著《中国抗日战争史》（上、中、下），解放军出版社，1994

范文澜、蔡美彪等著《中国通史》（全10册），人民出版社，1994

提名奖

王桧林等著《抗日战争史丛书》（全20卷），广西师范大学出版社，1992

唐长孺著《魏晋南北朝隋唐史三论》，武汉大学出版社，1992

陈育宁主编《中华民族凝聚力的历史探索——民族史学理论问题研究》，云南人民出版社，1994

荣誉奖

中国社会科学院考古研究所著《殷周金文集成》（全18册），中华书局，1984－1994

第3届（1997年）

正式奖

金冲及等著《毛泽东传（1893－1949）》，中央文献出版社，1996

卿希泰著《中国道教史》（全4卷），四川人民出版社，1996

白钢主编《中国政治制度通史》（全10卷），人民出版社，1996

中央党史研究室第一研究部编著《红军长征史》，辽宁人民出版社，1996

提名奖

故宫博物院编《汉西岳华山庙碑》，文物出版社，1993

庄福龄著《马克思主义史》（全4卷），人民出版社，1996

中国文物研究所等编《吐鲁番出土文书》（图文对照本，全4卷），文物出版社，1992－1996

史念海主编《西安历史地图集》，西安地图出版社，1996

莫济杰著《新桂系史》（全3卷），广西人民出版社，

1991－1995

萧致治著《鸦片战争史》，福建人民出版社，1996

丛书编委会编《中国古籍善本书目》（全8册），上海古籍出版社，1989－1992

邱树森主编《中国回族史》（上、下），宁夏人民出版社，1996

第4届（1999年）

季羡林主编《敦煌学大辞典》，上海辞书出版社，1998

荆门市博物馆编《郭店楚墓竹简》，文物出版社，1998

胡绳著《胡绳全书》（全6卷），人民出版社，1998

季羡林著《季羡林文集》（全24卷），江西教育出版社，1996－1998

顾诚著《南明史》，中国青年出版社，1997

中国军事博物馆编纂《中国军事史图集》（上、下），湖南人民出版社，1998

王相钦主编《中国民族工商业发展史》，河北人民出版社，1997

第5届（2001年）

熊月之主编《上海通史》（全15卷），上海人民出版社，1999

苏星著《新中国经济史》，中共中央党校出版社，1999

李国钧等总主编《中国教育制度通史》（全8卷），山东教育出版社，2000

郑天挺等主编《中国历史大辞典》，上海辞书出版社，2000

第6届（2003年）

正式奖

《二十世纪中国史学名著》（全33卷），河北教育出版社，2000

虞和平主编《中国现代化历程》（全3卷），江苏人民出版社，2007

荣誉奖

《郭沫若全集·考古编》（全10卷），科学出版社，2003

中国出版政府图书奖
获奖名单（历史学）

第 1 届（2008 年）

逄先知、金冲及主编《毛泽东传（1949 – 1976）》（上、下），中央文献出版社，2003

冷溶、汪作玲主编《邓小平年谱（1975 – 1997）》（上、下），中央文献出版社，2004

匡亚明主编《中国思想家评传丛书》（全 200 部），南京大学出版社，1990 – 2006

黄庆华著《中葡关系史（1513 – 1999）》（上、中、下），黄山书社，2006

郭德宏等主编《中华人民共和国专题史稿》（全 5 卷），四川人民出版社，2009

吴静安撰《春秋左氏传旧注疏证续》（全 4 册），东北师范大学出版社，2005

金普森、陈剩勇主编《浙江通史》（全 12 卷），浙江人民出版社，2005

张秀民著，韩琦增订《中国印刷史（增订版）》（上、下），浙江古籍出版社，2006

赵丰主编《中国丝绸通史》，苏州大学出版社，2005

汪菊渊著《中国古代园林史》（上、下），中国建筑工业出版社，2006

第 2 届（2011 年）

朱德、刘伯承等著《星火燎原全集》（全 20 卷），中国人民解放军出版社，2009

张海鹏主编《中国近代通史》（全 10 卷），江苏人民出版社，2009

金冲及著《二十世纪中国史纲》（上、下），社会科学文献出版社，2009

龚书铎主编《清代理学史》（上、中、下），广东教育出版社，2007

朱凤瀚著《中国青铜器综论》（上、中、下），上海古籍出版社，2009

吕一燃主编《中国近代边界史》（上、下），四川人民出版社，2007

陈学恂主编《中国教育史研究》（全 7 卷），华东师范大学出版社，2009

刘叙杰等著《中国古代建筑史》（全 5 卷），中国建筑工业出版社，2009

中国文化遗产研究院（原中国文物研究所）等编《新中国出土墓志》（全 10 卷），文物出版社，2006

荣新江、李肖、孟宪实主编《新获吐鲁番出土文献》（上、下），中华书局，2008

上海图书馆编，王鹤鸣主编《中国家谱总目》（全 10 卷），上海古籍出版社，2008

张涌泉主编《敦煌经部文献合集》（全 11 册），中华书局，2008

郭沫若中国历史学奖获奖名单

第 1 届（1999 年）

荣誉奖

裴文中、张森水著《中国猿人石器研究》，科学出版社，1985

中国社会科学院考古研究所编《殷周金文集成》（全 18 册），中华书局，1984

中国社会科学院考古研究所编著《新中国的考古发现和研究》，文物出版社，1984

范文澜、蔡美彪等著《中国通史》（全 10 册），人民出版社，1994

谭其骧主编《中国历史地图集》（全 8 册），中国地图出版社，1982－1987

侯外庐、邱汉生、张岂之主编《宋明理学史》（上、下），人民出版社，1984－1987

胡绳主编《中国共产党的七十年》，中共党史出版社，1991

一等奖

罗尔纲著《太平天国史》（全 4 册），中华书局，1991

二等奖

吴汝康、吴新智著《中国远古人类》，科学出版社，1989

湖北省博物馆《曾侯乙墓》（上、下），文物出版社，1989

漆侠著《宋代经济史》（上、下），上海人民出版社，1988

杨向奎著《宗周社会与礼乐文明》，人民出版社，1992

严中平主编《中国近代经济史（1840－1894）》（上、下），人民出版社，1989

三等奖

甘肃省文物考古研究所等《居延新简》（上、下），中华书局，1994

唐长孺主编《吐鲁番出土文书》（释文本全 10 册，图文本全 4 卷），文物出版社，1983

杨国桢著《明清土地契约文书研究》，人民出版社，1988

田余庆著《东晋门阀政治》，北京大学出版社，1989

江应梁、林超民主编《中国民族史》（上、中、下），民族出版社，1990

葛剑雄主编《中国人口发展史》，福建人民出版社，1991

王戎笙主编《清代全史》（全 10 册），辽宁人民出版社，1993

张培瑜著《三千五百年历日天象》，河南教育出版社，1990

曹婉如、郑锡煌编《中国古代地图（战国至元)》，文物出版社，1990

中国社会科学院近代史研究所著《沙俄侵华史》（全 4 卷），人民出版社，1978－1990

金冲及、胡绳武著《辛亥革命史稿》（全 4 卷），上海人民出版社，1991

吴承明、许涤新主编《中国资本主义发展史》（全 3 卷），人民出版社，1985－1993

第 2 届（2002 年）

一等奖

汪敬虞主编《中国近代经济史（1895－1927)》（全 4 册），人民出版社，2000

二等奖

文焕然、文榕生著《中国历史时期冬半年气候冷暖变迁》，科学出版社，1996

陈诗启著《中国近代海关史》（晚清、民国部分，全 2 册），人民出版社，1993、1999

林甘泉主编《中国经济通史》（秦汉经济卷，上、下），经济日报出版社，1999

方行、经君健、魏金玉著《中国经济通史》（清代经济卷，上、中、下），经济日报出版社，1999

史金波、雅森·吾守尔著《中国活字印刷术的发明和早期传播——西夏和回鹘活字印刷术研究》，上海财经大学出版社，2000

王世民、陈公柔、张长寿著《西周青铜器分期断代研究》，文物出版社，1999

三等奖

刘明逵、唐玉良主编《中国工人运动史》（全6卷），广东人民出版社，1998

马大正著《中国边疆经略史》，中州古籍出版社，2000

姜涛著《中国近代人口史》，南天图书有限公司，1998

郭正忠、丁长清、唐仁粤著《中国盐业史》（古代篇、近代当代篇、地方篇，全3卷），人民出版社，1997

中国社会科学院考古研究所编《六顶山与渤海镇——唐代渤海国的贵族墓地与都城遗址》，中国大百科全书出版社，1997

河南省文物考古研究所编《北宋皇陵》，中州古籍出版社，1997

王宇信、杨升南著《甲骨学一百年》，社会科学文献出版社，1999

中国社会科学院考古研究所编《汉杜陵陵园遗址》，科学出版社，1993

李伯重著《江南的早期工业化(1550－1850)》，社会科学文献出版社，2000

韦庆远著《张居正和明代中后期政局》，广东高等教育出版社，1999

王子今著《秦汉区域文化研究》，四川人民出版社，1998

张泽咸著《唐代工商业》，中国社会科学出版社，1995

李锦绣著《唐代财政史稿》上卷，北京大学出版社，1995

郝春文著《唐后期五代宋初敦煌僧尼的社会生活》，中国社会科学出版社，1998

第3届（2007年）

一等奖

中国社会科学院考古研究所编著《中国考古学》（夏商、两周卷），中国社会科学出版社，2003

二等奖

虞和平主编《中国现代化历程》（全3卷），江苏人民出版社，2007

席泽宗主编《中国科学技术史》（科学思想卷），科学出版社，2001

樊克政著《龚自珍年谱考略》，商务印书馆，2004

三等奖

张铠著《中国与西班牙关系史》，大象出版社，2003

史为乐主编《中国历史地名大辞典》（上、下），中国社会科学出版社，2005

李文治、江太新著《中国地主制经济论——封建土地关系发展与变化》，中国社会科学出版社，2005

周魁一著《中国科学技术史》（水利卷），科学出版社，2002

方慧主编《云南法制史》，中国社会科学出版社，2005

程林泉、韩国河、张翔宇编著《长安汉墓》（上、下），陕西人民出版社，2004

茅海建著《戊戌变法史事考》，三联书店，2005

李细珠著《张之洞与清末新政研究》，上海书店出版社，2003

吴汝康、李星学主编《南京直立人》，江苏科学技术出版社，2002

第4届（2012年）

一等奖

郭书春主编《中国科学技术史》（数学卷），科学出版

社，2010

二等奖

张秀民著、韩琦 增订《中国印刷史（插图珍藏增订版）》（上、下），浙江古籍出版社，2006

中国社会科学院考古研究所 编著《中国考古学》（秦汉卷），中国社会科学出版社，2010

刘克祥、吴太昌 主编《中国近代经济史（1927－1937）》（上、中、下），人民出版社，2012

三等奖

中国社会科学院考古研究所编著《中国考古学·新石器时代卷》，中国社会科学出版社，2010

李伯重著《中国的早期近代经济——1820年代华亭—娄县地区GDP研究》，中华书局，2010

陈高华、张帆、刘晓著《元代文化史》，广东教育出版社，2009

天一阁博物馆、中国社会科学院历史研究所天圣令整理课题组校证《天一阁藏明钞本天圣令校证（附唐令复原研究）》（上、下），中华书局，2006

杨振红著《出土简牍与秦汉社会》，广西师范大学出版社，2009

史金波著《西夏社会》（上、下），上海人民出版社，2007

刘迎胜著《察合台汗国史研究》，上海古籍出版社，2006

胡绳青年学术奖获奖名单（历史学）

第 1 届（1997 年）

石硕著《西藏文明东向发展史》，四川人民出版社，1994

王震中著《中国文明起源的比较研究》，陕西人民出版社，1994

杜金鹏著《商周铜爵研究》，《考古学报》1994 年第 1 - 4 期

第 2 届（2000 年）

严立贤著《中国和日本的早期工业化与国内市场》，北京大学出版社，1999

徐良高著《中国民族文化源新探》，社会科学文献出版社，1999

第 4 届（2006 年）

王奇生著《党员、党权与党争：1924 - 1949 年中国国民党的组织形态》，上海书店出版社，2003

刘源著《商周祭祖礼研究》，商务印书馆，2004

第 6 届（2012 年）

赵鹏著《殷墟甲骨文人名与断代的初步研究》，线装书局，2007

雷闻著《郊庙之外——隋唐国家祭祀与宗教》，三联书店，2009

刘国鹏著《刚恒毅与中国天主教的本地化》，社会科学文献出版社，2011

（自第三届起，胡绳青年学术奖的史学类著作隔届评选一次）

图书在版编目（CIP）数据

中国历史学年鉴. 2002~2012 / 中国史学会《中国历史学年鉴》编委会编. —北京：社会科学文献出版社，2014.4
ISBN 978 - 7 - 5097 - 5178 - 7

Ⅰ.①中…　Ⅱ.①中…　Ⅲ.①史学 - 中国 - 2002~2012 - 年鉴
Ⅳ.①K2 - 54

中国版本图书馆 CIP 数据核字（2013）第 246060 号

中国历史学年鉴（2002－2012）

编　　者／中国史学会《中国历史学年鉴》编委会

出 版 人／谢寿光
出 版 者／社会科学文献出版社
地　　址／北京市西城区北三环中路甲 29 号院 3 号楼华龙大厦
邮政编码／100029

责任部门／近代史编辑室（010）59367256　　责任编辑／徐碧姗　赵子光
电子信箱／jxd@ ssap. cn　　　　　　　　　责任校对／王伟涛　李　红
项目统筹／徐思彦　　　　　　　　　　　　责任印制／岳　阳
经　　销／社会科学文献出版社市场营销中心（010）59367081　59367089
读者服务／读者服务中心（010）59367028

印　　装／三河市东方印刷有限公司
开　　本／889mm×1194mm　1/32　　印　　张／19.75
版　　次／2014 年 4 月第 1 版　　　　　字　　数／542 千字
印　　次／2014 年 4 月第 1 次印刷
书　　号／ISBN 978 - 7 - 5097 - 5178 - 7
定　　价／98.00 元